本书是2017年国家社会科学基金项目《公私合作（PPP）视域下的"新公共卫生"法律规制机制研究》（编号：17XFX004）成果；海南省哲学社会科学规划课题（编号：HNSK（YB）19-70）成果；海南省基础与应用基础研究计划高层次人才项目（编号：2019RC224）成果；海南省人文医学研究基地项目成果。

公共卫生法

权力·责任·限制

〔美〕劳伦斯·高斯汀　林赛·威利　著

苏玉菊　刘碧波　穆冠群　译

北京大学出版社
PEKING UNIVERSITY PRESS

著作权合同登记号　图字：01-2017-1839

图书在版编目(CIP)数据

公共卫生法：权力·责任·限制／（美）劳伦斯·高斯汀，（美）林赛·威利著；苏玉菊，刘碧波，穆冠群译．—北京：北京大学出版社，2020.12
ISBN 978-7-301-31872-0

Ⅰ．①公…　Ⅱ．①劳…②林…③苏…④刘…⑤穆…　Ⅲ．①卫生法—研究　Ⅳ．①D912.160.4

中国版本图书馆CIP数据核字（2020）第249080号

© 2016 by The Regents of the University of California
Published by arrangement with University of California Press
Simplified Chinese edition copyright © 2020 PEKING UNIVERSITY PRESS
All rights reserved

书　　　名	公共卫生法：权力·责任·限制 GONGGONG WEISHENGFA: QUANLI · ZEREN · XIANZHI
著作责任者	〔美〕劳伦斯·高斯汀、林赛·威利　著 苏玉菊、刘碧波、穆冠群　译
责任编辑	杨玉洁
标准书号	ISBN 978-7-301-31872-0
出版发行	北京大学出版社
地　　　址	北京市海淀区成府路205号　100871
网　　　址	http://www.pup.cn http://www.yandayuanzhao.com
电子信箱	yandayuanzhao@163.com
新浪微博	@北京大学出版社　@北大出版社燕大元照法律图书
电　　　话	邮购部 010-62752015　发行部 010-62750672　编辑部 010-62117788
印刷者	三河市北燕印装有限公司
经销者	新华书店
	650毫米×980毫米　16开本　38印张　657千字 2020年12月第1版　2020年12月第1次印刷
定　　　价	118.00元

未经许可，不得以任何方式复制或抄袭本书之部分或全部内容。

版权所有，侵权必究

举报电话：010-62752024　电子信箱：fd@pup.pku.edu.cn
图书如有印装质量问题，请与出版部联系，电话：010-62756370

目 录

推荐序/王晨光 ·· 001

中文简体版序 ·· 007

译者的话/苏玉菊 ·· 011

前　言/托马斯·R.弗里登 ··· 013

第三版序言 ·· 015

致　谢 ··· 021

第一部分　公共卫生法的概念基础

第一章　公共卫生法的理论与定义 ································· 003
第一节　公共卫生法:定义与核心价值 ···························· 004
第二节　政府权力与职责:将健康作为重要的价值取向 ······ 005
第三节　强制权与对州权力的限制 ·································· 009
第四节　群体视角 ·· 012
第五节　预防取向 ·· 014
第六节　社会正义基础 ··· 017
第七节　公共卫生问题解决模式的演进 ···························· 020
第八节　将法律当作维护公众健康的工具:法律干预模式 ··· 026
第九节　公共卫生的合法范围与法律 ······························· 033

第二章　风险规制
　　　　——一个系统性评估 ·· 037
第一节　公共卫生规制的一般性理由 ······························· 038
第二节　风险评估 ·· 050
第三节　规制的有效性:手段/目的测试 ···························· 060

第四节　公共卫生规制的经济成本 …………………………… 061
第五节　公共卫生规制的个人负担:最小限制性选择 ………… 065
第六节　公共卫生公平:利益与负担的公正分配 ……………… 066
第七节　透明、信任、合法性 …………………………………… 067
第八节　风险预防原则:科学不确定情形下的行动 …………… 068

第二部分　公共卫生的法律基础

第三章　宪法设计下的公共卫生法
　　——公共卫生的权力与职责 ……………………………… 073
第一节　宪法功能及其在公共卫生上的适用 …………………… 074
第二节　消极宪法:保护健康与安全是政府的责任 …………… 083
第三节　保障公众健康条件的州与地方权力:
　　　　人民的福祉乃最高法律 ……………………………… 089
第四节　保障公众健康的联邦权力 ……………………………… 096
第五节　联邦法的私人实施:诉讼资格与主权豁免 …………… 109
第六节　结构性制约与公众健康 ………………………………… 115

第四章　公共卫生权力行使的宪法限制
　　——保障个人权利与自由 ………………………………… 118
第一节　公共卫生与《权利法案》 ……………………………… 119
第二节　20世纪早期警察权的宪法制约:雅各布森案
　　　　与洛克纳案 …………………………………………… 125
第三节　当代宪制时代对公共卫生权力的限制 ………………… 135
第四节　公共卫生与公民自由:冲突与互补 …………………… 158

第五章　公共卫生治理
　　——民主与授权 …………………………………………… 160
第一节　公共卫生机构与行政国的兴起 ………………………… 161
第二节　行政法:行政机关的权力与限制 ……………………… 174
第三节　地方政府权力 …………………………………………… 183
第四节　地方行政规则制定:地方政府法与州
　　　　行政法之间的互动 …………………………………… 191
第五节　授权、民主、专长与良治 ……………………………… 194

第三部分　法律干预的模式

第六章　公共卫生与公共安全的直接规制 …… 199
- 第一节　公共卫生规制简史 …… 200
- 第二节　规制手段 …… 205
- 第三节　环境保护：一则关于规制手段范围的案例研究 …… 222
- 第四节　解除规制：消除有效公共卫生干预的法律障碍 …… 226
- 第五节　降低吸毒者的损害：一则关于解除规制的案例研究 …… 227

第七章　侵权法与公共卫生间接规制 …… 232
- 第一节　侵权责任的主要理论 …… 234
- 第二节　因果关系要件：法庭上的流行病学 …… 251
- 第三节　侵权诉讼的公共健康价值 …… 259
- 第四节　烟草战争：一则案例研究 …… 261
- 第五节　侵权法改革运动 …… 273

第八章　税收、开支与社会保障体系
　　——公共卫生的隐性影响 …… 279
- 第一节　税收与激励 …… 281
- 第二节　开支权 …… 287
- 第三节　以提升医疗保健可及性为目的的税收与开支 …… 294
- 第四节　儿童牙齿健康：一则案例研究 …… 304

第四部分　情境中的公共卫生法

第九章　监测与公共卫生研究
　　——隐私、安全与个人健康信息保密 …… 313
- 第一节　公共卫生监测 …… 315
- 第二节　公共卫生研究 …… 323
- 第三节　隐私、保密与安全：概念界定 …… 325
- 第四节　健康信息隐私：伦理与实用主义基础 …… 329
- 第五节　健康信息隐私：法律地位 …… 330
- 第六节　隐私与保密研究 …… 341

第七节　隐私与公共卫生：艾滋病与糖尿病监测个案研究 ………… 346
第八节　大数据时代的公共卫生 …………………………………… 351

第十章　传染性疾病的预防与控制 …………………………………… 357
第一节　疫苗接种：使人群获得抵御疾病的免疫力 ……………… 360
第二节　检测与筛查 ………………………………………………… 382
第三节　抗菌疗法 …………………………………………………… 391
第四节　接触者追踪与性伴通知 …………………………………… 399
第五节　社会—生态预防策略：艾滋病与医院获得性感染
　　　　的案例研究 ………………………………………………… 402

第十一章　突发公共卫生事件防备
　　　　——恐怖主义、疾病大流行与灾难 ………………………… 410
第一节　公共卫生突发事件防备中联邦与州的平衡 ……………… 412
第二节　紧急状态宣告 ……………………………………………… 417
第三节　疏散与紧急避难：弱势群体的需求 ……………………… 422
第四节　医疗对策的研发与分配 …………………………………… 426
第五节　检疫、隔离、限制行动与社区控制 ……………………… 436

第十二章　非传染性疾病预防
　　　　——促进更健康的生活方式 ………………………………… 455
第一节　非传染性疾病的负担 ……………………………………… 456
第二节　公共卫生策略演进与非传染性疾病预防政治 …………… 460
第三节　信息环境 …………………………………………………… 465
第四节　市　场 ……………………………………………………… 480
第五节　建成环境 …………………………………………………… 489
第六节　社会环境 …………………………………………………… 492

第十三章　公共卫生视角下的伤害与暴力预防
　　　　——促进更安全的生活方式 ………………………………… 498
第一节　伤害预防的核心概念 ……………………………………… 500
第二节　劳工安全 …………………………………………………… 510
第三节　机动车与消费品安全 ……………………………………… 515
第四节　伤害预防的新兴议题 ……………………………………… 524

| | 第五节 | 枪支伤害预防:一则案例研究 …………………………… | 532 |

第十四章 健康正义与公共卫生法的未来 …………………………… 548
	第一节	健康差异 ………………………………………………………	549
	第二节	作为公共卫生法核心价值的社会正义 ……………………	552
	第三节	近期三大运动中的社会正义与健康差异 …………………	554
	第四节	挑战:公共卫生、政治与金钱 ………………………………	560
	第五节	岌岌可危的合法性与信任 …………………………………	562
	第六节	框架问题 ……………………………………………………	565
	第七节	公共卫生法的未来 …………………………………………	567

关于作者 …………………………………………………………………… 570

推荐序

  公共卫生直接关系公众健康，关系社会的繁荣与发展。在大多数发展中国家，由于公共卫生基础设施和服务严重落后，直接导致传染病频发，民众健康水平低下，社会和经济发展受阻。但是，由于公共卫生并不像以个体患者为对象的医疗活动那样具有直接和直观的效果，且工作琐碎、任务量大、时间长、见效慢、难以取得明显的健康或经济回报，例如控烟，不仅难于计算其直接的经济回报，反而会减少烟草产业的经济效益，因而在实践中它往往被边缘化或被有意无意地轻视。加之当代医药领域高科技和新技术的发展突飞猛进，如手术机器人、精准治疗、基因疗法、生物制药、人工智能医疗等创新令人眼花缭乱、振奋不已，愈发使得公共卫生"相形见绌"。但是，当代医药领域高科技带来的"奇迹"更多地集中在对于现有疾病的治疗，聚焦于对个体患者的健康和生命的保障上。相比而言，公共卫生则以群体健康为中心，它在人类发展历程中发挥的巨大作用，如防控因商业化和全球化带来的传染病，改善因城市化和工业化产生的人类聚居环境及职业环境，倡导健康生活方式，这是以个体患者为对象的医疗活动所无法企及的。如果说以个体疾病为对象的医疗活动针对的是下游问题，那么以公众健康为目标的公共卫生则是以清理上游和中游问题为其主要任务。如果上游和中游环境恶化，针对下游问题的治理就无异于扬汤止沸，治标而非治本。当然通过对下游问题的治理也可以反思上游问题，提出有针对性的上游治理方案，而且在社会财富不断积累的条件下也应当对个体疾病给予更多的关注和治疗，但是如果轻慢或忽视公共卫生，怠于建立和完善公共卫生体制，就难免会遭到从"潘多拉魔盒"中逃逸出来的瘟神的报复，迫使人们通过惨痛的教训重新认识公共卫生的重要性。

  说到此，不能不提到2003年暴发并肆虐神州的"非典"（SARS），这不就是因为在相当一段时间内忽视公共卫生而使瘟神逃出"潘多拉魔盒"所带来的现实报应吗？此后，任何涉及食品安全、药品安全、疫苗接种、传染病防治、慢性病控制、清洁饮用水、健康生活方式、空气质量和宜居环境的问题和事件都会成为社会热点,公共卫生一跃而成为举国上下共同关注的重大社会问题甚至是政治问题。"没有全民健康,就没有全面小康。""健康中国"已经成为民族振兴和国家发展的重大发展战略。正是在这一大背景下,习近平总书记提出:医疗卫生事业要"树立大卫生、大健康的观念,把以治病为中心转变为以人民健康为中心",重新定位公共卫生在社会发展中的基础性地位,推动公共卫生体制改革和完善。

从全球范围而言,健康食品、清洁饮用水、基本药物、居住环境等与公共卫生和健康密切相关的问题也是国际社会高度关注的事项。由189个国家在2000年签署的《联合国千年宣言》以及其后制定的《联合国千年发展目标》(MDGs)提出了8项在2015年之前要实现的重要目标,即消灭极端贫穷和饥饿;普及小学教育;促进两性平等并赋予妇女权利;降低儿童死亡率;改善产妇保健;对抗艾滋病病毒以及其他疾病;确保环境的可持续能力;全球合作促进发展。每一项目标几乎都与公共卫生直接或间接相关。联合国在2015年进一步通过了在2030年前完成的《联合国可持续发展目标》(SDGs),它包括为推动可持续发展必须实现的17项重要目标,其中第三项大目标"良好健康与福祉"直接与公共卫生和健康有关,同时,其他重要目标也有很多与公共卫生和健康有关。中国和世界各国的经验和教训告诉我们:公共卫生是保障和促进健康最重要的手段,是在世界范围内推动可持续发展的基本保障。这已经成为当今世界各国的共识。

虽然公共卫生和健康的重要性在中国和国际社会都得到了高度的认可,但是作为公共卫生及其制度基石的公共卫生法却并未受到应有的重视,公共卫生法在医学界和法学界都被边缘化,可以说是受到了双重忽视。公共卫生和医学界把公共卫生法作为可有可无的分支,法学界也视公共卫生法为难登大雅之堂的另类。这种状况与公共卫生和医疗事业发展的需求极不匹配,与公共卫生法甚至广义的卫生法应有的学术地位也极不相称。这种情况曾长期存在于绝大多数国家。

面对这种窘迫的局面,劳伦斯·高斯汀(Lawrence O. Gostin)教授于20世纪70年代就义无反顾地投身于并不被学界和业界看好的公共卫生法研究,以其精湛的法学功底和持之以恒的毅力,在公共卫生法这一未开垦的处女地辛勤耕耘。春华秋实,他的辛勤与投入收获了学术研究的累累硕果,不仅著作等身,也奠定了其在美国和国际上公共卫生法开拓者和泰斗的地位。他是乔治城大学校级教授、乔治城大学法学院奥尼尔国家暨全球卫生法研究中心的创办者和主任、世界卫生组织国家暨全球卫生法中心创办人、美国国家科学院院士、《全球卫生框架公约》(草案)的发起人和起草者。在他众多具有广泛国际影响的著作和论文中,《公共卫生:权力·责任·限制》无疑是最著名和最具影响力的作品。可以毫不夸张地说,这一著作是公共卫生法发展史上具有里程碑意义的作品,开创了公共卫生法的新时代,有力地推动了公共卫生法的学术发展和实践。其要点包括但不限于下述四个方面。

其一,高斯汀教授首次在学术界对公共卫生法学作出了科学定义,为公共卫生法作为卫生法学子学科的发展奠定了坚实的基础。在20世纪60和70年代,卫生法刚刚在美国法学界崭露头角时,就连参与其中的开创者们对卫生法学的概念也莫衷一是。精神卫生法、法医学、医疗侵权法、药品法,各种与卫生相关的法律都被囊括其中。高斯汀教授则坚持把人权概念和理论引入卫生法学研究,从所有人都追求的健康权益及其在法律上体现的健康权出发,构建卫生法学体系。如果卫生法学是以健康权为核心的部门法学,公共卫生法学就是以公众健康(population health)为核心的子学科。这一准确和科学的定义把公共卫生法与以个体健康为核心的医事法学和以质量安全为核心的健康产品法学(药事法、食品安全法等)清晰地加以区分。此外,高斯汀教授提出的公共卫生法定义具有开阔的视野和丰富的内容,包括政府权力与权力控制、预防为主、多元合作、社会正义等多种要素。这种把公众健康作为核心要素的理论视角,突破了"传统自由主义"仅仅关注个人健康权的理论局限,转而更多地关注公众健康,重视个人与其所处的群体的关系,正视在公共卫生领域经常出现的个人权利与全体权利的冲突。正是在这一定义和社群主义理论的基础上,他建构了公共卫生法学乃至整个卫生法学的体系框架。

其二,高斯汀教授准确地界定了政府在公共卫生法领域的主导作用。与市场和其他社会领域不同,政府在公共卫生领域不能缺位或式微。虽然社区、媒体、行业组织等众多主体的参与和合作也是必不可少的要素,但是政府和公立公共卫生机构的主导作用则不可替代。公共卫生服务是公共产品,因此不能单纯依靠市场来提供和分配。高斯汀教授不仅在理论上明确论证了政府的主导作用,而且也从美国建国和发展的历史中找到了大量证据,即从北美建立殖民地时起,各个新兴城市和社区就对公共卫生事务制定了种种市政或地方法规;美国各州政府成立伊始即对公共卫生事务具有"与生俱来的规制权"(inherent police power)。而这种"规制权"和政府为保障公共健康而限制个人权利的历史往往被学术界有意无意地忽视。论证至此,高斯汀教授并没有止步不前,而是在明确政府主导作用的前提下,进一步对政府权力运行的目的、边界和条件进行了分析,提出了依法对政府权力滥用进行控制的理论和制度建议;同时还运用其深厚的宪法学和行政法学的功底,对美国宪法体制下联邦和州政府之间在公共卫生事务上的权力划分和实际运作进行了鞭辟入里的精妙阐述和分析，发掘出公共卫生法学的理论深度，读来令人不禁拍案叫绝，感叹他开拓的公共卫生法学疆域之博大精深。

其三，公共卫生规制常常被置于对不同利益进行"取舍"（trade-off）的两难境地之中。高斯汀教授在分析大量事例和案例的基础上，指出公共卫生法在实施中往往面对"公众健康"和"公共福祉"与"个人自由"和"商业利益"之间的冲突，从而必须在两者间进行取舍。健康权是人权的重要组成部分；而公众健康与个人自由则是不同层面的人权，孰重孰轻，令人难以取舍。这种权利的冲突、伦理与法律的纠缠、现实与理想的背离构成了公共卫生法学研究和实践的一大特色。他以此为切入点，对各种权益冲突进行了类型化的梳理，汇总出详细的在不同领域公共健康与个人权益间冲突的类型，并在此基础上提出了处理这些冲突的一个根本目的——保障公众健康，两项基本方针——"透明"（transparency）和"预防"（precaution），三个基本原则——防止对他人构成风险的不伤害原则（Harm Principle：Risk to others）、保护无行为能力者的最佳利益原则（Best Interests：Protection of Incapacitated Persons），以及保护身心健全成年人免受自我伤害的父爱主义原则（Paternalism：Protection of Competent Adults from Self-Harm），五个判断标准——风险程度、采用手段的有效性、成本收益比、最少限制和最小负担、合理分配权责的公平性。这些目的、方针、原则和标准的组合构成了准确处理公共卫生法权益冲突的理论框架和实践指南。

其四，高斯汀教授是运用法律推动公共健康的倡导者和先行者。公共卫生专家和法学专家常常提出同一个问题，即法律能够在公共卫生领域做什么？法律似乎和疾病防控等公共卫生活动没有关系。高斯汀教授在本书中充分论证了法律在公共卫生领域能够发挥的作用和方式，如通过宪法和行政法规范政府在公共卫生领域的作用和限制权力滥用，通过侵权法遏制和消除对公众健康造成损害的各种行为和活动，通过检疫法采取检疫隔离措施控制传染病，通过人权法保障个人隐私和权利，通过信息法保障公众知情权，通过商法限制有害商品的扩散，通过税法对危害健康的产品和活动进行规制，通过刑法对造成健康危害的主体进行惩罚，通过国际法控制烟草等有害健康的产品流通。

此书虽然谈的是美国社会中的公共卫生法，但其独辟蹊径的法理分析、制度设计、运行路径为我们打开了广阔视野，为公共卫生法打造了一个可以大展身手的宏大舞台。阖卷扪心自问，还能说公共卫生法没有理论深度和实践空间吗？恰恰相反，公共卫生法需要有创新的胆识和扎实的功底，以公众健康权为基石，以公共权力为支柱，不拘一格，融汇贯通众多法学部门，适应社会发展和民众的需求，让法律理性、智慧和机制在公共卫生领域大显身手。正是在以高斯汀教授为代表的公共卫生法先驱者的推动下，世界卫生组织近些年来也愈发重视法律在推动健康中的作用，呼吁各国公共卫生学界和法学界专家投入这一工作之中。就中国而言，卫生法体系的建构刚刚开始，卫生领域的基本法律才行颁布，医药卫生体制改革仍然是以政策为主导的改革，法律的作用并未充分发挥。凡此种种，更加凸显出此书对中国公共卫生法发展的重要启迪和借鉴意义。

令人感慨的是，就在本书中文简体版即将付梓之际，全球正在经历一场新冠肺炎疫情的暴发与流行。疫情突如其来，来势汹汹。中国政府坚持以人民为中心的抗"疫"观，将人民群众的生命安全与身体健康放在第一位，万众一心，众志成城，经过艰苦卓绝的努力，用3个月左右的时间取得了武汉保卫战、湖北保卫战的决定性成果，取得了疫情防控阻击战的重大战略成果。但是，我们也应该看到，这次突发公共卫生事件暴露出后SARS时代我国公共卫生法治保障仍然存在空白、弱项、短板，仍然存在制度失灵与制度不衔接等问题。习近平总书记强调，要从体制机制上创新和完善重大疫情防控举措，健全国家公共卫生应急管理体系，提高应对突发重大公共卫生事件的能力和水平。全国人大常委会提出，将及时总结疫情防控经验，强化公共卫生法治保障立法、修法工作。可见，此次疫情既对我国公共卫生法治提出了挑战，也为我国公共卫生法治发展带来了机遇。本书的出版恰逢其时，将为健全、完善我国公共卫生法治建设提供有益的经验与参考。

好书还要有好的传播者。如果没有苏玉菊教授几年来锲而不舍的努力，没有她组织诸位学者倾心伏案，中国大多数读者也会因语言障碍而与此书失之交臂。因此应该感谢苏玉菊教授和各位译者，让这部英文名著得以补上中文版的空缺，使更多国人和公共卫生法学界同仁探悉公共卫生法学的精髓。

高斯汀教授的这部著作博大精深，每每翻阅总有收获。如非译者诚心邀请和高斯汀教授慷慨允诺，也无缘与人分享心得。因此，要诚挚感谢译者尤其是作者赐予良机。虽然本人对此书的领悟未必准确和全面，仍不揣冒昧，以个人浅见和感悟，聊为大作中文版的序言，与译者和读者共励共勉，以期推动公共卫生法学的繁荣与发展。

王晨光
2018年10月5日成稿于清华园
2020年5月28日定稿于清华园

中文简体版序

世界卫生组织的一位高级官员曾问我:"法律在改善公众健康方面能做些什么?"我的回答是:"无所不包。"医生可以挽救某个病人的生命,但是公共卫生法可以挽救成千上万人的生命。20世纪最伟大的公共卫生成就——汽车安全、烟草控制、传染性疾病控制、食品安全、工作场所安全和儿童接种都是在法律改革的推动下取得的。法律是预防与控制绝大多数健康危害的重要工具。

正是由于这个原因,我把公共卫生法定义为:为确保人们获得保持健康的生活条件,州(国家)所享有的法定权力与所承担的法定责任;以及为保护人类自由而对州(国家)权力进行限制。因此,州(国家)有维护公共健康的职责,并需要充分的权力来实现这一目标。但当政府侵犯人权时,法律也对之予以限制。人们需要在维护公共利益与保护人类正当价值之间进行平衡。公共卫生法在有效预防伤害与疾病时,不能过度影响人类繁荣,这是良好社会的标志。

中国是世界上人口最多的国家,是全球第二大经济体。中国具有向国内外提供公共产品的巨大潜力。中国在减轻贫困方面取得了令人瞩目的进展,同时将卫生保健从城市中心扩展到偏远乡村。中国创建了新的卫生机构,包括疾病预防控制中心以及食品与药品监管部门。中国提出的"一带一路"倡议(BRI)展现了21世纪的宏伟愿景:在基础设施项目建设连接中国与欧亚并延伸至非洲的公路、铁路与航道的推动下,将带来超过1万亿美元的卫生和发展投资。BRI有潜力成为富有远见的全球卫生和发展方案,但也会引发有关地缘战略利益等方面的重大关切。

然而,这个国家面临着巨大的健康挑战。随着很多人从贫穷走向中产阶级,西方健康风险的端倪也已经在中国显现,尤其是超重和肥胖率正惊人地增加。在与中国卫生部门官员的交谈中,他们解释了,当要求那些能够负担得起美好生活所需的普通公民减少肉类、饱和脂肪与糖类消费时所遭遇的困境。再来看看北京、上海或香港的公路吧,那里挤满了汽车、骑自行车的人与行人——这带来了巨大的致残或致命伤害的风险。在这些城市,还要考虑到空气污染所带来的巨大挑战。

此外,当然,中国和亚洲大部分地区也是传染性疾病的高发地区,从新型冠状病毒(重症急性呼吸综合征和中东呼吸综合征)到禽流感等,都可能转化成传染性疾病大流行。伴随着拥挤的大城市的兴起、密切的人与动物间的接触(例如农贸市场)以及快速的国际旅行,全球卫生安全从未像今天这样处于如此大的危机之中。

在这些健康危害中,有很多因气候变化而加剧:从蚊虫传播的疾病、不安全食品以及被污染的水,到空气污染等都是如此。气候变化还将把气温推向极端,同时将增加旱灾、水灾与危险天气事件等风险。尽管中国在清洁能源技术方面处于世界领先地位,但其环境治理任务依然非常艰巨。

本书将帮助政府、学术界和民众理解:明智的、以证据为基础的法律改革将如何能够毫无疑问地促进社会健康与安全。在中国这样的大国,保护公众健康任重道远。比如,像北京这样的大城市如何改变建筑与自然环境来促进公众健康?鉴于农村居民远离大型医院与尖端医疗技术,如何才能给所有人提供优质的医疗服务?考虑到医疗产品生产商与全球供应链如此众多,如何才能控制假冒伪劣的药品或疫苗?

然而,即使面对日益严峻的挑战,各国政府和人民也可以采取集体行动,为保障公众健康而有所作为。在这篇序言中,我将提出一些富有成效的公共卫生法律改革措施。当读者在翻阅本书时,会发现难以计数的可以变革法律的方法。我们先要考虑三大健康危害:伤害、慢性(非传染性)疾病与传染性疾病。我们还要考虑法律如何助力建立健全的卫生体系,以实现联合国可持续发展目标——卫生保健服务全覆盖。

伤害:我们通常所言的"伤害"——当其发生在道路上、工厂中和矿井下时——被称为"意外事故"。但这些并非偶然事件,伤害既可预测又可预防。现以交通事故为例来说明。法律可以大大减少交通伤害和死亡,所有发达国家都已经做到了这一点。法律可以更好地确保设计良好的道路交通系统(例如,交通稳静、照明以及在汽车、自行车和行人之间设置护栏)。法律可以创制与实施禁止不安全驾驶、醉酒驾驶或分心(例如发短信)驾驶的命令。法律可以要求车辆配备安全带、被动防护系统和防撞缓冲区而让驾驶更安全。职业卫生与安全法可以保护工厂、建筑工地和矿井工人的生命安全。创建更安全的工作场所可以提高生产力,改善工人福利,并挽救生命。

慢性(非传染性)疾病:在预防慢性疾病(如癌症、糖尿病、心血管疾病和呼吸道疾病等)方面,强有力的以证据为基础的干预措施比比皆是。最著名的例子就是以《世界卫生组织烟草控制框架公约》为支撑的烟草控制行动。通过采取一系列法律措施，吸烟率已显著降低。具体而言，这些措施包括税收、市场限制、禁止在公共场所吸烟以及提高香烟购买者的法定年龄等。甚至有可能采取影响更为深远的改革措施，例如，食品药品管理局（FDA）强制要求将香烟中尼古丁的含量降低到接近为零。在这些法律措施中，有很多同样可以被用于控制肥胖和超重这一公共健康危机。世界各地的司法判决已经在以下这些方面作出努力：禁用反式脂肪酸、对含糖饮料征税、削减垃圾食品（特别是对儿童）的销售、减少食品包装分量、强制要求降低大众食品中的含钠量等。我们还可以通过改造城市来促进健康生活。例如，"智能"城市在减少快餐店数量的同时，使市民更便于获得并购买得起新鲜的水果和蔬菜，并为市民创建娱乐场所和安全的交通设施（例如，建设自行车道和人行道、公园和游乐场、公共交通设施）。

传染性疾病：公共卫生的历史证明了传染性疾病防治法所处的中心地位。该法可以强制要求建立卫生设施、疫情早期报告、疾病监测、检测与筛查、接触者追踪与性伴告知、儿童接种以及对传染性疾病的隔离或检疫。法律还可以对畜牧业、农贸市场或其他人与动物密切接触的场所进行规制。对疫情的快速预测与应对需要强有力的公共卫生基础条件，包括实验室、训练有素的卫生工作者、数据系统和风险信息沟通。世界卫生组织颁布的《国际卫生条例》是一个至关重要的法律条约，该条例要求成员国启动上述这些法律改革措施，以确保对传染性疾病的早发现、快速反应与国际合作。

卫生体系与全民健康保险：法律能够对有效的卫生保健体系所有的关键因素——覆盖全民的与负担得起的卫生保健获得、公平、质量、安全与成本控制——发挥重要作用。法律可以确立全民享有卫生服务的权利。法律可以通过保护弱势群体（穷人、农村居民、残疾人、儿童和老人）来确保公平。法律可以创立并施行医疗服务、医院和医疗产品（药品、疫苗和医疗设备）质量标准。法律可以通过基于已证实的有效性（例如，基本药物清单）对服务资格进行限制，从而遏制医疗成本；可以鼓励生产更便宜的非专利药物，并可以打击腐败。整个卫生保健体系由法律统领、规制。政府通过对最佳法律基础建设的周密评估，可以在确保建立更好、更公平的卫生保健服务方面大有所为。

当然，公共卫生法并不是包治百病的灵丹妙药。还有大量事与愿违的法律例证，比如，禁止（吸毒者）针具交换、将性群体入刑等。然而，各国政府往往没有认识到法律及法律行动者——律师、法学教授和司法部门——

在促进健康权益方面所发挥的至关重要的作用。从诸多方面来看,大力建设卫生法职业团体,对于维护公众的健康与安全将会大有帮助。总之,对任何社会来说,没有什么比保证公众健康与幸福更重要的使命了。

译者的话

劳伦斯·高斯汀教授是国际知名学者,尤其在卫生法学领域更是著作等身,成就卓著。《公共卫生法:权力·责任·限制》(*Public Health Law: Power, Duty, Restraint*)一书是高斯汀教授的代表作。我最早接触到这本著作,是在清华大学法学院攻读博士学位期间,我的导师王晨光教授将该书作为公共卫生法课程的指定教材。王老师还转赠了我一本原版书。要知道,这可是王老师辗转万里从国外背回来的高斯汀教授的赠书。我如获至宝,认真研习。

这是一部鸿篇巨著,原书共 762 页,其中正文页码 550 页(正文中穿插着大量的图片*、图、表、框),注释 167 页。本书涉及领域之广泛、内容之丰富,令人叹为观止:不仅涉及宪法、行政法、人权法、侵权法、契约法等几乎所有的部门法学,而且涉及哲学、生命伦理学、政治学、经济学等人文社会科学,还涉及公共卫生学、流行病学等自然科学。我从一接触到本书时,就萌生将之翻译成中文的想法,但是,鉴于本书体量之宏大、涉及领域之广博,我深感心有余而力不足,几度着手,几度停顿,终未能在清华园读博期间将本书译介给汉语世界的读者。

2015 年 9 月,我有机会来到高斯汀教授任主任的乔治城大学奥尼尔国家暨全球卫生法研究中心访学,得以深入了解高斯汀教授与他的著作。在一次聚会中,我与高斯汀教授谈起他的这本书,他感慨地说:这是他最费心力完成的一部著作,是他最得意的一部著作,是他的代表作。那一刻,我便下定决心,要克服万难,启动本书的翻译工作。当我向高斯汀教授表达要翻译本书的想法时,他欣然同意。至今,我仍记得当时他脸上洋溢的喜悦与激动之情。这种喜悦与激动,是他殷切希望自己的学术思想能够在汉语世界传播的自然表露。这种喜悦与激动,也让我读懂了一位国际知名学者对于我一介小辈——他的故交挚友王晨光教授的学生——的信任与期盼。接下来,在高斯汀教授的积极联络下,我们获得了原版书的出版社加利福

---

* 作者没有授权在中文版中放入图片。——译者注

尼亚大学出版社的翻译授权。

斗转星移、寒来暑往,历经五载有余,本译著终于要面世了,艰辛自不待言,感慨亦难以言表。在此,要特别感谢我的恩师清华大学法学院卫生法研究中心主任王晨光教授的全力支持与指导。在王老师的亲自协调下,本书的翻译团队得以组成,译著的出版事宜得以落实。王老师还亲自为本译著作序。同样作为国际知名学者,王老师的推荐序必然会提升本书在汉语世界的影响力。

感谢刘碧波博士、穆冠群博士参与了本书的翻译工作。在着手本项翻译工作时,二位青年才俊都还是在校的博士生,他们在忙于繁重的博士学业的同时,仍抽出宝贵的时间参与翻译,一方面体现了本书对于莘莘学子难以抗拒的学术魅力,另一方面也反映出二位博士勤勉敬业的治学精神。

还要特别感谢北京大学出版社的编辑团队。蒋浩副总编辑在百忙之中,亲自协调本书的中文简体版出版事宜,令人感念。责任编辑杨玉洁女士善于沟通、精于业务、办事高效,为本译著的出版付出了无法替代的辛劳与智慧。

还要感谢其他所有为本译著的出版作出贡献的各方人士。

近年来,随着人们对生命健康权的高度关注,卫生法学研究已逐渐由边缘走向前沿,呈现欣欣向荣之势。"他山之石,可以攻玉。"加强对域外卫生法学著作的译介,借鉴、吸收域外制度智慧是推动卫生法学学科发展与卫生法治建设的重要途径。本书是卫生法学领域的力作,能将之译介给汉语世界的读者,是译者的荣幸,也是吾辈译介工作的起点。

"非淡泊无以明志,非宁静无以致远。"在当下的学术成果认定中,耗时费力、苦心孤诣翻译的著作大多不能算作译者的学术成果。此种境况下,若还能初衷不改、译趣依然,除了好的著作令译者流连痴迷之外,更需要译者拥有一份"淡泊"与"宁静"的心性。本书的翻译对于译者来说是一次"明志"的表白,也是一次"致远"的考验。

本书的翻译工作分工如下:苏玉菊翻译中文版序言、前言、第三版序言、致谢、关于作者、第一、二、三、四、五、九、十章,总字数约345千字,并负责全书的统稿、定稿;刘碧波翻译第十一、十二、十三、十四章,总字数约180千字;穆冠群翻译第六、七、八章,总字数约122千字。

本译著虽历经数轮校对与修改,但由于译者水平有限,疏漏与不足在所难免。在此,诚请业界专家学者批评指正!

苏玉菊
2019年5月22日成稿于杏林苑
2020年6月18日定稿于杏林苑

前 言

> 惊雷一声,响彻寰宇,但耀眼的却是闪电。
>
> 马克·吐温:《私人信件》
> (Mark Twain, *Private Correspondence*, 1908)

在公共卫生领域,法律是最后的闪电。真正发挥作用的是法律。人们广为认同,保护健康和安全是政府的一项核心职能;一个亘古不变的主题便是施用法律来保护公众健康。我们利用法律来实现公共卫生目标,这涉及疫苗强制接种、安全带强制佩系、饮水加氟、减少酒驾、改善工作场所的安全以及其他各个方面。尽管许多公共卫生成果可以通过自愿行动来达成,但在必要时,法律是可利用的工具。

如果法律不对强制报告作规定的话,疾病监测将不可能成为公共卫生实践的基础。通过对如何收集和使用健康数据进行管控,我们可以解决有关病人隐私的问题,并为病人保密。正如公共卫生先驱赫尔曼·比格斯(Hermann Biggs)在一个多世纪前就肺结核报告制度所指出的:"向卫生当局通报并不意味着全市皆知。"[①]

尽管对许多疾病来说已经有药可治,但有些病人却拒绝治疗。就肺结核等传染病而言,法律可以强制病人处于隔离状态或接受治疗,以确保疾病不传染给他人。

政府还负有保护人们免受不健康环境影响的职责,包括对空气、水和食品安全的规制。一些企业自愿或单方面采取行动的积极性不高,适当的规制框架的缺少致使全球各地环境污染持续存在。去铅行动(即去除汽油和油漆中的铅)大大降低了儿童的发育障碍,但是,如果不是采取法律行动的话,是不可能取得这一成果的。这一原则的最新应用是:为保护健康,要求在公共场所与工作场所禁烟。

[①] Quoted in Thomas R. Frieden, Barron H. Lerner, and Bret R. Rutherford, "Lessons from the 1800s: Tuberculosis Control in the New Millennium," *Lancet*, 355 (2000): 1089.

我们还运用法律来促进安全、优质的医疗保健。具体而言,对医疗照护提供者和设施实施许可制度,旨在确保他们至少达到医疗保健的最低标准。对医疗照护提供者和设施的绩效实施公开报告制度,可以促进医疗照护质量的改进,并有助于消费者作出更明智的选择。对成药和处方药以及医疗器械的规制可以促使其合理使用,并使其安全性与有效性得以提升。政府承担的医疗费用的比例很大,因此在降低成本、保持并提高质量方面具有既定利益。

作为改善公共卫生的工具,法律仍处于持续发展中。随着非传染性疾病负担的持续上升,许多国家的政府和公共卫生机构正在考虑采用新的法律手段对影响个人选择的环境因素进行规制,以实现预防心脏病、糖尿病和癌症这一目标。消除食品中的人工反式脂肪酸可以保护人们免受有害食物添加剂的影响——公众可能对食物添加剂的存在并不知情,也不能自行将其从食物中去除。税收也是一项强大的公共政策工具,例如,对烟草征税就减少了对烟草的消费,并挽救了生命。

公共卫生是一门循证科学学科,其核心使命是最大限度地增进公众健康。我们严格履行职责,依据所知晓的知识采取行动,以保护人们免受疾病、伤害和死亡的威胁。《公共卫生法:权力·责任·限制》一书所包含的重要信息与分析,向人们揭示了:统一适用经过民主辩论与批准的法律以及适当的框架性规范是保障公众健康和安全的必不可少的手段。

托马斯·R. 弗里登

(*Thomas R. Frieden*)

疾病控制与预防中心主任

(Director, Centers for Disease Control and Prevention)

第三版序言

本书的第一版在开篇就提出一个中肯的问题:为什么要写一本关于公共卫生法的著作呢?15年来发生了许多变化。历史学家在回顾21世纪初期时,或许可以将其视为公共卫生法的复兴时期。公共卫生科学和实践已摆脱高科技医学的阴影而再度勃兴。越来越多的公共卫生法律从业人员、教师和学者正在提倡富有创新精神的新战略。法律博士(J.D.)与公共卫生硕士(MPH)双学位联合培养项目正在全美范围内施行。一系列令人振奋的新的实训建设举措正在推行中,意在联系和支持从业人员,推进研究,并推动对作为维护公众健康工具的法律的严谨分析。在《平价医疗法》对医疗保健筹资与分配制度进行变革的过程中,社区层级的预防策略正吸引着政策制定者、保险公司、雇主和寻求减少卫生保健费用的卫生保健提供者的关注。社会流行病学——在本书初版时,还处于萌芽阶段——正激发公众对有关健康不平等对社会的灾难性影响这一议题展开广泛讨论。

为什么要出版一本有关公共卫生法的著作呢?一种回答是,卫生保健服务只是健康的贡献者之一,而且可能是贡献相对较小的一个。目前,几乎所有的卫生支出都用于医疗保健,只有一小部分支出被用于以人群为基础的、旨在减少风险和健康危害物质接触的公共卫生举措中。尽管人们对兼具实践性与学术性的公共卫生法的兴趣日益高涨,但是在法律和健康的交会处,医疗照护法仍占据着主导地位。公共卫生法具有巨大的、尚未开发的潜力,将为未来的律师、公共卫生从业者和学者提供探索将法律作为一种工具用以减少传染性疾病与环境毒素接触的令人振奋的机会;将为预防非传染性疾病、伤害、暴力发挥作用;将为应对突发公共卫生事件发挥作用。

在本书中,我们提供了系统的公共卫生法的定义和理论。这一定义是建基于政府负有促进人口健康和福祉的内在责任上的广义概念。

公共卫生法的研究内容包括:州(国家)政府为确保人们享有健康生活(包括识别、预防与降低人群的健康风险)的条件应享有哪些法定权力,并承担哪些法定职责;州(国家)政府为维护公共利益而限制个人自治、隐私、自由、所有权以及其他合法权益时,其权力应受到何种限制。公共卫生法的首要目标是:秉持社会正义价值观,追求最高水平的群体身心健康。

> 我们将对公共卫生法何以是一个具有连贯性并充满活力的学科领域——不同于法律和健康交会处的其他智识活动——进行解释。特别是,我们确定了公共卫生法的六个特征,这有助于将其从有关法律和卫生的浩瀚文献中区分出来:
> 促进公众健康的政府职权与职责
> 州(国家)权力的强制与限制
> 群体视角
> 预防取向
> 社区与公民参与
> 社会正义

因此,本书是研究有关政府为预防伤害与疾病或促进人口健康而进行规制时所引发的复杂问题的著作。政府拥有规劝、激励甚至强制个人和企业遵从维护集体利益的健康和安全标准的权力与责任。这种权力和责任构成了我们所说的公共卫生法的本质内容。

除了提出公共卫生法的定义和理论外,我们还研究公共卫生法的分析方法和工具,主要包括:宪法,授予政府为维护共同体的健康而采取行动的权力,并对这种权力进行限制;制定法、行政法与地方政府法,为应对健康威胁,提供联邦、州与地方等各层面的监管架构;侵权法,对个人和企业的不合理的危险行为所造成的伤害或引发的疾病提供民事救济。

因此,本书的大部分章节将对与公共卫生法领域相关的广泛而丰富的法律和规章进行讨论。然而,对于一本意在面向广大读者的著作来说,不可能考虑到公共卫生法的所有细微与复杂之处。为简洁与清晰起见,本书对法律的文字表述有时可能比实际的法律更具有整体性与可预测性。

我们常常要回到本书的两个主题上:其一,公共产品和私人权利之间的权衡;其二,在应对公共卫生威胁时,是决定采取强制性措施,还是以市场为导向的措施,或是自愿措施。关于第一个主题,我们强调通过法律和监管途径来维护公共产品。这样看来,法律是确保群体更健康与更安全的强有力工具。我们也仔细审视公共卫生规制的复杂性及其所带来的难题。虽然这种规制旨在维护公共产品,但它往往以牺牲私人权利与利益为代价。因此,我们必须认真审视共同福利(作为一方)与个人负担、个人与企业的经济利益

(作为另一方)之间的平衡。

将这些决策归为公共产品和个人权利之间的权衡,只是将问题概念化的若干种可能的方法之一。另一种方法是将权衡看作以下两大公共产品之间的权衡:即公共卫生产品与有限政府产品之间的权衡。毕竟,通过建立限制政府干预的宪法体系,社会从保护个人自由中获得了巨大的好处。此外,有必要强调的是,保障个人权利通常是保护公众健康与安全的最有效途径。公共卫生和个人权利常常互为协作,而强制性政策可能会对群体行为产生意想不到的影响(例如,促使人们远离卫生服务)。此外,反歧视、隐私和其他法律保障手段既具有公共卫生价值,也具有内在价值。而且,对公共产品与个人权利冲突的分析至少抓住了一种重要的有关公共卫生的思考方式。尽管公益与私权之间存在潜在的协同效应,但有时卫生官员却面临着艰难的选择,本书中的多数章节都在探讨这些复杂的选择。

个人视角与群体视角之间的权衡引发了第二个相关主题。公共卫生学者和从业者一直纠结于到底是采用自愿方式还是强制方式来实现集体利益。哪种方式更好:是说服个人改变行为方式,并为之提供改变行为的手段,还是调整环境以促进公众健康,或是公共卫生部门应该诉诸对个人与企业的强制?如果强制是必要的,公共卫生当局应该在什么情况下行使权力?我们提议对公共卫生规制进行系统的评估,这有助于在私权和公益之间进行平衡。我们所提供的评估模式旨在确定政府强制的适用情形,即政府对个人行为的强制应当恰好符合公共标准。

在写作本书的过程中,我们也对自身有了更多的认识。其中的一位作者劳伦斯·高斯汀具有强烈的公民自由主义背景。1970年代中期,他是牛津大学和伦敦大学一名年轻的富布赖特学者,紧接着,他成为英国全国心理健康协会法律总监(MIND)(在那里,他将一系列著名的案例带到了欧洲人权法院),后来,他成为英国全国公民自由理事会(相当于美国公民自由联盟,现称为自由联盟)的领袖。他于1980年代末期回到美国后,供职于美国公民自由联盟(ACLU)全国董事会与全国执行委员会,并在1990年代初期担任隐私委员会主席。在过往的岁月里,他认同占主导地位的自由主义立场,即迄今为止,个人自由是在身心健康问题上指导伦理与法律分析的首选价值。

在本书中,我们对作为普遍社会规范的自由(与其相关的概念有:自治、隐私和自在)至上主义提出了质疑。自由是一个强大而重要的概念,但我们认为学者们却未对伙伴关系、公民身份和社区概念所蕴含的同样强烈的价值观给予足够的重视。作为社会成员,我们的责任不只是简单地捍卫我们自己的权利,以免受经济或个人约束。我们也有义务保护和捍卫整个社会共同体免遭健康、安定和安全威胁。社会的每一个成员都有义务促进共同利益。每个成员都会受益于一个规范良好的社会,因为这样的社会能降低所有人所面临的共同风险。

本版的新合作者——林赛·威利(Lindsay Wiley)——是这个充满活力和快速发展的领域的突出代表。她曾经作为上诉人,在由州政府和市政府提起的公害诉讼中为产业利益进行辩护。但流行病学因果关系证据吸引着她,最终促使她离开私人执业,转而攻读公共卫生学位。她对流行病学、生物统计学、环境卫生与生殖卫生的研究使她认识到,弥漫于法律教育与实践中的经典的有限政府的自由主义理想不能对更深层次的健康的社会决定因素进行回应。她的学术研究项目涉及:公共卫生法律的合法范围;公共卫生父爱主义;法律、社会污名与健康之间的复杂关系;公共卫生与卫生保健的一体化。这表明她试图解决公共卫生和美国法律的基础概念之间的紧张关系和协同效应。她在公共卫生科学和实践方面的背景已预示我们将对若干重要问题进行探讨,包括:对非法使用毒品者的伤害减轻策略,儿童牙齿健康,糖尿病监测,灾害预防,以及慢性非传染性疾病、伤害、暴力等其他深刻而持久的问题。

总而言之,本书将对公共卫生法进行理论论证和定义,对公共卫生法的主要分析方法进行检视,并对公共卫生法的主导性议题进行探讨。虽然可以确定的是,本书远没有解决长期困扰着公共卫生法学者的深刻而复杂的问题,但我们试图为公共卫生法提供一个坦诚的教义学解释,也为该领域目前所面临的争议提供一个坦诚的说明。对于公共卫生来说,这是意义深远的重要时刻,因为,该领域正在与重大的健康威胁进行殊死搏斗,这些威胁从新发传染病(如埃博拉、新型流感和耐药菌感染)与生物恐怖活动(例如,蓄意引入炭疽和天花),到自然灾害(例如,墨西哥湾海岸飓风、纽约/新泽西飓风)与由吸烟、酗酒、不健康饮食和缺乏体育运动所引起的慢性疾病等不一而足。

本书是写给不同层面的读者的。最重要的是,它是为一般的公共卫生领域尤其是为公共卫生法领域的学者和从业者设计的。本书意在对立法者有所帮助,同样也对联邦、州和地方政府的行政官员与审判人员有所帮助。我们还希望本书为法学院、公共卫生学院、医学院、卫生管理学院、社会工作学院以及其他领域的学生和教师提供有关公共卫生法的有益的、系统的概述。令我们感到欣慰的是,本书的第一版和第二版都在美国以及国外的主要大学的课程体系中觅得了一席之地。为便于教学,我们还提供一部姊妹卷:《公共卫生法律与伦理：一个读本》(Public Health Law and Ethics: A Reader)——包括本领域重要的学术论文和司法判例。如同本书一样,《公共卫生法律与伦理：一个读本》也将会被定期更新,以确保其时效性。在"社会科学研究网"上我们的作者网页上,还提供一些在线资源,作为教师与学生学习本书与《公共卫生法律与伦理：一个读本》的补充资料,并紧跟本领域的发展动态。为使本书及其补充资料更加清晰、翔实,我们欢迎各位同行不吝赐教。

我们希望"知情公众"也翻阅一下本书。公共卫生法从根本上讲关涉政治社会和人民之间的关系,由此,这是每个"知情公众"都应该学习和理解的领域。这一学科引人入胜并细致入微,涉及宪制历史和设计、民主和政治参与理论以及个人和企业的权利和义务。

本书的组织架构

本书分为四大部分：
第一部分　公共卫生法的概念基础
第二部分　公共卫生的法律基础
第三部分　法律干预的模式
第四部分　情境中的公共卫生法

第一部分介绍了公共卫生法的概念基础,分为两章：其中一章阐述公共卫生法的理论与定义,另一章对公共卫生规制进行系统性评价。第一章将阐明这一领域的特征,第二章将通过公共卫生科学和伦理视角来仔细审视风险规制所带来的困境。

第二部分包括三章,将涵盖对联邦、州和地方层级的公共卫生权力和实践的法律基础——宪法、行政法和地方政府法——的讨论。这些章节包含对法律原则的讨论,这对于公共卫生从业人员和刚研习法律的学生来说可能不够详尽,但对于律师和熟悉其中大部分法律内容的法科学生来说又可能显得过于迂腐。尽管众口难调,但我们认为,重要的是,要对公共卫生权力的行使与限制的法律基础达成共识。

第三部分包括三章,探讨本书第一章所确认的法律干预模式。第六章讨论直接规制和解除规制；第七章讨论通过追究侵权责任来施行间接规制；第八章讨论通过税收和支出来施行间接规制。这些章节将详细检视规制工具包,包括通过对非法药物使用者的危害减少策略、烟草诉讼和儿童牙齿健康的案例研究来进行检视。我们专注于分析各种方法的优缺点,包括经济效益、政治问责和易受法律挑战的脆弱性。

第四部分由六章组成,考察公共卫生的主要实质性领域以及所产生的个人权益冲突。我们探讨:监测与公共卫生研究的关键概念和趋势;传染病;应急准备;非传染性疾病的预防;伤害和暴力预防等。做这样的体例安排,我们要冒一定的风险:那就是,本书所提供的述评,对于初习公共卫生的律师和法科学生而言,过于粗略,而对于经验丰富的公共卫生从业人员和学生而言,则过于基本。然而,通过这种方式来构建章节,我们既能够结合上下文来解释公共卫生法中的理论问题,也可以揭示它们对个人和企业的影响。这种研究进路也使我们能够探讨公共卫生法中存在的悖论(例如,由于利益不能溯及任何特定的个人,因此,公共卫生规制经常受到挑战或被忽视,然而个人负担与经济负担却日益加重)。我们并未对所有的公共卫生实践活动进行研究,但我们提供了最为突出的实例。我们将在思考公共卫生法的未来中结束本书,在此,我们特别关注的是:健康不平等,以及在对公开透明、民主问责与为确保弱势群体获得更大限度的公正而采取快速有效、影响深远的行动的迫切要求进行平衡时所面临的挑战。这些问题直指本领域政治诚信与合法性的要点。

致　谢

本书得益于诸多人士的重要贡献，在此，我们要向他们致以诚挚的谢意。

我们有专业的编辑，并获得了乔治城大学法学院与美国大学华盛顿法学院的研究协助。特别是，奥尼尔国家暨全球卫生法研究中心研究员丹·霍根多布勒（Dan Hougendobler）花了大量时间精心编辑文本、尾注、数字和图表，追踪照片并获得用户许可证，并协调学生研究助理的工作。贝琳达·里夫（Belinda Reeve）、亚历山德拉·费伦（Alexandra Phelan）、安娜·罗伯茨（Anna Roberts）也是奥尼尔研究中心的工作人员，他们精心编辑了书稿的关键部分，并确认供我们分析的信息源。目前的版本在很大程度上还要归功于为本书第二版的出版作出贡献的本·伯克曼（Ben Berkman）。参与本版研究团队的学生有尼克·马塞卢（Nick Masero）、阿什利·哈德森（Ashley Hudson）、萨曼莎·狄特尔（Samantha Dietle）、加勒特·曼恩（Garrett Mannchen）、布莱恩·吉本斯（Brian Gibbons）和艾米丽·王（Emily Wong）。感谢美国大学的平面设计师埃里克·加西亚（Eric Garcia）制作了本书的图表。感谢埃里卡·布克（Erika Büky）为加利福尼亚大学出版社所作的周密编辑，感谢加利福尼亚大学出版社的艾丽·鲍尔（Ally Power）和辛迪·富尔顿（Cindy Fulton）的不懈努力。

本书的涵盖范围很广，这在很大程度上要归功于我们拥有横跨多个学科和领域的同行，他们为审阅书稿慷慨贡献出时间、精力与专业智识。他们是：保罗·迪勒（Paul Diller）、雅各布·伊甸（Jacob Eden）、阿曼达·弗罗斯特（Amanda Frost）、丹尼尔·戈德堡（Daniel Goldberg）、莉迪亚·哥特斯菲尔德（Lydia Gottesfeld）、本·莱夫（Ben Leff）、阿曼达·莱特（Amanda Leiter）、丹·马库斯（Dan Marcus）、马特·皮尔斯（Matt Pierce）、斯蒂夫·弗拉德克（Steve Vladeck）与黛安娜·温特斯（Diana Winters）。此外，珍妮弗·巴德（Jennifer Bard）、基姆·马丁（Kim Martin）、西玛·莫哈帕特雷（Seema Mohapatra）、马莎·罗姆尼（Martha Romney）、弗莱德·肖（Fred Shaw）以及他们的学生在

2014年秋季学期和2015年春季学期使用本书后,提供了反馈意见。我们以前的学生也不厌其烦地对书稿提出了反馈意见,他们是:杰夫·阿尔伯格(Jeff Alberg)、加布·奥特瑞(Gabe Auteri)、纳塔利亚·布尔(Natalya Bull)、肯尼斯·恰尔迪耶洛(Kenneth Ciardiello)、阿布若·曼德尼(Aabru Madni)、奈玛·马里克(Naema Mallick)、夏洛特·麦凯福尔(Charlotte McKiver)、杰西卡·莫里斯(Jessica Morris)、马克斯·罗斯博尔德-加伯德(Max Rasbold-Gabbard)、吉纳维芙·桑卡尔(Genevieve Sankar)、阿拉文·斯瑞纳(Aravind Sreenath)、乔丹·斯蒂弗斯(Jordan Stivers)、科林·斯波代克(Colin Spodek)、康纳·泰勒(Connor Taylor)、莉萨·汤姆林森(Lisa Tomlinson)与格雷戈瑞·沃德(Gregory Ward)等。当然,本书所有的错误都由我们自己承担。

本书的工作也得益于我们与卫生法以及相关领域的同仁们的合作和学术交流。他们是:玛丽塞拉·阿什(Marice Ashe)、迈克·巴德(Mike Bader)、利奥·贝莱茨基(Leo Beletsky)、迈卡·伯曼(Micah Berman)、道格·布兰克(Doug Blanke)、基姆·布兰肯希普(Kim Blankenship)、凯利·布劳内尔(Kelly Brownell)、斯科特·鲍里斯(Scott Burris)、迪克·戴纳德(Dick Daynard)、鲍勃·迪纳斯坦(Bob Dinerstein)、肖恩·弗林(Sean Flynn)、兰斯·盖布尔(Lance Gable)、罗布·加特(Rob Gatter)、刘易斯·格罗斯曼(Lewis Grossman)、阿南德·格罗弗(Anand Grover)、萨姆·哈拉比(Sam Halabi)、克里斯蒂娜·霍(Christina Ho)、詹姆斯·霍奇(James Hodge)、彼得·雅各布森(Peter Jacobson)、曼内尔·卡帕戈达(Manel Kappagoda)、蕾妮·兰德斯(Renée Landers)、罗杰·马格森(Roger Mag-nusson)、格温多林·玛吉特(Gwendolyn Majette)、杰西卡·曼特尔(Jessica Mantel)、希瑟·麦凯布(Heather McCabe)、吉恩·马休斯(Gene Matthews)、本杰明·梅森·迈耶(Benjamin Mason Meier)、凯文·奥特森(Kevin Outterson)、温迪·帕尔梅(Wendy Parmet)、安妮·皮尔逊(Anne Pearson)、珍妮弗·波梅兰兹(Jennifer Pomeranz)、珍妮弗·普尔(Jennifer Puhl)、杰西卡·罗伯茨(Jessica Roberts)、卡罗尔·鲁尼恩(Carol Runyan)、莱内·卢寇(Lainey Rutkow)、比尔·沙加(Bill Sage)、约翰逊·萨普森(Jason Sapsin)、罗斯·西尔弗曼(Ross Silverman)、斯蒂夫·特瑞特(Steve Teret)、乔恩·维尔涅克(Jon Vernick)与西德尼·沃森(Sidney Watson)。

此外,若没有我们院长和副院长的坚定支持,本书的完成也将是可望而不可及的。我们的院长与副院长是:比尔·特雷纳(Bill Treanor)、格雷戈·克拉斯(Greg Klass)、克劳迪奥·格罗斯曼(Claudio Grossman)、莉亚·埃帕森(Lia Epperson)、珍妮·罗伯茨(Jenny Roberts)、托尼·瓦罗讷(Tony

Varona)与比利·乔·考夫曼(Billie Jo Kaufman)。

我们要特别感谢家人。家人是我们生命中最重要的人,谨将此书献给他们:简(Jean)、布尔(Bryn)、珍(Jen)、基兰(Kieran)与艾斯利·高斯汀(Isley Gostin);亨利(Henry)、格雷迪(Grady)、格温多林(Gwendolyn)与伊娃·威利(Eva Wiley);简(Jan)与比尔·弗里曼(Bill Freeman)。

第一部分

公共卫生法的概念基础

第一章 公共卫生法的理论与定义

公共卫生法不应与医事法相混淆,因为医事法仅适用于为个人提供医疗与外科服务时所涉及的法律问题……公共卫生不是医学的一个分支学科,而是自立的学科。然而,对这一学科而言,预防医学对其影响重大。公共卫生法是法学的一个分支学科,它探讨普通法与成文法在卫生原理与卫生科学中的应用。

——杰姆斯·A.托比:《公共卫生法:公共卫生工作者法律手册》(James A. Tobey, *Public Health Law: A Manual of Law for Sanitarians*, 1926)

法律与卫生的交界之处已产生大量的学术文献、成文法规与司法判决。目前,学者们纷纷开设卫生法课程(如在法学院、医学院、公共卫生学院、商学院以及卫生管理学院开设),从事卫生法律实践,并对卫生法进行阐释。[1] 公共卫生法与医疗照护法、生命伦理学、卫生政策学等学科领域具有共同的概念基础;但是,随着有关公共卫生法的学术成果、法律规范与司法判决的不断增加,它依旧保持着自身独特的学科体系。[2] 我们认为,就公共卫生法而

---

[1] 在法律界与卫生界,有组织的教师团体、学者团体以及执业者团体随处可见,非常活跃,例如,美国法律、医学和伦理学协会(American Society of Law, Medicine and Ethics)、美国健康律师协会(American Health Lawyers Association)和美国法医学会(American College of Legal Medicine)等。类似的全球组织有世界医事法学协会(World Association for Medical Law)等。

[2] 近期出版的一些著作对美国公共卫生法律和政策领域作出了重要贡献,See, for example, Kenneth R. Wing and Benjamin Gilbert, *The Law and the Public's Health*, 7th ed. (Chicago: Health Administration Press, 2006); Frank P. Grad, *The Public Health Law Manual*, 3rd ed. (Washington, DC: American Public Health Association, 2004); Lu Ann Aday, *Reinventing Public Health: Policies and Practices for a Healthy Nation* (San Francisco: Jossey-Bass, 2005); Richard A. Goodman, Richard E. Hoffman, Wilfredo Lopez, Gene W. Matthews, Mark A. Rothstein, and Karen L. Foster, eds., *Law in Public Health Practice*, 2nd ed. (New York: Oxford University Press, 2006); Wendy E. Parmet, *Populations, Public Health, and the Law* (Washington, DC: Georgetown University Press, 2009); John G. Culhane, ed., *Reconsidering Law and Policy Debates: A Public Health Perspective* (Cambridge: Cambridge University Press, 2010); James G. Hodge, *Public Health Law in a Nutshell* (St. Paul, MN: West Academic, 2013); Alexander C. Wagenaar and Scott Burris, eds., *Public Health Law Research: Theory and Methods* (San Francisco: Jossey-Bass, 2013). 来(转下页)

言,并不存在一个齐整的理论框架。公共卫生法边界模糊,并且与其他法律与卫生的研究路径交叠。公共卫生法也不容易被界定与表征:这一领域与公共卫生一样错综复杂和令人困惑。然而,我们认为:公共卫生法作为法律与卫生的联系纽带,很容易与其他学科在理论与实践上进行区分。

公共卫生法可以被界定,其边界可以被限定,其分析方法可以被具体化,以至于成为一个有别于其他学科的独立学科——正如医学学科与公共卫生学科可以被限定一样。我们希望本书就法律在促进公共健康中的多重角色方面提供一个更加全面的理解。我们提出的核心观点是:法律是创造条件使人们能够过上更健康、更安全的生活的必要工具。

在开篇第一章中,我们将提出公共卫生法的理论框架与定义,检视其核心价值,介绍公共卫生问题解决演进模式,对促进公共健康的法律工具进行分类,对公共卫生的合法范围作出评估。我们将探讨下述问题:什么是公共卫生法?公共卫生法的学理边界在哪?为什么健康具有突出的价值?为促进公共健康而进行政府干预的法理基础是什么?法律如何在减少疾病、伤害与过早死亡方面发挥作用?在21世纪初,公共卫生面临哪些政治冲突?

第一节 公共卫生法:定义与核心价值

在此,我们先来介绍公共卫生法的定义,本章的其他部分将对公共卫生法所包含的基本理念进行论证与阐述。

> 公共卫生法的研究内容包括:政府为确保人们享有健康生活(包括识别、预防与降低人群的健康风险)的条件应拥有哪些权力、承担哪些职责;政府为公共利益而限制个人自治、隐私、自由、所有权以及其他合法权益时,其权力应受到何种限制。公共卫生法的首要目标是:秉持社会正义价值观,追求最高水平的群体的身心健康。

这一定义引出如下相关议题:(1)政府权力与职责;(2)州权力的强制与

(接上页)自其他国家的有价值的著作,see Christopher Reynolds and Genevieve Howse, *Public Health: Law and Regulation* (Sydney: Federation Press, 2004); Robyn Martin and Linda Johnson, eds., *Law and the Public Dimension of Health* (London: Cavendish, 2001); Tracey M. Bailey, Timothy Caulfield, and Nola M. Ries, eds., *Public Health Law and Policy in Canada*, 3rd ed. (Markham, ON: LexisNexis Canada, 2013).

限制;(3)人群视角;(4)预防取向;(5)社会正义承诺(见图1.1)。

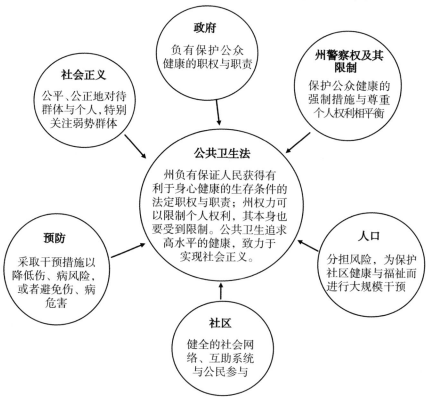

图 1.1 公共卫生法:定义与核心价值

第二节 政府权力与职责: 将健康作为重要的价值取向

任何人在关注健康时,在关注健康是否、何时、如何以及为何会引发意义深远的责任时,都需要阐述这一问题:健康何以成为公共问题?

——约翰·科根:《健康何以成为公共问题?》(*John Coggan, What Makes Health Public?*, 2012)

为什么政府有保障公众健康的权力与职责？理解政府的义务将有助于探析公共卫生与公共利益的概念内涵。

一、"公众"的健康

公共卫生中的"公共"具有两层相互交叠的含义：一层含义用以阐明对公众健康负有责任的实体机构；另一层含义用以阐明谁拥有获得健康利益的合法预期。就公众健康而言，政府负有首要责任。

政府是代表人民行动的公共实体，通过政治程序获得合法性。当一个经民主选举产生的政府行使权力或履行职责以保护或促进人群健康时，颇具特色的"公共"行动或国家行为就随之产生了。[3]

作为整体的人群享有从公共卫生服务中获益的合法预期。人们通过选举产生政府，并认为国家对公众负有切实的健康保护责任。鉴于公共卫生是一个普遍要求，它对选民来说具有广泛的吸引力。但是最能满足公众整体需求的事项或许并不总是符合所有成员的利益，这使得公共卫生具有浓厚的政治色彩。"够好的"健康由哪些要素组成？哪些服务是必需的？怎样支付并分配服务？这些都是政治问题。政府从来都不会对公共卫生投入无限的资源。公共卫生的核心功能与人们对其他服务的需求为获取稀缺资源而进行角逐，资源则通过一个法定的政治过程进行配置。正是在这个意义上，丹·比彻姆(Dan Beauchamp)富有启发性地指出：一个"健康的"州共和体仅靠强烈的公共福利意识是难以实现的，实际上，也是对公众健康进行激烈的、充分的民主讨论的结果。[4]

二、"共同"(the common)与"善"(the good)

假如个人利益要让位于健康人群的公共利益的话，那么对"共同"与"利益"的价值理解就很重要。公共卫生领域将从"共同"这个鲜活的概念中获益，在"共同"视角下，公共利益不止被视为个人利益的聚集。对公共产品的非聚集性理解认识到：当一个社会中所有人都面临的风险得到规制时，每个生活在其中的个体都将从中受益。[5] 为促进共同利益而制定的法律有时可能

---

[3] 对公共卫生的"公共性"进行深刻剖析的著作有，see John Coggon, *What Makes Health Public? A Critical Evaluation of Moral, Legal, and Political Claims in Public Health* (New York: Cambridge University Press, 2012).

[4] Dan E. Beauchamp, *The Health of the Republic: Epidemics, Medicine, and Moralism as Challenges to Democracy* (Philadelphia: Temple University Press, 1988), 4.

[5] Séverine Deneulin and Nicholas Townsend, "Public Goods, Global Public Goods, and the Common Good," *Economic and Social Research Council Research Group on Wellbeing in Developing Countries*, September 2006, www.welldev.org.uk/research/workingpaperpdf/wed18.pdf. 作者认为，如果把公共产品扩大到个人层面之外，那么，全球公共产品的概念可能会更有效；"美好生活"不仅限于个人生活，而且还存在于人类社会的共同生活中。

要限制一些个人行为,例如,对在公共场所吸烟的限制,或对未佩戴安全帽而骑摩托车的限制。社会成员具有超越狭隘的个人利益之上的共同目标。一个健康、安全的社区与生活在其中的每个人都休戚相关,因为,在这样的社区中,每个人都能平安、幸福地生活。一个不健康的或不安全的社区可能会给全体成员带来不利之处,例如,犯罪与暴力行为的增加、社会关系的受损以及劳动力生产效率的低下。因此,作为一种交换,人们可能不得不放弃一些自身利益,以维持一个更健康与更安全的社区,并从中获得保障与满足。

我们也需要更好地理解"善"这个概念。在医学上,人们仅仅根据个人的欲望与需求来定义"善"。在此,病人是适当的行动方案的决定者。在公共卫生领域,"善"的含义极其不清晰。谁来决定哪一种价值更重要——自由抑或健康?公共卫生决策的一个策略是——允许人们自我决定,但是这将阻碍大量公共卫生行动的实施。举例来说,允许个人自己决定是否接受疫苗接种,或者是否愿意向公共卫生部门报告个人信息,将会导致"公地悲剧"(tragedy of the commons):也就是说,对个人有利的决定可能在整体上对共同体有害。⑥

公共卫生支持者秉持这样的信条——健康必须成为社会的首要价值。然而,政治家们却并不总是这样认为,而是偏重于对公路、能源或者军事的资金投入。我们从相对较低的公共卫生支出中即可窥见对公众健康的政治承诺的缺失。⑦ 公共卫生专业人士常常不信任政治家们或者避而远之,而不是与他们就公共卫生的重要性开展对话。亟待明确的是,我们对于群体健康具有政治优先性应具有清晰的认识,并为之提供理论论证。

为什么是健康,而不是其他公共产品,具有重要的价值?支持健康具有首要价值功能的两个相互关联的理论是:(1)人体机能理论。该理论认为健康是个人获得幸福以及行使社会与政治权利的基础。(2)民主理论。该理论认为政府的首要职责是:实现公众健康、安全与福祉。

---

⑥ Garrett Hardin, "The Tragedy of the Commons," *Science*, 162 (1968): 1243-48. 公地悲剧是基于这样一个前提,即寻求自我利益最大化的理性行为者,可能会消耗公共资源,从而违背群体的长远利益。哈丁用下面的例子来阐释他的观点:一个小村庄将一块公共土地用作全村的奶牛放牧区,对每一个村民来说,在牛群中再增加一头奶牛所得的好处要大于其所付出的成本,因为成本由所有村民负担。因此,所有村民都增加了他们的牛群数量,公用地便因过度放牧而成为荒凉的废墟。

⑦ Institute of Medicine, *For the Public's Health: Investing in a Healthier Future* (Washington, DC: National Academies Press, 2012); Arthur L. Sensenig, "Refining Estimates of Public Health Spending as Measured in National Health Expenditures Accounts: The United States Experience," *Journal of Public Health Management and Practice*, 13 (2007): 103-14; Kay W. Eilbert, Mike Barry, Ron Bialek, and Marc Garufi, *Measuring Expenditures for Essential Public Health Services* (Washington, DC: Public Health Foundation, 1996).

三、基础性价值：健康

鉴于健康所具有的内在价值及其对人体机能的显而易见的贡献,其对人而言具有根本性的重要价值。[⑧] 健康对于个人以及共同体来说都具有特殊的意义与重要性。每个人凭直觉就可以理解,为何健康对于幸福是至关重要的:它是个人从生活中获得喜悦、创造力与生产力的必要条件。身心健康保证个体能够再创造、参与社交、工作、从事家庭与社会活动,而这些是人们生活的意义与幸福所在。诚然,健康不佳者或者身心障碍者也可以过非常充实的生活,但是个人健康有助于促进诸多喜悦与成就。每个人都渴望获得可以实现的最佳的身心健康,即便是在面临既有的疾病、伤害或者障碍时也依然如此。公众健康是如此天然地至关重要,以至于人权规范将健康作为一项基本权利来加以规定。[⑨]

健康对于人群机能而言,或许表现得不明显,然而仍具有必要性。缺乏最低限度的健康,人们便不能充分参加社会交往、参与政治进程、行使公民权利、创造财富、创作艺术或者为共同安全作出贡献。安全而健康的人群是一个国家的政府体系、社会组织、文化禀赋、经济繁荣以及国防赖以存在的基础。人群健康具有至高无上的价值,因为一定程度的人体机能是参与各种活动的先决条件,而这些活动对于公众福祉(社会的、政治的、经济的福祉)的形成至关重要。

此外,健康对于个人、社区和国家来说都具有内在价值与工具价值。鉴于健康对于美满人生的重要意义,人们期望拥有健康,社区则基于社会交往的互利性而促进其成员的健康,国家则为养成一个体面而繁荣的文明社会而建立卫生保健与公共卫生基础体系。

四、政府负有促进健康的职责

在过去两个世纪里,基于群体视角对健康的研究与干预已经给世人很多教益;并为集体行动铺就了道路,而集体行动已拯救了数以百万计的生命。往往,这些干预措施都要依赖法律,方能得以

[⑧] Sudhir Anand, Fabienne Peter, and Amartya Sen, eds., *Public Health, Ethics, and Equity* (New York: Oxford University Press, 2004); Norman Daniels, *Just Health: Meeting Health Needs Fairly* (New York: Cambridge University Press, 2007); Sridhar Venkatapuram, *Health Justice: An Argument from the Capabilities Approach* (Cambridge: Polity, 2011). 有学者对健康例外论——也被称为"绝缘",特别意指卫生保健支出——提出了批评。See, for example, Ronald Dworkin, "Justice in the Distribution of Health Care," *McGill Law Journal*, 38 (1993): 883-98.

[⑨] Parmet, *Populations*, 22.

实施。

——温迪·E. 帕尔梅特:《人口、公共卫生与法律》(Wendy E. Parmet, Populations, *Public Health*, *and the Law*, 2009)

为什么政府负有保护与促进公众健康的持久责任？答案蕴涵在民主理论之中。人们组建政府是为了他们的共同防卫、安全与福利之需,这些公共产品只有通过集体行动才能得以实现。公共官员对选民所要承担的首要职责是:抵御自然的与人为的灾害。正如麦克·沃尔泽(Michael Walzer)所言,公共卫生是一般性公共供给的典型案例,因为在公共卫生中,公共基金用于共同体中的所有人或者大多数人,而非在个体之间进行具体的分配。⑩

政治共同体强调成员之间荣辱与共、命运攸关:有组织的社会为卫生、福利与安全等公共利益提供保障,而成员们则服从于作为一个整体的共同体的福利体系要求。公共卫生唯有通过集体行动方能得以实现——通常是借助法律加以规定——而不是通过个人努力。任何拥有一定收入与财产的人都可以获得诸多的生活必需品,例如,食物、住房、衣物以及医疗保健。然而,没有一个单一的个体能够保证他(她)的健康与安全。我们需要共同努力来对群体健康进行重点保护与保证。整个社会在环境卫生、洁净的空气与水、未受污染的食物、安全的道路与安全的产品以及对传染性疾病的控制等方面都利益攸关。这些集体产品以及更多的相关产品都是维持健康的必要条件,而这些利益与福利唯有通过代表人民的有组织的行动方能获得。

第三节　强制权与对州权力的限制

我们已经提出,公共卫生法是有关政府对共同体以及公众健康负有的职责的法律。这些理念包含如下内容:在一个政治共同体中,什么被当作"公共的",什么是"健康"。我们还要指出,强制力的使用必须成为有关公共卫生法的明智见解的组成部分,与此同时,州权力也必须要受到限制,尽管这一点并不那么显而易见。

政府在不需要行使强制权的情况下,可以为保障公众健康与安全做很多事情。此时,政府首先要求助的应该是自愿措施。然而,只有政府才有权要

---

⑩ Michael Walzer, *Spheres of Justice: A Defense of Pluralism and Equality* (New York: Basic Books, 1983).

求个人行为要遵循以公众名义创立的公共行为标准。(被创建的)政府,不仅要顾及选民的一般需求,而且坚决要求(必要时,通过法律强制要求)个人以及各行业不得以将其他人置于不合理的伤害风险之下的方式行动。为了保障公共福利,政府坚决主张其在税收、检查、管制以及限制方面的集体性权力。当然,对于在维护公众健康时采取何种强制措施才是必要的,仍然观点不一。而对不同利益方在特定情况下对于强制力的不同希求的调和——政府应诉诸强制力吗? 诉诸何种强制力? 在何种情况下诉诸强制力? ——则是一个需要通过政治途径解决的问题。为了给政策制定者提供指导,我们将在第二章提出公共卫生规制的评估标准。

一、强制个人与企业遵从公共利益的权力

若是对广泛存在的、会给公众带来不可接受的风险的私人行为不加以限制的话,保护并保持共同体的健康就不可能实现。个体行动者在从事对其他人有害的活动时,其本身可以从中获益。例如,个人可以从亲密的性关系中获得满足,尽管这种行为带来了性疾病传播的风险;工业界有生产商品的动机,但是并没有考虑到工人的安全以及对周围环境的污染;生产商们发现,如果不考虑高标准的健康与安全,他们提供的产品成本就会降低,从而更有竞争力。[11] 在每一个实例中,个人与组织都会理性地以符合自身利益的方式行事,但是,这些行为却可能对公共健康与安全产生负面影响。可见,若政府缺失实施强制干预的权威与意愿,影响公众健康与安全的此类威胁就难以避免。

尽管公共卫生规制旨在保障作为整体的公众健康与安全,但是,也常常对那些处于最大伤害与疾病风险的人群带来巨大的好处。例如,减少空气污染、去除租赁房屋的含铅涂料以及消除食物中的反式脂肪酸对于弱势人群具有特别重要的意义。一些特定的人群,由于其社会经济地位、邻里、民族、种族、年龄、性取向、性别或者身心障碍等方面的因素,当他们处于不断增加的风险中时,可能会特别易受伤害。[12]

个人与企业通常反对政府规制,这或许是因为从事高风险活动可能会增进个人利益或经济利益。他们抵制规制的理由,有时是基于政府不得对个人选择与自由进行干涉的哲学理念。公民及其代表团体声称:对涉己行为的管

---

[11] Jared Diamond, *Collapse: How Societies Choose to Fail or Succeed* (East Rutherford, NJ: Viking Adult, 2005).

[12] Lisa F. Berkman, Ichiro Kawachi, and M. Maria Gleymour, eds., *Social Epidemiology*, 2nd ed. (New York: Oxford University Press, 2014).

制（如对摩托车安全帽使用的规制或者对含糖饮料的规制）并不是政府要做的事。有时，他们还以此为论据反对对涉他的有害活动与情形（如不安全的工作环境、高油耗的车辆或不卫生的餐馆等）的规制。

产业界通常坚信经济原则高于国家干预。企业家倾向于接受这样的信条：政府的健康与安全标准推迟了经济发展，应予以避免。在政治领域，他们以经济自由为名对健康与安全标准进行辩驳，认为政府税收与规制带来的是重负与低效。总之，他们信奉由市场对消费者偏好进行调整，对于与健康和安全相关的偏好也不例外。

为保护共同体的利益，公共卫生历史上一直对个人与企业的权利进行限制。[13] 无论是采用关涉个人隐私权的通报要求，采取影响个人自主权的强制检测或筛查措施，实施影响私人财产权的环保标准，施行影响经济自由的工业管制措施，或是采取影响个人自由的隔离与检疫措施，公共卫生为保护集体利益并不畏惧对个人与企业进行控制。

二、对政府权力的限制

为实现集体利益，公共卫生权力能合法正当地限制个人自由与权利，但是权力的行使必须要有科学依据，并且要遵循宪法与法律对政府行动范围的限制。政府自身所固有的保护公众健康、安全与福利的特权被称为警察权力（police power）。然而，受法律保护的个人权益（例如，自主权、隐私权、自由与财产权）会对警察权力施以限制。对于公共卫生法来说，一个永恒的话题便是：在保障与促进公众健康的州权力及职责与受法律保护的个人权益之间达成一个公正的平衡。

任何一种公共卫生法理论都是一种悖论。一方面，政府作为一个经选举产生的共同体的代表，被强制要求采取行动以促进公众健康。很多人认为，政府的这一角色要求其采取强有力的措施以控制显而易见的健康风险。另一方面，政府不能以公共利益为名过度地限制个人权利。基于此，当公共卫生管制在带来微小的健康利益，但却付出不相称的巨大代价时，就被认为是过度了。在法治社会，这种过度管制是不能容忍的。于是，在降低社区明显的健康风险的诉求与个人免于政府干预的自由的诉求之间便存在一种紧张关系。

---

[13] Howard Markel, *When Germs Travel: Six Major Epidemics that Have Invaded America and the Fears They Have Unleashed* (New York: Vintage, 2005); Allan M. Brandt, *No Magic Bullet: A Social History of Venereal Disease since 1880* (New York: Oxford University Press, 1987); Wendy E. Parmet, "Health Care and the Constitution: Public Health and the Role of the State in the Framing Era," *Hastings Constitutional Law Quarterly*, 20 (1992): 267-335.

这种冲突在有些情况下可能令人大伤脑筋,在有些情况下则未必如此。因此,在公共卫生法中,必定会存在这样的质疑:一项强制干预措施是否真正降低了集体健康风险;什么样的最小侵害措施(如果有的话)能起到同等的降低风险的功效,甚至效果会更好。可以说,尊重个人权利并公平地对待所有群体(无论其种族、宗教信仰与文化认同)居于公共卫生法的核心地位。

公共卫生与个人权利并不总是相互冲突,在一些情形下,两者会协同增效。往往,强制预防健康风险的决定可能会导致人群中受伤或患病的比例上升。举例来说,强制隔离与检疫可能会阻止传染性疾病的传播,但是,由于强制力的使用会孕育不信任与疏离,采取强制措施可能会导致个人逃避测试、咨询或者治疗,最终将助长疾病的传播。可见,强制决策会影响群体行为,并最终影响到公众健康。

在公共卫生法中,在自愿与强制之间、在公民自由与公共卫生之间、在分散的(或个别的)健康威胁与整体的健康结果之间存在明显的紧张关系。对这些对抗性权益进行平衡的实体性标准与程序性保障便构成公共卫生法的法律体系。

第四节 群体视角

> 公共卫生主张个人健康与共同体福祉之间存在实证性与伦理性关系,这有助于强化群体视角。
> ——温迪·E. 帕尔梅特:《人口、公共卫生与法律》(Wendy E. Parmet, Populations, *Public Health, and the Law*, 2009)

处于公共卫生中心地位的,正如我们所试图揭示的,是一个拥有职权与职责以保障共同体福祉的公共或政府实体。或许公共卫生独有的最重要的特征就是:竭力增进人群的机能与寿命。经典的公共卫生定义强调群体视角,即"公共卫生是指一般公众或者作为整体的社区处于普遍的健康或卫生状态,而免于普遍的或广泛的疾病或死亡。它是指整个社区的良好的卫生状况"。[14]

公共卫生有别于医疗,后者将个体病人作为首要的关注对象。医生诊断疾病并采取措施减轻病症、预防并发症并治愈疾病(如果可能的话)。英国

---

[14] *Black's Law Dictionary*, 6th ed. (New York: West Group, 1990): 721. The Supreme Court determined in *Whitman v. Am. Trucking Ass'ns*, 531 U.S. 457, 465-66 (2001). 公共卫生通常是指"社区卫生"或"公众健康"。

流行病学专家杰弗里·罗斯(Geoffrey Rose)对医疗与公共卫生的科学方法与目标进行了比较。他指出,医学的问题在于:"为什么此人在此刻患上了此病?"这是医生所关注的核心问题所在。[15] 反之,公共卫生则寻求了解作为整体的大众的不健康(以及健康)的状态与成因,并试图确保良好的环境以保持公众健康。

毫无疑问,公共卫生也关注个人,这是由于个体具有内在价值,而且只有当群体的构成者(个体)相当程度地免于伤害与疾病时,群体才能成为健康的群体。的确,许多公共卫生机构为穷人提供医疗保健,特别是为那些已经对广大社区产生溢出效应的群体提供医疗保健,例如,为性传播疾病者、结核病患者以及艾滋病患者提供医疗保健。然而,公共卫生的典型利益仍集中于群体(而非个体患者)的幸福与安全。

公共卫生更关注群体而非个体,这一点不仅建基于理论上,也建基于科学调查的方法上与提供的服务上。公共卫生的基础学科——流行病学与生物统计学——的分析方法与目标任务是为了了解存在于人群中的风险、伤害与疾病。流行病学,这个词来源于希腊语,是指"关于(epi)人群(demos)中疾病的学说(logos)"[16]。罗杰·德特尔斯(Roger Detels)指出:"所有的流行病学专家都认为,流行病学更关注人群而非个人,从而将其与医学的其他领域区别开来,并构成公共卫生的基础性学科。"[17]流行病学是有关健康(以及相关状态与事件)在人群中的分配与健康决定因素的科学研究,并将获得的知识应用于对伤害与疾病的控制。[18] 它采用一种群体策略,"以控制事件的决定因素,降低危险因子的平均水平,将风险暴露分配转向有利方向"[19]。群体策略的有利之处在于:关注人群中普发性疾病或伤害的潜在原因,确保在最广泛的人口层面上减少疾病发生与过早死亡的可能性。

---

[15] Geoffrey Rose, "Sick Individuals and Sick Populations," *International Journal of Epidemiology*, 14 (1985): 37.

[16] Roger Detels, "Epidemiology: The Foundation of Public Health," in *Oxford Textbook of Public Health*, 4th ed., ed. Roger Detels, James McEwen, Robert Beaglehole, and Heizo Tanaka (New York: Oxford University Press, 2002): 485.

[17] Ibid.

[18] John M. Last, ed., *A Dictionary of Epidemiology*, 4th ed. (New York: Oxford University Press, 2000).

[19] Rose, "Sick Individuals," 37.

第五节　预防取向

> 在灾难中力挽狂澜的令人震撼的英雄形象着实令人感动。然而,持久而平淡无奇的预防行动却未引起人们应有的关注。这是因为预防是默默无闻的、一般性的工作,而英雄行动却是植根于易于理解的叙事之上。
>
> ——纳西姆·尼古拉斯·塔勒布:《吓得我们失去知觉》
> (Nassim Nicholas Taleb, "Scaring Us Senseless", 2005)

公共卫生领域通常被理解为注重对伤害与疾病的预防,与之相对应,医疗领域则注重减轻伤害与疾病的症状或对其进行治疗。公共卫生历史学家们津津乐道于一个体现了预防的巨大威力的经典故事。1854 年 9 月,约翰·斯诺(John Snow)曾写到:"这个国家曾经暴发过的最可怕的霍乱,可能就是几周前在布罗德大街(Broad Street)、伦敦索霍区的金色广场(Golden Square [Soho, London])以及毗邻的几条街道上暴发的霍乱。"斯诺,一个值得纪念的流行病学家,将霍乱的暴发与唯一的污水源——布罗德大街的抽水泵——联系了一起。他说服抽水泵所在的圣杰姆斯教区的监护委员会拆除了泵柄。仅仅一周时间,霍乱暴发就几乎完全得到控制,索霍地区居民的死亡人数便停留在"616"这个数字上。[20]

在一篇由迈克尔·麦金尼斯(Michael McGinnis)与威廉·福奇(William Foege)合作撰写的探析在美国导致死亡的主要原因的基础性文章中,揭示了医学和公共卫生的独特的分析取向。[21]对死亡的医学解释指向互不关联的病理生理状态:如癌症、心脏病、脑血管病、肺疾病、中毒或身体创伤。[22]而公共

---

[20] Steven Johnson, *The Ghost Map: The Story of London's Most Terrifying Epidemic—and How It Changed Science, Cities, and the Modern World* (New York: Riverhead, 2006).

[21] J. Michael McGinnis, William H. Foege, "Actual Causes of Death in the United States," *Journal of the American Medical Association*, 270 (1993): 2207–12. 麦金尼斯与福奇文章中的数据已在下述文章中被更新:Ali H. Mokdad, James S. Marks, Donna F. Stroup and Julie L. Gerberding, "Actual Causes of Death in the United States, 2000," *Journal of the American Medical Association*, 291 (2004): 1238–45.

[22] Kenneth D. Kochanek, Sherry L. Murphy, Jiaquan Xu, and Elizabeth Arias, "Mortality in the United States, 2013," *National Center for Health Statistics Data Brief No. 178*, December 2014, www.cdc.gov/nchs/data/databriefs/db178.pdf. 这份报告列出了 2013 年在美国导致死亡的十大死因:心脏病、癌症、慢性下呼吸道疾病、意外伤害、中风、老年痴呆症、糖尿病、流感和肺炎、肾病、自杀。

卫生解释重在探析导致这些状态的根源所在。从这一角度来看,死亡的主要原因是环境、社会与行为因素,如吸烟、酗酒、吸毒、不健康的饮食习惯和行为方式、不安全的性行为、接触有毒物质、枪支与汽车的使用等。麦金尼斯与福奇观察到政府支出的绝大部分被用于某些疾病的治疗,而这些疾病最终却成为死亡证明书上记录的主要杀手。只有一小部分资金被投向导致疾病与身心障碍的根本原因的解决方面。毫无疑问,两位作者所传递的核心信息是:预防常常比治疗更具有成本效益,而且借助预防可以减轻疾病、身心障碍以及过早死亡所致的沉重负担。

预防行动分为四个阶段:社区预防(也称之为初始预防)、初级预防、二级预防与三级预防(参见图1.2)。这几个阶段构成一个连续的统一体,公共卫生与医学、预防与改善则交织其中。公共卫生专家通常依据"上游"干预与"下游"干预来理解这个连续体。他们时常重复这样一个寓言:一个滨河小村的居民因抢救溺水的人群而疲于应付,以至于他们无暇来到上游探明为何有如此众多的人落入河中。

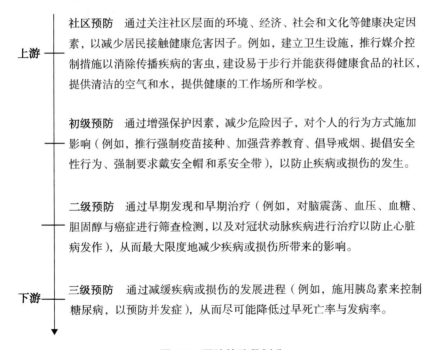

图1.2 预防的阶段划分

许多最为有力的公共卫生行动都以社区预防与初级预防为导向。其中,社区预防的主要内容包括:为减少传染性媒介接触而建立的卫生与废物清除系统,为减少环境性毒素接触而建立的商业管制制度,为防止龋齿而采取的饮水加氟行动,为减少危险暴露而制定的职业与消费品法规,为保证孕妇、婴儿与学生获得足够的营养而设立安全网项目。初级预防的主要内容包括:为预防传染性疾病而进行疫苗接种,为减少危险行为而开展健康教育,为避免伤害而使用安全带或摩托车安全帽。与之相比,医学通常侧重于三级预防,对业已发生的疾病或创伤进行治疗,如:通过施用药物来控制血压或胆固醇,采用手术切除动脉阻塞以防止心脏病发作,施用抗菌药物以治疗感染,对车祸造成的创伤进行修复。

预防取向、群体关注以及公共卫生的社会生态模式(下文讨论)在划定公共卫生和医学之间的可渗透性边界方面起着同等重要的作用。当医生和其他卫生保健提供者从事初级预防工作(如建议患者采取健康的行为方式、接受疫苗接种)与二级预防工作(如筛查患者的危险因素和无症状的早期疾病)时,他们的工作集中于(某种类型的)个人。同理,当公共卫生官员开展二级预防、三级预防和治疗(例如,对传染性疾病提供临床服务,开展生殖健康服务,开展慢性非传染性疾病筛查服务,开展儿童健康服务)时,他们关注的对象是群体。而医学倾向于只注重对个别风险因素与行为(例如,遗传倾向性、血压、对传染性疾病的易感性、烟草和酒精的使用)进行处理、针对特定的致病因子采取对策(例如,施用抗生素杀死细菌,利用螯合疗法清除血液中有毒的铅);公共卫生则将关注点扩大至包含整个流行病学三角在内的领域(参见图1.3),包括对环境因素(例如,道路和汽车的设计特点、促销有害产品的广告、有利于接触带病蚊虫的气候条件)的关注。

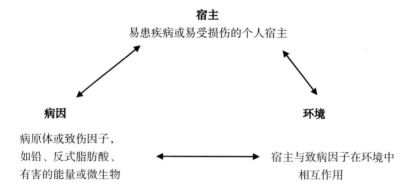

图1.3 流行病学三角:公共卫生预防模型

提高优质卫生保健与健康教育的可及性以促进对疾病的早期诊断(二级预防)与有效治疗(三级预防)系公共卫生的目标所在,因为公共卫生既服务于群体健康需求,也服务于个人健康需求。医学目标与公共卫生目标相互交织,这在传染性疾病领域表现得尤为明显。在传染性疾病领域,医疗措施可以减少传染性疾病的传染性,由此,个人从治疗中获益,而社会则从疾病接触的减少中获益。

第六节 社会正义基础

在一些人士看来,人的健康与长寿如此显而易见地居于社会正义的中心地位,以至于他们将其视为社会正义的逻辑起点。这在医生成为社会与政治改革者的辉煌历史中表现得尤为显著,这一进程甚至伴随着武力革命,因为他们认为群体中可预防的不健康与过早死亡的原因、结果、世代相传性或分配模式都是显失公平的表现形式。

——斯里达尔·文格达布勒姆:《健康正义》(Sridhar Venkatapuram, *Health Justice*, 2011)

社会正义被视为公共卫生的核心使命,以至于成为这一领域的核心价值观。亦如丹·比彻姆(Dan Beauchamp)所言:"公共卫生的历史性梦想……就是社会正义的梦想。"[23]社会正义抓住了赋予公共卫生以生机的双重道德冲动:通过改善健康促进人类福祉,尤其是通过关注最弱势群体的需求达成上述目标。[24]这一意义上的正义旨在实现人类全体成员的健康。作为这一宗旨的不可分割的组成部分就是:确认并改善系统性不利模式。系统性不利模式深刻而普遍地削弱了亚群体的健康前景。这些亚群体对良好健康的期盼是如此的受到限制,以至于他们的生活选择远不及他人。[25]正义的这两个方面——促进公众健康与公平对待亚群体——丰富了人们对公共卫生的理解。

---

[23] Dan E. Beauchamp, "Public Health as Social Justice," in New *Ethics for the Public's Health*, ed. Dan E. Beauchamp and Bonnie Steinbock (New York: Oxford University Press, 1999): 105-14.

[24] Lawrence O. Gostin and Madison Powers, "What Does Justice Require for the Public's Health? Public Health Ethics and Policy Imperatives of Social Justice," *Health Affairs*, 25 (2006): 1053-60.

[25] Madison Powers and Ruth Faden, *Social Justice: The Moral Foundations of Public Health and Health Policy* (New York: Oxford University Press, 2006).

通过社会正义这一视角来看,公共卫生体系的核心使命就是致力于采取系统性行动,以确保必要的生存条件来改善所有成员的健康,并对持续存在的系统性缺陷模式进行纠正。

一、分配正义

那些在社会、文化与物质方面处于不利地位的人们过着更短暂、更不健康的生活。[26] 社会经济地位与健康之间的关系通常呈现为一个梯度变化曲线,具体说来:这种关联具有分级性与连续性;在收入分配中,收入的成比例增加与死亡的成比例减少具有相关性。[27] 这些实证研究结果具有跨越时间与文化的持续性。[28] 对于个人、家庭与社区来说,某一方面的不平等导致其他方面的不平等,由此,又造成大量的复合的、持续的、再现的剥夺。凡此种种,多重不利因素相互叠加,促成明显不平等的生活前景。

分配正义——强调对共同利益的公平分配以及对共同负担的公平分担——要求政府将最少受惠者(最不利者)承受的不公平的疾病负担限制在一定的程度内,并确保干预的负担与利益得以公平分配。此种意义上的社会正义具有干预性,而不是被动的或者市场驱动意义上的社会正义。公共卫生与正义交会处的关键问题是:社会中哪些人处于最弱势地位且身居最大风险之中,哪种方式最能减少风险或减轻危害,怎样才能公平地分配服务、利益与负担。

---

[26] Michael Marmot and Richard G. Wilkinson, eds., *Social Determinants of Health*, 2nd ed. (NewYork: Oxford University Press, 2005).

[27] Angus Deaton, "Policy Implications of the Gradient of Health and Wealth," *Health Affairs*, 21 (2002): 13-30.

[28] Evelyn M. Kitagaqa and Philip M. Hauser, *Differential Mortality in the United States: A Study in Socio-economic Epidemiology* (Cambridge, MA: Harvard University Press, 1973); Michael G. Marmot, Stephen Stansfeld, Chandra Patel, Fiona North, Jenny Head, Ian White, Eric Brunner, Amanda Eeney, and George Davey Smith, "Health Inequalities among British Civil Servants: The Whitehall II Study," *Lancet*, 337 (1991): 1387-93; Donald Acheson, ed., *Independent Inquiry Into Inequalities in Health* (London: Stationery Office Books, 1998); Timothy Evans, Margaret Whitehead, Finn Diderichsen, Abbas Bhuiya, and Meg Wirth, eds., *Challenging Inequities in Health: From Ethics to Action* (New York: Oxford University Press, 2001); Stephen J. Kunitz, with Irena PesisKatz, "Mortality of White Americans, African Americans, and Canadians: The Causes and Consequences for Health of Welfare State Institutions and Policies", *Milbank Quarterly*, 83 (2005): 5-39; Christopher J. L. Murray, Sandeep C. Kulkarni, Catherine Michaud, Niels Tomijima, Maria T. Bulzacchelli, Terrell J. Iandiorio, and Majid Ezzati, "Eight Americas: Investigating Mortality Disparities across Races, Counties, and Race-Counties in the United States", *PLoS Medicine*, 3 (2006): 1513-24; Shenglan Tang, Qingyue Meng, Lincoln Chen, Henk Bekedam, Tim Evans, and Margaret Whitehead, "Tackling the Challenges to Health Equity in China," Lancet, 372 (2008): 1493-1501; David McDaid, Lucia Kossarova, Azusa Sato, Sherry Merkur, and Philipa Mladovsky, eds., "Measuring and Tackling Health Disparities across Europe," *Eurohealth* 15 (2009): 1-48; Charles L. Briggs and Clara Mantini-Briggs, "Confronting Health Disparities: Latin American Social Medicine in Venezuela," *American Journal of Public Health*, 99 (2009): 549-55.

二、平等参与

社会正义不只是要求对资源的公平分配。如果政策制定过程不具有充分的公众代表性,那么,对弱势群体需求的忽视将是可以预见的。例如,在2005年的海湾飓风(Gulf Coast Hurricanes)、2011年的艾琳飓风(Hurricane Irene)以及2012年的桑迪飓风(Hurricane Sandy)事件中,州政府与联邦政府机构均未能迅速行动,也未能对所有公民(包括穷人和身心障碍者)给予同等关注。[29] 缺乏平等参与会侵蚀公众信任、削弱社会凝聚力,从而对整个共同体造成危害。缺乏平等参与无法做到对政治组织中的所有成员予以同等尊重,也未能对那些利益受影响者以及对某种物质需求少于其他人的人予以提示。因此,社会正义包含平等参与,即指对所有社群成员与认知的同等尊重、参与性安排、倾听在历史上未被充分代表的群体的心声。[30]

三、共同体主义与公民参与

公共卫生除了要了解群体内或者跨群体的风险变化之外,还鼓励社区之间的连通。那些认为自身归属于某个社区(社群或共同体)的个体更有可能为所有成员的健康与安全而努力。将健康风险视为群体的共同风险(而非个体的具体风险)有助于培育一种为共同福祉而努力的集体责任感。为共同问题而寻求解决方案可以塑造更具凝聚力、更有意义的共同体关系。

许多有远见的思想家敦促在公共卫生决策中推行更广泛的社区参与,由此,公共卫生政策的形成过程便是一种真正的公民尝试过程。基于这种认识,公民通过公民参与、开放论坛以及能力建设来解决地方问题,以竭力维护共同体利益。公众参与将会对健康政策提供更有力的支持,也会鼓励公民为保护自身与邻居的健康发挥积极作用。[31] 例如,公共卫生当局可能会采用更具参与性与协商性的民主形式,包括与社区组织进行更密切的协商。这种公

---

[29] *Brooklyn Center for Independence of the Disabled v. Bloomberg*, 290 F.R.D. 409 (S.D.N.Y. 2012)(该案为集体诉讼,原告声称该市的紧急情况和灾害计划未能满足身心障碍者的需要)。National Council on Disability, *The Impact of Hurricanes Katrina and Rita on People with Disabilities: A Look Back and Remaining Challenges* (Washington, DC: National Council on Disability, 2006)。

[30] Lindsay F. Wiley, "Health Law as Social Justice," *Cornell Journal of Law and Public Policy*, 24 (2014): 47–105, 56; Nancy Fraser, "From Redistribution to Recognition? Dilemmas of Justice in a 'Post-Socialist' Age," *New Left Review*, 212 (1995): 68–93; Nancy Fraser, "Social Justice in the Age of Identity Politics: Redistribution, Recognition, and Participation," in Nancy Fraser and Asel Honneth, *Redistribution or Recognition? A Political-Philosophical Exchange* (New York: Verso, 2003): 7–109.

[31] Nancy Kari, Harry C. Boyte, and Bruce Jennings, "Health as a Civic Question," *American Civic Forum*, November 28, 1994, www.clintonlibrary.gov/assets/storage/Research-Digital-Library/speechwriters/boorstin/Box017/42-t-7585788-20060460f-017-015-2014.pdf.

共卫生中的协商式民主越来越明显地体现在联邦、州与地方层级的政府——社区的伙伴关系中(例如,在促进艾滋病防治行动,乳腺癌认知宣传,获得新鲜、健康的食物等方面)。

第七节 公共卫生问题解决模式的演进

> 疾病总是在一个群居的世界中被产生、被经历、被定义与被改善。患者需要利用疾病概念来阐明他们所遭受的痛苦;医生需要病因学与病理生理学理论来对疾病负担进行解释,并对医疗实践活动进行告知。为设计促进健康的制度体系,政策制定者需要切实理解疾病的决定因素与医学的影响。疾病史为寻求这些利益的交叉点提供了至关重要的认知,并为开展医学实践与健康政策提供了路径。
>
> ——戴维·S. 琼斯等:《疾病负担与医学任务的转变》(David S. Jones et al., "The Burden of Disease and the Changing Task of Medicine", 2012)

公共卫生法正处于引人注目的复苏之中。[32] 在20世纪的大部分时间里,公共卫生法主要被视为传染性疾病控制法,其所关注的是强制疫苗接种与治疗、隔离与检疫、疾病筛查等事务。[33] 随着传染性疾病的威胁逐渐式微,这种"老"公共卫生法日显滞后。[34] 当下,我们明白,传染性疾病仍然是我们面临的一个重大的威胁,无论是新兴疾病(如艾滋病病毒、新型冠状病毒与

---

[32] Parmet, Populations, 272, 阐述了公共卫生法的"复兴"; Elizabeth Weeks Leonard, "Public Health Law for a Brave New World," *Houston Journal of Health Law and Policy*, 9 (2009): 181-201, 182, 阐述了公共卫生法的"快速发展"趋势; Benjamin Mason Meier, James G. Hodge Jr., and Kristine M. Gebbie, "Transitions in State Public Health Law: Comparative Analysis of State Public Health Law Reform Following the Turning Point Model State Public Health Act," *American Journal of Public Health*, 99 (2009): 423-30, 记述了州公共卫生法的"现代化"历程。

[33] Lawrence O. Gostin, Scott Burris, and Zita Lazzarini, "The Law and the Public's Health: A Study of Infectious Disease Law in the United States," *Columbia Law Review*, 99 (1999): 59-128.

[34] 20世纪80年代后期以及20世纪90年代,艾滋病病毒/艾滋病的流行重新引发了人们对"老"公共卫生法的兴趣,但是公共卫生专家们最终拒绝采用隔离和检疫等手段,因为他们认为,对于并非是通过偶然接触而传播的疾病采取这些措施是不适当的。

流感病毒株等所引发的疾病),不断增强的耐药性,还是生物恐怖活动等都是如此。[35] 与此同时,一个全面而崭新的社会生态型卫生模式显示,人们可以运用法律与政策工具等众多手段来减少非传染性疾病与伤害的发生(这些疾病和伤害先前依照宿命论的观点被视为道德败坏与坏运气的结果)。

传染性疾病威胁的重现成为推动公共卫生法复兴的部分原因,但是公共卫生法也正被一系列不同的影响因素所形塑。社会传染性疾病学揭示了社会、经济与环境因素对人群健康后果的至关重要的决定作用。[36] "新"公共卫生法所关注的结果既包括传染性疾病所带来的后果,也包括慢性病与非传染性疾病(如糖尿病、心血管疾病、癌症、慢性阻塞性肺疾病与哮喘)所带来的后果。"新"公共卫生将健康保护(控制对健康的不利因素)这一有限目标延伸至一个更广阔的目标——健康促进(鼓励更健康的行为方式,建立更健康的物理与社会环境)。

学者们将公共卫生的历史划分为四个基本阶段,每个阶段都伴随着一个理解并影响健康决定因素的范式:瘴气模式(the miasma model),病原模式(the agent model)、行为模式(the behavioral model)以及当下占主导地位的社会—生态模式(the social-ecological model)。[37] 每个模式代表着一种特定的抗击疾病与促进健康的途径。不同模式在法律与政策的相关性以及科学与宣传之间的平衡性方面各有不同。[38]

一、瘴气模式

公共卫生最基本的目标与方法可以追溯到人类最早期的文明时代,但是

---

[35] Nan D. Hunter, "'Public-Private' Health Law: Multiple Directions in Public Health," *Journal of Health Care Law and Policy*, 10 (2007): 89-119, 90. 本文介绍了"命令与控制"型公共卫生模式在应对生物恐怖主义和流行性传染性疾病的威胁中的复兴。

[36] Berkman, Kawachi, and Gleymour, *Social Epidemiology*; Julie G. Cwikel, *Social Epidemiology: Strategies for Public Health Activism* (New York: Columbia University Press, 2006). 关于社会流行病学作为一个独特领域出现的批判性讨论, see Gerhard A. Zielhuis and Lambertus A. L. M. Kiemeney, "Social Epidemiology? No Way," *International Journal of Epidemiology*, 30 (2001): 43-44.

[37] See, for example, Lindsay F. Wiley, "Rethinking the New Public Health," *Washington and Lee Law Review*, 69 (2012): 207-72, 215-25(部分内容被转载于此); Mervyn Susser and Ezra Susser, "Choosing a Future for Epidemiology, I: Eras and Paradigms," *American Journal of Public Health*, 86 (1996): 668-73; Niyi Awofeso, "What's New about the 'New Public Health,'" *American Journal of Public Health*, 94 (2004): 705-09; Phil Hanlon, Sandra Carlisle, M. Hannah, David Reilly, and Andrew Lyon, "Making the Case for a 'Fifth Wave' in Public Health," *Public Health*, 125 (2011): 30-36; Elizabeth Fee, "The Origins and Development of Public Health in the United States," *Oxford Textbook of Public Health*, vol. 1, *The Scope of Public Health*, ed. Roger Detels, Walter Holland, James McEwan and Gilbert S. Omenn, 3rd ed. (New York: Oxford University Press, 1997); Roger S. Magnusson, "Mapping the Scope and Opportunities for Public Health Law in Liberal Democracies," *Journal of Law, Medicine and Ethics*, 35 (2007): 571-87, 574.

[38] Amy L. Fairchild, David Rosner, James Colgrove, Ronald Bayer, and Linda Fried, "The Exodus of Public Health: What History Can Tell Us about the Future," *American Journal of Public Health*, 100 (2010): 54-63.

将卫生政策与流行病学之间的关系作为一个有组织的科学学科来研究则源自19世纪公共卫生运动中的瘴气型模式——创建了"腐烂的有机物或有毒的'坏空气'导致疾病"的理论。在19世纪初、中期，公共卫生学家试图通过改善城市贫民区的物理环境来预防疾病。他们研究邻里、职业、饮食对死亡率的影响；为争取公共支出用于改善供水与排污系统、垃圾搜集、公共浴室以及住房而奔走呐喊；倡导建立州与地方卫生机构；主张对公众健康有害的商业行为进行管制。㉟ 他们认为，这些干预措施将会驱散瘴气，降低死亡率与发病率，并减轻贫困。

二、病原模式

20世纪初期，科学家们达成如下共识：疾病更多地归因于具体病因，而不只是一般的环境瘴气。人们对致病的细菌、病毒与有毒物质的逐步识别，使得有效的疫苗与医学治疗成为可能。这也引发了公共卫生模式的重大转型，即由瘴气模式转向病原模式。㊵ 与关注环境卫生的干预措施不同，病原模式主要针对个人采取干预措施，例如，通过疫苗接种，对暴露者实施检疫，对感染者实施隔离，以及施用抗生素来治疗疾病。但是，只有当高比例的人群对一种传染性疾病获得免疫力（即产生群体免疫），且被感染者在传播疾病前得以治疗，疫苗接种与治疗才能铲除此种传染性疾病。㊶ 然而，医疗干预所带来的风险（这种风险被不信任所放大）引起一些人对疫苗接种的抵制。因此，立法者便采取强制措施以确保疫苗得以充分接种。

三、行为模式

当下，在富裕国家，慢性、非传染性疾病已替代传染性疾病成为主要死

㉟ George Rosen, *A History of Public Health*, expanded ed. (Baltimore: Johns Hopkins University Press, 1993) 220-26; William J. Novak, *The People's Welfare: Law and Regulation in Nineteenth-Century America* (Chapel Hill: University of North Carolina Press, 1996): 191-233.

㊵ Susser and Susser, "Choosing a Future for Epidemiology," 670, *describing germ theory as focusing on "single agents relating one to one to specific diseases."*

㊶ National Institute of Allergy and Infectious Diseases, "Community Immunity ('Herd' Immunity)," www.niaid.nih.gov/topics/pages/communityimmunity.aspx, accessed December 14, 2014."当一个社区的关键人群获得抵御一种传染性疾病的免疫力时，社区中的大多数成员都能免受这种疾病的侵袭，因为，疾病暴发的机会很小。即使那些不适宜接种某种疫苗的人——如婴儿、孕妇或免疫力低下的人——也会得到一定的保护，因为，疾病的传播已受到遏制。这就是所谓的'群体免疫'。"群体免疫提出了一个搭便车的问题，即那些选择不接种疫苗的人可以获得群体免疫所带来的好处，却不用冒疫苗接种的风险，只要社区中有足够多的成员接种疫苗便可。Gil Siegal, Neomi Siegal, and Richard J. Bonnie, "An Account of Collective Actions in Public Health," *American Journal of Public Health*, 99 (2009): 1583-87.

因,这使得公共卫生模式再次发生转型,这次是转向行为模式。[42] 至少在一开始,这类疾病的发病机理鲜为人知,这使得病原模式显得不合时宜。在20世纪后半叶,人们了解到缺血性心脏病、癌症和2型糖尿病等问题与饮食、体能运动、吸烟以及日光浴等行为相关。[43] 性滥交和注射吸毒同样与传染性疾病相关,包括梅毒以及后来的艾滋病。基于这些观察,行为型公共卫生模式倡导将行为改变作为一种预防策略。

于是,让人们知晓风险与吸烟、体力活动不足、不健康的饮食以及不安全的性行为之间存在相关性成为医生为患者提供指导以及公共教育运动的主要任务。不过,这一项目(至少在一开始)与法律之间关联甚少,并且,公共卫生法在美国的法律图景中地位甚微。[44] 在后来的几十年里,主要的公共卫生法规从未被修订过,甚至大多未被使用过。[45]

四、社会—生态模式

> 对社会流行病学研究成果的响应或许是我们这个时代公共卫生所面临的真正的"大挑战"。
> ——斯科特·伯里斯:《从卫生保健法到健康的社会决定因素》(Scott Burris, "From Health Care Law to the Social Determinants of Health", 2011)

当研究人员劝说人们改变行为方式的努力受阻后,他们开始调查社会、经济与环境因素对行为选择与健康结果的影响方式。[46] 在20世纪末,公共卫生模式再次扩展到不仅包含致病或致伤因子以及个人行为因素,而且包含致

---

[42] J. P. Machenbach, "The Epidemiological Transition Theory," *Journal of Epidemiology and Community Health*, 48 (1994): 329-32.

[43] Mokdad et al."实际死因"与临床死因之间存在差异,这种差异表现在"真正的"致病原因包括吸烟、不良的饮食习惯以及怠于运动。

[44] Magnusson, "Mapping the Scope," 574. "公共卫生在战后走向衰落;公共卫生从业者成为州提供的临床服务的管理者,而研究资金则遵循生物医学模式。"

[45] Commission for the Study of the Future of Public Health, *The Future of Public Health* (Washington, DC: National Academies Press, 1988):10, 呼吁各州审查其公共卫生法规,并作出必要的修订,特别是,"支持一套现代疾病控制措施,以解决诸如艾滋病、癌症和心脏病等当代健康问题"。

[46] Daniel S. Goldberg, "Social Justice, Health Inequalities, and Methodological Individualism in US Health Promotion," *Public Health Ethics*, 5 (2012): 104-15, 认为单独针对行为的矫正措施是无效的,也是不道德的; Michael G. Marmot, "Understanding Social Inequalities in Health," *Perspectives in Biology and Medicine*, 46 (2003): S9-S23.

病因子与个人因素相互作用的社会与物理环境。[47]

社会—生态模式的核心观点是:健康的社会决定因素导致健康结果的因果路径有很多。社会经济因素与健康之间的联系根深蒂固,甚至在已经建立起全民卫生保健制度的地方也仍然如此。这种持续相关性有力地表明:健康的生活环境与行为方式是健康与不健康的基本决定因素。[48] 由社会经济因素、种族、民族、地理、身心障碍、年龄和性取向所决定的群体层面的健康状态的多重因果路径还包括:不合标准的住房、教育机会缺乏、被污染的环境、不安全的工作环境、社区暴力、不当监禁、政治权利被剥夺与社会分化等。[49] 这些因素以及众多其他决定因素导致系统性不利,这不仅体现在健康方面,还体现在社会、经济与政治生活的其他方面。

社会—生态模式将个人选择置于其身处的社会背景中,注重对健康行为与结果的结构性解释。依此观点,食用高热量、低营养的食物不仅是一个个人选择,还是一个社会构造问题。风险行为深受环境因素影响,例如:一个充斥着商业营销的信息环境,一个被不健康的选择(这种选择比健康的选择更便宜或更容易获得)所主导的食品环境。缺乏体能锻炼不仅是个人问题,而且受不鼓励步行、极少提供娱乐与体能锻炼机会的建成环境的严重影响。反过来,潜在的社会和经济因素有助于形成人们的生活、工作和运动环境。贫民区与中等收入的居民区相比,快餐店更多而杂货店更少。低收入家庭的孩子更多地接触电视,从而更多地购买不健康的食品。他们也更有可能生活在公园与游乐场所年久失修、暴力威胁将人们困在家中的社区里。而这些只是影响所谓个人选择的因素中的少许几个,健康的饮食与体能运动也只是众多的与健康相关的、社会梯度显而易见的行为中的两个。

公共卫生的社会—生态模式拓展了公共卫生法的疆界。[50] 当公共卫生科

---

[47] Theodore H. Tulchinsky and Elena A. Varavikova, *The New Public Health*, 3rd ed. (Waltham, MA: Academic Press, 2014): xxiii."新公共卫生是社会政策、法律和伦理的综合体,集社会科学、行为科学、经济科学、管理科学和生物科学于一身。"Magnusson, "Mapping the Scope," 572."理解健康和疾病(包括传染性疾病和非传染性疾病)决定因素的现代范式,引起人们对一系列影响的关注:从'上游的'社会、经济和环境因素,直至个人行为、临床干预和遗传学因素。"

[48] WHO Commission on the Social Determinants of Health, *Closing the Gap in a Generation: Health Equity through Action on the Social Determinants of Health* (Geneva: World Health Organization, 2008).

[49] Pamela A. Meyer, Paula W. Yoon, and Rachel B. Kaufmann, "CDC Health Disparities and Inequalities Report: United States, 2013," *Morbidity and Mortality Weekly Report*, 62 (2013): S1–S186; William Cockerham, *Social Causes of Health and Disease*, 2nd ed. (Cambridge: Polity, 2013).

[50] Scott Burris, Ichiro Kawachi, and Austin Sarat, "Integrating Law and Social Epidemiology," *Journal of Law, Medicine, and Ethics*, 30 (2002): 510–21; Scott Burris, "From Health Care Law to the Social Determinants of Health: A Public Health Law Research Perspective," *University of Pennsylvania Law Review*, 159 (2011): 1649–67, 1651–52.介绍了公共卫生法研究在"确定和改善该国相对贫困水平和健康分布的社会原因"方面所起的作用。

学家开始探索改变环境的路径时,他们再次发现律师与政策制定者是他们的关键盟友。公共卫生法开始从传染性疾病控制向笔者在本书中所描述的更为广阔的学科领域演进。

公共卫生研究人员试图探明健康的远程决定因素影响近端决定因素的因果路径。其中,远程的决定因素包括:社会经济阶层、受教育程度、种族和民族等;近端的决定因素包括:风险行为与毒素接触、感染源或暴力等。沿着这些路径,有多个位点,若在这些位点施加干预措施就可以有效地打破这个因果链条。干预措施可以在上游实施(涉及对结构性因素的干预),也可以在下游实施(对疾病或损伤发生前不久或发生后不久的发作或死亡进行预防)。上游性干预往往与更大的伴随性利益相关联。例如,提高年轻母亲的受教育机会或家庭的住房保障水平可能会对儿童产生诸多积极的健康影响,如减少他们患哮喘、铅中毒、性病、糖尿病的终生风险(这里提到的只是少数的几种病)等。

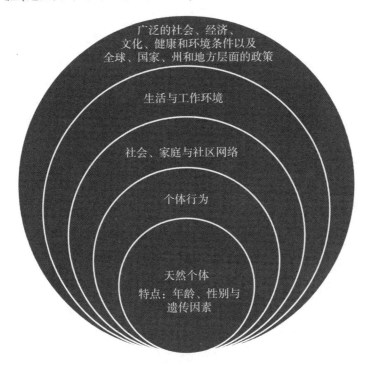

图 1.4 人口健康的决定因素

改编自 Institute of Medicine, *The Future of the Public's Health in the Twenty-First Century* (Washington, DC: National Academies Press, 2003): 52.

第八节 将法律当作维护公众健康的工具：法律干预模式

> 理性的社会行动、规划、改革的可能性——简言之,即解决问题的可能性——并非取决于我们对神秘的伟大替代方案(如社会主义与资本主义)的选择,而是在很大程度上取决于对特定的社会技术的选择……无论新控制技术的高速创新是不是我们这个时代最伟大的政治变革,技术而非"主义"是西方世界理性社会行动的核心。
>
> ——罗伯特·A. 达尔、查尔斯·E. 林德布洛姆:《政治、经济和福利》(Robert A. Dahl and Charles E. Lindblom, *Politics, Economics and Welfare*, 1953)

我们所给出的定义并不是将公共卫生法领域狭隘地描绘成被掩埋在州卫生法典中的一套复杂的技术规则。相反,公共卫生法应当被广义地视为组织化的社会为确保公众健康的生活环境所享有的权利与所承担的责任所在。法律与政策工具有助于众多公共卫生干预措施的实施,例如,确保受教育机会、经济机会、健康食物、安全住房与医疗保健的获得;促成更健康的行为选择;减轻环境污染;创建有利于健康的建成环境。

法律本身也是人群健康的社会决定因素之一,它既有正面效应,也有负面效应。例如,疾病传播行为的入刑可能会迫使传染性疾病的隐秘流行、禁止向静脉注射的吸毒者分发清洁针头可能会促使疾病的传播、将携有多个安全套作为卖淫的证据可能会抑制预防工作。基于健康状况(例如,艾滋病病毒携带者/艾滋病)的歧视会对健康产生诸多不利影响。反之,法律可以通过授权并提供创新方案来解决具有挑战性的健康威胁。20世纪所取得的十大公共卫生成就(见表1.1),至少在一定程度上是通过法律改革或者诉讼的方式而得以实现的(例如,强制疫苗接种的实施;工作场所、食品与机动车安全标准的颁行;香烟税的征收和禁烟法的实施;确保孕产妇和儿童的医疗保健和营养计划的推行)。对法律在应对21世纪的主要挑战中的功能的思考见表1.2中的描述。

表1.1　20世纪公共卫生所取得的伟大成就

1. 疫苗接种
2. 安全的工作场所
3. 更安全、更健康的食物
4. 机动车安全
5. 传染性疾病的控制
6. 冠状动脉心脏病与中风所致死亡人数的下降
7. 计划生育
8. 认识到烟草使用对健康的危害
9. 更健康的母亲和婴儿
10. 饮水氟化

资料来源：Centers for Disease Control and Prevention, "Achievements in Public Health, 1900-1999," *Mortality and Morbidity Weekly Report*, 48, no. 29 (July 30, 1999): 621-29.

表1.2　21世纪公共卫生所面临的挑战

1. 建立合理的卫生保健制度
2. 消除种族和民族之间的健康不平等
3. 关注儿童的情感和智力发展
4. 实现快速增长的老年人口的更长的"健康寿命"
5. 将体能活动与健康饮食融入日常生活中
6. 净化并保护环境
7. 准备应对新发传染性疾病
8. 认识并注重心理健康对整体健康与幸福的贡献
9. 减少社会暴力损害
10. 明智地使用新的科学知识和技术进步成果

资料来源：Jeffrey P. Koplan and David W. Fleming, "Current and Future Public Health Challenges," *Journal of the American Medical Association*, 284 (2000): 1696-98.

因此,研究卫生法就需要对预防伤害与疾病、促进民众健康的法律工具与管制技术的具体内涵作详尽的了解。[51] 这里我们提出一个促进公众健康与安全的法律干预模式的分类体系：直接管制;通过税收与支出而实施的间接管制、通过追究侵权责任而实施的间接管制、解除规制。虽然法律能够在应对变化中发挥强有力的作用,但是一些具体的干预措施却引发了巨大的社会、伦理与宪法关注,需要对此加以认真研究。在此,我们只是简单地提到这

---

[51] 对促进公众健康的各种法律工具及其优缺点进行的出色的探讨,see Roger Brownsword, "Public Health, Private Right: Constitution and Common Law," *Medical Law International*, 7 (2006): 201-18.

些问题,在随后的章节里,我们将对这些观点进行更系统的阐述。需要明确的是:公共卫生法不是一个科学上中立的领域,而是与政治、经济、社会有着千丝万缕的联系。[52]

一、课税权与支出权

《美国联邦宪法》第1条第8款规定了课税权与支出权,这为政府提供了重要的管制工具。[53] 支出权为建立从教育到研究等一系列广泛的与卫生相关的服务体系提供了支撑。具体说来,政府出资建设并维护公共卫生基础设施,包括:一支训练有素的员工队伍、电子信息和通信系统、快速的疾病监测体系、实验室能力以及危机反应能力。社会安全网项目为符合条件的个人和家庭提供营养援助、医疗保健、住房、早期教育、就业培训与收入补贴。除了直接资助外,政府还对获取公共资金资助设定了与卫生相关的条件,例如,医疗补助、住房援助和营养援助计划等就对受益人、零售商、服务供货商和住房开发商施加了与健康相关的条件要求。

然而,与境况类似的国家相比,美国的优先支出事项并未很好地与社会决定因素战略保持一致。平均而言,经济合作与发展组织(Organization for Economic Co-operation and Development, OECD)的成员国用于非医疗保健方面的社会性支出费用是医疗保健方面的支出费用的两倍。相比之下,在美国,用于医疗保健方面的支出远远超过用于非医疗保健方面的社会性支出。[54]

除了资助公共项目外,税收也可以激励有益行为、抑制高风险活动。例如,可以为医疗服务、儿童保育与慈善事业等与健康生产相关的活动提供税收减免优惠;可以对香烟、酒精饮料与枪支等危险产品的销售活动征税。当然,这种形式的税收会产生反向激励,例如,在购买不安全的、高油耗的运动型多功能车的税收减免情形中就会发生此种情况。[55]

税收工具作为一项公共卫生策略尚存在争议。举例来说,保守人士反对对含糖饮料征税,认为这是家长主义与爱管闲事之举。与此同时,进步人士也在批评一些税收规则带来了不公平。一些税收政策是专为富人、有政治背景的人或那些有特殊利益的人服务的(例如,对资本收益的税收减免、离岸避

---

[52] Daniel S. Goldberg, "Against the Very Idea of the Politicization of Public Health Policy," *American Journal of Public Health*, 102 (2012): 44-49.

[53] U.S. Constitution, Art. I, §8, cl. 1.

[54] Ano Lobb, "Health Care and Social Spending in OECD Nations," *American Journal of Public Health*, 99 (2009): 1542-44.

[55] Jonathan Weisman, "Businesses Jump on an SUV Loophole: Suddenly $100,000 Tax Deduction Proves a Marketing Bonanza," *Washington Post*, November 7, 2003.

税、对能源公司或工业化养殖经营的税收优惠政策等)。其他一些税种具有累退性,即从穷人收入中抽取的比例要高于从富人收入中抽取的比例。例如,几乎所有的公共卫生倡导者都支持香烟税,但是承担这一税负的主体却是多得不成比例的穷人与非白人群体。[56]

二、改变信息环境的权力

公众身处信息的狂轰滥炸之中,这无疑会对健康与行为带来影响。政府可以采取以下手段来改变信息环境,从而鼓励人们作出更有益于健康的选择。首先,政府可以利用宣传运动对公众进行健康教育。其次,政府可以要求企业对产品进行标签管理,标签的内容包括安全使用指示、产品成分或原料披露、健康警告。第三,政府可以通过对潜在的有害产品的广告管制来限制私人市场中的有害信息或误导性信息。

乍一看,人们对于保证消费者获得全面而真实的信息并鼓励他们作出更健康的选择的干预似乎毫无异议,然而,以性行为、堕胎、吸烟、餐饮消费等为主题的健康传播运动却饱受争议。企业反对广告限制与强制性健康警告。此外,任何用以改变信息环境的干预都会将强大的经济和宪法利益置于险境之中。

三、改变建成环境的权力

物理环境设计具有预防重大健康威胁的巨大潜力。公共卫生有着改变环境的悠久历史,例如,通过制定工作场所安全规范、交通稳静化规范、消防规范来减少伤害的发生;通过建立公共卫生设施、推行建筑物分区规划、建立住房代码制度来减少传染性疾病的暴发与流行;通过颁行减少使用含铅涂料与有毒排放物的条例来减少对有毒物质的接触。地方政府还利用其建筑物分区规划权、颁发营业执照权以及许可权,鼓励人们在消费有害产品时进行更健康的选择(例如,减少烟草、酒精或快餐零售商的分布密度,增加人们前往食品杂货店的概率),鼓励人们进行体能运动(例如,扩展娱乐空间,推进便捷的交通方式)。建成环境的性质还会对社区凝聚力产生影响。

四、改变社会经济环境的权力

流行病学研究一致表明:家庭和社区的社会经济地位与发病率、死亡率

---

[56] 保守派学者对高烟草税提出的另一个反对意见是:这将促成烟草销售的黑市。Patrick Fleenor, *Cigarette Taxes, Black Markets, and Crime: Lessons from New York's 50-Year Losing Battle*, Cato Institute Policy Analysis No. 468, February 16, 2003, www.cato.org/pubs/pas/pa468.pdf.

以及人体机能具有高度相关性。[57] 一些研究者通过进一步研究指出：一个社会的经济不平等的整体水平与人群健康密切相关。[58] 也就是说，贫富差距越大的社会，其健康状况越差。研究人员假定：一个社会的不平等程度越高，则社会支持与凝聚力就越低，这使得人们的生活压力更大、更易患病。基于这一论断，一些伦理学家声称："社会公正有利于公众健康。"[59]

揭示经济平等与健康之间存在相关性的证据富有说服力。举例来说，美国的预期寿命位于世界第 42 位，排名落后于人均收入与医疗照护支出仅为其一半的国家。[60] 从现有的数据来看，在排名高于美国的 28 个国家中除了 4 个国家之外，其他国家的收入分配都比美国更公平。[61] 瑞典和日本两国的许多社会福利措施都居于世界领先地位，它们所采取的社会性支出措施极不相同，但是都具有较高程度的经济平等这一共同点。[62]

然而，用来揭示收入不平等导致不健康结果的证据却显得复杂、混乱。有一种理论认为：收入不平等是健康的决定因素之一，并认为提高最少受惠者的收入将会改善健康结果。一项统合分析的作者对此理论提出了质疑，不过，他认为："尽管，收入不平等对健康本身的直接影响几乎得不到支持，然而通过提高最大不利者（最弱势群体）的收入来减少收入不平等，将会改善他

---

[57] Eugene Rogot, Paul D. Sorlie, Norman J. Johnson and Catherine Schmitt, eds., *A Mortality Study of* 1.3 *Million Persons by Demographic, Social and Economic Factors: 1979-1985 Follow-Up* (Bethesda, MD: National Institutes of Health, 1992); S. Leonard Syme, "Social and Economic Disparities in Health: Thoughts about Intervention," *Milbank Quarterly*, 76 (1998): 493-505; Barbara Starfield, "State of the Art in Research on Equity in Health," *Journal of Health Politics, Policy and Law*, 31 (2006): 11-32; Donald A. Barr, *Health Disparities in the United States: Social Class, Race, Ethnicity, and Health*, 2nd ed. (Baltimore: Johns Hopkins University Press, 2014).

[58] Samuel H. Preston, "The Changing Relation between Mortality and Level of Economic Development," *Population Studies* 29 (1975): 231-48; Adam Wagstaff and Eddy van Doorslaer, "Income Inequality and Health: What Does the Literature Tell Us?" *Annual Review of Public Health*, 21 (2000): 543-67; Richard G. Wilkinson, *Unhealthy Societies: The Afflictions of Inequality* (London: Routledge, 1996); Richard G. Wilkinson and Kate E. Pickett, "Income Inequality and Socioeconomic Gradients in Mortality," *American Journal of Public Health*, 98 (2008): 699-704; Richard Wilkinson and Kate Pickett, *The Spirit Level: Why Greater Equality Makes Societies Stronger* (New York: Bloomsbury, 2009); Karen Rowlingson, *Does Income Inequality Cause Health and Social Problems?* (York, UK: Joseph Rowntree Foundation, 2011).

[59] Norman Daniels, Bruce Kennedy, and Ichiro Kawachi, "Justice is Good for Our Health," *Boston Review*, 25 (2000): 6-15; Norman Daniels, "Equity and Population Health: Toward a Broader Bioethics Agenda," *Hastings Center Report*, 36 (2006): 22-35.

[60] Central Intelligence Agency, "World Factbook," www.cia.gov/library/publications/the-world-factbook/rankorder/2102rank.html, accessed June 30, 2015; Gerald F. Anderson, Peter S. Hussey, Bianca K. Frogner, and Hugh R. Waters, "Health Spending in the United States and the Rest of the Industrialized World," *Health Affairs*, 24 (2005): 903-14, 在美国的预期寿命排名全球第 29 位时，对这个问题进行了探讨。

[61] United Nations Development Programme, *Human Development Report* 2005 (New York: United Nations, 2005).

[62] Wilkinson and Pickett, *The Spirit Level*, 20.

们的健康,有助于减少健康不平等,并在总体上增进人群健康。"[63]

再分配政策的反对者对此进行了驳斥,认为这种政策是对个人成就的惩罚,从而会阻碍经济增长。至于全民健康与人均国民收入之间的相关性,他们认为:从长远来看,再分配政策因抑制了人均收入的增长,从而会降低全民健康水平。他们声称:私人财富的再分配是一个超越公共卫生领域合理范围的政治问题。[64] 有关社会经济地位在人群健康中到底起到什么样的作用的政治分歧或许无法弥合。公共卫生倡导者认为,缩小健康差距具有社会必要性;而经济保守主义者认为,自由市场经济对于促进社会繁荣与昌盛必不可少。

五、对个人、专业人士与企业的直接规制

政府具有对个人、专业人士与企业进行直接规制的权力。在一个规制良好的社会,公共卫生当局制定明确的、可执行的规则来保护工人、消费者和广大民众的健康和安全。具体说来,行为规制措施可以减少伤害与死亡的发生(例如,强制使用安全带与摩托车安全帽)。[65] 执照与许可制度使政府能够监控专业人员与机构的执业标准与执业行为(例如,对医生、医院、饮食服务机构与烟草零售商的监管)。最后,对企业的检查和监管有助于确保工作环境的安全,有助于减少有毒有害物质的排放,并有助于鼓励人们选择健康的生活方式。

尽管卫生规制有着确定无疑的价值,但是这一领域却充满争议。公民自由主义者青睐自主、隐私与自由,这些个人权利正越来越多地被延伸至保护公司权益而反对管制之中。公共卫生和公民自由之间的裂痕暴露于2001年"9·11事件"之后有关《州紧急卫生权力示范法案》(Model State Emergency Health Power Act)的辩论以及随后的有关炭疽攻击的辩论中(见第十一章)。

---

[63] John Lynch, George D. Smith, Sam Harper, Marianne Hillemeier, Nancy Ross, George A. Kaplan, and Michael Wolfson, "Is Income Inequality a Determinant of Population Health? Part 1: A Systematic Review," *Milbank Quarterly*, 82 (2004): 5-99; James Banks, Michael Marmot, Zoe Oldfield, and James P. Smith, "Disease and Disadvantage in the United States and in England," *Journal of the American Medical Association*, 295 (2006): 2037-45.

[64] Nicholas Eberstadt and Sally Satel, *Health and the Income Inequality Hypothesis: A Doctrine in Search of Data* (Jackson, TN: AEI Press, 2004): 11-14.

[65] Nathaniel C. Briggs, David G. Schlundt, Robert S. Levine, Irwin A. Goldzweig, Nathan Stinson Jr., and Rueben C. Warren, "Seat Belt Law Enforcement and Racial Disparities in Seat Belt Use," *American Journal of Preventive Medicine*, 31 (2006): 135-41. 作者发现,黑人的安全带使用率低于白人,但无论是黑人还是白人的安全带使用率在汽车司机仅仅因安全带违法(首要执法)就被要求停车并被传唤的州,比那些规定司机的安全带违法只有在并发另一个交通违法(次级执法)时才被传唤的州高出15%,这表明这类预防性法律措施会提高安全带的使用率,并将减少车祸的发生率与死亡率。David J. Houston and Lilliard E. Richardson Jr., "Safety Belt Use and the Switch to Primary Enforcement, 1991-2003," *American Journal of Public Health*, 96 (2006): 1949-54. 声称,那些将次级执法升级为首要执法的州,其安全带使用率将会提高10%。

在公共卫生紧急情况下,政府应大胆地采取行动以消除健康威胁吗?这应当优先于对个人自由的考虑吗?类似的紧张情况在商业规制领域中也显而易见。有影响力的经济理论(例如,自由放任主义)赞成开放的竞争与不受妨碍的创业。理论家们支持由相对不受束缚的私营企业与自由市场来解决社会问题。人们观察到政府的角色正在发生转变:即从一个以人民利益为名的社会秩序的积极维护者("保姆式国家")向一个放任个人与企业自由地作出个人与经济选择的政府转变。[66]

六、通过侵权制度进行间接规制

检察总长、公共卫生部门与私人拥有通过侵权制度进行间接规制的强有力的手段。民事诉讼可以对以下诸多公共卫生危害提供救济:例如,环境损害(例如,空气与水污染);有毒物质(例如,农药、含铅油漆与石棉)暴露;产品(例如,儿童玩具、娱乐设备与家用物品)设计不良或存在缺陷;危险产品(例如,烟草、枪支与鸦片类处方药)的销售与分销。公共健康倡导者从成功的烟草管制策略中借鉴经验,引入侵权行为制度来管制含铅涂料[67]、枪支[68]、快餐[69]和制药[70]行业,但成效不大。

侵权行为法可以成为一种促进公众健康的有效方法,但是,如同任何一种规制方式一样,它也不是完美无缺的。侵权制度给个人和企业带来了经济和个人负担。例如,诉讼增加了企业的经营成本,从而推动了消费品价格的上涨。侵权行为制度既可以抑制社会危害性活动(例如,不安全的汽车设

---

[66] Lindsay F. Wiley, Micah L. Berman, and Doug Blanke, "Who's Your Nanny? Choice, Paternalism and Public Health in the Age of Personal Responsibility," *Journal of Law, Medicine and Ethics*, 41 (2013): S88-S91.

[67] See, for example, *Rhode Island v. Lead Indus. Ass'n*, 951 A.2d 428 (R.I. 2008)(本案推翻了一个陪审团的裁决,以支持州基于公害而进行的索赔);Kenneth R. Lepage, "Lead-Based Paint Litigation and the Problem of Causation: Toward a Unified Theory of Market Share Liability," *Boston College Law Review*, 37 (1995): 155-82.

[68] See, for example, *City of New York v. Beretta U.S.A. Corp.*, 315 F. Supp. 2d 256 (E.D.N.Y. 2004)(本案否决了一项驳回公害诉讼的动议,这起诉讼指控火器制造商和经销商的政策和做法大大增加了纽约市的枪支使用率、犯罪率、死亡率与伤残率);*City of New York v. Beretta U.S.A. Corp.*, 524 F.3d 384 (2d Cir. 2008)(本案认为原告的索赔不符合《武器贸易中的合法商业保护法(2005年)》的规定,该法使枪支制造商和销售商免受因枪支使用犯罪或合法的枪支使用不当而引起的索赔),cert. denied 556 U.S. 1104 (2009).

[69] *Pelman v. McDonald's Corp.*, 237 F. Supp. 2d 512, 519 (S.D.N.Y. 2003) [Pelman I](本案在不损害消费者权益保护的情况下,驳回了罹患肥胖症相关疾病的青少年提出的索赔);*Pelman v. McDonald's Corp.*, 396 F.3d 508 (2d Cir. 2005) [Pelman II](本案允许变更诉讼请求后继续审理,并发回重审);*Pelman v. McDonald's Corp.*, 272 F.R.D. 82 (S.D.N.Y. 2010)(本案否认课堂证明,因为个性化问题超越了常见的课堂上的问题)。2011年,双方就确定的原告的单个索赔达成了和解:*Pelman v. McDonald's Corp.*, No. 02-782, 2011 WL 1230712 (S.D.N.Y. February 25, 2011)(双方约定了有失偏颇的自愿撤诉)。

[70] *Purdue Pharma L.P. v. Combs*, 2014 WL 794528 (Ky. 2014)(在一起针对处方鸦片类药物制造商提起的公害诉讼中,对一些初级议题作出了判决);John Schwartz, "Chicago and 2 California Counties Sue over Marketing of Painkillers," *New York Times*, August 24, 2014, www.nytimes.com/2014/08/25/us/chicago-and-2-california-counties-sue-drug-companiesover-painkiller-marketing.html.

计)的发生,也会阻碍社会有益性活动(例如,疫苗开发方面的创新)的开展。从快餐业至枪械业,侵权责任制度的适用已经受到立法者的严格限制。因此,虽然侵权诉讼仍然可以作为维护公众健康的一个可行的策略,但是,政界却对此进行激烈的抵制。

七、解除规制

有时,法律会有害于公众健康,并成为有效行动的障碍。在这种情况下,最好的补救办法就是解除规制。政治家可能会敦促采取表面上看来很受欢迎的政策,但这些政策却会带来意想不到的健康后果。想想看,法律对吸毒者的针头交换计划以及向吸毒者销售无菌注射器的药局进行惩罚,或将艾滋病人(或艾滋病病毒携带者)的性行为视为犯罪,由此却潜在地导致了传染性疾病的隐秘流行。[71] 解除规制可能会引起争议,因为这通常涉及公共卫生与其他社会价值(如犯罪预防或道德准则)之间的直接冲突。公共卫生支持者可能会强烈地坚信减少伤害的价值所在,但政界可能想利用法律来揭示某些活动的社会不认同性。

实际上,政府可以运用多种法律杠杆来防止伤害和疾病,促进公众健康。法律干预可能非常有效,有必要成为公共卫生倡导者武器库中的一部分。然而,法律干预也会引起争议,引发重要的伦理、社会、宪法与政治议题。这些冲突错综复杂又意义重大,对于公共卫生法领域的学者与学生来说具有巨大的吸引力。本书后面的大部分章节将对这些处于法律、卫生与政治交会处的难题进行探讨。

第九节 公共卫生的合法范围与法律

> 公共卫生是可以购买的。在自然限度内,每个社区都可以决定自己的死亡率。
> ——赫尔曼·比格斯(Hermann Biggs, 1894)

---

[71] Lawrence O. Gostin, *The AIDS Pandemic: Complacency, Injustice, and Unfulfilled Expectations* (Chapel Hill, NC: University of North Carolina Press, 2004).

> 通往不自由的道路有很多条。其中一条道路的路标上刻着：全民健康。
>
> ——彼得·史克拉巴内克：《人文医学的死亡与强制健康主义的兴起》(Petr Skrabanek, *The Death of Humane Medicine and the Rise of Coercive Healthism*, 1994).

公共卫生法确立公共卫生机构的使命、职能、经费和权力，并提供一系列干预措施，以确保人们能够享有健康生活的条件与环境。大多数公共卫生法具有深刻的历史根源和强大的公众支持。[72] 然而，在人群健康前沿领域的活动常常引发社会和政治异议。大部分争论是关于公共卫生的合法范围（或者"边界"）。在很大程度上，这一争议是由在美国文化中具有深刻共鸣的个人主义、自由、自律和个人责任等理念而引发的。[73] 非专业人士往往认为健康在很大程度上应由个人自负其责，而不是一种社会责任。

将公共卫生法扩展至包括传染性疾病与非传染性疾病在内的决定因素的广泛范围已被视为一场现代革命。[74] 反式脂肪酸的禁用、香烟图片警示标签的采用、含糖饮料的分量限制、儿童餐饮的营养标准确定、限制停车场所的分区来鼓励人们行走等干预措施引发了激烈的争论。即使是施行已久的公共卫生干预措施（如疫苗接种与饮水加氟）也正面临着新的政治和法律挑战。

对现代公共卫生法的批判在一定程度上是不可避免的。"新"公共卫生将其疆界由传统的传染性疾病领域延伸至对全体公众健康产生影响的社会与经济领域，这已引发政治保守派的愤怒。公共卫生倡导者正在挑战烟草、煤炭、枪支、快餐以及饮料公司等产业巨头。诚然，人们对"新"公共卫生的激烈反应在一定程度上是因物质利益驱使。但是，这也触及深层次的哲学和文化观念，即在本质上，人们是应当将现代健康威胁主要作为公共问题来对待，还是应当主要作为私人问题来对待。[75]

法律学者对我们在此提出的广义的公共卫生法的定义表达了始终如

---

[72] William J. Novak, "Public Economy and the Well-Ordered Market: Law and Economic Regulation in 19th-Century America," *Law and Social Inquiry*, 18 (1993): 1-32.

[73] Lawrence Wallack and Regina Lawrence, "Talking about Public Health: Developing America's 'Second Language,'" *American Journal of Public Health*, 95 (2005): 567-70.

[74] Richard A. Epstein, "Let the Shoemaker Stick to His Last: A Defense of the 'Old' Public Health," *Perspectives in Biology and Medicine*, 46 (2003): S138-S159, S143.

[75] John Coggon, *What Makes Health Public?*.

一的、原则性的批判。他们认为将卫生问题看作"公共问题"改变了争论的条件。⑯ 将风险行为贴上"公共卫生"问题的标签,实际上是赋予暴虐的政府以超越个人权利保护之上的干预的特权。"政府干预事件(当其被纳入公共卫生议题框架之中时)……便获得了额外扩张的合法性。"⑰

在哲学层面上,有关"新"公共卫生的争论源自公共卫生的共同体主义基础与美国的法律和政策基础之间的紧张关系。美国法律的主导性哲学基础是古典自由主义——"一套以自由、自主、自律、个人责任与有限政府价值为中心的话语体系。"⑱从广义上来说,公共卫生提供了一种截然不同的话语体系来讨论"一个社会如何在影响健康的公共政策中平衡个人责任和社会责任"——这种话语体系一直都是美国经验的一部分。⑲

有关公共卫生合法性范围的争论,也被对现代威胁在本质上是公共性的还是私人性的文化理解所框定。批评者们假定,要在"老"(传统)公共卫生模式(主要关注传染性疾病控制,如微生物型公共卫生)与社会生态型的"新"公共卫生模式之间作出选择。但是,正如法律历史学家威廉·诺瓦克(William Novak)所言:这种假设并不确切。⑳ 从某种意义上说,社会生态模式代表着一种向公共卫生工作者所倡导的基本模式的回归——他们指出卫生问题"是社会性问题,因此,适当的卫生措施也必须应用于全社会"㉑。真正的紧张关系存在于行为模式与社会生态模式之间,前者支持个人自负其责的文化理想,而后者则对此提出了挑战。虽然病原模式将资源和注意力从卫生改革运动中转移了出来,但是,行为模式强化了一种理念,即所谓的生活模式是不受法律管辖的。

---

⑯ Magnusson, "Mapping the Scope," 571. "关于〔公共卫生法〕的目标和定义的辩论,反映了正当行使政治权力和行政权力的界限的相互对立的主张"; Mark A. Hall, "The Scope and Limits of Public Health Law," *Perspectives in Biology and Medicine*, 46 (2003): S199–S209, S202. "〔公共卫生法律和公共卫生科学之间的〕概念界定意义重大,因为法律通过类别范畴而运行,分类对如何分析法律问题有着巨大的影响。"

⑰ Richard A. Epstein, "In Defense of the 'Old' Public Health: The Legal Framework for the Regulation of Public Health," *Brooklyn Law Review*, 69 (2004): 1421–70.

⑱ Wallack and Lawrence, "Talking about Public Health," 567. See also Scott Burris, "The Invisibility of Public Health: Population-Level Measures in a Politics of Market Individualism," *American Journal of Public Health*, 87 (1997): 1607–10, 1608. "接受市场个人主义的修辞表达也就意味着接受一种对公共卫生毫无意义的政治语言表达。"

⑲ Wallack and Lawrence, "Talking about Public Health," 567.

⑳ William J. Novak, "Private Wealth and Public Health: A Critique of Richard Epstein's Defense of the 'Old' Public Health," *Perspectives in Biology and Medicine*, 46 (2003): S176–S198. 提供了一种对"美国公共卫生管制历史的另类解读"——"强调公共卫生法与自由主义、国家建设和美国宪法发展的大历史之间的密切联系"。

㉑ Susser and Susser, "Choosing a Future for Epidemiology," 669; cf. Michael Marmot, "Social Determinants of Health Inequalities," *Lancet*, 365 (2005): 1099–1104, 1103. "如果健康的主要决定因素是社会性因素,那么就必须采取补救办法。"See also Awofeso, "What's New," 706. "公共卫生似乎是兜了一圈又回到了原处。"

尽管我们信奉要广泛关注导致伤害与疾病的潜在的社会、经济与环境原因,但是我们也理解人们对新公共卫生的批评。当然,将一个社会问题视为一个公共卫生威胁具有重要的法律后果。在一定程度上,"公共的"是被用来作为限制自由的一项原则,应该经过深思熟虑的界定与推理。㉒ 尽管几乎人们所从事的每一件事务都对公众健康造成影响,但是这并不必然成为对过度膨胀的公共卫生进行辩护的正当理由。公共卫生机构缺乏专门知识和资源来解决相关问题(例如,文化、住房与歧视等方面的问题)——尽管公共卫生倡导者可以将公共卫生问题解决模式引入农业、住房、交通等监管部门的工作中。合作,而非侵殖,才应该成为横跨"非卫生"部门的公共卫生策略。

最终,公共卫生领域陷入两难境地。如果它把自身范围设定得太狭窄,那么将被指摘为缺乏远见。如此,它将无法解决不健康的根源,也无法全方位地利用必要的社会、经济、科学与行为工具,以促进公众健康。同时,如果公共卫生将自身范围设定得过于宽泛,将被指摘为越权。如此,该领域将失去用可理解的术语来解释自身使命与功能的能力,由此,也将失去在政治和优先权市场上推销公共卫生的能力。

公共卫生政治实乃令人生畏。美国文化公开鼓励人们对财富与特权的展现与享受,并倾向于将各不相同的生活境遇作为个人责任问题来对待。同时,选民对政府改善经济与社会弊端所导致的恶劣后果的能力深怀疑虑。政治自由主义对这些趋势的形成难辞其咎。过去50年来,人们关注的重点已从社会义务与经济公平转至个人自由与自立,由此,健康就从公共领域被转移至私人领域。㉓ 然而,最近,我们的日趋集体化的卫生保健融资方式引发了新的认知,即决定健康的社会与行为因素是公众深切关注的问题。

以下这些都是公共卫生法所面临的挑战:是审慎地行动,还是大胆地作为? 是选择科学中立主义立场,还是积极地参与政治? 是任由人们独善其身,还是为维护他们自身的利益而对他们进行改变? 是介入公共福利,还是尊重公民自由? 是积极地征税与管制,还是培育自由企业? 公共卫生法领域呈现出复杂的权衡,并对政治实体提出了至关重要的智力挑战。

㉒ Coggon's *What Makes Health Public?* 为这个正在进行的项目提供了良好的基础。
㉓ M. Gregg Bloche and Lawrence O. Gostin, "Health Law and the Broken Promise of Equity," *Law and Class in America: Trends since the Cold War*, ed. Paul D. Carrington and Trina Jones (New York: New York University Press, 2006): 310-30.

第二章 风险规制
——一个系统性评估

公共卫生的中心议题是：在一定程度上，政府制定影响公众健康的政策是可以接受的。有人认为，"无为"是道德上最具有接受性或"中性"的选择，因为它赋予个人最大范围的行动自由，即由他们自己的喜好和选择来指引他们的行为。然而，许多对自由加以限制的政策……却首先在协助人们发展自主行动能力方面发挥着重要作用。此外，仅仅要求对积极干预提供正当性理由是不合适的。实际上，任何一项政策，包括"无为"政策，都暗含着对人有利或不利的价值判断，都需要提供正当性理由。

——纽菲尔德生命伦理委员会：《公共卫生伦理》(Nuffield Council on Bioethics, *Public Health Ethics*, 2007)

当公共卫生官员采取行动时，他们面临着令人不安的冲突，即公众健康的集体利益与个人利益以及商业利益之间的冲突。表 2.1 对公共卫生规制中的一些主要利益权衡进行了总结。我们何以知晓何时值得以侵犯个人权利来实现公共利益？当公共卫生风险（以及对风险进行规制所产生的集体利益）处于不确定状态时，我们该如何进一步行动？

公共卫生伦理学（public health ethics）——生命伦理学领域的一个相对较新的领域——提供了一个规制评估框架。[1] 伦理探究已经跨越全方位的公

---

[1] 正如公共卫生科学和实践不同于医学科学和实践一样，公共卫生伦理学已经成为一个与生命伦理学截然不同的领域。与公共卫生法一样，公共卫生伦理正在重新获得学术青睐。See, for example, Stephen Holland, *Public Health Ethics*, 2nd ed. (Cambridge: Polity, 2014); Ruth Gaare Bernheim, James F. Childress, Alan Melnick, and Richard J. Bonnie, *Essentials of Public Health Ethics* (Burlington, MA: Jones & Bartlett Learning, 2013); Angus Dawson, ed., *Public Health Ethics: Key Concepts and Issues in Policy and Practice* (Cambridge: Cambridge University Press, 2011); Steven S. Coughlin, *Case Studies in Public Health Ethics*, 2nd ed. (Washington, DC: American Public Health Association, 2009); Stephen Peckham and Alison Hann, eds., *Public Health Ethics and Practice* (Bristol, UK: Policy Press, 2009); Ronald Bayer, Lawrence O. Gostin, Bruce Jennings, and Bonnie Steinbock, eds., *Public Health Ethics: Theory, Policy, and Practice* (Oxford: Oxford（转下页）

共卫生问题,包括监测与公共卫生研究(见第九章)、稀缺资源的配置(见第八章与第十一章)、健康促进和疾病预防中个人责任和公共责任的划分(见第十一—十四章)、健康差距(见第十四章),以及风险降低伦理。[2] 在此,我们特别强调风险降低伦理,因为它关涉本书中要讨论的诸多主题。

在本章中,我们提出一个系统的公共卫生规制评估体系,这一评估体系将在借鉴公共卫生科学与伦理成果的基础上对以下问题进行评估:(1)规制理由;(2)健康与安全风险;(3)干预的有效性;(4)经济成本;(5)个人负担;(6)利益与负担的分配;(7)规制过程的透明度和合法性。这一章,不同于第二部分的其他章,更重规范性而非描述性。我们要为立法者与法院提出可采纳的准则,以便制定与审查公共卫生规则。然而,这并不意味着我们认为这些标准已是现有法律原则的一部分;也不意味着我们主张这些标准如果被严格适用,将产生客观的"正确"的法律和政策。公共卫生问题是如此多元与复杂,以至于无法通过单一的、一成不变的方式来检验。因此,我们的主张是:以下用以分析法律与卫生相互交叉的复杂问题的标准是重要的,但不是决定性的。

第一节 公共卫生规制的一般性理由

> 政府拥有保护公众健康的广泛权力,包括以维护更重要的公共利益为名来取代个人自由和财产利益的权力。这是一个令人生畏的责任,因此,这种权力不可能、也不允许被滥用。
>
> ——马克·罗斯坦:《对公共卫生的意义的再思考》(Mark Rothstein, "Rethinking the Meaning of Public Health", 2002)

国际公约认为,旨在促进公众健康的政府干预是不折不扣的善举。那么,社会为什么不以最大限度地促进人口健康的方式来组织自身呢?实现人

(接上页) University Press, 2007); Sudhir Anand, Fabienne Peter, and Amartya Sen, eds., *Public Health, Ethics, and Equity* (Oxford: Oxford University Press, 2006).

[2] See Daniel Callahan and Bruce Jennings, "Ethics and Public Health: Forging a Strong Relationship," *American Journal of Public Health*, 92 (2002): 169-76.

生的诸多愿望都需要一个健康的身心。③ 正因为健康被如此高度重视,以至于公共卫生官员有时自认为他们无需为有益的干预提供理由。但政府应证明干预的正当性,因为几乎所有的干预都无一例外地会侵扰到个人利益,并带来经济成本。在继续对公共卫生规范进行系统评价之前,我们需要关注以下三个有关规范的一般性理由:(1)防止对他人的伤害;(2)对欠缺自我保护能力者的保护;(3)父爱主义——保护能力健全者免受自身行为的伤害,而不考虑其自身的偏好。

表 2.1 公共卫生规制:公共利益与私人利益的权衡

公共利益	公共卫生活动	受影响的私人利益
检测活动		
识别新出现的威胁 跟踪患病率和发病率趋势 了解病因 设定公共资源的优先顺位	医生和其他人员的强制通报	医病守密 健康信息隐私
病例发现活动		
减少疾病传播 引导个人接受医疗	筛查 性伴通知	个人自主 身体的完整性 健康信息隐私
强制医疗措施		
减少疾病传播 保持医疗因应措施的有效性	免疫接种 强制治疗 直接观察治疗	个人自主 身体的完整性 宗教信仰自由
个人控制措施		
减少疾病传播	禁止命令 隔离 检疫	个人自主 迁徙自由
禁止行为		
保护自己和他人的健康和安全 促进健康的社会规范的形成	非法药物使用 酒后驾车 在公共场所吸烟	个人自主

---

③ Norman Daniels, "Health-Care Needs and Distributive Justice," *Philosophy and Public Affairs*, 10, no. 2 (1981): 146-79; Norman Daniels, *Just Health Care* (New York: Cambridge University Press, 1985); Lawrence O. Gostin, "Securing Health or Just Health Care? The Effect of the Health Care System on the Health of America," *St. Louis University Law Journal*, 39 (1994): 7-43.

(续表)

公共利益	公共卫生活动	受影响的私人利益
	必具行为	
实施更安全的行为,以防止人身伤害以及医疗照护费用的产生	安全带的使用 摩托车安全帽的使用	个人自主
	设计标准	
防止伤害	汽车安全标准 消费产品安全标准 侵权责任	经济利益 消费成本
	广告限制和披露要求	
减少对有害消费品的需求 引导消费者选择更安全的服务供货商 确保消费者充分了解健康和安全风险	广告限制 披露要求 强制性警语	言论自由 经济利益 商业秘密中的专有利益
	青少年与取得限制	
阻止在年轻时养成不良习惯 保护他人的安全	香烟 含酒精的饮料 枪支 汽车	青少年的个人自主 拒绝接触成年人的溢出效应
	公害治理行动	
降低健康与安全风险	对浴室、成人影院、餐饮服务机构以及不安全的居住场所的关闭/规范	财产和商业利益 消费成本 结社自由
	对企业、专业人员、食品、药品和医疗器械法规的规范	
降低以下活动中的健康/安全风险 商业经营 医疗照护服务提供 药品与医疗器械销售 有害消费品营销	场所检查 营业许可与执照 专业执照 药品审批 侵权责任	经济利益 消费成本 从业自由
	环境规范	
预防急性和长期的健康风险 保护自然环境	污染物排放控制 有毒废物清除 饮用水标准	经济利益 消费成本

(续表)

公共利益	公共卫生活动	受影响的私人利益
对职业健康与安全的规范		
减少接触健康与安全隐患因素： 　有毒物质 　传染性病原体 　安全隐患 　暴力 　有压力的环境	感染控制 健康和安全标准 工作时间限制	经济利益 消费成本
税　收		
减少对有害产品的需求 建立健康行为激励机制 提供基本的卫生需求，预防疾病的发生	对香烟、酒精饮料和含糖饮料征税 通过征税来提高财政收入以保证社会保障项目的运行	经济利益 消费成本

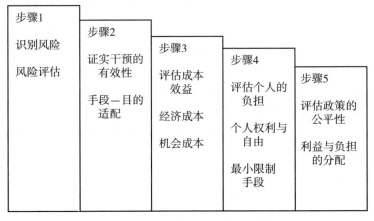

图 2.1　公共卫生规范：进阶式评估

一、不伤害原则

> 不伤害原则是一个非常简单的（为国家强制行为辩护的）原则。这一原则意在自卫，是人类对其任何成员的行动自由进行单独或集体干涉的唯一正当理由。这一权力对文明社会中的任何成员（违背其意愿）的正当行使的唯一目的是为了防止对他人的伤害……而为个人自身的好处，无论是物质上的还是道德上的，都不足以构成（权力干预的）正当理由。个人不能被理所当然地强迫去做某件事或者对强迫保持克制，仅仅就因为这样做对他会更好，就因为这样做会使他更幸福，就因为在别人看来，这样做是明智的、甚至是正确的。
>
> ——约翰·斯图尔特·密尔：《论自由》（John Stuart Mill, *On Liberty*, 1856）

依据自由主义的政治哲学，在没有压倒性正当化事由的情况下，政府不应该对身心健全的成年人的自由施加限制。公共卫生规范最常见的、最被认同的理由是：他人的人身或财产存在危害风险。不伤害原则认为，身心健全的成年人应该自由地行动，只要他们认为这样做合适，除非他们的行为会给他人带来风险。④

从约翰·斯图不特·密尔（John Stuart Mill）到乔尔·范伯格（Joel Feinberg）等哲学家们都认为，个人自由的扩展以不影响他人的健康、安全或其他合法权益为限。⑤ 如果允许自主权扩展到侵及他人的自由领地的程度，那么自由的总量就会缩减。以此观之，真正的自由需要一定的安全保障，以便人们能够自由地生活而免遭严重伤害或疾病之风险。

传染性疾病控制为不伤害原则提供了一个经典说明。如果个人行为会带来严重传染性疾病传播的风险，那么这个行为无论是无意还是蓄意都不影

---

④ 在 *The Moral Limits of the Criminal Law* 中，乔不·范伯格（Joel Feinberg）考查了国家可以适当限制的行为种类。在"限制自由"原则中，他讨论的是伤害他人和冒犯他人。"自由主义立场"认为，伤害和冒犯原则是法律禁止的唯一正当性理由。大多数自由主义政治哲学家并不将涉己性危害作为法律禁止的充分理由，而是将其视为家长主义（或父爱主义）干预的理由。Joel Feinberg, ed., *The Moral Limits of the Criminal Law*, vol. 3, *Harm to Self* (New York: Oxford University Press, 1986), 27.

⑤ John Stuart Mill, *On Liberty* (New York: Penguin Books, 1985), 13; Joel Feinberg, *Rights, Justice, and the Bounds of Liberty: Essays in Social Philosophy* (Princeton, NJ: Princeton University Press, 1980): 45. 一些现代自由主义者与并不认同密尔的伤害原则（也称"不伤害"原则）中的刚性一面。See, for example, H. L. A. Hart, *Law, Liberty, and Morality* (Stanford, CA: Stanford University Press, 1972); Bernard E. Harcourt, "The Collapse of the Harm Principle," *Journal of Criminal Law and Criminology*, 90, no. 1 (1999): 109-94.

响:国家将可以使用强制力,以力避公众健康威胁的发生。因此,即使是那些坚持最低限度的国家权力的人也赞同在传染性疾病控制中采取限制自由的措施(例如,强制接种、身体检查、治疗、隔离和检疫),至少在公共健康面临高风险时应采取这些措施。⑥ 例如,为防止疾病传播,对于"埃博拉"(Ebola)接触者以及处于强制治疗期的传染性结核病患者的行动限制就具有正当性。⑦

二、对无行为能力者的保护

公共卫生规范的第二个正当化理由(也被广为接受)是对缺乏自我保护能力者的保护。自主具有两个必要条件:免受外在干预的自由,以及审慎行动的内在能力。当一个人对作出知情选择、如何依据自身的愿望或计划进行权衡与行动欠缺理解时,保护其免受自身行为或者他人行为的伤害或许就具有正当性。儿童、精神病人或智能障碍者的行为能力或多或少会有减损。此种情形下,政府会出面干预,通过各种手段确保他们的健康和安全,包括:授权父母或监护人对未成年人进行监护;授权监护人对行为能力有减损的成年人的金融、法律、医疗事务进行监护;(在特殊情况下)对患有严重精神疾病者进行民事拘禁,这可能涉及住院或门诊的非自愿治疗。⑧

法律对成年人欠缺管理自身事务的能力的确认具有深远的影响。正是基于这一原因,关于人的能力的确认,需要尽可能通过正式的法律程序来作出,这一法律程序表征为无偏私、具有基本的公平性。此外,对"能力不健全"的裁决应尽可能精确。个人很少完全丧失能力(除非他们处于无意识状态)。他们往往很难在某些时候作出某些决定,但是他们并不需要一个监护人为他们作所有的决定。在这些情况下,监护的替代方式——如提供支持来助其作出决定——或许是合适的。⑨ 以公平与精准的方式对"能力不健全"进行确认,是最能彰显对个人尊严的尊重。

---

⑥ Lawrence O. Gostin, "When Terrorism Threatens Health: How Far Are Limitations on Personal and Economic Liberties Justified?" *Florida Law Review*, 55, no. 5 (2003): 1105-70; Robert Nozick, *Anarchy, State, and Utopia* (New York: Basic Books, 1974): 34,赞成使用"强制力来对付威胁方,即便他是无辜的、不该受到惩罚的"。

⑦ Lawrence O. Gostin, James G. Hodge Jr., and Scott Burris, "Is the United States Prepared for8 Ebola?" *Journal of the American Medical Association*, 312, no. 23 (2014): 2497-98.

⑧ Stanley S. Herr, Lawrence O. Gostin, and Harold Hongju Koh, eds., *The Human Rights of Persons with Intellectual Disabilities: Different but Equal* (Oxford: Oxford University Press,2003).

⑨ Nina A. Kohn, Jeremy A. Blumenthal, and Amy T. Campbell, "Supported Decision-Making: AViable Alternative to Guardianship?" *Pennsylvania State Law Review*, 117, no. 4 (2013): 1111-57.

三、父爱主义（Paternalism）：对身心健全的成年人免受自我伤害的保护

> 这种思维和表达方式（即有自冒风险的"权利"）忽视了这样一个事实，即很少有驾驶员、乘客或骑车者（或吸烟者）没有孩子或配偶或父母。它掩盖了这样一种可能性：如果权利持有者突然出现事故，其医疗费或康复费或长期的医疗照护费就将由众多的其他人来承担。那些特立独行的个人主义者、不戴安全帽并在开放的道路上随意徜徉的人，成为脊髓损伤病房中最具有依赖性的人。
>
> ——玛丽·安·格伦登：《权利对话：政治话语的匮乏》（Mary Ann Glendon, *Rights Talk*: *The Impoverishment of Political Discourse*, 1991）

在为公共卫生规制进行辩护的三条传统理由中，保护身心健全的成年人免受自身伤害是迄今最具有争议性的一条理由。基于这一理由，国家无视身心健全者明示的偏好，为增进其利益或防止其受伤害而对其进行规范。[⑩] 自由主义政治哲学认为，"伤害自己"不足以成为国家行动的正当性理由。正如密尔所言："对自己，对自己的身体和心灵，个人是至高无上的。"[⑪]自主权〔其字面意思是"自我治理"（self-governance）〕，含有自由、个人选择与经济自由之义。自主的人可以基于个人价值与信仰，自由地表达意见、作出选择与采取行动，并自担风险。[⑫] 多元主义的自由主义原则也支持强大的个人主权范围。多元主义认为，个体对于满意生活的理解各不相同，每种理念都应该得到同等尊重。政府应该保持中立，允许个人自由地追求自认为值得优先追求的事项。

尽管这一理念已被广泛接受，但正如一位学者所言："一个明显的政治现实是，我们常常认同以父爱主义为由对风险进行规制。社会正乐于对一些小

[⑩] 一些评论家们主张将父爱主义区分为"软"父爱主义与"硬"父爱主义。前者是对欠缺充分自治能力的主体的自由行动的限制，后者则是对具有充分自治能力的主体的自由行动的限制。"软"父爱主义认为需要对个人的如下行为进行限制：其行为决定是基于不真实的信息，不充分的理解、胁迫，或者非自愿而作出的。Thaddeus Mason Pope, "Counting the Dragon's Teeth and Claws: The Definition of Hard Paternalism," *Georgia State University Law Review*, 20 (2004): 659-722. 我们在本文中讨论的父爱主义接近"硬"父爱主义。然而，由于我们认为在完全自治行为和非自治行为之间并不存在一个确定的二分法，所以，我们不采用"硬"的或"软"的父爱主义的说法。

[⑪] Mill, *On Liberty*, 68.

[⑫] Bernard Gert, Charles M. Culver, and K. Danner Clouser, *Bioethics*: *A Return to Fundamentals*（New York: Oxford University Press, 1997）: 77-79.

群体意欲接受的特定风险予以禁止。"[13]在公共卫生领域,这方面的事例比比皆是:例如,骑摩托车者戴安全帽与驾车者系安全带的强制性法律[14];禁赌令[15];软性毒品定罪[16];饮水加氟[17];至少是对汽车、消费产品、职业安全等方面进行规范[18];禁止室外吸烟[19]。对于香烟、含酒精饮料或者含糖饮料等不健康产品的征税也具有父爱主义性质,因为这实际上是对个人涉己行为的抑制。[20]

从严格意义上来说,父爱主义是指,对个人的自由行动有意进行专门的或根本的干预,以保护被规制的个人。[21]然而,对父爱主义的担忧也因制定用以保护被规制的个人(而非保护被规制的组织)的规章而引发。例如,卫生专业许可要求和食品药品管理局(Food and Drug Administration,FDA)的药品批准就是通过规制生产商和服务供货商来限制消费者的选择。消费者不能

---

[13] Peter Huber, "The Old-New Division in Risk Regulation," *Virginia Law Review*, 69, no. 6 (1983):14 1025-1107, 1102.

[14] See, for example, *Simon v. Sargent*, 409 U.S. 1020 (1972), aff'd, 346 F. Supp. 277 (D. Mass. 1972)〔本案判定,州可以依据宪法要求骑摩托车者戴安全帽(尽管他们不愿意戴)〕;*Everhardt v. City of New Orleans*, 217 So. 2d 400, 402 (La. 1968)(本案认为,"在公共街道和高速公路上开车是一种特权,而不是一种权利;在公共安全领域,市议会可以对摩托车安全帽进行规制");*Benning v. Vermont*, 641 A.2d 757, 761 (Vt. 1994)(本案判定,摩托车安全帽条例没有违反州宪法所规定的"享受和捍卫自由"的权利);*Illinois v. Kohrig*, 498 N.E.2d 1158 (Ill. 1986)(本案认为,立法机关可以对安全带使用法为公共安全和福利保驾护航作出理性的决定);*Ohio v. Batsch*, 541 N.E. 2d 475 (Ohio Ct. App. 1988)(本案判定,安全带可以促进州在保护公民的健康、安全和福利方面的利益);*Wells v. New York*, 495 N.Y.S.2d 591 (Sup. Ct. Steuben Cty. 1985)(本案认为,安全带可以挽救生命,因此这属于州警察权的范畴)。

[15] See, for example, *Lewis v. United States*, 348 U.S. 419 (1955)(本案支持将一项针对赌徒的税收视为征税权的有效行使);*Martin v. Trout*, 199 U.S. 212 (1905)(本案认为,可以有效地行使州权,要求开展赌博项目的建筑物的所有权人支付在赌博中输掉的金钱)。

[16] See, for example, *Whalen v. Roe*, 429 U.S. 589 (1977)〔本案支持州控制物质法案的实施——即要求人们在获得药物处方(无论是合法使用药物还是非法使用药物)时,要向州相关部门登记〕;*Randall v. Wyrick*, 441 F. Supp. 312 (D. Mo. 1977)(本案认为,州政府将大麻作为控制物质进行分类是州权力的有效行使,旨在解决毒品带来的持续的社会和健康问题)。

[17] See, for example, *City of Port Angeles v. Our Water—Our Choice!*, 239 P. 3d 589 (Wash. 2010)(本案认为,市议会要求中止饮水加氟的地方性创举已超越地方自主权的范围);*Minn. State Bd. of Health v. Brainerd*, 241 N.W.2d 624, 629-30 (Minn. 1976)(本案认为,基于加氟水可以预防龋齿的事实而对立法的科学性进行预测,并不是法院的职责);*Readey v. St. Louis County Water Co.*, 352 S.W.2d 622, 631 (Mo. 1961)(本案判定,饮水加氟并未否认居民在有关身体保健和健康事宜方面的选择自由);*Froncek v. City of Milwaukee*, 69 N.W.2d 242, 247 (Wis. 1955)(本案支持城市供水加氟在促进公共健康和福利方面的利益)。

[18] Huber,"The Old-New Division," 1102-3."风险规范的父爱主义目标似乎是汽车安全标准、职业安全条例以及消费品安全标准的基础……有关这类规范的外部性论点缺乏说服力……汽车安全标准在试图保护驾驶员时,在减少外部成本方面却作用甚微……再如,一般员工当然不希望接受职业危害,但他通常会意识到职业危害的存在……实际上,父爱主义考量构成这类规范的潜在理由。"

[19] Robert J. Baehr, "A New Wave of Paternalistic Tobacco Regulation," *Iowa Law Review*, 96(2010):1663-96, 1690-96.

[20] 强制疫苗接种法律有时也被归入父爱主义范畴,但疫苗接种可以预防传染性疾病传播。

[21] Gerald Dworkin, "Paternalism," *Philosophy of Law*, 6th ed., ed. Joel Feinberg and Jules Coleman (Belmont, CA: Wordsworth, 2000):107-36; Roger B. Dworkin, "Getting What We Should from Doctors: Rethinking Patient Autonomy and the Doctor-Patient Relationship," *Health Matrix*, 13 (2003):235-96; Thaddeus Mason Pope, "Monstrous Impersonation: A Critique of Consent-Based Justifications for Hard Paternalism," *University of MissouriKansas City Law Review*, 73, no. 3 (2005):681-713, 681-84.

购买未经批准上市的药品或接受无证从业人员的服务,即使他们了解风险并愿意承担风险[22]。有一些条例要求餐馆在菜单上列出卡路里(calorie,热量单位)的含量,或者对要销售的含糖饮料的包装容器的尺寸进行限制[23],禁止烟草零售商在"展示墙"(power walls)上展示产品以吸引吸烟者,或完全禁止药局出售烟草产品[24]。严格地说,这些规制都不属于父爱主义的范畴,因为其并未直接规制消费者的行为。尽管上述规制的目的是为了保护消费者免受自身的不健康选择的伤害,但还是很容易遭到批评。

反对父爱主义的理由建基于如下假设之上:个人处于作出满足其自身需求与价值的明智的选择的最佳地位。[25] 毕竟,一个人拒绝戴摩托车安全帽,不是因为其对风险浑然不知,而可能是因为其将一种价值(自由)置于另一种价值(物理安全)之上。父爱主义的反对者并不认为个人在考虑自身的价值体系后,就能作出更明智的决定。确切地说,他们发现:允许个人自我决定具有内在价值,即使个人作出的选择在别人看来是不安全的或者不健康的。总之,允许个人自己作决定,是对其作为一个自治主体的尊严的尊重,而父爱主义式的强制则削弱了这种尊严。正是由于这个原因,自由主义学者坚持认为:"只要个人了解所涉及的风险,他们就应该可以自由地从事(任何)能为其带来个人满足的有风险的活动。"[26]

对父爱主义的辩护通常有赖于这样的事实,即所有人在追求自身利益时

---

[22] Daniel I. Wikler, *Ethical Issues in Governmental Efforts to Promote Health* (Washington, DC: National Academy of Sciences, 1978).

[23] Robert Wood Johnson Foundation, *Impact of Menu Labeling on Consumer Behavior: A 2008–2012 Update* (2013), http://healthyeatingresearch.org/wp-content/uploads/2013/12/HER-IB-Menu-Labeling-FINAL-6-2013.pdf; New York City Department of Health and Mental Hygiene, *Board of Health, Notice of Adoption of An Amendment (§ 81.53) to Article 81 of the New York City Health Code*, www.nyc.gov/html/doh/downloads/pdf/notice/2012/notice-adoption-amend-article81.pdf.

[24] Center for Public Health and Tobacco Policy, *Tobacco Product Display Regulations* (2012), http://publichealthlawcenter.org/sites/default/files/nycentersyn-tobproductdisplaybans-2013.pdf; Baehr, "A New Wave," 1690-96.

[25] 伊恩·肯尼迪(Ian Kennedy)的定义揭示了对父爱主义的令人质疑的假设,即"其他人对事关某个人命运的决定比其本人所作的决定更好,因为其他人比他本人更明智,以至于更清楚地了解其最佳利益所在"。Ian Kennedy, "The Legal Effect of Requests by the Terminally Ill and Aged Not to Receive Further Treatment from Doctors," *Criminal Law Review* (1976): 217-32. 此外,限制性法律不仅剥夺了个人的自主决定权,而且对业主自由地使用财产构成限制。例如,禁止吸烟法对酒吧和餐厅老板以及顾客的财产权构成威胁。Nicholas A. Danella, "Smoked Out: Bars, Restaurants, and Restrictive Antismoking Laws as Regulatory Takings," *Notre Dame Law Review*, 81, No. 3 (2006): 1095-122.

[26] Robert L. Rabin and Stephen D. Sugarman, eds., *Smoking Policy: Law, Politics, and Culture* (New York: Oxford University Press, 1993): 7.

都面临着自身能力所受到的来自内部与外部的双重制约。[27] 由于个人行为受到(内、外因素的)严重影响,而不仅仅是自由意志的问题,因此,国家规范有时是必要的。人类总是易犯错误,他们的理性受到认知偏差的限制。很多人难以处理复杂的科学信息以作出一个明智的选择。很多情况下,他们缺乏有关风险的完整而准确的信息。例如,并不是每个人都知道:孩子正处于来自前座气囊的严重伤害的危险之中,或者氡具有危险性并普遍存在于某些地区的家中。即使消费者能够获得信息,他们也有可能对所存在的风险存在误解。媒体有关"良好饮食"或剧烈运动对健康的影响的讨论并不总能被有效的证据来证明,因此,这些讨论常常相互矛盾并令人困惑。有些信息恰恰是为了说服消费者作出不健康的决定,如烟草、酒类或快餐广告等。商业营销已经变得高度复杂、精妙,正对消费者的选择施以强大的影响。[28]

除了认知和信息方面的限制之外,个人的意志力也是有限的。客观上,个人可能知道什么是其最佳利益,但却发现很难据此行事。这一点在违禁或处方药物、酒精或尼古丁所带来的生理上与心理上的依赖性情形中表现得尤为明显。但是,个人可能对许多通常不被视为上瘾的行为也难以控制。个人可能明了高热量食物或久坐不动的生活方式不利于健康,或者也知晓过度支出或赌博会导致财政困难,但要控制这些行为却并不容易。在短期内,这些活动本身或许是如此的令人愉快,以至于其长期的危害后果却未被充分考虑。

最后,个人面临社会和文化因素对其行为的限制。人的行为受到很多外部因素的影响,包括来自家庭、同龄人、社区、媒体与广告的影响。例如,一个青少年是否使用安全套的决定,不仅受到他所了解的有关性传播疾病(性病)知识的影响,也受到同龄人和性伙伴与使用安全套相关的社会意义的影响。[29] 同样,一个人决定吃什么,是否吸烟或喝含酒精的饮料(以及选择什么品牌)在很大程度上取决于文化因素。国家干预主义具有向积极方向改变文化影响的潜力,从而使个体更易于作出他们所吁求的更健康或更安全的选择。例如,禁止在公共场所吸烟,就有助于促成有关烟草的社会规范的转变。

---

[27] 有关父爱主义的哲学视角,see Dworkin, "Paternalism," 278. "我们都意识到我们具有非理性倾向,例如,认知和情感能力的不足,可以避免的和不可避免的无知,缺乏意志力,以及心理和社会压力的存在。"有关父爱主义的法律与经济学视角,see Christine Jolls, Cass R. Sunstein, and Richard Thaler, "A Behavioral Approach to Law and Economics," *Stanford Law Review*, 50, no. 5 (1998): 1471-550,认为追求效用的个人能力受制于"有限的理性""有限的意志力"和"有限的自我利益"。

[28] Micah L. Berman, "Manipulative Marketing and the First Amendment," *Georgetown Law Journal*, 103, no. 3 (2015): 497-546.

[29] 安全套使用的社会意义取决于现行规范。如果使用安全套属例外情形,那么,要求性伴侣使用安全套,可能意味着这样做需要一个特殊的理由,并打断了性行为。另一方面,在保护性性行为成为常规的情况下,使用安全套只是性行为中的一个常规环节。Lawrence Lessig, "The Regulation of Social Meaning," *University of Chicago Law Review*, 62, no. 3 (1995): 943-1045, 1022-23.

随着时间的推移,最初表现得咄咄逼人与令人困扰的规范会逐渐被社会接受。例如,我们当中很少还会有人怀念那工作场所弥漫着烟雾、甚或食物中藏有反式脂肪酸的时代。

虽然对于涉己行为的规范普遍存在于法律中,并被司法制裁广为认可,但对父爱主义的坦白直率的辩护却很罕见。[30] 相反,学者、卫生从业人员和法官通常是通过诉诸对次级利益的保护,即防止对他人的伤害,来对初级问题——对涉己行为的规制——进行辩护。毕竟,对他人的伤害,或经济上的"负外部性"(negative externalities),几乎可以发生在任何一个活动中。[31] 评论家们支持对初级的涉己行为的规制,是基于对医疗照护费用与经济生产力的总后果的注重。常识告诉我们,禁止在公共场所吸烟旨在抑制烟草使用,但通常是通过二手烟的风险来证成。[32] 对含糖饮料征税以及对饮料中糖的比例的限制性规定,则是通过治疗与肥胖相关的疾病的高额支出来证成。[33] 强制戴安全帽或系安全带的法律也是如此,在这些法律中,未受保护的驾车者被认为将带来交通风险或造成经济负担(例如,造成医疗补助与医疗保险中的紧急医疗费用与政府支出)。[34] 让我们来看一个法庭对摩托车安全帽法的看法:

---

[30] 关于对父爱主义的少见的辩护,see Sarah Conly, *Against Autonomy: Justifying Coercive Paternalism* (Cambridge: Cambridge University Press,2012); Sarah Conly, "Coercive Paternalism in Health Care: Against Freedom of Choice," *Public Health Ethics*, 6, no. 3 (2013):241-45,对纽约市的含糖饮料规定进行辩护的理由是:由于存在认知偏见,故而采取父爱主义的措施是必要的;A. M. Viens, "Disadvantage, Social Justice, and Paternalism," *Public Health Ethics*, 6, no. 1 (2013): 28-34; Christian Coons and Michael Weber, eds., *Paternalism: Theory and Practice* (Cambridge: Cambridge University Press, 2013).

[31] 负外部性是一种蔓延到市场之外的,并对第三方造成影响的"外溢"性危害。例如,传染性疾病传播行为就具有负外部性。引发疾病传播风险的行为所带来的负担由其他特定的个人(密切接触者或性伴侣)或广大人群来承担。传染性疾病病人减少风险行为的动机呈衰减趋势,这是因为不安全活动所带来的负担并不对他们自身造成直接影响,而是主要落在其他人身上。See W. Kip Viscusi, "Regulation of Health, Safety, and Environmental Risks,"NBER Working Paper no.11934, National Bureau of Economic Research, 2006, www.nber.org/ papers/ w11934; Thaddeus Mason Pope, "Balancing Public Health against Individual Liberty: The Ethics of Smoking Regulations," *University of Pittsburg Law Review*, 61 (2000): 419-98.

[32] Lawrence O. Gostin, "The Legal Regulation of Smoking (and Smokers): Public Health or Secular Morality?" in *Morality and Health*, ed. Allan M. Brandt and Paul Rozin (New York: Routledge,1997): 331-58; Michael Brauer and Andrea't Mannetje, "Restaurant Smoking Restrictions and Environmental Tobacco Smoke Exposure," *American Journal of Public Health*, 88, no. 12 (1998):1834-36; Ronald M. Davis, "Exposure to Environmental Tobacco Smoke: Identifying and Protecting Those at Risk," *Journal of the American Medical Association*, 280, no. 22 (1998):1947-49.

[33] Oliver T. Mytton, Dushy Clarke, Mike Rayner, "Taxing Unhealthy Food and Drinks to Improve Health," *British Medical Journal*, 344 (2012): e2931; Kelly D. Brownell and Thomas R. Frieden, "Ounces of Prevention: The Public Policy Case for Taxes on Sugared Beverages," *New England Journal of Medicine*, 360, no. 18 (2009): 1805-08.

[34] *Everhardt v. City of New Orleans*, 217 So. 2d 400, 403 (La. 1968)("公路上松动的石块被过往车辆弹起……可能会影响到一个骑摩托车的人〔他没有戴安全帽〕,以至于他顷刻间失去控制,从而对公路上的其他车辆构成威胁");*Benning v. Vermont*, 641 A.2d 757, 758(Vt. 1994)(一个无防护的摩托车驾驶员可能会受到道路危险的影响,暂时失去控制,从而对其他驾车者构成威胁);Everhardt, 217 So. 2d at 403("立法机关对于禁止个人从事一种有可能会导致公共负担的行为,并非无能为力");Benning, 641 A.2d at 762("无论是在税收费率或保险费率中,我们的成本支出都与其他人的行为相关联,并且当其他人没有采取可以将医疗保健消费减少至最低限度的预防措施时,我们的成本支出就会被抬高")。

从(骑摩托车者)受伤的那一刻起,社会就将其抬离公路,送到城市中的医院就医;假如其康复后,不能回到原来的工作岗位上,还要为其提供失业补偿金;假如其因受伤导致永久性身心障碍,可能还要为其本人及其家人承担扶养责任。我们不理解那种容许原告认为此事只关涉他本人的想法。㉟

对涉己行为规范的上述解释未能直面父爱主义的真正问题。㊱他们将辩解理由归为社会伤害这一牵强附会的概念,而并未认识到某些基于父爱主义理念而采取的干预措施具有正当性。此外,不健康饮食、体力活动不足、吸烟、酗酒与骑摩托车等活动对社会所施加的医疗照护费用具有"诱发外部效应"(induced externalities);这是由医疗照护财务的政策选择所决定的。㊲

一些公共卫生伦理学家已用一种更为直接的方式对父爱主义进行探究。一些具有古典自由主义传统的著作却认为,不伤害原则已经被现代评论家过度简化了。例如,麦迪逊·鲍尔斯(Madison Powers)、鲁思·法登(Ruth Faden)与亚沙尔·萨加菲(Yashar Saghai)主张建立"一个更为复杂与精妙的公共卫生伦理的'密尔式构架'(Millian Framework),这一构架将会对特定的自由与公共卫生利益之间的平衡如何通过脱离自由标尺的终端而得以发展进行矫正"。㊳其他公共卫生伦理学家认为,我们根本无需基于"个人"伤害来考虑公共卫生的父爱主义,即便个人伤害对于医疗照护费用与经济生产力会产生聚合效应。丹·比彻姆(Dan Beauchamp)则采纳社群主义作为对自由主义政治哲学的一种替代,他认为对商业行为进行规范的所谓父爱主义指向的是社会整体福祉。他强调公共卫生"具有公共性,关注的是社会整体的福祉,而非仅仅关注任何特定的个人的福祉。卫生政策以及此处的公共卫生父爱主义是在实践层面上而非在个体行为层面上运行的"。㊴

㉟ *Simon v. Sargent*, 346 F. Supp. 277, 279 (D. Mass. 1972)(本案宣称,要求骑摩托车者戴安全帽的州法律是警察权的有效行使方式)。

㊱ Thaddeus Mason Pope, "Is Public Health Paternalism Really Never Justified? A Response to Joel Feinberg," *Oklahoma City University Law Review*, 30, no. 1 (2005): 121–207.

㊲ Jay Battacharya and Neeraj Sood, "Health Insurance and the Obesity Externality," NBER Working Paper No. 11529, National Bureau of Economic Research, 2005, www.nber.org/papers/w11529.

㊳ Madison Powers, Ruth Faden, and Yashar Saghai, "Liberty, Mill and the Framework of Public Health Ethics," *Public Health Ethics*, 5, no. 1 (2012): 6–15.

㊴ Dan E. Beauchamp, "Community: The Neglected Tradition of Public Health," in *New Ethics for the Public's Health*, ed. Dan E. Beauchamp and Bonnie Steinbock (New York: Oxford University Press, 1999): 57.

在一份有关公共卫生伦理的有影响力的报告中,英国纳菲尔德生命伦理委员会对一种"管理模式"进行了阐述,该模式强调政府负有如下职责:要为人们提供可以过健康的生活、减少健康不平等的物质条件,同时要保护弱势群体的利益。[40]"当规范者遵循自由主义伦理原则时,他们若试图对个人该如何生活发号施令是不合理的;但是,依据管理理念,当规范者试图保护对任何人来说都必不可少的生活条件而采取干预措施或许就具有正当性。"[41]免于伤害与疾病的自由,对于自治来说是至关重要的,亦如自由地购买一瓶64盎司的含糖汽水或一盒没有图片警示标签的香烟一样重要。[42]因此,尽管将防止自我伤害作为规制理据在政治上具有最小可接受性,然而清晰可见的是:父爱主义政策已普遍存在,并在预防疾病、伤害与过早死亡等方面发挥着重要作用。

那么,对公共卫生进行规范的三个主要理由即是:防止对他人的伤害,对儿童以及其他欠缺自我决定能力的人的保护,防止涉己行为的伤害。在考虑这些公共卫生规制的一般理由的基础上,我们现在转向是否有必要对某些情况下的特定干预进行系统的评估。

第二节 风险评估

从价值中立的角度来定义风险概念似乎是不可能的,这一概念在本质上具有争议性。更为紧张的伦理问题是:什么层面或何种级别或何种程度的风险对于个人与社区来说具有社会可接受性。

——丹尼尔·卡拉汉、布鲁斯·詹宁斯:《道德与公共卫生:锻造一个牢固的关系》(Daniel Callahan and Bruce Jennings, "Ethics and Public Health: Forging a Strong Relationship", 2002)

公共卫生的使命是识别并控制风险。风险是一个高度复杂的概念,有关

---

[40] Nuffield Council on Bioethics, *Public Health: Ethical Issues* (London: Nuffield Council on Bioethics, 2007): xvi; Mat Walton and Eva Mengwasser, "An Ethical Evaluation of Evidence: A Stewardship Approach to Public Health Policy," *Public Health Ethics*, 5, no.1 (2012): 16-21.

[41] Roger Brownsword, "Public Health Interventions: Liberal Limits and Stewardship Responsibilities," *Public Health Ethics*, 6, no. 3 (2013): 235-40.

[42] John Owens and Alan Cribb, "Beyond Choice and Individualism: Understanding Autonomy for Public Health Ethics," *Public Health Ethics*, 6, no. 3 (2013): 262-71; Adrien Barton, "How Tobacco Health Warnings Can Foster Autonomy," *Public Health Ethics*, 6, no. 2 (2013): 207-19.

风险的分析㊸、沟通㊹、认知㊺与管理㊻方面的文献汗牛充栋。人群面临的危险源自许多不同的方面：例如，来自物理作用力方面的危险（如车祸）；来自化学物质方面的危险（如臭氧、汞、二噁英与药物）；来自微生物方面的危险（如细菌与病毒）；来自人的行为方面的危险（如不安全的性行为、暴饮暴食、吸烟、酒驾与枪支使用）。危害可能是自然事故（如传染性疾病暴发、地震与飓风），也可能是意外事故（如车祸与化学品泄漏），或是蓄意制造的结果（如生物恐怖主义与暴力）。有些危害是工业化、商业化与有害产品贸易（如接触石棉、铅或空气污染）的可预见的后果。这些危害既不是自然灾害，也不是真正的意外事故，但我们也不愿意将其归入故意所为之列。

一、风险评估科学

风险分析是指运用科学与其他方法对风险进行评估，旨在加强人们对某一危险的性质、持续时间、概率与严重程度的认识。风险评估往往是在对潜在的不利影响的科学不确定性的情况下作出的（见下文对预警原则的讨论），特别是对毒物接触（如药物、环境污染物与辐射）的风险评估就更是如此。然而，风险评估应该尽可能地建基于客观、可靠的科学证据之上。㊼ 以科学为基础的风险评估，可为决策制定提供更可靠的基础，以避免基于非理性

㊸ See, for example, John J. Cohrssen and Vincent T. Covello, *Risk Analysis: A Guide to Principles and Methods for Analyzing Health and Environmental Risks* (Washington, DC: White House Council on Environmental Quality, 1989); National Research Council, *Issues in Risk Assessment* (Washington, DC: National Academies Press, 1993); Kenneth J. Arrow, Maureen L. Cropper, George C. Eads, Robert W. Hahn, Lester B. Lave, Roger G. Noll, and Paul R. Portney, et al., *BenefitCost Analysis in Environmental, Health, and Safety Regulation: A Statement of Principles* (Washington, DC: AEI Press, 1996); Timothy McDaniels and Mitchell Small, eds., *Risk Analysis and Society: An Interdisciplinary Characterization of the Field* (New York: Cambridge University Press, 2003).

㊹ See, for example, Peter Bennett, Kenneth Calman, Sarah Curtis, and Denis Smith, *Risk Communication and Public Health*, 2nd ed. (Oxford: Oxford University Press, 2010); National Research Council, *Improving Risk Communication* (Washington, DC: National Academies Press, 1989); Caron Chess, Kandice L. Salomone, and Billie Jo Hance, "Improving Risk Communication in Government: Research Priorities," *Risk Analysis*, 15, no. 2 (1995): 127-35; Dorothy Nelkin, "Communicating Technological Risk: The Social Construction of Risk Perception," *Annual Review of Public Health*, 10 (1989): 95-113.

㊺ See, for example, Judith A. Bradbury, "The Policy Implications of Differing Concepts of Risk," *Science, Technology and Human Values*, 14, no. 4 (1989): 380-99; Gerald A. Cole and Stephen B. Withey, "Perspectives on Risk Perceptions," *Risk Analysis*, 1, No. 2 (1981): 143-63; William R. Freudenburg, "Perceived Risk, Real Risk: Social Science and the Art of Probabilistic Risk Assessment," *Science*, 242, no. 4875 (1988): 44-49; Paul Slovic, *The Perception of Risk* (London: Earthscan, 2000).

㊻ See, for example, Sheila Jasanoff, *Risk Management and Political Culture: A Comparative Analysis of Science* (New York: Russell Sage Foundation, 1986); Vlasta Molak, *Fundamentals of Risk Analysis and Risk Management* (New York: Lewis, 1996).

㊼ See, for example, *Indus. Union Dep't v. Am. Petroleum Inst.*, 448 U.S. 607, 644 (1980)（本案确定，降低苯暴露水平需要证明存在"严重危害的风险，并因此有产生显著效益的可能性"）。关于更好的信息和证据的效率优势的争论，see W. Kip Viscusi, *Risks by Choice: Regulating Health and Safety in the Workplace* (Cambridge, MA: Harvard University Press, 1983).

的恐惧、猜测、陈规或迷思而采取条件反射性行动。[48] 在经同侪审查之科学杂志上发表的研究成果并不保证研究的质量。当在考虑赋予科学证据以何种权重时,研究设计是一个重要的考虑因素。研究方案可以用多种方法来设计,每种方法都有其自身的优缺点(见表2.2)。

公共卫生规制应基于"重大"风险,而非基于猜测性的、理论上的或虚无缥缈的风险。[49] 在群体层面上,重大性通常是依据(风险所引发的)疾病或损伤负担来进行评估。死亡率、发病率与患病率提供了"简单的"评估方法,每一种方法都关注疾病或伤害负担的某一方面的问题。"概括性的"评估方法(如失能调整生命年,DALYs)就融合了死亡率数据,并考虑了非致命性的健康后果(生命质量的下降和身体机能的受损)。每一种评估方法既有优势,也有缺陷:对于任何一种既定的健康危险来说,某些评估方法可能比其他方法更为合适(见表2.3)。[50] 对疾病与伤害负担的测度,结合对相关风险的评估(比较两个群体之间的风险),可以协助决策者设定风险规范的优先事项。优先事项可以在风险总负担、风险差异或风险易感性的驱动下而得以修正。

某些伤害或许对个体并无严重影响,但是如果任其普遍发展,整体负担可能会显著加大。相反,随着潜在危险的严重程度的上升,用以证明采取干预措施正当性所必需的患病率、发病率或事件发生概率的程度要求就会降低。例如,生物恐怖袭击的概率比较小,但攻击的后果可能非常严重:不仅会导致人命的伤亡,而且会造成社会与经济的破坏与混乱,正如发生在2001年的炭疽病毒袭击事件所展示的那样。重大风险标准的核心理念是:在缺乏合理的发生概率的情况下,即便具有严重危害的潜在性也未必能证明规制的正当性。[51] 例如,在艾滋病流行初期,父母很难理解为什么生虱子的孩子——而不是那些感染了艾滋病病毒(HIV)的孩子——被挡在学校大门之外。原因就是:其他孩子生虱子(尽管后果并不严重)的概率非常高,而在学校这个环境中感染艾滋病病毒的风险(一个非常严重的危害)却是极其微小的。

---

[48] 关于记录对疾病的令人反感的歧视与偏见的历史作品,See, for example, Susan Sontag, *Illness as Metaphor* (New York: Farrar, Straus & Giroux, 1988); Allan M. Brandt, *No Magic Bullet: A Social History of Venereal Disease in the United States Since 1880* (New York: Oxford University Press, 1985).

[49] *Jacobson v. Massachusetts*, 197 U.S. 11 (1905), 在本案中,联邦最高法院首次阐明了公共卫生权力的行使必须限于处理现实而重大的威胁之需要。只有在公共卫生需要的情况下,才应该使用公共卫生权力。See also *Sch. Bd. of Nassau County v. Arline*, 480 U.S. 273, 285 (1987)(本案判定,由于国会旨在防止"社会所累积的对身心障碍和疾病的神话与恐惧",所以仅仅是传染性并不能作为解雇的理由)。

[50] Bjarne Robberstad, "QALYs vs DALYs vs LYs Gained: What Are the Differences, and What Difference Do They Make for Health Care Priority Setting?"

[51] 关于对重大风险标准的曲解,see *Onishea v. Hopper*, 171 F.3d 1289 (11th Cir. 1999) (en banc), cert. denied, 528 U.S. 1114 (2000)(本案支持,根据囚犯的艾滋病病毒阳性状况,对州监狱的娱乐、宗教和教育项目进行隔离,因为艾滋病病毒阳性囚犯寻求参与的任何监狱项目都存在"艾滋病病毒"传播的"重大风险")。

第二章　风险规制　053

表 2.2　研究中的证据分级

研究类型	描述	优点	缺点	例证
系统性文献回顾（systematic review）	系统性文献回顾涉及对多个研究的综合评估。调查结果被综合成一个中立的概要，并指出潜在证据的可能缺陷。	非常严谨。	高度资源密集。	研究发现，唯禁欲性教育与青少年怀孕和性病的高发生率相关。
统合分析（meta analysis）	先是利用若干干预研究（通常是随机对照研究）结果进行专业化的系统评价。接下来，综合分析起来对所有的数据进行统计分析，以获得干预效果或统计学意义方面的评估。	更大的数据集的使用增强了统计效能。结果具有广泛的群体意义。	可能会受到发表偏倚的限制，因为显示没有效果的研究可能不会被发表。依赖于获得数据的基础研究的质量。	研究发现，健康饮食比不健康饮食更为昂贵。
随机对照试验（randomized controlled trial）	这种实验将受试者随机分成两组：一个是干预组，受试者接受待验证的干预；一个是对照组，受试者接受安慰剂治疗（即未接受治疗）或标准治疗。	随机选择降低了偏倚风险，并考虑到对干预措施的比较研究。	招募参与者可能是困难的或成本昂贵的；而分派参与者进行有害的活动（如吸烟或接触铅），或对他们施用安慰剂而不让他们获得已知的有效治疗，则可能是不道德的。	通过机会研究发现，那些使用住房券的从高贫困社区迁移到低贫困社区的家庭患肥胖症和忧郁症的概率较低。

（续表）

研究类型	描述	优点	缺点	例证
双盲（double blind or masked RCTs）（也称为"蒙面"）随机对照试验（RCTs）。	是一种随机对照试验，研究者和参与者都不知晓他们在执行或接受哪种干预。参与者被随机分配到干预组和对照组。	消除或减少安慰剂效应。	遮掩是不可行的，因对于公平的干预措施而言，不能对参与者或研究人员有所隐瞒。	研究发现，对绝经后的女性实施的激素替代疗法与心脏病发作具有相关性（这与先前的观察性研究相矛盾）。
世代研究（cohort study）	是纵向的观察性研究。在研究中，参与者被追踪观察一段时间，以对潜在的因果因素的关注结果进展进行评估。世代研究可分为前瞻性世代研究与回顾性世代研究。前瞻性世代研究是指，招募参与者并对其进行一段时间的追踪观察；回顾性世代研究是指，使用存档的健康记录进行研究。	定期搜集数据减少了回忆偏倚风险。前瞻性世代研究为所关注的暴露因素提供了最好的证据，而对此采用随机选择则是不道德的。	前瞻性研究成本高昂，当参与者退出时则易受损耗。可能需要相当长时间，延迟观察结果的公布。	弗雷明汉心脏研究表明，饮食和运动与心脏健康有相关性。
病例对照研究（case control study）	是一种观察性研究。研究中，在以往的可能危险因素的暴露因素的基础上，通过比较研究结果来确定患者人群。	相对便宜。因为参与者是根据已经发生的结果而被招募的，所以很快便能获得结果。可用于随机对照试验不可行或具有危险因素的地方。	因缺乏随机选择，从而会增加偏倚风险。具有混淆因素的可能性。可能难以获取有关参与者既往危险因素暴露的可靠信息。	早期研究表明肺癌与吸烟具有相关性。

注：研究设计处于至关重要的地位，通常被认为很可靠，不太可能受到混淆因素的影响。

表 2.3 疾病与伤害负担的评价指标

公共卫生措施	描述	优点	缺点	例证
发病率（incidence）	在一定时期内，某种疾病或某种伤害新发生人数与风险人数之比。	一种评估离散事件（例如，损伤，急性感染和新诊断等）的好方法。		2014 年，美国 6 个月以下的婴儿每 100 000 人中有 169 人患百日咳。
患病率（prevalence）	在特定时间内，某种疾病或某种身心障碍人数占总人口数的比例。	一种评估慢性病和其他持续效应的好方法。		65 岁以上的美国人中，患糖尿病者比例达 26%。
死亡率（mortality）	在一定时间内，死亡人数占总人口数的比例。		不能完全反映精神障碍以及其他致残病症相关的负担。不能反映过早死亡；同等看待老年人和年轻人的死亡。	2012 年，每 100 000 名美国妇女中有 21.3 人死于乳腺癌。
失能调整生命年（disability-adjusted life years, DALYs）	一种对因早死所致的健康寿命损失年失能和疾病所致身心障碍引起的健康寿命损失年能的综合衡量。透过调整身心障碍程度的权重来调整功能丧失的权重分配给生活在不同年龄组人群的生命年。	更充分地反映非致命性的健康影响所带来的负担。	身心障碍和年龄权重引发了关于生命价值估价的伦理问题。	2010 年，摔倒造成了 450 000 人 DALYs 的损失。

证明一个规制对策的正当性所必需的风险程度取决于政策的经济成本与人力负担。如果负担小,证明干预正当性的门槛就会降低。随着负担的增加,公共卫生官员就需要证实更大程度的风险的存在。例如,在个人自由受到威胁时,证明规制正当性的风险就应该是实质性风险。

二、风险评估的社会价值

> 在应对公共卫生风险(如癌症)时,政府应该关注公众的意见吗?如果公众意见与所有的最佳科学证据不一致,该怎么办呢?假如公众要求政府对某种有价值的物质或活动采取广泛的管制甚或禁止措施,而科学研究却表明,该物质或活动的风险很小甚或无风险,将会造成什么样的后果呢?其结果是:在民主回应型政府所追求的目标与一个有效的公共卫生保护计划之间存在冲突。正如公众所认同的或科学所支持的那样,人们不得不在上述冲突之间进行权衡,因为,减少所有关涉人类健康的风险是不可能实现的目标。鉴于普通大众与科学家甚至在"风险"这个术语的含义上都未达成共识,这个问题显得错综复杂。
>
> ——弗兰克·B.克罗斯:《风险控制中的公众角色》(Frank B. Cross, "The Public Role in Risk Control", 1994)

目前,风险分析与流行病学、生物统计学以及毒理学等学科密切相关。科学主要是依据有害事件将会发生的概率及其后果的严重程度来理解风险。[52]科学家们在客观而狭义的语境下考虑风险。然而,一般公众对风险的认识,不止涉及统计学概率以及死亡率与机能受损间的客观衡量,还要考虑个人、社会与文化价值观。[53]公众与专家之间对风险认识的差异带来了一些有趣的议题:哪种观点应该占优势?民主价值的内涵是科学应该优于公众判断吗?当公众意见与科学评估相左时,民选领导人应该给公众意见多少权

---

[52] Harold P. Green, "The Law–Science Interface in Public Policy Decisionmaking," *Ohio State Law Journal*, 51, no. 2 (1990): 375–405.

[53] Paul Slovic, "Perception of Risk," Science, 236, no. 4799 (1987): 280–85; Paul Slovic, "Trust, Emotion, Sex, Politics, and Science: Surveying the Risk Assessment Battlefield," *Risk Analysis*, 19, no. 4 (1999): 689–701; Douglas A. Kysar, *Regulating from Nowhere: Environmental Law and the Search for Objectivity* (New Haven, CT: Yale University Press, 2010).

重呢?[54]

学者们认为,外行的判断往往存在认知偏差,即对小风险的夸大,而对更大风险的低估。[55] 一般民众运用直观推断或经验法则对风险进行判断。在某些情况下,他们会作出如下过于简单甚至完全不准确的假设:例如,一个人可能会因有毒化学物质对健康有害,而认为所有的毒素都必须从环境中去除;因有核灾难的发生,而认为所有的核能都是危险的;或因有一个邻居的孩子接种疫苗后不久出现自闭症症状,而认为疫苗一定会导致自闭症。[56]

公众对风险的认知受风险的显著性影响。媒体对统计学意义上的低风险关注得越多,公众对其的关注就越多。媒体聚焦令人恐惧的、但风险低的疾病的例子比比皆是,例如,坏死性筋膜炎("食肉菌"病)[57]、牛海绵状脑病(Bovine spongiform Encephalopathy, BSE,或"疯牛病")[58]、新型疾病(如埃博拉、SARS、禽流感)的暴发与生物恐怖袭击等[59]。公众对引人注目的工业性灾难〔如拉夫运河事故(Love Canal)、三里岛核事故(Three Mile Island)或切不诺贝利事故(Chernobyl Disater)〕的报道感到恐慌是可以理解的。在每一个这样的事件中,政府都动用其他资源或利用政策转换来对公众高度关注的事件加以回应(见第十三章)。[60]

外行的判断往往是不科学的,甚至是不合理的,这是否意味着这些判断

---

[54] 有关科学家和公众对语言的不同用法的讨论, see Lisa Randall, "Dangling Particles," *New York Times*, September 18, 2005, 本文认为科学术语具有抽象性和复杂性,而大众喜欢简单的故事;David C. Balderston, letter to the editor, *New York Times*, September 23, 2005."简单故事的吸引力在于人性的展现,以及对安全、确定性和可预见性的普遍渴望。"

[55] See, for example, Howard Margolis, *Dealing with Risk: Why the Public and the Experts Disagree on Environmental Issues* (Chicago: University of Chicago Press, 1996): 1; Stephen Breyer, *Breaking the Vicious Circle: Toward Effective Risk Regulation* (Cambridge, MA: Harvard University Press, 1993): 35-39; Cass R. Sunstein, "Selective Fatalism," *Journal of Legal Studies*, 27, no. S2 (1998): 799-823; Rick Kreutzer and Christine Arnesen, "The Scientific Assessment and Public Perception of Risk," *Current Issues in Public Health*, 1 (1995): 102; Viscusi, Risk by Choice.

[56] Cf. Cass R. Sunstein, "Misfearing: A Reply," *Harvard Law Review*, 119, no. 6 (2006): 1110-25,1110. "在处理信息时,人们使用可识别的探索式方法,这会产生严重的系统性错误……由于受制于各种形式的有限理性,人们很容易对恐惧产生误判:他们害怕那些不危险的东西,却对能招致严重风险的事物视而不见";Dan M. Kahan, Paul Slovic, Donald Braman, and John Gastil, "Fear of Democracy: A Cultural Evaluation of Sunstein on Risk," *Harvard Law Review*, 119, no. 4 (2006): 1071-109. See also Cass R. Sunstein, *Laws of Fear: Beyond the Precautionary Principle* (Cambridge: Cambridge University Press, 2005).

[57] Rachel Nowak, "Flesh-Eating Bacteria: Not New, but Still Worrisome," *Science*, 264, no. 5166(1994): 1665.

[58] 美国首例疯牛病被确认发生在华盛顿州,这一结果于 2003 年 12 月 23 日公之于众。Shankar Vedantam, "Mad Cow Case Found in U.S. for First Time; Infected Animal Killed in Washington State," *Washington Post*, December 24, 2003.

[59] Stacey L. Knobler, Adel A.F. Mahmoud, and Leslie A. Pray, eds., *Biological Threats and Terrorism: Assessing the Science and Response Capabilities* (Washington, DC: National Academies Press, 2002).

[60] See, for example, Breyer, *Breaking the Vicious Circle*, 9-10. 媒体对微不足道的风险的报道可能会导致规制机构采取不符合实际风险水平的政策行动。Viscusi, *Risk by Choice.*

应该被打折扣呢？公众能够容忍特定的危险，是因为他们自愿承担风险，觉得可以控制形势，或能够从这一活动中受益。例如，外行人士或许会拒绝对一些严重风险进行广泛的规制，因为他们认为这些风险是自愿承受的、可控的、能从中体验到乐趣的风险（例如，吸烟与驾车旅行的危险）；但却坚持要对一些呈现出相对极小风险的活动采取广泛的规制措施，因为他们觉得这些风险是令人无处可逃的、难以控制的并无法通过实际利益来平衡的风险（如危险废弃物场、电磁辐射或航空旅行）。[61]

人的价值观与公众对风险的认识密切相关。风险是"自然"发生的，还是由新技术（如核能、克隆、转基因食品、纳米技术）所带来的？行为（如性行为、吸毒、堕胎）符合社会道德规范吗？风险在人群中的分布公平吗？或是女性或少数族群承担了不成比例的负担吗？如果衡量风险的科学方法看起来有着坚实的事实与证据基础，这可能是因为公众对在民主社会中值得关注的风险有着更多的背景理解。[62] 因此，公众通常不必放弃对于标榜价值与科学无涉的公共卫生主张进行价值判断。民主回应型政府在公众的健康利益与社区价值的损害之间进行权衡也没什么错。

我们不主张公众认知应当取代运用科学方法而得出风险评估结论。公共卫生官员通过作出合理的科学评估而获得执法的合法性。我们仅提议，在公共卫生的社会政治层面上，应该合理地考量社区价值。

三、风险—风险权衡

价值判断也要被纳入风险评估中，因为公共卫生规范往往需要在相互冲突的风险之间进行权衡。当政府介入减少一种风险的活动中时，则可能会增加另一种风险。例如，饮水标准要求采用化学消毒法以降低接触水源性病原体〔例如，贾第鞭毛虫与隐孢子虫（giardia and cryptosporidum）〕的风险，但却可能增加患癌症的风险。[63] 核能规制降低了辐射的风险，但却驱使能源市场

---

[61] 这些外行判断之间的差异很复杂。例如，为什么航空旅行被认为是非自愿的，但汽车旅行却被认为是自愿的？为什么人们认为他们可以通过熟练驾驶和谨慎驾驶来避免事故，即使数据显示有其他情况存在？See Cass R. Sunstein, "A Note on 'Voluntary' Versus 'Involuntary' Risks," *Duke Environmental Law and Policy Forum*, 8, no. 1 (1997): 173–80; Neil D. Weinstein, "Optimistic Biases about Personal Risks," *Science*, 246, no. 4935 (1989): 1232–33; Slovic, "Trust, Emotion, Sex, Politics, and Science".

[62] Amartya Sen, "The Discipline of Cost-Benefit Analysis," in *Cost-Benefit Analysis: Legal, Economic, and Philosophical Perspectives*, ed. Matthew D. Adler and Eric A. Posner (Chicago: University of Chicago Press, 2000): 95–116, 认为目前的成本—收益分析极其有限，因为这种分析极力主张完全通过市场机制进行估值，而不考虑人本身的重要价值。

[63] Lawrence O. Gostin, Zita Lazzarini, Verla S. Neslund, and Michael T. Osterholm, "Water Quality Laws and Waterborne Diseases: Cryptosporidium and Other Emerging Pathogens," *American Journal of Public Health*, 90, no. 6 (2000): 847–53.

寻求化石燃料,从而增加了其他环境卫生的风险。㉔ 禁止添加人工反式脂肪酸可以减少心脏病,但工业界可能会采用像棕榈油这样的对环境有负面影响的替代品。㉕ 轻易获得纳洛酮(Naloxone)可以减少过量用药所导致的死亡,但是由非专业人士管理药品是存在危险的,还有人担心广泛使用过量的解毒剂会增加违禁药物的使用(见第六章)。㉖ 环境团体针对纽约市通过喷洒杀虫剂来防止西尼罗河病毒(West Nile Virus)的诉讼说明了这种权衡的政治意义:公共卫生倡导者强调蚊子传播疾病的风险,而环境保护人士则强调杀虫剂所引起的呼吸系统疾病与癌症的风险。㉗

风险—风险权衡往往被政治化了。在一些情况下,一种风险发生的概率和严重程度可能明显比不上另一种,但公众的关注却是不相称的。例如,水的氯化与氟化所引起的患癌症的风险小到不存在,而来自水源性病原体与龋齿的危害风险却非常高;但公众却往往高估癌症的风险,而低估更为平常无奇(却普遍存在)的龋洞与胃肠道疾病的风险。㉘ 在其他情况下,由于可能缺乏数据,或不同的风险可能实际上彼此抵消,解决方案必然更多地依赖价值判断而非科学证据。由于公务员通常只负责一组健康问题,因此,他们可能视野狭隘,并没有注意到其他风险。与此相关,规制机构可能只拥有有限的规制权力,这使得他们无法考虑超越他们管辖权之外的风险。例如,环境机构可能具有减少住宅内铅或氡暴露的管辖权,但却欠缺防止因环境规范造成的住房存量总体减少的权力。

平衡风险的合理政策可能较为复杂,致使难以向公众传达明确的信息。

㉔ Cass R. Sunstein, "Health-Health Tradeoffs," *University of Chicago Law Review*, 63 (1996):1533-571; Cass R. Sunstein, *Risk and Reason: Safety, Law, and the Environment* (Cambridge: Cambridge University Press, 2002):133-52.

㉕ Kimberly Elizabeth Johnson, "Living off the Fat of Another Land: Trans Fat Social Policy and Environmental Externalities," *Environmental Policy is Social Policy—Social Policy is Environmental Policy*, ed. Isidor Wallimann (New York: Springer, 2013):37-50.

㉖ Food and Drug Administration, letter to Ronald D. Gunn, April 3, 2014, at www.accessdata.fda.gov/drugsatfda_docs/appletter/2014/205787Orig1s000ltr.pdf,食品药品管理局部分批准了专门为家庭成员或医护人员设计的纳洛酮自动注射器。

㉗ 纽约市在当地居民感染西尼罗河病毒后,于1999年推出杀虫剂喷洒项目。环保组织对此提起诉讼,要求停止喷洒杀虫剂。环保组织声称,这种行为正在污染通航水域,违反了联邦《清洁水法案》。该法案规定,若要在可航行的水体中排放污染物,需要获得联邦许可证,且允许任一公民有权提起诉讼以制止违法行为。美国第二巡回上诉法院撤销了一项下级法院的判决,裁定任一公民可以依据《清洁水法案》的授权,提起诉讼,以保证该法案的实施。*No Spray Coalition, Inc. v. City of New York*, 351 F.3d 602 (2d Cir. 2003). 在重审中,地区法院撤销了简易判决,因为关于该市是否未经许可将污染物排放到通航水域这一重大事实问题尚有待查清。*No Spray Coalition Inc. v. City of New York*, No. 00 Civ. 5395, 2005 U.S.Dist. LEXIS 11097 (S.D.N.Y. June 7, 2005).2007年,双方达成协议,纽约市同意与环保联盟成员会晤,来讨论矢量控制政策。

㉘ Marian S. McDonagh, Penny F. Whiting, Paul M. Wilson, Alex J. Sutton, Ivor Chestnutt, Jan Cooper, Kate Misso, Matthew Bradley, Elizabeth Treasure, and Jos Kleijnen, "Systematic Review of Water Fluoridation," *British Medical Journal*, 321 (2000):855-59.

例如,当一些报告建议孕妇、哺乳期的母亲与年幼的孩子(对汞的神经毒性作用特别敏感的群体)避免食用某些种类的鱼时,却可能导致那些对汞不敏感的人减少食鱼,从而不必要地增加患心脏病的风险。[69] 理想的情况是,公共卫生官员应该在卫生、社会服务与环境机构之间承担起协调职能,以便对风险进行总体的非孤立的考虑,并进行清晰、有效的沟通。

第三节 规制的有效性:手段/目的测试

正如我们刚刚看到的,公共卫生规范的目的是避免或减少对健康的重大风险。然而,假定公共卫生干预总是富有成效,却是不明智的。事实上,政府在某个特定领域的规制,并不必然意味着它确实是在做与问题相关的事情。一个拟议的规制措施只要涉及个人负担与经济成本,政府就应该通过科学数据来证明其所采取的方法具有实现目标的合理的可能性。[70] 这一准则被称为"手段/目的测试",为规制的有效性进行辩护并对之进行严格的评估是政府的职责所在。

对一项干预的有效性进行证实,需要持续的评估,这涉及许多技术与措施的使用(见表2.2与表2.3)。美国医学研究所(Institute of Medicine)提倡采用绩效监测——即对指标进行选择与分析,以衡量干预策略结果的过程性监测。[71]

诚然,科学的评估是个复杂的过程,这是因为众多行为的、社会的与环境的变量使得干预与健康结果之间的因果联系的客观量度变得混淆不清。科

---

[69] Christoph M. Rheinberger and James K. Hammitt, "Risk Trade-offs in Fish Consumption: A Public Health Perspective," *Environmental Science and Technology*, 46, no. 22 (2012): 12337-46; Environmental Protection Agency and Food and Drug Administration Advice about Eating Fish: Availability of a Draft Update (June 11, 2014), 79 Fed. Reg. 33,559,提出的修订案强调妊娠期或哺乳期的妇女食入含有低含量汞的鱼对保持心脏健康具有重要意义,且不会带来神经毒素风险。

[70] James F. Childress, Ruth R. Faden, Ruth D. Gaare, Lawrence O. Gostin, Jeffrey Kahn, Richard J. Bonnie, Nancy E. Kass, Anna C. Mastroianni, Jonathan D. Moreno, and Phillip Nieburg, "Public Health Ethics: Mapping the Terrain," *Journal of Law, Medicine, and Ethics*, 30, no. 2 (2002):170-78.

[71] Jane S. Durch, Linda A. Bailey, and Michael A. Stoto, eds., *Improving Health in the Community: A Role for Performance Monitoring* (Washington, DC: National Academies Press, 1997); Edward B. Perrin, Jane S. Durch, and Susan M. Skillman, eds., *Health Performance Measurement in the Public Sector: Principles and Policies for Implementing an Information Network* (Washington, DC: National Academies Press, 1999); Jane S. Durch, ed., *Using Performance Monitoring to Improve Community Health: Exploring the Issues* (Washington, DC: National Academies Press, 1996). See also Jeffrey P. Koplan, Robert L. Milstein, and Scott F. Wetterhall, "Framework for Program Evaluation in Public Health," *Morbidity and Mortality Weekly Report*, 48, no. RR-11 (1999): 1-40.

学的评估也可能耗费巨大。产业团体试图挑战或预先阻止规制,就可能会投入大量资金来产出令人迷惑的、难以理解的研究结论。规制机构通常缺乏资源对潜在的规制策略在实施之前进行严格的试验研究,尤其当地方政府作为规制的开路先锋时,就更是如此(见第5章)。独立学术研究人员的研究可能会填补一些空白,但他们的研究并不总是为了响应法庭听证宪法或行政法律的挑战时所强调的具体问题而设计。[72]

对政策制定者施以负担,即在一项新政策实施之前,以严谨的科学研究来证实其有效性,可能会扼杀创新精神,并且可能事与愿违地妨碍关涉有效性的证据的挖掘。尽管如此,要求公共卫生官员依据现有的最佳证据为干预的有效性进行辩护,并制订适当的计划对干预施行后进行持续评估,还是有助于确保干预所维护的共同体的健康利益超过其所带来的个人负担与经济成本,并且确保利益与负担被公平地分配。

第四节　公共卫生规制的经济成本

> 塞西尔·格雷厄姆:愤世嫉俗的人是什么样的人?
> 达灵顿勋爵:人啊,你知道每样东西的价格,却不了解它们的价值。
> ——奥斯卡·王尔德:《温德米尔夫人的扇子》(Oscar Wilde, *Lady Windermere's Fan*, 1892)

公共卫生规制的经济成本包括:制定与实施规范方案的机构资源;对个人与企业进行规制的成本;失去采用不同的、更有效的技术来干预的机会(即机会成本)。在文献资料中,一个备受争议的主要问题就是规制决策中的成本相关性问题。[73] 依据常理,政府采用的规制对策应倾向于以最小的成本提

---

[72] R. J. Reynolds Tobacco Co. v. U.S. Food and Drug Administration, 696 F. 3d 1205 (D.C. Cir. 2012)(本案推翻了食品药品管理局有关建立香烟警告标识制度的提议,部分原因在于法院认定支持图形警告有效性的证据不足)。

[73] See, for example, Peter D. Jacobson and Matthew L. Kanna, "CostEffectiveness Analysis in the Courts: Recent Trends and Future Prospects," *Journal of Health Politics, Policy and Law*, 26, no.2 (2001): 291–326.

供最大的健康利益。㉔ 成本效益分析可用于评估拟议的干预措施的结果和成本。㉕

鉴于资源具有稀缺性这一现实,决策者必须在规制备选方案中作出艰难的选择。然而政策制定者的决策远未达到一致的合理性。规制决策中的差异使得决策过程显得主观臆断。人类面临着难以计数的危险,其中大部分危险尚处于不受规制的状态。即使在那些受规制的危险中,所产生的成本与所取得的利益也很少具有统一性。当经济学家们对政府用于消除不同风险所实际投入的资源进行比较时,结果令人震惊。人们为避免小风险(如有毒物质的致癌后果)付出了巨大的规制成本,而为避免大风险(如不安全的产品设计所致的伤害)所投入的规制成本却很小。㉖ 从成本效益的角度来看,规制机构对不同种类的风险给予的关注程度极为不同。

一、难道人的健康与生命能被简化为成本与收益的比值吗?

"幸福"这个概念很少会在公共卫生界引起如此大的恐慌……

㉔ 质量调整生命年(Quality-adjusted life years, QUALYs)是一种评估健康需求的方法,它不仅包括生命的长度,也包括生活的质量(例如,考虑由病症与功能障碍所导致的痛苦)。有关疫苗方面的背景文献,see Kathleen R. Stratton, Jane S. Durch, and Robert S. Lawrence, eds., *Vaccines for the 21st Century: A Tool for Decisionmaking* (Washington, DC: National Academies Press, 1999),重新审视了关于质量调整生命年的成本效益与伦理问题。See also Cass R. Sunstein, *The Cost-Benefit State: The Future of Regulatory Protection* (Chicago: American Bar Association, 2002); W. Kip Viscusi, *Fatal Tradeoffs: Public and Private Responsibilities for Risk* (New York: Oxford University Press, 1992); Cass R. Sunstein, "Paradoxes of the Regulatory State," *University of Chicago Law Review*, 57, no. 2 (1990): 407-41; Kenneth J. Arrow, Maureen L. Cropper, George C. Eads, Robert W. Hahn, Lester B. Lave, Roger G. Noll, and Paul R. Portney, "Is There a Role for Benefit-Cost Analysis in Environmental, Health, and Safety Regulation?" *Science*, 272, no.5259 (1996): 221-22; W. Kip Viscusi, "Regulating the Regulators," *University of Chicago LawReview*, 63, no. 4 (1996): 1423-61; Douglas A. Kysar, "It Might Have Been: Risk, Precaution and Opportunity Costs," *Journal of Land Use and Environmental Law*, 22, no. 1 (2006): 1-57.

㉕ See, for example, Lesley Owen, Antony Morgan, Alastair Fischer, Simon Ellis, Andrew Hoy, and Michael P. Kelly, "The Cost-Effectiveness of Public Health Interventions," *Journal of Public Health*, 34, no. 1 (2012): 37-45; Marthe R. Gold, Joanna E. Siegel, Louise B. Russell, and Milton C. Weinstein, eds., *Cost-Effectiveness in Health and Medicine* (New York: Oxford University Press, 1996); Louise B. Russell, Marthe R. Gold, Joanna E. Siegel, Norman Daniels, and Milton C. Weinstein, "The Role of Cost-Effectiveness Analysis in Health and Medicine," *Journal of the American Medical Association*, 276, no. 14 (1996): 1172-77; Joanna E. Siegel, Milton C. Weinstein, Louise B. Russell, and Marthe R. Gold, "Recommendations for Reporting Cost-Effectiveness Analyses," *Journal of the American Medical Association*, 276, no. 16 (1996): 1339-41; Milton C. Weinstein, Joanna E. Siegel, Marthe R. Gold, Mark S. Kamlet, and Louise B. Russell, "Recommendations of the Panel on Cost-Effectiveness in Health and Medicine," *Journal of the American Medical Association*, 276, no. 15 (1996): 1253-58.

㉖ John F. Morrall 制作了一个著名的表格,对各种降低风险的规范措施的成本进行了比较。让我们看一下这张表里所呈现的一些规范措施的每千人生命拯救成本:无排气管的空间加热器,100 美元;安全带,300 美元;酒精和药物控制,500 美元;石棉,104 200 美元;苯/乙基苯-苯乙烯,483 000 美元;甲醛,72 000 000 美元。John F. Morrall III, "A Review of the Record," *Regulation*, 10 (November – December 1986): 25-34. 有关对 Morrall 方法的有力批判, see Lisa Heinzerling, "Regulatory Costs of Mythic Proportions," *Yale Law Journal*, 107, no. 7 (1998): 1981-2070, 2042; Lisa Heinzerling, "The Rights of Statistical People," *Harvard Environmental Law Review*, 24, no. 1 (2000): 189-207.

(在食品药品管理局的成本—效益分析中)"幸福指数"假定,减少吸烟所带来的好处——早逝与心肺疾病者的减少——不得不被打折70%,用以抵消吸烟者放弃吸烟所致的愉悦感的丧失。

——塞布丽娜·塔弗尼斯:《戒烟的新演算:带来了健康,却失去了快乐》(Sabrina Tavernise, "In New Calculus on Smoking, It's Health Gained vs. Pleasure Lost", 2014)

虽然考虑规制成本很有必要,人们对此也少有争议,但是成本效益分析还是会引发深刻的伦理和政治关注。市场交换并不是衡量人的生命价值的主要尺度。生命不等同于美元,精确的货币估值也无法对希望、恐惧以及个人与家庭的脆弱性进行解释。[77]

通过较为复杂的经济学方法,公共卫生规制可以被一个精简而成的综合性数值(例如,每个失能调整生命年所节省的费用)来表示,然而这些看似精确的量化分析却是建基于貌似有理却远离目标的假设之上。[78] 成本—效益分析中充溢着关于人的生命价值、应对科学不确定性的适当的政策以及无形利益的重要性(例如,生态改善)等多种社会价值的考量。

以下这几个成本—效益分析的突出例证,显示出对人的价值的视而不见:

食品药品管理局低估了烟草规制的成本,未能考虑到这一事实:戒烟者失去了与吸烟相关的效用——即所谓的幸福感。[79]

当公民吸烟时,政府可以节省开支,因为(吸烟所致的)过早死亡会减少医疗照护与社会保险费用,因此,"吸烟应该得到补贴而不是被征税"。

卫生官员下大力气控制儿童的铅接触,但这却是由于父母吝于花钱为孩子进行排铅治疗,因此,"规制机构应考虑放宽铅接触标

---

[77] 只要当生命仅仅体现为没有名字和没有面孔的统计数字时,人的生命价值就会被贬低为一个表现为成本—效益的数字比率。一旦生命拥有本体意义,那么,人的情感就会让这样的估值措施失效。当一个本体意义上的人需要救援时,社会是不太可能使用成本—效益分析来评估拯救生命的规范项目的。关于对统计学意义上的生命与本体意义上的生命之间的区别的进一步阐述,参见 Heinzerling, "Rights of Statistical People," 203–06。

[78] Heinzerling, "Regulatory Costs of Mythic Proportions," 认为成本—效益分析中的假设远非价值中立的假设; Ellen K. Silbergeld, "The Risks of Comparing Risks," *New York University Environmental Law Journal*, 3, no. 1 (1995): 405–30。

[79] Elizabeth M. Ashley, Clark Nardinelli, and Rosemarie A. Lavaty, "Estimating the Benefits of Public Health Policies that Reduce Harmful Consumption," *Health Economics*, 24, no. 5 (2014): 617–24。

准"。

规范机构过于重视儿童的生命,但这却是由于父母没有花足够的时间来正确地安装汽车安全座椅所致——表明他们毫无疑问地将车祸对孩子所造成的危及生命的风险与有限的货币价值等量齐观。⑧

这些争论已经对重要的公共卫生条例产生了影响。例如,从2011年到2014年,食品药品管理局颁布的新条例要求在烟盒上标注图形警示标签,并将电子香烟也纳入其管辖范围内。食品药品管理局依据对新条例的规制影响分析来评估幸福感,发现预防与戒烟对健康的好处要相应地打折扣。⑧ 我们将在第六章进一步讨论规制影响分析产生的争议。

尽管成本—效益分析有着深层次的困扰与分歧,但是规制成本还是需要考虑的。在一个相对固定的预算内,实现健康利益的最大化仍然具有重要的社会与政治价值。

二、机会成本

假如公共卫生规制花费过多却只取得相对较小的收益,为什么就会成为一个问题呢?无论何时,只要规制机构实施规制,他们就要放弃进行其他卫生干预的机会。为了理解机会成本,我们需要考虑"效益—费用"方程的两方。如果政府采取一种无效的策略,就会失去采用一种不同的、更有益的方法进行干预的机会。政治意愿与机构资源很少能足以允许同时采用多种干预措施。因此,政府采用无效的方法就意味着放弃或延迟采用更有利的策略,这样,将对社区卫生产生不利影响。

现在让我们来看方程的另一方——费用。决定投入大量资源来避免微

---

⑧ Frank Ackerman and Lisa Heinzerling, *Priceless: On Knowing the Price of Everything and the Value of Nothing*(New York: New Press, 2004): 153-84.

⑧ Frank J. Chaloupka, Kenneth E. Warner, Daron Acemoğlu, Jonathan Gruber, Fritz Laux, Wendy Max, Joseph Newhouse, Thomas Schelling, and Jody Sindelar, "An Evaluation of the FDA's Analysis of the Costs and Benefits of the Graphic Warning Label Regulation," *Tobacco Control*, 24 (2015): 112-19; Anna V. Song, Paul Brown, and Stanton A. Glantz, "When Health Policy and Empirical Evidence Collide: The Case of Cigarette Package Warning Labels and Economic Consumer Surplus," *American Journal of Public Health*, 104, no. 2 (2014): e42-e51; Anna V.Song, Paul Brown, and Stanton A. Glantz, "Comment on the Inappropriate Application of a Consumer Surplus Discount in the FDA's Regulatory Impact Analysis" (May 29, 2014), comment on Docket No. FDA-2014-N-0189:"如同食品药品管理局对图形警示标签规范措施进行成本—效益分析那样,对拟议规则(认为〔电子香烟和其他如烟草类产品〕受食品药品管理局管辖)的'初步监管影响分析'(RIA)……先估算出烟草所致疾病和过早死亡降低所带来的收益,然后再将收益折算……到70%,这是将吸烟者因戒烟而丧失的'愉悦'(以及潜在的吸烟者所丧失的永远无法体验到的吸烟的愉悦)作为损失而从收益中扣除后得出的数字。"

小的风险或追求无效的干预,意味着政府正放弃其他可能更为有效的干预措施。立法机关分配用于规制的资源是有限的。决定用于一个领域的钱就不可能被用在另一个、问题更多的领域。政府可以通过集中力量处理严重危害,来降低健康风险。当风险的降低是以合理的投入取得时,便能够被人们接受。当昂贵的规制被视为失去其他机会时,越发清晰明了的是:可操作性的权衡不只是为保护生命而出钱的问题,而是可以理解为是一个引发公众关注的选择。毋宁说,权衡是健康与健康之间的权衡,或是生命与生命之间的权衡,因为一个花费过多的选择浪费的不仅仅是金钱,还会丧失促进健康与安全的机会。

第五节　公共卫生规制的个人负担：最小限制性选择

公共卫生规制不仅会产生经济成本,还会带来人权负担。公共政策可以被精心设计,具有成本效益,并能促进健康;但从个人权利的角度来看,仍然具有不可接受性。表2.1既列举了对个人权利(包括个人自主、隐私、表达、结社与宗教信仰权利)进行限缩的干预方式,还列举了对财产利益(例如,追求贸易与职业机会、商业利益)进行干涉的规制方式。

以下章节将更为详细地阐释这些个人权利与自由。现在,我们先来看个人负担在卫生规制评估中的重要性。公共卫生官员应该考虑规制的侵袭性(即对个人权利造成何种程度的侵犯?)、侵权的频繁性与范围(是侵犯了一个人、一个群体,还是整个人群?)以及侵权的持续时间。

公共卫生机构应该采取最有可能促进健康、预防伤害与疾病,却只给个人施加最少负担的政策。最小限制性选择不需要规制机构采取不大可能保护健康与安全的政策。相反,卫生官员应该更倾向于采用侵害性最小、负担最轻的政策,以实现备选方案可以实现的规制目标,或者更优于备选方案。例如,在2014年"埃博拉"流行期间,一些州试图对从西非返回的卫生工作人员进行检疫隔离。其中,对工作人员发烧及其他症状进行监测就是一个限制更少却同样有效的干预措施。[82]

---

[82] Gostin, Hodge, and Burris, "Is the United States Prepared for Ebola?"

第六节　公共卫生公平：利益与负担的公正分配

为了促进共同利益,有时需要赋予个人利益,有时则会施加个人负担与经济负担。利益与负担除了要相互平衡之外,还应该被公正地分配。当卫生政策遵循公平与社会正义理念时,它们将会在最大程度上为那些有需要的人提供服务;而对危害公众健康的人施加负担与费用;并通过透明的、民主问责的程序来创立、实施与评估。

另一种考虑公平分配的方法是考虑政策的目标人群。大多数政策都互有区别,各自创造一类适用于该政策的人群或企业。一项经过深思熟虑的政策应当避免"涵盖不足"(under inclusivness)或者"涵盖过度"(over inclusiveness)(有关此的宪法规定参见第4章)。一项"涵盖不足"的政策,当其提供服务或者进行规范时,仅仅涉及应当涉及的目标群体中的一部分,而不是所有。就"涵盖不足"本身来说,并不必然是一个问题,因为政府可以(且在某些情况下也应该)渐进地解决卫生问题。例如,只对含糖饮料而不是对其他高热量产品征税,或许就反映了某些事项的合理优先性。然而,有时候"涵盖不足"却掩盖了歧视,例如,当政府对政治上的弱势群体(如无家可归者、囚犯或性工作者)行使强制权时,却没有对带来类似风险的其他人行使强制权。

假如一项政策延及更多的人,以至于超过目标达成所必需的人群时,就是"涵盖过度"了。为那些不需要者提供服务是一种浪费,而且,鉴于资源的稀缺性,这也可能会导致那些真正需要的人的利益的削减。针对未构成危险的个人或企业的规制会增加耗费,但却不会带来相应的公共利益。试想一下这项政策:禁止感染艾滋病病毒的医生从事执业活动。这一政策置整个群体于不利地位,即使这一群体中的大多数医生对于患者来说几乎没有风险。

总之,卫生官员应该通过证实如下事项来为规制辩护:存在一个显著的风险;有效干预的可能性;经济成本与个人负担的合理性;公平性。这项拟议的评估并不总会导向最佳政策,因为任何分析都充满着政治与价值判断,并受科学不确定性的困扰。尽管如此,这一拟议的标准还是为系统性的规制考虑提供了保证。

第七节　透明、信任、合法性

> 寻找真理的权利……也意味着一种责任,即一个人不可隐瞒任何公认的事实。
> ——阿尔伯特·爱因斯坦(Albert Einstein,1954)

除了前述的标准(旨在确保公共卫生规制的实质内容具有道德性与科学性)外,公共卫生规制的形成、实施与评估的过程也值得密切关注。这就是通常所说的,当政府在其所辖的所有领域内行动时,都应该做到公开透明,在公共卫生领域亦当然如此。[83] 规制的合法性取决于公平、公开的程序以及有关政府运转过程与政府行动的信息的自由流动。[84] 转而,合法性与信任将使卫生官员与科学专家同公众之间的交流更为有效,而公众行为正是卫生官员、科学专家试图加以影响的。

审议与决策的公开是透明政府的核心特征所在。利益相关者(例如,那些个人利益与决定相关的人,以及更一般意义上的利害相关的公众)应该了解决策形成或规则制定所考虑的因素:(1)支持判断的事实和证据(例如,具有科学上的证明力的事实优势);(2)干预的目标(预期将产生的公众利益);(3)为保障个人权利采取的步骤(例如,保护隐私的方法);(4)决定的理由(正当化事由的诚实披露);(5)上诉与修正决策之程序(利益相关者听取不同意见的公平的过程)。[85] 开放治理可以通过许多方式来完成,包括举行开放式论坛(需提前告知公众)、公布公开登记簿中的规制建议以及为公民作口头与书面评论设定程序性规定。

自由、公开的公众沟通确保了有关健康风险与干预理由的信息的表达与传递,这也是规制的合法性基础所在。卫生官员应当向公众披露相关数据,并向公众公开其推理与论证过程。[86] 公民应该有权接触公职人员,并享有

---

[83] Public Health Leadership Society, *Principles of the Ethical Practice of Public Health* (Washington, DC: American Public Health Association, 2002).

[84] Angus Dawson and Marcel Verweij, "Public Health and Legitimacy: Or Why There Is Still a Place for Substantive Work in Ethics," *Public Health Ethics*, 7, no. 2 (2014): 95-97.

[85] Norman Daniels, "Accountability for Reasonableness: Establishing a Fair Process for Priority Setting Is Easier than Agreeing on Principles," *British Medical Journal*, 321, no. 7272 (2000):1300-01.

[86] Alex Rajczi, "Formulating and Articulating Public Health Policies: The Case of New York City," *Public Health Ethics*, 6, no. 3 (2013): 246-51.

索取、获得信息并亲自投入决策过程中的权利。卫生官员也负有让社区居民获知有关影响他们生活的数据与行动的持续性义务。例如,规制机构有责任披露一个社区中的与伤害和疾病的发生原因、发生率以及流行率等相关的综合性卫生信息。在极少情形下,限制某些信息披露或许具有伦理上的正当性,例如,为保障隐私(如限制医疗记录披露)、保护弱势群体(如将涉及性传播疾病、药物滥用或自杀等有关敏感话题的数据的负面影响降低到最低限度)以及保卫国家安全(如使用隐蔽措施反击可信的生物恐怖威胁)的情形。

透明对于良好治理来说是必不可少的要素,因其不仅具有内在价值,还具有改善决策的能力。公民通过参与决策并表达意见而获得一种满足感。即使政策制定者最终决定个人利益必须屈从于公共利益,如果个人的意见被倾听、个人的价值观被考虑,他们就有一种被认可感。透明还具有工具性价值,因为它提供了一个反馈机制———一种告知公共政策并达致更周全的判断的方式。开放式治理促成并维持公众信任,这有利于公共卫生事业的发展。[87]

尽管透明与公众参与具有无可置疑的价值,但要实现透明与公众参与却绝非易事。当行政官员们只是假装透明,看起来似乎是公开的、公平的,对此,我们又如何知晓呢?我们又怎么知道他们未受幕后强大的特殊利益集团(例如,从化石燃料、烟草、枪支、食品加工或制药中获利的行业)的过度影响?政府如何才能确保公开会议的参加者是民众的代表?人们都忙于生计,很多人都有权利被剥夺感。通常,那些最需要健康保护与基本服务的人最有可能被疏离,长期以来他们的遭遇未曾被考虑。

第八节 风险预防原则:科学不确定情形下的行动

> 当出现严重的或不可逆的损害威胁时,缺乏充分的科学确定性不应被作为推迟采取防止环境退化的具有成本效益的措施的原因。
> ——联合国环境规划署《里约宣言》(United Nations Environment Programme, Rio Declaration, 1992)

---

[87] Jayne Parry and John Wright, "Community Participation in Health Impact Assessments: Intuitively Appealing but Practically Difficult," *Bulletin of the World Health Organization*, 81, no.6 (2003): 388; CSIS Homeland Security Program and David Heyman, *Model Operational Guidelines for Disease Exposure Control* (Washington, DC: Center for Strategic and International Studies, 2005).

如果在公共卫生中有一个信条的话,那就是政策应当建基于严谨的科学方法论之上。如果公共卫生不以科学为基础,其效用就会减少,其合法性就会受到损害。但是,在面对科学不确定性情况时,应以何种原则来指导决策形成呢?实际上,很多最紧迫的公共卫生判断不得不在知识欠缺的情况下作出。

可以想见,公众担心转基因食品会导致癌症、出生缺陷或肝脏损伤。在美国,大约70%至80%的家庭购买的食品以及餐馆出售的食品中至少含有一种基因改造(GM)成分。[88] 尽管,或者可能是因为,这些产品在我们的食品体系中所占据的主导地位,以及官方对其安全性的保证,很多美国人对这些食品的安全性及其对环境的影响表示关注。[89] 消费者压倒性地支持对转基因食品进行标注,但产业集团却以无科学证据支持为由反对强制标注。[90]

面对科学不确定性,什么样的行动方案才是适当的呢?[91] 公共卫生界通常倡导按照预防原则来管理风险,这一原则支持在不确定性的情况下进行干预。[92] 这一主张赞成积极的社会"远见、规划、创新与永续性",而非被动适

---

[88] Grocery Manufacturers Association Position on GMOs, *The Facts about GMOs*, http://factsaboutgmos.org/disclosure-statement, accessed July 10, 2015,所作的说明是:如果一种食物中含有玉米或大豆,那么,这种食物极有可能含有转基因成分。

[89] See William K. Hallman, Cara L. Cuite, and Xenia K. Morin, "Public Perceptions of Labeling Genetically Modified Foods," Working Paper 2013-01, Rutgers School of Environmental and Biological Sciences, 2013, 3-4, http://humeco.rutgers.edu/documents_pdf/news/gmlabelingperceptions.pdf.研究发现,大多数美国人对基因改造食品持否定态度,只有45%的美国人认为基因改造食品安全可食用。

[90] See Complaint for Declaratory and Injunctive Relief at 2, *Grocery Mfrs. Ass'n v. Sorrell*, No. 5:14-CV-117 (D. Vt. June 12, 2014).

[91] 这部分的引言指出,当适用风险预防原则时,关注科学性与价值目标具有重要意义。当有关未来损害的科学证据具有高度提示性但不确定时,若采取预防措施,可能无可指摘(例如,在全球变暖的情况下)。然而,当有关无损害的科学证据有提示性但不确定时,若采取预防措施,可能会损害公共健康。例如,一些父母认为他们的孩子不应该接种疫苗,尽管医学研究所发现,没有证据表明硫柳汞(一种用于疫苗中的汞防腐剂)会导致自闭症。Institute of Medicine, *Immunization Safety Review: Vaccines and Autism* (Washington, DC National Academy Press, 2004).

[92] American Public Health Association, "The Precautionary Principle and Children's Health," APHA Policy No. 200011, *American Journal of Public Health*, 91, no. 3 (2001): 495-96. 欧盟委员会所颁布的对风险预防原则的说明文件或许最为详尽。See Commission of the European Communities, *Communication from the Commission on the Precautionary Principle*, Doc. No. COM (2000) 1, 2000, http://ec.europa.eu/dgs/health_consumer/library/pub/pub07_en.pdf, 认为预防性监管应该符合比例原则,应具有非歧视性、一致性、成本效益性,应接受司法审查,并应成为综合风险评估的组成部分。有关这一原则的适用,see Dale Jamieson and Daniel Wartenberg, "The Precautionary Principle and Electric and Magnetic Fields," *American Journal of Law and Public Health*, 91, no. 9 (2001): 1355-58; Nicolas De Sadeleer, "The Precautionary Principle in EC Health and Environmental Law," *European Law Journal*, 12, no. 2 (2006): 139-72.

应。[93] 风险预防原则的四个组成要素是：面临不确定性时采取预防性措施、由风险活动的倡导者承担举证责任、探索应对可能的有害行为的系列可供选择的方案、提高决策形成的公众参与度。[94]

风险预防原则首先在环境政策中得到了阐明，该原则试图在数据不足的情况下防止灾害发生，并为决策形成提供指导。[95] 鉴于不作为的潜在成本，未能实施预防性措施需要正当性理由。风险预防原则的支持者坚决主张，对环境构成威胁者是最有能力承担规制负担的实体。[96] 反对者则警告：过度的预防性规制负担会扼杀经济发展与科学创新，从而最终会损害健康。[97]

缺乏充分的科学知识，就无法避免规制行动所带来的困境。未积极采取行动，可能会带来灾难性后果。但若采取了行动，后来又被证明是不必要的，则行动将被视为浪费、严苛甚至疯狂。唯一的防卫措施就是透明。公共卫生机构必须乐于阐明规制措施选择——不采取行动或者进行干预——的基础，并公开表明，当获得新证据时将重新考虑政策方案。公共卫生决策以深刻的方式反映了人类社会对具有内在紧张关系的不同价值进行平衡的手段选择。

至此，我们已对公共卫生法的含义、价值取向与范围进行了思考，此外，也对公共卫生干预措施的伦理与科学评估标准进行了考虑。现在，我们转向这一领域的法律基础。在本书的第二部分，我们将对公共卫生权的宪法设计与宪法限制、行政法以及地方政府法进行探析。

---

[93] 风险预防原则的根源可以追溯到20世纪70年代德国为防止因森林被破坏致空气污染而发展出的风险预防概念。(德语"Vorsorge"意指规划、预见与谨慎小心。) Sonja Boehmer-Christiansen, "The Precautionary Principle in Germany," *Interpreting the Precautionary Principle*, ed. Timothy O'Riordan and James Cameron (London: Earthscan, 1994): 31-61, 36. See also David Kriebel and Joel Tickner, "Reenergizing Public Health through Precaution," *American Journal of Public Health*, 91, no. 9 (2001): 1351-55.

[94] Carolyn Raffensperger and Joel A. Tickner, eds., *Protecting Public Health and the Environment: Implementing the Precautionary Principle* (Washington, DC: Island Press, 1999).

[95] 关于风险预防原则的历史以及将其作为法律规则或标准而进行的分析，see Sonia Boutillon, "The Precautionary Principle: Development of an International Standard," *Michigan Journal of International Law*, 23, no. 2 (2002): 429-69.

[96] *World Charter for Nature*, G.A. Res. 37/7, U.N. GAOR, 37th Sess., Supp. No. 51, at 18, U.N. Doc. A/RES/37/7 and Add. 1: "可能对自然构成重大风险的行动[支持者们]……应证明预期利益将大于潜在损害"; Noah M. Sachs, "Rescuing the Strong Precautionary Principle from Its Critics," *University of Illinois Law Review*, 2011, no. 4 (2011): 1285-1338.

[97] Bill Durodié, "The True Cost of Precautionary Chemicals Regulation," *Risk Analysis*, 23, no.2 (2003): 389-98; Frank B. Cross, "Paradoxical Perils of the Precautionary Principle," *Washington and Lee Law Review*, 53, no. 3 (1996): 851-925; Cass R. Sunstein, "The Laws of Fear," *Harvard Law Review*, 115, no.4 (2002): 1119-68.

第二部分
公共卫生的法律基础

第三章　宪法设计下的公共卫生法
——公共卫生的权力与职责

> 保护和促进公共卫生早已被视为国家的主权(sovereign power)职责。事实上,成立政府的目的之一就是维护公共健康且不得违背这一重要职责。
>
> ——詹姆斯·托比:《公共卫生和警察权》(James Tobey, Public Health and Police Power, 1927)

对于公共卫生法而言,没有什么比了解政府在宪法设计(constitutional design)中的职能更为重要了。正如我们在第一章中讨论的那样,如果公共卫生法主要强调政府对公众卫生条件的保障,那么政府必须开展哪些活动?这个问题很复杂,需要对其职责(政府必须做什么)、权力(政府有权做什么)和限制(政府不得做什么)进行评估。此外,该追问又引出下一个必然问题:哪个政府有权采取这样的行动?在美国,联邦政府、部落政府(tribal governments)、各州以及地方政府是否拥有干预(公共卫生)的职责或权力存在非常大的争议与分歧。

本章第二部分探索了公共卫生法上权力、职责和限制的法律基础。在整体认识宪法功能并考查积极权利和消极权利这一根本问题后,本章还介绍了联邦和州政府的职责和权力,其中要特别注意联邦制度下的权力划分。在下一章中,我们继续聚焦于宪法,讨论源自宪法保护个人权利下的政府权限。在第二部分的结尾我们将讨论将权力下放给地方政府和其他政府机构时出现的特殊法律问题。

第一节　宪法功能及其在公共卫生上的适用

> 对目前联邦政府的无能有了无可置疑的经验以后,要请你们为美利坚合众国慎重考虑一部新的宪法。这个问题本身就能说明它的重要性;因为它的后果涉及联邦的生存、联邦各组成部分的安全与福利……时常有人指出,似乎有下面的重要问题留待我国人民用他们的行为和范例来求得解决:人类社会是否真正能够通过深思熟虑和自由选择来建立一个良好的政府,还是他们永远注定要靠机遇和强力来决定他们的政治组织。
> ——《联邦党人文集》第一篇(Federalist No. 1,1787)

美国宪法有三个主要功能:分配联邦政府和各州之间的权力(联邦制,federalism),划分政府三个部门的权力(权力分立)和限制政府权力(保护个人自由)。这些功能对公共卫生是至关重要的。宪法允许政府采取行动以防止暴力、伤害和疾病,并采取措施促进健康。同时,宪法限制政府干涉个人自由和自治的权力。在公共卫生领域,宪法既是源泉又是大堤:它既是保护公众卫生权力的来源,但同时又为保护个人自由对该权力进行限制。

一、美国联邦制:保留权力和优先权

如果宪法是政府权力的来源,联邦主义就是其基础或框架。[1] 联邦主义将立法权授予两个层级的政府:联邦和各州。[2] 各州再把权力赋予地方政府,创建了第三层级的政府,这将在第五章讨论。关于各级政府在公共卫生事项中的相对优势的讨论,参见框3.1。

---

[1] James G. Hodge Jr., "Implementing Modern Public Health Goals through Government: An Examination of New Federalism and Public Health Law," *Journal of Contemporary Health Law and Policy*, 14 (1997): 93-126.

[2] 在美国联邦框架下的部落政府之角色也会对公共健康产生重大的影响,特别是在美国原住民的健康的差异、赌博对社区的影响以及药物的再输入方面。部落主体对抗州主权存在很大争议。See, for example, Hope M. Babcock, "A Civic-Republican Vision of 'Domestic Dependent Nations' in the Twenty-First Century: Tribal Sovereignty Re-envisioned, Reinvigorated, and Re-empowered," *Utah Law Review*, 2005, no. 2 (2005): 443-573; Danielle Audette, "American Indians and Reimportation: In the Wake of Tribal Sovereignty and Federal Pre-emption, It's Not Just about 'Cheap Drugs,'" *Kansas Journal of Law and Public Policy*, 15, no. 2 (2006): 317-55; Katherine J. Florey, "Indian Country's Borders: Territoriality, Immunity, and the Construction of Tribal Sovereignty," *Boston College Law Review*, 51, no. 3 (2010): 595-668.

框 3.1　联邦制：国家、州和地方政府公共卫生的功能

有关支持或反对中央集权的争论一直存在于美国历史中，成为业已根深蒂固的政治意识形态的一部分。[1] 有效应对公众卫生威胁往往要求包括联邦、各州和地方政府在内的多级政府联合开展行动。特定层级的管辖权（jurisdictional level）中偏执的意识形态倾向会破坏公正和有效的公共卫生政策。政府能否更好地处理公共卫生威胁，一般取决于特定威胁的性质和来源、各级政府解决问题的可用资源和成功的概率。

国家义务

联邦政府有权力，也可以说是道德义务，去创造条件提供基本公共卫生服务。国家愿意创造卫生条件的承诺很重要，因为公众对卫生和福利的需求具有普遍性和强制性。特定的问题确实需要国家的重视。健康威胁，如流行疾病、生物恐怖袭击、自然灾害或环境污染，可以跨越多个州或地区或蔓延至整个国家，而解决方法已经超越了各州的管辖范围。此外，州和地方政府可能根本不具备启动有效应对机制的专业知识或资源。例如，建设防洪堤阻止洪水或重建被飓风摧毁的城市超出了任何一个城市或州的能力。不同州政府与地方政府之间在资助公共医疗卫生服务和社会安全网方案（形成在健康上的鲜明地域差异）的能力方面有很大区别，而且都极度依赖于联邦资金。[2]

州和地方义务

州和地方拥有足够的资源和工具，有履行公共卫生核心职能的义务。各州和地方都更贴近公众，也更多地遇到卫生状况不佳的难题。提供公共卫生服务，需要地方性知识、公众参与和直接的政府问责。州和地方政府也往往是应对复杂或棘手问题的最佳政府机构。在这种情况下，州和地方政府可以作为"民主实验室"（laboratories of democracy），创造和检验新的解决方案。一些州和地方政府采取的某些开创性规制措施最终成为了联邦法律，如加利福尼亚州严格的汽车排放标准[3] 和纽约市强制要求将卡路里计数显示在连锁餐厅的菜单里。[4]

填补公共卫生政策空缺

如果特定的政府机构未能应对明显的健康风险，那么其他机构应该填补空缺。在联邦政府欠缺规制之时，州和地方政府也可在一些领域采取行动，如不安全和不健康的食物、环境保护以及职业安全领域。[5]

参与协调

联邦、各州、地方政府经常按要求履行重叠和共同职责。[6]卫生状况不佳的根源是各级政策抉择的后果。卫生状况不佳是多种因素共同促成的,包括教育、收入、环境暴露、公共卫生和医疗照护可近性。各级政府有责任提供保障人们健康的卫生条件。没有特定的政府机构(联邦、州或地方)应排在首位,每个政府机构都应协调一致发挥独有的作用。

注释:

1. See Deborah Stone, *Policy Paradox: The Art of Political Decision Making*, 3rd ed. (New York: W. W. Norton, 2011): 354-77.作者认为联邦主义的争论是关于以其他人的代价来赋予某些人权利而不是关于最后所作出政策的有效性。

2. Glen P. Mays and Sharla A. Smith, "Geographic Variation in Public Health Spending: Correlates and Consequences," *Health Services Research*, 44, no.5, pt.2, (2009): 1796-1817; Glen P. Mays and Sharla A. Smith, "Evidence Links Increases in Public Health Spending to Decreases in Preventable Deaths," *Health Affairs*, 30, no.8 (2011): 1585-93.

3. 在环境保护署诉称加利福尼亚州缺乏控制汽车温室气体排放的机制之后,加利福尼亚州采取了相应的行动。随着时间的推移,其他若干个州采用了加利福尼亚州的标准来弥补其规则的缺失。2007年,联邦最高法院判决环境保护署有权发布尾气排放标准。*Massachusetts v. EPA*, 549 U.S. 497 (2007). 2009年,环境保护署授权允许各州遵循更加严格的加州标准。第二年,环境保护署发布了更加严格的新规定并得到了华盛顿特区巡回法院的支持。*Coalition for Responsible Regulation, Inc. v. EPA*, 684 F.3d 102 (D.C. Cir. 2012). 在一份复数意见书中,联邦最高法院部分推翻了巡回法院的决定,但支持了环境保护署大部分关于温室气体的规定。*Utility Air Regulatory Group v. EPA*, 573 U.S.____, 134 S. Ct. 2427 (2014).

4. 尽管执行联邦法律的规定继续遭到产业界的抵抗,但是纽约州的做法最终被2010年《平价医疗法》采用。*N.Y. State Rest. Ass'n v. New York City Bd. of Health*, 556 F.3d 114 (2d Cir. 2009); Paul A. Diller, "Why Do Cities Innovate in Public Health? Implications of Scale and Structure," *Washington University Law Review*, 91, no.5 (2014): 1219-91.

5. Diller, "Why Do Cities Innovate?"; Lawrence O. Gostin, "The Supreme Court's Impact on Medicine and Health: The Rehnquist Court, 1986-2005," *Journal of the American Medical Association*, 294, no.13 (2005): 1685-87.

6. Lance Gable and Benjamin Mason Meier, "Complementarity in Public Health Systems: Using Redundancy as a Tool of Public Health Governance," *Annals of Health Law*, 22, no.2 (2013): 224-45.

理论上，美国联邦制只授予联邦政府有限的权力，各州拥有全权保障公众的健康、安全、福利和道德所需要的权力。按照权力列举条款，联邦政府只能依照宪法专门授权开展行动。为实现公共卫生目的，联邦政府的主要权力包括税收与支出和规制州际贸易的权力。这些权力使得国会可以独立授权，以增加对公共卫生服务的财政资助，并对危害公众健康的私人活动进行直接或间接规制。

在联邦宪法被批准之前，各州保留他们作为主权政府所拥有的权力。[3]《美国联邦宪法第十修正案》（以下简称"第十修正案"）将以下事项保留给各州："宪法未授予美国联邦、也未禁止授予各州的权力，分别保留给各州或人民。"权力保留原则认为，国家可以行使所有政府固有的权力，即所有既未授予联邦政府也未禁止授予各州的必要治理权力。其中，两项具体权力：警察权（保护健康、安全、福利和社会道德）和国家亲权（保护未成年人、无行为能力人或某些情况下全体国民的利益），表明保障社会福祉是州的固有权力。

联邦制就像分拣机制（sorting device）那样确定哪一层级政府——联邦、州或两者——可以合法应对公共健康威胁。联邦、州和地方政府在公共健康（例如，伤害和疾病预防、健康改善以及洁净空气和水）的诸多领域同时行使权力。然而，联邦、州或地方政府之间的法规冲突时，首选联邦法律。根据《美国联邦宪法》第6条的最高效力条款（the supremacy clause）规定："宪法以及美利坚合众国的所有法律……和所有条约……都是国家的最高法律。"

根据最高效力条款的授权，国会可能会优先或取代州的公共卫生法规，即使州始终在其警察权力范围内行动。[4] 联邦的优先权对公众健康和安全有很大的影响。联邦最高法院的优先判决可成功地排除重要的州法规与地方法规的适用，并禁止私人对其损害提起诉讼。[5] 优先权在很多领域有着

---

[3] "宪法并没有赋予各州或者人民任何东西。他们的权利在宪法制定之前就已经存在，这些权利来源于主权的本质以及自由的原则。" *Gibbons v. Ogden*, 22 U.S. 1, 87 (1824)（该案的判决认为州法律禁止船只在一州之内的水域内航行是与宪法相悖并且是无效的）。

[4] *Gade v. Nat'l Solid Wastes Mgmt. Ass'n*, 505 U.S. 88, 98 (1992)（判决认为联邦《职业安全与健康法案》隐含地取代了州所制定但未经批准的关于商业团体成员处理有害废弃物的规定）；*Mut. Pharm. Co. v. Bartlett*, 570 U.S.___, 133 S. Ct. 2466 (2013)（判决认为联邦《食品、药品与化妆品法》隐含地取代了州的法律，在此种情况下对于药物生产商来说不能同时遵守两种不同的法律）。

[5] David C. Vladeck, "Preemption and Regulatory Failure," *Pepperdine Law Review*, 33, no. 1 (2005): 95–132; Catherine M. Sharkey, "Preemption by Preamble: Federal Agencies and the Federalization of Tort Law," *DePaul Law Review*, 56, no. 2 (2007): 227–59, 247–59; National Policy and Legal Analysis Network to Prevent Childhood Obesity, *The Consequences of Preemption for Public Health Advocacy*, 2010, http://publichealthlawcenter.org/sites/default/files/resources/nplan-fs-consequences-2010.pdf; Tobacco Control Legal Consortium, *Preemption: The Biggest Challenge for Tobacco Control*, 2014, www.publichealthlawcenter.org/sites/default/files/resources/tclc-fs-preemptiontobacco-control-challenge-2014.pdf.

解除规制的作用,这些领域包括烟草控制[6]、食品标签[7]、制药[8]、医疗设备[9]、汽车车辆安全[10]、职业健康与安全[11]和雇主医疗保险计划[12]。联邦优先权使国会可以凌驾于各州的公共卫生保障法规,同时影响广泛(见框3.2)。

因此,美国联邦制在限制联邦政府权力的同时,赋予州完整的权力。然而,联邦宪法的权威影响深远,并且当其通过列举联邦权力的方式呈现时,国会行动可以优先于州公共卫生规制。

---

[6] 《香烟标签和广告法》(The Cigarette Labeling and Advertising Act, codified as amended at 15 U.S.C. §§ 1331–1341),明确地取代了州和地方政府制定的关于香烟标签(包括健康提示)以及香烟广告及推广内容的规定。See, for example, *Lorillard Tobacco Co. v. Reilly*, 533 U.S. 525 (2001)(该案基于优先权理论,宣布马萨诸塞州一项旨在防止青少年接触香烟广告的法律无效。); *Cipollone v. Liggett Grp.*, 505 U.S. 504 (1992)(法官指出,对于某些州的疏于警示以及欺诈性虚假陈述的赔偿主张将被优先考虑。)。联邦对于州烟草控制法律享有优先权也可以基于其他法令而产生,例如1994年的《联邦航空管理局授权法》。See *Rowe v. N.H. Motor Transp. Ass'n*, 552 U.S. 364 (2008)该法案阻止了缅因州一项旨在防止青少年通过互联网和邮购销售获取烟草的法律的施行,该法律要求承运人确保只向成年人提供香烟。2009年的《家庭吸烟预防与烟草控制法》(Family Smoking Prevention and Tobacco Control Act of 2009), Pub. L. No. 111–31, codified as amended in scattered sections of 5 U.S.C., 15 U.S.C., and 21 U.S.C.,明确禁止州和地方政府对烟草产品标准、上市前审查、生产规范、标签以及产品注册进行监管。该法明确采用底线优先权方式,对烟草的销售与分销、青年人的拥有进行限制,对烟草产品的使用限制(例如无烟法)、消防安全标准与税收进行规定,并且允许州与地方政府颁布更为严格的烟草限制法规。

[7] 1990年的《营养标准与教育法》(The Nutrition Labeling and Education Act of 1990 (NLEA), 21 U.S.C. § 343 et seq.)明确禁止各州采取不同于联邦法律规定的标识要求(在允许某些例外的情况下)。

[8] *Mut. Pharm. Co. v. Bartlett*, 570 U.S.____, 133 S. Ct. 2466 (2013)(判定《食品、药品与化妆品法:哈奇-韦克斯曼修正案》在关于州针对仿制药生产商疏于警示而提起的求尝诉讼方面具有优先适用性); but see *Wyeth v. Levine*, 555 U.S. 555 (2009)(判定《食品、药品与化妆品法》在关于州针对品牌药生产商因疏于警示而提起的求尝诉讼方面并不具有优先适用性)。

[9] See, for example, *Riegel v. Medtronic, Inc.*, 552 U.S. 312 (2008)(判决认为《食品、药品与化妆品法:医疗器械修正案》的优先适用条款通过规定医疗器械需在上市前取得食品药品管理局的批准,从而阻止基于州普通法的关于上市医疗器械安全性方面的诉请);but see *Stengel v. Medtronic, Inc.*, 704 F.3d 1224 (9th Cir. 2013)(判决认为《食品、药品与化妆品法:医疗器械修正案》与州法律关于疏于警示的求偿权的规定相比,不具有优先适用性;这使得被告同时负有向 FDA 报告信息的义务)。

[10] *Geier v. Am. Honda Motor Co.*, 529 U.S. 861 (2000)(判决认为汽车厂商基于联邦法律要求安装气囊的案件不能基于州法律中的关于未安装安全设备之过失的理由提起诉讼); *Williamson v. Mazda Motor of America*, 562 U.S. 323 (2011)(Geier 受限于以下情况:行政记录可以证明对制造商的代理承诺,并批准对州产品提起的责任索赔,以防止制造商未在小型货车上安装安全带和肩带安全带)。

[11] 《职业安全与健康法案》(The Occupational Safety and Health Act of 1970, OSHA), 29 U.S.C. §§ 651–678,在职业安全和健康署已经颁布标准的情况下优先于州制定的职业健康与安全标准,除非州的计划得到了劳工部部长的支持。See, for example, *Chao v. Mallard Bay Drilling, Inc.*, 534 U.S. 235 (2002)(判决认为职业安全和健康署在关于未经检查的船只在内陆进行钻井活动的安全与健康方面有权优先制定标准,这些方面海岸警卫队的规定没有涉及。但是,基于法院在 *Grade* 一案中的分析,州和地方政府可以颁布关于保护公共健康的一般性法律,这种法律仅仅是如保护普通公众那样保护工人)。*Steel Inst. of New York v. City of New York*, 716 F.3d 31 (2d. Cir. 2013)。

[12] 1974年《雇员退休收入保障法》[(Employee Retirement Income Security Act of 1974, ERISA),部分编纂于《美国法典》第29卷],明确规定其具有优先于州自我保险健康计划规定的适用性(按照州自我保险健康计划规定,雇主将承担风险而并非完全投保);还意味着针对《雇员退休收入保障法》的拒绝利益计划,普通法具有索赔优先权。See, for example, *Aetna Health, Inc. v. Davila*, 542 U.S. 200 (2004)(判决支持上诉人如下诉请:他们因健康计划管理者作出不提供医生推荐治疗的保险的决定而受到伤害,可以依据《雇员退休收入保障法》享有优先索赔权)。

框 3.2 联邦优先权

如果国会已经就某一主题颁布了立法,那么州或地方法律将受制于该立法。这一被称为优先权的法律规则,允许国会取代州法律、法规与普通法(例如,侵权索赔)。州立法机构也可以优先于地方,这将在第五章中讨论。联邦法律的权威看似直接,但实际上司法部门在作决定时需要考虑在某种程度上国会是否已经有优先于州和地方的权力。[1]

优先权的分类是复杂的。当联邦法规明确宣布其取代了州和地方法律时,即明确优先。当法规的文义和立法历史暗含国会意图取代州或地方法律,但没有明确声明时,即暗含的意图优先。有两种暗含优先形式:领域优先和冲突优先。在领域优先中,联邦法规的制定比较全面,涵盖整个领域,这可推导出国会并未打算让州法律起任何补充作用。在冲突优先中,法院将它分为两种情况:(1)无法同时遵守联邦法律和州法律;(2)州法律妨碍了联邦法律的目的。后者即冲突优先的扩展形式有时也被称为障碍优先或"目的和目标优先。"这种使州法律全面失效的极大可能性划分了伦奎斯特和罗伯茨法院保守派。[2]

国会制定联邦优先法的目的可能是为了设定最低保护标准,允许州和地方政府灵活运用交叉监管制度服务于联邦法规目的。许多联邦法律(如《美国身心障碍者法》《清洁空气法》和《健康保险流通与责任法案》隐私规则)提供了最低限度保护。在最低限度优先权(floor preemption)之下,联邦法律取代较弱的州法律,同时允许各州制定保护措施。公共健康倡导者更关心的是最高限度优先权(ceiling preemption),它将防止各州采用强于或不同于联邦法律的法规,从而顺利地使州和地方不同于联邦法律的要求无效化。

虽然优先原则看似清楚,但预测联邦最高法院的推理仍困难重重。以《药品法》和《医疗器械法》为例。在里格尔诉美敦力公司案(*Riegel v. Medtronic, Inc.*, 2008)中,法院认为联邦法律禁止州同意消费者因食品药品管理局批准的医疗器械受害而提起的民事侵权索赔。[3] 一年后,在惠氏诉莱文案(*Wyeth v. Levine*, 2009)中,法院就药品商标名作出了相反结论,裁定受害消费者可以起诉制药企业的警告失责风险。[4] 在 PLIVA 公司诉曼升案(*PLIVA, Inc. v. Mensing*, 2011)中,法院认定受害的消费者不能因食品药品管理局批准的非专利药品警告失责而造成的伤害进行索赔。在共同制药有限公司诉巴特利特案(*Mutual Pharmaceutical Co. v. Bartlett*, 2013)中,法院裁定对仿制药生产商的设计缺陷索赔被优先排除。因此,在不到五年的时间里,法院从禁止对美国食品药品管理局批准的医疗设备设计缺陷进行索赔,到允许对有商标药品的警告失责进行索赔,接着又禁止那些对非专利药品的索赔(和设计缺陷索赔)。[5]

注释:

1. Jim Rossi and Thomas Hutton, "Federal Preemption and Clean Energy Floors," *North Carolina Law Review*, 91, no. 4 (2013): 1283-1356, 1293,区分"联邦法律的实质至高无上"与"司法决定至高无上的效力"。

2. Catherine M. Sharkey, "Against Freewheeling, Extratextual Obstacle Preemption: Is Justice Clarence Thomas the Lone Principled Federalist?" *New York University Journal of Law and Liberty*, 5, no. 1 (2010): 63-114; Caleb Nelson, "Preemption," *Virginia Law Review*, 86, no. 2 (2000): 225-305.

3. *Riegel v. Medtronic, Inc.*, 552 U.S. 312 (2008).

4. *Wyeth v. Levine*, 555 U.S. 555 (2009).

5. 根据联邦法律,仿制药公司所采用的药品配方和注意事项不得偏离他们所复制的品牌药。在 Bartlett 案中,第一巡回法庭对制造商裁决了一项重大的陪审团决定,理由是即使仿制药公司不能改变药品的配方,法院也可以将有缺陷的药品从市场上撤下。*Bartlett v. Mut. Pharm. Co., Inc.*, 678 F.3d 30 (1st Cir. 2012).然而,在一项 5 比 4 的裁决中,联邦最高法院不同意这个判例,认为仿制药公司不能对他们无法控制的药物配方造成的伤害承担责任。*Mut. Pharm. Co., Inc. v. Bartlett*, 570 U.S.___,133 S. Ct. 2466 (2013).

二、权力分立

除了各州和联邦政府之间的权力分配,《美国联邦宪法》还对联邦政府的三个分支机构的权力予以划分。《美国联邦宪法》第 1 条授予国会立法权力;第 2 条授予总统行政权力;而第 3 条将司法权授予"一个最高法院和国会可能设立的下级法院"。另外,各州按照自己的宪法采用了相似的治理方案。三权分立提供了一个制约和平衡系统,即没有哪个单独的政府机构的行动可以不受其他机构一定程度的监督和控制,这样可以减少政府压迫的可能性(图 3.1)。

政府的每个机构都有特定的宪法性权力去制定、执行或解释影响公众健康的法律和政策。立法机关制定法律并分配必要的资源以实现政策。一些评论家认为,立法人员无法作出复杂的公共卫生决策,因为他们往往不能深入地研究任何一个问题,以收集事实资料并考虑其影响;他们缺乏有关健康科学的专业知识；且受无知、偏见或自私的公众主张（和政治游说）影响。然而立法机构，作为唯一直接选举产生的政府机关，在政治上对人民负责。如果立法机关颁布了无效或过分干涉自由的政策或者未能解公众燃眉之急，选民可以通过投票来补救。此外，立法机构负责平衡公共卫生服务，满足政府诸多自相矛盾的要求，如减少税收、刺激经济、加强国防、发展交通和教育等。

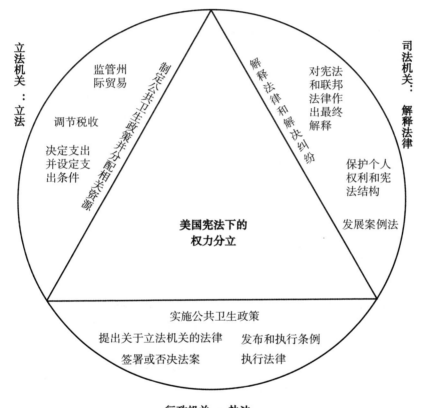

图3.1 美国宪法下的权力分立

行政机关（第五章会进一步讨论）在卫生问题上负有重大责任。虽然立法机关制定了一般政策目标和法定框架，但行政机构仍经常制定一些必要的执行规则来实施监督并强制执行。行政部门拥有很多有效管理公共卫生的属性。这些机构为促进其管辖范围内的公众健康而设立；他们关注长期的相同问题；并且机构官员具有特定的专业知识和有效资源来搜集事实、提出建议并提出选择性政策方案。但是,机构官员并不是由选举而产生,他们作为非政治性公务员在一定任期内办理公务,这可能会导致思维的陈旧和规制主体间的串谋关系。他们常与受管制产业往来密切,甘愿冒险被产业利益所"俘虏"。此外,他们缺乏政治责任感,这使得他们在平衡价值冲突与资源诉求时会作出拙劣的选择。

  司法机关的任务是解释法律和解决法律纠纷。这些事务可能因为没有太多的政策影响而成果寥寥,但法院在公共健康方面的作用仍然是广泛的。越来越多的法院已经通过确定政府权力界限对公共卫生政策施加实质控制。司法机关还对自主权、隐私权以及对个人的自由权和给予企业的经济自由权进行界定。法院决定公共卫生法规是否符合宪法、执法行为是否由立法授权、办事官员是否搜集了足够的证据以支持他们的行动以及私人团体是否存在行为过失。司法部门经过法律实务培养独立作出涉及宪法诉求(例如,联邦主义或个人权利)的周全决定。但是,法院可能不会严格审查卫生政策:法官可能缺少政治上的问责,[13]可能受某一特定案件事实约束,可能受非主流公共健康思想代表的专家意见影响,也可能太专注于个体权利而不惜牺牲公共健康保护的共同要求(反之亦然)。[14]

  究竟哪个是最适合制定和执行公共卫生政策的政府部门? 公共卫生从业人员有时会痛惜立法者和法官在公共卫生方面可能发挥的影响。他们声称,立法和裁判耗时且费力,立法者和法官没有公共健康科学方面的实训或经历,而且立法机构在公共卫生基础设施上资源投入不足。[15] 三权分立原则在公共卫生治理中并不旨在实现最大效率,或取得最好结果。相反,宪法设计在政策制定中重视限制作用。民选官员在公共卫生资金的需求与社会资源的竞争性诉求(competing claims)之间进行协调,行政部门跨越国会授权和对该权力的司法限制之间的界限,司法部门调和公共卫生措施的同时专注于个人权利。作为一个社会,我们放弃由任何一个特定部门进行不受限制的公共卫生治理的可能性,以换取宪法制衡,从而防止越权并确保政治责任。

---

  [13] 所有基于《美国联邦宪法》第 3 条选任的法官都是终生任职,联邦行政法官按任期任命,但是很多的州法官是定期选举产生的。James L. Gibson, *Electing Judges: The Surprising Effects of Campaigning on Judicial Legitimacy*(Chicago: University of Chicago Press, 2012).

  [14] 尽管公共健康方面的评论者通常抱怨司法上过多地侧重于个人权利,但是实际上法院多半是偏向于作出维护公共健康的决定。

  [15] Lawrence O. Gostin, Scott Burris, ZitaLazzarini, and Kathleen Maguire, *Improving State Law to Prevent and Treat Infectious Disease*(New York: Milbank Memorial Fund, 1998); Lawrence O. Gostin, Scott Burris, and Zita-Lazzarini, "The Law and the Public's Health: A Study of Infectious Disease Law in the United States," *Columbia Law Review*, 99, no. 1 (1999): 59-128.

三、权力限制

宪法的第三大功能是限制政府权力,保护个人自由。政府的行为在促进公共利益的同时,常常会侵犯个人和企业的权利和自由。例如,隔离检疫限制了人身自由;限制香烟广告妨碍了自由表达;停办澡堂限制了自由结社;产品监管阻碍了经济自由。因此,公共卫生至少在一定程度上与个人权利有所冲突:努力促进共同福利的同时可能需要折中处理个人和私有权益。

权利保护通常被认为是宪法最重要的功能。宪法赋予并同时限制政府的广泛权力。《权利法案》(前十个宪法修正案),与其他宪法条款一起,创造了一个存在于政府范围之外的个人自由、自治、隐私和经济自由的区域。此外,宪法的制定者们认为人们保有未在宪法中明确规定的权利。《美国联邦宪法第九修正案》(以下简称"第九修正案")规定,"在本宪法中列举的若干权利不得被解释为否定或轻视由人民保有的其他权利"。尽管联邦最高法院已经很少把第九修正案解释为授予独立的权利来源,但是一些学者认为,宪法制定者们旨在保护"自然权利"(natural rights)。[16]

因此,宪法设计是为了提供充分的政府权力来保障大众福利,但禁止其践踏个人权利。公共卫生法学者的不变追求是确定在哪种情况下政府机构促进群体健康的权力应该让位于个人权利需求。也可以说,在什么程度上应该放弃个人自由以改善健康,提高生活质量和增强社区安全感?又或者,在什么情况下,健康和个人权利之间的关系相辅相成?这本书的大部分内容都在试图回答这些问题。

第二节 消极宪法:
保护健康与安全是政府的责任

> 可怜的约书亚!被不负责任、蛮横、懦弱和无节制的父亲反复攻击的受害者,遭〔州法院,县社会工作者,和其他的州办事员〕抛弃的人,那些置他于危险窘境,并且了解或者得知即将发生何事的人,却没有从根本上改变任何情况,只是像法院所披露的那样,"尽

---

[16] See Randy E. Barnett, *Restoring the Lost Constitution: The Presumption of Liberty*, rev. ed. (Princeton, NJ: Princeton University Press, 2013).

职尽责地把这些事件记录在[他们]文件中"。这是对美国生活与宪法原则的一种悲哀评论。这样的生活与原则近来被爱国热情以及关于"人人享有自由和正义"的豪言壮语所充斥。以至于这个孩子,约书亚·戴莎尼亚(Joshua DeShaney),将在极度弱智中度过他的余生。

——哈里·布莱克门大法官在 DeShaney v. Winnebago County Department of Social Services 案中的反对意见(Justice Harry Blackmun, dissenting in DeShaney v. Winnebago County Department of Social Services, 1989)

鉴于政府在维护公众健康和安全(和许多其他公共福利)中的重要性,人们可能期望宪法创造肯定性的政府职责(affirmative government duties)。许多国家已批准了国际条约,并颁布了承认社会和经济权利(如健康权)的国家宪法。⑰ 事实上,美国许多州已经在其宪法中规定了关涉教育、卫生、福利与环境保护等方面的社会和经济权利以及肯定性政府职责。⑱

虽然美国宪法确实需要政府在一些特殊情况下采取行动,如律师要保证刑事审判中被告人的权利,但消极权利一般会被政府"置之不理"⑲。宪法没有规定提供服务或保护人民免受伤害的普遍适用的肯定义务(affirmative ob-

---

⑰ Eibe Riedel, Gilles Giacca, and Christophe Golay, eds., *Economic, Social, and Cultural Rights in International Law: Contemporary Issues and Challenges* (New York: Oxford University Press, 2014); Eric A. Friedman and Lawrence O. Gostin, "Pillars for Progress on the Right to Health: Harnessing the Potential of Human Rights through a Framework Convention on Global Health," *Health and Human Rights*, 14, no. 1 (2012): 1-16.

⑱ Emily Zackin, *Looking for Rights in All the Wrong Places: Why State Constitutions Contain America's Positive Rights* (Princeton, NJ: Princeton University Press, 2013); Sylvia Ewald, "State Court Adjudication of Environmental Rights: Lessons from the Adjudication of the Right to Education and the Right to Welfare," *Columbia Journal of Environmental Law*, 36, no. 2 (2011): 413-58 (2011); Elizabeth Weeks Leonard, "State Constitutionalism and the Right to Health Care," *University of Pennsylvania Journal of Constitutional Law*, 12, no. 5 (2010): 1325-1401; Helen Hershkoff, "Positive Rights and State Constitutions: The Limits of Federal Rationality Review," *Harvard Law Review*, 112, no. 6 (1999): 1131-96; Mary Ellen Cusack, "Judicial Interpretation of State Constitutional Rights to a Healthful Environment," *Boston College Environmental Affairs Law Review*, 20 (1993): 173-201.

⑲ U.S. Const. amend. VI; see Susan Bandes, "The Negative Constitution: A Critique," *Michigan Law Review*, 88, no. 8 (1990): 2271-347; Mark Tushnet, "Symposium: An Essay on Rights," *Texas Law Review*, 62, no. 8 (1984): 1363-403; Lawrence G. Sager, "Justice in Plain Clothes: Reflections on the Thinness of Constitutional Law," *Northwestern Law Review*, 88, no. 1 (2010): 410-35; 429-35.

ligations）。⑳ 联邦最高法院一贯反对任何"接受政府援助的积极权利（affirmative right），即使这种援助对于生命安全、自由或财产可能是必要的，且政府不能剥夺这些个人权利"㉑。在20世纪70年代，法院断然拒绝承认政府负有这些职责[《美国联邦宪法第十四修正案》（以下简称"第十四修正案"）的正当程序条款，将在第四章讨论]，包括提供公共福利援助㉒、住房㉓、教育㉔和医疗保健㉕。

联邦最高法院仍然忠于宪法的消极概念，即使可能会对个人和社区（communities）造成严重后果。㉖ 例如，在戴莎尼亚诉温尼贝戈（美国印第安人部落）县社会服务局案（*DeShaney v. Winnebago County Department of Social Services*, 1989）中，州法院批准了一桩离婚并将年仅1岁的孩子约书亚·戴莎

---

⑳ 这里有一些公认的例外。首先，政府对于那些因在监狱或者精神病机构等拘留设施里被剥夺了人身自由而不能自理的人有一定的义务。Erickson v. Pardus, 551 U.S. 89, 90, 91（2007）（判决认为政府有义务为遭受监禁的人提供医疗护理）；*Youngberg v. Romeo*, 457 U.S.307, 317（1982）（判决认为当一个人被收容之后，州就有义务提供一定的服务和照料）。在这些拘留设施里，州必须提供人道的条件，包括足够的食物、衣物、住处、医疗护理以及免于暴力侵犯。*Farmer v. Brennan*, 511 U.S. 825（1994）。关于在其他限制自由的环境下政府义务的讨论，例如被寄养或者在学校的孩子、警察目击其他警察虐待个人的情况，See Erwin Chemerinsky, "Government Duty to Protect: Post-DeShaney Developments,"*Touro Law Review*, 19, no. 3（2003）: 679-706. 其次，政府在个人由于州造成的危险或者增加风险的情况下为个人提供服务。但是，这种义务是最低限度的，其相当于避免在由于州的积极行为造成的危险中个人安危不被漠视之义务。See, for example, *Davis v. Brady*, 143 F.3d 1021,1026（6th Cir. 1998），*cert. denied*, 525 U.S. 1093（1999）（判定警察将因醉酒被车撞的人送到市区就踢下车的行为构成故意漠视他人安危）；*Wood v. Ostrander*, 879 F.2d 583（9th Cir. 1989），*cert. denied*, 498 U.S. 938（1990）（判定警察在将醉酒司机逮捕后把被强奸的女乘客留在没有钥匙的车中的行为构成漠视他人安危）；*Munger v. City of Glasgow Police Dep't*, 227 F.3d 1082（9th Cir. 2000）（判定警察断然将一个处于危险状态的醉酒的人留在大街上结果导致被冻死构成漠视他人安危）；*Currier v. Doran*, 242 F.3d 905（10th Cir. 2001），*cert. denied*, 534 U.S.1019（2001）（判定警察在社工将一个孩子从其母亲那里交到其暴力的父亲那里导致死亡的结果构成故意漠视他人安危）。法院已经普遍地重申扩大这些例外的意图。See, for example, *Jones v. Reynolds*, 438 F.3d 685（6th Cir. 2006）（判定警察未能阻止公路飙车是一种加剧旁观者死亡危险可能的积极行为）；*Willhauck v. Town of Mansfield*, 164 F. Supp. 2d 127, 132（2001）（判定即使是在学校与学生之间因监护关系产生的积极保护义务也是在教学期间结束后就终止了）。

㉑ *Deshaney*, 489 U.S. at 196. Deshaney案中的结果绝不是不可避免的。在*Deshaney*案之前，巡回法院在关于州在保护儿童免于虐待的问题上是否有宪法上的义务产生了分歧。Carolina D. Watts, "'Indifferent [towards] Indifference': Post-Deshaney Accountability for Social Services Agencies When a Child is Injured or Killed under Their Protective Watch," *Pepperdine Law Review*, 30, no. 1（2002）: 125-59; 134-36. 诚然，一个评论者争论道，"美国宪法本来能够轻易地承认社会与经济权利"，在通过替代解释宪法的方法下。Cass R. Sunstein, "Why Does the American Constitution Lack Social and Economic Guarantees?" *American Exceptionalism and Human Rights*, ed. Michael Ignatieff（Princeton, NJ: Princeton University Press, 2005）: 106.

㉒ *Dandridge v. Williams*, 397 U.S. 471（1970）.

㉓ *Lindsey v. Normet*, 405 U.S. 56（1972）.

㉔ *San Antonio Indep. Sch. Dist. v. Rodriguez*, 411 U.S. 1（1973）.

㉕ *Maher v. Roe*, 432 U.S. 464（1977）; see also *Harris v. McRae*, 448 U.S. 297（1980）.

㉖ *Johnson v. Dallas Indep. Sch. Dist.*, 38 F.3d 198（5th Cir. 1994），*cert. denied*, 514 U.S. 1017（1995）（判定学生在学校遭受暴力时不享有被倾斜保护的宪法权利）；*Archie v. City of Racine*, 847 F.2d 1211（7th Cir. 1988），*cert. denied*, 489 U.S. 1065（1989）（判定在报警者报警后立刻死亡的情况下，911调度员对其提供不当建议且未能调度救护车不负责任）；*Gilmore v. Buckley*, 787 F.2d 714（1st Cir. 1986），*cert. denied*, 479 U.S. 882（1986）（判决州警察在明知危险性精神病人有危害特定个人安全的情况下将其释放最后导致谋杀的情形没有责任）。

尼亚(Joshua DeShaney)的监护权判给他的父亲。两年后,县社会工作者在威斯康星州收到约书亚遭父亲虐待的报告。所有疑似伤害被详细记录,但社会服务部门没有采取任何行动。最终,约书亚在4岁时因受重击而导致永久性脑损伤;他要面临的是终身严重残疾。在戴莎尼亚案中,法院发现宪法没有明文规定政府有保护儿童免受伤害的职责,尽管该州政府对此职责已有敏锐意识。法院认为,因为宪法中没有明确肯定政府保护人民的职责,也就没有宪法上的救济。㉗

在城堡石镇诉冈萨雷斯(Town of Castle Rock v. Gonzales, 2005)案中,法院对程序保护作了扩大推理,认为要求警察执行家庭虐待限制令的州法律并未被赋予(confer)受正当程序原则所保护的权利类型。㉘ 西蒙·冈萨雷斯(Simon Gonzales)有精神失常和自杀行为史,因绑架他的三个年幼女儿违反了禁制令。事发8小时后,他的分居妻子联系了警察局,却没有得到任何回复。西蒙·冈萨雷斯购买了枪,杀害了他的三个女儿,并向警察局开火。通过将此案定为程序问题而非实体问题,冈萨雷斯夫人试图规避戴莎尼亚案的发展方向。但法院认为两种情况之间的差别不大。最高法院大法官安东尼·斯卡利亚(Antonin Scalia)代表多数意见,认为逮捕违反保护令的人属自由裁量,所以没有相应的权利。这是对州法律的勉强(strained)解释。㉙ 冈萨雷斯夫人事实上是通过州的法规和执行程序,从州对保护妇女和儿童免受家庭暴力的明确承诺中寻求救济。然而,法院认为,本案的警察没有实施《美国联邦宪法第十四修正案》的正当程序条款所规定的剥夺生命、自由或财产的行为。联邦最高法院明确表示,即使面临最紧迫的需要,《美国联邦宪法》也没有为弱势群体提供救济措施。

联邦最高法院处理堕胎案件也说明法院区分政府干预和不作为的重要性。在马赫诉罗伊(Maher v. Roe, 1977)案中㉚,穷苦妇女提起诉讼挑战康涅狄格州法律的规定:禁止州政府提供非医疗需要的堕胎资助。在罗伊诉韦德

㉗ *DeShaney v. Winnebago Cnty. Dep't of Soc. Servs.*, 489 U.S. 189, 195 (1989).正当程序条款本身并没有要求州来保护公民的生命、自由和财产不受私人的侵犯。这个条款是对州的行为的限制,而不是对某种最低限度的安全的保证。它禁止州在缺乏"正当程序"情况下剥夺个人的生命、自由和财产,但是该款不能扩展至要求州在保障个人不受其他伤害方面负有积极义务。历史经验也并不能支持对宪法文本作这种扩张性的解读……它的目的是保障公民免受州的侵犯,而不是确保州要保障公民不受伤害。宪法之父们乐于将后者中政府义务的范围留到民主政治程序中。

㉘ *Town of Castle Rock v. Gonzales*, 545 U.S. 748 (2005).

㉙ 保护命令本身直接指导执法官员在有合理理由的情况下逮捕已经被控制的人。城堡石县上诉法院强调禁令"明确地要求其内容必须被执行",同时州的法律指挥执行。*Gonzales v. City of Castle Rock*, 366 F.3d 1093, 1101 (10th Cir. 2004) (en banc).正常情况下,联邦最高法院会遵从地方的联邦法庭在其管辖范围内涉及州法律的意见。See, for example, *Phillips v. Wash. Legal Found.*, 524 U.S. 156, 167 (1998).

㉚ *Maher v. Roe*, 432 U.S. 464 (1977).

案（*Roe v. Wade*，1973）中，原告认为州法律侵犯了他们的宪法保障的堕胎权利。㉛ 法院维持了州法律的效力，认为《宪法》只是保护妇女对决定是否终止妊娠的自由免受过度的、难以承受的干涉。法院指出："宪法没有规定各州有义务给贫困妇女妊娠支付有关的医疗费用，或者实际上支付任何贫困医疗费用。"㉜ 几年后，在哈里斯诉麦克雷案（*Harris v. McRae*，1980）中，法院支持了《海德修正案》（Hyde Amendment），该修正案禁止将联邦资金用于大多数情况下的堕胎，包括被认为有必要的情况。㉝ 法院认为，尽管《宪法》禁止政府在某些个人决定的范围内对选择自由进行无端干涉，但是"它并未赋予获得实现这种自由的所有益处所必需的资金的权利"㉞。在这些及其他情况下，大多数人认为，贫穷女人获得医疗服务的唯一现实途径可能是政府援助，而与此则并不相关。

公共卫生视角下的消极宪法

> 人的自由行动范围必须受到法律的限制。同样的，假设……应该存在个人自由不被侵犯的最小特定范围；因为一旦这个最小范围被僭越，个人会发现自己所处空间太过狭窄而无法最低限度发挥其才能，也就不能追求甚至设想各种好的、对的或神圣的结果。由此可见，必须划定私人生活领域和公共权威领域之间的界限。要划定的界限意味着辩解争论，实际上可以说是讨价还价的较量。人在很大程度上是相互依存的，没有人的活动是完全意义上的私人活动而绝不妨碍他人生活。"自由之于梭子鱼就像死亡之于米诺鱼"，某些人的自由必须依赖对他人的约束。另外早知要附加的是，自由之于一个牛津大学导师（Oxford don）与自由之于一个埃及农民是截然不同的事情。
>
> ——以赛亚·伯林：《两种自由概念》（Isaiah Berlin，*Two Concepts of Liberty*，1958）

消极宪法理论的一个弱点，就是其对于作为（action）与不作为（inaction）之间的区别，难以得到支持。㉟ 联邦最高法院一再认为，造成损害

㉛ *Roe v. Wade*, 410 U.S. 113 (1973).
㉜ *Maher*, 432 U.S. at 469.
㉝ *Harris v. McRae*, 448 U.S. 297 (1980).
㉞ *Id.* at 317–18.
㉟ Jenna MacNaughton, "Positive Rights in Constitutional Law: No Need to Graft, Best Not to Prune," *University of Pennsylvania Journal of Constitutional Law*, 3, no. 2 (2001): 750–82.

的政府行为是可诉的(actionable),而政府对现存状态的被动消极(passivity)则不行。然而,作为(act)和不作为(omission)之间的区别往往模糊不清。政府任何未能采取行动的做法(failure to act),通常内嵌于一系列肯定性的(affirmative)政策选择之中(如,将成立什么机构;机构的目标是什么;如何训练其工作人员;是否有专门针对某些问题的资源)。当政府刻意选择在某一个领域进行稀缺资源的分配而在另一个领域却没有如此行为,那么这可以被描述成"不作为"吗?作为与不作为之间的区别假定了生活机会的分布只是一种自然秩序下的事务,而非大量政府行为累积后的产物。

消极宪法权利理论涉及的另一个问题是,公民依赖于州的保护伞。当州设立一个机构来侦查和防止家庭暴力(或防止任何引起伤害或疾病的其他原因),它就承诺,至少是含蓄地表明,它将对一切可能的健康威胁作出回应。如果一个机构代表作为公众健康和安全的保护者,公众有理由依赖这种保护,当政府知道存在重大危险时,而却未告知私人团体以便其采取行动,反而是被动地避免应对这种风险,这样的政府可靠吗?

最后,不论在何种情况下,司法若拒绝审查政府的不作为,无论情况如何,都会导致州滥用其权力,给公民造成伤害。政府往往利用其权力和职能,在面临健康威胁时拒绝提供服务而侵犯权利。㊱ 忽视穷人和弱势群体、故意不回应明显的危害都是造成伤害的直接原因。而且,一个惩罚政府不当作为(misfeasance)(当州故意或不慎造成伤害)而非不作为(nonfeasance)(当州根本不采取行动)的宪法规定会助长政府拒绝提供服务和实施干预。

要求把积极的州行为作为司法审查的先决条件表现了宪法的呆板形象,这当然地限制了宪法保障公民权利的权力。一些学者提出扩大政府职责的替代方案。㊲ 宪法学者路易·塞德曼(Louis Seidman)和马克·图什内特(Mark Tushnet)一直主张对州的积极行为作更宽泛的理解。他们认为,第十四修正案的历史目的与以下观点一致,即"当公民因为政府官员的作为,导致其成为私人暴力下的受害者时,州则造成了对公民的(生命、自由或者财

㊱ Seth F. Kreimer, "Allocational Sanctions: The Problem of Negative Rights in a Positive State," *University of Pennsylvania Law Review*, 132, no. 6 (1984): 1293-397.

㊲ Cass R. Sunstein, "Why Does the American Constitution Lack Social and Economic Guarantees?" *Syracuse Law Review*, 56, no. 1 (2005): 1-25, 20, 22-23,注意到"在1960以及1970年代"有一些巨大且取得部分成功的努力争取承认宪法上的积极权利,但这由于1968年尼克松选举以及联邦最高法院的成员的变化而终止了;Akhil Reed Amar, "Forty Acres and a Mule: A Republican Theory of Minimal Entitlements," *Harvard Journal of Law and Public Policy* 13, no. 1 (1990): 37-43,认为第十三修正案保障最低限度的生存和居住条件。

产)剥夺"㊳。同样,公共卫生法律学者温迪·帕尔梅特(Wendy Parmet)使用社会契约理论和早期公共卫生法进行论证,认为制宪者制定宪法的意图不在于授予政府权力,而更在于赋予政府职责,以保护公众健康。㊴

第三节 保障公众健康条件的州与地方权力:人民的福祉乃最高法律

自从合众国成立,各州与地方政府就肩负保护公众健康的主要责任。早期公共卫生法中的一句法律格言,体现了一个主权政府的内在目的:人民的福祉是最高法律(Salus populi est suprema lex)。㊵ 人民的福祉表明国家权力与公众幸福的历史认识之间的密切联系。从宪法的角度看,存在以国家权力威维护公共利益的历史源泉:以警察权保护公众健康、安全、道德,以国家亲权(parens patriae power)捍卫那些无法维护自身利益的人们的利益。

一、警察权:健康、安全与道德规制:使用自己的财产应不损害他人财产

公共卫生、公共治安或经济的违法行为,是违法行为的主要种类,这些违法行为尤其违反了联邦利益,也同样是对民族公共健康的违背;这个问题极其重要……通过来自国王的正当监管和内部秩序对公共治安和经济实行调控,在这里,每个个体,就像一个管理良好的家庭中的家庭成员,其一般行为必然符合规则,包括合乎礼

㊳ Louis M. Seidman and Mark V. Tushnet, *Remnants of Belief: Contemporary Constitutional Issues* (New York: Oxford University Press, 1996): 52; Steven J. Heyman, "The First Duty of Government: Protection, Liberty and the Fourteenth Amendment," *Duke Law Journal*, 41, no. 3 (1991): 507-71, 510-12,认为第十四修正案对私人行动中权利的保护是州的义务;Mark Earnest and Dayna Bowen Matthew, "A Property Right to Medical Care," *Journal of Legal Medicine*, 29, no. 1 (2008): 65-80, 67."尽管美国法律没有创设健康保障的权利,但是美国的医药行业的公共投资已经有了。"

㊴ Wendy E. Parmet, "Health Care and the Constitution: Public Health and the Role of the State in the Framing Era," *Hastings Constitutional Law Quarterly*, 20, no. 2 (1993): 268-335; 312-19. See also William N. Eskridge Jr. and John Ferejohn, *The Republic of Statutes: The New American Constitution* (New Haven, CT: Yale University Press, 2010),认为民主是由"超级法律"支持(例如,民权、选举权以及清洁水法),这组成了"运行的宪法"来补充成文宪法之不足,因而能够授以政府实现这些权利的义务。

㊵ See Leroy Parker and Robert H. Worthington, *The Law of Public Health and Safety, and the Power and Duties of Boards of Health* (New York: Bender, 1892),这是早期主张保护公共健康的著作。民众安全经常被19世纪的法院用来支持警察条例。William J. Novak, "Public Economy and the Well-Ordered Market: Law and Economic Regulation in 19th-Century America," *Law and Social Inquiry*, 18, no. 1 (1993): 1-32.

节,和睦邻里,举止礼貌;以及得体、勤劳、安守本分而与世无争。

——威廉·布莱克斯通:《公共的错误》(William Blackstone, *Of Public Wrongs*, 1769)

警察权是主权政府用以调整私人利益和维护公共利益的天然权力(natural authority)(见图 3.2)。[41] 我们定义警察权为州(和受委托的当地政府)的固有权力(inherent authority),制定法律和颁布法规来捍卫、维护和促进人民的健康、安全、道德和一般福利。为了实现这些公共利益,州在联邦和州宪法范围内保留以下限制私人利益的权力:自主、隐私、结社和自由等私人利益以及契约自由、使用财产自由等经济利益。

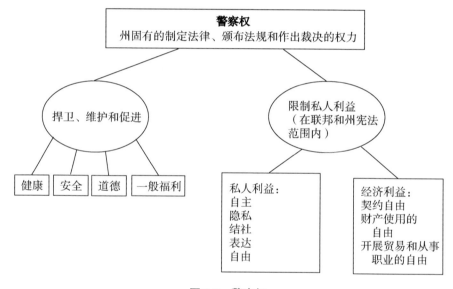

图 3.2 警察权

警察权所唤起的是组织化的公民力量以维持秩序、预防与侦查犯罪并执行刑法的印象。但这一术语的由来比基本执法与预防犯罪的概念更为深刻而丰富。根据法律史学家威廉·诺瓦克的观点,早期美国生活中的警察权,是一个有序社会的组成部分,"由政治(polity)控制的一门科学和一种管理模式,以及基本的社会生活行为都牵连其中……没有哪个与人际互动的面

---

[41] Ruth Locke Roettinger, *The Supreme Court and State Police Power: A Study in Federalism* (Washington, DC: Public Affairs Press, 1957): 10-22,最高法院关于警察权的声明目录。

向是不在警察科学的管辖范围内的"[42]警察权的古希腊起源表明政府和文明之间的密切联系:国家(politia)、城邦(polis)和公民身份(politeia)。[43]

由于主权政府的形成早于美利坚合众国,各州仍保留宪法之外的主权。[44]宪法中契约部分的内容即各州将享有在传统的健康、安全和道德领域内进行管理的自由。所有州,均或多或少将警察权授予地方政府:包括县、教区、城市、乡镇或村。

警察权的定义涵盖三个原则:政府目的在于促进公共利益;州权力的行使允许其限制私人利益;州权力范围具有广泛性。[45] 州行使警察权是确保社会平安和稳定,创造有利于良好健康的条件,总而言之,要促进人类福祉。警察权确保政府行为保护和促进广泛意义上的社会福利,并减轻公共危害。

为了实现公共利益,政府被赋予权力去制定必要的限制私人利益的法律、调整私人行为以及作出裁决。因此,政府有固有权力介入自主权、隐私权、结社权和自由权等私人利益和所有权、私有财产使用权、缔约自由等经济利益。州限制私权的权力在习惯法的一句格言中有所体现,即使用财产或行使权利不应妨碍或侵害他人使用财产或行使权利(sic utere tuo ut alienum non laedas)。该格言支持警察权,给予政府权力确保私人财产的安全使用,从而减少对他人的伤害和健康风险。[46] 一般来说,警察权赋予政府权力以防止私权滥用(noxious exercises)。各州可以保留自由裁量权,决定什么是有害的或不健康的,以及决定以何种方式规制此类活动,这与受宪法保护的权利一致。

无数的司法意见和著作阐述说,警察权就是授予国家(the body politic)公共权力的不竭源泉(a deep well)。[47] 在吉本斯诉奥格登案(*Gibbons v. Ogden*, 1824)中,首席大法官约翰·马歇尔(John Marshall)认为警察权是"巨大的法律集合体,涵盖了国家领土内的一切,并不向政府当局妥协(surrendered)……监管法、检疫法以及各式各样的健康法……都是这个集合体的

---

[42] William J. Novak, *The People's Welfare:Law and Regulation in Nineteenth-Century America* (Chapel Hill, NC:University of North Carolina Press, 1996):14.
[43] *Webster's Third New International Dictionary*, Unabridged, 3rd ed., s.vv. "politia," "polis," and "politeia."
[44] *Gibbons*, 22 U.S. at 197-98.
[45] But see Randy E. Barnett, "The Proper Scope of the Police Power," *Notre Dame Law Review*, 79, no. 2 (2004):429-95,总结出州的警察权有结构性的界限。
[46] *Commonwealth v. Alger*, 61 Mass. 53, 96 (1851)(法院判定州法律所设置的(划定)港口(范围的)线是合宪的,公寓和码头的所有人不得超过这条线来建造,以保护公众利益);*Brundage v. Cumberland County*, 357 S.W. 3d 361, 365, 366 (Tenn. 2011)("某个人对财产的占有和使用没有超越州适当行使保护它的公民的健康、安全以及福利之权利的范围");Glenn Harlan Reynolds and David B. Kopel, "The Evolving Police Power:Some Observations for a New Century," *Hastings Constitutional Law Quarterly*, 27, no. 3 (2000):511-36.
[47] See, for example, Ernst Freund, *The Police Power, Public Policy, and Constitutional Rights* (Chicago:Callaghan, 1904);W. P. Prentice, *Police Powers Arising under the Law of Overruling Necessity* (Littleton, CO:Fred. B. Rothman, 1993):38-41.

组成部分"[48]。在屠宰场案(*Slaughter-House Cases*, 1873)中,法官塞缪尔·米勒(Samuel Miller)声称,警察权是优先的,因为"社会秩序的保障、公民的生命和健康、人口稠密社区的舒适感、私人和社会生活的享受程度和财产使用的获益都取决于它"[49]。

在公共卫生的脉络下,警察权包括所有直接或间接旨在防止人群生病与早逝(premature mortality)的法律与规范。警察权确保各州及其附属市营企业来促进和维护公共健康,涉及的领域包括:伤害和疾病预防,环境卫生,垃圾处理和清洁水源、空气的保护。各州行使的警察权包括:预防接种[50],隔离与检疫[51],商业和住宅楼检查[52],不良卫生条件和其他妨害排除[53],空气和地表水源污染管控,限制公众接触污染地区[54],设定食品和饮用水标准[55],灭绝害虫[56],市政供水净化[57],以及对医生和其他医疗照护专业人员的证照管理[58]。

从历史上看,司法制度借助于警察权作为一个粗略的分拣机制,将各州正当保留的权力与联邦政府适当行使的权力分开。由于认识到州的力量对

---

[48] *Gibbons*, 22 U.S. at 203.

[49] *Slaughter-House Cases*, 83 U.S. 36, 62 (1873)(判决认为"在这个国家的宪制史上,关于屠宰的规章在本质上已经属各州的管辖范围")。

[50] *Zucht v. King*, 260 U.S. 174 (1922)(判决认为市政当局可以在影响健康法执行上授予执行官员广泛的自由裁量权,特别是在疫苗接种上);*Boone v. Boozman*, 217 F. Supp. 2d 938, 956, 957 (E.D. Ark. 2002)(支持了学校儿童接受强制接种疫苗是州有效行使警察权的体现)。

[51] Angie A. Welborn, *Federal and State Isolation and Quarantine Authority*, CRS Report RL31333 (Washington, DC: Office of Congressional Information and Publishing, January 18, 2005)。

[52] *Givner v. State*, 124 A.2d 764 (Md. 1956)(支持了对商业以及居住场所的检查是州有效行使警察权的体现)。

[53] *Jones v. Indiana Livestock Sanitary Bd.*, 163 N.E.2d 605, 606 (Ind. 1960)(判决认为州在行使警察权时可以采取合法步骤来消除妨碍安宁的行为);*Francis v. Louisiana State Livestock Sanitary Bd.*, 184 So. 2d 247, 253 (La. Ct. App. 1966)(判决支持了某一部法律给予州牲畜卫生委员会足够的权力去处理动物疾病的感染和蔓延;*Rental Property Owners Ass'n of Kent County v. City of Grand Rapids*, 566 N.W. 2d 514, 518 (Mich. 1997)("已经确立的是消除滋扰作为一种保障健康、安全以及福利的方式是有效行使市警察权的目标");*State ex rel. Koster v. Morningland of the Ozarks, LLC*, 384 S.W. 3d 346 (Mo. Ct. App. 2012)(判决认为将污染奶酪的行为定罪是有效行使州的警察权)。

[54] *Freeman v. Grain Processing Corp.*, 848 N.W.2d 58, 76 (Iowa 2014)("普通法上存在处理污染的诉讼理由已经成为各州'历史性警察权'的一部分");*State ex rel. Corp. Comm'n v. Texas County Irrigation & Water Res. Ass'n*, 818 P.2d 449 (Okla. 1991)(支持了州保护地下淡水不受污染的警察权)。

[55] *Stowers v. Ohio Dep't of Agriculture*, 2011 WL 2176512, at *5, *6 (Ohio Ct. App. 2011)(判定将食品安全法规适用于商业领域是合行使州的警察权);*Strandwitz v. Ohio Bd. of Dietetics*, 614 N.E. 2d 817, 824 (Ohio Ct. App. 1992)(判定为了保护公民的健康和安全利益,州可以依据其警察权来规制食品和营养方面的商业活动)。

[56] *Finkelstein v. City of Sapulpa*, 234 P. 187 (Okla. 1925)(判决在城市宣布某处垃圾场为一项公害之后,有关条例的制定是专制的甚至是错误的);*Devines v. Maier*, 728 F.2d 876 (7th Cir.1984)(判决城市颁布临时腾出一个不适宜居住的住所不构成剥夺《美国联邦宪法第五修正案》的权利)。

[57] *Coshow v. City of Escondido*, 34 Cal. Rptr. 3d 19 (Cal. Ct. App. 2005)(支持城市饮水加氟项目是有效行使州警察权);Douglas A. Balog, "Fluoridation of Public Water Systems: Valid Exercise of State Police Power or Constitutional Violation?"*Pace Environmental Law Review*, 14, no. 2 (1997): 645-90.

[58] *State v. Otterholt*, 15 N.W.2d 529, 531 (Iowa 1944)(支持州给脊椎按摩师颁布许可证)。

于大众健康和安全是“永远不会超过传统上受到当地关注的事情”,联邦最高法院对州在联邦列举权力所管辖范围内之权力的宪法限制采取了谨慎的态度。(59) 同样,在评估联邦优先原则时,法院常常承认,警察权是“主要地,并就历史而言……地方关注的问题”(60),且认可一种假设,“美国各州警察权具有重大历史意义,〔都〕不应该被联邦法所取代,除非国会具有这样做的确定和明显目的”(61)。然而近年来,法院似乎更愿意暗示其最高限度优先权(ceiling preemption),即使是在州警察权的势力范围内的地区。(62)

2013 年,在一宗备受关注的同性婚姻案件中,联邦权力推定对法院产生了影响。在美国诉温莎(*United States v. Windsor*)一案中,联邦最高法院认定《婚姻保护法》第 3 条违宪,因为该条拒绝给予同性伴侣诸多联邦福利,而同性伴侣婚姻已得到州法律承认。为了实现联邦法律的目的,国会通过定义婚姻(marriage)和配偶(spouse)来排除同性伴侣,从而得以侵入原属于各州的传统领域。(63) 但是两年后,法院认为,根据第十四修正案中的自由和平等原则,各州必须许可同性婚姻,并承认被其他州认可的同性婚姻。这些原则会在第四章进一步讨论。(64)

二、国家亲权:保护民众的州权

> 国家亲权这一特权是每个国家的最高权力所固有的权力,无论这一权力是由王室还是由立法机关所赋予……是最仁慈的职能……常因为捍卫人类利益和防止那些无法保护自己的人受害而有必要履行。
>
> ——约瑟夫·P. 布拉德利:《摩门教诉美国案》(Joseph P. Bradley, *Mormon Church v. United States*, 1890)

国家亲权(parens patriae)——字面上的意思就是国家作为父母——是

(59) *Kassel v. Consol. Freightways Corp.*, 450 U.S. 662, 669-70 (1981)(“当然贸易条款并不使得所有州限制商业的行为无效……州的规章是否在允许的范围内不总是易于衡量的。但是,可以自信地认为州限制商业的权力永远也不会大于传统上在地方行使的权力”)。

(60) *Hillsborough Cnty. v. Automated Med. Labs.*, 471 U.S. 707, 719 (1985)(判决认为,调整捐献者的血清搜集的规定不能优先于当地的规定)。

(61) *Rice v. Santa Fe Elevator Corp.*, 331 U.S. 218, 230 (1947).

(62) *Compare Medtronic, Inc. v. Lohr*, 518 U.S. 470, 471 (1996)(判决认为,在颁布《医疗设备修正案》过程中,优先于执行普通法下的损害诉讼不是国会的意图); *Riegel v. Medtronic, Inc.*, 522 U.S. 312 (2008)(判决认为《医疗设备修正案》禁止关于医疗设备的推广以获得食品药品管理局入市前许可的形式之州普通法上的请求)。

(63) *United States v. Windsor*, 570 U.S.___, 133 S. Ct. 2675, 2691 (2013).

(64) *Obergefell v. Hodges*, 576 U.S.___, 192 L. Ed. 2d 609 (2015).

指"国家就像父母一样行使无限权力"[65]。在美国,国家亲权职能主要属于州和地方政府。传统上,它存在于两种环境下:保护无法保护自己的个体,因为他们不具有行为能力[66];维护国家的一般利益,包括公共健康、舒适和福利,维护任何个人独自行动无法加以维护的集体利益[67](见图3.3)。

(一)保护儿童和无行为能力人

狭义上说,国家亲权是指国家作为法律上失能的个人的监护人(主要是未成年人和由于身心障碍而导致法律上无行为能力的个人)。[68] 国家亲权可以在不同情境中使用,包括监护权案件和与儿童有关的其他裁决;对无行为能力人的金钱、财产和个人事务进行监护;替无行为能力或昏迷病人作出决定;为精神病患者作出民事承诺。

在此独特情境下使用国家亲权可能会剥夺个人的自主权、隐私权和自由权:"行使国家亲权的必然结果是:无论监护人是否被委托控制其财产,受监护人的人身自由将极大地受到限制,就如置身于某个私人的第三方保管处,或委身于某个机构。"[69]因此,法院采取法律标准和判决程序以保障个人利益。[70]

(二)保护公众共同享有的权利

当州在行使其国家亲权职能时,其也可能致力于维护"为普罗大众所共享"(common to the general public)的权利,比如通过公害诉讼(public nuisance litigation)的方式,"它随主权而来,禁止对公众健康、公共安全、公众和平、公众舒适或便利的不合理干预"[71]。健康权、安全权和福利权等为集体所有的普通法权利优先于宪法。州有义务防止这些权利受私人干预,这是产生州主权来源的社会契约所固有的。宪法部分地建基于托马斯·霍布斯(Thomas Hobbes)、约翰·洛克(John Locke)和让-雅克·卢梭(Jean-Jacques

---

[65] Novak, *People's Welfare*, 171.

[66] See Karbin v. Karbin, 977 N.E.2d 154 (Ill. 2012)(允许监护人代表无行为能力者解除婚姻); In re Estate of Longeway, 549 N.E.2d 292 (Ill. 1989)(允许监护人代表无行为能力者行使拒绝提供人工营养的权利)。

[67] See South Carolina v. North Carolina, 558 U.S. 256 (2010)(判决认为北卡罗来纳州在与南卡罗来纳州关于用水争议中有权代表夏洛克市的利益行使监护)。

[68] See West Virginia v. Chas. Pfizer & Co., 440 F.2d 1079, 1089 (2d Cir. 1971)(将监护权界定为州作为主权者的角色以及代表法律上无资格的行使监护职责)。国家亲权来源于英格兰的君主特权,其兴起于爱德华一世时代(1275—1306)。See 458 U.S. 592, 600 (1982)(解释国家亲权是植根于皇家特权下的普通法概念,这包括有权或者有责任照顾由于精神障碍无法自理的人)。

[69] O'Connor v. Donaldson, 422 U.S. 563, 583 (1975) (Burger, C.J., concurring)(认为州不能限制基于宪法限制能够独立生存的且不危险的人的自由)。

[70] Specht v. Patterson, 386 U.S. 605 (1967)(认为无意识限制任何人的自由都必须在正当程序下进行);In re J. V., 979 N.E.2d 1203, 1209 (Ohio 2012) (citing Kent v. United States, 383 U.S. 541, 562 [1966])("认为青少年有获得'达到正当程序以及公平待遇之要件'的诉讼权利")。

[71] Restatement (Second) of Torts § 821B (1970).

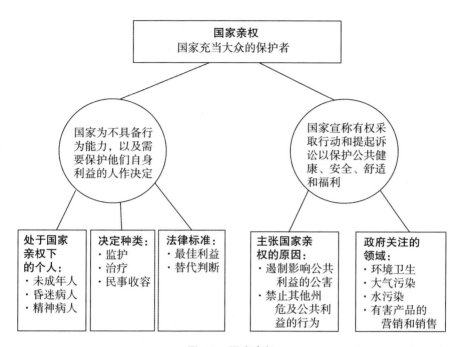

图 3.3　国家亲权

Rousseau)发展起来的社会契约理论之上,其中一个关键的规则是,个人道德和政治义务都依赖于为创建一个互利互赢的社会而与彼此达成的契约。社会契约的必要条件是个人放弃一些行动自由以避免对公众的伤害。反过来,各州被赋予权力和承担义务去维护共同利益。

国家亲权的一个更广泛的意义可被用来支持州向法院提起诉讼以保护公共利益的诉讼资格或权利。这里基于的法律理论是,该州提起诉讼旨在保护其民众福祉,而不是保护州本身的经济利益或特定的个人利益。[72] 同样,在一个州无法通过立法或制定一个监管方案来保护其公民的情况下(因为联邦制的限制),可以在国家亲权原则下向联邦法院提起诉讼,禁止其他州作出威胁公民健康或福利的行为(例如,来自另一个州的污水对民众的健康造成了威胁)。[73] 在这些诉讼中,原告州可以起诉,迫使被告州对其辖区内的对原告

---

[72] 对于州主张国家亲权的诉讼,必须要有与私人主体相分离的利益。*Alfred L. Snapp & Son*,458 U.S. at 593.

[73] Larry W. Yackle, "A Worthy Champion for Fourteenth Amendment Rights: The United States in ParensPatriae," *Northwestern University Law Review*, 92 (1997): 111-72, 143. 联邦政府在全国人民的福利上有与州相似的利益时也可以基于监护权提起诉讼。

州居民构成损害威胁的实体进行规制。[74]

联邦最高法院已经认识到各州作为监护人广泛地存在于很多情形中,如隔离检疫[75]、环境卫生[76]、供水保护[77]和空气、水源污染的防护[78]。近年来,许多州和城市政府运用其亲权向生产和销售危害公众健康的产品的行业提起诉讼,此类产品包括石棉、烟草产品、含铅油漆和枪支(见第七章)。各州还可以利用这个权力让当地政府保护弱势群体免受歧视。例如,纽约州提起诉讼以纠正一个否决无家可归者与艾滋病病毒携带者/艾滋病患者居住在同一区域的使用申请的决定。[79] 该州所主张的"准主权"(quasi-sovereign)权益;因其否定了居家照护设施将会带来的利益,从而有害于该州人民的健康与福祉。

第四节 保障公众健康的联邦权力

尽管各州被认为享有充分的警察权(受到宪法所保护的权利和联邦先占优先权的限制),然而联邦权力却受限于宪法中所列举的权力。《美国联邦宪法》第1条第1节赋予国会"由此而授予的立法权",而非授予完全立法权。因此,在认为国会的一项法案具有宪法性之前,必须提出两个问题:宪法是否授权国会采取行动,而行使该权力是否不合理地妨害了任何受宪法保护的利益?

尽管有这些限制,美国联邦政府仍拥有相当大的行动权力,并对公共卫生和安全领域实施了广泛控制。联邦最高法院通过对国会的列举权力进行扩大解释,允许联邦政府保护包括生物医学研究、医疗照护、传染性疾病、职业卫生和安全及环保等领域在内的公共卫生事项。

---

[74] See, for example, *Missouri v. Illinois*, 180 U.S. 208 (1901)(授权颁布禁令要求伊利诺伊州行使对城市卫生管理区域的权力来避免排泄的污水流入密西西比河);*Georgia v. Tennessee Copper Co.*, 206 U.S. 230 (1907)(基于佐治亚州作为准主权者提起的诉讼授权颁布禁令禁止在田纳西州的一处铜矿作业)。

[75] *Louisiana v. Texas*, 176 U.S. 1, 19 (1900)(拒绝了路易斯安那州禁止得克萨斯州实行的检疫隔离的企图;但是,路易斯安那州行使监护权获得了支持是因为检疫隔离影响了其全体市民)。

[76] *Missouri v. Illinois*, 180 U.S. 208.

[77] *Kansas v. Colorado*, 206 U.S. 46 (1907)(判决支持堪萨斯州被允许以监护人的身份起诉,以阻止从州际河流引水)。

[78] *Georgia v. Tennessee Copper Co.*, 206 U.S. 230 (1907)(判决支持佐治亚州有权起诉,以阻止一家铜矿厂排放废气而污染佐治亚州五个县的环境);*New York v. New Jersey*, 256 U.S. 296 (1921)(判决认为纽约有权起诉禁止新泽西州对纽约港进行污水排放)。

[79] *Support Ministries for Persons with AIDS, Inc. v. Village of Waterford*, 799 F. Supp. 272 (N.D.N.Y. 1992)。

《美国联邦宪法》第 8 条第 1 节规定，国会可以"制定必要与适当的法律使得所有法律得以执行"，执行的是宪法授予美国政府的任何权力。必要与适当条款(the Necessary and Proper Clause)是美国历史上许多重大争论的主题，它包含了隐含权力原则。因此，联邦政府可以采取一切合理适当的手段来实现宪法所列举的国家权力的目标。在麦卡洛克诉马里兰州案(*McCulloch v.Maryland*, 1819)中，首席大法官约翰·马歇尔就必要与适当条款作出了权威的解释，认为国会可能会使用任何非宪法禁止的合理手段来履行其明示权力："让结果合法并在宪法的范围内，所有方式适当并与结果保持一致且不被禁止，符合宪法的文字和精神，就是符合宪法的。"⑧

宪法赋予美利坚合众国多种权力（表 3.1）。⑪ 为了公共卫生目的，最重要的联邦权力是管理税收与支出和规制州际贸易。此外，国会有权"促进科学和实用技艺的发展"⑫，知识产权保护激励，如在疫苗、药品和医疗器械等领域的科学创新。总统当局在参议院的建议与同意下"缔结条约"，在烟草控制与气候变化等领域也具有公共卫生意义。⑬

表 3.1　涉及公众健康的联邦权力

联邦权力	宪法权力	公共卫生适用
对州际贸易的规制	国会有权"规制与外国、各州或印第安部落之间的商业贸易"（第 1 条第 8 节）。	法院在环境保护、食品药品安全、职业卫生和其他公共健康问题领域维护商业贸易的权力。
征税权与支出权	国会有权"规定并征收税金、捐税、关税和其他赋税，用以偿付国债并共同维护全民福利"（第 1 条第 8 节）。	为了社会的利益而提高收入。提供财政资源以提供医疗服务；提供权力来调控危险行为和影响健康促进活动。

---

⑧　*McCullcch v.Maryland* 17 U.S 316, 421(1819).
⑪　国会有限的立法权包括征税、借债、规制州际贸易、制定归化及破产的规则、铸币、惩治造假、建立邮局、保护知识产权以促进科学艺术的进步、建立司法体制、惩治海盗以及公海上的严重罪行、宣战、提供及维护联邦军事力量以及哥伦比亚特区的专属立法权。此外，《美国联邦宪法》第 1 条第 8 节规定了国会可制定"必要且适当的"法律来实施其有限的权力。除了第 1 条第 8 节之外，宪法授权国会的条款包括第 4 条（对每个州的行为基于充分信任的方式）；第 5 条（批准宪法修正案）；第六修正案（国税）；第十三、十六以及十五修正案，这些修正案都授权国会通过"适当的立法"来实施其条款。
⑫　U.S. Const. art. I, §8.
⑬　U.S. Const. art. II, §2. 美国均签署但都未批准《世界卫生组织烟草控制框架公约》以及《联合国气候变化框架公约之京都议定书》。

(续表)

联邦权力	宪法权力	公共卫生适用
知识产权保护	国会有权"促进科学和实用技艺的发展"(第1条第8节)。	对疫苗、药品和医疗器材的专利保护。
批准条约	总统有权"在参议院的建议和同意下订立条约,但须经出席的参议员2/3同意"(第2条第2节)。	《烟草控制框架公约》(美国已签署但尚未批准)。
执行重建时期修正案(废除奴隶制、正当程序与平等保护条款、平等的选举权)	国会有权"通过适当的立法,以执行本条规定(第十三、十四和十五修正案)"。	民权立法。

一、对贸易的管控权是一项宽泛的监管权

贸易条款(the Commerce Clause),比其他任何列举权力都更能给美国国会提供强大的监管权力。《美国联邦宪法》第1条第8节规定:"国会应有权力……规制与外国、各州或与印第安部落之间的商业贸易。"这一规定赋予联邦政府相当大的权力来进行经济和社会监管。同时也通过休眠贸易条款(the Dormant Commerce Clause)原则(见框3.3)限制了州的警察权。

表面上看,贸易条款仅限于控制商品和服务在整个联邦或州际流动。然而正如州际贸易已经变得无处不在,曾经一度被认为是纯粹的地方活动如今也能影响到整个国家,并自然而然地纳入国会的商业贸易权力范围。自富兰克林·德拉诺·罗斯福新政(Franklin Delano Roosevelt's New Deal)时代以来,联邦最高法院概括解释了商业贸易权力,使国会能在多个领域进行调控。法院1937年后发布的司法判决认为,"各州之间的商业贸易"是"全面的",或是包罗万象的,将之应用到了社会生活的各个方面。[84] 事实上,1937年至1995年,在国会已超出其商贸权限的基础上,联邦最高法院并未找到任何一条社会或经济立法不具有宪法性。这种扩大的宪法解释使联邦权力深入属于州公共卫生权力范围的传统领域,并削弱了第十修正案的效力。法院在环境保护、食品药品安全、职业卫生和传染性疾病领域维护行使商业贸易权力。

---

[84] Nat'l Labor Relations Bd. v. Jones & Laughlin Steel Corp., 301 U.S. 1, 37 (1937)(判决认为《国家劳工关系法》的某一条款确保了雇员组织和集体谈判的权利是有效地行使国会的贸易权); United States v. Darby, 312 U.S. 100, 115 (1941)(支持了国会行使贸易权为州际货物航运工人制定最低工资标准)。

框 3.3 休眠商业贸易条款：对州警察权的限制

在某些领域，宪法规定联邦司法管辖权具有排他性，因为这项活动是执行联邦责任的根本。例如，在有关外交政策、关税征收、移民和知识产权方面，宪法禁止各州用任何侵犯联邦权力的方式进行调控。[1] 关于州际贸易的规制，所谓休眠或者消极的贸易条款隐含地限制了各州对州际之间所作的商业负担过重的规定。因此，即使国会没有以优先于州和地方的各种方式对公共卫生问题进行规制，州可能也不会去管控，如果这样做了会妨碍各州之间的贸易。[2]

当州或地方行为——包括立法，管制，侵权责任的承担——挑战休眠贸易条款时，法院就会质疑该法律是否歧视州外商业或产品。如果的确如此，法律将无效，除非有必要达成某个重要目的。联邦最高法院一度想让州和地方基于休眠贸易条款的公共卫生立法失效，废除州和地方警察权在鲜奶消毒和定价[3]、酒税[4]、地下水使用[5]以及固体[6]、液体[7]和有害废物[8]的处置和加工等方面的调控。因此，宪法不只是授权国会控制"各州之间的贸易"，而是含蓄地限制对州际贸易产生过度负担的州公共卫生权力。

注释：

1. *Arizona v. United States*, 567 U.S.___, 132 S. Ct. 2492（2012）（判决停止实施亚利桑那州的《支持我们的执法和安全邻里法》，因为联邦移民条例优先于它。）

2. "最高法院一直认为，除了极少数的情况外，州的法律如果要求对州内和州外的经济利益进行差别待遇，使前者获益而让后者负担，那么州法律就会违反贸易条款。" *Oregon Waste Sys., Inc. v. Dep't of Envtl. Quality*, 511 U.S. 93, 99（1994）。即使各州正依据明确的宪法权力管理酒精饮料的销售（《美国联邦宪法第二十一修正案》），法院认定歧视行为仍违反休眠贸易条款。*Granholm v. Heald*, 544 U.S. 460（2005）（判决认为一项密歇根州的法律因其禁止外国葡萄酒厂直接向国内消费者运送葡萄酒，但州内的酿酒厂在获得许可后就可以这样做，而被裁定为歧视州际商业）。

3. *Dean Milk Co. v. City of Madison*, 340 U.S. 349（1951）（判决认为一项地方法令以一家公司距离巴氏杀菌厂较远为由，剥夺了该公司在所在城市内销售其产品的权利，这违反了贸易条款，因为它给州际贸易施加了不适当的负担。）；*West Lynn Creamery v. Healy*, 512 U.S. 186（1994）（判决认为马萨诸塞州的牛奶定价令要求将所有出售给马萨诸塞州零售商的牛奶进行评估，所有收益分配给马萨诸塞州的奶农，违反了贸易条款）；*Hillside Dairy, Inc.v. Lyons*, 539 U.S. 59（2003）（拒绝承认下级法院的裁定，即加利福尼亚州的牛奶定价和合伙经营法律免受贸易条款审查）。

> 4. *Bacchus Imp., Ltd. v. Dias*, 468 U.S. 263 (1984)(认为夏威夷当地的酒税豁免违反了贸易条款)。
> 5. *Sporhase v. Nebraska ex rel. Douglas*, 458 U.S. 941, 958-60 (1982)(认为州对地下水管理的规章无效,因为它对州际贸易构成了不合理的负担)。
> 6. *C & A Carbone, Inc. v. Clarkstown*, 511 U.S. 383 (1994)(认为使当地的城镇转运站处理固体废物的申请书无效,因为它剥夺了外国公司进入当地市场);*Fort Gratiot Sanitary Landfill, Inc. v. Michigan Dep't of Natural Res.*, 504 U.S. 353 (1992)(认为国家规定禁止私人垃圾填埋场经营者回收其设施所在县以外的固体废物的州规章,违反贸易条款)。
> 7. *City of Philadelphia v. New Jersey*, 437 U.S. 617 (1978)(认为新泽西州的法令无效,因为它试图对违反贸易条款的州外商业利益进行管制,禁止从国外进口大多数固体或液体废物)。
> 8. *Chemical Waste Mgmt v. Hunt*, 504 U.S. 334 (1992)(认为对国家以外产生的危险废物征收额外费用的《亚拉巴马州法》违反了贸易条款)。

在美国诉洛佩兹案(*United States v. Lopez*, 1995)和美国诉莫里森案(*United States v. Morrison*, 2000)中,联邦最高法院打破了长期以来的惯例,以超出贸易权范围为由,宣布政治上通行的措施无效。⑧ 在洛佩兹案中,法院认为国会规定,在校区内拥有枪支是一种联邦罪行(federal offences),这超越了自身商业权的范围,结论是在校区内拥有枪支并没有对州际贸易产生"实质影响"。在莫里森案中,法院撤消了《防止对妇女施暴法案》(Violence Against Women Act)中的私人民事救济。尽管国会的调查结果表明,暴力损害了妇女的工作能力、破坏了商贸活动并增加了国家医疗保健费用,但法院没有找到其他对国家的影响。法院判决这些法规无效,并不是因为在学校区域管制枪支和防止对妇女的暴力行为不是政府的重要目标,而是因为这些法令不在联邦政府的管辖范围之内。洛佩兹案和莫里森案并未表明有大规模放弃对贸易权力作广义解释的迹象。在冈萨雷斯诉赖希案(*Gonzales v. Raich*, 2005)中,法院支持国会的贸易权力,认为国会有权禁止仅仅在本地种植与使用经医生批准并符合加利福尼亚州法律的大麻。联邦最高法院大法官约翰·保罗·史蒂文斯(John Paul Stevens)明确表示,洛佩兹案与莫里森案已

---

⑧ *United States v. Lopez*, 514 U.S. 549 (1995); *United States v. Morrison*, 529 U.S. 598 (2000).

被"过于宽泛"地解读⑧。

到目前为止,全美独立企业联合会诉西贝利厄斯案(National Federation of Independent Business v. Sebelius, 2012)代表了罗伯茨法院(Roberts Court)对公共卫生联邦制(public health federalism)的泥潭所发动的最为雄心勃勃的进军。⑧ 联邦最高法院考虑了《平价医疗法》(Affordable Care Act, ACA)的规定是否落入联邦政府享有的列举权力。25 个州质疑《平价医疗法》中的个人监管,即要求大部分美国人到 2014 年要有医疗保险,否则将面临经济处罚,以及通过支出诱导来扩展公共医疗补助制度(Medicaid)。在此,我们认同法院在商贸权力范围内所进行的裁定;随后我们将在本章讨论税收和支出权力。

首席大法官约翰·罗伯茨(John Roberts)在提供关键的第五票时认为,贸易条款并没有授权国会强制个人购买医疗保险。罗伯茨法官赞同对活动/不活动的区别,他声称,这项法案(指《平价医疗法》)并不对现有的商业活动进行规制:"相反,它迫使个人通过购买一种产品而成为商业活动中的活跃分子,理由是他们不这样做会影响州际商业。将贸易条款理解为允许国会对无所作为的个人进行切切实实的规制,将为国会权威打开一个新的、潜在的广阔领域。"⑧

许多卫生法律和政策专家对这一区分持批评态度。一个人拒绝购买医疗保险会严重影响商业贸易。超出预期的医疗费用很容易超过人们的支付能力,除了最富有的那些人。根据联邦法律,不论患者是否有支付能力,医院必须提供紧急护理,医疗服务提供者通过提高价格来将这些费用转嫁到患者身上。根据《平价医疗法》保证问题(guaranteed-issue)和社区费率(community-rating)规定,禁止医疗保险公司歧视健康状况不同的病人,有些人可能直到他们受伤或生病才会选择购买保险,从而使每个人产生更高的保险费用。考虑到每个人最终都需要医疗保险,该强制命令是否迫使个体开始商业活动,还是仅仅规制了商业活动的方式和时机呢?

一些学者认为,NFIB 诉西贝利厄斯案(NFIB v. Sebelius)虽然最终维护个人强制令(individual mandate)作为有效实施征税权力的手段(见下文),可能表明罗伯茨法庭上的大部分法官都采用了由伦奎斯特法院(Rehnquist

---

⑧ *Gonzales v. Raich*, 545 U.S. 1, 32-33. 法庭发现了本案与维卡德诉费尔本案之间的"惊人的相似之处"。*Raich and Wickard v. Filburn*, 317 U.S. 111 (1942)(支持了关于一个农民种植为自己消费的小麦的联邦禁令:"正如 Wickard 案中的农民一样,申请人为了本地消费正在种植一种可替代商品,对此已经存在了一个尽管是不合法的州际市场。"*Raich*, 545 U.S. at 27))。

⑧ *Nat'l Fed'n of Indep. Bus. v. Sebelius*, 567 U.S.___, 132 S. Ct. 2566 (2012)。

⑧ *Id.* at 2573.

Court)开始的"新联邦制"的"宪法格式塔"(constitutional gestalt)。⁸⁹ 首席大法官罗伯茨的作为/不作为区分是否有效果还是未知数。⁹⁰ 例如,如果国会制定未来强制令,它能够通过加强征税权来避免产生由商业权的范围所引起的问题,这也是法院在 NFIB 案中所支持的观点。

二、征税权是提高财政收入、规制危险行为、引导健康促进行为的权力

> 没有什么[比征税权]更能显示主权属性的,并且毫无疑问,政府的其他权力都不能比运用征税权进行苛捐杂税对人民的生活关系施加更为频繁和密切的影响。
> ——托马斯·库利:《宪法限制论》(Thomas M. Cooley, A Treatise on Constitutional Limitations, 1890)

《美国联邦宪法》第1条第8节规定:"国会有权赋课并征收直接税、间接税、进口税与消费税,用以偿付国债和支撑美国共同防务和公共福利。"国会拥有广泛权力进行税收和支出,并具有广泛自由裁量权来确定国家公共福利的内容。⁹¹

征税权(power to tax)与开支权(power to spend)密不可分。经济学家认为国会对某些活动减税的决定属间接支出,因为在事实上,政府是用国家财政资助这些活动。例如,经济学家估计联邦政府每年给予雇主资助的医疗保健计划的优惠税收待遇的花费达2 500亿美元。⁹²

表面上看,税收权的唯一主旨是:提高财政收入。如果没有这个能力,立法机关就不能保障国家安全、执法、教育、医疗、交通或卫生。但征税权有另一个同样重要的目的:它提供了联邦立法权的独立渊源。国会可能通过税收机制来规制未获其他列举权力授权的意图。⁹³ 在 NFIB 案中,法院支持了《平价医疗法》的请求,即为了有效执行国会征税权力,大多数美国人要么拥有健

---

⑧⁹ Lawrence B. Solum, "How NFIB v. Sebelius Affects the Constitutional Gestalt," *Washington University Law Review*, 91, no. 1 (2013): 1-58; Randy E. Barnett, "No Small Feat: Who Won the Health Care Case (and Why Did So Many Law Professors Miss the Boat)?" *Florida Law Review*, 65, no. 4 (2013): 1331-50.

⑨⁰ Robert J. Pushaw Jr. and Grant S. Nelson, "The Likely Impact of National Federation on Commerce Clause Jurisprudence," *Pepperdine Law Review*, 40, no. 3 (2013): 975-99.

⑨¹ *Helvering v. Davis*, 301 U.S. 619, 640-41 (1937)(判决认为国会拥有决定是否征税以及提供公共福利支出的自由权力,同时这种自由权力会得到支持,除非是明确错误或者是过于专断)。

⑨² Congressional Budget Office, *Options for Reducing the Deficit: 2014-2023* (Washington, DC: Congressional Budget Office, 2013), 181.

⑨³ *United States v. Butler*, 297 U.S. 1, 65 (1936)(判决认为征税以及支出的权力"授予一种分离且区别于后来列举的权力")。

康保险,要么支付违约金。事实上,国会将这一支付称为"罚款"(penalty)而不是"税"(tax),并不具有限制力。为了说明法院有义务对法案作出合理的解释以维护其合宪性,首席大法官罗伯茨采用了功能主义解释方法,侧重对罚款核定(作为收入的一部分)及罚款征收(由国税局负责)的手段予以关注。此外,法院得出如下结论:税收是在个人在事实上而不仅仅是理论上有购买保险还是不投保而支付由此产生的税款的选择中得以形塑。

正如 *NFIB* 案所表明的那样,征税权也是压制非健康选择、鼓励健康促进行为的权力。在早期的裁判法理中,联邦最高法院区分了增加财政收入的税与纯粹的管制性税,对前者予以支持,而对后者则须考量其合宪性。[94] 现在几乎没有了这种区分。需要注意的是,"税收试图影响行为,不足为奇",首席大法官罗伯茨并没有因以下事实而感到困惑,即《平价医疗法》的处罚"显然是为了扩大医疗保险覆盖范围而设计"[95]。

法院也同样支持联邦对枪支隐蔽携带者、交易或持有大麻者进行征税,这说明"税收因为它规制、阻碍,甚至是绝对杜绝需要征税的活动而终止其效力"[96]。在 *NFIB* 案中,联邦最高法院拒绝裁定"有某个精确的点,在该点上征税的金额变得太具惩罚性,故而不会得到征税权力的授权同意"[97]。

有些人认为,大法官罗伯茨在 *NFIB* 案中曲解了税收的概念,与国会的意志不一致。[98] 是否应该允许国会使用税收权强制个人从事经济活动,如购买医疗保险?允许国会行使征税权的同时避免提及税收是否模糊了政治责任?法院的决定是否打开了增加联邦权力的大门,或者否定国会广泛的商业贸易权力是否会限制联邦权力?这些问题都至关重要,它们将塑造联邦卫生权力的未来。

无论判决背后的逻辑是什么,法院判决的实际重要性不能被夸大。《平价医疗法》的经济模式的可持续性取决于强制令(和补贴,这项行政法规范在 2015 年的诉讼挑战中获得联邦最高法院的支持,参见第五章),以确保更

---

[94] United States v. Constantine, 296 U.S. 287, 295 (1935)(驳回了惩罚违反州相关酒精法律的联邦税); Bailey v. Drexel Furniture Co., 259 U.S. 20, 37 (1922)(判决认为一种对违反联邦童工法规者征收的联邦税具有"明显的禁止以及规制效果")。

[95] Nat'l Fed'n of Indep. Bus., 132 S. Ct. at 2596.

[96] United States v. Sanchez, 340 U.S. 42, 44 (1950)[引用 Sonzinsky v. United States, 300 U.S. 506,513-14 (1937),支持了对一种可藏匿火器征收联邦税],支持了对大麻的分销征收联邦税; United States v. Kahriger, 345 U.S. 22 (1953)(判决认为《赌徒职业税收法》对从事赌博业务的人征税,从而对赌博业起到监管作用,因而具有合宪性)。

[97] Nat'l Fed'n of Indep. Bus., 132 S. Ct. at 2600.

[98] Barry Cushman, "NFIB v. Sebelius and the Transformation of the Taxing Power," *Notre Dame Law Review*, 89 (2013) 133-98.

年轻和更健康的人购买保险以扩大风险池(risk pool),并保持合理的保险费成本。[99]

三、支出权是分配资源并促使人们遵守公共卫生标准的权力

税收支出权赋予国会独立权力来分配资源以保障公众利益;国会不必通过一种具体的列举权力使这笔开支合法化。[100] 支出权与征税权紧密相连,它有两大目的:首先,它所授权的支出是为了大众的健康、安全和福祉。其次,它有效地促使州和私人团体服从联邦规制的标准。

框3.4 共享管辖权和合作联邦制

作为一个宪法性问题,决定大多数问题的权力由联邦政府和各州共同分享。这样,留给国会决定是否要优先于州法,从而通过法规取得专属的管辖权;或规避优先权,维护二元联邦制,即联邦和各州在各自的领域分别实行各自的监管机制,这种方式往往显得不大协调;或者与各州合作共同管控。合作联邦制的运行方式取决于国会所依赖的列举权力。

凡是国会基于商业贸易权的行为,都可能为各州提供两种选择,要么根据联邦标准进行规制,要么让联邦法规优先于州法律。在有关职业卫生和安全、环境保护与保留以及私人医疗保险改革等监管体制中可以找到这种模式。[1] 这是环境法的主要手段。在这种模式下,联邦机构(例如 EPA)制定最低国家标准,各州保持可以选择自我管理联邦标准或是让联邦机构执行国家标准。[2]

国会基于开支权作出的行为,联邦政府"提出、构建和资助一个共同的目标"[3]。如果一州接受提供的资助,则必须遵守相应的联邦规则和方针。国会有权制定州拨款分配的条款,这是一种有效的监管方式。州和地方机构很少会拒绝联邦的公共卫生补助。[4] 国会和联邦机构使用有条件的拨款,以促使各州符合众多公共卫生语境下的联邦标准,包括艾滋病病毒检测[5]、医疗覆盖范围和报销比例[6]、人工流产咨询和转诊[7]、土地利用和固体废物管理等。[8]

---

[99] In *King v. Burwell*, 576 U.S.___, 192 L. Ed. 2d 483 (2015), 联邦最高法院支持了国内收入署一项规则,该规则确定了可将《平价医疗法》补贴给予在联邦交易所购买保险的个人。如果法院取消了这些补贴(给予法律解释而不是宪法),将会有数百万人失去平价医疗保障,这会潜在地破坏《平价医疗法》的完整性(参见第八章)。

[100] *Butler*, 297 U.S. at 65–66.

合作联邦制有很多好处。它允许各州在保留联邦监督的同时,尝试多种监管反应(regulatory responses)。[9]然而,它也会引发一些显著问题。州与州之间缺乏统一性,即使在所谓的联邦项目(programs)中,也可能导致极为不公的结果。[10]即使选择的是同一个联邦项目,各州可能并不会完全致力于联邦法律所规定的目标,特别是涉及像环保和医疗改革此类政治性问题。它们的执法可能是松懈和懒散的,或具有直接阻挠性。联邦机构一般有权撤销联邦基金资助或接管州项目,但却几乎从未使用过这些不成熟的方式(crude tools)。更糟糕的是,联邦最高法院已经急剧地抑制了私人团体通过民事诉讼落实联邦开支立法的能力。[11]

即使国会更依赖合作方式,在社会和经济政策方面的州与联邦的关系仍然备受争议。像卫生改革与枪支管制问题,一些州极端到甚至通过了"无效法令"(nullification statutes),意图阻止联邦法律的执行甚至使执行联邦法律的行为犯罪化。[12]因为与最高效力条款不一致,州无效法令一直都被联邦最高法院拒绝,但这些法律表明了州和联邦政治明显的两极分化。[13]

注释:

1. Ronald J. Krotoszynski Jr., "Cooperative Federalism, the New Formalism, and Separation of Powers Revisited: Free Enterprise Fund and the Problem of Presidential Oversight of State Government Officers Enforcing Federal Law," *Duke Law Journal*, 61, no. 8 (2012): 1599-669, 1629-39; Daniel C. Esty, "Revitalizing Environmental Federalism," *Michigan Law Review*, 95, no. 3 (1996): 570-653; Robert L. Fischman, "Cooperative Federalism and Natural Resources Law," *New York University Environmental Law Journal*, 14, no. 1 (2005): 179-231; Kyle Thompson, "State-Run Exchanges in Federal Healthcare Reform: A Case Study in Dysfunctional Federalism," *American Journal of Law and Medicine*, 38, nos. 2-3 (2012): 548-69.

2. 国家最低标准的一个理由是防止各州为了吸引产业而放松环境保护。这种"竞次"(race-to-the-bottom)做法的理由被当作帮助各州抵制当地的经济压力,但已遭到批评。Richard L. Revesz, "Rehabilitating Interstate Competition: Rethinking the 'Race-to-the-Bottom' Rationale for Federal Environmental Regulation," *New York University Law Review*, 67, no. 6 (1992): 1210-54.

3. Nicole Huberfield, "Federalizing Medicaid," *University of Pennsylvania Journal of Constitutional Law*, 14, no. 2 (2001): 431-594 n. 14.

4. Albert J. Rosenthal, "Conditional Federal Spending and the Constitution," *Stanford Law Review*, 39, no. 5 (1987): 1103-64.

5. 42 U.S.C. §300ff-33〔要求各州颁布符合具体检测程序的法律或法规,包括对新生儿的普遍检测(universal testing),对孕妇以及性病诊所与药物滥用治疗中心的客户的自愿选择退出检测(voluntary opt-out testing)〕。

6. 42 U.S.C. §1396a〔列举建立公共医疗补助制度(Medicaid)国家计划的要求〕。

7. *Rust v. Sullivan*, 500 U.S. 173 (1991)(允许联邦法规禁止将堕胎当作家庭计划中的一种方式而使用 X 号的资金)。

8. Coastal Zone Management Act of 1972, 16 U.S.C. §§1451−1465; Federal Water Pollution Control Act, 33 U.S.C. §§1251−1387; Resource Conservation and Recovery Act, 42 U.S.C. §6901.

9. Philip J. Weiser, "Federal Common Law, Cooperative Federalism, and the Enforcement of the Telecom Act," *New York University Law Review*, 76, no. 6 (2001): 1692−1767.

10. Huberfeld, "Federalizing Medicaid,"; Jessica Bulman−Pozen and Heather K. Gerken," Uncooperative Federalism," *Yale Law Journal*, 118, no. 7 (2009): 1256−310.

11. *Gonzaga University v. Doe*, 536 U.S. 273 (2002),采用严格的标准来确定联邦法定条款是否赋予第 1983 节(Section 1983)可强制执行的联邦权力。

12. Ryan Card, "Can States 'Just Say No' to Federal Health Care Reform? The Constitutional and Political Implications of State Attempts to Nullify Federal Law," *Brigham Young University Law Review* 2010, no. 5 (2010): 1795−829.

13. *Cooper v. Aaron*, 358 U.S.1 (1958); *Bush v. Orleans Parish Sch. Bd.*, 364 U.S. 500 (1960); *Ableman v. Booth*, 62 U.S. 506 (1858); *United States v. Peters*, 9 U.S. 115 (1809).

从理论上讲,开支权可能只用于实现共同利益,这不同于纯粹的本地目标,但联邦最高法院在有关共同利益的事项上都遵从国会的决定[101],承认公共福利的动态本质:"一个世纪前有限的(narrow)或狭隘的(parochial)需求,可能在当下与国民福祉交织在一起。"[102]

开支权并不仅仅授权国会来分配资源,它还是一种间接规制方式。国会可以规定分配联邦资金给各州或私人部门的条款。有条件的开支权类似于一个合同:为了换取联邦基金,受益人须同意遵守联邦政府规定的条件。联

---

[101] *South Dakota v. Dole*, 483 U.S. 203, n. 2 (1987)("遵从国会的决定的程度就是法院已经质疑公共福利是否为全面适用的司法实施限制")。

[102] *Helvering v. Davis*, 301 U.S. 619, 641 (1937)〔支持《社会保障法》的第二章,规定把养老保障金作为财政支出权的有效行使〕。

邦最高法院允许有条件的拨款，前提是该条件在法律中有明确规定，同时与项目的目的存在合理相关性，并且没有过分的强制性。[103]"违宪条件"（unconstitutional conditions）原则禁止国会以接受者放弃其宪法权利为条件来进行拨款或者征税，这在第四章中会讨论。

当国会向各州施加接受联邦资助的条件时，必须清楚地向州表明这样的做法，使得州可以在知情的情况下作出选择。[104]"在一个开支条款（Spending Clause）案例中，关键不在于两院多数议员的意图，而是各州〔在法定文本中〕被明确告知接受这些资金的条件。"[105]

此外，接受联邦资源的附带条件必须与拨款目的有相应联系。尽管受到这样的理论限制，联邦最高法院给予国会充分的回旋余地，似乎要寻求拨款与其条件之间的可能关系。[106] 例如，法院发现了高速公路拨款资金和各州对21岁作为饮酒最低年龄的接受程度存在直接关系。既然公路资金的一个主要目的是为了促进交通安全，那么饮酒的年龄限制也被认为具有宪法上的可接受性。[107]

最后，附条件的支出不可能具有如此高的强制性，以至于"使压力转变为强制性"的临界点。[108] 在2012年以前，联邦最高法院从未将支出条件制定为具有违宪强制性。然而，在 NFIB 案中，法院认为联邦政府不能因为州未能遵守《平价医疗法》扩大医疗补助资格的要求而拒绝对其提供既有的穷人医疗保险（medicaid）资助。代表法庭多数意见的首席大法官罗伯茨认为，《平价医疗法》的穷人医疗保险改革"不只是量变还有质变"，该扩张使穷人医疗保险补助计划发生转变，它"不再是关心最贫困人们的一个项目，而是以覆盖全民医疗保险为目的的国家综合计划中的组成部分"。[109] 法院还强调，该扩张

---

[103] *South Dakota v. Dole*, 483 U.S. 203, 211（1987）（维持了联邦法律的合宪性，州接受了联邦交通资助，条件是州采用21岁的最低饮酒年龄限制）；*Nat'l Fed'n of Indep. Bus.*, 132 S. Ct. at 2606.

[104] *South Dakota v. Dole*, 483 U.S. at 207；see also *Pennhurst State School and Hospital v. Halderman*, 451 U.S. 1, 17（1981）（判决州必须在参与联邦拨款项目之前知晓相关的后果）。

[105] *Arlington Cent. Sch. Dist. Bd. of Educ. v. Murphy*, 548 U.S. 291, 304（2006）；see also Nicole Huberfeld, "Federalizing Medicaid," *University of Pennsylvania Journal of Constitutional Law*, 14, no. 2（2011）: 431–84, noting that *Arlington Central* represents the Court's "deliberate narrowing of the 'unambiguous' conditions language and [is] more protective of states receiving federal funding than the original language of Dole."

[106] *Sabri v. United States*, 541 U.S. 600（2004）（支持了一个关于将接受任何受联邦资助的组织、政府或机构的贿赂定罪的联邦规定，这不需要证明贿赂与联邦资金有任何联系，因为此项规定通过确保纳税人的钱用于公共福利来促进公共福利）；*United States v. Am. Library Ass'n, Inc.*, 539 U.S. 194（2003）〔支持了《儿童网络保护法》（CIPA），该法要求接受联邦资助网际网络接入的公共图书馆安装屏蔽黄色内容的软件〕。

[107] *Dole*, 483 U.S. at 208-9.

[108] *Steward Mach. Co. v. Davis*, 301 U.S. 548, 590（1937）（判决认为《社会保障法》中的该条规定不具有过分强制性，即为联邦政府批准的州失业补偿基金缴纳税款的雇主将为针对雇主的联邦工资税进行贷记支付）。

[109] *Nat'l Fed'n of Indep. Bus.*, 132 S. Ct. at 2605, 2606.

是不合适的,因为当各州第一次接受穷人医疗保险经费补助时,它们并没有被告知,国会最后会以是否参与全面医疗改革作为是否得到经费补助的条件。最终,法院谴责该扩张成为"经济压迫,使得各州不能作出真正的选择而只能表示默许"。[110]用罗伯茨法官的话来说,紧急撤回10亿美元的穷人医疗保险经费补助对于顽抗的各州而言无异于"被枪抵住脑袋"。[111]

作为 NFIB 案的判决结果,穷人医疗保险扩张是一个自由选择的选项。2014年,将近一半的州都拒绝扩大穷人医疗保险,即使联邦政府承诺支付2014年至2016年的全部费用,2019年后才会逐渐下降至90%。这个结果显著损害了《平价医疗法》实现全民医保覆盖的目标,因为穷人医疗保险扩张本应该占到《平价医疗法》所扩大的覆盖范围的大约一半。[112]

从这里的讨论可明显得出,税收和支出的权力绝非价值中立的,而是蕴涵着政治和法理意蕴。财政筹集和资源分配是政治进程的核心。立法者受公众和利益团体的影响,目的是促进公众健康、安全和社会保障,但他们的优先考虑也还受道德、文化和社会价值的影响,以至于政府的经济权力被用来阻止(discourage)公共健康倡导者们所支持的活动,如安全堕胎、性教育和针头交换(needle exchange)。与此同时,政府可能会为不健康行为甚或危险行为创制激励措施。例如,政府通过给予农民大量补贴来生产不健康食物,如高果糖玉米糖浆。[113]

四、保留权力原则

即使联邦政府的行动得到了如商业贸易权等宪法权力的有效授权,最高法院也可以用另一种方法——保留权力主义(the reserved powers doctrine)——来推翻公共卫生法规。在纽约诉美利坚合众国案(*New York v. United States*,1992)中,法院根据第十修正案判决一项联邦法律无效,这是半个多世纪以来仅有的第二次。[114]国会通过各种激励措施鼓励各州处理其辖区

---

[110] Id. at 2605. See also Samuel R. Bagenstos, "The Anti-leveraging Principle and the Spending Clause after NFIB,"*Georgetown Law Journal*, 101, no. 4 (2013): 861-921; Einer Elhague, "Contrived Threats v. Uncontrived Warnings: A General Solution to the Puzzles of Contractual Duress, Unconstiutional Conditions, and Blackmail,"*University of Chicago Law Review*, 83, no.2 (forthcoming 2016).

[111] Nat'l Fed'n of Indep. Bus., 132 S. Ct. at 2604.

[112] Emily Whelan Parento and Lawrence O. Gostin, "Better Health, But Less Justice: Widening Health Disparities after National Federation of Independent Business v. Sebelius,"*Notre Dame Journal of Law, Ethics, and Public Policy*, 27, no. 2 (2013): 481-512.

[113] Laura Etherton, *Mike Russo, Nasima Hossain, Apples to Twinkies* 2012: *Comparing Taxpayer Subsidies for Fresh Produce and Junk Food*(Washington, DC: U.S. Public Interest Research Group Education Fund, 2012).

[114] New York v. United States, 505 U.S. 144 (1992). 在半个世纪中,另外的唯一一个基于第十修正案判决联邦法律无效案件后来也被推翻了。Nat'l League of Cities v. Usery, 426 U.S. 833 (1976),被 Garcia v. San Antonio Metro. Transit Auth., 469 U.S. 528 (1985)推翻。

内产生的放射性废物。为了保障有效的行动,某个州如果无法处理这些废物,则根据法令规定,该州必须对废弃物"取得所有权"(take title)并拥有这些废物。法院判决"拥有所有权"的规定无效,因为宪法没有赋予国会"通过直接强迫他们颁布和执行联邦的规制项目来强占州的立法程序"的职权。根据法院的判决,尽管国会可能直接对私人或企业行使立法权,但缺乏强制各州根据联邦标准进行规制的权力。[115] 法院的理论依据是,各州官员"会首当其冲地承受公众的不满,但设计该规制项目的联邦政府官员却可以不受该决策造成的选举结果之影响"[116]。

在普林茨诉美国(*Printz v. United States*,1997)案中,联邦最高法院运用了纽约案中的推理方法推翻了《布雷迪手枪暴力防治法》(Brady Handgun Violence Prevention Act)中的规定,该法直接指导州和地方执法人员调查潜在手枪买家的背景身份。[117] 在纽约案中,法院认为州立法机构不受联邦的领导。在普林茨案中,法院认为联邦机构不能取代州行政部门。在这种情况下,国会不要求州制定政策,要求州协助执行联邦法律。法院拒绝对制定法律或政策与仅仅执行法律或政策进行区分。纽约案与普林茨案的结果显示,第十修正案已经成为挑战联邦法令强制州采取立法或行政行为的工具。

第五节 联邦法的私人实施:诉讼资格与主权豁免

如果没有"具体化"的伤害,几乎没有什么能阻止司法部门在每一个公开辩论的问题上纠缠不清……如果一个公民不同意农业官员管理农业计划,或交通官员管理公路计划,或社会服务官员管理福利计划的方式,这些都可能在法庭上进行挑战。在每一种情况下,最后都由司法部门——最少承担政治责任的部门——来决定公共政策,但它们并不是回应原告遭受明显的个人伤害这样一个真实

---

[115] 当然,国会可能会通过附条件的支出或者合作联邦主义的方式来激励各州影响它们的政策选择。但是,在这两种情况下,选民在州是否遵从的问题上有最终的决定权。See *City of Abilene v. EPA*, 325 F.3d 657 (5th Cir. 2003)(判决认为尽管第十修正案禁止联邦政府强制某个城市去实施联邦监管程序,但是它可能会给予城市实施该程序的选择权,只要提供的替代方案不逾越联邦政府的宪法权威)。

[116] *New York*, 505 U.S. at 169.

[117] See *Printz v. United States*, 521 U.S. 898 (1997),判决认为《布雷迪法》的临时条款因强行要求各州颁布或者执行联邦监管计划而违宪。

争议,而是为了应对来自一个没有在政府的代议制程序中取得胜利的公民诉讼。

——斯蒂芬·J. 马克曼:《国家野生动物协会诉克利夫兰克利夫斯钢铁有限公司》(Stephen J. Markman, *National Wildlife Federation v. Cleveland Cliffs Iron Co.*, 2004)

在许多情况下,私人团体或许希望通过执行联邦法律(包括宪法保护的个人权利,将在第四章讨论)来对抗州和地方政府或联邦机构。此类诉讼在多大程度上具有可行性受制于两条宪法原则:诉讼资格(standing)(从权力分立派生)和主权豁免(sovereign immunity)(从第十一修正案派生)。

私人团体可以采用各种机制起诉政府。在一些领域,特别是公民权利和环境保护——国会明确批准了"公民诉讼"(citizen suits)以执行特定的联邦制定的法规,包括起诉联邦机构以及州和地方政府。[118] 在其他领域——包括穷人医疗保险、教育、住房和将在第八章中讨论的其他社会安全网项目——1871年颁布的《民权法》(Civil Rights Act),其中第1983节可以被私人团体用来执行联邦法律规定,起诉州官员和地方政府,尽管联邦法律是当事人实体请求的基础,并不将这种诉讼视为私权诉讼。[119] 联邦政府有权审理针对联邦官员侵犯个人宪法权利[被称为毕文斯诉讼(Bivens actions)]而提起的私人诉讼。[120]《行政程序法》(The Administrative Procedure Act)正式批准针对联邦机构的私人诉讼,用以挑战"可审查的"机构行为(见第五章)。[121]《塔克

---

[118] See, for example, 33 U.S.C. 1365,《清洁水法》的某一条款授权"任何公民"代表自己提起这样的民事诉讼:commence a civil action on his own behalf-(1) against any person [including (i) the United States, and (ii) any other governmental instrumentality or agency to the extent permitted by the eleventh amendment to the constitution] who is alleged to be in violation of (A) an effluent standard or limitation under this Act or (b) an order issued by the Administrator or a State with respect to such a standard or limitation, or (2) against the Administrator where there is alleged a failure of the Administrator to perform any act of duty under this Act which is not discretionary with the Administrator.

[119] 42 U.S.C. §1983:"Every person who, under color of any statute, ordinance, regulation, custom, or usage, of any State or Territory or the District of Columbia, subjects, or causes to be subjected, any citizen of the United States or other person within the jurisdiction thereof to the deprivation of any rights, privileges, or immunities secured by the Constitution and laws, shall be liable to the party injured in an action at law, suit in equity, or other proper proceeding for redress."在这种情况下法院对"人"的解释是,可以对以州法律的名义行事的个人提起诉讼,或者对地方政府本身提起诉讼,但不能针对州本身提起诉讼。*Edelman v. Jordan*, 415 U.S. 651, 677 (1974)(禁止对国家提出金钱损害赔偿的请求)。地方政府既可能被起诉要求损害赔偿也可能是第1983节的禁制令。*Monell v. Dept. of Social Services of City of NY*, 436 U.S. 658, 690 (1978).

[120] *Bivens v. Six Unknown Federal Agents*, 403 U.S. 388 (1971)(承认了《美国联邦宪法第四修正案》权利被联邦官员侵犯的个人的联邦诉讼权)。这种诉讼权隐含地基于宪法权利本身的重要性,而不管有没有任何一部联邦法律明确规定这一点。受理毕文斯诉讼的管辖权直接源自第1331节对联邦法院的一般管辖权的授予:"根据美国宪法、法律和条约而产生的民事诉讼。"28 U.S.C. §1331.

[121] 5 U.S.C. §§701-706.

法》(The Tucker Act)允许在有限条件下对联邦政府提起经济损失赔偿。[12]《联邦侵权赔偿法》(Federal Tort Claims Act)允许对任职期内的联邦雇员提起侵权损害赔偿(见第七章)。[13] 不管国会的意图如何,根据这些机制而提起的诉讼必须遵循宪法上的诉讼资格要求,且可作为积极抗辩受到主权豁免的约束。

一、诉讼资格

诉讼资格原理,与其他基于《美国联邦宪法》第 3 条的可诉性要求一道,通过确保只有真正的"案件或争议"才能由司法权进行裁判,来维护权力分立体制。[14] 当一个州或联邦机构违反联邦法律——例如,未能执行环保法规或未能依照美国穷人医疗保险给儿童提供足够的医疗保险——哪一方作为私人可以提起诉讼呢? 一般来说,法院要求:(1)原告已遭受或将要遭受法律保护的具体且特定的("实质性伤害")利益侵犯;(2)原告指控的损害是"可以追踪"至被告的行为所造成的;(3)法院裁决确实可能——而不仅仅是推测性的——对此种损害进行救济。[15]

联邦、州以及地方政府中的诉讼涉及多方利益,但他们不一定能以公民或纳税人的身份获得诉讼资格。例如,2006 年,联邦最高法院判决认为州纳税人没有向联邦法院挑战各州税收或支出决定的诉讼资格,理由是它给予州内的商业利益优惠待遇的做法违反了休眠贸易条款:"对于我们政府体系中适当的司法角色而言,没有什么比将联邦法院的管辖权限制在实际性案件或者争议上的宪法原则显得更重要的了。"[16]

在公共卫生的范畴中,诉讼资格障碍确实是一个问题,但它并非不可逾

---

[12] 28 U.S.C. §1491(a)(1)(the "Big Tucker Act" 赋予美国联邦求偿法庭对超过 10 000 美元的案件专属管辖权);28 U.S.C. §1346(a)(2)〔"小塔克法"授予联邦索赔法院(the Court of Federal Claims)和地方法院在"追讨任何被控以错误或非法评估收取的内部收入税,或任何被控未经授权而收取的罚款,或任何根据《内部收入法》被控以任何不当方式收取的费用"以及标的 1 万美元以下诉讼上的共同管辖权〕。

[13] 28 U.S.C. §1346(b)(1)(授予地方法院"起诉合众国,索赔金钱损害……财产损害或者损失,或任何政府雇员在其职权范围因任何疏忽、错误行为或失职所引起的人身伤害或死亡,如果是私人,则根据行为或者失职发生地的法律来对索赔人负责,以民事诉讼中的专属管辖权")。

[14] 《美国联邦宪法》第 3 条第 2 节规定:"司法权适用的范围如下:一切基于本宪法、合众国法律以及根据合众国权力所缔结的和将缔结的条约而产生的普通法的及衡平法的案件;一切涉及大使、其他使节及领事的案件;一切有关海事法和海事管辖权的案件;以合众国为当事人的诉讼;两个州或数个州之间的诉讼;一州与另一州的公民之间的诉讼;一州公民与另一州公民之间的诉讼;同州公民之间对他州让与土地的所有权的诉讼;一州或其公民与外国或外国公民或国民之间的诉讼。"除了诉讼资格,可诉性原则包括案件成熟原则、诉由继续存在原则以及避免"政治问题"。Richard H. Fallon Jr., "The Linkage between Justiciability and Remedies—and their Connections to Substantive Rights," *Virginia Law Review*, 92, no. 4 (2006): 633-705.

[15] *Lujan v. Defenders of Wildlife*, 504 U.S. 555 (1992)(判决认为野生动植物保护与环境组织缺乏挑战规制《濒危物种法》适用性的联邦规定的理由)。

[16] *DaimlerChrysler Corp. v. Cuno*, 547 U.S. 332, 341 (2006).

越。在某些难以证明对个人的健康造成或即将造成伤害的情况下(见第7章),共同体组织(community organization)也许会指向其他问题来替代健康风险。例如,在地球之友公司诉莱德劳环境案(Friends of the Earth, Inc. v. Laidlaw Environmental, 2000)中,法院认为足以证明损害的存在,这是因为环境组织提交的书面陈述证据(affidavits)和证词表明被告非法地向附近的河流排入了毒害神经的汞,直接影响了他们的"休闲、美感和经济效益"。法院将这些证供,与环保组织在以往案例中提出的"一般陈述""总结论断"和"'有朝一日'要去看看半个地球的濒危物种"等不充分证词进行对比。[127]

二、联邦废除州的主权豁免

尽管诉讼资格要件适用于向司法机构提出的各种诉讼,但是以政府为被告的诉讼产生主权豁免这一额外问题。作为主权实体,联邦政府和州政府在法律诉讼中享有豁免权,除非他们放弃豁免或同意应诉。因此,在合适的情况下,国会可以合法地放弃联邦主权豁免,同样州立法机关可以合法地放弃州的主权豁免。例如,《行政程序法》(Administrative Procedure Act)为私主体创设了一个私人诉由(private cause of action)用以挑战某些类型的联邦机构的行为以及在私人寻求禁令救济(injunctive relief)(金钱赔偿除外)中消除主权豁免抗辩,而主张联邦机构、官员及其雇员在行使其职能时以作为或者不作为的方式违反了联邦法律(见第五章)。[128]

联邦政府未经州的同意就废除州的主权豁免面临着更多的困难。《美国联邦宪法第十一修正案》(以下简称"第十一修正案")规定未经州的同意赋予州在联邦法院的某些法律诉讼中享有豁免权。[129] 现代法院认为州的豁免权是主权的基本准则:"联邦制要求国会给予各州尊重和尊严,视其为国家治理的剩余主权享有者和共同参与者。"[130]因此,国会可以通过废除州的主权豁免批准对各州的私人诉讼,但这种权力是受限制的,且取决于其行使的列举权力的种类。

(一)基于支出权的废除

国会可能要求某个州放弃对于特定联邦法律享有的权力豁免来作为接

---

[127] Friends of the Earth v. Laidlaw Envtl. Servs. (TOC), Inc., 528 U.S. 167, 169 (2000)(判决认为环境组织有理由主张对于违反《清洁水法》向河流排放汞的私主体发布禁制令以及要求民事处罚)。

[128] 5 U.S.C. §§701-706.

[129] 《美国联邦宪法第十一修正案》:"合众国的司法权,不得被解释为可以扩展到受理由他州公民或任何外国公民或国民对合众一州提出的或起诉的任何普通法或衡平法的诉讼。"

[130] Alden v. Maine, 527 U.S. 706, 709 (1999).

受联邦资金的条件,即使没有直接下令免除(见第八章)。[131] 与所有的附条件的支出一样,国会关于免除豁免的要求只有在法律明文规定的条件下才会有效。[132]

(二)基于贸易权的废除

在佛罗里达州塞米诺尔部落诉佛罗里达州案(*Seminole Tribe of Florida v. Florida*, 1996)中,联邦最高法院认为在贸易条款下作出行为时,国会缺乏废除各州在联邦法院中的主权豁免的权力。[133] 三年后,法院宣布,没有各州的同意,私人当事方不得在本州法院起诉州违反联邦法律,从而延伸了塞米诺尔案。[134] 这些案件实际上阻止了国会授权私主体起诉各州在诸多领域中侵犯重要的联邦权利,包括消费者保护法[135]与残疾人法。[136]

(三)基于重建修正案"第 5 款"的废除

尽管国会不得基于其贸易权力废除州的豁免权,但国会可以依据每条重建修正案中列明的"国会有权以适当立法实施本条"的规定,行使强制执行权,将不同意这样做的州诉至联邦法院。具体而言,国会的"适当立法"强制执行权体现在重建修正案中关于废除奴隶制(第十三修正案)、平等保护(第十四修正案)以及平等选举(第十五修正案)等方面。国会的这项权力被称为"第 5 款"强制执行权,这是因为每个重建修正案的"执行条款"序号通常是第 5 款。

联邦最高法院对国会第 5 款的权力范围作了狭义解释,从而鼓舞了主权豁免原则。[137] 例如,在阿拉巴马大学托管董事会诉加勒特案(*Board of Trustees of the University of Alabama v. Garrett*, 2001)中,法院认为国会逾越了第十四修正案第 5 节的权力,因为其授权州雇员依据《美国身心障碍者法》(ADA)中

---

[131] *College Sav. Bank v. Florida Prepaid Postsecondary Educ. Expense Bd.*, 527 U.S. 666 (1999); *Jim C. v. United States*, 235 F.3d 1079 (8th Cir. 2000)(判决认为《康复法》第 504 节是有效行使国会支出权,同时阿肯色州通过接受联邦资助的方式放弃了第 504 节的诉讼豁免权)。

[132] *Sossaman v. Texas*, 563 U.S.___, 131 S. Ct. 1651 (2011)〔判决认为 2000 年《宗教土地使用和机构者(Institutionalized Persons)法》没有明确放弃州在私人金钱赔偿诉讼中的豁免〕;*Dellmuth v. Muth*, 491 U.S. 223 (1989)(判决认为在《身心障碍者教育法》制定的过程中,国会并没有表明"取消州所享有的宪法保障的诉讼豁免权的清晰意图");*Atascadero State Hosp. v. Scanlon*, 473 U.S. 234 (1985)(判决认为国会在《康复法》中没有清楚地表明要求州立医院参与拒绝雇用身心障碍申请者的诉讼)。

[133] *Seminole Tribe v. Florida*, 517 U.S. 44 (1996). 法院作出了国会基于《美国联邦宪法》第 1 条下的权力不能取消州的豁免的类似判决。*Fed. Mar. Comm'n v. South Carolina State Ports Auth.*, 535 U.S. 743 (2002)。

[134] *Alden*, 527 U.S. at 709.

[135] *College Sav. Bank*, 527 U.S. 666(认为《商标救济澄清法》(Trademark Remedy Clarification Act)没有废除州的主权豁免)。

[136] *Kimel v. Florida Bd. of Regents*, 528 U.S. 62 (2000)(认为《反就业年龄歧视法》并没有有效废除州从私人诉讼的案件中获得第十一修正案的豁免)。

[137] *Id.* at 62.

第1条(就业歧视)起诉歧视行为。[138] 然而,在涉及种族或性别歧视[139]或行使基本权利的案件[140]中,法院更愿意允许联邦废除州的主权豁免。

三、对州政府官员的禁令救济诉讼

第十一修正案为寻求针对州政府执行联邦公共卫生法或反歧视法的个人设置了重大障碍。主权豁免影响因单方诉讼(Ex parte Young)原则而减弱,该原则允许在某些情况下对州官员提起禁令救济诉讼,即使州本身在诉讼中得到了豁免。[141] 因此,为执行联邦法律允许对州官员提起间接诉讼,即使禁止对州本身提起诉讼。[142] 第十一修正案将针对州官员提起的官员身份的诉讼限制在预期的禁令救济范围内,但不影响对官员提起以其个人身份承担的金钱损害赔偿要求。在另一方面,针对官员个人身份的起诉,官员可以提出个人豁免权作为抗辩,如"对现有法律的客观合理信赖"。这些个人豁免权可以是绝对的,也可以是有限的,视情况而定。[143]

---

[138] Bd. of Trs. of the Univ. of Alabama v. Garrett, 531 U.S. 356 (2001)〔认为《美国身心障碍者法》的第一章不涵盖就业中对身心障碍者的歧视,并没有有效废除州在第十一修正案下的豁免,同时缺乏对州内身心障碍雇员的偏见之证据,但是第二章(公共服务)是否有效行使国会第5款的执行权却悬而未决〕。法院注意到"绝大多数的"关于歧视身心障碍者的证据都属于公共服务(第二章)以及公共住房(第三章)。See Judith Olans Brown and Wendy E. Parmet, "The Imperial Sovereign: Sovereign Immunity and the ADA," *University of Michigan Journal of Law Reform*, 35, no. 1 (2001): 1-36. In *Tennessee v. Lane*, 541 U.S. 509 (2004),法院判决认为《美国身心障碍者法》第二章下的诉讼并不被第十一修正案禁止,因为第二章适用到涉及司法服务的案件是第十四修正案第五款有效的立法因其暗含着宪法权利。See Michael E. Waterstone, "Lane, Fundamental Rights, and Voting," *Alabama Law Review*, 56, no. 3 (2005): 793-850.

[139] See, for example, *Fitzpatrick v. Bitzer*, 427 U.S. 445 (1976)(判决认为国会可以根据第十四修正案下的执法权对性别歧视进行救济来取消州的豁免);*Nevada Dep't of Human Res. v. Hibbs*, 538 U.S. 721 (2003)(判决认为《家庭与医疗休假法》旨在避免不符合宪法的性别歧视,因而根据第十四修正案第五节有效废除州的豁免)。

[140] *Lane*, 541 U.S. 509; *United States v. Georgia*, 546 U.S. 151 (2006)(判决认为因为标题二允许因违反第十四修正案提起私人赔偿诉讼,所以法律有效地取消了州的主权豁免)。

[141] *Ex parte Young*, 209 U.S. 123 (1908)(争论州官员的不合宪行为不能认为是州的行为,因为州可能不会授权不合乎宪法的行为,因此《第十一修正案》不是对强制救济的禁止)。*Young* 的"法律拟制"允许联邦法院在21世纪实施针对各州的联邦宪法保护。

[142] *Milliken v. Bradley* [Milliken II], 433 U.S. 267 (1977)(判决认为某一个联邦法院关于州的被告为某学校消除种族歧视计划支付一半的附件费用的要求并不违反第十一修正案,因为这涉及"未来服从联邦实质性问题的确定")。But see *Edelman v. Jordan*, 415 U.S. 651 (1974)(判决认为即使是在一个直接针对官员的诉讼中,如果涉及州一般性税收的征收并不能与损害赔偿区分裁决的话,那么第十一修正案禁止这样的裁决)。

[143] *Hafer v. Melo*, 502 U.S. 21, 28-29 (1991); Cassandra Capobianco, "Suits against Officials in their Individual Capacity," in Shriver Center, *Federal Practice Manual for Legal Aid Attorneys* (Chicago: Sargent Shriver National Center on Poverty Law, 2013).

第六节 结构性制约与公众健康

> 一谈到制定政策,所有目光都转向华盛顿,并且人们把联邦制与众多交叉压力相提并论,而不是将其视为可通行途径……各州作为政治实体、社区作为地方机构的政治理念几乎完全消失。
> ——斯蒂芬·L. 谢克特:《20 世纪 80 年代的美国联邦体制下的州》(Stephen L. Schechter, *The State of American Federalism in the 1980s*, 1982)

宪法设计中所包含的结构限制对公众健康的影响巨大。由于联邦最高法院的联邦主义、权力分立和优先理论(preemption jurisprudence)不断演变,公共卫生法面临越来越多的挑战。

在伦奎斯特担任联邦最高法院首席大法官的伦奎斯特法院(the Rehnquist Court)中,其主张的新联邦主义明确提出给予联邦权力更为严格的限制,优先考虑州的解决方案。联邦卫生法更容易受到挑战,原因是法院对国会所享有的列举和隐含权力有了更多限制而对各州保留权的理解更趋宽泛。与此同时,法院不断扩张冲突优先原则(conflict preemption),使那些对联邦法律的"宗旨与目标"构成障碍的州法律无效,这使得州与地方公共卫生法更容易受到挑战。[144]

联邦最高法院对联邦主义的立场正在发生明显的改变。当前由罗伯茨首席大法官领导的罗伯茨法院(the Roberts Court)似乎不再那么注重保护各州的权利,而偏重于维护采用不同方式保护个人自由的宪法设计。[145] 在最近的案件中,法院宣称"联邦主义的实施更多是为了国家自身的完整,而不是在于为不同政府机构之间设定界限"。法院发现:"在分配联邦政府和各州政

---

[144] Sharkey, "Against Freewheeling, Extratextual Obstacle Preemption: Is Justice Clarence Thomas the Lone Principled Federalist?" *New York University Journal of Law and Liberty*, 5, no. 1 (2010): 1–29; Mary J. Davis, "Unmasking the Presumption in Favor of Preemption," *South Carolina Law Review*, 53, no. 4 (2002): 967–1030. See also Erwin Chemerinsky, "Empowering States When It Matters: A Different Approach to Preemption," *Brooklyn Law Review*, 69, no. 4 (2004): 1313–34, 1314:"在过去的若干年中,最高法院不断的判决认为州的重要法律的优先性,同时当联邦法律对优先问题没有规定或者在明确保留州法律时也是这样做的。"

[145] Simon Lazarus, "Federalism R.I.P.? Did the Roberts Hearings Junk the Rehnquist Court's Federalism Revolution?" *Depaul Law Review*, 56, no. 1 (2006): 1–54; see "The Roberts Court and Federalism: Minutes from a Convention of the Federalist Society," *New York University Journal of Law and Liberty*, 4, no. 2 (2009): 330–71.

府之间的权力过程中,联邦主义保障从主权延伸而来的公民自由……联邦主义还使各州制定成文法,以回应那些寻求在决定自己时代命运方面发言权的人的倡议,并通过确保超出政府授权而制定的法律不能指导或控制人们的行动,从而保护一州境内所有人的自由。"⑭

即使是保守派人士占多数的法院,针对政府权力的结构约束提出了准自由主义者的观点⑭,许多改革论者(progressives)仍支持联邦主义和地方分权以填补监管空白、扩大政治参与和促进社会参与。⑭ 州与地方政府已成为许多重要公共卫生领域(如烟草控制、健康饮食、枪支规制、非法药物使用危害预防和环境保护)以及联邦改革停滞不前的其他领域(如学生贷款和同性婚姻)中重大改革的先锋。可这些,用宪制学者罗伯特·A. 夏皮罗(Robert A. Schapiro)的话说,"能扭转联邦主义……并重新解释一个曾经阻碍进步政策的概念吗?"⑭

除了联邦主义和权力分立的政治和法律争论之外,还存在很多关系人民健康和安全的重要问题。如果各州在应对那些在全国范围内很重要但没有明显影响州际贸易的健康危险时,没有作出有效且一致的行动,那么司法机关会允许国家机关行使警察权么?如果联邦法规松懈或滞后,州和地方会被允许行使警察权以保障公众的健康和安全吗?当面对健康危机,国会的行动趋于停滞时,行政部门将有什么样的回旋余地?司法部门目前明显的政治倾向主要是解除规制——这是联邦优先权、列举权力和保留权力所带来的结果。最高法院以"那些在塑造自己时代命运中寻求话语权的人"的名义,竭力捍卫对政府权力的这些限制,但是当法院以违宪为由致使公共卫生法规无

---

⑭ Bond v. United States, 564 U.S.___, 131 S. Ct. 2355, 2364, 2358-59 (2011). 在 Bond 案中撰写多数意见的安东尼·肯尼迪大法官(该案中某人因为非法使用化学武器违反了联邦禁令触动了第十修正案遭到联邦政府的起诉),是这一观点的特别支持者。在 Lopez 案中,他独立意见认为"制宪之父已经洞悉到自由是由创建的两个政府共同促进的,而不是一个"。Lopez, 514 U.S. at 576 (Kennedy, J., concurring). 关于分权,肯尼迪法官也持有类似的意见,并注意到"自由需要限制任何一个部门影响政治决策"。Clinton v. City of New York, 524 U.S. 417, 450-51 (1998) (Kennedy, J. concurring).他已经注意到司法在"维持管理的微妙平衡使其本身确定对自由的维护"。Boumediene v. Bush, 553 U.S. 723, 745 (2008). 但是,肯尼迪,没有与约翰·罗伯茨、塞缪尔·阿利托、安东宁·斯卡利亚以及克拉伦斯·托马斯法官一起在 National Labor Relations Board v. Noel Canning 案中表达相似的意见,这是一个在参议院休会时关于总统任命的分权案件。Nat'l Labor Relations Bd. v. Canning, 573 U.S.___, 134 S. Ct. 2550, 2593 (2014) (Scalia, J., concurring)("作为宪法核心的政府组织条款在保护自由上不比后来颁布的《权利法案》显得次要")。

⑭ 关于肯尼迪法官的法学理论以及以罗伯茨为首的联邦最高法院的思想以及方法的中心是否为自由主义,参见 Ilya Shapiro, "A Faint-Hearted Libertarian at Best: The Sweet Mystery of Justice Anthony Kennedy," Harvard Journal of Law and Public Policy, 33, no. 1 (2010): 333-60。

⑭ See Belinda Reeve, Marice Ashe, Ruben Farias, and Lawrence O. Gostin, "State and Municipal Innovations in Obesity Policy: Why Localities Remain a Necessary Laboratory for Innovation," American Journal of Public Health, 105, no. 3 (2015): 442-50.

⑭ Robert A. Schapiro, "Not Old or Borrowed: The Truly New Blue Federalism," Harvard Law and Policy Review, 3, no. 1 (2009): 33-57, 35.

效时,将重创通过民主程序而制定的社会法规。[59]

宪法设计甚为复杂,其力图寻求联邦与州权力(联邦制)之间,立法、行政与司法权力(分权)之间,以及政府权力与个人自由(有限政府)之间的平衡。正如我们所看到的,联邦制与分权制在公共卫生领域都带来了诸多令人感兴趣的问题。然而,公共健康的大部分历史都是关涉政府权力与个人自由之间的关系的严肃争论。这样的争论加剧了当今社会对新发传染性疾病、生物恐怖主义以及如糖尿病和心脏疾病等所谓的生活方式疾病(lifestyle diseases)的担忧。如何平衡为共同福祉而行使的政府权力与个人自由、隐私、言论、财产以及契约自由之间的关系呢?在下一章我们将讨论这些问题。

---

[59] *Bond*, 131 S. Ct. at 2364.

第四章　公共卫生权力行使的宪法限制
——保障个人权利与自由

　　政府存在的前提条件是,主权国家为向共同体所有成员提供公共福祉而拥有制定规制的权力。这项原则是社会契约的固有本质。正如坦尼(Taney C. J.)所描述的,〔这项〕权力"为所有主权所固有,统治一切人和事",然而,它并非不受控制或是专制的,并非不受约束,也并非无论有理与否都畅行无阻……〔宪法保障〕的设计旨在保护个人及其私权免受立法机关的侵犯……正如宪法颁布之时所秉持的那样。

　　——约翰·A. 安德鲁斯:《纽约诉巴德案》(John A. Andrews, *New York v. Budd*, 1889)

　　对个人和企业的规制是公共卫生实践的主要部分。① 卫生官员历来行使着检测、接种疫苗、体检、治疗、隔离和检疫的权力。随着非传染性病害取代流行病成为导致过早死亡和残疾的主要原因,公共卫生官员也负责制定规则以减少那些合法但有害的产品(例如烟草、酒精、不健康食物和饮料,以及枪支等)所带来的不良影响。同时,政府机关向医疗照护提供者发放证照、监管食品企业、给予药品许可、监督职业卫生安全、控制污染物和消除公害。规制或许不是降低所有健康威胁的最优方式,教育和激励措施在很多情况下也可以发挥作用。虽然如此,规制权的法律根据以及个体自由与公共利益之间的平衡仍然是公共卫生法关注的核心问题。

　　上一章考查了政府捍卫公共利益的广泛权力和源于联邦制和权力分立对政府行为施加的结构性限制。本章将考查个人权利对政府行为的制约。

---

　　① 早期的公共卫生法条文主要是关于强制力方面的。"毫无争议的是证明州通过法律来保护生命和健康以增进其最高福利,那就是强制要求愚昧、自私、冷漠以及恶意的人去规范地生活以及使用其财产,为了不给他人带来损害。如果是这样的话,那么州就有权颁布这样的法律以达成此种目的,即使这样会干涉个人自由以及对财产权的自由享有。"Leroy Parker and Robert H. Worthington, *The Law of Public Health and Safety and the Powers and Duties of Boards of Health* (New York: M. Bender, 1892), xxxviii.

在什么情况下政府能够为提高大众群体的健康与安全而干涉一个人的自主、隐私、自由或财产？同时，像言论自由和宗教自由等企业团体权利在何种程度上会限制公共卫生规制？我们将从《权利法案》(Bill of Rights)开始讨论，对涉及公共卫生的主要条款进行注释并考查合并原则(incorporation)与国家行为(state action)等准则。接着，我们将讨论20世纪早期的两个联邦最高法院案例——*Jacobson*案和*Lochner*案，这两个案例对公共卫生法意义重大。最后，我们将会考查现代宪法时代下对公共卫生权力的制约。一些个人权利问题将在后面的章节中讨论，包括征用条款(第六章)和《美国联邦宪法第二修正案》(以下简称"第二修正案")(第十三章)。我们此处要着重讨论对公共卫生有着跨领域的重大意义的问题：程序性正当程序、实质性正当程序、平等保护、言论自由和宗教自由。

第一节 公共卫生与《权利法案》

正如法院就枪支控制、接种疫苗、隔离、烟草警告标签和无数其他问题作出的判决所显示的那样，理解制约政府权力的必要性对于公共卫生治理(public health governance)至关重要。1791年，美国批准了《权利法案》和前十条宪法修正案。前八条修正案保障了某些基本权利和自由。[②] 表4.1展示了从《权利法案》中挑选出来的公共卫生问题，并且对挑选的案例进行了总结。[③]

表4.1 公共卫生与《权利法案》

所选的公共卫生问题	所选的公共卫生案例
第一条修正案：宗教、言论、出版、集会以及请愿自由	
对疫苗接种的宗教异议	沃克曼案(*Workman*)：支持无宗教豁免的疫苗接种授权(vaccination mandate)[a]

a *Workman v. Mingo Cnty. Bd. of Education*, 419 F. App'x 348 (4th Cir. 2011). 参见第十章。

---

② U.S. Constitution, Amendments I-X. 前八个修正案禁止联邦政府侵犯个人权利；第九修正案规定，在宪法中列举的某些权利不应被解释为否认人民保留的其他权利；第十修正案规定的是那些没有被授予联邦政府而保留给各州或者人民的权力。

③ U.S. Constitution, Articles I, III, IV, VI. 宪法权利同样存在于《权利法案》之外。第1条保证人身权保护法(检验拘留的合法性)的有效性和禁止通过剥夺公民权的法律(对特定人施以处罚的法律)、溯及既往的法律(对发生时不构成犯罪的行为进行定罪)以及损害契约义务的法律。第3条保证了通过陪审团的审判以及确定了叛国罪的基本要件。第4条规定了某几个州享有特权和豁免的公民的权利。第6条禁止将宗教标准作为获得民选职位的条件。

(续表)

所选的公共卫生问题	所选的公共卫生案例
广告限制(例如,香烟和酒精类饮料)	罗利拉德烟草公司案(Lorillard Tobacco Co.):裁定距学校和运动场一千英尺以内的烟草广告限令是违反宪法的[b]
第二条修正案:持有和携带武器的权利	
枪支控制立法	赫勒案(Heller):裁定禁止持有手枪是违反宪法的[c]
第四条修正案:不受无正当事由的搜查和扣押	
场所检查/行政搜查	杜威案(Dewey):支持基于"宪法上足以替代搜查令"的法定标准,进行无搜查令的矿井检查[d]
强制检测和筛检(例如,毒品、酒精和艾滋病检测)	斯金纳案(Skinner):支持对涉及火车事故的雇员进行毒品检测[e]
以执法手段获得公共卫生监督数据	《俄勒冈州处方药监控程序案》(Oregon Prescription Drug Monitoring):裁定禁药取缔机构(DEA)需要授权令才可访问处方监控程序的数据[f]
第五条修正案:正当程序、法律的平等保护和私有财产征为公用的"公平补偿"	
剥夺个人自由或财产的公共卫生规则必须遵循程序性正当程序	亚德伯特案(Adalberto M.):要求隔离应遵循正当程序[g]
公共卫生规则不得是恣意的或歧视性的	雅各布森案(Jacobson):裁定强制性的疫苗接种属国家警察权的合法使用[h]
对基于环境保护或其他公共卫生目的的土地使用限制进行公平赔偿	卢卡斯案(Lucas):裁定土地所有者有权要求"公平补偿",因为基于环境保护的土地使用限制剥夺了土地的全部价值[i]

b *Lorillard Tobacco Co. v. Reilly*, 533 U.S. 525 (2001). 参见第十二章。
c *District of Columbia v. Heller*, 554 U.S. 570 (2008). 参见第十三章。
d *Donovan v. Dewey*, 452 U.S. 594, 603 (1981). 参见第五章。
e *Skinner v. Railway Labor Executives' Assn.*, 489 U.S. 602, 613–14 (1989). 参见第十章。
f *Oregon Prescription Drug Monitoring Program v. DEA*, 998 F.Supp. 2d 957 (D. Or. 2014). 参见第九章。
g *Levin v. Adalberto M.*, 156 Cal. App. 4th 288 (Cal. App. 2007). 参见第十一章。
h *Jacobson v. Massachusetts*, 197 U.S. 11 (1905). 参见第十章。
i *Lucas v. South Carolina Coastal Council*, 505 U.S. 1003 (1992). 参见第六章。

一、合并原则与公共卫生

《权利法案》针对的是联邦政府而非各州政府。④ 自 20 世纪 20 年代以来的一系列案例中,联邦最高法院认为,内战后不久批准的针对各州政府的第十四修正案"吸纳"(incorporates)了前八条修正案的大部分内容,使得它们适用于各州和地方附属机构。⑤ 该修正案还规定了平等的法律保护,该项规定又被纳入《美国联邦宪法第五修正案》(以下简称"第五修正案")(使之适用于联邦政府)。⑥

在美国历史上的很长时间里,第二修正案的内容很明显地不在合并权利的清单之上:"纪律严明的民兵组织对于保障自由联邦实为必要,人民持有和携带武器的权利,不应当受到侵犯。"然而,联邦最高法院却在 2010 年改弦易辙,认为第二修正案同样规范各州及各地方政府。⑦ 两年前(在一项针对联邦政府的判决中)法院支持基于合法目的在房屋内存有荷弹枪支的行为,认为这是个人的宪法权利(参见第十三章)。⑧

二、公共卫生中的公/私区别

宪法禁止各级政府侵犯特定的基本权利和自由。政府采取的任何积极措施都会构成"国家行为":例如,立法机关制定的公共卫生法规、卫生部门颁布的条例以及法院作出的排除妨害的裁决。但是宪法未对私人行为加以限制,即便是歧视性或不当的行为。⑨ 国家行为准则(the state action doctrine)也许乍看浅显易懂。然而,正如下列问题所示,在公共卫生领域,政府、私人(营利性企业和非营利性组织)以及社区行动者的活动常常互相交

---

④ 在第十四修正案颁布之前,一般认为《权利法案》不约束各州。See, for example, *Barron v. Baltimore*, 32 U.S. 243, 248 (1833) (判决认为《美国联邦宪法第五修正案》中的征用条款不适用于巴尔的摩市,同时也不能延伸适用于马里兰州,同时注意到的是《美国联邦宪法第五修正案》"必须理解为在一般意义上约束联邦政府的权力,而不适用于各州")。

⑤ 《权利法案》之后的条款没有被并入,因而不适用于各州以及地方政府:不接受士兵留宿的权利(第三修正案),在刑事控告中获得陪审团的权利(第六修正案),在民事案件中获得陪审团的权利(第七修正案),以及禁止过度处罚(第八修正案)。

⑥ Mark D. Rosen, "The Surprisingly Strong Case for Tailoring Constitutional Principles," *University of Pennsylvania Law Review*, 153 (2005): 1513-1637.

⑦ *McDonald v. Chicago*, 561 U.S. 3025 (2010).

⑧ *District of Columbia v. Heller*, 554 U.S. 570 (2008).

⑨ *Shelley v. Kraemer*, 334 U.S. 1 (1948)(判决认为对限制种族歧视契约的司法执行构成州的行为)。See *The Civil Rights Cases*, 109 U.S. 3, 17 (1883)(宪法权利"不得被个人的不当行为损害,也不得让各州通过法律、习惯或者司法、行政程序进行贬损")。

织,很难将公共行为与私人行为区分开来。⑩

(一)医疗照护专业人员的官方行为

受雇于政府部门并以官方身份行事的医疗卫生专业人员是"国家行为主体"⑪。因此,在监狱或精神病院工作的专业人员要受到宪法的约束,需要为其漠视囚犯或被拘留者的医疗需求承担责任,因为此举违反了《美国联邦宪法第八修正案》(以下简称"第八修正案")所规定的禁止进行残酷与不寻常的惩罚(cruel and unusual punishment)。⑫

(二)特许的、受监管的或受规制的私人实体

政府特许的、监管或规制的个体和私人企业都不是"国家行为主体"⑬。监管计划"无论其在某些细节上多么详尽",其本身不会援引国家行为准则。⑭ 例如,倘若一个获得许可、接受监管或规制的实体实施种族或性别歧视行为⑮,或未能提供公平的程序保护⑯,则可能不存在国家行为。但是,为大众提供服务的私人企业(包括医院、诊疗室、餐馆、商店和宾馆)有可能会受到法律禁止歧视的约束。

(三)受政府资助的组织

联邦最高法院很少仅依靠政府资助来认定国家行为,即使资助金额巨大:"私人承包商……的行为并不因为其主要或完全参与了公共契约的执行

---

⑩ 当我们试图界定本书中的某些公共卫生活动时,卫生部门和私人实体之间存在着多样复杂的关系。正如联邦最高法院看到的那样,去"适用一个精确的公式对州的责任进行界定……是一个不可能的任务"。*Burton v. Wilmington Parking Auth.*, 365 U.S. 715, 722 (1961)(判决认为在一个由公共资金资助的建筑中,私营饭店仅仅因为种族原因驱逐一个人违反了第十四修正案中的平等保护条款)。

⑪ *Home Tel. & Tel. Co. v. Los Angeles*, 227 U.S. 278 (1913)(判决认为即使州某一个官员滥用权力,依然存在着州的行为)。

⑫ See, for example, *Erickson v. Pardus*, 551 U.S. 89 (2007)(允许犯人基于第 1983 节主张监狱官员停止其 C 型肝炎治疗就是相当于无视其严重的医疗需求,这违反了《美国联邦宪法第八修正案》中禁止残酷与不寻常的刑罚的规定)。

⑬ *American Mfrs. Mut. Ins. Co. v. Sullivan*, 526 U.S. 40 (1999)(判定某一保险公司在使用评估期间拒绝赔偿不是州的行为);*Blum v. Yaretsky*, 457 U.S. 991 (1982)(判决认为某一私人疗养院因向另一个机构转移其病人而终止病人的医疗补助的决定不构成州的行为);*Leshko v. Servis*, 423 F.3d 337 (3d Cir. 2005)(判决认为州对监护的全面管理并不构成养父母的国家角色);*Wittner v. Banner Health*, 720 F.3d 770 (10th Cir. 2013)(判定私营医院不是州的行为体)。

⑭ *Moose Lodge No. 107 v. Irvis*, 407 U.S. 163, 176 (1972)(判决认为私人俱乐部基于种族进行歧视不影响州仅仅是依照州的《禁酒法》进行处理)。

⑮ *Hollander v. Copacabana Nightclub*, 624 F.3d 30 (2d Cir. 2010)(判决认为酒业执照法律没有将私营夜总会的行为转变为州的行为)。

⑯ *Jackson v. Metro. Edison Co.*, 419 U.S. 345 (1974)(判定一个私营的公用事业公司停止对个人的用电服务不是州的行为)。

就成为政府行为。"⑰因此,由公共卫生机构资助的私人医疗保健提供者、企业、研究人员与社区组织不一定要尊重宪法权利,尽管他们接受联邦资金资助这一事实可能会使其受到反歧视法规的约束。

(四)经法律授权的私人行为

如果政府批准或授权的私人实体造成了伤害,那么在多大程度上是国家行为? 联邦最高法院适用的一个标准是"国家是否为实施伤害的私人实体提供了权威的支持并增强其权力"⑱。此外,当国家制定和施行的法律"要求"私人主体违背宪法权利,"迫使"其作出歧视行为,或"命令"产生一个特定的结果时⑲,国家要对私人主体的行为负责。例如,美国第四巡回上诉法院认为通过董事会终止一个医生的特许权利不构成国家行为。尽管该董事会的成员均是由政府官员选拔的,但法院认为这种联系不充分,因为政府并不掌控董事会的决定。⑳ 同样,第三巡回上诉法院认为联邦隐私规则授权"治疗、支付、医疗照护运作"的医疗记录的"常规使用"并不会涉及国家行为,因为隐私规则并未强迫或增强私人实体未经病人同意而披露私人健康信息的权力。㉑ 仅仅是私人主体依照法律改变其行为的事实并不能使私人行为转变成国家行为。

(五)公共职能私有化

出于分权或个人权利的理由,而将一些立法权、规制权或司法权下放给私营部门(例如,授予私营实体隔离检疫、强制医疗或规制企业的权力)可能不具有可行性㉒然而私人主体确实履行了很多重要的职能,这些职能在历史上本属政府职权。联邦最高法院认为,只有国家和"可能被当成是政府本身的行为一样平等对待"的私人行为之间存在一种"密切关系"(close nexus)

---

⑰ *Rendell-Baker v. Kohn*, 457 U.S. 841 (1982).
⑱ *Nat'l Collegiate Athletic Ass'n v. Tarkanian*, 488 U.S. 179, 192 (1970)(判决认为大学根据全国大学体育协会的规范对篮球教练进行纪律惩戒并不能将全国大学体育协会的其他私人性质的行为转化为州的行为,因此协会不能被判决对侵犯教练的民事权利承担责任)。
⑲ *Adickes v. S. H. Kress & Co.*, 398 U.S. 144 (1970)(判决认为原告可以通过证明在历史上存在州执行某种习惯在公共饮食行业进行种族隔离以及被告也是基于这一州执行的习惯拒绝为原告提供服务来提起关于剥夺权利的诉讼)。
⑳ *Philips v. Pitt Cnty Memorial Hospital*, 572 F.3d 176 (4th Cir. 2009).
㉑ *Citizens for Health v. Leavitt*, 428 F.3rd 167 (3d Cir. 2005).
㉒ *Schechter Poultry Corp. v. United States*, 295 U.S. 495 (1935); *Panama Refining Co. v. Ryan*, 293 U.S. 388 (1935); *Carter v. Carter Coal Co.*, 298 U.S. 238 (1936)(宣布国会将立法权委托给私人一方无效); Parker and Worthington, *Law of Public Health and Safety*, 12-13."警察权对于州的安宁的意义是显而易见的,因而立法机关不能通过法律或者其他的任何合同来剥夺这一权力。"

时,国家行为才存在。㉓ 例如法院认为,当教育㉔和其他重要的公共服务㉕由私人实体经营时就不再具有公共职能。同样,私营联邦监狱的经营者和雇员不会受到违反宪法的控诉,因为他们不"在联邦法律之下"行事。㉖

法院对私有化监狱㉗和其他私人实体的认可,表明将广泛的公共卫生服务委托给私营部门提供的余地很大。㉘ 例如,在 2010 年,国会授权美国预防服务工作组(U.S. Preventive Services Task Force,USPSTF)(一个独立的非政府小组,由全国致力于预防和循证医学的专家组成)来决定哪些预防服务必须包含在私人健康计划之内而无须分担费用(参见第八章)。2012 年,底特律市面临一场非同寻常的财政危机并被州政府接管,该市于是将其整个卫生部门私有化,即将其重组为一个独立于底特律市的非营利机构。㉙ 目前这场史无前例的变动对城市居民卫生和宪法权利的影响还有待评估。例如,如果传染性疾病暴发,充当该市卫生部门的非营利机构是否能够进行强制检疫或强制医治?

㉓ *Jackson v. Metro. Edison Co.*, 419 U.S. 345, 351 (1974)(判决认为受监管企业的行为,在提供可能"受到公共利益影响"的基本商品和服务时,在没有其他因素的情况下,不是国家基于第十四修正案正当程序条款之目的而采取的行动)。

㉔ *Rendell-Baker* 457 U.S. at 830(判决认为从州获得 90%的经费的私立学校因为言论开除教师不是州的行为);see also *Santiago v. Puerto Rico*, 655 F.3d 61 (1st Cir. 2011) and *Black ex rel. Black v. Ind. Area Sch. Dist.*, 985 F.2d 707 (3d Cir. 1993)(两个案子都判定通过私人合同雇用的校车司机的行为不是州的行为)。

㉕ *National Collegiate Athletic Ass'n* 488 U.S. at 179(判决认为全国大学运动协会在管理校级体育竞赛时没有行使传统上属于或专属于州的职能);see also *Sykes v. Bank of America*, 723 F.3d 399 (2d Cir. 2013)(判决认为私人银行在其根据州颁布的限令冻结资金是没有根据法律进行)。But see *Brentwood Acad. v. Tenn. Secondary School Athletic Ass'n*, 531 U.S. 288 (2001)(判决认为普遍存在的州立学校官员在管理学校运动的私人机构中的行为表明这是州的行为);*Fabrikant v. French*, 691 F.3d 193 (2d Cir. 2012)(判定私人非营利机构动物保护协会是州行为体,因为在纽约法律下动物管理是州的一项传统职能)。

㉖ *Correctional Serv. Corp. v. Malesko*, 534 U.S. 61 (2001)(判决认为私营联邦监狱运营者免于受 *Bivens* 案的约束);*Minecci v. Pollard*, 132 S. Ct. 617 (2012)(判决认为私营联邦监狱的雇员不受 *Bivens* 案约束)。联邦最高法院尚未解决是否能基于第 1983 节对州的私营监狱及运营者进行起诉的问题。Compare *Skelton v. PriCor*, *Inc.*, 963 F.2d 100 (6th Cir. 1991)(判决认为私营监狱的狱警的行为"在州法律的规定范围之内"已经运行基于第 1983 节进行起诉);*Rosorough v. Management & Training Corp.*, 350 F.3d 459 (5th Cir. 2003) (accord) with *Lacedra v. Donald D. Wyatt Detention Facility*, 334 F. Supp. 2d 114 (D.R.I. 2004)(拒绝允许特别基于 *Bivens* 案进行起诉,因为第 1983 节是可适用的)。

㉗ 与美国法院相反的是,以色列最高法院在 2009 年判定关于设立私营监狱的法律违反了犯人在宪法上享有的自由和尊严的权利。*The Academic Center for Law and Business v. Minister of Finance*, HCJ 3605/05 (2009)。

㉘ René Bowser and Lawrence O. Gostin, "Managed Care and the Health of a Nation," *Southern California Law Review*, 72 (1999): 1209-96.

㉙ See Matt Helms, "Detroit Council Seeks Order Halting Bing's Privatization of Health Department," *Detroit Free Press*, September 18, 2012, www.freep.com/article/20120918/NEWS01/120918064/detroit-city-council-seeksorder-halting-privatization-of-health-dept.

第二节 20世纪早期警察权的宪法制约：
雅各布森案与洛克纳案

当政府致力于社会福利事业时，其必须与宪法的制约和平共处。那么对公共卫生活动的宪法制约究竟是指什么呢？这个貌似简单的问题的答案却十分复杂。首先应从20世纪早期对第五修正案（适用于联邦政府）和第十四修正案（适用于各州）中的正当程序条款，尤其是最高法院1905年的雅各布森诉马萨诸塞州（Jacobson v. Massachusetts, 1905）案的解读中寻求答案。[30]

雅各布森案被公认为公共卫生领域最重要的司法裁决。[31]为什么？是因为联邦最高法院对公共卫生决策的尊重吗？是因为联邦最高法院为保护个人自由所阐明的持续至今的框架吗？或许是因为雅各布森案的判决与当时法院最臭名昭著的案件——洛克纳诉纽约州案（Lochner v. New York）的判决是同一时期作出的。[32]如果说法院对洛克纳案的判决推翻了合理的经济规制而展现出司法能动主义的话，那么雅各布森案则是一个尊重警察权的司法克制的典范（司法克制是一项重要的州主权准则）。还有一个问题值得关注：雅各布森案若放在当下，还会作出同样的判决吗？这个著名的判决有着怎样的深远意义？[33]

一、雅各布森案的历史背景：免疫辩论

关于强制接种疫苗是否对个人自由构成侵犯以及对个人想得

---

[30] Jacobson v. Massachusetts, 197 U.S. 11 (1905)（支持了一个州强制接种疫苗的法律）。
[31] James A. Tobey, Public Health Law, 2nd ed. (New York: Commonwealth Fund, 1939): 355."这个著名的案件在这里完整地再现……因为其中值得注意的是其阐述了潜在的公共卫生行政管理的宪法原则。"
[32] Lochner v. New York, 198 U.S. 45 (1905)（判决认为州法律将面包房的工作时间限定在几个小时之内的规定不符合宪法，并干涉了第十四修正案所保障的契约自由）。
[33] 2005年是雅各布森案100周年，学者们仔细研究了这个基础性的案件。See Wendy Parmet, Richard Goodman, and Amy Farber, "Individual Rights versus the Public's Health: 100 Years after Jacobson v. Massachusetts," New England Journal of Medicine, 352 (2005): 652-54; Lawrence O. Gostin, "Jacobson v. Massachusetts at 100 Years: Police Power and Civil Liberties in Tension," American Journal of Public Health, 95 (2005): 576-81; James Colgrove and Ronald Bayer, "Manifold Restraints: Liberty, Public Health, and the Legacy of Jacobson v. Massachusetts," American Journal of Public Health, 95 (2005): 571-76; Wendy K. Mariner, George J. Annas, and Leonard H. Glantz, "Jacobson v. Massachusetts: It's Not Your Great-Great-Grandfather's Public Health Law," American Journal of Public Health, 95 (2005): 581-90. See also "Symposium: Lochner Centennial Conference," Boston University Law Review, 85 (2005): 671-1015.

天花就得天花并将之传播给他人的权利的干涉是否违宪的争论已经被(美国联邦最高法院)终结。……那些为抵制与疫苗接种相关的法律而成立的"怪人团体"也随之寿终正寝。它们的影响已经一去不复返。

——《纽约时报》社论(Editorial, *New York Times*, February, 22, 1905)

1901年到1903年,波士顿暴发了一场严重的天花,造成了1 596例感染和270例死亡,几年后,法院对雅各布森诉马萨诸塞州一案作出判决。㉞ 此次天花的爆发再次激起了关于天花疫苗接种的激烈论战,双方都有夸张之嫌。反对接种者发起"严厉攻击",宣称强制性的疫苗接种是"这个时代最严重的犯罪",它"屠杀了成千上万个无辜的孩子";它"比奴隶问题更为重要,因为它在使得人类逐渐衰弱"㉟。反对接种者预言,州强制性接种疫苗的举措"将会带来暴乱"㊱。主流新闻媒体也同样作出了尖锐的回应,将此次辩论称为"一场智慧与无知、文明与野蛮的冲突"㊲。《纽约时报》称这些反对接种者为"怪人族"(familiar species of crank),他们的观点完全是"无稽之谈"㊳。

在雅各布森案之前,各州法院积极参与疫苗接种的争论,且其判决明显表现出对于卫生机构的尊重:"关于接种疫苗对于预防天花是否有效一事,并非法院所关切之点。"㊴法院认可州有权将警察权授予具有专门科学知识的卫生机构或卫生委员会。㊵ 出于善意而反对接种疫苗并不能成为不遵从的充分理由;但是,一个人可以因身体条件会面临特定副作用风险而豁免接种。㊶政府通过施加惩罚、不允许未接种疫苗的孩子上学或进行隔离等手段,间接强制接种疫苗。因此,法院总的来说避免对于以强制力来确保疫苗接种一事之合宪性与否进行直接判决。

㉞ Michael Albert, Kristen Ostheimer, and Joel Breman, "The Last Smallpox Epidemic in Boston and the Vaccination Controversy, 1901–1903," *New England Journal of Medicine*, 344 (2001): 375–79.

㉟ "Vaccine is Attacked: English Lecturer Denounces Inoculation for Smallpox," *Washington Post*, February 25, 1909; "Vaccination a Crime: Porter Cope, of Philadelphia, Claims It Is the Only Cause of Smallpox," *Washington Post*, July 29, 1905, Porter F. Cope,他毕生致力于与"谬见"(delusion)作斗争。

㊱ Editorial, *New York Times*, September 26, 1885.

㊲ Ibid.

㊳ "The Anti-vaccinationists' Triumph," *New York Times*, August 18, 1898.

㊴ *Blue v. Beach*, 56 N.E. 89, 91 (Ind. 1900)(判定地方卫生委员会可要求学校将接种疫苗作为入学条件)。

㊵ *Potts v. Breen*, 47 N.E. 81 (Ill. 1897)(判定卫生委员会或学校董事会在社区不存在天花以及没有理由怀疑这种疾病开始流行的情况下不准要求接种疫苗)。

㊶ "问题是立法机关或卫生委员会……必须在一审中确定,因为法律在司法调查或确定上没有规定具体的方式。"*Blue*, 56 N.E. at 91.

就是在这样的历史背景下,马萨诸塞州颁布了一部法律,授权市政卫生委员会在认为对公众健康与安全有必要时,可以要求居民接种疫苗。剑桥卫生局(the Cambridge Board of Health)基于该法的授权,通过了一项规定,命令该市所有的居民接种疫苗。拒绝接种疫苗的牧师亨宁·雅各布森(Henning Jacobson)被法院定罪,并被判处罚款5美元,马萨诸塞州最高法院维持原判,雅各布森向美国联邦最高法院提起上诉。雅各布森诉称:"强制接种疫苗法律是不合理的、武断的、令人苦恼的,因此,它违背了每个自由人的固有权利,即以其认为最好的方式来照顾自己的身体和健康的权利。"[42]他这一经典主张体现了对自由放任社会(laissez-faire society)以及有关身体完整与决定隐私的自然权利的坚定支持。他根据第十四修正案所保障的正当程序与平等保护权利提出这一主张,下文将详细讨论对该权利的现代理解。

雅各布森案是调和个人权利和集体利益的标志性案件,本案判决的深远影响持续至今。约翰·马歇尔·哈伦(John Marshall Harlan)大法官代表法庭所作的判决意见从多个层面进行了论证。首先,法院依据社会契约理论,坚定地支持警察权,并对公共卫生机构表现出尊重。此外,法院依据有限政府理论,为保障个人自由设定了标准。

二、社会契约论:尊重警察权和公共卫生规制

在雅各布森案之前的美国早期判例中,司法部门(Judiciary)坚定地捍卫警察权的行使。司法部门甚至定期建议公共卫生规则免受违宪审查[43],声称"当警察权在适当范围内正常运作时,法院无权支持立法机构"[44]。当然,主要的问题是要理解什么是"适当的立法范围"(proper legislative sphere),因为至少自从1868年第十四修正案颁布以来,还从没有人认为政府可以摆脱司法控制而恣意妄为。[45]

在雅各布森案中,联邦最高法院运用社会契约论来支持广义的警察权的确无可厚非。哈伦大法官更青睐以社区为导向的理念,认为公民对彼此以及对整个社会都负有责任:

---

[42] *Jacobson*, 197 U.S. at 26.
[43] "立法机关不被法院审查的自由裁量权;因为立法机构在其职权范围内的立法活动的适当性判断不是法院职能的一部分。"Parker and Worthington, *Law of Public Health and Safety*, P.5.
[44] *State ex rel. McBride v. Superior Court for King Cnty*, 103 Wash. 409, 420 (Wash. 1918)(判决认为保障公共健康是行使州的警察权的合适内容)。
[45] Wendy Parmet, "From Slaughter-House to Lochner: The Rise and Fall of the Constitutionalization of Public Health," *American Journal of Legal History*, 40 (1996): 476-505.

> 宪法保护自由……但并不意味着每一个人拥有……完全脱离限制的绝对权利……能够保障成员安全的有组织的社会若基于其他任何基础均不复存在……[马萨诸塞州宪法]确定了一个最基本的……社会契约,那就是全体人民与每一个公民订立契约,每一个公民也和全体人民订定契约,所有人为了"共同利益"(common good)都应该接受特定法律的规范,政府的创立是"为了人民的安全、财产和幸福,而非为了某个人的收益、荣誉或私利"[46]。

法院的意见书翔实列举了警察权的范围:从卫生法、动物管制到检疫。

雅各布森案留给我们的主要财富当然是它为社会福利理论和警察权规制所作的辩护。雅各布森时代的联邦最高法院对诸多公共卫生活动(包括对食物[47]、牛奶[48]和废物处理的规制)予以支持[49]。尽管进步时代对集体利益的呼吁不再如以往一样受欢迎,但雅各布森案经常被联邦最高法院援引,以示对警察权的捍卫以及对立法机构处理政策与科学事务的尊重。

三、有限政府理论:保障个人自由

雅各布森案所体现的社会契约论与其有限政府的概念之间存在一种紧张关系。除了被动接受公共卫生的立法裁量,法院对限制政府的个人权利首次作出了系统陈述。雅各布森案确立了一个宪法保护的底线。它认为强制性权力只有在遵守以下五个标准实施时才能为宪法所允许,这五个标准就是我们所说的公共卫生必要性(public health necessity)、合理手段(reasonable means)、比例性(proportionality)、伤害避免(harm avoidance)和公平性(fairness)。当符合这些标准时,尽管可以采取公共卫生干预措施,但仍然需要遵循审慎的政府程序以保障自由。

(一)公共卫生的必要性

公共卫生权力的行使的理论基础在于:其为防止可避免的伤害所必需。在雅各布森案中,哈伦大法官坚持认为警察权必须基于"案件的必要性",不应该以"任意、不合理的方式"运行,或者"超出公共安全的合理需要"的范

---

[46] *Jacobson*, 197 U.S. at 26—27.
[47] *Price v. Illinois*, 238 U.S. 446 (1915)(支持了州禁止买卖某种食品防腐剂来保障公共健康)。
[48] *New York ex rel. Lieberman v. Van de Carr*, 199 U.S. 552 (1905)(支持了在缺乏卫生部门的许可的情况下州禁止牛奶的买卖)。
[49] *California Reduction Co. v. Sanitary Reduction Works*, 199 U.S. 306 (1905)[判决支持了规定拒绝燃烧或者销毁(废物)的费用由业主承担的条例]。

围。⑤⁰ 早期对"必要性"这个术语的定义与广泛使用警察权的意思⑤¹一致。为了使强制性措施具有正当性,政府只有在面对很明显的卫生威胁时才展开行动。公共卫生必要性标准至少要求,实施强制干预的主体必须实际上对社区构成威胁,尽管法院表示,它将尊重立法机关在这方面的任何合理决定。⑤²

(二)合理手段

依照必要性标准,政府采取强制措施仅可能为应对显而易见的威胁。此外,所用措施必须是为了预防或降低威胁。审理雅各布森案的法院采用手段和目的测试(means-and-ends test)标准,要求证明干预与实现合法政府目标之间的合理联系。即使立法机关的目标是有效的且有益的,其所采取的方法也必须与保护公众健康之间存在"真实的或实质性的联系"(real or substantial relation),而不能是"对权利的公然侵犯"(a plain, palpable invasion of rights)。⑤³

(三)比例性

存在公共风险,且采取的措施可能合理地缓解这个风险,此时公共卫生的目标可能是有效的。如果强加给个人的责任和预期收益完全不相称,那么这样的规定就会违宪。哈伦大法官这样写道:"在特定案件中,州依据行政法规所行使的警察权,可能显得极为任意与武断,因此,法院为防止错误与武断的发生而进行干预具有正当性。"⑤⁴公共卫生当局负有不得以不必要的方式侵犯个人自治权的宪法责任。这意味着需要在预实现的公共利益与对个人领域的干预度之间进行合理平衡。如果干预是无缘无故的繁重或不公平,它可能会超越宪法的界限。

(四)伤害避免

为了共同利益,可以对那些给社区带来危险的人施行强制性措施。但是,控制措施本身不应该对它的主体造成健康风险。哈伦大法官强调,亨宁·雅各布森是一个接受天花疫苗接种的"合适主体"(fit subject),但是他也认为要求一个会受到疫苗接种伤害的人接种疫苗是"非常残忍和不人道

---

⑤⁰ *Jacobson*, 197 U.S. at 28.

⑤¹ *Concise Oxford Dictionary of Current English*, 10th ed., s.v. "necessity".

⑤² 尽管如此,根据雅各布森案,州被允许在面对显而易见的健康威胁的情况下行动,法院似乎不要求州必须对该威胁出示科学上、流行病学上或者医学上的可信证据。哈伦大法官说,"人民相信的是在保障公共福利的时候何种福利是应该被接受的,这是否在实际中存在"。*Jacobson*, 197 U.S. at 35 (quoting Viemeister, 72 N.E. at 99).

⑤³ *Id.* at 31; *Nebbia v. New York*, 291 U.S. 502, 510-11 (1933)(判决认为公共福利管理必须不能是"不合理的、专断的或是反复无常的,同时选择方式应当与追求的目标有着实质性的联系")。

⑤⁴ *Jacobson*, 197 U.S. at 38-39.

的"㊿。如果有证据证明接种疫苗会对雅各布森的健康造成严重伤害,那他将会在这场具有历史意义的案件中获胜。㊱雅各布森案所处时代的所有案件强调了一个主题,公共卫生行动必须不能伤害主体。例如,在1900年的Jew Ho诉威廉姆森案(*Jew Ho v. Williamson*, 1900)中,联邦法院撤销了在旧金山一个区实施的隔离措施,部分原因是隔离措施可能为腺鼠疫的传播创造了条件。㊲同样,法院要求为遭受隔离的人们提供安全宜居的环境,其依据的理论是:公共卫生权力创制的初衷是提高民众幸福感,而非惩罚个体。㊳

(五)公平性

雅各布森案的事实并不要求联邦最高法院根据第十四修正案的平等保护条款来阐明公平标准,因为接种疫苗的要求普遍适用于剑桥市的所有居民。尽管如此,联邦法院已在Jew Ho诉威廉姆森案(*Jew Ho r.williamson*)中确定了这一标准。联邦地方法院称,卫生部门专门针对美籍华人的强制接种疫苗的这一行为明显昭示了其"邪恶之眼和不公平之手"(evil eye and an unequal hand)。㊴

四、雅各布森案中的司法尊重

在平衡个人权利与公共利益的过程中,审理雅各布森案的法院依据分权与联邦制理念,对立法部门与州当局表明了尊重的立场。法院对科学事实的立法结论几乎不假思索地接受,这是分权机制使然。引用纽约上诉法院的意见(支持把强制性疫苗接种作为学生入学的条件)㊵,哈伦大法官说:

> 立法机关有权根据人民的共同信念通过法律,以防止传染病的传播。在一个自由的国度,政府由人民通过选举代表进行统治,实

㊹ *Id*. at 39.

㊱ *Id*.("我们不应这样认为,法律欲适用于这样的案件〔涉及主体不适格〕,或者,如果这样是有意的,司法就没有能力去干预并保障相关个人的健康和生命。")有趣的是,亨宁·雅各布森宣称在其孩提时代,疫苗接种导致他"极端痛苦"(*id*. at 36)。雅各布森潜在伤害的主张不是没有道理的。在爱德华·詹纳最初关于疫苗接种的著作 *Inquiry into the Causes and Effects of the Variolae Vaccinae* (1799)中,他在病例4中注意到接种疫苗有严重的不良反应(现在称之为过敏反应)。Harry Bloch, "Edward Jenner (1749-1823): The History and Effects of Smallpox, Inoculation, and Vaccination," *American Journal of Diseases and Children*, 147 (1993): 772-74.

㊲ *Jew Ho v. Williamson*, 103 F. 10, 22 (C.C.N.D. Cal. 1900)("一定要按照这样的做法,也就是如果一大片区域被进行隔离检疫,那么该区域的人宁愿被当作可能传播疾病而不是对疾病进行控制")。

㊳ *Kirk v. Wyman*, 83 S.C. 372 (S.E. 1909)(判决认为在有必要保护公共健康的前提下,法律要求转移或销毁财产,抑或是对感染人员进行隔离不违反宪法)。

㊴ *Jew Ho*, 103 F. at 22.

㊵ *Viemeister v. White*, 72 N.E. 97 (N.Y. 1904)(判决认为法律规定儿童接种疫苗作为进入公立学校的条件是有效行使了州的警察权)。

践中的立法认可其他行为标准;因为如果想要促进公共福利就必须接受民众自认为有利于促进公共福利的事物,无论其实际效果如何。除此以外的其他基准可能与宪法精神冲突,并可能导致反共和政体的措施得以认可。[61]

依据民主理论,哈伦大法官给予当选政府部门相当大的余地来制定方针政策。联邦最高法院依据联邦制原则,也确认了州政府在公共卫生领域享有优先联邦政府的管理权限。哈伦大法官写道:"最重要的是,不到必要时候,司法部门不应该侵犯地方机构的管辖领域。马萨诸塞州人民的安全和健康是州共和体首先要捍卫和保护的。这些问题通常与联邦政府无关。"[62]

五、洛克纳诉纽约州案:司法尊重的对立面

雅各布森诉马萨诸塞州案与洛克纳诉纽约州案的判决是在同一时期作出的,后者开启了宪法中所谓的洛克纳时代(1905—1937)。[63] 在洛克纳案中,联邦最高法院以 5∶4 的多数结果认为限制面包师的工作时间是违反契约自由的。所谓的经济正当程序(economic due process)观点针对的是第五修正案和第十四修正案,即"未经任何正当法律程序",联邦政府和各州禁止剥夺任何"私人"(包括企业)[64]的"生命、自由和财产"[65]。哈伦大法官以一名坚定的反对者的口吻坦言道,纽约州的法规旨在专门维护公众健康:"每周工作超过 60 小时的规定……可能危及一名工作者的身体健康。"[66]引用公共卫生相关的专题研究,哈伦发现"在流行病期间,首先患病的通常是面包师,并且在此期间,面包师的死亡人数远超过其他工作者的死亡人数"[67]。

---

[61] Jacobson, 197 U.S. at 34.

[62] Id. at 38.

[63] Lochner, 198 U.S. 45; Howard Gillman, The Constitution Besieged: The Rise and Demise of Lochner Era Police Powers Jurisprudence (Durham, NC: Duke University Press, 1993).

[64] 法院早就在正当程序方面把公司当作了"人"。Santa Clara Cnty v. S. Pac. R.R., 118 U.S. 394, 396 (1886)(判决认为在追讨未缴税款的诉讼中,基于第十四修正案的立法目的,铁路方应被视为人)。

[65] 《美国联邦宪法》同样在第 1 条的第 10 节明确规定了合同权利:"任何州都不能……通过任何……损害合同义务的法律。"洛克纳基于合同自由条款,而求助于正当程序条款中的合同自由。实际上,明确的合同自由条款就是对警察权的限制相对不那么重要。该条款仅仅适用于各州和现存的合同,州可以自由限制将来的合同。Ogden v. Saunders, 25 U.S. 213 (1827)(判决认为破产法没有违反合同自由条款,这是因为其是在将来运行的)。当然,大部分的公共卫生法规旨在调整未来的经济关系。但是,在极少数的案件中,公共卫生法规影响现存的合同。在这样的案件中,联邦最高法院强调警察权是"政府行使保护人民的生命、健康、道德安宁以及公共福利的主权性权利,同时也比任何其他个人之间的合同权利都重要"。Manigault v. Springs, 199 U.S. 473, 480 (1905)(判决认为建设大坝损害了一个保持溪流畅通的合同并不违反合同自由条款,这是因为受到了警察权的限制)。结果是即使公共卫生法规侵犯了现存的经济关系也被认为是符合宪法的。

[66] Lochner, 198 U.S. at 69 (Harlan, J., dissenting).

[67] Id. at 71 (Harlan, J., dissenting).

洛克纳时代烙刻了一些人深深的忧患意识，他们认识到大部分公共卫生措施确实妨碍了经济自由，其中涉及合同、业务关系、财产使用、交易活动与专业实践。哈伦大法官认为，洛克纳案"将严重削弱政府关心公民生活、健康和幸福的固有权力"[68]。的确，在接下来的三十年，联邦最高法院废除了一系列重要的健康和社会立法，包括保护工会组织[69]、限制使用童工[70]、制定妇女最低工资标准[71]、保护消费者远离危害健康的产品[72]以及给予许可或管制企业活动。[73]

直到新政（New Deal）时期，那些认为契约自由远非无拘无束且经济交易本质上受制于财富和权力的不平等的人，挑战了由洛克纳主义（Lochnerism）强化的放任主义哲学。[74]人们希望政府能够保障公共卫生和福利、社会经济平等。就是在这样的政治背景下，联邦最高法院否定了洛克纳案："这是一种什么样的自由（freedom）？宪法没有提到契约自由（freedom of contract）。它谈到自由（liberty），并禁止未经正当法律程序剥夺自由（liberty）。"[75]后新政时期（post-New Deal period），对规制（不管规制对商业事务的影响如何）的司法审查重新走向宽容主义路径。[76]

---

[68] *Id.* at 73 (Harlan, J., dissenting). 讽刺的是，法院坚持认为政府表明了干预和公共健康保护的密切联系会促使律师行业更好地保护公共利益。In *Muller v. Oregon*, 208 U.S. 412 (1908), 路易斯·布兰代斯在其饱含经验主义的意见书里证明了劳动力过剩与生殖健康的关系。在司法意见书里过多地运用社会科学和医学，通常被称为"布兰代斯意见书"，这起源于布兰代斯那个时代。

[69] *Coppage v. Kansas*, 236 U.S. 1 (1915)（判决联邦和州在立法中禁止雇主要求雇员答应不加入工会组织的规定无效）。

[70] *Hammer v. Dagenhart*, 247 U.S. 251 (1918).

[71] *Adkins v. Children's Hosp.*, 261 U.S. 525 (1923)（判决规定女性最低工资标准的法律无效）。

[72] *Weaver v. Palmer Bros. Co.*, 270 U.S. 402 (1926)（判决为了保障公共健康规定禁止在床垫中使用破布和碎片的法律无效）。

[73] *New State Ice Co. v. Liebmann*, 285 U.S. 262 (1932)（判决一部规定除非证明有必要，禁止州委员会颁布执照卖冰的法律无效）。

[74] Herbert Spencer, *Social Statics* (London: John Chapman, 1851)（主张自由放任、不受调节的经济）; Christopher Tiedeman, *A Treatise on the Limitations of the Police Power in the United States* (St. Louis, MO: F. H. Thomas, 1886)，声称政府调节过度地干预了人民享有和使用财产的自然权利。

[75] *West Coast Hotel Co. v. Parrish*, 300 U.S. 379, 391 (1937)（判决支持女性最低工资标准）。

[76] See, for example, *Williamson v. Lee Optical*, 348 U.S. 483 (1955)（判决支持一项法令的规定：禁止眼镜商在没有处方的情况下出售镜片）; *Turner v. Elkhorn Mining Co.*, 428 U.S. 1 (1976)（判决支持一项联邦法令的规定：对患有尘肺病或黑肺病的煤炭工人提供赔偿）。

框4.1 从建国初期的自由经济到现代解除规则运动

从1905年到1937年,即"洛克纳"时代,联邦最高法院珍视经济自由并积极废除了一批社会和经济规则,其中包括许多旨在保护工人安全的规则(见第十三章)。洛克纳案的经济正当程序有个最大的缺点,就是在社会和经济的最大利益这一问题上,它允许法院用立法观点取代法院观点。自1937年以来,法院赋予警察权规制一个强有力的有效性推定,即使其干涉了经济和商业生活(见第三章)。

现代的保守派学者尝试复兴洛克纳主义。[1]如同1985年理查德·波斯纳法官(Judge Richard Posner)评论道:"(在学者而非法官中间)正进行着一场运动,它使洛克纳案中的主要观点成为新司法能动主义的主体框架。"[2]保守派学者认为经济自由在宪法中占据重要的地位,应保其免受商业规制的限制。[3]他们提出个人享有受宪法保护的权利,包括拥有、使用和转让私人财产;从事商业活动;追求理想的职业;等等。[4]

这场运动,采取支持市场调控的手段——暗含洛克纳案中的反对规制思想,影响整个政治和学术圈。[5]法院以充分的理由驳回了洛克纳案的判决。让民主选举的议会在有序的社会与个人的财产权之间寻找到一种平衡。尽管如此,一些评论员仍将现在的司法运动,例如,新联邦主义和支持《美国联邦宪法第一修正案》(以下简称"第一修正案")中企业保护条款的扩大化适用作为抵挡社会和经济规制的盾牌,与"洛克纳案"中明确表明的基本价值观联系在一起。

注释:

1. David E. Bernstein, *Rehabilitating Lochner: Defending Individual Rights against Progressive Reform* (Chicago: University of Chicago Press, 2011); Robert G. McCloskey, "Economic Due Process and the Supreme Court: An Exhumation and Reburial," *Supreme Court Review*, 1962 (1962): 34-62, 认为恢复经济正当程序的理由很充分,但联邦最高法院不应因为司法经济的原因而这样做。

2. Richard Posner, *The Federal Courts: Crisis and Reform* (Cambridge, MA: Harvard University Press, 1985): 209 n. 25.

3. Bernard Siegan, *Economic Liberties and the Constitution*, 2nd ed. (New Brunswick, NJ: Transaction, 2006).

4. Randy Barnett, *The Structure of Liberty: Justice and the Rule of Law* (Oxford: Clarendon Press, 1998).

5. Michael J. Phillips, "Another Look at Economic Substantive Due Process," *Wisconsin Law Review* (1987): 265-324; David A. Strauss, "Why Was Lochner Wrong?" *University of Chicago Law Review*, 70 (2003): 373-86.

为什么法律史学家如此赞成雅各布森案而又如此不赞成洛克纳案呢？洛克纳案代表了对经济的民主控制（这种民主控制旨在保障公众健康与安全）的不适当的司法干预倾向。洛克纳案体现了司法能动主义，而未顾及规制的保护性与再调节性功能。在洛克纳案中，法院错误地认为市场秩序是一种自然状态而非一种法律构建。⑦ 与洛克纳案相反，雅各布森案赋予民选官员自由裁量权以寻求解决社会疑难问题的创新方案。

六、雅各布森案的深远意义

洛克纳案在美国宪法上扮演着"反正典"（anti canon）的角色——"作为〔一个〕弱宪法分析的例子不断在联邦最高法院的意见书、宪法案例书以及听证会中被引用。"⑧雅各布森案的深远意义尚不明晰。当今联邦最高法院的判例明显不同于雅各布森案所表现出的恭敬语气以及对社会契约理论的信奉。在民权运动背景下，沃伦法院（Warren Court）变革宪法，制定适当程序和平等保护的分层办法，将保障公民权利和公民自由置于宪法的优先位置。如果当今法院审理雅各布森案，结果会一样吗？答案几乎肯定为"是"，只不过意见的风格或推理会有所不同。

乍一看，雅各布森案作为完美的现代先例的有效性似乎显而易见。联邦和州法院，包括美国联邦最高法院⑨，反复确认其判定和推理，并将它们描述成"确定"（settled）的信条。⑩ 法院尤其在众多场合明确支持强制性疫苗接种。⑪

在过去几十年中，联邦最高法院承认宪法上保护的自由利益，拒绝不必要的医疗。在涉及患有末期疾病⑫和精神缺陷⑬病人之权利案件中，法院承

---

⑦ Cass Sunstein, "Lochner's Legacy," *Columbia Law Review*, 87（1987）: 873-919.

⑧ Jamal S. Greene, "The Anticanon," *Harvard Law Review*, 125（2011）: 380.[The cases of the Anticanon], *Dred Scott v. Sandford*, *Plessy v. Ferguson*, *Lochner v. New York*, and *Korematsu v. United States*, 这些案子不断地被联邦最高法院意见书、宪法学教材引用，同时在听证会上被作为弱宪法分析的最好例证。

⑨ *Cruzan v. Director, Mo. Dep't of Health*, 497 U.S. 261（1990）（引用了雅各布森案为了在拒绝医疗的案件中的自由利益的判决，同时也是为了运用平衡标准来确定，州在保护人的生命上的利益要高于个人拒绝维持个人生命的权利）; *Gonzales v. Carhart*, 550 U.S. 124, 163（2007）（引用雅各布森案表示在存在"医学或者科学的不确定性"的时候有立法上的裁量权）。

⑩ *Zucht v. King*, 260 U.S. 174, 176（1922）（"雅各布森诉马萨诸塞州一案已确定，规定强制接种疫苗属于该州警察权范畴"）。

⑪ Steve P. Calandrillo, "Vanishing Vaccinations: Why Are So Many Americans Opting Out of Vaccinating Their Children?" *Michigan Journal of Law Reform*, 37（2004）: 353-440."因此强制疫苗接种获得了广泛的司法以及宪法上的支持。"

⑫ *Washington v. Glucksberg*, 521 U.S. 702（1997）（判定在自杀中没有权利实行帮助，同时华盛顿法禁止帮助自杀是符合宪法的）。

⑬ *Washington v. Harper*, 494 U.S. 210（1990）（判决认为当发现犯人危及他人或者其自身的时候，实施违反犯人意志的处理不违反实质性正当程序）。

认保持身体完整的权利。但是,除去生育自由这一情形[84],法院并未将保持身体完整的权利视为"基本的"权利。法院并未运用严格的审查标准,而是在个人自由和国家利益之间寻求平衡。[85] 事实上,法院在采取平衡标准时通常站在国家这一边。[86] 法院认为,如果某人对自己或他人构成危害,卫生机构可以采取侵入性治疗措施,例如施用抗精神病药物治疗。[87] 但是该治疗方式在医学上必须是适当的。[88] 下级法院运用了类似的伤害—预防理论(harm-prevention theory),支持对患有传染性疾病的人员进行强制性的身体检查[89]和治疗[90]。

雅各布森案只是拉开了有关警察权的适当边界的争论的大幕,而这一争论至今仍在演变发展中。美国人强烈支持公民自由,但他们同样需要国家保障健康和安全。有关学校强制接种疫苗以及为抵御生物恐怖主义而施行的炭疽与天花疫苗接种等强制免疫方面的争议仍然此起彼伏。尽管公众观点莫衷一是,但是雅各布森案对于个人利益与集体利益界限的缜密阐释却影响深远。

第三节 当代宪制时代对公共卫生权力的限制

雅各布森案为个体权利确立了宪法保护的底线,包括五个司法审查标准:必要性、合理措施、比例性、伤害避免和公平性。可以说,这些标准存在至今,但联邦最高法院随后已发展出一套更为精细的宪法裁判体系。现代宪法性法律十分复杂,影响个人自主权(autonomy)、自由、隐私和财产的公共卫生

---

[84] *Planned Parenthood of Se. Pa. v. Casey*, 505 U.S. 833 (1992).

[85] *Mills v. Rogers*, 457 U.S. 291, 299 (1982)(承认"在拒绝服用抗精神病药物中有自由利益……同时区分了在何种条件下与之相抵触的州的利益优先")。

[86] See, for example, *Cruzan*, 497 U.S. at 261.

[87] *Harper*, 494 U.S. at 210.

[88] *Sell v. United States*, 539 U.S. 166 (2003)(判定第五修正案的正当程序条款允许政府在非自愿的条件下让患有精神病的重罪被告能够参加审判,但是这样的做法在医学上是合适的、不应带来影响公正审判的副作用,以及考虑到没有更好的替代方式且实质上是有必要实现政府在审判中的更重要的利益);see also *United States v. Brooks*, 750 F.3d 1090 (9th Cir. 2014)(讨论了"重要政府利益"的要件)。

[89] *Reynolds v. McNichols*, 488 F.2d 1378, 1383 (10th Cir. 1973)(判决支持执行该市的"扣留和治疗"条例,要求对被合理怀疑患有性传播疾病的人进行检测和治疗,但是针对的是女性性工作者,而不是客户:"该条例针对性疾病的主要传染源以及……作为潜在传染源的妓女,而不是针对她的潜在客户")。

[90] *City of New York v. Antoinette R.*, 630 N.Y.S.2d 1008 (App. Div. 1994)(判决认为执行一项要求在医院中强制拘留活动性、传染性肺结核的病人以便完成适当治疗方案的法令符合宪法);*In re Washington*, 735 N.W.2d 111 (Wis. 2007)(判决支持了卫生部门将肺结核病人监禁的决定)。

措施分析将在随后的章节中说明。在此,我们对涉及公共卫生问题的主要公民权利与自由进行基本审查:正当程序(含实质性正当程序与程序性正当程序)、平等保护、表达自由、宗教自由,以及法院为平衡公共利益与个人权利而采用的审查级别。

从第三章对联邦主义的讨论以及本章对雅各布森与洛赫纳时代的讨论,可以明显看出,对政府行为进行更严格的宪法审查的进程缓慢、循环往复并充满政治色彩。为了回应20世纪60年代的社会和政治运动,联邦最高法院,主要在首席大法官厄尔·沃伦(Earl Warren)的领导下,恢复和巩固了法院在平等和公民自由问题上的立场。沃伦法院设立了一个自由议程,珍视个人自由与非歧视原则,保持对政府的合理怀疑。但是,伯格和伦奎斯特法院(Burger and Rehnquist Courts)不太赞同渐进式的宪制建设。罗伯茨法院(Roberts Court)展现了其支持商业和反对规制的纲领,但同时也全力应对激烈的社会和政治争议,例如卫生改革、同性婚姻、国家安全和信息隐私。

一、程序性正当程序

第五修正案和第十四修正案中有相同条款,分别禁止联邦政府与州政府剥夺个人的"生命、自由或财产,除非经过法律正当程序"。正当程序条款被解读为规定了两种不同的义务:一是要求政府为遭受国家(州)强制的个人提供公正程序的程序性要素,二是要求政府为侵犯个人自由的行为提供正当理由的实质性要素。[91] 考虑到国家为医师发放执业许可证或检查食品设施,如果国家可以提供合法的公共卫生理由(例如,确保药品的安全操作或食品的安全制备),那么政府对专业实践能力或企业经营能力所强加的条件符合前述的实质性要素。如果国家可以为专业人员或企业提供一个合理的听证机会,那么拒绝或撤销许可证的实际决定符合前述的程序要素。[92]

正当程序的程序性要素要求政府在剥夺个人生命、自由或财产之前提供公平的程序。此程序的内容包括通知、听证、无偏私的裁决者。赋予个体陈述案情的机会对于确保基本的公平十分重要,在欧洲程序性正当程序被称为"自然公正"(natural justice)。在诸多公共卫生事务中(从企业许可证的授

---

[91] See, for example,, *Glucksberg*, 521 U.S. at 719("正当程序条款保障的不仅仅是公正的程序,同时其保护的'自由'也不只是免于限制身体自由"); Collins v. Harker Heights, 503 U.S. 115, 125 (1992)(判决认为正当程序条款"保护个人自由免遭政府行为的干涉,而不管实施该行为的程序的公正性")。

[92] See, for example, *Penny v. Wyoming Mental Health Professions Licensing Bd.*, 120 P.3d 152 (Wyo. 2005)(判决拒绝了一名社会工作者在遗迹保护申请之前获得正当保护程序); Stono River Envtl. Protection Ass'n v. S.C. Dep't of Health & Envtl. Control, 406 S.E.2d 340 (S.C. 1991)(判决认为水质认证的涉事方有权获得被告知的正当程序以及听证的机会); Hardee v. Wash. State Dep't of Social and Health Svcs., 256 P.3d 339 (Wash. 2011)(全席审理)(判决认为程序性正当程序要求满足了家庭日托执照的吊销的情形)。

予、企业检查到卫生检疫与隔离,不一而足),程序性正当程序都具有重要意义。这部分将解释公共卫生语境中的财产与自由权益,并对所要求的各类程序进行简要论述。

(一)财产利益

为了预防危害社区卫生或安全的风险,卫生部门拥有占有、销毁财产或限制财产使用的法定权力。⑬ 除紧急情况之外⑭,正当程序通常要求在剥夺财产权益之前予以通知和听证。⑮ 能够引发程序性正当程序的财产权益剥夺行为发生在各种卫生情形中:商品和建筑物⑯检测;医疗照护人员⑰、医院、诊所⑱、疗养院⑲与餐馆的执照许可⑳以及医务人员的特权批准㉑(参见第五章)。

"财产权益"(property interest)不仅仅是一种抽象的需求、渴望,或单方面的期许。个人必须"有合法的权利主张"。㉒ 毫无疑问,个人对其拥有的不

---

⑬ *Hutchinson v. Valdosta*, 227 U.S. 303, 308 (1913)("提供排水系统并强制不动产持有连接起来……是最常见的警察权的行使")。

⑭ See, for example, *Ewing v. Mytinger & Casselberry*, 339 U.S. 594, 599-600 (1950)(判决支持了对冒牌的营养补品的没收:"其中一个最历史悠久的做法就是在没有事先关于公共健康保护的告知或听证的情况下一并销毁财产");*Hodel v. Va. Surface Mining & Reclamation Ass'n*, 452 U.S. 264, 299-300 (1981)(判决支持了在确定开采活动对公共健康或安全造成紧急危险或者有理由认为可能对环境造成实质性的紧迫危害的情况下,内政部门可以完全或部分地中止地表采矿活动);*North American Cold Storage Co. v. Chicago*, 211 U.S. 306 (1908)(判决支持对受污染食品的紧急没收)。

⑮ *Cleveland Bd. of Educ. v. Loudermill*, 470 U.S. 532 (1985)(判决认为在缺乏正当程序的条件下不得在继续就业过程中剥夺公共雇员的财产权)。

⑯ *United States v. Cardiff*, 344 U.S. 174 (1952)(判决认为苹果加工行业有权获得检查的书面通知)。

⑰ *Penny*, 120 P.3d at 175(判决认为在许可执照上社会工作者享有宪法保护的权利);*Lowe v. Scott*, 959 F.2d 323, 335 (1st Cir. 1992)(判决认为内科医生在医生从业执照上享有财产利益);*Caine v. Hardy*, 943 F.2d 1406 (5th Cir. 1991), cert denied 503 U.S. 936 (1992)(判决认为对内科医生在公立医院临床特权的终止的程序性正当程序可以通过"事后终止救济"的方式实现,特别是在内科医生带来健康危险的情况下);*DiBlasio v. Novello*, 344 F.3d 292 (2d Cir. 2003)(推翻了一项在缺乏听证就吊销一名放射线研究者的执照的简易判决)。

⑱ *Women's Med. Prof'l Corp. v. Baird*, 438 F.3d 595 (6th Cir. 2006)(判决认为堕胎诊所在继续运营中的财产利益在缺乏听证的情况下被侵犯了);*St. Agnes Hosp., Inc. v. Riddick*, 748 F. Supp. 319, 337 (D. Md. 1990)(判决认为在撤销医院的合格证书中适用的程序符合正当程序条款和公正的标准)。

⑲ *Fair Rest Home v. Pa. Dep't of Health*, 401 A.2d 872 (Pa. Cmmw. 1979)(要求卫生部门在吊销养老院执照之前举行听证);*New Orleans Home for Incurables, Inc. v. Greenstein*, 911 F. Supp. 2d 386 (E.D. La. 2012)(准许发布临时禁令避免一个私人疗养院终止一项医疗补助供应商协议)。But See *O'Bannon v. Town Court Nursing Ctr.*, 447 U.S. 773 (1980)(判决认为在吊销疗养院执照之前医生没有正当程序权利,但是疗养院自身可能享有正当程序权利)。

⑳ *Contreras v. City of Chicago*, 920 F. Supp. 1370, 1392-94 (N.D. Ill. 1996), aff'd in part, 199 F.3d 1286 (7th. Cir. 1997)(判决认为事后终止听证符合程序性正当程序,因为这被认为在严格监管的商业活动存在较低程度的隐私,例如饭店);*Jabary v. City of Allen*, 547 F. App'x 600 (5th Cir. 2013)(判定在饭店和水烟吧的经营执照上享有财产利益)。

㉑ *Driscoll v. Stucker*, 893 So. 2d. 32 (La. 2005)(判决认为一个驻院医师项目主管者在没有事先听证的情况下建议吊销一名有资格进入医疗委员会的毕业生资格违反了正当程序条款);*Darlak v. Bobear*, 814 F.2d 1055, 1061 (5th Cir. 1987)("确定是……一名内科医生的职业特权可以构成正当程序条款所保护的财产利益");*Narotzky v. Natrona Cnty. Memorial Hospital Bd. of Trustees*, 610 F.3d 558 (10th Cir. 2010)(判定医生免除其在医院职业特权没有构成违反正当程序或推定解雇)。

㉒ *Bd. of Regents v. Roth*, 408 U.S. 564, 577 (1972)(判决认为原告任期时获得没有合理的例外享有的财产利益)。

动产或动产享有权利。更为棘手的问题包括，个人是否有权享有某种利益、某份工作、某个职业许可、某个商业许可，甚或是否有权享有免受私人暴力侵害的政府保护，这就需要程序性的保护，以确保利益不会被不公正地剥夺。

直到 20 世纪 70 年代，最高法院都将财产利益限制在个人享有合法权益而非简单特权的案件中。但是，在 1970 年的哥德伯格诉凯利（Goldberg v. Kelly，1970）案中，法院摒弃了对权利和特权（rights and privileges）之间的区分，认为个人在继续获得福利的过程中拥有财产权益。[103] 虽然法院正式驳回了对权利与特权之间的区分，但是证明一项权利还是很困难的。根据哥德伯格案的推理，对某个应有权利的衡量取决于该权益对一个人生活的重要性。例如，没有福利金，某人就可能无法获得生活必需品。现代法院的首选方法是，根据州法律等独立法源，对个人是否对财产利益享有合法的权利主张进行审查。[104]

联邦最高法院认为，如果政府官员可以酌情给予或拒绝某项利益，那么该项利益就不属受保护的权利。[105] 在上一章节讨论的卡斯特·罗克诉冈萨雷斯（Castle Rock v. Gonzales）案中，法院裁定即使特定的法令与州法律明确规定了强制执行家庭暴力限制令，但警察仍拥有不执行的"自由裁量权"[106]。法院称，尽管执法具有"强制性"，但就正当程序而言，个人是否拥有"财产权益"却"一点也不明晰"。斯卡利亚大法官（Justice Scalia）写道："当然，这种权利概念与任何传统的财产概念并不具有相似性。"[107]

（二）自由利益

政府必须经过正当程序才可剥夺个人自由。[108] 联邦最高法院广义上将"自由利益"（liberty interest）定义为"不仅是身体免于约束的自由，而且拥有订约，从事现实生活中任何常见职业，获取有用知识，结婚（建立家庭、养育子女），敬拜上帝等权利……并且一般而言能够享有那些早已被认可的特权……这对于自由人有序地追求幸福至关重要"[109]。在公共卫生机构干预行为自由（例如，隔离检疫，参见第十一章）或身体完整（例如，强制性身体检查

---

[103] Goldberg v. Kelly, 397 U.S. 254 (1970)（判定获得福利上的财产利益，以及因此支持了在终止此种利益上适用正当程序）。

[104] See, for example, Roth, 408 U.S. at 577; American Mfrs. Mut. Ins. Co. v. Sullivan, 526 U.S. 40 (1999)（判定一项宾夕法尼亚法律允许保险公司在审查之前拒绝支付医疗费用不违反正当程序）。

[105] Kentucky Dept. of Corrections v. Thompson, 490 U.S. 454, 462-63 (1989)（判决认为监狱条例规定了可能被排除的来访者的类型并没有给予被收监者在接待来访者上的正当程序利益）。

[106] Castle Rock v. Gonzales, 125 S.Ct. 2796 (2005)（判决认为不论就程序意义还是实体意义上而言，第三方主体因别人犯罪而被逮捕而获得法律上的利益并不能受到正当程序条款的保护）。

[107] Id. at 2809.

[108] Kansas v. Hendricks, 521 U.S. 346, 356 (1997).

[109] Roth, 408 U.S. at 572.

和药物治疗,参见第十章)等情形下,都要遵循程序性正当程序。

(三)程序性正当程序的要素

当个人或企业被剥夺财产或自由时,应当依照宪法上的正当程序进行。然而,这一要求并不能决定政府究竟必须提供何种程序。正当程序是一个随具体情况而变化的灵活概念。

在决定需要哪些程序时,法院要权衡几个因素。⑩ 第一,法院须考虑受到影响的私人利益的性质。国家干预越具有侵入性或强制性,程序性保障就应越严格。在被剥夺全部自由的情况下⑪[例如精神疾病患者⑫或结核病患者⑬的民事收容(civil commitment)],政府必须提供一整套程序——通知、咨询、公平听证、交互诘问、书面决定以及救济。

第二,法院要考虑错误地剥夺财产或自由的风险,以及额外或替代性程序保障的价值(probable value)。在此,法院关注的是作为防止错误决策的一种手段的程序。法院如果认为非正式程序有可能导致"正确"的结果,它将不需要其认为不必要的程序性手续。在帕勒姆诉 J. R.(*Parham v. J. R.*)案中,"成熟的未成年人"(mature minors)是被其父母"自愿地"送入精神病院的,尽管这些未成年人反对收治。联邦最高法院裁定,听证会不必是正式的或由法院主持。由于送青少年进入精神病院"本质上是医学性质的"(essentially medical in character),医院的医生的独立审查足以符合正当程序要求。⑭

第三,法院须考虑提供额外程序所带来的财政和行政负担,以及此做法可使政府利益受损的程度。大多数精神卫生或公共卫生法规允许在紧急情况下采取快速的正当程序,有时还允许在剥夺权利后再举行听证会。对构成直接危险的人实施快速监禁具有国家利益,此种情况下简化正当程序具有合

---

⑩ *Mathews v. Eldridge*, 424 U.S. 319, 335 (1976); *Hamdi v. Rumsfeld*, 542 U.S. 507, 528 (2004)(判决认为正当程序是一个灵活的概念,要求赋予的程序级别与损失的程度和情形相匹配)。See, for example, *Morales v. Turman*, 562 F.2d 993, 998 (5th Cir. 1977),拒绝再次听证,565 F.2d 1215 (5th. Cir. 1977)("在特定情形下个人与社会的利益决定正当程序的标准");*Harper*, 494 U.S. at 229-30;*McDonald v. Wise*, 769 F.3d 1202 (10th Cir. 2014)(判定在没有明确签名听证的情况下终止一名被指控性骚扰的政务官职务违反了正当程序)。

⑪ 较低程度的自由剥夺(例如,全程督导化疗)可能需要一个更加宽松的标准。

⑫ See, for example, *Olivier v. Robert L. Yeager Mental Health Ctr.*, 398 F.3d 183 (2d Cir. 2005)(在民事诉讼义务履行中要求有正当程序);*In re Ballay*, 482 F.2d 648 (D.C. Cir. 1973)(同时也要求民事诉讼义务履行中有正当程序);*United States v. Wood*, 741 F.3d 417 (4th Cir. 2013)(判定一项调整"性危险的人"的现行命令满足了正当法律程序的要求)。

⑬ *Souvannarath v. Hadden*, 116 Cal. Rptr. 2d 7 (Cal. Ct. App. 2002)(概括地说明了在州法之下对顽强反抗的肺结核患者进行拘禁治疗必须满足的条件);*Greene v. Edwards*, 263 S.E.2d 661 (W.Va. 1980)(授权一个病人进行一次新的听证会,因为直到那次非自愿的听证开始之后才能指派律师);*In re Washington*, 735 N.W. 2d 111 (Wis. 2010)(可能要求法院来确定拘禁的地方是否构成最低限度受限制的环境)。

⑭ *Parham v. J.R.*, 442 U.S. 584, 609 (1979)(判决认为一个"中立调查者"作出的青少年义务承担决定足以满足正当程序的要求)。

理性,因为复杂、耗时的程序将会使国家受损。

二、实质性正当程序

通过实质性正当程序原则,司法机构将第五修正案和第十四修正案解释为对政府管制社会和经济的权力予以制约。我们已经讨论了这一原则的兴起是在洛克纳案时代。在20世纪30年代后期,该原则在很大程度上被法院摒弃,但自20世纪60年代开始,它被重新作为保护"基本权利"尤其是隐私权的工具(参见第九章)。2015年,法院依据第十四修正案的正当程序条款所保护的婚姻这一基本权利,认为各州应给同性夫妇颁发结婚证书,并认可其他州批准的同性婚姻的合法地位。[113]

实质性正当程序原则要求政府有充分的理由证明其剥夺生命、自由或财产权的正当性。[114] 根据所适用的司法审查标准,政府行为必须由合法的、实质性的、甚至是重大的公共利益来证成。[115] 方式也必须——至少合理地与政府的宗旨相关。另一方面,可将实质性正当程序理解成对任意、反复无常的政府活动的禁止,不管政府活动是否影响基本权利。因此,国家也必须避免受到政治上不受欢迎的选民仇视的影响。如果政府的主要目标是危害个人或人群,则该"法规〔是〕脱离了真实情境的,在此情境下,〔法院〕可以辨别与合法国家利益的关系"。[116]

也许实质性正当程序的原则最具争议的方面,就是确认未得到《宪法》明确保障但却对自由至关重要的"未列举"权利。有关正当程序的广义解读和狭义解读之间的辩论在公众卫生领域有着非常重要的意义。很少有公共卫生措施直接侵犯《权利法案》所主张的权利或自由。例如,宪法没有明确提到身体完整或隐私,前者涉及强制性检测和治疗,后者涉及公共卫生监测、强制性通报和性伴通知(参见第九章和第十章)。联邦最高法院这些权利隐含于宪法规定中,这一点对于公共卫生法的研究具有重要意义。[117]

---

[113] *City of Cuyahoga Falls v. Buckeye Cmty. Hope Found.*, 538 U.S. 188 (2003)(判决认为城市进行低收入购房的公投不构成违反实质性正当程序的专断政府行为); see also *Bush v. City of Gulfport*, 454 F. App'x 270 (5th Cir. 2011)(判定一项由市长否决的重建许可并没有引起违反实质性正当程序的过度官员行为或者权力滥用)。

[114] *Obergefell v. Hodges*, 576 U.S. ___, 192 L. Ed. 2d 609 (2015)。

[115] See, for example, *Troxel v. Granville*, 530 U.S. 57, 65 (2000)(quoting Glucksberg, 521 U.S. at 720, 其注意到《美国联邦宪法第四修正案》的正当程序条款在实体上足以"提供加强的保护来对抗政府对某些基本权利和自由利益的干预")。

[116] *Romer*, 517 U.S. at 635; see also *Cleburne v. Cleburne Living Ctr., Inc.*, 473 U.S. 432 (1985)(宣布一项禁止建设智障福利院的条例无效)。尽管罗默与克本利基于平等保护理由作出决定,但是他们阐述了法院在有效的公共利益上的一贯立场。

[117] *Cruzan*, 497 U.S. 261; *Glucksberg*, 521 U.S. 702; *Roe v. Wade*, 410 U.S. 113 (1973); *Planned Parenthood*, 505 U.S. 833。

当代法院已多次强调不愿承认未列举权利,"因为在这一未知领域,为作出负责任的决策所需遵照的指南还很欠缺且无确定的标准"[120]。一些法官认为实质性正当程序与民主价值观相冲突,因为前者将政策问题置于"公开辩论和立法行动领域"之外。[121] 他们担心,由于缺乏客观标准,实质性正当程序将使得法官带有自身的政策偏好。现代实质性正当程序的分析依赖于旨在促进客观推理的两大要求。第一,法院要求"细致描述"(careful description)所宣称的自由利益;第二,法院要求表明该利益"深深植根于国家的历史和传统中"[122] (deeply rooted in the Nation's history and traditions)。在 2003 年极其具有分歧的劳伦斯诉得克萨斯州(Lawrence v. Texas, 2003)案中,联邦最高法院承认历史和传统是实质性正当程序问询的出发点,但不必然是终点。脱离对实质性正当程序的狭义解读,法院表示对同性鸡奸行为处以刑罚触及了"人类在家庭这个最私密的地方进行的最私密的行为,即性行为"[123]。

在最近的案件中,法院避免对新认可的基本权利进行阐述,而倾向于融合实质性正当程序、平等保护和联邦主义原则进行综合阐述。例如,2013 年法院推翻了《婚姻保护法》中对婚姻必须是一个男人和一个女人结合的定义(出于联邦法律的目的)。代表多数意见的安东尼·肯尼迪(Anthony Kennedy)大法官引用了平等保护和联邦主义之考量,此外还将该条款描述为"是对第五修正案所保护的个人自由的剥夺"[124]。两年后,肯尼迪法官再次在 2015 年奥贝格费诉霍奇斯(Obergefell v. Hodges, 2015)一案中代表多数意见撰写判决书,认为政府必须认可同性婚姻,并承认其他州认可的同性婚姻。奥贝格费案中的多数意见融合了自由和平等理念,依据实质性正当程序原则以及对性取向差异的平等保护审查,而承认婚姻是一项基本权利。[125]

三、平等保护

第十四修正案规定任何州不得"拒绝为其管辖范围内的任何人提供平等法律保护,"这一规定被第五修正案的正当程序条款吸纳,使之适用于联邦政府。[126]

法规基于不同的目的对个人、企业进行区分,从而对不同群体造成不利

---

[120] *Collins*, 503 U.S. 115 at 125(判决认为某城市宣称其无能力在工作场所危害方面对雇员进行培训或警示的行为不违反正当程序条款)。

[121] *Glucksberg*, 521 U.S. at 712.

[122] *Id*. at 713.

[123] *Lawrence v. Texas*, 539 U.S. 558, 568 (2003).

[124] *United States v. Windsor*, 133 S.Ct. 2675 (2013).

[125] *Obergefell v. Hodges*, Supreme Court No. 14-556, 2015 WL 213646 (order dated January 16, 2015).

[126] *Bolling v. Sharpe*, 347 U.S. 497 (1954).

(或有利)影响。[127] 法律可以通过以下两种方式来实现差别对待。第一,对群体进行明确区分。这种歧视被称为表面分类(facial classification),因为这种区别写在纸面上。例如,一项法规要求对中东裔人士进行搜查,就是赤裸裸的民族血统歧视。第二,表面中立(对每个人采取通用标准),但歧视仍然存在,因为对特定群体的影响不成比例。例如,一项法律规定在艾滋病病毒感染率很高的地理区域对孕妇进行艾滋病病毒检测,这将对有色人种妇女和低收入妇女产生差别性的影响,因为她们所在社区的艾滋病病毒感染率过高。联邦最高法院不一定会认定普遍适用的法律违反了平等保护条款,即使它对弱势群体有明显不公平的影响。如果法律表面上是中立的,承受过重负担的阶层(disproportionately burdened class)必须证明政府的实际目的是歧视该群体,但这是难以证明的。[128]

与主流看法相反,政府没有义务对所有人一视同仁。相反,平等保护要求政府以类似的方法对待类似的案件,但允许——甚至要求——政府对不同案件予以不同对待。[129] 几乎所有的公共卫生政策都对获得利益或承受负担(以及既不获利也无负担)的人或企业进行阶层划分。例如,某项限制含糖饮料的容器尺寸的规则可能适用于餐馆,但不适用于杂货店。某项管制烟草广告或持有枪支的规则可能适用于离学校或操场一定距离的区域内,但不适用于其他地点。关键问题在于,是否存在充分的理由予以区分。例如,医疗保险资格建基于年龄与残障之上,但是政府要有一个合理理由来解释:为何只为老年人与残疾人提供福利,而并将其他人排除在外。此外,只针对华裔群体采取隔离措施不具有合理性[130],尤其是因为某些类型的区分比其他类型的区分会引发更多深入的司法审查。

法院严格审查那些涉及"嫌疑分类"(suspect classifications)(如种族、国籍和外国人)或"基本权利"(如生育、婚姻、跨境旅游和投票权)(参见下述"宪法审查水平")的法律。例如,法院将仔细审查一项要求所有非洲裔美国人接受镰状细胞病检测的政策。同样,法院也会对在纽约州与新泽西州边界设置隔离区(该隔离区禁止跨州流动)的规定进行细致审查。另一方面,法律基于执业

---

[127] *Romer*, 517 U.S. at 631.

[128] See *Shaw v. Hunt*, 517 U.S. 899 (1996)(判决认为种族是促使颁布改变选区划分立法决定以及启动严格审查的主导因素)。

[129] See *Plyler v. Doe*, 457 U.S. 202, 216 (1982)("宪法没有要求在法律上把不同的事物或者意见当作相同的东西来对待")。

[130] See *Jew Ho*, 103 F. at 24; *Yick Wo v. Hopkins*, 118 U.S. 356 (1886)(判定只禁止华裔在晚上十点之后在公共洗衣店洗衣服的条例构成非法歧视)。

范围对配镜师和验光师进行区分也要受到最低限度的审查。[131]

四、言论自由

  烟草行业基于第一修正案主张停用香烟包装盒上新的、令人恐怖的健康警示,这种警示标签构成一种强迫性言论……谷歌公司曾辩称道,由于搜索结果就是言论,那么它的权利受到侵权法和反垄断法的侵犯。航空公司已经采用第一修正案来抵抗迫使他们列出全价票的行为。他们认为,不完整性、误导性代价也是言论自由的一种形式……言论自由是一个为美国所珍视的理想;企业正在用人们对言论自由的尊重试图实现与言论无明确相关性的目标。

  ——提姆·吴:《规避监管的权利》(Tim Wu, The Right to Evade Regulation, 2013)

  第一修正案规定:"国会不得制定法律……侵害言论或出版自由。"公共卫生领域与思想沟通息息相关。因此,言论自由对公共卫生规制具有重要意义。

  言论自由是美国法律和文化的基石,对公共卫生裨益良多。例如,公共卫生倡导者敦促法院废除政府的以下规章条例,即限制卫生专家在促进安全性行为和枪支所有权的风险方面的有关言论,或迫使医生提供有关堕胎的健康风险的不准确信息,通常是成败参半。[132]然而,第一修正案加大了对商业言论的保护——宪法下的法人人格(corporate personhood)更加广泛(见框4.2)——已成为公共卫生有效规制的主要障碍,尤其是当涉及药品医疗器械

---

[131] See Williamson v. Lee Optical Co., 348 U.S. at 483 (1955)(判决认为在合理基础审查之下,州法律将除有执照的验光师或眼科医生之外的任何人在没有许可的情况下配置、复制或更换眼镜的行为界定为非法行为是合理的)。

[132] Agency for Int'l Development v. Alliance for Open Society Int'l, 570 U.S.__, 133 S.Ct. 2321 (2013)(宣布联邦授权对象采取的明确反对卖淫的政策之要求无效); Wollschlaeger v. Florida, 760 F.3d 1159 (11th Cir. 2014)(拒绝了一项对佛罗里达州法的初步挑战,该法限制内科医生询问病人或其家属在家中是否存放枪支以及对病人在持枪方面的"不必要的骚扰"); Planned Parenthood Minnesota, North Dakota, South Dakota v. Rounds, 686 F.3d 889 (8th Cir. 2012)(判决支持一项南达科他州法律中关于要求内科医生建议病人流产,"自杀意念与自杀的危险增加"与流产密切相关,而不管有着相反的科学上的共识)。

安全[133]、烟酒控制[134]、医疗信息隐私和医疗照护成本控制的时候[135]。现代商业言论原则虽然具有很大的不确定性,但仍有很高的潜在权威性以至于使得诸多公共卫生规制被削弱。

因为人类行为是促成伤害和疾病的主要因素,公共卫生法努力对其行为选择施加影响。公共卫生机构通过提供信息(政府言论)直接促进卫生行为,且通过支出〔政府支持的言论(government-sponsored speech)〕间接促进卫生行为。政府还(通过广告限制)压制其认为的危害公众健康的商业信息,并强迫作出对公众健康必不可少的警告和揭发(强制言论)。政府对信息化环境的控制引发了许多具有深远意义的社会和宪法问题。

框4.2　法人人格和公众健康

> 最近支持商业实体的言论自由的争论,听起来像要把商业企业变成合众国真实的公民,如此一来,商业企业便有合法权利参与公共领域,而不是法律上所创设并服务于我们的利益的工具了。这就好像社会是由两个对立的"存在"(being)组成,公众和企业两者都应该引起道德和法律的关注。这是愚蠢的行为……当诉求以商业实体的名义提出时,其中的冲突就是要求行使其创作者的权利。
>
> ——C. 埃德温·贝克:《父权、政治和公民自由》(C. Edwin Baker, *Paternalism, Politics, and Citizen Freedom*, 2004)
>
> 企业长期被认为是享有一定权利和义务且独立于其股东的法人。[1]
> 在19世纪,联邦最高法院赞成这一被广泛认可的观点,即公司是由人类和法律创造的"人为实体"(artificial entity)。[2] 只在某种程度上才承认其法人人格,即在授权企业参与立约、持有财产和起诉维护经济权利从而促进

---

[133]　*U.S. v. Caronia*, 703 F.3d 149 (2d Cir. 2012)(基于第一修正案驳回了对一名医药代表的定罪,因为该医药代表在不符合食品药品管理局规定的目的推销"未标明用途"药品);*Thompson v. Western States Medical Center*, 535 U.S. 357 (2002)(基于《食品、药品与化妆品法》判决关于复方药物免于批准的规定无效,但是只要复方药物的提供者遵从对该药的作广告和促销的限制)。

[134]　*Rubin v. Coors Brewing Co.*, 514 U.S. 476 (1995)(宣布禁止在啤酒标签上标明酒精含量无效);*44 Liquormart, Inc. v. Rhode Island*, 517 U.S. 484 (1996)(宣布罗得岛州禁止对酒的价格进行广告宣传无效);*Lorillard Tobacco Co. v. Reilly*, 533 U.S. 525 (2001)(基于第一修正案宣布马萨诸塞州限制在离学校和运动场一千尺之内进行无烟草和雪茄的广告宣传的规定无效)。

[135]　*Sorrell v. IMS Health*, 131 S.Ct. 2653 (2011)(基于第一修正案宣布一项限制为了商业目的售卖、披露以及使用显示内科医生开处方的药房记录的佛蒙特州法律无效)。

股东的财产权益方面。联邦最高法院扩大对企业的其他宪法保护的方法存在前后相悖之处。例如,它拒绝将企业按照《美国联邦宪法》第4条的特权和豁免权条款视为"公民"(citizens)[3],然而另一方面,因为第五修正案和第十四修正案中确保平等保护和正当程序的规定,联邦最高法院承认企业作为法律上"人"的地位。[4]

在洛克纳时代,法院采纳了更为激进的观点,认为公司是一个"真实实体",即既独立于"组成公司的个人成员,也独立于在法律上承认其形式的国家"[5]。真实实体理论导致企业权利的显著扩张,不再局限于对股东财产和合同利益的保护。[6]然而,法院继续逐案评估企业人格的逻辑性,并形成了不同观点,例如,企业不拥有第五修正案规定的反对自证其罪的权利,但是却拥有《美国联邦宪法第四修正案》(以下简称"第四修正案")规定的反对不合理搜查和没收财产的权利。[7]

在当代的案件中,法院已经不再局限于将传统的财产利益作为企业人格的基础。在1978年波士顿第一国民银行诉贝洛蒂(First National Bank of Boston v. Bellotti, 1978)案中,法院认为企业拥有第一修正案规定的以政治开支影响选举的权利,理由是这一手段有助于保护舆论。[8]然而,在1990年和2003年,法院支持对州和联邦政府的某些政治开支进行限制,其依据是政府拥有强制利益,用以打击财富大量积聚带来的"腐化和扭曲效应,且这些财富的积聚是以企业形式促成的,与公众对企业政治思想的支持关系不大或甚至完全无关"[9]。

2010年,联邦最高法院部分推翻了在1990年和2003年审理联合公民诉联邦选举委员会(Citizens United v. Federal Election Commission)案所创设的先例。[10]5∶4的判决结果给国家带来重大分歧,法院废除了对企业、协会和工会的独立政治开支的限制。法院的多数人意见将企业描述为"公民协会"(associations of citizens)[11],表示最好将"企业理解为一个单独的由自然人通过达成同出一份力的协议而结合在一起的团体"[12],然而,也有反对者发表异议,认为企业的存在就是为了履行"确保社会的经济福利的指定责任"[13]。

从联合公民案和随后的废除其他竞选资金改革的决定继续影响着政坛。[14]在联合公民案之前,企业利益只能通过政治行动委员会(Political Action Committees, PACs)对选举产生影响,并对公司管理人员、股东和员工的指定贡献加以利用。由于法院的这一判决结果,企业现在可以直接动用其公债基金来投资广告,并明目张胆地为选举宣传或攻击某候选人。法院宣布判决后,企业游说和政治行动委员会活动的数量和频率都有所增加。[15]来自一些州和成百上千座城市的选民已通过公投来呼吁国会通过一项修正案来强制限制企业的政治支出,并且选民们指出"企业不应该拥有和真实人类一样的宪法权利"[16]。

威廉·威斯特(William Wiist)认为联合公民案可能对美国公共卫生产生"灾难性"影响。[17]有效的公共卫生策略往往依靠法律和政策对企业利益的干预,包括烟草、医药、枪支制造商和销售、酒类行业、食品和农业、化工业、汽车制造业等。联合公民案给这些行业利益体提供了更多的政治权利。

注释:

1. Virginia E. Harper Ho, "Theories of Corporate Groups: Corporate Identity Reconceived," *Seton Hall Law Review*, 42 (2012): 892.

2. Susanna Kim Ripken, "Corporations Are People Too: A Multi-dimensional Approach to the Corporate Personhood Puzzle," *Fordham Journal of Corporate and Financial Law*, 15 (2009): 107.

3. *Bank of Augusta v. Earle*, 38 U.S. 519 (1839).

4. *Santa Clara Cnty. v. S. Pac. R. Co.*, 118 U.S. 394 (1886); *Minneapolis & St. Louis Ry. Co. v. Beckwith*, 129 U.S. 26, 28 (1888).

5. *Ripken*, 112.

6. Elizabeth Pollman, "Reconceiving Corporate Personhood," *Utah Law Review*, 2011 (2011): 1655.

7. *Hale v. Henkel*, 201 U.S. 43 (1906).

8. *First Nat'l Bank of Boston v. Bellotti*, 435 U.S. 765 (1978).

9. *Austin v. Mich. Chamber of Commerce*, 494 U.S. 652 (1990); see also *McConnell v. Fed. Election Comm'n*, 540 U.S. 93 (2003).

10. *Citizens United v. Fed. Election Comm'n*, 558 U.S. 310 (2010).

11. *Id.* at 354.

12. Lyman Johnson, "Law and Legal Theory in the History of Corporate Responsibility: Corporate Personhood," *Seattle University Law Review*, 35 (2012): 1140, 1142.

13. *Citizens United*, 558 U.S. at 465 (Stevens, J., concurring in part and dissenting in part).

14. See *Arizona Free Enterprise Club's Freedom Club PAC v. Bennett*, 131 S.Ct. 2806 (2011), 使亚利桑那州公共竞选融资系统部分失灵, 该系统的公共资金来源于反对候选人的私人融资; *McCutcheon v. Fed. Election Comm'n*, 134 S.Ct. 1434 (2014), 使得对个人捐款的总额限制失效。

15. See John C. Coates IV, "Corporate Politics, Governance and Value before and after Citizens United," *Journal of Empirical Legal Studies*, 9 (2012): 657.

16. Kathleen Miles, "Prop C, LA Measure to Overturn Citizens United, Will Be Voted on by Angelenos Next Week," *Huffington Post*, May 14, 2013, www.hungtonpost.com/2013/05/14/prop-c-la-citizens-united_n_3267240.html.

17. William H. Wiist, "Citizens United, Public Health, and Democracy: The Supreme Court Ruling, Its Implications, and Proposed Action," *American Journal of Public Health*, 101 (2011): 1172.

(一) 政府言论

作为健康教育者,政府将健康传播活动作为一项重大公共卫生策略。这些活动,就像其他形式的广告宣传,是颇具说服力的沟通手段;并非传播某种产品或政治哲学,公共卫生机构旨在促进更安全、更健康的行为,如接种疫苗、使用安全带和安全帽、健康饮食、健身活动、母乳喂养和戒烟。[136] 健康教育往往是公共卫生的首选战略,而且在许多方面都不会遭到非议。当政府发言时,公民可以选择听取和遵从健康信息,公民也有拒绝政府建议的自由。政府使用自己的声音并不会引发宪法关切(而政府在沉默或强迫言论时却会引发宪法关切)。[137] 即使是在法律强迫给予政府言论私人资助的案件中,联邦最高法院坚持认为与第一修正案所关注的问题没有任何牵连关系。[138] 例如,国家可以对烟草公司额外征税并用于禁烟运动,但不违反第一修正案。[139]

---

[136] 关于健康交流活动的定义, see William Paisley, "Public Communication Campaigns: The American Experience," *Public Communication Campaigns*, 2nd ed., ed. Ronald E. Rice and Charles K. Atkin (Newbury Park, CA: Sage, 1989): 7. "尤其是在特定时期内,一般为个人和/或社会的非商业性利益,通过有大众媒体和人际支持参与的有组织的活动的方式,受众通常为相对明确的和较多的人,进行告知、劝说或激励行为的目的性尝试。"

[137] Mark G. Yudof, "When Government Speaks: Politics, Law, and Government Expression in America," *Journal of Politics*, 46 (1983): 1291-93; Frederick Schauer, "Is Government Speech a Problem?" *Stanford Law Review*, 35 (1983): 373-86.

[138] *Johanns v. Livestock Marketing Ass'n*, 544 U.S. 550, 553 (2005) (判决支持联邦为促进牛肉产业的政府资助之评估); *Glickman v. Wileman Brothers & Elliott, Inc.*, 521 U.S. 457 (1997) (判决支持联邦市场命令要求水果生产者资助一个通用广告项目, 因为其附属于一个全面的监管计划); but see *United States v. United Foods, Inc.*, 533 U.S. 405, 411 (2001) (判决认为一项要求蘑菇生产者和进口商为促进蘑菇产业推广的通用广告的联邦法律是胁迫性的言论:"如果政府能够强迫……〔资助言论的市民〕站在政府支持一方会使得第一修正案的价值处于危险之中")。

[139] *R. J. Reynolds Tobacco Co. v. Bonta*, 423 F.3d 906 (9th Cir. 2005).

(二) 受政府支持的言论与违宪条件原则

当政府将言论限制作为对政府资金接受者施加的一个条件时,应当受到"违宪条件"原则("unconstitutional conditions" doctrine)的约束。该原则规定,政府不能通过拒绝给予利益的方式来惩罚那些表达不受欢迎的想法的人。[140] 政府可以用自己的资金自由地表达它欲进行推广的信息,但不能强迫或限制接受其他基金支持的受助者发表言论。

选择资助何种言论和对资金接受者施加违宪条件之间的区别远非一目了然。例如,在1991年拉斯特诉沙利文(*Rust v. Sullivan*, 1991)案中,法院支持:根据《公共卫生服务法》第十章的规定,禁止接受计划生育基金的诊所的医生与工作人员提供堕胎咨询或转诊服务。[141] 健康与人类服务部(Department of Health and Human Services, DHHS)出台的规章规定(备受争议):受助者开展的与堕胎有关的活动——在物质上与财政上——与接受联邦基金资助而开展的活动完全分开。这些条件(强制要求独立设备和独立人员等)烦琐至极,事实上,无异于禁止堕胎咨询和转诊。医生和工作人员"被明确指示,对有关堕胎问题的一个允许的答复是:根据第十章的规定,'不认为堕胎是计划生育的适当方法'"[142],然而这些限制性规定依然得到法院的维持。但是,在2012年国际开发署诉开放社会国际联盟(*Agency for Int'l Development v. Alliance for Open Society Int'l* 2012)案中,法院驳回了如下规定,即要求接受全球卫生基金的美国私人组织制定明确的政策以反对从事性工作(即所谓的反卖淫承诺)。法院强调了"规定对政府资助项目的限制的条件,即用以明确国会想要资助的活动的条件,与利用杠杆资金规范非〔政府资助〕项目的言论的条件"之间的区别。[143]

(三) 商业言论的限制

商业言论是一种"仅与演讲者及其听众的经济利益有关的表达"[144],"旨

---

[140] See, for example, *Speiser v. Randall*, 357 U.S. 513, 526 (1958)(宣布一项拒绝给那些不能证明自己没有鼓吹暴力推翻政府言论的人免税的法律无效); *United States v. American Library Ass'n, Inc.*, 539 U.S. 194, 210 (2003)(判定政府不能基于侵犯第一修正案否认某一利益,即使相关人员无权获得该利益,这是因为一项资助条件不能是不符合宪法的,如果它能够基于宪法直接施行)。

[141] 500 U.S. 173 (1991).

[142] Randall P. Bezanson and William G. Buss, "The Many Faces of Government Speech," *Iowa Law Review*, 86 (2001): 1377–1511, 1389.

[143] *Agency for Int'l Development v. Alliance for Open Society Int'l*, 133 S.Ct. 2321 (2013). 允许政府不资助其不赞成的言论,但是不能限制受联邦资助者利用自身资源进行表达的自由。但是,这种不同难以区分。例如,在 *Rust v. Sullivan* 案中,法院支持了一项限制言论的法规,该法规禁止接受联邦计划生育基金的诊所向妇女提供流产咨询以及鼓励、支持或者鼓动流产,除非他们遵守维持分开的设施、人员以及会计记录的复杂要求。500 U.S. 173, 193–94 (1991).

[144] *Central Hudson Gas & Elec. Corp. v. Public Serv. Comm'n*, 447 U.S. 557, 561 (1980).

在促成商业交易"。商业言论有三个属性:(1)能确定具体产品(例如,提供待售产品);(2)它是一种广告形式(例如,通过付费广告传扬其质量和优点,以使一个产品或服务吸引到公众注意或赞助);(3)给予经济上的好处(例如,演讲者能获得经济利益)。

在70年代中期之前,联邦最高法院判决认为商业广告完全不受第一修正案保护。当法院开始承认对商业言论享有有限的宪法保护时,其目的在于保护消费者权益,废除州法律中关于禁止堕胎服务的广告宣传和禁止药剂师提供处方药价格信息的规定。在随后的几年中,法院又承认存在这样一个"发生在受政府监管的地区、促成商业交易的言论和其他类型的言论之间的'常识性'(common-sense)的区别",前者受到较少的宪法保护。

在1980年中央哈德逊燃气和电力公司诉纽约州公共服务委员会(Central Hudson Gas & Electric Co. v. Public Service Commission of New York, 1980)案中,法院详细制定了一个包含四步骤的中级审查标准,以确定商业言论的规定是否违反了第一修正案。首先,商业言论如果推动了非法活动或具有虚假性、欺骗性或误导性,则不受第一修正案保护(步骤一)。为规制符合合法活动的真实广告,政府必须有规制言论的"实质性"利益(步骤二);规制必须"直接促进确定的政府利益"(步骤三);规制必须"不超出服务于"规制的政府利益的必要范围(步骤四)。

在早期采用中央哈德逊(Central Hudson)标准的案件中,法院一如既往地遵从于常识性的法律判决。然而,法院渐渐要求州政府有一个明确而连贯的政策和证据,以证明哪些规定有可能实现所宣称的目标,并且实属必要而不会导致不必要的限制。例如,在1986年的一个挑战赌博广告限制性规定的案件中,法院赞成一个常识性假设,即广告刺激了有害于社会的产品和服

---

⑭ *Virginia State Bd. of Pharmacy v. Virginia Citizens Consumer Council , Inc.*, 425 U.S. 748, 762 (1976).

⑭ 商业言论与"核心的表达范围"之间的界限难以划分。参见 *Nike, Inc. v. Kasky*, 539 U.S. 654 (2003)。例如,付费广告中产品制造商的言论是否对企业社会责任的关切进行了回应,这一问题享有《美国联邦宪法第一修正案》的保障。法院最终拒绝对这个问题作出裁定,这个问题继续烦扰着评论员。最近,可口可乐和其他不健康的食品饮料的产品制造商表达对肥胖问题担忧的广告又提出了类似的问题。

⑭ *Valentine v. Chrestensen*, 316 U.S. 52, 54 (1942)("我们同样清楚关于纯商业广告宪法没有施加这样的限制")。

⑭ *Bigelow v. Virginia*, 421 U.S. 809 (1975); *Va. State Bd. of Pharmacy v. Va. Citizens Consumer Council, Inc.*, 425 U.S. 748 (1976); see also Alan B. Morrison, "How We Got the Commercial Speech Doctrine: An Originalist's Recollections," *Case Western Reserve Law Review*, 54 (2004): 1189.

⑭ *Ohralik v. Ohio State Bar Ass'n*, 436 U.S. 447, 455-56 (1978).

⑮ *Central Hudson Gas & Electric Co. v. Public Service Commission of New York*, 447 U.S. 557 (1980).

⑮ *Id.* at 566.

务的需求(因此限制广告会减少这一需求)。⑫ 十三年后,法院拒绝遵从类似的法律判决,认为广告只会将消费者引向其他不同的商品或品牌,而不是刺激需求。⑬ 这一观点令人担忧,因为它恰好代表了烟草、酒精和含糖饮料的厂商的观点,他们认为广告只是为了取得更大的市场份额,而不是刺激需求(参见第十二章)。

商业言论原则也与其他公共卫生法规有关联。例如,在 2002 年汤普森诉西方国家医学中心(Thompson v. Western States Medical Center, 2002)案中,法院使联邦法律的部分条款失效,该法规定只要合成药物制造商没有宣传或推广这些合成药物,传统合成药物药店(将药物混合制造出适合病人需要的药物)就免于适用各种制造商的安全规制。⑭ 法院认为,基于广告来区别药物制造业和生产制造商,构成对商业言论进行违宪限制,因此法院推定政府未能证明其为实现州利益而对广告的限制未超过必要范围。这一放松规制间接导致的危害后果,在 2012 年真菌性脑膜炎暴发中得以验证。在这次疫情中,由于马萨诸塞州一家合成药店向 23 个州配送了受污染的药物,从而造成数十人的死亡。⑮

(四)强制性商业言论

联邦法规、州法规强制性规定了大量保护公众卫生或消费者的言论。法规要求企业为产品贴上标签以明示(如食品和化妆品)含量或成分、(如药品和疫苗)潜在的副作用以及(如香烟、酒精饮料或杀虫剂)危害。法律也可能为消费者(例如,医院或医疗保险计划之医疗品质措施)、工人(如健康和安全风险)和公众(如周围的危险化学品)创设"知情权"(right to know)。⑯

因为强制性披露事实性信息与毫无争议的信息"比起禁止言论更少影响广告商的利益",其所牵涉的第一修正案的利益也比言论被压制时所牵涉的利益要弱弱得多。⑰ 在 1985 年桑德尔诉纪律顾问办公室(Zauderer v. Office of Disciplinary Counsel)案中,联邦最高法院认为只要与州所宣称的权益有合理

---

⑫ Posadas de Puerto Rico Ass'n v. Tourism Co. of Puerto Rico, 478 U.S. 328 (1986)(判决支持在波多黎各禁止对合法赌博进行广告宣传)。

⑬ Greater New Orleans Broadcasting Ass'n v. United States, 527 U.S. at 173 (1999)。

⑭ Thompson v. Western States Medical Center, 535 U.S. 357 (2002)。

⑮ Kevin Outterson, "The Drug Quality and Security Act: Mind the Gaps," New England Journal of Medicine, 370 (2014): 97-99.

⑯ 例如,加利福尼亚州的第 65 号提案要求企业在知情的情况下,将任何人暴露于化学致癌物前,必须提供"明确且合理"的警告。Clifford Rechtschaffen, "The Warning Game: Evaluating Warnings under California's Proposition 65," Ecology Law Quarterly, 23 (1996): 303-68.

⑰ Zauderer v. Office of Disciplinary Counsel, 471 U.S. 626, 651 (1985)。

的联系,要求披露商业信息的法律则具有合宪性。[158] 联邦法院用桑德尔案支持为肉类产品贴上原产地标签[159]以及在连锁餐厅的菜单上标明卡路里。[160] 然而,关于桑德尔案是否适用于那些试图抑制消费的图案警示标签,还存在不确定性(参见第十二章)。

五、宗教自由

> 每当行使或者主张行使宗教自由与公共卫生法、医疗从业法以及要求为儿童提供充足医疗保障的法律相冲突的时候,作为这个国家最后的救济途径的法院,总是判决支持公共卫生优先。信仰自由也许是绝对的,行动自由却不是。
>
> ——詹姆斯·托比:《公共卫生和宗教自由》(James Tobey, *Public Health and Religious Freedom*, 1954)

第一修正案规定:"国会不得制定有关建立国教机构或禁止信仰自由的法律。"宗教信仰和公共健康之间的冲突由来已久——特别当涉及强制性接种疫苗、检测、治疗和生育健康之时——但法院在判决涉及信仰自由的案件时,支持普遍适用的健康与安全条例。

雅各布森案并未说明强制性疫苗接种法规是否违反宗教信仰自由的问题,因为在当时,第一修正案尚未适用于各州。[161] 然而,联邦最高法院在其判决附带意见中提到,父(母)"不得基于自身的宗教信仰而主张其孩子享有免于强制接种疫苗的自由。宗教信仰自由不包括让社区或儿童暴露于传染性疾病之中或致使儿童的健康受损乃至死亡的自由"[162]。下级法院通常支持疫苗接种规定而不考虑宗教豁免[163],还维护地方官员的权力,以便他们在决定是否给予豁免权时,评估拒绝接种疫苗者的情感真实状况、体质强弱状况和宗

---

[158] Id.("我们并不是要表明要求披露毫不影响广告者的第一修正案权利。我们承认,不正当的或过度披露要求可能会漠视受保护的商业言论而违反第一修正案。但是我们认为,广告者的权利会得到足够的保护,只要披露要求是合理地与州在避免消费者遭受欺骗方面的利益相关")。But see *Ibanez v. Fla. Dep't of Bus. & Prof'l. Regulation*, 512 U.S. 136, 146-47 (1994)(判决认为会计师作为专家将自己置身事外的免责声明的要求过于宽泛,因为要求披露的内容如此详细,以至于其"有效地排除了写在名片、信笺或黄页清单中的'专家'这个标记")。

[159] *American Meat Institute v. U.S. Dep't of Agriculture*, 760 F.3d 18 (D.C. Cir. 2014).

[160] *New York State Restaurant Ass'n v. New York City Bd. of Health*, 556 F.3d 114 (2d Cir. 2009).

[161] *Cantwell v. Connecticut*, 310 U.S. 296, 303 (1940).

[162] *Prince v. Massachusetts*, 321 U.S. 158, 166 (1944).

[163] *Wright v. DeWitt Sch. Dist.*, 385 S.W.2d 644, 648 (Ark. 1965); *Workman v. Mingo County Bd. of Educ.*, 419 Fed. Appx. 348 (4th Cir. 2011).

教基础(见第十章)。⁽¹⁶⁴⁾

在20世纪90年代之前,宗教自由的法理内涵仍模糊不清,法院对故意干涉宗教的政府行为采用严格审查,但有时却对具有宗教意义的行为产生重大影响的州行动案件采用中度审查。然而,在1990年,最高法院在很大程度上放弃了对"普遍适用的中立性法律"(neutral laws of general applicability)中关于宗教信仰自由问题的中度审查。⁽¹⁶⁵⁾ 作为回应,美国国会通过了《宗教自由恢复法》(Religious Freedom Restoration Act,RFRA),禁止联邦政府⁽¹⁶⁶⁾(但不是州政府,因为第三章中讨论的主权豁免原则)⁽¹⁶⁷⁾"对一个人的宗教自由造成实质性负担,即使这种负担源于某个普遍适用的规则"⁽¹⁶⁸⁾。国会可以在《宗教自由恢复法》之后被采用的立法案中超越这一禁令,但前提必须是该立法案明确取代了《宗教自由恢复法》。⁽¹⁶⁹⁾

2014年,伯韦尔诉霍比罗比工艺品公司(*Burwell v. Hobby Lobby Stores*,2014)案引发了这样一个问题,即《宗教自由恢复法》中的权利是否可以扩展至营利机构(for-profit corporations)。⁽¹⁷⁰⁾ 原告是受严格控制的公司及其所有者,他们按照个人宗教信仰经营营利性业务(经营范围涵盖基督教连锁书店、抵押贷款公司与厨柜制造商等)。他们挑战《平价医疗法》的这一规

⁽¹⁶⁴⁾ *Mason v. General Brown Central School District*,851 F.2d 47 (2d Cir. 1988)(判决认为父母坚信免疫与人类的"基因图谱"相反是一个世俗的、非宗教上的信条);*Hanzel v. Arter*,625 F. Supp. 1259 (S.D. Ohio,1985)[判决认为父母基于"按摩伦理"(chiropractic ethics)反对接种疫苗不能获得义务免除];*McCartney v. Austin*,293 N.Y.S.2d 188 (S. Ct. Broome County 1968)(判决认为一项疫苗接种的法律并不侵犯信奉罗马天主教的自由,该宗教并没有禁止接种疫苗的禁令);*In re Elwell*,284 N.Y.S. 2d 924,932 (Fam. Ct.,Dutchess County 1967)(该案说明,当父母是工人且为宗教成员,他们反对接种脊髓灰质炎疫苗不是基于其宗教教义);*Check ex rel. M. C. v. New York City Dep't of Educ.*,2013 WL 2181045 (E.D.N.Y. 2013)(判决支持卫生官员确定父母对疫苗的医疗风险的关注不足以构成宗教上的反对);*Phillips v. City of New York*,2015 WL 74112 (2d. Cir. 2015)(判决支持该城市在爆发疫苗可预防疾病期间将不接种的儿童排除在学校之外的政策)。See also Ben Adams and Cynthia Barmore,"Questioning Sincerity: The Role of the Courts after Hobby Lobby," *Stanford Law Review Online*,67 (2014):59,作者回应了大法官鲁斯·巴德·金斯伯格(Justice Ruth Bader Ginsburg)在霍比罗比工艺品公司案(*Hobby Lobby*)中的反对意见,该意见主张"让法院'不参与评估'其所持有的宗教信仰的虔诚性",而这些宗教信仰是在征兵服役、对毒品和野生动物保护犯罪的刑事起诉、囚犯的住宿以及破产程序等背景下通过长期记录对宗教异议的虔诚性的司法评估中形成的。

⁽¹⁶⁵⁾ *Employment Div., Dep't of Human Res. of Or. v. Smith*,494 U.S. 872 (1990)[判决支持将禁止拥有仙人掌(peyote)(的规则)适用于那些曾经将这种物质作为美国印第安人的宗教仪式的一部分的人]。

⁽¹⁶⁶⁾ *O'Bryan v. Bureau of Prisons*,349 F.3d 399 (7th Cir. 2003)(判决认为《宗教自由恢复法》调整联邦官员和机构的行动,同时其可被适用于"联邦政府的内部运行")。

⁽¹⁶⁷⁾ 在*City of Boerne v. Flores*,521 U.S. 507 (1997)案中,联邦最高法院宣布《宗教自由恢复法》适用于各州无效,判定国会超出其权限去实施《美国联邦第十四修正案》。国会2003年《宗教自由恢复法》的修订仅适用于联邦政府与联邦属地(包括哥伦比亚特区和波多黎各)。有几个州的立法机构颁布其自己的宗教自由法恢复。

⁽¹⁶⁸⁾ 42 U.S.C. §2000bb.

⁽¹⁶⁹⁾ 《宗教自由恢复法》规定:"在《宗教自由恢复法》之后的联邦立法受《宗教自由恢复法》约束,除非该法在参照《宗教自由恢复法》的条件下排除此种适用。"42 USC §2000bb-3(b)。

⁽¹⁷⁰⁾ *Burwell v. Hobby Lobby Stores*,134 S. Ct. 2751 (2014)。

定,所有私人健康计划必须覆盖避孕药具(见第八章)。"信教的雇主们"对此规定享受豁免权,但健康与人类服务部仅将教堂、教堂的综合辅助机构以及教会协会归入豁免之列。法院在霍比罗比案(*Hobby Lobby*)中承认营利性企业的宗教权利(至少在公司受严密控制的情况下,应当享有这一权利,但是,法院未对这一术语加以明确界定),这将对生育健康及其他方面产生重大影响。[71]

六、宪法审查标准

> 任何法律的首要要求——无论是基于正当程序条款,还是基于平等保护条款——都是合理地推行合法的政府政策。两个词【"司法克制"(judicial restraint)】与一个原则(信赖人民,即使是草率的决定最终也会通过民主程序得到纠正)告诉我们:我们需要知道的是,法官在审查法律时,应根据这一标准实施轻微的干预。
>
> ——杰弗里·萨顿:"德波尔诉贝希尔"(Jeffrey Sutton, *DeBoer v. Beshear*, 2014)

在简单讨论了实质性正当程序、平等保护、言论自由和宗教信仰自由后,联邦最高法院根据分类或公民自由的性质采用了不同的宪法审查标准。审查标准意味着法院将会在个案中平衡各种利益——政府在推动公共福利中的利益与确保在非歧视、自治、隐私或自由方面的个人利益。审查标准也意味着法院审查公共卫生政策的审慎度,换言之,意味着法院对立法机关或有关部门的尊重(deference)程度。审查的标准越低,合宪性的推定则越大。按照遵从宪法的程度从最高到最低排列,违宪审查的三个正式标准分别是:合理性审查(rational basis)〔最低限度的合理性审查(minimum rationality)〕、中度审查(intermediate review)〔有时也可换用"加强审查"(heightened scrutiny)〕和严格审查(strict scrutiny)。[72] 这种严谨的结构性方案已被广泛沿用数

---

[71] Elizabeth Sepper, "Contraception and the Birth of Corporate Conscience," *Journal of Gender, Social Policy and the Law*, 22 (2014): 305. "基于企业良知成功地对卫生改革进行挑战将会动摇雇员以及女性的权利,特别是,超出避孕的语境范围。"

[72] 在很多情况下,法院交替运用严格审查标准和中级审查标准。在其他情况下,严格审查标准似乎意味着略有不同的审查标准。例如,在 *Lawrence v. Texas*, 539 U.S. 558 (2003)(宣布鸡奸无罪)和 *United States v. Sell*, 539 U.S. 166 (2003)(宣布在非自愿的条件下对患有精神病的被告进行治疗而使其能够参加审理的做法无效),第九巡回法院基于性取向在正当程序(但不是平等保护)诉讼中适用了严格审查标准。该法院阐述道,其适用严格审查标准要求:(1)受到挑战的法律"必须主张一项重要的政府利益";(2)"这种干预必须是实质性地促进了该利益";(3)"这种干预对于促进该利益是有必要的"。*Witt v. Department of the Air Force*, 527 F.3d 806, 819 (9th Cir. 2008)对此进行着重强调。有争议的是,第三个要件的加入使得该标准与大多数中级审查标准的案件的分析不同。

十年,但近年来法院倾向于使用更为细致的方案,很少遵照这些正式的审查标准。

(一)合理性审查

司法机构最低限度的也是最常用的违宪审查标准就是合理性审查。所有的公共卫生规章至少必须符合这个最低合理性标准。合理性审查既需要有合法的政府目标,也需要有与此目标存在合理关系的手段。"公共安全、公众健康、道德、和平、法律和秩序……都是有关政府合法利益的典型例子"[172]。法院已明确表示支持诸多公共健康目标,包括交通安全[173]、未确诊疾病的检测[175]和疾病预防。[176]

合理性审查对公共卫生规制具有高度的包容性,司法部门赋予其有力的合宪性推定[177]并经常提醒宪法审查"不是法院用来判断立法选择是否智慧、公正或符合逻辑的许可证"[178]。立法机关不需要就公共卫生决策"随时阐明其目的或理由"[179]。相反,只要存在"任何可能的可提供合理基础的事实状态"[180],公共卫生规制就会得到支持。

由于缺乏对嫌疑的分类标准(种族、民族、宗教或外侨)或基本权利(例如,表达权、宗教信仰自由、隐私权、生育权、婚姻权、跨境旅游权),法院推断立法部门可以制定只适用于某类行为主体或情境(而非其他主体或情境)的包容性不强的法律来应对社会问题:"立法人员按照一步一个脚印的方式解决当下最为严重的问题。"[108]循序渐进式的公共卫生规制不仅是被允许的,而且往往更受推崇,特别是在涉及复杂和多层面的问题,同时要求多个政府主体采取多种方式开展行动的时候。除非法院可以识别出法律分类和法律可

---

[172] *Berman v. Parker*, 348 U.S. 26, 32 (1954)(判决认为当某一城市基于征收条款没收不动产时需要考虑审美方面的要求)。

[173] *Ry. Express Agency*, *Inc. v. New York*, 336 U.S. 106 (1949)(判决认为管理汽车广告是一项维护交通安全的措施)。

[175] *Williamson*, 348 U.S. 483.

[176] *Jacobson*, 197 U.S. at 11.

[177] See, for example, *Euclid v. Ambler Realty Co.*, 272 U.S. 365, 395 (1926)(判决认为受到公共健康法规不利影响的人有责任证明这样的法律是"专断且无理的,与公共健康、安全、道德或公共福利没有实质性的关联"); *Lehnhausen v. Lake Shore Auto Parts Co.*, 410 U.S. 356, 364 (1973)("攻击立法安排的人责任在于:否定一切可想而知的支持此种立法安排的基础")。

[178] *FCC v. Beach Commc'ns*, 508 U.S. 307, 313 (1993)(基于合理审查判决支持对电缆设备作区分);see also *Aida Food and Liquor*, *Inc. v. Chicago*, 439 F.3d 397 (7th Cir. 2006)(认为对某一特定的酒类商店的建筑物检查并没有违反合理性审查下的平等保护); *Colon Health Centers of America*, *LLC v. Hazel*, 733 F.3d 535 (4th Cir. 2013)(裁定在法律要求使用成像设备时需要提供证明文件的情况下,豁免核心脏影像设备符合合理基础的审查标准)。

[179] *Nordlinger v. Hahn*, 505 U.S. 1, 11 (1992)(判决支持加州的税收体系符合宪法)。

[180] *Beach Commc'ns*, 508 U.S. at 313.

[181] *Id.*

能实现的目的之间不存在任何合理的关联,否则,包容不足或包容过度都不会成为司法上无效的理由。"在合理性审查下,法院被迫接受立法机关的一般规定,即使手段与目的之间的契合性并不完美。一种分类不会因其欠缺数学上的精确性或者因其在实践中会带来一些不平等而在合理性审查中被否决。政府的问题是现实的问题,如果在不作要求的情况下,或许可以进行粗略的解释——这多半是不符合逻辑的,也是不科学的。"[182]

通过适用合理性审查,法院维持了一系列的公共卫生规范,包括传染性疾病筛查[183]、强制治疗[184]、疫苗补偿[185]和垃圾填埋场监管等方面规范[186]。

(二) 中度审查

基于"准嫌疑"(quasi-suspect)分类(包括对性别的分类[187]以及对孩子的"合法性"的分类[188])的歧视性法律会引发中度审查,此外,对商业言论的限制也是如此。

在这种中度宪法审查下,国家必须确保其干预行为服务于"重要"(不只是"合法")的政府目标,并且与这些目标"实质"(而不是"合理")相关。例如,对于结婚申请者而言,如果只考虑针对申请结婚的女性(而不是男性)进行强制性梅毒检测,这种性别分类可能是违宪的,因为它并不具备实质性的公共卫生目的。[189] 但是,妇女的产前艾滋病病毒检测可能符合宪法审查,因为

---

[182] *Heller v. Doe*, 509 U.S. 312, 321 (1993)(基于合理审查,判决支持了民事诺法中对精神病人和智障人士之间所作的表面区别)。

[183] *Local 1812, Am. Fed'n of Gov't Emps. v. U.S. Dep't of State*, 662 F. Supp. 50 (D.D.C. 1987)(判决支持政府对外国服务人员进行强制性的 HIV 检测)。

[184] *Reynolds*, 488 F.2d at 1378; *In re Washington*, 735 N.W. at 111 (Wis. 2007)。

[185] *Leuz v. Sec'y of Health and Human Servs.*, 63 Fed. Cl. 602 (2005)(判决认为在合理审查之下,《国家儿童疫苗伤害法》规定的死者的诉讼时效长于伤者不违反平等保护条款); see also *Cloer v. Sec'y of Health and Human Svcs.*, 654 F.3d 1322 (Fed. Cir. 2011)(确认《国家儿童疫苗伤害法》所规定的索赔不受诉讼时效的限制)。

[186] *Pro-Eco v. Bd. of Comm'rs of Jay County, Ind.*, 57 F.3d 505 (7th Cir. 1995), cert denied, 516 U.S. 1028 (1995)(判决认为垃圾填埋不是一项基本权利,与公共健康有关的是有充足的理由去管理垃圾填埋)。

[187] *Miss. Univ. for Women v. Hogan*, 458 U.S. 718 (1982)(运用中度审查判决将男性排除在州护理学校之外的政策无效); *United States v. Virginia*, 518 U.S. 515 (1996)(运用中度审查判决维持军校全部学员为男性无效); *Nguyen v. INS*, 533 U.S. 53 (2001)(判决认为一部法律对美国父亲在国外的非婚生孩子取得公民身份设置复杂的条件的规定并不违反平等保护条款,这是因为其符合一个重要的目的,同时其采取的方式与该目的有实质性的联系); *Glenn v. Brumby*, 633 F.3d 1312 (11th Cir. 2011)(在一个由于性别歧视的诉讼中适用中度审查)。

[188] *N.J. Welfare Rights Org. v. Cahill*, 411 U.S. 619 (1973)(运用中度审查废除了一项限制两个异性"正式结婚"所组成的家庭受益的法律)。

[189] See, for example, *Reynolds*, 488 F.2d at 1383; *Illinois v. Adams*, 597 N.E.2d 574 (Ill. 1992)(判决认为对妓女的强制性 HIV 检测并不违反平等保护条款。因为这样没有对违法者进行性别上的区分,同时立法机关也没有意图去贬损女性)。

国家可以对将干预重点放在妇女身上提供实质性的理由。[190]

(三)严格审查

如上所述,联邦最高法院对那些确立了嫌疑分类标准的法律(基于种族、民族等的分类,以及除了某些例外情形外,将外国人身份列入嫌疑分类)或者对基本权利施加负担的法律(包括生育、婚姻、州际旅游和抚育子女的自由权益,以及某些隐私利益)予以严格审查。法院已经判定身体完整的权利受宪法保护,但是尚未确认这是基本权利。[191]

在严格审查下,政府必须证明存在"令人信服的"利益以及手段和目的之间的高度匹配;还必须证明,其目标不可能通过较小限制或较少区别对待来实现。一旦法院采用严格审查标准,几乎总会推翻被审查的法令。公共卫生与安全在本质上被视为迫在眉睫的利益[192],但手段/目的的相符以及最小限制性替代要求可能会对某些卫生与安全法规带来问题。

七、超越宪法审查标准

联邦最高法院在当代若干案件中打破长期以来的实践经验,似乎采用一种更为精准的合理性审查的方式,有时完全拒绝确定审查标准,这表明法院正逐渐摆脱其长期以来对严格的审查标准(合理性、中度、严格)、分类(可疑人、准可疑和非可疑)和权利(基本权利或非基本权利)所形成的依赖。在1985年克利本市诉克利本生活中心(City of Cleburne v. Cleburne Living Center, Inc., 1985)案中,据称,法院采用合理性审查标准,宣布一部有效阻止智障人士集体住宅运营的分区条例违宪。[193] 在传统的合理性审查下,司法机关会尊重立法机关的立法,但在本案中,法院认为立法机关表现出对一个传统上被剥夺了权利的群体的敌意动机。

同样,在 1996 年罗默诉埃文斯(Romer v. Evans, 1996)案中,联邦最高法院推翻了一个对女同性恋、男同性恋、双性恋和变性人(LGBT)带有偏见的州宪法修正案,在历史上,这些群体饱受敌意,并且被剥夺公民权。科罗拉多州

---

[190] 但是,这种做法可能会违反第四修正案中规定的禁止不合理搜查和逮捕的规定。See Ferguson v. City of Charleston, 532 U.S. 67 (2001)(推翻了某个州的法律基于搜查和逮捕的原因对看似可能吸毒的孕妇进行 HIV 检测的规定)。

[191] See, for example, Cruzan, 497 U.S. at 278("一个适格的人在拒绝不必要的治疗的时候享有宪法保护的自由,这也许可以从我们先前的裁决中推断出来");Harper, 494 U.S. at 221-22(判定一个患有精神病的犯人享有"拒绝注射抗精神病药物的实质性的利益")。

[192] See, for example, Lorillard Tobacco Co. v. Reilly, 533 U.S. 525, 564 (2001)("州禁止未成年人吸烟上的利益是实质性的,同时甚至是令人信服的")。

[193] See City of Cleburne v. Cleburne Living Ctr., Inc., 473 U.S. 432 (1985)(判决认为在平等保护的条件之下,为智障人士提出的特殊使用许可的要求是违宪的)。But see Heller v. Doe, 509 U.S. 312, 321 (1993)(判定对自愿承认有精神病采取更高的证明标准,这与智障的情况相反,具有合理基础)。

通过公投的方式修改了州宪法,禁止所有旨在保护个人因"男同性恋、女同性恋或双性恋倾向、行为、实践或关系"免遭歧视的立法、行政或司法行为。法院认为,州宪法修正案"未能,甚至违背"审查标准,因为其"除了对其所影响的阶层的敌意,似乎不能解释任何事,它与合法的州利益缺乏一种合理的关联"[194]。

值得注意的是,在 2003 年劳伦斯诉得克萨斯州(*Lawrence v. Texas*, 2003)案中,基于受实质性正当程序保护的自由利益而宣布州鸡奸法无效时,联邦最高法院并没有具体指出审查的层级。[195] 法院似乎并未采用严格审查——如果确实是要认可一项受实质性正当程序保护的基本权利的话——适用严格审查是合适的。相反,正如克利本-罗默法案(*Cleburne and Romer Act*)中,法院显然采用了斯卡利亚大法官在异议中所指出的"一个前所未闻的将产生深远影响的基于合理基础的审查方式"。

在 2013 年美国诉温莎(*United States v. Windsor*, 2013)案和 2015 年奥伯格费尔诉霍奇斯(*Obergefell v. Hodges*, 2015)案中,法院继续采取放弃严格分类的策略。在温莎案中,地方法院基于合理性审查判定联邦《婚姻保护法》中限制婚姻定义的条款违宪。巡回法庭判定,同性恋群体属"准嫌疑类别",因而相关条款要接受中度审查。虽然联邦最高法院同意两个下级法院所作出的条款违宪的判决,但它并没有明确审查的级别,而是基于联邦主义、平等保护和实质性正当程序作出判决。在奥伯格费尔案中,下级法院废除了州禁止同性婚姻的法令,其基本原理包括:婚姻是受实质性正当程序条款保护的一项基本权利,基于性取向的区分引发依据平等保护原则所要求的加强审查(heightened scruting),对同性婚姻的禁令与实质性正当程序和平等保护条款所要求的合法政府目的之间缺乏任何合理的关联。大法官肯尼迪(Justice Kennedy)代表了联邦最高法院多数人的意见,回避了对审查标准的依赖,强调第十四修正案中的自由和平等原则两者之间的相互关联。[196] 至少,这些案件表明,立法机构(或通过全民公投)在有些领域以如此强烈的敌意对待政治上不受欢迎的群体,以至于联邦最高法院准备采取比传统的合理性审查更仔细的方式审查其立法动机。用联邦最高法院的话来说,"国会欲伤害缺乏政治支持的群体这一赤裸的愿望不能构成一个合法的政府目

---

[194] *Romer*, 517 U.S. at 632.
[195] See *Lawrence v. Texas*, 539 U.S. 558 (2003).
[196] *United States v. Windsor*, 133 S.Ct. 2675 (2013); *Obergefell v. Hodges*, 576 U.S. ___, 192 L. Ed. 2d 609 (2015).

的"⑩。这些案件都与公共卫生法高度相关,因为建基于性取向、残障失能和社会经济阶层上的歧视在公共卫生历史上扮演着重要角色(参见第十、十一和十四章)。

此外,这些案例呈现出一种偏离对审查方式进行严格分类的趋势。很多宪法学者和司法人员批评审查标准缺乏灵活性并以结果为导向。⑩ 严格审查"在理论上是严格的,但实际上是致命的"⑩。在缺乏引发宪法关注的诱因的情况下(嫌疑分类和基本权利),法院采取合理性审查的标准,政府几乎总会获胜。当然,根据受影响的群体或受侵害的权利,应该采取不同的标准;但目前尚不清楚为什么会产生如此截然不同的宪法标准和结果。严格审查方式具有更大的可预见性的优势,但其缺乏灵活性这一劣势可能更显著。

法院最近对正当程序和平等保护的分析,表明它正倾向于采用更为灵活的审查方式。随着政策侵入性和不公平性的增加,司法审查的标准也在提高。这种方式越发反映出个人利益与集体需求之间的动态平衡,但其灵活性是以牺牲可预见性为代价换来的。

第四节 公共卫生与公民自由:
冲突与互补

公共利益与公民自由(既包括个人自由,也包括公司自由)之间的内在冲突是本书的重要主题。然而,权利与卫生之间的关系更加复杂和微妙。侵犯个人权利本身可能对公众健康产生不利影响。同样,个人权利可以成为保障公众健康的工具。

如果美国宪法承认社会与经济权利(卫生保健、食品、住房、教育等)以及政府为满足这些基本需要而承担积极义务,那么健康与权利之间的关系可能更趋于互为促进(参见第八章中对社会保障体系的讨论)。尽管如此,保护个人权利免遭干预,对公共卫生也有益处。例如,政府干预生育权利会对妇女健康产生负面影响。保护少数族群不受歧视以及对具有性偏好的少数

---

⑩ *U.S. Dep't of Agriculture v. Moreno*, 413 U.S. 528, 534 (1973)(根据合理审查判定如果家庭中包括其他无关的人拒绝接受食物券不符合宪法)。

⑩ *San Antonio Indep. Sch. Dist. v. Rodriguez*, 411 U.S. 1, 109-110 (1973) (Marshall, J., dissenting)(判定一项基于原则的宪法分析会根据权利的本质以及歧视的效果来适用一系列的标准)。

⑩ *Fullilove v. Klutznick*, 448 U.S. 448 (1980) (Marshall, J., concurring)(判决认为在公共工程项目中要求雇用一定比例的少数族裔工人是不符合宪法的)。

群体的保护，可以缩减健康差距。对公司利益的保护可能会促进经济发展，而这或许最终会成为改善公共卫生的有效途径。

宪法权力、义务和限制与公众健康之间的多重互动对于理解公共卫生法极其重要。然而，宪法并不是国内法中与公共卫生有关的唯一领域。在接下来的章节中，我们将对行政法、地方政府法规与侵权法进行探讨——这对于公共卫生法研究来说至关重要。

第五章　公共卫生治理
——民主与授权

> 我们之所以首先要有政府,是要依靠集体智慧解决仅凭个人无法解决的问题。
> ——托马斯·法利:《国家的权重》(Thomas Farley, *The Weight of the Nation*, 2012)

到目前为止,我们主要讨论了州和联邦层级的立法机关和法院的职能。但其他政府行为主体在公共卫生治理中也常扮演着重要角色。长期以来,地方政府对保护公共卫生负有首要责任。地方、州和联邦各级行政机构(包括公共卫生机构以及致力于环保、交通、农业等事务的机构)提供的专业技术和灵活措施,是公共卫生治理不可或缺的一部分。由州或联邦立法机构采纳的诸多公共卫生措施正面临强烈的政治反对之际,地方政府与机构正在填补这些缺口。由于这些实体部门的权威都出自于授权,所以它们的行为受到特殊的法律挑战。因此,了解地方政府和有关机构享有的公共卫生权力范围,构成公共卫生法中复杂而重要的一个方面。

本章首先讨论地方、州与联邦各级公共卫生机构的兴起。在介绍州和地方公共卫生机构以及考查联邦机构在公共卫生中日趋重要的作用之后,我们将深入研究统辖其权力的两个法律领域:行政法规和地方政府法规。我们将概括介绍涉及公共卫生方面的行政法规:立法授权,对行政机构权力的限制,以及规则制定、裁决与执行的程序。我们重点谈论联邦行政法,但我们同样涉及州一级的行政法,后者统辖州和地方行政机关,大量的公共卫生决策便出自这些机关。然后,我们转向与公共卫生有关的地方政府法律:州对地方政府的授权和限权。地方政府法律规定了地方机构以及地方立法主体(例如市议会)和执行者(例如市长)的职权和责任。最后,我们会讨论这一难题:公开、透明和参与式治理原则与政府为回应紧迫的公共卫生问题对专业驱动的、高效的、有效的应对措施的需求之间的艰难平衡。

第一节　公共卫生机构与行政国的兴起

> 任何政府的成败归根结底必须以公民的福祉作为衡量标准。对各州而言,没有什么比公共卫生更为重要的了;人民的健康成为各州关注的首要问题。
> ——富兰克林·德拉诺·罗斯福:《纽约州的公共卫生》
> (Franklin Delano Roosevelt, *Public Health in New York State*, 1932)

历史上,公共卫生一直是典型的地方问题。公共卫生机构最初是在市一级设立的,并且地方机构将继续在公共卫生治理中发挥关键作用。然而,随着时间的推移,公共卫生问题跨越司法管辖范围需要州、联邦甚至国际方面采取集中应对措施。在过去的大约一个世纪里,州和联邦涉足公共卫生领域的范围迅速扩大。本节内容将描述各级政府公共卫生机构的演变过程。

一、地方公共卫生机构与卫生委员会

19世纪初,公共卫生行政管理组织架构简单且管理范围有限。只有少数大城市建立了正式的卫生委员会(首批地方卫生部门于1793年在巴尔的摩、1794年在费城、18世纪90年代末期在马萨诸塞州的直辖市成立),并且公共卫生官员缺乏正式资格。① 最终,19世纪工业城市迅速发展所引发的社会问题,促使立法机构在市政府内组建更为精细、更为专业的公共卫生管理机构。② 例如,1866年在纽约市成立的卫生委员会由医学和公共卫生专家组成,并被授予广泛的权力颁布和执行有关公共卫生保护条例。③ 州立法机关

---

① See James A. Tobey, *Public Health Law*, 3rd ed. (New York: Commonwealth Fund, 1947): 76; Elizabeth Fee, "The Origins and Development of Public Health in the United States," *Oxford Textbook of Public Health*, 3rd ed., ed. Roger Detels, Walter W. Holland, James McEwen, and Gilbert S. Omenn (Oxford: Oxford University Press, 1997): 310.

② See John Duffy, *The Sanitarians: A History of American Public Health* (Champaign: University of Illinois Press, 1992): 148; George Rosen, *A History of Public Health* (Baltimore, MD: Johns Hopkins University Press, 1993): 210; Ernest S. Griffith, *History of American City Government* (Oxford: Oxford University Press, 1938): 289. "现代卫生部门及其所开展的几项活动中的某些活动已经完全不复存在了。"

③ See Act of Feb. 26, 1866, ch. 74, 1866 N.Y. Laws 114(创立了一个大都会卫生区和卫生委员会); Charles E. Rosenberg, *The Cholera Years: The United States in 1832, 1849, and 1866* (Chicago, IL: University of Chicago Press, 1962): 190-91,认为委员会"是必要的,(因为)纽约的街道混杂着雪、污泥和垃圾而无法通行"。

授权地方卫生委员会制定详尽的行政法规,检查企业与财产以确保合规,并裁决和制裁违反监管标准的行为。④

到了20世纪初,大多数主要城市建立了公共卫生机构,很多城市建立了卫生委员会,也开始涌现一批县、农村卫生部门。⑤ 尽管公共卫生行政管理已经取得进步,但许多运动家们指出20世纪的各州和地方卫生机构仍然存在资金、效率和专业素质等问题。1908年,罗得岛州首府普罗维登斯的卫生主管查尔斯·蔡平(Charles Chapin)招收大批高素质且受过训练的公共卫生官员,给予他们足够的报酬和职业发展机会。⑥ 公共卫生专业化问题依旧是当今要面对的挑战;建设公共卫生领导能力,促进与民选官员的建设性接触,确保政治任命的官员的任期的衔接(从而免受其短暂任期的影响)。⑦

根据全国县市卫生官员协会(NACCHO)收集的数据显示,现代地方卫生部门履行着广泛的职能(见表5.1)。尽管大多数大城市也有公共卫生机构,但它们通常在县级开展业务。大多数地方卫生部门官员通过问题简报、咨询小组、公开证词与技术援助等方式,与决策者就拟议的公共卫生法律、法规或条例进行某种程度的沟通。典型的政策和宣传领域包括烟草、酒精和药物使用,应急准备和应对措施,肥胖和慢性疾病,食品安全,废弃物、饮水和卫生设施,动物控制或狂犬病,卫生保健的可及性,口腔卫生,以及伤害或暴力预防。

实际上,所有的地方卫生部门都可通过某些途径获得法律咨询(通常是通过当地政府指定的律师而获得)。典型的法律服务包括在缔约或者诉讼活动中代表该机构,就拟议的机构行为的合法性提供正式意见与非正式建

---

④ Norton T. Horr and Alton A. Bemis, *A Treatise on the Power to Enact, Passage, Validity and Enforcement of Municipal Police Ordinances* §§211-262, §215 (Cincinnati, OH: R. Clarke & Co., 1887).

⑤ 第一个有记录的县级卫生部门于1908年在肯塔基杰斐逊县设立(see *Jefferson Cnty v. Jefferson Cnty. Fiscal Court*, 108 S.W.2d 181 (Ky. Ct. App. 1937));以及1911年北卡罗来纳州的吉尔福德县和华盛顿州的亚基马县,还有1912年北卡罗来纳州的罗布森县。See John Atkinson Ferrell and Pauline A. Mead, "History of County Health Organizations in the United States, 1908–1933," *Public Health Bulletin*, No. 222 (Washington, DC: Government Printing Office, 1936); Allen Weir Freeman, *A Study of Rural Public Health Service by the Sub-committee on Rural Health Work* (Washington, DC: Commonwealth Fund, 1933); Harry S. Mustard, *Rural Health Practice* (Washington, DC: Commonwealth Fund, 1936).

⑥ Charles V. Chapin, "Pleasures and Hopes of the Health Officer," *Papers of Charles V. Chapin, M.D.: A Review of Public Health Realities*, ed. Frederic P. Gorham and Clarence L. Scamman (Washington, DC: Commonwealth Fund, 1934): 11, 重印了一篇1908年递交给美国公共卫生协会市政卫生部门的论文。

⑦ 关于没有卫生系统的详细介绍, see generally Glen P. Mays and Alene Kennedy - Hendricks, "Organization of the Public Health Delivery System," in *Novick & Morrow's Public Health Administration: Principles for Population-Based Management*, 3rd ed., ed. Leiyu Shi and James A. Johnson (Burlington, MA: Jones & Bartlett Learning, 2013): 79–115.

议,协助起草法律与规章,以及确定对违法行为进行控告或提起民事诉讼的实体。⑧

表5.1 地方公共卫生机构提供的基本服务

1.监测卫生状况,识别和解决社区卫生问题。
2.诊断与调查社区卫生问题与卫生风险。
3.通知、教育并授权人们了解卫生问题。
4.动员社区参与识别和解决卫生问题。
5.制定支持个人和社区卫生工作的政策和计划。
6.执行法律与命令,保护健康和确保安全。
7.为人们提供满足个人化需求的健康服务,以及在其他途径欠缺下,确保其能得到医疗健康照护。
8.保障合格的公共和私人医疗人力。
9.评估私人卫生服务和基于人群的卫生服务的有效性、可及性和质量。
10.开展应对卫生问题的新思路和创新方法的研究。

资料来源:National Association of County and City Health Officials (NACCHO), 2010 *National Profile of Local Health Departments* (Washington, DC: NACCHO, 2011), 4.

在大多数州,所有地方卫生部门都是由地方政府直接或通过指定的卫生委员会管辖。在少数"实施集中化管理"(centralized)的州,所有的地方卫生部门都是由州卫生局管辖。⑨ 在一些州,所有的地方卫生部门同时受州和地方的管辖。⑩ 还有一些州,属于混合管辖:州内的一些地方卫生部门由地方管辖,而另一些则为州管辖或共同管辖。⑪

大约70%的地方公共卫生机构都服务于一个管辖区,该辖区内也设有一个地方卫生委员会。⑫ 委员会成员通常由市、县行政机构(基于公共卫生、医疗或护理方面的专业知识)任命,他们为当地公共卫生机构提供咨询意见,并在许多情况下对当地公共卫生机构予以监督。委员会通常设置和征收各种与健康有关的税费(例如:商业许可和专业执照)。大多数委员会也参与政策研究与规则制定:例如,通过优先事项、决议与条例,然后

---

⑧ National Association of County and City Health Officials (NACCHO), 2010 *National Profile of Local Health Departments* (Washington, DC: NACCHO, 2011), www. naccho. org/topics/infrastructure/profile/resources/2010report/upload/2010_profile_main_report-web.pdf.

⑨ National Association of County and City Health Officials (NACCHO), 2013 *National Profile of Local Health Departments* (Washington, DC: NACCHO, 2013): 11, www. naccho. org/topics/infrastructure/profile/upload/2013National-Profile-of-Local-Health-Departments-report.pdf.

⑩ Ibid. 2013年,这些州包括肯塔基州、佐治亚州和佛罗里达州。

⑪ Ibid.

⑫ Ibid., 12.

交由公共卫生机构执行。⑬ 我们将在下文更详细地讨论地方层级的行政规则的制定。

二、州公共卫生机构与卫生委员会

各州用来保护居民的健康、安全和福利的警察权属于州固有主权,并无其他来源。此外,州保障公民健康的绝对权力还包括设立专门从事这项工作的行政机构的权力。⑭ 尽管如此,州一级的公共卫生行政部门的发展要晚于市一级的公共卫生行政部门。第一个州卫生委员会于 1869 在马萨诸塞州成立,随后 19 世纪 70 年代在其他许多州也有了卫生委员会,包括加利福尼亚州、马里兰州、明尼苏达州和弗吉尼亚州。⑮

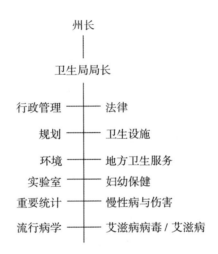

图 5.1 公共卫生作为一个内阁机构

目前,有 55 个州级卫生机构(覆盖哥伦比亚特区、美属萨摩亚、关岛、波多黎各与美属维尔京群岛)。各州立法确定了公共卫生机构的组织、任务和职能。州公共卫生机构采取了各种不同的形式,无法对其简单归类。大多数州的公共卫生机构是具有独立性和自主性的部门(见图 5.1),其余的则属于一个更大的州级机构——被称为"伞状机构"或"超级机构"——的组成部分

---

⑬ Ibid., 13.
⑭ See, for example, *State Bd. of Health v. Greenville*, 98 N.E. 1019, 1021 (Ohio 1912) ["正是现在法律规定了州立法机关在处理(卫生)问题上有充分的权力"]。
⑮ Robert G. Paterson, ed., *Historical Directory of State Health Departments in the United States of America* (Columbus: Ohio Public Health Association, 1939).

(见图 5.2)。公共卫生机构的首席执行官(专员、主任,或不太常见的秘书)通常由州长任命,但也可以由超级管理机构的首长任命,或在极少情况下由卫生委员会任命。首席执行官的任职资格标准可能包括医疗与公共卫生专业知识,但越来越多的具有政治或行政经验的行政首长受命此职。

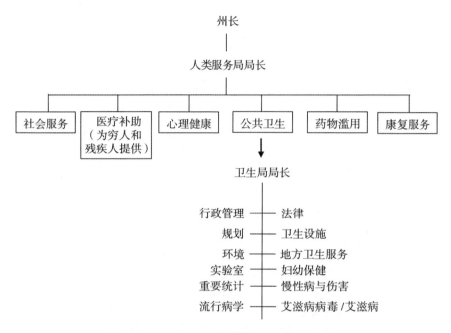

图 5.2　公共卫生作为超级管理机构的一个分支

　　根据州与地方卫生官员协会(ASTHO)开展的调查,现代州级公共卫生机构行使广泛的职能。⑯ 其中大多数机构对联邦营养和公共卫生项目负有全面的(有时是共同的)财政与方案责任。通常情况下,它们也负责运行预防方案,旨在对公众开展关于烟草控制、艾滋病预防、健康饮食、伤害预防以及其他公共健康问题的教育与信息告知活动。大多数州级公共卫生机构有管理儿童和成人疫苗供应的责任,但只有不到一半的机构直接向公众提供免疫接种服务。大多数机构开展一些监测活动,以便监控疾病和损伤态势。许多公共卫生机构还实施对艾滋病病毒与其他性传播疾病、肺结核以及各种慢性病的筛查项目。近 2/3 的州公共卫生机构均设有内部法律部门。很多公共

---

⑯ Association of State and Territorial Health Officials (ASTHO), *ASTHO Profile of State Public Health*, vol. 3 (Arlington, VA: ASTHO, 2014).

卫生机构还与州检察总长指派的律师一起工作。[17]

三、联邦机构在公共卫生中的作用不断扩大

虽然大部分公共卫生实践与法律在地方与州一级运行,但是联邦政府的作用尤其在过去的几十年里已经得到显著扩大。产生于18世纪的海洋和内河港口的海军医院系统已成长为参与联邦健康、安全和保安等领域的庞大实体。表5.2列出了有关联邦公共卫生监管的里程碑事件。

表5.2 联邦公共卫生监管里程碑事件

1796年	经过一场有关各州权力的辩论后,《国家检疫法案》(National Quarantine Act)将联邦检疫活动限制为应各州要求配合执行各州检疫法。
1798年	依据《病残海员救济法案》(Act for the Relief of Sick and Disabled Seamen)建立美国海洋医院(USMHS),为美国公共卫生服务局(USPHS)奠定基础。
1813年	《疫苗接种鼓励法案》(Act to Encourage Vaccination)支持为美国境内天花疫苗的配送提供免费邮政服务。
1822年	一位联邦探员配送的疫苗受到感染而导致疫情暴发后,1813年《疫苗接种鼓励法案》被废除。监管疫苗的权力被交给各州。
1862年	新成立的美国农业部(U.S.Department of Agriculture, USDA)创建化学局,为当今的食品药品管理局(FDA)奠定根基。
1878年	一项新国家检疫法案开创的"疾病情报系统"(disease intelligence system)交由美国海洋医院的卫生监督局局长管理,并批准联邦规则条例可扣留携带疑似传染性疾病的船只。医务总监对这些活动的报导——"公共卫生公告"(Bulletins of the Public Health)——是当今的疾病控制和预防中心(CDC)颁布的每周发病率和死亡率报告(Morbidity and Mortality Weekly Report)的先导。
1879年	创建了国家卫生委员会,负责的内容包括防止传染性疾病流入美国、州和联邦政府的公共卫生信息搜集以及检疫程序等。
1891年	移民法案要求美国海洋医院服务部的医生对移民进行医疗检查,排除"一切白痴、疯子、乞丐或可能成为社会负担的人和患有令人厌恶的或危险的传染疾病的人"以及犯罪分子。
1892年	一项新国家检疫法案在霍乱流行时期被签署,要求从外国港口来的所有船只都具有美国领事签署的卫生证明,并让医务总监评估州和市的检疫手续。

---

[17] Association of State and Territorial Health Officials (ASTHO), *ASTHO Profile of State Public Health*, vol. 2 (Arlington, VA: ASTHO, 2011): 16.

(续表)

1893 年	关于各州权利的辩论导致国家卫生委员会的解散,其权力转交至美国海洋医院服务部。
1902 年	美国海洋医院被重新命名为美国公共卫生和海洋医院(Public Health and Marine Hospital Service of the United States, PHMHS)。医务总监有权编写和搜集各州和各地区的重要统计数据。
1906 年	《纯净食品和药品法案》(Pure Food and Drugs Act)禁止州际贸易中出现假冒伪劣食品和药品,执法权掌握于美国农业部之下的化学局,即美国食品药品管理局的前身。
1912 年	美国公共卫生和海洋医院改名为美国公共卫生服务局,并获授权研究和调查疾病的传播。
1918 年	美国国会拨款 100 万美元用来促进联邦政府与各州、市之间的合作,从而防止疾病的州际传播,维护"军队和政府官员的健康"。性病科的成立扩大了各州与公共卫生局的共同合作。为应对西班牙流感大流行,美国国会另外拨款 100 万美元,由公共卫生局州际检疫局局长管理。
1921 年	《谢泼德—唐讷法案》(Sheppard-Towner Act)通过联邦拨款在各州建立母亲产前和婴儿护理教育中心。为审核各州的资金使用,成立妇产和婴儿卫生联邦委员会。
1929 年	成立公共卫生局的禁毒处(即后来的心理卫生处)。两所医院均为约束和治疗有毒瘾的联邦囚犯或主动寻求治疗毒瘾的人而创立。
1930 年	《兰塞尔法案》(Randsell Act)创立美国国立卫生研究院,"为该研究院设立一套奖学金制度,授权政府将所得捐赠用于病因鉴定以及疾病预防和治疗"。
1935 年	《社会保障法案》(Social Security Act)第六章——公共健康章,批准将一部分开支用于疾病调查和环境卫生,建立第一个全国卫生计划。
1939 年	《重组法案》(Reorganization Act)对美国公共卫生服务局、美国食品药品管理局、儿童局、教育厅和联邦保障局(FSA)的许多其他下属机构实行集中管理。
1943 年	为缓解"二战"期间护士短缺问题,国会通过《美国护理队伍法案》(United States Nurse Corps Act),由美国公共卫生服务局管理提供给护理教育的资金。
1944 年	《公共卫生服务法案》(Public Health Service Act)对《公共卫生服务法》(Public Health Service Laws)进行重改,并创建结核病防控处。

（续表）

1946 年	战区疟疾防治项目——以疟疾流行的东南部各州的毗邻区亚特兰大和佐治亚为基地，取得一定成效，后演变成传染性疾病中心，接着又更名为疾病控制与预防中心。
1946 年	《国家心理健康法案》(National Mental Health Act)支持对精神疾病的研究，并呼吁建立国家心理健康研究所。注意到需要一个永久性方案，而不能"仅仅依靠剩余农产品，它们也许无法为儿童提供全面均衡的营养"，国会通过了《全国学校午餐法案》(National School Lunch Act)。
1953 年	联邦保障局重组为卫生、教育和福利部(HEW)，被提升到了内阁地位。
1964 年	以1939年至1943年和1961年至1964年运行的食品券试点项目为基础，美国国会通过了《食品券法案》(Food Stamp Act)，开展联邦+州合作项目，为低收入家庭购买食物提供补贴。该法案是当今美国农业部监管的联邦+州项目——营养补助计划(Supplemental Nutrition Assistance Program, SNAP)——的前身。
1965 年	设立老人医疗保险(Medicare)（一个由联邦政府运行、为老年人和残疾人提供医疗保险的项目）和穷人医疗保险(Medicaid)（一个由联邦政府与州政府共同管理和提供资助，为儿童、看护人的亲属、老人和生活在特定贫困线之下的残疾人提供保险的项目）。
1970 年	美国公共卫生服务局在诸多领域的项目（如空气污染和固体废物处理）转移至新成立的环境保护署(EPA)。
1971 年	职业安全与健康管理局(Occupational Safety and Health Administration, OSHA)在劳工部(DOL)内成立。
1979 年	通过一次重大重组，卫生、教育和福利部(HEW)分裂成健康与人类服务部以及教育部。
1988 年	《麦金尼法案》(Mckinney Act)为无家可归者提供保健服务。
1993 年	成立儿童疫苗项目，为低收入家庭的儿童提供免费接种疫苗。
2002 年	国土安全部(DHS)成立，使得许多卫生机构的任务被重新定位，从而更加注重应急防备。
2003 年	《老人医疗保险处方药改进和现代化法案》(Medicare Prescription Drug Improvement and Modernization Act)扩大了医疗保险的覆盖范围。
2009 年	《家庭吸烟预防与烟草控制法》(Family Somking Prevention and Tobacco Control Act)授权美国食品药品管理局管制烟草产品。

(续表)

年份	内容
2010 年	《平价医疗法》(Affordable Care Act)开启了美国医疗照护服务融资和供应系统的全面改革,包括诸多针对疾病预防的公共卫生法律的改革。《健康、无饥饿儿童法案》(Healthy, Hunger-free Kids Act)对美国农业部管理的联邦学校膳食计划进行了彻底改革,并包括其他旨在鼓励健康饮食和体育活动的改革。

资料来源:Adapted in part from Bess Furman, *A Profile of the United States Public Health Service*, 1798-1948 (Washington, DC: National Institutes of Health, 1973).

1798 年,约翰·亚当斯总统签署病残海员救济法案,为海上商人建立了美国海洋医院,在财政部的支持下,最终成为美国公共卫生服务局。[18] 接下来的大半个世纪之后,美国农业部于 1862 年设立了化学处,奠定了现代食品药品管理局的基础。[19] 1887 年,在纽约的斯塔顿岛的海洋医院,建立了一个名为卫生实验室的细菌检验室,用以研究霍乱及其他传染性疾病。这一实验室后来演变为国家卫生研究院(NIH)。[20] 1890 年,国会赋予美国海洋医院跨州检疫权,接着在 1893 年随着欧洲霍乱的暴发,国会授予联邦政府进行检验检疫的权力。[21] 1912 年,美国海洋医院经过重组成为美国公共卫生服务局。[22]

许多观察者认为,罗斯福新政对于积极推进联邦政府在公共卫生方面的作用具有重要的历史意义。1935 年的《社会保障法案》开始关注贫困问题及其对健康的有害影响,后来,1939 年成立的联邦保障局致力于健康、教育、社会保障和公共服务。1946 年传染性疾病中心成立,后来演变为疾病控制与预防中心。[23] 在此期间,联邦政府扩大了对掺假或有害食品、药品和化妆品的监管权限;制定了全国饮用水标准[24];制定了性病控制计划以应对性传播疾病

---

[18] See Elizabeth Fee, "Public Health and the State: The United States," *The History of Public Health and the Modern State*, ed. Dorothy Porter (Atlanta, GA: Rodopi, 1994): 224-33.

[19] C. C. Regier, "The Struggle for Federal Food and Drugs Legislation," *Law and Contemporary Problems*, 1, no. 1 (1933): 3-15.

[20] See Ralph C. Williams, *The United States Public Health Service*, 1798-1950 (Washington, DC: Commissioned Officers Association of the United States Public Health Service, 1951).

[21] 1879 年创立了第一个全国卫生委员会,但在 1893 年被卷入了州权的争议中,随之委员会权力被转移给了美国海洋医院(USMHS)。Fitzhugh Mullan, *Plagues and Politics: The Story of the United States Public Health Service* (New York, NY: Basic Books, 1989).

[22] Bess Furman, *A Profile of the United States Public Health Service*, 1798-1948 (Washington, DC: National Institutes of Health, 1973).《公共卫生服务法》规定了当代美国公共卫生服务机构的权利和义务。42 U.S.C. §201 (1944).

[23] Elizabeth W. Etheridge, "History of the CDC," *Morbidity and Mortality Weekly Report*, 45, no. 25 (June 28, 1996): 526-30.

[24] Lawrence O. Gostin, Zita Lazzarini, Verla S. Neslund, and Michael T. Osterholm, "Water Quality Laws and Waterborne Diseases: Cryptosporidium and Other Emerging Pathogens," *American Journal of Public Health*, 90, no. 6 (2000): 847-53.

的再度暴发㉕;成立了联邦财政补贴项目,要求各州开展和维持公共卫生服务以及公共卫生专业人员的培训㉖。

　　作为林登·约翰逊总统致力于扶贫、教育和城市改造的伟大社会议程的一部分,联邦政府的疆域再次拓展,这促使医疗保险和医疗补助(见第八章)得以建立。㉗ 理查德·尼克松总统继续扩大联邦政府的监管权,新建机构保护环境和工人安全。然而,罗纳德·里根总统在位时,官僚主义不断增长,举国上下日趋失望。里根政府开始加强对行政机构的监督,特别是通过授权进行成本效益分析,这一要求至今仍很实用(见第六章)。㉘

　　2001年9月11日之后,随着次年美国国土安全部的成立,联邦卫生机构将关注的重点放在生物安全上,包括故意或意外的化学或生物制剂泄漏、核事件以及如高致命流感等传染性疾病的自然暴发。联邦对州与地方的资助同样侧重公共卫生应急防备。

　　奥巴马执政期间,联邦机构越来越注重预防非传染性疾病,如对糖尿病、心脏病和癌症的预防。2009年,《家庭吸烟预防与烟草控制法》要求美国食品药品管理局规范烟草产品。2010年,《平价医疗法》转变了整个医疗照护体系。它还创建了国家预防、健康促进与公共卫生理事会(National Prevention, Health Promotion, and Public Health Council)(或者更多地被称为国家预防委员会),它由20个联邦机构的负责人组成,由美国公共卫生部部长(U.S. Surgeon General)担任主席。该委员会设在健康与人类服务部之下,由农业部、教育部、交通运输部、住房和城市发展部、劳动部、国土安全部、内政部、司法部和国防部,以及退伍军人事务局、环境保护局、联邦贸易委员会、国家毒品控制政策办公室、国内政策委员会、国家和社区服务集团、行政管理和预算局、总务管理局和人事管理办公室的代表组成。其关注的焦点反映了联邦政府的一个重要承诺,即坚持采用"将健康融入所有政策"(Health in All Policies, HiAp)的原则和"整体政府"(whole-of-government)的方法来保护、促进健康(见框5.1)。

　　㉕ Lawrence O. Gostin and James G. Hodge Jr., "Piercing the Veil of Secrecy in HIV/AIDS and Other Sexually Transmitted Diseases: Theories of Privacy and Disclosure in Partner Notification," *Duke Journal of Gender Law and Policy*, 5 (1998): 9-88.

　　㉖ Social Security Act, 42 U.S.C. §§ 301-1397 (2012).

　　㉗ Karen Davis and Cathy Schoen, *Health and the War on Poverty: A Ten-Year Appraisal* (Washington, DC: Brookings Institution, 1978).

　　㉘ Exec. Order No. 12,291, 46 Fed. Reg. 13,193 (February 17, 1981). See Eleanor D. Kinney, "Administrative Law and the Public's Health," *Journal of Law, Medicine and Ethics*, 30, no. 2 (2002): 212-23; John Bronsteen, Christopher Buccafusco, and Jonathan S. Masur, "Well-Being Analysis vs. Cost-Benefit Analysis," *Duke Law Journal*, 62, no. 8 (2013): 1603-89.

框 5.1　将健康融入所有政策：
将所有健康问题整合到"非卫生"机构的工作中去

　　法律对于创设健康条件的复杂环境的各个方面都发挥作用，包括对教育机构、能源机构与运输机构等各个政府机构广泛的不同的政策背景的影响，以及对法令、条例、法庭案件等旨在重塑或改善妨碍健康的因素的影响。健康措施的范围涵盖：从国家烟草政策到地方禁烟令，从国家农业补贴和学校的营养标准到当地学校董事会关于学校的自动售货机出售的食品和饮料类型的决定。

　　——医学研究所：《为了公众的健康》(Institute of Medicine, *For the Public's Health*, 2011)

　　随着联邦政府在公共卫生领域的影响越来越广泛，担负交叉责任的多个部门或司法管辖区之间的配合作为健康的决定因素已经成为一个迫切的问题。同时，公共卫生的社会生态模式（见第一章）强调了交叉预防策略的重要性。所有这些以及其他态势引发了人们对采用"将健康融入所有政策"原则和"整体政府"方法进行卫生治理的兴趣——这样的卫生治理方针对行政机关有着重要的政策意涵。

　　"将健康融入所有政策原则的核心是研究健康的决定因素……可以通过影响这些决定因素来改善健康，但主要受非卫生部门的政策控制。"[1] 将健康融入所有政策原则意味着"重新构建健康政策的概念"，囊括了与传统卫生政策相距甚远的社会政策。[2] 一个美国的宣传机构指出："从影响我们餐食的农业政策到国家作出的每一个使我们冒疾病风险的环境决策，我们的每一次选择使我们更接近或更远离国家卫生目标。"[3] 我们的公共卫生基础设施（从预防非传染性疾病到应对传染性疾病暴发）面临着许多严峻挑战，只有以一个团结的整体政府运行的方式才能趋利避害，这种方式下各部门协调一致、努力实现共同目标。

　　国际上最为明确地承认该原则是在 2010 年的世界卫生组织《关于全面健康政策的阿德莱德声明》(Adelaide Statement on Health in All Policies) 中，它号召"所有部门把健康和幸福作为政策发展的一个关键组成部分"，并提倡"一种新的治理模式，在政府内部、各部门和各级政府之间发展一种成熟的领导关系"。[4] 几十年来这个基本理念一直是全球卫生法律和政策的重要组成部分。例如，1986 年世界卫生组织《渥太华健康促进宪章》要求"把健康放在所有部门和各级决策者的议事日程之上,引导他们意识到自己的决定可能会带来的后果,以及对健康承担责任"[5]。

在许多国家,将健康融入所有政策原则通过健康影响评估(HIA)投入实践,"健康影响评估是一个系统过程,它使用一整套数据资源和分析方法,根据利益相关者的投入来决定拟定政策、计划、方案或项目对居民健康的潜在影响和这些影响在人群中的分布状况"[6]。健康影响评估所依赖的方法已成为广泛研究与开发的主题。[7]

在亚洲和欧洲的一些国家,已经通过立法方式要求相关政府机关(有时包括私人开发者)开展健康影响评估。一些学者和倡导者认为健康影响评估应该在美国发挥更大的作用,但目前为止仅有少数司法管辖区予之以明确授权。[8]例如,2009年由州立法设立的跨机制"马萨诸塞健康交通规约"要求将健康影响评估作为交通项目审批流程的环节。[9]该规约涉及州的卫生部部长、能源和环境事务部长、公路管理局局长、运输署署长和公共卫生署署长。其目标包括减少温室气体排放、改善身心障碍者的服务、提高选择健康通勤方式的可能(如散步和骑自行车)、保持健康和预防肥胖。

公共健康的影响也经常被归入更加宽泛的影响评估要求。例如,在愤怒居民协会起诉圣华金河谷(*Association of Irritated Residents v. San Joaquin Valley*)案中,加利福尼亚法院要求当地一个覆盖八个县的空气污染区重新评估其拟定规则,考虑那些具有商业性农业用途的动物圈养设施对公众健康的影响。法院判决所依据的事实——当地的法令指导强制要求评估除其他几个因素外"(受管制)排放对公共健康和环境造成不利影响的严重程度"[10]。一些法律要求非卫生部门把对健康和环境影响的广泛考虑作为决策制定的一部分,它们则是在不成熟的时机下使用健康影响评估成熟方法的示例。

即使在那些法律未规定运用健康影响评估的领域,健康影响评估也常常在学术中心与非营利组织的协助下主动发起,旨在为政府项目与计划分析提供信息。[11]例如在2012年,当地卫生部门要对为蒙大拿比林斯市的城市拟定改建所作的二十年总体规划进行健康影响评估。健康影响评估关于获得健康食品的渠道、公用空间分区制和街道安全与连通性的改善等方面的结论,最终形成了这个由市议会批准的计划。

一般情况下的将健康融入所有政策原则以及特殊情况下的健康影响评估,两者都是实现公共卫生的社会生态模式的强大工具(见第一章)。通过"突出这一事实,即引起重大疾病的风险因素或健康的决定因素常被其他政府部门以及其他社会参与者规定的一些措施所修改",将健康融入所有政策原则自然"将重点……从个人生活方式和单一疾病转移到形成我们日常生活环境的社会因素和行为"[12]。

1. Marita Sihto, Eeva Ollila, and Meri Koivusalo, "Principles and Challenges of Health in All Policies," *Health in All Policies: Prospects and Potentials*, ed. Timo Stahl, Matthias Wismar, Eeva Ollila, Eero Lahtinen, and Kimmo Leppo (Finland: Ministry of Social A airs and Health, 2006): 4. The term *health in all policies* was popularized during the second Finnish presidency of the European Union in 2006.

2. David R. Williams and Pamela Braboy Jackson, "Social Sources of Racial Disparities in Health," Health Affairs, 24, no. 2 (2005): 325–34. See also Emily Whelan Parento, "Health Equity, Healthy People 2020, and Coercive Legal Mechanisms as Necessary for the Achievement of Both," *Loyola Law Review*, 58 (2012): 655–719, 713–14.

3. Aspen Institute, "Health in All Policies," www.aspeninstitute.org/policy–work/health–biomedical–science–society/health–stewardship–project/principles/health–all–policies.

4. World Health Organization, *Adelaide Statement on Health in All Policies: Moving towards a Shared Governance for Health and Well-Being* (Geneva: WHO Press, 2012).

5. World Health Organization, *The Ottawa Charter for Health Promotion*, www.who.int/healthpromotion/conferences/previous/ottawa/en/index1.html.

6. National Research Council, Committee on Health Impact Assessment, *Improving Health in the United States: The Role of Health Impact Assessment* (Washington, DC: National Academies Press, 2011): 15.

7. John Kemm, Jayne Parry, and Stephen Palmer, eds., *Health Impact Assessment* (Oxford: Oxford University Press, 2004), providing "an overview of the concepts, theory, techniques and applications of HIA to aid all those preparing projects or carrying out assessments."

8. National Research Council, *Improving Health in the United States* (Washington, DC: National Academies Press, 2011); James G. Hodge Jr., Erin C. Fuse Brown, Megan Scanlon, and Alicia Corbett, *Legal Review Concerning the Use of Health Impact Assessments in Non-health Sectors* (Washington, DC: Pew Charitable Trusts) reviewed thirty-six jurisdictions and found only four instances of HIAs being required by law.

9. Ibid., 16–17.

10.*Ass'n of Irritated Residents v. San Joaquin Valley*, 85 Cal. Rptr. 3d 590 (Cal. Ct. App. 2008).

11. See Pew Charitable Trusts, *Health Impact Assessments in the United States*, www. pewtrusts. org/en/multimedia/data-visualizations/2015/hia-map, accessed August 6, 2015, which presents an interactive map providing information about recent and ongoing health impact assessments in the United States.

12. Stahl et al., *Health in All Policies*, xvi.

联邦政府在现代公共卫生中扮演着广泛而复杂的角色。各种公共卫生职能,包括急救准备、卫生保健、食品安全、药品安全与效力、环境保护、营养和预防服务,分别对应着一系列机构。健康与人类服务部是伞状机构,上述的大部分职能归属其下。在其庇护下,各种健康促进与保护项目得以发展。美国老人医疗保险与穷人医疗保险服务中心(Centers for Medicare and Medicaid Services, CMS)负责医疗保险和医疗补助计划。疾病控制与预防中心为监测、控制和预防疾病提供技术和财政支持。疾病控制与预防中心的工作包括各种基于人群的措施,如儿童疫苗接种、慢性疾病预防和管理、伤害预防和传染性疾病暴发的紧急应对。美国国家卫生研究院开展和支持研究,培训研究人员,并传播科学信息。食品药品管理局确保食品和化妆品的纯净和安全,以及药品、生物制品、医疗器械的安全和有效性;同时它还对烟草产品进行监管。美国国土安全局的使命是对恐怖主义、自然灾害和其他健康突发事件进行风险评估、预防、保护、应对和恢复。㉙

随着联邦政府获得的资源越来越多,以及最高法院容许国会拥有越来越大的权力,联邦政府在公共卫生领域的影响与日俱增。现在几乎不可能找到一个不受联邦政府重大影响的公共卫生领域。

第二节 行政法:行政机关的权力与限制

卫生和安全问题带来复杂的、和高技术性的挑战,为应对这种挑战,需要专业知识、灵活性以及坚持不懈的潜心研究。关注专门领域问题的行政部门内设机构,在很多方面比那些由有确定任期的成员组成的通用型的立法机构

㉙ See U.S. Department of Homeland Security, *Department of Homeland Security Strategic Plan: Fiscal Years 2012-2016* (Washington, DC: Government Printing Office, 2012).

能够更好地应对挑战。㉙ 政策制定者在很大程度上依赖于这些机构解决重要的社会问题,因而赋予其可观的权力。这些广泛的授权使得制衡成为必要。行政机关的权力受到特别的限制,这些限制通常来自于联邦或州宪法中确立的分权原则。

联邦政府机构包括各种内阁级部门(健康与人类服务部、国土安全部、农业部等)和在每个部门内形成的众多分支机构。例如,健康与人类服务部包括美国疾病控制与预防中心、食品药品管理局和国家卫生研究院。它们中每个下属机构又都设有其他致力于特定职能或问题领域的中心、项目和办事处。另外一些机构独立于部门框架之外。这包括独立的行政分支机构,如环境保护署(EPA),其行政长官具有内阁级别的地位。其他独立的机构,如消费者产品安全委员会等,是独立管制机构,这意味着其不受总统的影响。在州一级,有代表许多相同实质性领域的机构,但其制度设计与名称各不相同。往往地方机构关注的问题范围较为狭窄。

这些机构规制私人行为、管理福利计划并执行许多其他职能。在此过程中,它们可以参与规则制定,以及潜在的违规行为调查(有时,但并非总是通过授权开展检查或强制获取证据和资料),对涉嫌违法行为或主张的权利进行裁决,以及执行法律(通过民事行政或司法行为或刑事检控)。例如,1970年《职业安全与健康法案》授权劳工部部长颁布强制性的工作场所安全标准,通过监测、检查和罚款方式执法,并裁决或仲裁纠纷。㉛ 随着行政国的兴起,立法、执法和裁决之间的界限已经变得模糊。因为这些机构兼有准立法、司法和行政综合职能,但既不是直接对选民负责(好比立法部门和行政部门),也不具有独立性(好比司法部门),有时被描述为政府的"无头的第四部门"政府。行政法的核心难题是在欠缺直接选举与充分分权的情况下,如何最佳地实现适当的监督和问责。㉜

一、行政行为的司法审查

司法部门是审查执行机关权力运行的关键角色,需要确保执行行为不会

㉙ 联邦最高法院支持了机构的合宪性。See, for example, *Morrison v. Olson*, 487 U.S. 654 (1988) (支持了独立律师的合宪性)。
㉛ Occupational Safety and Health Act (OSHA) of 1970, 29 U.S.C. § 651.
㉜ 机构的高层领导一般由行政机关任命,在一定程度上受立法机关的约束。但在某些部门,任命完全由行政机关决定。大部分是机构官员听命于行政机关,尽管在某些情况下因某种原因而改变。

超出授权的合法范围。㉝ 授权法的语言在赋予监管权力的同时也限制行政机关的行为。法律语言通常具有宽泛性或模棱两可的特点,这意味着一个执行机构可以采取一系列行为。由于表意的模棱两可,机构规章经常受到挑战,挑战通常要么来自管制行业(寻求避免严格的监管),要么来自公益团体(寻求充分的监管以保护公众利益)。

(一)禁止授权原则

禁止授权原则(nondelegation doctrine)是挑战行政机关行为的一种途径。禁止授权源自三权分立。鉴于联邦宪法赋予国会"全部立法权",有论者认为,这些权力不能授权给其他任何机构。㉞ 然而事实上,联邦最高法院认为,国会可以适当授权给行政部门或某个独立管制机构,只要法令规定一个"可以理解的原则"来为行政机关提供指导便可。㉟

禁止授权原则要求立法机关为行政机关的规则制定提供合理明确的标准,即法定标准不能太过含糊不清,以至于让行政机关有制定政策的自由裁量权。然而,联邦法院很少用这个原则来宣告对行政机关的授权无效。㊱ 例如,在惠特曼诉美国货运协会(Whitman v. American Trucking Associations, 2001)案中,法院认为,《清洁空气法》指导环保局制定空气质量标准,旨在以"足够的安全边际"来保护"公众健康",但这并不是"无标准"的,相当于违宪授权㊲。

(二)法律解释与行政机关权限范围

法院对行政行为进行管制的另一种方式是通过法律解释来确定行政机关职权的合法范围。例如,在食品药品管理局诉布朗与威廉森烟草公司案〔(Food and Drug Administration v. Brown & Williamson Tobacco Corp. (2000年)〕中,最高法院站在行业集团一边,宣布食品药品管理局的一项限制向儿童与青少年推广与销售香烟的规定无效。鉴于《食品、药品与化妆品法》是

㉝ See, for example, Indus. Union Dep't, AFL-CIO v. Am. Petrol. Inst., 448 U.S. 607 (1980)(判决认为通过授权职业安全健康管理局发布标准"对于提供安全或健康的就业是相当必要或合适的",国会的目的是首先找出工作场所是不安全的,同时"安全"不等于"无风险");see also Am. Textile Mfrs. Inst. v. Donovan, 452 U. S. 490 (1981)(判决认为,职业安全健康管理局的规定是自身来衡量成本与收益,同时国会并没有意图去要求机构在颁布有毒物质的机构标准之前进行成本收益分析)。

㉞ 禁止授权是一项基于专属于国会的立法权(U.S. Const. art. I)和法院的司法权(U.S. Const. art. III)的宪法原则。

㉟ J. W. Hampton, Jr. & Co. v. United States, 276 U.S. 394 (1928)。

㊱ 但是,1935 年以来联邦最高法院极少将立法权授予行政机关来判决卫生与安全规定无效。关于 20 世纪的观点,see A.L.A. Schechter Poultry Corp. v. United States, 295 U.S. 495 (1935)(判决机构最高工时和最低工资标准的规定无效,因为立法并没有规定明确的标准)。关于现代的观点,see, for example, Touby v. United States, 500 U.S. 160 (1991)(拒绝对国会授权总检察长授权分配任何对公众健康构成威胁的药物的非指控原则提出质疑)。

㊲ Whitman v. Am. Trucking Ass'ns, 531 U.S. 457 (2001)。

一个整体,法院推断认为国会打算将烟草产品排除在食品药品管理局的管辖范围之外。[38] 因此,重要的调查围绕立法机关打算赋予食品药品管理局何种权力而展开。[39] 尽管耗时数年,但国会最终对法院的限制性裁决作出了回应,即在2009年的《家庭吸烟预防与烟草控制法》中明确授权FDA对烟草行业进行规制。[40]

虽然法院并没有严格使用禁止授权原则来判决授予行政机关的广泛权力无效,但法院经常援引禁止授权原则作为法律解释的辅助手段。当解释针对行政机关的法定授权时,法院通常力图尊重立法的意图。在某些情况下,授权的范围之广可能引发禁止授权的问题,然而,法院可以对此种授权行为作出狭义解释,从而判决行政机关的行为无效,同时可以避免判决法律本身无效。在博热力诉阿克斯洛德(*Boreali v. Axelrod*)案中,这个由纽约州上诉法院(州最高法院)判决的一个州行政法案件就是一个很好的判例。[41] 在博热力案中,法院允许州的公共卫生委员会(纽约州卫生部门的组成部分)颁布规定,禁止在一些向公众开放的室内场合吸烟。该法案生效后,公共卫生委员会被授予广泛权力来"应对任何影响公共卫生的事项"[42]。在遭遇州宪法规定将立法权保留给州参议院和众议院情形下的禁止授权挑战时,上诉法院选择支持此类广泛授权。然而,法院最终注意到必须对此类广泛授权作狭义解释才能避免与禁止授权原则发生冲突,并认定公共卫生委员会的行为超出了法定的授权范围。

二、行政行为的程序要件

法院除了要确定行政机关权力的实质范围外,还要审查行政机关是否遵守了《联邦行政程序法》(APA)或类似的州程序法规定的程序。《联邦行政程序法》于1946年颁布。此前十年,各方就作为新政一部分而设立的大量行政机关的运作将在多大程度上得到规范与约束,以及如何对之进行规范与约束展开了艰苦的谈判。[43]《联邦行政程序法》旨在确保透明、公众参与和标准

---

[38] *FDA v. Brown & Williamson Tobacco Corp.*, 529 U.S. 120 (2000).

[39] 另外相关的是1907年联邦《肉类检查法》,该法在厄普顿·辛克莱所著讲述清洁和纯净肉类生产的《丛林》一书出版的一年之后通过。在 *Supreme Beef Processors, Inc. v. USDA*, 275 F.3d 432 (5th Cir. 2001)一案中,上诉法院推翻了美国农业部关于生鲜肉类中沙门氏菌水平的规定,因为其没有规制"非掺杂的病原体"水平的法定权力。

[40] Family Smoking Prevention and Tobacco Control Act, Pub. L. 111-31, 123 Stat. 1776 (2009).

[41] *Boreali v. Axelrod*, 517 N.E.2d 1350 (N.Y. 1987).

[42] *Id.* at 1353.

[43] See George B. Shepard, "Fierce Compromise: The Administrative Procedure Act Emerges from New Deal Politics," *Northwestern University Law Review*, 90, no. 4 (1996): 1557-683.

化。它还为行政机关的规则制定和裁决建立了明确的司法审查标准。1941年到1984年间,各州都颁布了自己的行政程序法。㊽ 大多数情况下,这些州行政程序法以联邦《行政程序法》为蓝本,但也作了重要改变。例如,许多州相较联邦机构而言采取了更严格的禁止授权准则或更广泛的规则审查程序。㊾

(一)规则制定

虽然行政机关拥有相当大的权力来颁布详细的规则,但其权力的行使必须公平、公开,并不超出立法授权的范围。联邦和州的行政程序法(以及行政机关授权的法案)对行政机关发布规则所要遵循的程序作了详尽的规定。㊻根据《联邦行政程序法》确立的司法审查标准之一,如果法院认为行政机关发布的规则存在"专断、任意、滥用自由裁量权或其他不符合法律规定"㊼的情形而违反《宪法》与上位法,则可以撤销该规则。

联邦《行政程序法》规定了两种不同形式的规则制定程序(且许多州行政程序法遵循相似的路径):正式的和非正式的。一些附加的规则制定不受该法的程序约束。㊽ 行政程序法的基础性规则制定程序(称为非正式的或通知—评论规则制定)旨在设立一个简单而灵活的程序,但往往在实践操作过程中变得笨拙和烦琐。它包括三个要求:事先公告(例如,在《联邦公报》进行发布)、考量由利害关系方所提出的书面建议、关于该项规则的根据与目的之声明。㊾

正式的规则制定程序("有记录的规则制定")指导行政机关在颁布规则之前举行听证会,并为利益相关方提供作证与交互诘问不利证人的机会。㊿ 如果行政机关被要求遵循正式规则来制定规则,但其却未严格遵守正式程序,这样做成本高昂,并造成相当长的延误,由此制定的规则可能会无效。例如,在20世纪70年代,美国食品药品管理局花了近两年的时间就拟议的维

㊽ Rui J. P. de Figueiredo Jr. and Richard G. Vanden Bergh, "The Political Economy of State-Level Administrative Procedure Acts," *Journal of Law and Economics*, 47, no. 2 (2004): 569-88, 71.

㊾ Jim Rossi, "Overcoming Parochialism: State Administrative Procedure and Institutional Design," *Administrative Law Review*, 53, no. 2 (2001): 551-73.

㊻ 除非法律规定,州行政程序法一般不适用于地方政府的下属机构。*Arthur D. Little, Inc. v. Comm'r of Health & Hosps.*, 481 N.E.2d 441 (Mass. 1985). But see, for example, *Justewicz v. Hamtramck Civil Serv. Comm'n*, 237 N.W.2d 555 (Mich. 1975).

㊼ 5 U.S.C. §706(a)(2).

㊽ 5 U.S.C. §553(a). 豁免适用于解释规则、政策声明、程序规则以及一些实体性规则(例如,属于军事、外事、机构管理、借贷、授权、获益或者合同),同时通告和评论程序是"不能进行、不必要或者违反公共利益的"。

㊾ 5 U.S.C §553; *Auto. Parts & Accessories Ass'n v. Boyd*, 407 F.2d 330, 338 (D.C. Cir. 1968)(判决认为要求在汽车座位上安装安全带符合《行政程序法》中"简明的一般声明"的规定)。

㊿ 5 U.S.C. §§553(c), 556, 557.

生素补充剂条例举行听证会。企业集团对最终规则表示不满，于是根据食品药品管理局的授权法提交了请愿书，该授权法规定受不利影响的当事方可直接申请巡回法院对食品药品管理局的某类规定进行审查。第二巡回法院最终判决这些规则无效，但并不是因为规则本身不合理，而是因为行政机关过度限制了对支持规则的医药专家的交互诘问。[51] 值得注意的是，记录表明，听证官员曾表示担心，反对规则的人可能故意使用重复盘问，从而"过度延长"听证过程。[52]

（二）调查与执行

除了制定规则，行政机关也享有执行法律法规和调查涉嫌违法行为的行政权。执行完全属于行政机关的宪法权利范围。立法机关对有违健康和安全标准的行为设置惩罚措施；行政机关监督守法情况，并矫正那些不符合法律规范的行为。依据其执法权，卫生部门可以检查各类场所和企业、调查投诉事件以及监督卫生与安全法范围内的活动。

对于私人商业财产进行的行政检查可能构成第四修正案所规定的搜查。但是，联邦最高法院认为，"不像对私人住宅的搜查通常必须持有搜查令才具有不违背第四修正案的合理性，由立法机制授权对商业财产进行的无证搜查不一定违反第四修正案。"[53]尤其，法院往往认为，无须搜查令也可以对属于"全面受管制的行业"内的企业进行行政搜查，因为，在某些情况下，业主的最小限度的隐私权益"可能受到授权无证搜查的监管计划的充分保护。[54] 下级法院认为，行政搜查例外适用于以下情形："经法令授权的搜查在促进重要的政府利益的同时，授权法令以及根据授权法令而制定的监管计划对搜查的方式与地点作出了具体限制，以限制其滥用的可能性。"[55]另一方面，如果法规授权进行检查，但"没有规定检查员必须遵循的程序，则应适用第四修正案及其各种限制性规则"[56]。

（三）裁决

各行政机关通过解释法律规则和裁决纠纷案件履行准司法职能。行政程序法和机关授权法规通常规定了行政机关裁决纠纷案件过程中必须遵循

---

[51] Nat'l Nutritional Foods Ass'n v. FDA, 504 F.2d 761, 792-99 (2d Cir. 1974).
[52] Id. at 795 n. 50. Cf. Robert W. Hamilton, "Rulemaking on a Record by the Food and Drug Administration," Texas Law Review, 50, no. 6 (1972): 1132-94(讨论了在食品药品管理局的听证中，专家被盘问在花生酱中花生的含量是应该占87%还是90%）。
[53] Donovan v. Dewey, 452 U.S. 594, 598 (1981).
[54] Id. at 599.
[55] Tarabochia v. Adkins, 766 F.3d 1115, 1122 (9th Cir. 2014).
[56] Colonnade Catering Corp. v. United States, 397 U.S. 72, 77 (1970).

的程序。(57) 根据《联邦行政程序法》，正式的裁决（"有证据"或"有记录"的听证）只适用于机关授权法有所要求的少数情形。正式的裁决通常由行政法法官（ALJ）主持。在联邦系统内，行政法法官一般被指派和安排于各个行政机关；但在大多数州，他们被安排于审查行政机关裁决的中心小组。(58) 在行政法法官审查之后，通常紧接着会向所在行政机关的首长提出一份诉愿书，该首长的决定最终可被上诉至州法院或联邦法院。正式裁决的内容通常包括通知、提出口头和书面证据的权利告知、对证人的交互诘问记录、行政机关对事实和法律的调查以及作出决定的理由。即使在没有法定要求的情况下，如果行政规章剥夺了个人的"财产"或"自由"（参见第四章），联邦与州宪法也要求举行公平的听证。因此，行政机关负有为裁决听证提供正当程序的宪法性义务。(59)

综上所述，现代行政机关行使立法权，以发布可以实施重罚的规章；行使执行权，以调查潜在违法行为并制裁违法者；行使司法权，以解释法律并裁决纠纷。行政权的发展，既是为了充分利用行政机关所具有的灵活性、权宜性与专门知识，也是出于政治考虑。

三、对行政机关的司法尊重

当有关行政机关行为的争议诉诸司法机关时，一个关键的行政法问题就出现了：法院是否应该对行政机关的法律结论给予尊重。也就是说，法院是否应当特别重视行政机关对其颁布的规章的解释或其实施的法规的解释，只有在该解释明显错误时才予以否决？或是，法院应该自行解释法规（称为重新审查），而无需参考行政机关的结论？(60)

根据奥尔诉罗宾斯（*Auer v. Robbins*, 1977）案的判决，法院尊重行政机关为其颁布的规章所作出的解释，前提是该规章具有合理性。(61) 联邦最高法院在 2013 年的一起案件中重申："行政机关给出的解释不必是对规章所作的唯一可能解释——或甚至是最好的解释——也可以具有说服力。当行政机关为其颁布的规章进行解释时，法院在一般情况下会遵从该解释，除非它具有

(57) 5 U.S.C. §553(c).

(58) Rossi, "Overcoming Parochialism," 568.

(59) *Withrow v. Larkin*, 421 U.S. 35, 47 (1975)（"在公正的法庭进行公正的审判是正当程序的基本要素"）。See *In re Murchison*, 349 U.S. 133, 136 (1955). 该规则适用于行政机构和法院。See also *Gibson v. Berryhill*, 411 U.S. 564, 579 (1973)（判决许可委员会成员在结果上存在金钱利益是不符合宪法的）。

(60) *Skidmore v. Swift & Co.*, 323 U.S. 134 (1944)（创造了一个在一定范围内灵活变动的尊重，这基于"〔行政官员〕彻底清晰的考虑、推理的有效性、与前后声明的一致性以及所有给予他权力来说理的因素"）。

(61) *Auer v. Robbins*, 519 U.S. 452 (1977).

明显错误或与规章不符。”(62)

联邦最高法院对于尊重原则的分析在某种程度上比行政机关对国会制定的法令的解释更为复杂。雪佛龙公司诉美国自然资源保护委员会(*Chevron v. Natural Resources Defense Council*, 1984)一案对环境保护局的一项规则提出质疑,该规则对《清洁空气法》中的一个法定术语进行重新定义,以便赋予制造厂更大的灵活性。联邦最高法院设计了一个两阶段检验标准用以确定行政机关对法规的解释是否值得尊重。(63) 第一步,如果国会用明确的法律语言“直接讨论争议问题”,那么法院必须执行国会的指令而不是遵照行政机关的解释。(64) 但当法律语言模棱两可时,法院接着走向第二步,遵循行政机关的解释,只要这种解释不是专断或恣意,理由是国会的模糊语言即相当于对行政机关的默示授权以填补法律空白。(65)

更为复杂的问题是,法院必须判定“雪佛龙案”是否为解决争议问题提供了合适框架,这一查证过程被评论者称为“雪佛龙案”零步骤。雪佛龙案的司法尊重只有在满足以下条件时方能准予:即“国会授权行政机关制定具有法律效力的规则,并且行政机关要求予以尊重的解释是其为执行国会授权而颁布的”(66)。因此,对缺乏法律效力、未经正式程序颁布的非正式行政解释,法院拒绝予以“雪佛龙”式的尊重。在这种情况下,行政机关的解释只有在“有能力说服”法院认可的情况下才有资格获得尊重。(67)

在阿灵顿城诉联邦电信委员会(*City of Arlington v. FCC*, 2013)案中,联邦最高法院宣判,即使在行政机关确定自身管辖权的情况下,“雪佛龙”代表的尊重原则仍然可能获得认可。(68) 这些司法管辖问题作为规制的基础具有极其重要的意义。比如,在2003年,美国环境保护署拒绝对机动车辆的温室气体排放进行管制,它给出的理由是:根据《清洁空气法》,温室气体排放不符合法律对“空气污染物”的定义,所以它没有这样做的权力。联邦最高法院

---

(62) *Decker v. Nw. Envtl. Def. Ctr.*, 133 S.Ct. 1326, 1327(内部引用已经标注,注释省略)。

(63) *Chevron v. Natural Res. Def. Council*, 467 U.S. 837 (1984)(雪佛龙公司同意遵从一个行政机关对一个含混不清的授权法规的解释);*Auer v. Robbins*, 519 U.S. 452, 461-63 (1997)(同样,也同意遵从行政机关对自身发布的含混不清的行政规章所制定的解释性行政规则)。

(64) *Chevron*, 467 U.S. at 842; See, for example, *Friends of the Earth Inc. v. Envtl. Prot. Agency*, 446 F.3d. 140 (D.C. Cir. 2006)(判决认为《清洁卫生法》中某一要求对污水排入严重污染河流进行“日常性”限制的指令表明了其自身的意思,同时没有授权环境保护署进行季节性或者年度性的限制)。

(65) *Chevron*, 467 U.S. 843.

(66) *United States v. Mead Corp.*, 533 U.S. 218, 226-27 (2001); see Eric R. Womack, “Into the Third Era of Administrative Law: An Empirical Study of the Supreme Court's Retreat from Chevron Principles in United States v. Mead,” *Dickinson Law Review*, 107, no. 2 (2002): 289-341.

(67) *Skidmore v. Swift & Co.*, 323 U.S. 134, 140 (1944).

(68) *City of Arlington v. FCC*, 569 U.S. ___, 133 S. Ct. 1863 (2013).

作出的最终判定是,法律语言并不模糊("雪佛龙案"第一步),拒绝承认行政机关的解释,从而指导环境保护署采取行动。[69] 从某种意义上说,可以将"阿灵顿城案"理解为是对行政行为的司法监督的一个打击。然而,法院的意见还揭示了它将支持司法机关在"雪佛龙案"零步骤开展类似"重新审查"的活动。[70] 法院显然认可法官在这一关键步骤中发挥强有力的作用,这样就有可能将尊重引发歧义的查证限制在比通常情况下少得多的案件上去。[71] 例如在金诉伯韦尔(King v. Burwell, 2015)案中,认为,对于判定通过联邦政府管理的健康保险交易所提供保费援助补贴是否可行而言,"雪佛龙案"检验法并不能充当合适的框架。法院裁定,美国国税局(IRS)对《平价医疗法》(ACA)进行解释——规定向联邦政府运营的交易所提供补贴——并不能证明"雪佛龙案"的尊重在本案具有正当性,因为国会不会在如此重要的健康政策问题上授权给美国国税局(IRS)进行解释。法院早在 2000 年曾依据这一原则(即所谓的主要问题原则),否认美国食品药品管理局在未获明确授权情况下管理烟草产品的权力。[72] 然而,法院最终同意国税局对《平价医疗法》的解释,判定国会应当向联邦和各州成立的所有医疗保险交易中心提供补贴。在第八章中,我们将讨论补贴对于《平价医疗法》实现扩大健康保险覆盖面这一目标的重要意义。[73]

四、对行政行为的政治影响与其他限制

统辖司法尊重的法律框架非常重要,因为它对司法监督在多大程度上对行政行为进行规制进行界定。行政机关对各受规制主体拥有相当大的管理权力。授权原则能否足以制约行政机关,并未得到证明;因此,法院对法规的行政解释保持有限的司法尊重,以确保行政机关不至于过度偏离立法机关授予的权限。政府的其他部门也对行政机关施加一定控制。当然,立法机关限定了对行政机关的授权范围,并有权通过法律推翻行政机关制定的规章,撤回其权限,甚至完全解散整个行政机关。但在大多数情况下,议会以更微妙

---

[69] *Massachusetts v. EPA*, 549 U.S. 497, 547 (2007)(在拒绝进行雪佛龙标准第一步之后,推翻了机构的解释,这是因为法院认为法律的语言是不模糊的)。

[70] Cass R. Sunstein, "Chevron Step Zero," *Virginia Law Review*, 92, no. 2 (2006): 187-249.

[71] "The Supreme Court 2012 Term Leading Cases: Communications Act of 1934—Chevron Deference—City of Arlington v. FCC," *Harvard Law Review*, 127, no. 1 (2013): 338-47, unsigned student case comment.

[72] *FDA v. Brown and Williamson*, 529 U.S. 120 (2000). 法院认为,如果美国食品药品管理局是根据联邦《食品、药品与化妆品法》的授权对烟草产品进行规制,该机构将别无选择,只能予以禁止。但是,由于这一结果与国会的明确意图背道而驰,法院认定美国食品药品管理局无权规制烟草制品。这项决定后来被《家庭吸烟预防与烟草控制法》取代,Pub. L. No. 111-31 (2009).

[73] *King v. Burwell*, 576 U.S. ___, 135 S. Ct. 475 (2015).

的方式对行政机关的行为施加影响。(74) 同样,行政长官(无论是总统、州长、市长还是县长)以各种各样的方式对行政机关实施管理与影响。(75)

对联邦行政机关行为的一个特别重要的限制就是对信息与管制事务办公室的监督。该办公室隶属于管理与预算办公室,根据1980年的《文书削减法案》(Paperwork Reduction Act)而创设。该法案对行政机关获取公共信息或强制要求私人向公众提供信息施加了程序性要求。(76) 1993年的一项行政命令大大扩展了信息与管制事务办公室的职能,以期推动"加强对新制定的规章与现行规章的规划与协调……恢复监管审查与监督的完整性与合法性;并使这一过程进一步向公众开放"(77)。就像在第六章所讨论的那样,该行政命令还授权信息与管制事务办公室审查联邦行政机关提出的规章草案,以确保这些规章草案符合该行政命令的指示——所有联邦行政机关都应运用成本-效益分析法对潜在规则进行评估。

第三节 地方政府权力

一个自由国家的地方公民大会是国家力量的组成部分……一个拥有自由管理体制的国家,倘若缺乏市政体制的精神,这个国家的自由精神便不可能存在。

——阿历克西·德·托克维尔:《美国的民主》(Alexis de Tocqueville, *Democracy in America*, 1835)

有充分理由认为,自托克维尔时期以来,随着联邦政府与州政府变得更加庞大和复杂,对地方民主的追求与日俱增,但普通公民接近民主的道路却变得更加困难。

——罗伯特·霍姆斯:《地方自治和经济适用房的冲突》

(74) Charles R. Shipan, "Regulatory Regimes, Agency Actions, and the Conditional Nature of Congressional Influence," *American Political Science Review*, 98, no. 3 (2004): 467-80.

(75) Nina Mendelson, "Disclosing 'Political' Oversight of Agency Decision Making," *Michigan Law Review*, 108, no. 7 (2010): 1127-78.

(76) Paperwork Reduction Act of 1980, 44 U.S.C. § §3501-3521.

(77) Robert C. Holmes, "The Clash of Home Rule and Affordable Housing: The Mount Laurel Story Continues," *Connecticut Public Interest Law Journal*, 12, no. 2 (2013): 325, 引自"新泽西公民行动"(New Jersey Citizen Actio)等组织作为支持被告的法庭之友(Amici Curiae Supporting Defendant)的答辩概要, at 6 in *Fenichel v. City of Ocean City*, 2009 WL 2392038 (N.J. Super. Ct. App. Div. 2008)。

（Robert C. Holmes, *The Clash of Home Rule and Affordable Housing*, 2013）

地方政府开展公共卫生活动当然不限于公共卫生机构。地方的行政和立法机关可以颁布公共卫生法令（通常由公共卫生机构加以指导）。地方机关在非公共卫生领域开展的活动可以对公共卫生产生巨大影响（如分区管制、住房、教育、交通等）。上述所有实体都要受特别限制，通常都在当地政府法规的管辖范畴之内。

地方政府包括州以下的所有政府辖区。州分为若干个县，但各州的县的大小和数量差别很大。例如，得克萨斯州有 254 个县，而特拉华州只有 3 个县；尽管在地理面积和人口上有着巨大差异，佛罗里达州和亚拉巴马州却均有 67 个县。[78] 县级以下各个地方政府的组织结构也存在很大差异。每个县都可能设有直辖政府，包括市、镇、乡、自治市镇和村。一些大城市，如巴尔的摩，作为市县合并管辖区，由单一的直辖政府来执行市县职能。在许多农村地区，往往不存在县级以下地方政府。在许多州，除了综合性的地方政府机构，也有因为特殊目的而设立的独立性地方政府单位，比如学区、消防区、水资源管理区和下水道卫生区等。在美国共有 90 000 多个地方政府，其中有许多政府之间的管辖权互有重叠。[79]

虽然联邦宪法界定了联邦政府的权力，并把保留权力留给各州政府，但地方政府权力却缄默不语。地方政府由州授权设立和管辖。[80] 毫无疑问，各州具有保护民众健康和福利的绝对权力（受联邦宪法的限制），但是关于应该留给地方政府多大余地来解决类似的问题，仍然存在相当大的分歧。

一、地方自治与地方授权的司法解释

各州地方政府以及同一州内不同级别的地方政府的职权范围不尽相同。地方政府权力的潜在来源包括州宪法（直接将人民的权力授予地方政府）、州立法（州立法机关将权力授予地方政府）和地方宪章（据此，地方选民通常

---

[78] U.S. Census Bureau, *Geographic Areas Reference Manual*, 4–11, www.census.gov/geo/reference/garm.html, accessed September 22, 2015.

[79] Carma Hogue, *Government Organization Summary Report*: 2012 (Washington, DC: U.S. Census Bureau, 2013).

[80] See Gerald E. Frug, "The City as a Legal Concept," *Harvard Law Review*, 93, no. 6 (1980): 1059. 这一原则虽然作为历史问题受到争议，但作为法律问题得到解决。See *Atkins v. Kansas*, 191 U.S. 207 (1903); *Hunter v. Pittsburgh*, 207 U.S. 161 (1907); *Trenton v. New Jersey*, 262 U.S. 182 (1923).

会认可特许地区——根据州法律关于地方合并的规定而设立)。[81]

对市或县的宪法和法令授权决定了自治或"地方自治"(home rule)——由地方政府自行管理地方事务——的程度。在大多数州,至少有一些地方政府机构都被赋予了相当大的地方自治权,这意味着它们拥有广泛的权力,可以制定规则保护公共卫生、安全、福利和道德,也可以颁布许可证、征收税款和举债,而这些权力仅受州和联邦宪法的制约。[82] 这种宪法性权力可以使市、县免受州政府对纯粹的地方公共卫生职能的干预。有时,地方自治条例明确表明,地方法令在某些情形下优先于州法律。例如,加利福尼亚州的州宪法规定,特许城市的法令在涉及市政事务时可以代替州法律,但是涉及全州人民关心的问题时,州法律具有最高法律效力。[83] 缺乏自治的地方政府履行相同的基本职能,但要根据具体的授权才能运行,而且必须获得州政府的许可,才能通过不属于现有授权范围的法规。

有时地方自治规则与被称为狄龙规则(Dillon's Rule)的法律解释规则被误解为相互对立的两个规则,但是在许多州,这两种规则能够而且确实共同存在。[84] 但地方自治规则涉及授予地方政府权力的广度或限度,狄龙规则指的是一项司法解释规则,即认为法院应尽可能狭义地解释授予地方政府的法定权力(可以是广义的,也可以是狭义的)。[85]

法院对州授予警察权力的解释是为了确保地方政府在其授权范围内行事。19世纪后期,爱荷华州最高法院法官约翰·狄龙(John F. Dillon)在他的司法意见中规划了狄龙规则。[86] 狄龙对地方政府非常不信任,认为它们都受到了所谓的政治机器的腐化。[87] 从19世纪中期至20世纪初,掌控纽约市政治的坦慕尼协会(Tammany Hall Society)也许是最著名的机器政治的范例,但

---

[81] 在某些州,例如加利福尼亚州,地方自治章程被认为不是一种授权,而是对宪法授予政府的权力的一种限制。

[82] See, for example, Ill. Const. art. VII, § 6, 授予地方政府广泛的权力"去行使任何属于〔地方政府或地方事务〕的任何权力或职能",这包括……对公共卫生、安全、道德和福利进行规制的权力。

[83] Cal. Const. art. XI, § 5.

[84] Jesse J. Richardson Jr., Meghan Zimmerman Gough, and Robert Puentes, *Is Home Rule the Answer? Clarifying the Influence of Dillon's Rule on Growth Management* (Washington, DC: Brookings Institute Center on Urban and Metropolitan Policy, 2003), 总结了在50个州进行的对自治规则和狄龙规则的调查。

[85] Ibid., 3-4. 如果州宪法和法律没有规定对地方授权的解释规则(如同在大多数的州那样),那么这就留给司法机关来确定解释的规则。狄龙规则和库利原则表明了法官创造的替代性规则。

[86] *Merriam v. Moody's Ex'rs*, 25 Iowa 163, 170 (1868); see also John Forrest Dillon, *Treatise on the Law of Municipal Corporations*, § 55 (Chicago: J. Cockcroft, 1872).

[87] Frug, "The City as a Legal Concept," 111. "狄龙规则最大的困境在于各城市往往不是由'最有知识、运营经验、能力和道德品质'的人来管理。这些城市的管理'往往是水平低下且放纵的'。因此市政府的主要改变是要成为一个致力于公共福利的公共市政府。"

由机器控制小镇政治在狄龙时代也相当普遍。[88] 最终，狄龙裁定地方政府“拥有并能够行使下列权力，而不能行使其他权力：第一，以明示方式授予的权力；第二，在明示授权中必然或公平地隐含或附带的权力；第三，对于实现市政委员会申明的目标与宗旨至关重要的权力（即不仅是实用的、而且是必不可少的权力）。任何关于权力存在的公正、合理、实质性的怀疑都会由法院来解决，而这一权力则被否认”[89]。

库利原则（Cooley Doctrine）意味着地方授权的司法解释的另一个极端范例。[90] 与狄龙不信任地方政府不同，密歇根州最高法院法官托马斯·M.库利（Thomas M. Cooley）更赞同一些倡导者的呼吁：对地方政府权力加强州宪法保护，并对现有授权作广义解释。在1871年的协同意见中，库利法官表达了他的观点，即州宪法赋予地方自治政府的绝对权力不受州立法机构的限制。[91] 库利认为，地方政府先于州政府而建立，应该与州平行，而不是州的产物。

在美林诉蒙蒂塞洛（*Merrill v. Monticello*, 1891）案中，美国联邦最高法院同意狄龙关于州对地方具有管辖权力的观点。[92] 法院还宣布，联邦宪法不能限制州立法机构对市政法人团体的控制。[93] 然而，州法院仍然可以自由地采纳库利原则或其变体，作为州宪法的一项原则。

当代司法机关在对于州对地方政府的授权到底是进行严格解释还是自由解释上，仍然存在分歧。[94] 从历史上看，狄龙规则对州法院如何解释给地方政府的法定授权产生了更大的影响，但近年来，有一种轻微偏离严格遵守该规则的趋势。[95] 在大多数州，它们承认州的最高地位而拒绝接受地方自治规则，法院便会采用狄龙规则。在许多州，它们仅承认地方自治规则适用于某些地方管辖区，法院便只对非地方自治式管辖授权使用狄龙规则。例如，在加利福尼亚州，“特许城市”（charter cities）享有的地方自治权不受狄龙规则

---

(88) Jerome Mushkat, *Tammany: the Evolution of a Political Machine*, 1789-1865 (Syracuse, NY: Syracuse University Press, 1971).

(89) *Clinton v. Cedar Rapids and the Mo. River R.R.*, 24 Iowa 455 (1868).

(90) See Thomas M. Cooley, *General Principles of Constitutional Law in the United States of America*, 4th ed. (Cambridge: University Press, 2002). 关于地方政府权威的库利原则不应与在 *Cooley v. Bd. of Wardens*, 53 U.S. 299 (1852)案中联邦商业权的库利原则相混淆。

(91) *See People ex rel. Le Roy v. Hurlbut*, 24 Mich. 44 (1871).

(92) *See Merrill v. Monticello*, 138 U.S. 673 (1891).

(93) *See Hunter v. Pittsburgh*, 207 U.S. 161 (1907)（拒绝判决宾夕法尼亚州将阿勒格尼市并入匹兹堡市的做法在联邦宪法上无效，这与阿勒格尼市大部分居民的意愿相悖）。

(94) See Sandra M. Stevenson, *Understanding Local Government*, 2nd ed. (Lexis Nexis, 2009), §§ 24.01-24.04.

(95) See Osborne M. Reynolds Jr., *Local Government Law*, 3rd ed. (St. Paul, MN: West, 2009): 172; Stevenson, *Understanding Local Government*, 9.

的限制。另一方面,“普通法城市”(general law cities)享有的权力来自具体的授权法令,根据狄龙规则作出狭义解释。(96) 在极少数情况下,法院运用狄龙规则对广泛的地方自治授权作尽可能狭义的解读。(97)

二、地方政府自治与公共卫生

国家陷入困境停滞不前,但又非静止不动。有些事情正在发生变化——只是不在联邦一级。

——保罗·斯塔尔:《美国境况》(Paul Starr, *The American Situation*, 2014)

地方政府的自主权对公共卫生具有重要意义。事实上,在19世纪,对地方政府授权的严格解释经常被用来阻止公共卫生措施的实施,因为法官认为,从经济的或社会的角度来看,这些措施都显得不明智。(98) 长期以来,城市对监测与控制传染病的传播负有主要责任。近几十年来,地方政府已经成为环境保护、枪支管制、烟草控制、健康饮食和积极生活领域的创新者。当代法院通常认为公共卫生权力本质上属于地方范围(99),但地方政府为规制消费品、零售环境以及其他对预防非传染性疾病和伤害具有重要意义的事项所做的努力,已然促使许多州立法机关优先考虑地方权力,尤其是在本地行业利益受到威胁的情况下就更是如此(见框5.2)。寻求有利于自身利益的监管环境的全国性行业团体可能会发现,将精力与资源集中在解除规制的州立法上,更易于取得成效,因为这样就不必请求成千上万个地方政府采取行业友好型政策。

---

(96) See “Symposium: Cities on the Cutting Edge,” *Hastings Constitutional Law Quarterly*, 25, no. 2 (1998): 183-276.

(97) See, for example, *Midwest Emp' rs Council, Inc. v. Omaha*, 131 N.W.2d 609 (Neb. 1964)(判决包括奥巴马的地方自治章程没有同样意味着城市有权力颁布一部法令去禁止基于种族、宗教信仰、肤色、出身或血统的就业歧视,因为地方自治章程“必须站在公众一边且与官员对立进行严格的解释”); but see *State v. Hutchinson*, 624 P. 2d 1116, 1121 (Utah 1980)(驳回狄龙规则为了保护公众福利赋予广泛权力解释,而支持了地方竞选财政法:“对地方政府滥用它们的授权的担忧作为对那些授权进行严格解释的正当理由,是对人民行使自治的权利和能力的忽视。充分保证免于滥用权力或干涉州合法的利益是由全体选民、州的监管控制和司法审查来提供。特别是在面对基于公众福利对地方政府授权时,严格解释就是直指法律的平白语言,去除立法目的,以及严重不利于有效政府的运作”)。

(98) Hendrik Hartog, *Public Property and Private Power: The Corporation of the City of New York in American Law*, 1730-1870 (Chapel Hill: University of North Carolina Press, 1983): 235(对地方政府授权的严格解释“提供了一种判断司法干预的〔重要〕技术”去阻却法官认为是未经许可的行为)。

(99) James G. Hodge Jr.,“The Role of New Federalism and Public Health Law,”Journal and Health, 12, no.2 (1998):309-57.

框5.2　地方公共卫生规制的州际优先权(State Preemption)：从枪支到快乐套餐

〔优先权〕往往在开始前就减缓甚至结束了草根运动。我们提倡未来要努力节约资源来弥补如今的浪费。我们让我们的下一代公共卫生倡导者不应向政策妥协，而我们现在却这样做了。

——吉尔·伯恩鲍姆:《美国心脏协会》(Jill Birnbaum, *American Heart Association*, 2013)

正如联邦法律可以优先于州法律(见第三章)，州法律也可能优先于地方法令。一方面,优先权允许更大的一致性和可预测性。另一方面,可以防止拿地方级别做试验。优先权有去除管制的效果,即优先的法律相较于州或地方法律来得更加宽松。在某些情况下,优先立法主要或唯一目的就是使下级法律无效。州权优先于地方权在公共卫生法里一些充满政治争议的领域,比如枪支管制、烟草控制和健康饮食上,起着特别重要的作用。

大多数州制定了广泛的优先权规章,以撤销地方政府对枪支弹药的管制。[1]例如,南达科他州的法律禁止县通过任何有关"限制拥有、运输、销售、转让、非法占有枪械弹药或其部件制造或修理"的条例并宣布这些条例"无效"。[2]为了应对这些广泛存在的优先法规,市县都革新了方法,通过传统的区域划分、批准和许可授权(例如,禁止经销商在居民区售卖枪支和采用严格的许可标准)来规范枪支暴力。[3]

在采纳和实施反吸烟法规的恶战中,优先立法被采用后就被州级政府提出作为第一个地方禁止吸烟法令。[4]随着时间的推移,吸烟禁令的政治可行性和跨辖区流行性提高。尽管如此,在一些州,优先立法却拖累了地方烟草控制工作。

反公共卫生优先立法主要侧重于健康饮食。俄亥俄州、亚利桑那州、佛罗里达州和其他州最近颁布了禁止地方政府调控食品销售者、征收食品和饮料产品税,或同时兼有两者的法律。这些由食品、饮料和餐饮业及其盟友发起的法案已通过,正好其他州的地方政府也革新了公共卫生条例。例如,2011年,佛罗里达州和亚利桑那州通过优先法案,禁止地方政府管制业者通过玩具或其他给小孩的赠品来推销那些不健康的快餐餐点。[5]这些措施明显受到被旧金山市与圣克拉拉县采纳的健康激励条例[通常被称为《快乐套餐条例》(Happy Meal Ordinances)]所启发,以禁止玩具赠品与不符合最低营养需求的餐食一起售卖(见第十二章)。

其他州法革新的更快。俄亥俄州通过了一项2011年优先法律（隐藏在5 000页的预算措施里）给该州的农业部门"唯一的专属管辖权……规定了饮食服务行为里有关提供食品营养信息和消费者激励项目的规则"。该法律还明确禁止地方政府强制执行食品内容禁令，并采取法律措施来解决"与食物有关的健康不平等"。

就在优先举措被通过前几个月，克利夫兰市通过了一项关于禁止地方销售已备好的含有人工反式脂肪酸的食物。2013年，克利夫兰市状告并挑战优先法，一个州上诉法庭推翻并指出它"企图限制城市自治规则的权力，这是违宪行为"[6]。法院区分营养优先法和早期俄亥俄州法规优先地方枪支规定，一直持续到2010年。[7] 主要区别是，不像食品内容监管，枪支管制是"遍及全州的全方面立法，其中有一部分内容是关于州和联邦法律对枪支的管制"[8]。相反，法院认为，"联合国大会禁止直辖市动用警力干涉这块领域"不作为餐馆食品供应的全面立法的一部分。[9]

法院指出，要特别关注优先规定被添加到常规拨款法案的过程：

为回应克利夫兰市的反式脂肪酸条例，俄亥俄州餐馆协会（ORA）……给俄亥俄州农业部发送了一封附有立法建议的电子邮件。邮件写道，该条例"正是我们想要优先的附加修正案"。该邮件还指出，该修正案"优待温迪、麦当劳和百胜（塔可钟、肯德基和必胜客的运营许可）"。根据邮件，参议员已经给出俄亥俄餐馆协会的立法提案副本，并将在参议院财政委员会上提出。因此，修正案起草代表了以推翻条例为目的的特殊利益团体。[10]

克利夫兰市诉俄亥俄州（Cleveland v. Ohio）一案表明，广泛的州优先权可能与地方自治相冲突，至少对于在州宪法中确立了自治权的地方是这样的。[11] 同样，纽约州与宾夕法尼亚州的州法院最近也否决了州优先权，从而对采用水力压裂技术开采天然气的做法（一种从地下很深的页岩层提取天然气的过程）进行规制。[12]

注释：

1.See Law Center to Prevent Gun Violence, "Local Authority to Regulate Firearms Policy Summary," http://smartgunlaws.org/local-authority-to-regulate-firearmspolicy-summary, accessed August 7, 2015, documenting that forty-three states have enacted broad preemption statutes and that two others have narrower express preemption statutes.

2. S.D. Codified Laws §7-18A-36 (2013).

3. *Suter v. Lafayette*, 67 Cal. Rptr. 2d 420 (Cal. Ct. App. 1997)(判决反对优先权是对城市法令的挑战,该法令要求枪支经销商除了获得州和联邦法律已经要求的许可证外,还要获得土地使用许可和警察许可); Marice Ashe, David Jernigan, Randolph Kline, and Rhonda Galez, "Land Use Planning and the Control of Alcohol, Tobacco, Firearms, and Fast Food Restaurants," *American Journal of Public Health*, 93, no. 9 (2003): 1404-8; Daniel W. Webster, Jon S. Vernick, and Lisa M. Hepburn, "Relationship between Licensing, Registration, and Other Gun Sales Laws and the Source State of Crime Guns," *Injury Prevention*, 7, no. 3 (2001): 184-89.

4. See Sharon Bernstein, "Fast-Food Industry Is Quietly Defeating Happy Meal Bans," *Los Angeles Times*, May 18, 2011; Paul D. Mowery, Steve Babb, Robin Hobart, Cindy Tworek, and Allison MacNeil, "The Impact of State Preemption of Local Smoking Restrictions on Public Health Protections and Changes in Social Norms," *Journal of Environmental and Public Health*, 2012 (2012): 2.

5. See Dale Kunkel and Doug Taren, "Pre-emptive Bill on Fast Food and Kids Reeks of Hollow Politics," *Arizona Daily Star*, March 1, 2011.

6. *Cleveland v. Ohio*, 989 N.E.2d 1072 (Ohio Ct. App. 2013).

7. *Cleveland v. Ohio*, 942 N.E.2d 370 (Ohio 2010).

8. *Cleveland v. Ohio*, 989 N.E.2d at 1081.

9. *Id.* at 1081-82.

10. *Cleveland v. Ohio*, 989 N.E.2d at 1085(讨论了一个明显的挑战国家优先法违反了登记规定,即单一主体规则)。

11. See also *State v. City and County of Denver*, 139 P.3d 635 (Colo. 2006)(裁判认为该州广泛的优先购买枪支的法令违反了宪法,违反了丹佛市的自治权,并恢复了禁止在城市公园携带枪支的城市法)。

12. John R. Nolon and Steven E. Gavin, "Hydrofracking: State Preemption, Local Power, and Cooperative Governance," *Case Western Reserve Law Review*, 63, no. 4 (2013): 995-1039.

州与地方之间的关系呈现出复杂性与高度的政治色彩,并由州与地方的历史传统这样的重要方式所形塑。各级政府可能强烈要求对吸烟或传染病控制等公共卫生事务行使管辖权。各州可能通过拒绝授予权力(或资源)或利用州法的优先权来否认地方权威。另一方面,地方可以对具有固有的地方重要性的公共卫生事务主张默示授权或自治。

政治上有争议的措施可能更易于在选民都趋于进步或都趋于保守的地

方得以采纳,而不是在州或联邦层级,因为在州或联邦层级,折中方案需要经过艰苦的谈判方能达成。[100] 此外,与州和联邦政府不同,地方政府立法机构不实行两院制(也就是说其新的立法无需两院的通过)。精简的一院制结构使政策创新更具有可行性。[101] 一些具有开拓精神的地方政府的经验可以为较为保守的地区实施类似措施提供参考。关于对拟议措施的地方辩论则扩大了公民参与,提高了公众对公共卫生问题的认识。地方政府当局在地方事务上更具专长,并有能力调整政府举措,以解决地方问题。州通过制定关于地方政府权力的法律,谋求地方治理带来的诸多益处与地方以狭隘和排他性方式行使权力的风险之间的平衡。

第四节 地方行政规则制定: 地方政府法与州行政法之间的互动

城市在公共卫生方面的创新引人注目。与承担更多老人医疗保险与医疗补助负担的更高层级的政府相比,城市从更严格的监管中获得的财政收益较少。城市担忧流动资本外流:如果对企业进行监管,企业就会撤离。此外,因创新成本高昂,成功后就有可能被别人效仿,搭便车的问题可能会抑制地方政策革新。因此,尽管有反补偿预测,城市在公共卫生领域的大量监管仍需要得到解释。
——保罗·迪勒:《为什么城市要在公共卫生领域进行创新?》
(Paul Diller, "Why Do Cities Innovate in Public Health?", 2014)

当联邦政府保护公众健康的监管因立法不作为、对行政机关规则制定的制约而受阻之际,地方政府却在"为了给公众带来广泛的利益,而对政治上强大的行业及其盟友实施不利监管"(地方政府法学者保罗·迪勒所言)中扮演着引人注目的角色。[102] 像纽约、波士顿、巴尔的摩、费城和旧金山这种大城市以及华盛顿州金县以及加利福尼亚州圣克拉拉县这种大县,已成为烟草控

---

[100] See Paul A. Diller, "Why Do Cities Innovate in Public Health? Implications of Scale and Structure," *Washington University Law Review*, 91, no. 5 (2014): 1219-91, 讨论了"集中的政治偏好"部分解释了地方政府的革新。

[101] Ibid., 认为简化的一院制立法架构已经允许城市进行公共卫生事务的革新。

[102] Paul A. Diller, "Local Health Agencies, the Bloomberg Soda Rule, and the Ghost of Woodrow Wilson," *Fordham Urban Law Journal*, 40, no. 5 (2013): 1859-1901, 1867.

制和健康饮食法规方面的重要改革者。在某些情况下,地方立法机构采取了创新措施,但在另一些情况下,卫生当局则根据自己的权力行事。正如框 5.3 中对纽约市部分规则的讨论所示,地方机构的权力是由州级地方政府法律和行政法律之间复杂的相互作用决定的。

框 5.3 重量杯(Big Gulp)禁令:
纽约市含糖饮料分量规定中专业与问责的对抗

2012 年,纽约市市长麦克·彭博(Michael Bloomberg)举行的新闻发布会成了世界头条。公共卫生专家在桌子两边堆放了超大杯子和方糖,方糖代表着碳酸饮料,一般含有高糖量,彭博宣布了一项新措施以减少肥胖,并预防糖尿病和心脏疾病。由市长所任命的该市健康委员会(Board of Health, BOH),修正了卫生法则,提供了许可"餐饮服务机构不得出售、提供或在一个杯子或容器装超过 16 盎司液体的含糖饮料"[1]。高含糖饮料的标准为:(1)无酒精;(2)使用有热量甜味剂增加甜度;(3)每 8 盎司液体含超过 25 卡路里的热量;(4)少于 50%的牛奶或奶制品。[2] 像其他餐厅卫生法的规定,分量规则已经通过检查和罚款系统执行,每次检查最高可罚款 200 美元。[3]

随之而来的公开辩论很激烈,对手嘲笑彭博是一个"保姆"(nanny),批评规则过于任意。委员会表示,之所以选择 16 盎司(被广泛使用,但常被以小分量或儿童分量来销售)作为指定的最大量,是为了平衡经济因素和健康影响。[4] 该条例不包括零售商店和酒精饮料,因为城市对它们没有明确的管辖权;农业市场部规制了纽约市食品零售商店(例如,有售酒的杂货店和超市),而州酒类商品局规制酒精饮料。

几乎同时,业界质疑其分量规则的合法性。虽然公众舆论主要攻击的是限制自由和父权式作风的问题,但诉讼提出的却是行政执法的问题。

鉴于宪法上并无保护某个商品得用某种形式来买、卖的权利,因而,基于经济自由的法律主张大概不会得到支持。

最终,纽约上诉法院认为,分量规则超出了健康委员会的权限范围:"通过在相互竞争的政策目标(公众卫生、经济后果、税务影响,和个人自治)中选择,在欠缺法律授权与指示下,委员会参与法律制定,因而侵犯了市议会的立法权限。"[5] 法庭强调说:"使用一种间接的办法——就是让在餐饮服务机构购买超过 16 盎司液体含糖饮量成为不方便、但不是不可能的做法——卫生委员会拒绝采用其他可能办法(例如在大型容器或贩卖机旁增设健康警语),反采用完全禁止的方式。"[6]

下级法院曾特别批评了健康委员会在制定分量规则时将经济因素纳入考量(而这却非该委员会成员所擅长的公共卫生领域)。[7] 行政法学者批评了禁止授权主义这一司法观点,声称该观点要求"行政机关以近乎残酷的专心致志的态度履行监管使命而无视常识。人们不禁要问,难道行政法要使常识成为非法?"[8] 在确认下级法院的裁决时,州最高法院煞费苦心地澄清:其行政法判例"不应被解释为禁止一个行政机关试图在成本与收益之间进行平衡"。[9]

该分量规则的辩论时刻围绕以专业导向的立法与民主代表之间的紧张关系。有的主张坚持行政机关的合法性和权威性是"基于其专业以及相对免于受到产业界影响,而不是真正的民主"。[10] 基于这种观点,机构应该有更广泛的自由裁量权,在他们的专业范围内行事。然而,其他的倡导者认为,公共卫生行动主要是民主进程的体现:社区合作,共同创造健康的生活环境。[11] 比起由行政机关行使其权限所制定的父权式立法,在民主进程中出现的法规更不容易受到法律挑战。[12] 但问题依然存在:在更多的专业知识假设面前,当政治干预立法行为时,执行机构是否应该被给予回旋余地? 还是行政机关过度扩权有引起公众强烈抵制之风险?[13]

其他人认为,相对而言,地方机构的优势在于速度,而不是专业知识:

> 地方行政人员在其有限的区域内能够迅速采取行动,执行政策试验。科学证明这些试验应遵循而不是先于本地策略……是的,有一种顾虑,一些地方试验会失败……但另一种可能是,我们仍然停滞在现状中,没有人做任何改变,因执行者深陷禁止授权学说的司法泥潭,而立法者深陷党派恶语相向的僵局中。司法要求立法授权监管统一,但国家无法仅凭一些数据来决定立法是否是一个正确的主意。可能的结果就是,法院再现"第22条军规"的恶性循环:法院以缺乏高质量数据为由而撤销地方试验,但这些地方试验正是用科学知识来确定地方政策的影响所需要的数据来源。[14]

注释:

1. NYC Health Code §81.53(b).
2. Id. at §81.53(a)(1).
3. Id. at §81.53(d).
4. New York City Department of Health and Mental Hygiene, Board of Health, Notice of Adoption of an Amendment (§81.53) to Article 81 of the New York City Health

Code, available at www.nyc.gov/html/doh/downloads/pdf/notice/2012/noticeadoption-amend-article81.pdf.

5. *N.Y. Statewide Coal. of Hispanic Chambers of Commerce v. N.Y.C. Dep't of Health & Mental Hygiene*, 23 N.Y.3d 681, 690 (N.Y. 2014).

6. *Id.* at 698.

7. *N.Y. Statewide Coal. of Hispanic Chambers of Commerce v. N.Y.C. Dep't of Health & Mental Hygiene*, No. 653584-2012, 2013 WL 1343607 (N.Y. Sup. Ct. Mar. 11, 2013), aff'd, 23 N.Y.3d 681 (N.Y. 2014).

8. Rick Hills, "The Soda Portion Cap, Redux: Why Are New York City's Agencies More Constrained Than Federal Agencies?," *PrawfsBlawg*, July 30, 2013, http://prawfs-blawg.blogs.com/prawfsblawg/2013/07/the-soda-portion-cap-reduxwhy-are-new-york-citys-agencies-more-constrained-than-federal-agencies.html.

9. 23 N.Y.3d at 697-98.

10. Hills, "Soda Portion Cap."

11. Lindsay F. Wiley, Micah L. Berman, and Doug Blanke, "Who's Your Nanny? Choice, Paternalism and Public Health in the Age of Personal Responsibility," *Journal of Law, Medicine and Ethics*, 41, no. S1 (2013): S88-S91.

12. Scott Burris, "George at APHA I," Bill of Health blog, November 12, 2013, http://blogs.law.harvard.edu/billofhealth/2013/11/12/george-at-apha-i/.

13. See Lawrence O. Gostin, "Bloomberg's Health Legacy: Urban Innovator or Meddling Nanny?" *Hastings Center Report*, 43, no. 5 (2013): 19-25, 且后续经过罗杰·马格努森(Roger Magnusson)的交流评论;Peter D. Jacobson and Wendy E. Parmet;David P. Borden;Emily Whelan Parento;and Michelle M. Mello and David M. Studdert, Hastings Center Report, 44, no. 1 (2014): 3-8.

14. Ethan Leib, "Local Separation of Powers?" *PrawfsBlawg*, March 15, 2013, http://prawfsblawg.blogs.com/prawfsblawg/2013/03/local-separation-of-powers-.html.

第五节　授权、民主、专长与良治

地方政府作为"民主实验室"的理想,对于公共卫生来说,是一种大家熟知的论点。如果没有想象力与实验,很难想象国家将如何推行大胆的公共卫生治理。但是,地方政府自治有时会对公共卫生产生负面影响。如果可以选择,很多地方政府可能不会选择州和联邦法规,以吸引商业界进驻其所在辖区。当然,若缺乏凌驾于州法之上的联邦法以及凌驾于地方法之上的州法的规制,将极易导致恶性竞争。同样,充沛的行政权力对于实现公共卫生目标非常重要,但对于宪制民主政体来说,这也令人不安与困惑。如果公共卫生机构在政治上显得不负责任,并且对被治者的真正关切与需要漠不关心,那么,他们原本所具备的优势(例如,中立、专长与权宜之计)则可能转化为责任。这就是为什么州政府、议会与法院为将行政行为置于政治与宪法限制之下而不懈努力的缘由。

法院与立法机关在考虑行政机关和地方政府的适当权限时,应遵循良善治理之基本原则。特别是,在制定与解释行政法和地方政府法时,应促进公民参与和公共问责,同时保留行政专长的合法作用。公共卫生官员应鼓励有关方在政策制定方面的投入。对公民关切的回应是公平正义的一个至关重要方面。公民参与也是给公民一个机会为自己的健康作出贡献,使他们能够对自己的行为承担责任,并与其社区成员相互扶持。

公共卫生法面临的一个核心难题是:在公民参与和科学知识的合法角色之间寻求平衡。这项任务相当不容易。例如,2010年,华盛顿州最高法院在设法解决公共风险认知与主流科学知识发生冲突的事件中当地政府与选民的关系时,遇到许多困难。[103] 安吉利斯港市议会采纳了长期以来专家坚持的意见,即认为饮水氟化利大于弊,并与公共卫生基金会合作,以投票来决定是否对当地供水实行氟化。作为回应,社区团体发起了两项公民倡议,以停止饮水加氟。市议会拒绝将这些倡议列入投票,并要求州法院作出确认倡议无效的判决,这样做的部分理由在于:州政府将管理地方供水系统的责任赋予了市议会,而非城市本身。华盛顿州最高法院最终支持市议会,认为这些倡议超过了当地投票倡议的范围。一个好政府,其行事既要以证据为基础,又要对选民负责。当这两者处于紧张状态时,法院则面临艰难的选择。

当公众在投票箱前考虑公共卫生政策时,公共问责当然是通过民主进程来实现的。但它也来自于政府三个部门之间的制衡。因此,公共卫生官员在政治上对行政长官负责,必须在立法权限范围内行事,并接受司法监督。公共问责还来自于必须向公众以及特别是受影响的社区证明政府决定的正当性要求。最后,公共问责源于对举报人的保护——是指那些身处机构内部的公开说出非法、不正当或秘密行为的人。因为当政府官员隐瞒重要信息时,公众无法得知,所以当务之急是要鼓励内部人士披露公众关注的事情。

---

[103] *City of Port Angeles v. Our Water—Our Choice*!, 239 P.3d 589 (Wash. 2010).

尤其是近几十年来——在被管制方(产业界)反公共卫生浪潮的影响下,许多人开始将那些追求公共卫生监管措施创新的政策制定者视为自不量力的保姆。在一个理想的世界,公共卫生法律和政策不应该被看作是加诸对其进行抵制的公众身上的外部力量,而毋宁说"我们作为一个共同体,为保证人们能够健康地生活而共同努力"[104]。在面对资金雄厚的产业界的反抗时,社会对积极参与式的公共卫生能否同声相应、同气相求,部分取决于公共卫生机构与其他相关政府实体在多大程度上坚持良治原则。

---

[104] Institute of Medicine, *The Future of Public Health* (Washington, DC: National Academy of Sciences, 1988). See also Wendy Parmet, "Beyond Paternalism: Rethinking the Limits of Public Health Law," *Connecticut Law Review*, 46, no. 5 (2014): 1771-94, 1790."至少在民主政体,公共卫生法不应被看作是政策制定者脱离实际的指令,而应该被理解为公众用来给自己带来利益的工具。实际上,公共卫生法是公众达到其健康目的的方式";Lindsay F. Wiley, Peter D. Jacobson, and Wendy Parmet, "Adventures in Nannydom: Reclaiming Collective Action for the Public's Health," *Journal of Law, Medicine, and Ethics*, no. S1 (2015): 73-75.

第三部分

法律干预的模式

第六章 公共卫生与公共安全的直接规制

> 政治史、经济史以及社会史的划时代标志往往都是一些之前人们认为理所应当的情形后来变成了无法被容忍的情形……我认为，公共卫生的历史很可能被书写成重新定义不被接受事物的连续记录。
>
> ——杰弗里·维克斯:《公共卫生的目标是什么?》(Geoffrey Vickers, *What Sets the Goals of Public Health?*, 1958)

宪法和民主理论为组织有序的社会(主要通过政府)提供了保护和维持人民健康和安全的基本权力。从建国时代与框架时代到进步主义时期与新政时期，乃至现代，不同形式的政府都承担着公共卫生的职责。

本书第三部分阐述政府主体和私人倡导者可以利用的促进公共卫生的手段。这些章节围绕第一章中所提出的法律干预的多种模式来进行论述。本章考查了公共卫生机构和其他政府主体实施的直接规制和作为一种公共卫生法律干预模式的解除规制。在随后的第七章和第八章中，我们通过侵权制度、税收和政府开支策略来探索间接规制的奥秘。

我们以商业活动的公共卫生规制的一个简短历史来开启本章——驳斥了盛行的保守派观点，即早期美国历史是一个政府不干预使得个人主义盛行的时代。事实上，这个历史揭示了公共卫生机构对贸易、职业、健康福利机构以及各类企业的规制中(trades and professions, health care institutions)存在已久的普遍做法。接下来，我们要考查公共卫生机构采取的三种最为普遍的商业规制形式——资格和许可、检查以及清除妨碍。然后，我们将讨论重点扩大到将传统的命令和控制型规制与"新治理"理论和实践进行对比，比如协商性的规则制定、自我规制、公开披露、选择架构以及规制性选择方案的成本效益分析。① 我们介绍一个关于环境健康风险的案例以说明规制手段的范围。本章的结论为:放松规制作为旨在保护和促进公共健康的法律干预模式,包括关于减少损害的一则个案研究,这个案例可作为非法用药罪的代替方案或是辅助定罪的参考。

第一节 公共卫生规制简史

> 1787年至1877年间,理论和实践中的独特、有力的政治传统致力于在美国社会和经济决策的主导下,构想出一个井然有序的社会……这种社会的核心是有足够的法则、条例、制定法以及普通法规定来规制美国早期经济和社会的方方面面……总之,这些规范推翻了关于19世纪政府(或缺席的政府)的固有神话,并展示了早期美国的良好社会愿景中普遍存在的规范:公共安全和治安的规范……以及授予公职人员保证公共卫生(确保人民的福祉、长寿和生产力)的规章制定权。公共规制——州为了公共福祉而限制个人自由和财产的权力——给早期美国发展的方方面面涂上了色彩。在一个井然有序的社会和政体中,追求人民的福祉和幸福是主权理论和管制行为的核心内容。
>
> ——威廉·J.诺瓦克:《人民的福祉》(William J. Novak, *The People's Welfare*, 1996)

对产业和行业的直接政府规制已经成为公共卫生的主题。在美国殖民时期,城市承担主要的公共卫生职责。早期的立法活动是围绕降低污染和规制危险贸易方面来展开的。② 1634年,美国制定了可能是最古老的卫生法,该法禁止波士顿居民在公共用地附近存放鱼或是垃圾。③ 1652年开始,城市制定了一系列条例来对卫生条件和厕所的位置进行管理,禁止在街道上和公共水道中

---

① Orly Lobel, "The Renew Deal: The Fall of Regulation and the Rise of Governance in Contemporary Legal Thought," *Minnesota Law Review*, 89, no. 2 (2004): 342–70,新治理的特征包括:非政府行动者的高度参与;利益相关者之间的合作;多元化与竞争性;去中心化;政策整合;灵活性与非强制性;适应性与动态学习性。

② Elizabeth Fee, "The Origins and Development of Public Health in the United States," in *Oxford Textbook of Public Health*, 3rd ed., ed. Roger Detels, Walter W. Holland, James McEwen, and Gilbert S. Omenn (Oxford: Oxford University Press, 1997), 35–54.

③ John B. Blake, *Public Health in the Town of Boston, 1630–1822* (Cambridge, MA: Harvard University Press, 1959), 13–14.

倾倒垃圾,控制街道上的流浪动物,并清理已死亡的动物及其内脏。④

对危险贸易和商业的规制限制了肉店、鲸脂锅炉、屠宰场、制革厂以及其他企业的位置和运营方式。例如,1692 年,马萨诸塞州第一届议会授权城镇上的行政委员去制止人们在指定区域外进行屠宰、油脂干燥以及皮革加脂。⑤ 同时,立法机关也通过要求检查和执行标准来监督食品(主要是面包和肉)的生产。⑥

到了 19 世纪中期,工业革命在逐渐改变着西欧和北美社会,促进了潜在的实质性繁荣。那时占主导地位的放任经济理论对自发性的、自我调节的市场以及作为社会基本单位的个人的信任度在增长。⑦ 自由市场、开放竞争以及贸易自由化是经济繁荣的关键,那些有损个人积极性的规制对社会进程有害无利。⑧ 经济学家和政治学家认为(正如今天许多人所做的那样),商业规制应当被限制在补救市场失灵(比如垄断以及其他反竞争行为)的范围内,而非对自由企业进行限制。⑨

美国逐渐成为世界上最成功的产业经济国。然而最终,工业化以及伴随而来的城市化(随着人们移向城市寻找工作)对公共卫生和人类福祉造成了重大危险,从而引起政策向支持商业规制转变。放任的商业主义的公共卫生风险是显而易见的。制造商可能会侵害暴露在有毒物质中或处在不安全工作环境中的那些雇员的健康和安全。企业可能会生产那些对大气、土壤和水有污染的有毒物质,或者销售被污染的食物、饮料、药品或者化妆品。业主可能会引发公共妨害,比如不安全的建筑或垃圾堆积。从业人员没有从事某行业、职业或专业的适当资格或专业知识,可能会对消费者造成损害。移民进入城市寻找工作带来了明显的健康风险,包括过度拥挤、不合标准的住房、寄生虫传染以及肮脏污秽的环境。

有公共卫生学家⑩之称的环卫工程师、医师以及有公共意识的公民组成

---

④ John Duffy, *The Sanitarians: A History of American Public Health* (Urbana: University of Illinois Press, 1990): 12-13.

⑤ Elizabeth C. Tandy, "The Regulation of Nuisances in the American Colonies," *American Journal of Public Health*, 13, no. 10 (1923): 810-13.

⑥ Duffy, "The Sanitarians," 10-15.

⑦ 对早期美国政府采取自由主义政治经济学的观点的批判,参见 Frank P. Bourgin, *The Great Challenge: The Myth of Laissez Faire in the Early Republic* (New York: George Braziller, 1989)。

⑧ 也许自由经济主义最重要的支持者就是 Scotsman Adam Smith 了,他主张除了行使像防护、审判和某些公共工程这样的有限职能之外,国家应该避免干扰经济生活。Adam Smith, *An Inquiry into the Nature and Causes of the Wealth of Nations*, ed. Edwin Cannan (Chicago: University of Chicago Press, 1977)。

⑨ Milton Friedman and Anna J. Schwartz, *A Monetary History of the United States*, 1867-1960 (Princeton, NJ: Princeton University Press, 1963)。

⑩ Barbara Gutmann Rosenkrantz, "Cart before Horse: Theory, Practice and Professional Image in American Public Health, 1870-1920," *Journal of the History of Medicine and Allied Sciences*, 29, no. 1 (1974): 55-73, 57:"公共卫生领域体现了工程师、医生和有公德心的公民巧妙结合的例证,是卫生科学领域下行为相互补充的模范。"

了进步联盟,他们观察并记录了由新工业文明所带来的深远的健康和安全风险(框6.1)。⑪ 他们的努力让公众意识到不卫生和不安全的生活和工作条件会影响到整个社群的健康,并且也在政府管制的合理范围内。公共卫生学家们非常渴望一项有魄力的监管计划去控制有毒物质和不卫生的条件并推动城镇规划的完善。⑫ 1850年来缪尔·沙特克(Lemuel Shattuck)撰写了当时最重要的公共卫生报告,这份报告的开头便呼吁卫生立法:

> 完善的公共卫生条件需要这样的法律法规,即会确保社会中的个人享有与他作为一个独立的个体所应享有的同样的卫生条件;并且会保护他免受任何受其位置所影响的损害,如他的住所、他的职业……或者任何其他的社会因素。这一切都在公权力和公共管理的控制之下;生命与健康可能会得到挽救也可能会丧失,正如这种权力可能被理性地实施也可能被不当实施一样。⑬

框6.1 19世纪伟大的公共卫生人士

在19世纪,伟大的公共卫生人士——包括法国的路易斯-勒内·维尔梅尔(Louis-René Villermé)、美国的来缪尔·沙特克、英国的爱德温·查德威克(Edwin Chadwick)以及德国的鲁道夫·路德维格·卡尔·菲尔绍(Rudolf Ludwig Karl Virchow)——将其生命贡献于卫生改革。这些活动家都强调城市化、工业化和贫困对人群发病率和死亡率的破坏性影响。

维尔梅尔(1782—1863)认为,长寿和疾病并不是孤立的生命现象,而是与社会环境紧密相连的。他向人们表明,在巴黎,低收入和租金较低地区的人口死亡率要比较富裕、租金较昂贵的地区高。维尔梅尔著名的研究证明,吸入棉纤维易使工人们患上肺炎,他发起的反对制造业中过度使用童工的运动促生法国于1841年制定了一部规制童工的立法。[1]

---

⑪ Lemuel Shattuck, *Report of a General Plan for the Promotion of General and Public Health Devised, Prepared, and Recommended by the Commissioners Appointed under a Resolve of the Legislature of Massachusetts, Relating to a Sanitary Survey of the State* (1850; repr., Cambridge, MA: Harvard University Press, 1948); John H. Griscom, *The Sanitary Condition of the Laboring Population of New York, With Suggestions for its Improvement*, 2nd ed. (New York: Harper & Bros., 1845); Benjamin W. McCready, *On the Influence of Trades, Professions, and Occupations in the United States, in the Production of Disease*, 2nd ed. (Baltimore, MD: Johns Hopkins Press, 1943).

⑫ George Rosen, *A History of Public Health*, 2nd ed. (Baltimore, MD: Johns Hopkins University Press, 1993), 168-226; Duffy, "The Sanitarians," 175.

⑬ Shattuck, *Report of a General Plan*, 9-10.

沙特克(1793—1859)以其于 1850 年在马萨诸塞州卫生委员会会议上发表的报告而闻名。在报告中,他将环境和社会条件与健康联系起来,并且建议成立一个州健康委员会。尽管此后这项报告一直被称赞为美国公共卫生领域的里程碑,但沙特克未能实施这项改革,导致一些人认为他"善于诊断,不善治疗"[2]。

查德威克(1800—1890)在 1842 年发表了著名的关于大不列颠劳动人口卫生条件的报告。查德威克的报告证明了城镇人口的平均寿命远低于乡村人口的平均寿命,并对当时的放任主义态度产生了质疑:"劳动阶层患有的各种形式的流行病、地方病和其他疾病,主要是由分解动植物物质、潮湿和污物以及在国家各个角落普遍存在的封闭和拥挤的住所所产生的大气杂质引起、加剧或传播的。"[3] 1848 年,为了回应这份报告并且出于对霍乱的恐惧,议会通过了第一部《英国公共卫生法案》(British Public Health Act),目前此法案的大部分内容仍有效。查德威克个性大胆、刚硬,会就健康问题训诫群众。一些人说,他们宁愿与霍乱碰碰运气,也不愿被查德威克告诫应当做什么。

菲尔绍(1821—1902),他最出名的可能是支持细胞理论,也为公共卫生措施比如污水处理、医院设计改革、肉检技术的改良以及校园卫生而奔走。他认为,高婴儿死亡率是由于贫困的住房条件、短缺的牛奶供给以及败血症而导致的。他有句名言:"医学是一门社会科学,政治不过是更大范围内的医学。"[4]

历史学家对 19 世纪以来经济发展的相对作用和公共卫生改革所带来的人口死亡率的戏剧性变化进行了争辩。然而,他们一致认为,公共卫生改革,比如清洁的饮水、食物标准和检验、地下污水系统以及其他卫生措施都极大地促进了工业化世界中的人口健康。

注释:

1. Louis-René Villermé, *Tableau de l'état physique et moral des ouvriers employés dans les manufactures de coton, de laine et de soie*, 2nd ed. (Paris: J. Renouard, 1840); Chantal Julia and Alain-Jacques Valleron, "Louis-René Villermé (1782-1863), a Pioneer in Social Epidemiology: Re-analysis of His Data on Comparative Mortality in Paris in the Early 19th Century," *Journal of Epidemiology and Community Health*, 65, no. 8 (2011): 666-70.

2. Marie E. Daly, *Disease and Our Ancestors: Mortality in the Eighteenth and Nineteenth Centuries*, New England Historical Genealogical Society, June 13, 2006.

3. Edwin Chadwick, *Report on the Sanitary Conditions of the Labouring Population of Great Britain*, 2nd ed. (London: Clowes & Sons, 1843), 369.

4. Quoted in Russel Viner, "Abraham Jacobi and German Medical Radicalism in Antebellum New York," *Bulletin of the History of Medicine*, 72, no. 3 (1998): 434-63.

州政府和地方政府为了改善工业化和城市化对健康带来的不利影响,采用了一种广泛适用的规制制度。即使是对19世纪末城市管理制度的最随意的解读,都能揭示出这种恰当的、广泛的规制体系正在规制市民社会的方方面面。⑭ 公共卫生的诸多规制适用于建筑物、公共交通工具、公司、交通设施(如街道、公路和通航水域),有纷争的行业、杂乱的住房、火药的储藏、食物销售、危险药品的销售和处方、工人的健康和安全以及许多其他活动。⑮

19世纪下半叶,公共卫生立法通常辅以对企业主管人员自身的刑事处罚。犯罪通常是轻罪,但是定罪通常按照严格责任,判处企业主管人员短期的有期徒刑。⑯ 刑事处罚比民事救济更令人感到羞耻。⑰ 由此,从刑事处罚到作为制裁侵害健康和安全行为的20世纪里更优方式的民事惩罚,这种过渡同时反映并影响了有害企业行为的社会认知。

总的来说,19世纪是自由市场时代和企业放任时代这种保守的观点普遍流行着,但事实上,这是一个井然有序的社会。一系列卫生立法被制定出来以控制卫生和安全风险。最终,正如第五章所讨论的那样,基础设施和行政权力已延伸至能够适应日趋扩张的规制体系。有序政府实施更为严格的控制是基于其认为商业活动尽管有助于经济繁荣但也会对百姓造成损害。政府存在的理由在于保护公共利益,但其通常会以限制个人自由的方式进行。

直到今天,商业规制造成了个人利益和集体利益之间的紧张关系。在一个井然有序的社会,公共卫生官员制定了清晰、可行的规则来保护工人、消费者以及更广泛人群的健康和安全。但是规制可能会阻碍经济自由和商业

---

⑭ Norton T. Horr and Alton A. Bemis, *A Treatise on the Power to Enact, Passage, Validity and Enforcement of Municipal Police Ordinances* (Cincinnati, OH: Robert Clarke & Co., 1887), §§ 211-262, classified ordinances according to their subject matter ranging from food, markets, and fire to care of streets, buildings, public infrastructure (e.g., sewage and water), general nuisances, inspection, and licenses. See also Christopher G. Tiedeman, *A Treatise on State and Federal Control of Persons and Property in the United States: Considered from Both a Civil and Criminal Standpoint*, 2 vols. (St. Louis, MO: F. H. Thomas Law Book Co., 1900), chapters 9 (regulation of trades and occupations), 10-11 (regulation of real and personal property), and 15 (police regulation of corporations).

⑮ William J. Novak, *The People's Welfare: Law and Regulation in Nineteenth-Century America*, 3rd ed. (Chapel Hill, NC: University of North Carolina Press, 1996), 21.

⑯ Nancy Frank, *From Criminal Law to Regulation: A Historical Analysis of Health and Safety Law* (Oxford, UK: Taylor & Francis, 1986), 1.

⑰ Edwin H. Sutherland, *White-Collar Crime* (New York: Dryden Press, 1949), 42-50.

利益。工业和商业对社会进步和经济繁荣来说甚为重要。商业和贸易创造了生产力、就业以及更高的生活标准。这些益处对人群的健康非常重要,因为健康和社会经济状况之间呈正相关。因此,对于商业活动的公共卫生规制,比如对个人行为的规制,已成为激烈争夺的战场也不足为奇。

第二节 规制手段

  国会关于政府是否从事破坏性的"过度规制"的争论只是偶尔才达成一致。有时是彻头彻尾的离奇,而且绝不适合胆小的人参与。在哗众取宠、保守的众议院与高度敏感、忧心忡忡的白官官员之间存在的极度令人烦恼的态势,已发展到威胁行政国核心根基的地步了:专家驱动的、以科学为基础的、多元的规则制定远比其他方案更能使法律得到有效的执行。当另一种选择是政策制定时,政客们只是基于潜在的选举反应,根据自私的利己要求作出回应,那么,尽管沉闷但理性的行政国传统似乎更令人满意。

——丽娜·斯坦佐:《贪婪的时代与规制的破坏》(Rena Steinzor, *The Age of Greed and the Sabotage of Regulation*, 2012)

  规制对较为复杂的健康威胁的回应涵盖了不同辖区和部门中的许多政府当局——从地方公共卫生机构到州和联邦卫生机构,包括住房、土地使用、农业、食品、环境、通信以及运输。我们对管理制度的依赖引发了重大的问题:政府规制对于复杂的社会问题是否为一种有效的对策? 一些规制手段是否比其他方法更为实际、有效? 我们该如何对规制手段作出最佳组合以回应某个特殊的问题?

  学者们通常建构的规制模式,其范围包括具有强烈的规范性、强制性的干预以及近乎全然放任的干预形态。在此范围的一端是所谓的命令和控制型规制,这种规制是规范性的(规定私人主体从事或不得从事某种行为)和强制性的(通过惩罚的威慑来获得遵从)[18];此范围的另一端是自愿性的和自我规制性的。间接规制模式,例如侵权责任和税收,也可以被包含在此范围

---

[18] Neil Gunningham and Darren Sinclair, "Integrative Regulation: A Principle-Based Approach to Environmental Policy," *Law and Social Inquiry*, 24, no. 4 (1999): 853-96, 63.

中,对此,我们在其他章节进行讨论。

一、命令和控制型规制

> 通常,政客之间互投赞成票以通过对彼此有利的议案可能会最终达成一项再分配方案,在此方案中,获胜联盟有个糟糕的初步提案,并写满能够吸引特殊利益团体的规定,直到其获得绝大多数的立法同僚的支持……在我们面对联邦、州或者地方的立法机构之前,我们应当承认,与市场失灵一样,政府失灵也同样存在。
>
> ——保罗·A.塞缪尔森和威廉·D.诺德豪斯:《经济学人》
> (Paul A. Samuelson and William D. Nordhaus, *Economics*, 2004)

公共卫生机构采用的许多手段都是典型的命令和控制型规制。这些规范通过惩罚来进行规制和强制执行。例如,当地餐饮服务准则详细规定了生肉储藏的冷冻标准、提醒雇员洗手的标识,或者是在像沙拉吧这样的自助区应设置怎样的食品罩。地方当局进行检查并通过签发罚单来惩戒违法行为。这种规制手段也体现在州和联邦层面,小到消费者产品安全(例如,规定婴儿床边沿板条之间的宽度),大到环境保护(比如,指定排气孔必须安装的过滤器的准确类型)。

命令和控制在 20 世纪 70 年代得到了充分的表达,当时国会越来越多地采用规范的方式,在一定程度上对灵活标准不足以确保环境健康和产品安全这一观念进行了回应。[19] 清晰明确的惩罚规则具有很多优势,包括可预测性和可执行性。[20] 但是严格的卫生和安全规制所带来的重担很快招致政治和法律上的强烈反应,包括管制准征收理论的扩张(见框 6.2)。

框 6.2 管制性征收

第五修正案规定:"私人财产因公共使用而被征收应当给予合理补偿。"[1] 对占有征收要求给予合理补偿(政府凭此获取或实际占有私人财产)并未给公共卫生当局带来过度的负担。然而,对征收条款更广泛的解读在于,政府在某种程度上限制私人使用财产的规制是一种需要补偿的"管制征收",它要求只要这种管制严重降低了不动产(比如,通过限制或者强制对土地或建筑进行

---

[19] Neil Gunningham and Darren Sinclair, "Integrative Regulation: A Principle-Based Approach to Environmental Policy," *Law and Social Inquiry*, 24, no. 4 (1999): 853-96, 63.

[20] Rena I. Steinzor, "Reinventing Environmental Regulation: The Dangerous Journey from Command to Self-Control," *Harvard Environmental Law Review*, 22, no. 1 (1998): 103-202, 107.

某种利用)、商品(比如,通过禁止销售被污染的农产品给人类使用)、牲畜(比如,强制牛羊的检疫)或者是专有信息(比如,通过指令披露商业秘密)的价值,政府就需提供补偿,这会对警察权产生束缚性的威胁。管制准征收理论旨在禁止政府将应当被整个社会公平承担的责任强加给个人。[2]

然而,它很有可能在个人财产权和公共利益冲突的情况下妨碍公共利益的实现。正如大法官奥利弗·温德尔·霍姆斯(Oliver Wendell Holmes)在1922年所说的:"如果在某种程度上,政府按照一般性规定支付每一笔这样的费用才能避免财产权的冲突,那么政府就很难前行。"[3]

土地利用规制

监管者限制私人土地的特殊利用出于不同的原因,包括保护自然资源以及使环境污染降到最低。这些限制可能会降低财产的经济价值,从而会促使土地所有者根据"征收条款"来索求补偿金。近几十年来,最高法院在这方面的审判规程有了很大的进步。

在卢卡斯诉南卡罗来纳州沿海委员会(Lucas v. South Carolina Coastal Council, 1992)案中,两块空闲海滩的所有权人在其购买了这片土地之后,州法律禁止他在这片海滩上建造房屋,他对这部法律提出了异议。联邦最高法院认为,剥夺土地所有者对不动产上任何经济上的生产性使用权的规定会导致征收,除非这些限制性规定是"州财产与公害法的背景原则"[4]的一部分。因此,联邦最高法院将此案发回州最高法院,其考虑的因素为:州的禁令是否可作为普通法原则下传统的减少妨害的手段,而普通法的这些原则在申请人购买土地时就已经存在了。在卢卡斯一案中,法院的决定似乎取决于异议人在购买土地之前业已存在的土地使用限制性规定与其购买土地之后颁布的限制性规定之间的区别;但十多年后,法院澄清道,即使受质疑的限制性规定在异议人购买土地之前就已存在,卢卡斯的异议也不会被禁止。评论家指责卢卡斯一案是使用州权力来制定新的土地使用限制性规定,这是因几个世纪以来普通法判例对公害控制权的界定模糊所致(即使是最敏锐的法学学者都对这种普通法判例感到困惑)。[5]

在很大程度上来说,下级法院不愿适用卢卡斯案的规则将其裁判为绝对征收。[6]而且,最高法院基本上避开了打算扩大适用管制准征收原则的安东宁·斯卡利亚大法官。[7]无论如何,因为公共卫生规制很少减损不动产的价值,卢卡斯案的影响或多或少存在有限性。

大多数土地使用规制会降低但却不会消灭财产的经济价值。并不涉及不动产价值完全灭失的管制准征收案件受宾夕法尼亚州中央运输公司诉纽约(Penn Central Transportation Co. v. New York City, 1978)案所确立的规则调整,来平衡:(1)对财产权人进行规制的经济影响;(2)规制对融资期待的干预程度;(3)政府行为的定性。[8]

根据宾夕法尼亚州中央规则的第二个方面,土地使用限制如果禁止之前购买者在投资于房地产时可能已经记住的许可使用,则容易遭受征收异议。出于这个原因,监管者通常采用溯往规定,使得新的限制条件在制定之前得到使用豁免,至少在某一时期是这样。例如,限制烟草浓度、酒精或者快餐销售商的规制,往往不再给新的零售商签发执照,而非不给现存的零售商续签。

土地使用要求

监管者有时希望通过要求土地所有者留出一部分土地以供公共需求来促进公共利益。这种希望可以通过设置营业许可、执照的批准条件,或者不适用可行的分区规则(即分区差异)来实现。在多兰诉提加市(Dolan v. City of Tigard, 1994)案中,一位店主质疑城市规划委员会的权力,该委员会要求她给自行车道和附近小溪旁的公共林荫道留出一部分土地,并以此作为批准她请求扩充店面和铺设停车场的条件。[9]最高法院认为,尽管监管者有权要求将获得补贴而休耕的土地作为建设许可的交换条件,但是监管者的要求必须与土地所有者所提出的发展影响有关,并"大致成比例"。法院同意该市的观点,即自行车道和绿化道与协议开发项目对交通堵塞和雨水径流的影响有关,但是又发现该城市未能证明其要求是合理的。[10]

感染动物和污染商品的销毁

食品安全规制和执法活动有时会降低农产品的价值(比如,禁止农民销售来自带有沙门氏菌的设备所加工的蛋类供人们食用)或者要求销毁污染商品或动物(比如,被真菌发散出来的黄曲霉素所污染的谷类,或者感染禽流感病毒的鸡肉)。联邦法院裁决认为,根据宾夕法尼亚州中央运输公司规则,降低未感染动物的价值或者要求将其销毁的规制(比如,出于检测目的)很可能构成征收。[11]然而,根据长期存在的先例,当管理机构要求销毁有病动物时,补偿并非受宪法保护。[12]对于销毁有病动物的补偿通常是法律所规定的,但其并不像宪法所规定的补偿那样,法律的补偿规定可以在宣布进入紧急状态期间暂停适用。[13]

商业秘密和商标

专有信息例如商业秘密(商业利益所使用的配方、方法、程序、技术等,其价值取决于商业秘密)和商标(代表一个公司或产品的符号或词语)也会受到征收主义的保护。监管者可能会力图强制企业披露其视为商业秘密的信息(例如,某个牌子的香烟中所含成分),或者在某些情况下禁止使用某些类型的商标(例如,要求烟草的素面包装),由此降低或消除专有信息的价值。

在监管者强制披露专有信息或者限制商标使用的案件中,补偿通常是不可行的,因为其成本太高支付不起。由此,强制披露或者相当于管制准征收的市场限制的决定,从职能上讲,它们已从管制型工具的范畴被排除了出去。法院适用了宾夕法尼亚州中央运输公司案中的要件,废除了烟草产品成分列表这一强制披露要求。[14]另外,法院又支持对健康计划医疗损失率(健康计划中花费在提高医疗活动的服务和质量上的保费收入的比例)[15]以及药品福利管理中的利益冲突进行强制披露。[16]

尽管将商业秘密披露给大众却没有任何补偿是违反宪法的,但是将其报告给监管部门通常被视为是合法的。由此,联邦和州的法律规定,烟草产品制造商要向监管部门报告烟草产品的成分列表但却不用向公众披露特定品牌,这一规定从未受到质疑。[17]规定商业秘密进行强制报告的法律通常要求规制部门保守秘密。在一些案件中,当公众可以获得所有烟草产品的成分列表时,通过将特定品牌的标识去掉就可以达到这种要求。例如,联邦机构长期报告所有烟草产品的成分列表,但却不详细说明哪种产品中含有哪种成分以及成分的含量。

如果美国的政策制定者希望效仿其他国家,考虑强制烟草的素面包装,那么征收条款则可能会带来挑战。2012 年,澳大利亚高级法院的判决支持了烟草的素面包装的要求(禁止使用警示标签之外的标志和其他图片或者颜色)。[18]烟草公司认为,这个规制是在他们使用商标的过程中,对其知识产权利益的一种违宪剥夺(taking)。基于第一修正案对商业言论的保护,在美国这种法律也可能受到质疑(见第十二章)。

注释:

1.《美国联邦宪法第五修正案》对"征收"私人财产进行公共使用而未进行公平补偿的限制是《人权法案》第一个适用于各州的条款。*Chi., Burlington & Quincy R.R. v. Chicago*, 166 U.S. 226 (1897)(法院认为,根据公共安全法将土地征收为公用并不是一项超出正常赔偿范围之外的征收要求)。

2. *Armstrong v. United States*, 364 U.S. 40, 49 (1960).

3. *Pa. Coal Co. v. Mahon*, 260 U.S. 393, 413 (1922)(禁止在地表上有建筑物时进行地下开采的法律是违反宪法的征收行为)。

4. *Lucas v. S.C. Coastal Council*, 505 U.S. 1003, 1029 (1992). See Richard J. Lazarus, "Putting the Correct 'Spin' on Lucas," Stanford Law Review, 45, no. 5 (1993): 1411-32.

5. *Lucas*, 505 U.S. at 1055 (Blackmun, J., dissenting) ("One searches in vain ... for anything resembling a principle in the common law of nuisance."); William L. Prosser, "Nuisance without Fault," *Texas Law Review*, 20, no. 4 (1942): 399-426,将普通法上的妨害描述为"一个不能穿过的丛林",一个"法律垃圾桶"并且充满了"含糊、不确定还有混淆"。

6. 在大多数案件中,法院认为并不存在绝对的征收。法院通常认为,该项管制并没有剥夺土地上的全部具有经济价值的用途,完全剥夺只是暂时的,或者完全剥夺只适用于部分土地。See, for example, *Sartori v. United States.*, 67 Fed. Cl. 263 (2005),(法院认为环境保护署根据《清洁水法》禁止农业生产长达九年并不构成征收);*Rose Acre Farms, Inc. v. United States*, 373 F.3d 1177 (Fed. Cir. 2004)(法院认为,美国农业部为了给鸡群进行组织测试没收并销毁了一个感染了沙门氏菌的农场的鸡群并不构成征收);*Norman v. United States*, 63 Fed. Cl. 231 (2004)(法院认为,当陆军工程兵团要求一名开发人员把2 280英亩的土地划拨出220公顷,以换取其他湿地的许可时,土地的价值并没有被完全剥夺);*Coast Range Conifers, LLC v. Oregon*, 76 P.3d 1148 (Or. 2003)(裁判认为,保护受到威胁的物种或是濒危物种的规定并不会导致征收)。需要注意的是,在其中的几个案例中,法院并没有驳回宾夕法尼亚州中央运输公司案确立的规则提出的赔偿要求。

7. Richard J. Lazarus, "The Measure of a Justice: Justice Scalia and the Faltering of the Property Rights Movement within the U. S. Supreme Court," *Hastings Law Journal*, 57, no. 4 (2006): 759-825. 不过,评论人士指出,保守派法官和学者仍有雄心,希望扩大管制性征收的绝对原则。William P. Barr, Henry Weismann, and John P. Frantz, "The Gild That Is Killing the Lily: How Confusion over Regulatory Takings Doctrine is Undermining the Core Protections of the Takings Clause," *George Washington Law Review*, 73, no. 3 (2005): 429-520. 而绝对的管制性征收原则在环境和土地利用监管方面仍具有重要意义。Michael Allen Wolf, "The Brooding Omnipresence of Regulatory Takings: Urban Origins and Effects," *Fordham Urban Law Journal*, 40, no. 5 (2013): 1835-58.

8. *Penn Cent. Transp. Co. v. New York City*, 438 U.S. 104 (1978)(法院认为,对一个被指定为地标的地点的开发进行限制并不是一种征收)。See John D. Echeverria,

"Making Sense of Penn Central," *UCLA Journal of Environmental Law and Policy*, 23, no. 2 (2006): 171-210, 作者认为, 宾夕法尼亚州中央运输公司案确立的规则并不是一项平衡的标准, 因为这些因素是不相称的。

9. *Dolan v. City of Tigard*, 512 U.S. 374 (1994).

10. *Id.* at 391.

11. *Rose Acre Farms, Inc. v. United States*, 559 F.3d 1260 (Fed. Cir. 2009)(美国农业部的沙门氏菌规定中采用了宾夕法尼亚州中央运输公司案确立的规则, 要求原告农民将受到沙门氏菌感染的种蛋转移到液体鸡蛋市场, 并销毁60只母鸡进行检测, 并认为这些行为不需要补偿); *Yancey v. United States*, 915 F.2d 1534 (Fed. Cir. 1990)(对感染高致病性禽流感病毒的周边农场的家畜进行检疫导致没有疫情的种禽被宰杀, 法院认为构成征收)。

12. *Wright v. United States*, 14 Cl. Ct. 819, 824 (Cl. Ct. 1988)(法院认为, 销毁感染禽流感病毒的鸡群并不需要赔偿); *Loftin v. United States*, 6 Cl. Ct. 596, 612 (Cl. Ct. 1984), *aff'd*, 765 F.2d 1117 (Fed. Cir. 1985)。

13. See, e.g., 9 C.F.R. §56.6-9(对含有H5/H7型低致病性禽流感病毒的种蛋和家禽进行销毁、宰杀应当补偿)。

14. *Philip Morris, Inc. v. Reilly*, 312 F.3d 24 (1st Cir. 2002)(马萨诸塞州的这项法律是无效的, 该法要求制造商在向各州监管机构提交的报告中, 除烟草、水或重新构成的烟草薄片外, 所有成分都必须列出, 并允许监管机构公开披露这些名单, 只要这种披露"能够降低公共卫生的风险")。

15. *Maine Educ. Ass'n Benefits Trust v. Cioppa*, 695 F.3d 145 (1st Cir. 2012)(法院支持医疗损失率披露的要求, 理由是原告医疗保险公司没有合理的投资回报预期从而可以保守信息保密, 也未能表明监管的经济影响足以构成征收, 同时也没有表明监管对原告施加了过多的负担, 而这些负担公平地讲应当由其他主体或整个社会来承担)。

16. *Pharmaceutical Care Management Ass'n v. Rowe*, 429 F.3d 294, 307-8 (1st Cir. 2005)。

17. *Philip Morris, Inc. v. Reilly*, 312 F.3d at 27-28(描述了未受到制造商质疑的州与联邦报告法)。

18. *JT Int'l v. Australia*, [2012] 250 CLR 1 (Austl.)(法院认为法案对于烟草素面包装的要求不构成征收)。

保守的学者和政客一贯地蔑视监管型政府, 认为它成本高、效率低并且具有侵犯性。具有高度等级性、以政府为中心、官僚色彩、自上而下且以专家为导向的命令和控制型模式, 由于其通过一系列的碎片化、零碎和高度规制性的干预[倾向于]编制了僵化的、统一的、一刀切的、难以想象的复杂和混乱的规则之网,但这些规则事实上[确实]不适用于任何人,由此,靠这种微工程学来解决社会问题的方式饱受诟病。[21] 即便是用来描述行政机构行为的称呼也是轻蔑的:"大政府""保姆式国家""官僚主义"。这些描述与人们对专横政府的深层次看法不谋而合,特别是在国家层面。保守的批评家利用公共选择理论的论调来攻击环境监管,表现为一系列保护特殊利益而非关心公共福祉的偏袒交易。利益群体(工业群体和倡导者团体)的积极性高、有利己性并且资源丰富,能够"捕获"监管的内容和决定。[22]

尽管监管的负面特征较为普遍,但是大多数市民都依靠政府来保证基本的生活条件:清洁的空气和饮水,卫生的餐馆,健康的工作场所,安全的交通,对传染性疾病的控制,紧急状况的准备工作以及安全、有效的医药、疫苗和医疗设施。由于缺少资源和政策支持,行政机构不能够为市民提供他们所期待的、综合性的健康和安全保护。简而言之,良好的规制对于个人的生命和整个社群来说仍至关重要。

然而,反政府的论调具有不可否认的政治诉求。可感知到的政府失灵已经要求解除规制,允许自由市场来决定企业和消费者的行为;权力下放,由此剩余的监管就会集中在地方层面;还有私有化,由此传统政府的职责就会被非政府主体所履行。[23]

二、新治理:理论和实践

> 即使连生态系统管理和药品监管等普通的监管任务也越来越……需要新的治理模式,这些治理模式建立在对风险监管的理解之上,即风险监管是一个不断试验、监控和调整的过程,以适应不断出现的令人不快的意外情况。在这种"新治理"的框架下,管理目标被纳入错综复杂的反对精准预测和控制的体系中;这种迅速演变、全球连接并且异常复杂的体系,并不屈从于直接的命令控制型管制或是其他人们熟悉的形式。相反,治理只能从分散的、重叠的、不断演变的公共和私人行动者的干预中产生,每个行动者都在不同

---

[21] Karkkainen, "'New Governance' in Legal Thought," 74–75.
[22] 公共选择理论利用经济推理来解释集体决策,也就是它假设人们的行为主要是出于利己主义考虑。这个理论假定政府是失灵的,即政府干预无法达到预期效果的内在原因。该理论认为,政府监管者并没有强烈的动机去促进公共福祉,但是利益群体却有强烈的动机去实现他们的目标。See James M. Buchanan and Gordon Tullock, *The Calculus of Consent* (Indianapolis, IN: Liberty Fund, 1999).
[23] Lobel, "The Renew Deal"; Jody Freeman, "Extending Public Law Norms Through Privatization," *Harvard Law Review*, 116, no. 5 (2003): 1285–1352, 主张私有化可以将公共法律规范扩展到私人行动者,这一过程被称为"公开"。

的层次和不同的权力领域内运作,利用各种硬的和软的政策工具,代表不同的利益和利益相关者群体。
——道格拉斯·A.凯泽:《气候变化可以为侵权法做些什么》(Douglas A. Kysar, *What Climate Change Can Do about Tort Law*, 2012)

命令-控制型管制的缺点使得政府不得不采取更为温和的手段,这些温和手段得到了"新治理"的支持[24]。新治理手段是多样的,但是通常被定位在命令控制型和解除规制型这两个极端之间(见图6.1)。[25] 新治理理论已经超出政府行为范围,包含了许多影响社会和经济收入的行动者。该理论认识到企业、消费者、社群、非营利机构、学术界以及媒体界的有力作用。[26] 温和的规制手段通常会利用市场力量和认知偏差。新治理结束了"固定性、政府中心主义、阶层性、对官僚知识的过度依赖以及侵入性的对策。相反,它追求的是更开放的结构、具有参与性、自下而上、以共识为导向、联系紧密、灵活、一体化和务实"[27]。

图6.1 规制策略

新治理对监管型国家所带来的不可否认的影响引起人们的广泛关注。这场运动的标志在诸如环境保护(见下面的案例学习)、教育改革、卫生保健改革、劳动和就业法以及社区治安制度这样的领域,是显而易见的。[28] 新治理的覆盖范围很广,包括从成本效益分析到市场和激励式管制,从缺省规则的"助推"到协商性的规则制定和产业自我管制的方方面面。

可以说,政策制定者不应该固执于任何特定的规制形式;试验和革新对

---

[24] Karkkainen, "'New Governance' in Legal Thought," 473.
[25] Lobel, "The Renew Deal."
[26] The 2006 *E. coli*. 菠菜污染事件的爆发说明了所有这些因素如何在解决食源性疾病方面发挥作用。"FDA Statement on Foodborne E. coli O157:H7 Outbreak in Spinach," *FDA News*, October 10, 2006, www.fda.gov/NewsEvents/Newsroom/PressAnnouncements/2006/ucm108761.htm,描述了政府、工业、消费者以及媒体在应对大肠杆菌疫情方面的作用。
[27] Karkkainen, "'New Governance' in Legal Thought," 474.
[28] Ibid.

完善实际有效的干预十分重要。但是,对规制创新的拥护往往过于乐观。在此,我们探讨一下新治理规制策略的优势与不足。

(一)管制影响分析

最有影响力的新治理原则是规制替代方案的成本效益分析。[29] 在1981年,罗纳德·里根总统要求所有的行政机构在管理救济特别工作小组的监管下,递交"主要规则"的管制影响分析(regulatory impact analyses, RIAs)给白宫信息与管制事务办公室(White House Office of Information and Regulatory Affairs, OIRA)。[30] 在1994年,比尔·克林顿总统签署了第12866号行政命令,指令行政机构评估所有法规和替代方案的成本和效益。这个命令稳固了这种管制主义,即"联邦机构应当在法律有规定且有必要进行法律解释时,或者有必要强制实现公共需要时才颁布这种规定,比如在私人市场的实质性失灵,不能保护或促进公众健康和安全、环境或是美国人民的福祉之时"[31]。乔治·W.布什(George W. Bush)总统和贝拉克·奥巴马(Barack Obama)总统都凭借适用于行政机构的额外行政命令采用同样的基本方法。

国会中的保守派已提出立法,对独立机构进行类似的管制影响分析要求。[32] 一些人提议,即使是更为激进的监管,即管制性现收现付(regulatory paygo),新法规也需要能够抵消、废除现存法规所带来的相等或更多的经济负担。[33] 进步的评论员猛烈抨击这个提议,认为它是"定量供给公共利益"[34]。

管制影响分析的支持者认为,"使规则制定者保持客观"[35]会确保行政机构对总统特权、立法目标、管理制度的一致性以及理性的优先级设置负责。[36] 然而,环境、健康以及安全的倡导者经常批评成本效益分析,他们提醒道:它阻碍了人们所面临的科学不确定性的严格风险规制,削弱了科学专家的作用并且破坏透明性。一些观点认为,在规制过程中的公共参与"在经济分析的

---

[29] Robert W. Hahn and Cass R. Sunstein, "A New Executive Order for Improving Regulation? Deeper and Wider Cost-Benefit Analysis," *University of Pennsylvania Law Review*, 150, no. 2 (2002): 1489-1552.

[30] 行政命令第12291号规定信息与管制事务办公室设在白宫管理和预算办公室(OMB)内。四年后,行政命令第12498号规定,里根总统通过要求行政机构向管理和预算办公室提交"年度规制计划"进行审查来进一步扩大管理和预算办公室的职能,从而使得一个机构在没有管理和预算办公室入境审查的情况下开展新的举措变得困难。

[31] Exec. Order No. 12866, 58 Fed. Reg. 190 (October 4, 1993).

[32] Independent Agency Regulatory Analysis Act of 2012, S. 3468, 112th Congress.

[33] Mark R. Warner, "To Revive the Economy, Pull back the Red Tape," *Washington Post*, December 13, 2010.

[34] Sidney A. Shapiro, Richard Murphy, and James Goodwin, *Regulatory "Pay Go": Rationing the Public Interest*, Center for Progressive Reform Issue Alert No. 1214, October 2012.

[35] Robert Baldwin, Martin Cave, and Martin Lodge, *Understanding Regulation: Theory, Strategy, and Practice*, 2nd ed. (Oxford: Oxford University Press, 2012): 319.

[36] Hahn and Sunstein, "A New Executive Order."

范围内可能会贬值,事实上,可能会为井然有序的私人团体和管理良好的企业提供政策制定和规制过程的优先准入权,允许他们制定国家政策"㊲。

确实,一些人将信息与管制事务办公室视为"严格规制走向灭亡的地方"㊳。例如,在 2010 年,环境保护机构递交一份"高关注化学物质"的列表给信息与管制事务办公室。该办公室有责任审查 90 天内的规制(或者,在特殊情况下 180 天内)。但是信息与管制事务办公室未能发布任何环境保护署列表的审查报告;最终该机构在 2013 年将其撤回了。据说奥巴马政府在化学品制造商的压力下,利用信息与管制事务办公室的审查来阻止环境保护署的行动。㊴ 2011 年颁布的《食品安全现代化法案》(The Food Safety Modernization Act, 2011)三个主要的食品药品管理局规则,在提交给信息与管制事务办公室审查时,同样失去了活力。㊵ 这些规则最终以极其弱势、对行业更加有利的方式从信息与管制事务办公室发了回来。例如,信息与管制事务办公室增设了一个例外(食品药品管理局已经考虑并已拒绝),允许将近 60% 的加工食品提供商和超过 90% 的原料提供商提供书面保证,确保他们遵守不进行危险分析和机构检验的规制标准。㊶ 更令人关注的是这一事实,即信息与管制事务办公室修订规则(或者完全拒绝审查这些规则)的过程是众所周知的不透明。㊷

对信息与管制事务办公室放任管制影响的批评在于,在 31 个主要的联邦卫生、安全和环境立法中,国会强制执行成本效益分析的立法只有两个。一些立法允许但不要求进行成本效益分析,但实际上已有 23 个立法规定禁

㊲ Baldwin, Cave, and Lodge, *Understanding Regulation*, 321. 作者提到,在英国,贸易与工业部(在 20 世纪 80 年代到 90 年代,与信息与管制事务办公室职能相似)的"评估程序特别是用来提供管制规则制定程序下的特许经营权"。

㊳ Kate Sheppard, "Former EPA Climate Adviser Rips Obama over Environmental Regulations," *Mother Jones*, April 4, 2013, www.motherjones.com/environment/2013/04/former-epa-climateadviser-rips-obama-admins-regulatory-approach.

㊴ Chris Hamby and Jim Morris, "*Chemicals of Concern*" List Stuck at OMB, Center for Public Integrity, updated May 19, 2012, www.publicinteg-rity.org/2012/02/09/8109/chemicals-concernlist-stuck-omb.

㊵ Michael Patoka, "Three Food Safety Rules Grow Moldy at OIRA as Import-Related Outbreaks Continue," *Food Safety News*, June 26, 2013, www.foodsafetynews.com/2013/06/three-foodsafety-rules-grow-moldy-at-oira-as-import-related-outbreaks-continue.

㊶ Lydia Zuraw, "How OMB Changed FSMA's Import Rule," *Food Safety News*, November 11, 2013, www.foodsafetynews.com/2013/11/how-omb-changed-fsmas-import-rule.

㊷ Rena Steinzor, Michael Patoka, and James Goodwin, "Behind Closed Doors at the White House: How Politics Trumps Protection of Public Health, Worker Safety, and the Environment," Center for Progressive Reform, November 2011, www.progressivereform.org/articles/OIRA_Meetings_1111.pdf.

止这样做。㊸取代成本效益分析的是,批评者强烈要求采用更为灵活的"实用性管制影响分析"(pragmatic regulatory impact analysis)这一方法。不像成本效益分析那样,全面、实用的分析会集中在国会制定的标准上。通过使行政机构根据机构专家所了解的最有用的证据所作出的判断而采取行动,实用分析会更好地实现这些法律的预防性目标。实用分析也旨在通过公众参与来提高透明度。㊹

（二）公开披露

除了改革规制方法之外,新治理也促进了传统规制替代方案的产生。其中针对命令和控制型披露规制的最显著的替代方案之一是强制披露,它会对消费者进行告知并约束市场支配力。公开披露可以采用多种形式:产品标签、健康和安全警示、利益冲突说明以及健康结果数据和不良事件的披露。除了引导消费者的选择,强制披露还可以促使公司去改变产品设计从而可以避免必须对有害成分进行披露(见框6.3)。它可以促进公平交易(比如食品药品管理局要求披露药品公司和临床研究者之间的财务交易)。㊺同时,它也可以鼓励改善职业行为和商业活动(比如对医生、医院以及管理型卫生保健计划质量指标的公开披露)。

公开披露比命令和控制通常更容易得到政治上的认同,并符合消费者知悉完整信息和自主决策的主流意识形态。对行业来说拒绝提供准确信息的要求是很艰难的。被要求进行披露对监管者来说成本更少,因为政府只是不得不进行极少的管制行为。另外,根据第五修正案的征收条款(见框6.2)和第一修正案对商业言论的保护规定(见第四章和第十二章),强制披露很容易遭受异议。

公开披露走得足够远吗? 这在很大程度上取决于披露的内容和显著性。

㊸ "Only Two Statutory Provisions Protecting Health, Safety, and the Environment Call for Cost-Benefit Analysis," Center for Progressive Reform, www.progressivereform.org/articles/CPR_RegStandardsChart.pdf, accessed August 5, 2015. 行政命令第12291号规定行政机构"准备并且在法律允许的范围内考虑"成本效益管制影响评估,但是评论者和行政机构在很大程度上将这项命令和其他指令解释为"通过"一项成本效益"规则"。See, for example, Hahn and Sunstein, "A New Executive Order," 1490 n. 2, describing Executive Order No. 12291 as "requiring regulations to pass a cost-benefit test."; Murray Weidenbaum, "Regulatory Process Reform: From Ford to Clinton," *Regulation*, 20, no. 1 (1997): 20-26, 22. "第12291号行政命令规定的行政机构的真正权力是双重的:首先,它规定行政机构应当证明所提议的效益要高于成本;其次,它赋予信息与管制事务办公室延迟制定规则的权力,以确保规制机构在作出新的规则之前能够合理地解决更多的经济问题。"

㊹ Letter to OMB from Mabel Echols, March 16, 2009, available at www.progressivereform.org/articles/CPR_Comments_New_EO_Reg_Rev.pdf; Rena Steinzor, Amy Sinden, Sidney Shapiro, and James Goodwin, "A Return to Common Sense: Protecting Health, Safety, and the Environment through 'Pragmatic Regulatory Impact Analysis,'" 2009, at www.progressivereform.org/articles/PRIA_909.pdf.

㊺ Campaign for a Commercial-Free Childhood, "Frequently Asked Questions about the Lawsuit against Viacom and Kellogg," 2004, www.commercialexploitation.org/pressreleases/lawsuitfaq.htm.

披露用粗体字母还是小号字体印刷，用技术语言还是有影响力的图片，披露的效果也取决于公众被告知风险的程度以及人们是否愿意改变风险行为以回应这种信息。例如，直面消费者的药品广告要求披露风险。然而，诱惑性的图片和抚慰人心的声音湮没了药品的负面影响。包装食品上黑白印刷的营养成分标示了卡路里含量和其他有用的信息，但是消费者却本能地响应这些包装前面的图片和较大的字体，这可能会导致生产者使用比如"对你有利"或者"全部自然"这样模糊的措辞来兜售产品。

框6.3　信息规制：十年来从反式脂肪标签到反式脂肪禁令

反式不饱和脂肪酸（反式脂肪）会增加低密度脂蛋白（"有害的"）胆固醇，但会降低高密度脂蛋白（"有利的"）胆固醇，从而提高了患心脏病和中风的风险。少数自然生成的反式脂肪存在于肉类和乳制品，但是在21世纪初，大多数人消耗的反式脂肪都是一种人造形态，即部分氢化的植物油。[1]

人造反式脂肪从美国食品供应中的消失表明了强制信息披露的权力已成为一种规制手段——不论是单独使用还是作为趋向命令和控制型规制的第一步都是如此。在20世纪90年代早期，健康倡导者号召制造商和餐馆减少其产品中的反式脂肪含量，但是该行业却几乎无动于衷。然而，在2006年，当食品药品管理局要求食品公司在其所有包装食品上的营养标识中单独列出反式脂肪含量时，各家公司很快就开始降低反式脂肪含量了。食品药品管理局的披露规则是，如果每份产品中含有少于0.5克的反式脂肪，则允许公司在产品上标出"不含反式脂肪"的字样。该机构并不要求披露每日摄入（%DV）反式脂肪的百分比，但是对于其他营养成分却需要披露，比如饱和脂肪。结果，"不含反式脂肪"的包装食品，每份通常恰好包含低于0.5克的反式脂肪（这仍然有健康风险），而且消费者并未被告知安全的、被提倡的每日反式脂肪摄入量是多少。尽管如此，这也是重要的一步，促进了制造商向更为健康的替代品转变。

尽管一些快餐公司在标签规定被宣布之后不久就开始试用反式脂肪的替代品，但联邦标签规定却并不适用于餐馆提供的食品。2006年年底，纽约健康委员会提议修正健康法典中关于禁止在餐馆食品中使用人造反式脂肪的规定（再次说明，每份近0.5克的含量是被允许的）。[2] 更多的城市和县以及加利福尼亚州也效仿。许多大型餐饮连锁店改变了旗下所有餐馆的食谱而不仅仅是那些在禁令适用范围内的餐馆食谱。

这些发展导致美国人民对反式脂肪的消耗在急剧减少,相较于六年前每日4.6克的摄入量来说,在2012年已经降到了每日1.3克的水平。[3]同样,在2000年到2009年期间,非拉丁裔白种成人的血液反式脂肪酸水平已经下降了58%。[4]

被要求的信息披露、消费者需求以及地方的(但是却备受瞩目的)禁令引导大型且具有影响力的公司以对消费者影响最小的方式来改变他们对人造反式脂肪的依赖。替代品的合理定价也是有益的。因此,完全的禁止具有政治上的可行性。2013年,出于规制目的,食品药品管理局提议部分氢化油(人造反式脂肪的原材料)不再被指定为"公认安全"。[5] 2015年,食品药品管理局在实行了三年的逐步淘汰制度后进行了最终裁决,宣布了全国范围内对包装食品和方便食品的禁令。[6]

注释:

1. 加氢使植物油在室温下由液体变成固体。因为人造的反式脂肪不会像许多替代品那样让人讨厌,所以它会使包装老化的食物延长保质期。有些餐馆喜欢在煎锅里使用反式脂肪,因为它不需要像其他脂肪那样频繁地更换。

2. See New York City, N.Y., Dep't of Health & Mental Hygiene, Bd. of Health, Notice of Adoption of an Amendment (§ 81.08) to Article 81 of the New York City Health Code, December 5, 2006, www.nyc.gov/html/doh/downloads/pdf/public/notice-adoption-hc-art81-08.pdf.

3. Diana Doell, Daniel Folmer, Hyoung Lee, Mical Honigfort, and Susan Carberry, "Updated Estimate of Trans Fat Intake by the U.S. Population," *Food Additives and Contaminants: Part A*, 29, no. 6 (2012): 861–74.

4. Hubert W. Vesper, Heather C. Kuiper, Lisa B. Mirel, Cli ord L. Johnson, and James L. Pirkle, "Levels of Plasma Trans-Fatty Acids in Non-Hispanic White Adults in the United States in 2000 and 2009," *Journal of the American Medical Association*, 307, no. 6 (2012): 562–63.

5. FDA, Tentative Determination Regarding Partially Hydrogenated Oils, 78 Fed. Reg. 67169 (2013).

6. FDA, Final Determination Regarding Partially Hydrogenated Oils, 80 Fed. Reg. 34650 (2015); Kelly D. Brownell and Jennifer L. Pomeranz, "The Trans-Fat Ban: Food Regulation and Long-Term Health," *New England Journal of Medicine*, 370, no. 19 (2014): 1773–75.

（三）选择架构

卡斯·桑斯坦（Cass Sunstein）和理查德·塞勒（Richard Thaler）在他们2008年的畅销书《推力》（Nudge）中普及了"自由主义的家长制"（libertarian paternalism）这一观念。书中的方法是父权式的，它依赖于"选择架构"（choice architecture）去影响个人作出对他们自己有利的选择。书中的自由主义（与命令和控制不同）允许作出某项决定的人选择退出。

也许选择架构最有力的形式是缺省规则（default rule）。例如，如果缺省规则是，所有的中学生被假定得到了家长的许可，可以参与性教育课堂，如果家长选择退出就必须提交一份书信以表明他们将要撤回这种许可，这样一来就可能会有更多的学生参与。这是因为许多人会遵守最省事的规则。如果学生参与性教育课堂需要许可书（"选择参加"方式），那么一些家长就会不签字并且一些学生也会忘记将许可书带回家，即使他们事实上并不反对参与性教育课堂。还有一些稍微反对的家长也可能不签字，即使他们可能不怕麻烦地按照他们被要求的那样签反对书。

除了缺省规则之外，选择架构也包括会影响我们选择的其他因素。比如，改变杂货店中食品陈列的方式或者是菜单上列出物品的方式，可以影响消费者的选择。带有卡通形象特点的含糖谷物食品的包装盒是不是被摆放在与儿童视线平齐的显著位置上？生鲜产品是否以引人注目的方式进行摆放？餐馆是否会促销超过个人每日卡路里摄入量推荐量一半的组合餐？苹果片和牛奶对儿童饮食来说是否为默认的匹配物，而炸薯条和汽水是否只在顾客要求时才配在一起？市场营销人员利用这些影响已经有几十年了，但是健康倡导者才刚刚开始约束他们的影响力。[46]

当代公共卫生干预通常采用缺省规则和其他形式的选择架构以改变人类的行为。例如，如果默认接种疫苗作为入学的一项条件，并且想要选择退出的家长被要求采用（多少有些麻烦）积极的行为来拒绝接种，那么疫苗接种率就会提高。家长的购买决定会受到规制的影响，这种规制要求搭送玩具或是其他孩子们喜欢的小玩意儿的快餐食品要满足最低营养标准。家长仍然有为孩子订购不健康食物的自由，但是在包装和促销方式上不应使普通学前儿童感觉几乎无法抗拒。

高调的保守派最初主张自由主义的家长制[47]，但是随着时间的推移，他们

---

[46] Colin Hector, "Nudging towards Nutrition? Soft Paternalism and Obesity-Related Reform," *Food and Drug Law Journal*, 67, no. 1 (2012): 103-22.

[47] George F. Will, "Nudge against the Fudge," *Newsweek*, June 21, 2008, www.newsweek.com/george-f-will-nudge-against-fudge-90735.

开始质疑这种方式是否向严格父爱主义滑坡。[48] 这场持续的论争在许多关于公共卫生的争论中得以体现,包括纽约含糖饮料的剂量规则。反对者将这种比例规则视为一种助推,认为它并不禁止人们消费大量的含糖饮料;它只是使 16 盎司成为默认规格。那些想要更多的人将不得不采取积极的行为来购买超过 16 盎司的剂量。有趣的是,桑斯坦本人拒绝将这种比例规则视为一种选择架构的形式,并且他推动了像"我的盘子"(My plate)(最近代替了食物金字塔成为联邦膳食指南的一个简要的描述)这样的社会营销策略成为一种更为合适的方式来推动美国人的健康饮食(见第十二章)。[49]

(四)协商制定规则

协商制定规则[也即规制协商(regulatory negotiation),或者是"reg-neg"]是存在于规范起草过程中的一种促进互动的、对抗性较少的自愿过程。它将利益各方聚集起来以协商所提议规则的内容。[50] 协商者通过评价优先级并在作出利益权衡的过程中来寻求合意。[51] 行政机构公开所提议的规则并且征求并评估公共评论。《协商制定规则法案》(Negotiated Rulemaking Act)于 1990 年颁布,旨在鼓励联邦机构使用这种程序。[52] 同时,国会通过了《行政纠纷解决法案》,它授权行政机构在其裁决过程中采用 ADR 技术,比如调解、仲裁以及简易审判。[53]

协商制定规则的益处包括减少时间和资源的消耗、及时履行、更大程度上的遵守、较少的诉讼以及更具有合作性的关系。[54] 然而,批评者认为,协商制定规则会导致规则制定机构抛下其作为公共利益守护者的角色,通过屈从于强有力的利益相关者的利益,将其描述为"将规制权力让位给受规制的、充满生机的利益群体,并最终证明了行政规制的'俘获'理论"。[55] 行政法的"利

---

[48] Anthony Randazzo, "The Case against Libertarian Paternalism," *Reason.com*, April 23, 2013, http://reason.com/archives/2013/04/23/the-case-against-libertarian-paternalism.

[49] Cass R. Sunstein, "It's for Your Own Good!" *New York Review of Books*, March 7, 2013, www.nybooks.com/articles/archives/2013/mar/07/its-your-own-good.

[50] Philip J. Harter, "Negotiated Regulations: A Cure for Malaise," *Georgetown Law Journal*, 71, no. 1 (1982): 1–118.

[51] Cornelius M. Kerwin, *Rulemaking: How Government Agencies Write Law and Make Policy* (Washington, DC: CQ Press, 1994), 185–91.

[52] 5 U.S.C. § 561, reauthorized in 1996 and now incorporated into the Administrative Procedure Act, 5 U.S.C. §§ 561–570("鼓励各机构在加强非正式规则制定过程时使用[谈判规则制定]")。参见关于规制计划和审查的行政命令第 12866 号(1993 年 9 月 30 日),克林顿总统签发,要求行政机构在作出规制时要考虑协商机制,包括"执行规章制度的谈判"。

[53] 5 U.S.C. §§ 571–583 (2000).

[54] David M. Pritzker and Deborah S. Dalton, *Negotiated Rulemaking Sourcebook* (Washington, DC: U.S. Government Printing Office, 1990), 3–4.

[55] *USA Group Loan Servs., Inc. v. Riley*, 82 F.3d 708 (7th Cir. 1996) (Posner, C.J.),裁判认为,教育局长的诺言,即遵守立法协调会达成的共识,是无法执行的。

益代表"模式使行政机构制定决策具有了政治化的色彩吗？如果是这样,这种政治化是恰当的吗？[56] 公共利益可能会被受监管的行业所拥有的大量资源所排挤,这种合意形态对公共利益是否给予了足够的重视？[57]

（五）自我规制

行业通常更倾向于采用自愿性的标准来解决一般的问题。行业自我规制的形式包括行为准则、产品设计、产业规范、合作协议、自我认证、信息披露以及自我评级。自我规制在许多领域都有体现,包括食品标签、酒精控制、工人安全、消费者保护、环境管理、防火以及广告方面。例如,代表啤酒、红酒以及蒸馏酒类销售者的行业协会禁止其成员使用相较于成年人消费者来说更容易被未成年消费者接触到的广告。[58]

尽管自我规制具有明显的缺点,但在政治上更容易被接受,同时也能够得到更快的执行,更具灵活性且负担较少。而且,考虑到最高法院对强制披露和市场限制越来越严格的审查,自我规制可能会成为公共卫生的一种选择工具。

自我规制可能会限制产业自身的收益,那么为何产业还会同意呢？倾向于市场主义的倡导者认为,产业进行自我规制是因为消费者需要健康和安全的产品以及完整的信息从而作出明智选择。因此,市场力量刺激了自我规制。问题是,消费者事实上可能不会需要更健康的选择。除了市场力量之外,有意义的自我规制通常要求对市民社会、侵权诉讼以及直接规制产生实质的威胁。

框6.4　儿童食品市场：行业自我规制能起作用吗？

> 向儿童推销不健康食品和饮料的营销策略会促使其养成终生的饮食习惯,这种饮食习惯会带来慢性疾病风险。但是命令和控制型广告限制面临着严重的法律上和政治上的阻碍（见第十二章）。结果,一些标准大部分都是自愿性的,其影响力有限。
>
> 2006年,食品行业形成了儿童食品和饮料广告促进会（Children's Food and Beverage Advertising Initiative, CFBAI）,受商业促进局（Council

---

[56] Richard B. Stewart, "The Reformation of American Administrative Law," *Harvard Law Review*, 88, no. 8 (1975): 1667–1813.

[57] 在缺乏明确的法定权力的情况下,机构提议为干预者提供补贴遭遇了司法阻力。*Pac. Legal Found. v. Goyan*, 664 F.2d 1221 (4th Cir. 1981), 裁判认为,食品药品管理局无权对干预者进行补偿。

[58] *Self-Regulation in the Alcohol Industry: A Review of Industry Efforts to Avoid Promoting Alcohol to Underage Consumers*, Federal Trade Commission (Washington, DC: Federal Trade Commission, 1999).

of Better Business Bureau)管理。行业通过改变公众的选择喜好而成功地避开了直接规制,并追求企业责任形象。然而,带来了真实改变的这种成功,其作用也非常有限。儿童食品和饮料广告促进会对儿童的市场界定过于狭隘,排除了许多(也许是绝大部分)青少年视野范围内的媒介。而且,儿童食品和饮料广告促进会营养指南强调了所谓的健康营养成分(比如,维生素C、维生素A)应当存在,而非对过多的糖类与饱和脂肪进行限制。因此,许多公司通常将儿童膳食中一般不缺的营养成分填塞进食物中,由此,根据儿童食品和饮料广告促进会的标准将不健康产品转化成"健康"产品。

国会在2009年设立了一个跨部门工作小组(Inter-agency Working Group, IWG),以促进用以引导食品和饮料行业中自我规制的自愿性原则的发展。但是当跨部门工作小组发布具有更严格营养标准和市场定义的起草纲领时,该行业对许多游说团体进行了反击。最终,草案纲领被国会否决了,因为国会要求在颁布一项前所未有的自愿方案之前,必须对其进行成本效益分析。[1]

媒体公司有可能会比食品和饮料公司作出较多的重大改变。2012年,华特迪斯尼公司(Walt Disney Company)宣布了一项广告禁令,即禁止在以儿童为重点的有线广播网上播放未达到营养指标的食品广告。尼克罗迪恩国际儿童频道(Nickelodeon)[维亚康姆(Viacom)所有的]拒绝效仿,而是选择重点播放促进身体活动的节目,同时也继续播放快餐和含糖零食的广告。[2]

注释:

1. Duff Wilson and Janet Roberts, "Special Report: How the Obama Administration Went Soft on Childhood Obesity," Reuters, April 27, 2012, www.reuters.com/article/2012/04/27/us-usa-foodlobby-idUSBRE83Q0ED20120427.

2. Brooks Barnes and Brian Stelter, "Nickelodeon Resists Critics of Food Ads," *New York Times*, June 18, 2013, www.nytimes.com/2013/06/19/business/media/nickelodeon-resists-critics-of-food-ads.html.

第三节 环境保护:
一则关于规制手段范围的案例研究

在她的书《寂静的春天》中,瑞秋·卡森(Rachel Carson)让国人认识到因缺少农药使用规制所带来的危险……卡森动人地写出了国人避免生态灾害的"另一条路",倡导对农药使用和基本生活方式的改变进行严格规制。四十年之后,卡森无疑会发现实际走的这条路大部分是错误的……但是同样清楚的是,促进环境保护的大多数努力都已经实现。

——理查德·J. 拉扎勒斯:《环境法的制定》(Richard J. Lazarus, *The Making of Environmental Law*, 2004)

早期的努力将环境法定义为一个独特的研究和实践领域,这个领域强调它是"一种将法律的其他方面适用于特定的一组事实或事件的方式",是与本书提出的公共卫生法定义产生共鸣的一个概念。[59] 事实上,相较于卫生保健的提供与筹资,公共卫生法可能与环境法有着更多的共同之处。[60] 公共卫生法和环境法在警察权方面具有历史性的基础。但是,近代环境法在其发展过程中的某些方面比"新"公共卫生法走得更远。当然,环境法也与公众健康具有直接的相关性。尽管环境法的一些方面由于其内在价值的要求,旨在保护非人类物种以及自然环境,但是环境法的大多方面却明确地旨在通过降低人类暴露在危险污染物中的程度来保护人类健康。记住这些联系,此案例研究会说明:通常在面对激烈的商业和政治反对时,不同的规制手段如何能够被用来解决复杂的问题。

一、克服政治难题和法律障碍

出于多种原因,保护环境是一种非常艰巨的任务。一部分原因与美国法律体制的基础中的偏见有关。比如,旨在促进土地商业发展的财产法体系。法律之外,环境保护面临着政治上的阻碍。污染是促进经济发展的工商业活动的副产品,污染可以被控制并且降到最低,但是通常只能以减少利润为代价。此外,与环境规制有关的决策时常要面对科学的不确定性。接触环境中的有害物质所导致的健康损害通常要花上几十年甚至几代人的时间才能显现。即便是那样,我们的了解通常也不足以建立确切的因果关系。尽管环境规制的成本很容易量化,但是促进健康和增进福祉的益处却很难用金钱来衡量。如果立法者对 20 世纪六七十年代的联邦环境立法采用今天的成本效益

---

[59] Richard J. Lazarus, *The Making of Environmental Law* (Chicago: University of Chicago Press, 2004), 48.
[60] Micah L. Berman, "Defining the Field of Public Health Law," *DePaul Journal of Health Care Law*, 15, no. 2 (2014): 45–92.

分析模式,这些重要的监管制度可能就不会存在了。[61]

戏剧性的环境灾难刺激了公众,他们开始对降低空气和水污染进行规制以及确保安全处理有害废物持支持态度。当被严重污染的凯霍加河在1969年发生大火时,水面上引人注目的火焰的图片出现在国内杂志的封面上。[62] 20世纪70年代末,爱河住宅开发区(建立在之前的化学垃圾堆积场上)的儿童出生缺陷报告使公众震惊。尽管面临行业的强烈反对,通过立场坚定的环保游说者的引导,公众的大声疾呼开启了一个环境法改革的时代。

1970年的《国家环境政策法》(National Environmental Policy Act, NEPA)要求联邦行政机构采取措施。《国家环境政策法》规定某些联邦项目采取环境影响评估。政策制定者、倡导者以及科学家从这个过程的研究中获益匪浅。从政策的角度讲,《国家环境政策法》起到预先报警系统的作用,允许在主要的环境改善政策出来之前进行公众评论。[63] 许多国家都效仿《国家环境政策法》,由此导致评论者把这部法律称作"环境大宪章"。[64]《国家环境政策法》之后,一些其他的具有实质性及程序性规定的环境立法被制定出来,许多都已经过理查德·尼克松(Richard Nixon)总统的签署(见表6.1)。

表6.1 20世纪70年代制定的联邦环境法规

1970年	《国家环境政策法》
	《清洁空气法》
1971年	《联邦水污染控制修正案》
1972年	《联邦杀虫剂、杀菌剂和灭鼠剂法》
	《沿海地区管理法》
1974年	《安全饮水法》
1976年	《有毒物品控制法》
	《资源保护和恢复法》
1977年	《清洁空气法修正案》
	《清洁水法》

---

[61] Frank Ackerman, Lisa Heinzerling and Rachel Massey, *Applying Cost-Benefit Analysis to Past Decisions: Was Protecting the Environment Ever a Good Idea?*, Center for Progressive Regulation White Paper no. 401, July 2004, www.progressivereform.org/articles/Wrong_401.pdf.

[62] Jonathan H. Adler, "Fables of the Cuyahoga: Reconstructing a History of Environmental Protection," *Fordham Environmental Law Journal*, 14, no. 1 (2002): 89-146, 90.

[63] Lazarus, *Making of Environmental Law*, 48.

[64] Daniel R. Mandelker, "The National Environmental Policy Act: A Review of Its Experience and Problems," *Washington University Journal of Law and Policy*, 32, no. 1 (2010): 293.

二、命令和控制的产生和由此引发的强烈反应

正如丽娜·斯坦佐(Rena Steinzor)记录的那样,20世纪70年代联邦颁布的环境立法"包含了对环境保护署理想主义的劝告,即国家的空气必须洁净,国家的水要适合'游泳',但没有就官方该如何完成这种宏大目标提出具体的指导"[65]。这种大致框架式的立法使行政机构的反应速度很慢又较为有限。20世纪80年代,国会作出了详细的命令和控制型规定,从而变得更为规范化。比如,1990年的《清洁空气法》(Clean Air Act, 1990)规定,环境保护署在空气污染来源方面强制使用特定技术以监测排放并将其降低到规定的限度。对这些规定的反映"对作为一种规制策略的命令和控制模式的基本前提发起了挑战"[66]。

三、新治理

新治理的支持者把保护环境当作他们改革的早期目标。[67] 布鲁斯·阿克曼(Bruce Ackerman)和威廉·哈斯勒(William Hassler)注意到,"20世纪60年代产生的环境保护观念与一个古老梦想的衰落是一致的,即一个独立、专业的为了公共利益创造性地规制复杂社会问题的行政机构的形象"[68]。1990年的《清洁空气法修正案》代表了命令和控制型规定的顶峰,也代表着更为灵活、对行业有利的规制尝试的萌芽。例如,环境保护署开始利用公众认可程序来激励行业自愿降低某些化学物质的排放。

环境保护署也建立了二氧化硫排放(酸雨的前体)的限额交易制度。[69] 经济学家通常将排放交易许可作为市场规制的基本说明。行政机构将污染物的排放限制在一定水平上,并且签发许可证授权该行业在特定期限内按照规定数量进行排放。那么各公司就可能会在自由市场中以其信用为标的进行交易。那些排放量超过他们拥有的信用额度的公司就会受到惩罚。《联合国气候变化框架公约京都议定书》采用了简单的方法,即通过允许各州进行碳排放交易来履行他们的条约义务。在理论上,通过利用市场,以最低的社会成本来实现人们降低污染的愿望。然而,一些环保人士认为,通过排放交

---

[65] Steinzor, "Reinventing Environmental Regulation," 107.
[66] Ibid.
[67] Lobel, "The Renew Deal."
[68] Bruce A. Ackerman and William T. Hassler, *Clean Coal/Dirty Air: Or How the Clean Air Act Became a Multibillion-Dollar Bail-Out for High-Sulfur Coal Producers and What Should Be Done about It* (New Haven, CT: Yale University Press, 1981).
[69] 40 C.F.R §§ 72–78 (2002).

易本身并不会解决污染问题。降低可利用的许可排放量是降低总体污染的唯一出路,并且这需要集中管理。

四、持续的挑战

环境保护现今面临着直接规制和自主规制的冲突,这种冲突一旦造成机制瘫痪,将导致后代的环境与公共卫生都面临威胁。近些年,信息与管制事务办公室对一些重要的环境规制进行了审查。例如,在信息与管制事务办公室对所提议的炭灰处理规定进行审查之后,环境保护署发布了一项对行业极为有利的替代方案。[70] 在其他领域比如水压致裂,或者水力压裂(计算机指导水平钻探,随后进行高压注水以破裂页岩并挤出天然气),事实上,联邦规则已经不存在了,从而将这个问题留给州政府和地方政府以及行业自我规制。

第四节 解除规制:
消除有效公共卫生干预的法律障碍

法律是促进公共卫生和安全的有力手段。然而,有时法律也会成为促进健康的一种阻碍,这时就需要解除规制。尽管解除规制通常被视为人们对所感受到的政府失灵的一种回应,这种回应较为保守且相信市场,但是它也可以成为逐渐发展的公共卫生策略的组成部分。例如,在公共卫生出现紧急情况时,现行规制的暂停适用对于允许卫生保健人员在通常范围之外或者在他们的行业执照权限之外从事医务可能很有必要(见第十一章)。即使在通常情况下,严格规定和医疗法律的放松可能会有益于公共卫生。例如,一些辖区已经消除了法律障碍,加快了伴侣治疗的进程(允许医生为病人的性伴侣提供处方,而不将其视为病人),从而减少了诸如衣原体和淋病的感染传播。[71]

解除规制是保护易受刑事制裁人群健康的一种尤为重要的策略,包括性工作者、非法吸毒者和移民。对于这些群体来说,法律限制可能会成为卫生

---

[70] Rena Steinzor, "Eye on OIRA, Coal Ash Edition: Putting Lipstick on a Not-So-Cute Little Pig," *Pump Handle*, May 5, 2010, http://thepumphandle.wordpress.com/2010/05/05/eye-on-oira-coalash-edition-putting-lipstick-on-a-not-so-cute-little-pig/.

[71] James G. Hodge, Jr., Erin Fuse Brown, Dhrubajyoti Bhattacharya, and Lindsay F. Wiley, "Expedited Partner Therapies for Sexually Transmitted Diseases: Legal and Policy Approaches," *Journal of Health and Biomedical Law*, 4, no. 1 (2008): 1-29.

保健、卫生教育以及卫生行为的阻碍。反娼法律授权警察逮捕携带许多保险套的个人[72]，或者规定无菌注射用具的持有或者分发是犯罪行为。鼓励地方警察或者医务管理人员执行移民法等法律可能会使保护遭受家庭暴力的非法移民变得困难；可以理解，易受刑事制裁的人不愿报告自身的犯罪行为或是寻求医疗帮助（见第十三章）。相似的，规定同性恋或者艾滋病传播是犯罪行为的那些法律可能会阻碍与同性发生性行为的人接受检测或者接受必要的卫生保健（见第十章）。

解除规制与减少损害原则密不可分，其旨在降低那些与非法活动或者不被社会接受的活动有关的疾病和损害的风险（包括其他社会成本），而非旨在直接干扰那些活动。在非法吸毒、吸烟（例如，允许在禁止吸烟区使用可能比可燃香烟危害小的电子烟，见第十二章）以及滥用酒精（例如，给在"潮湿的避难所"里无家可归的酗酒者提供少量酒精以阻止他们从不安全来源处寻得酒精，比如漱口水、外用酒精或者工业产品）方面，行政机构对减少损害策略进行了部署和权衡。

在预算紧张并且自由主义情绪高涨之时，解除规制可能是一种吸引人的做法，但是公共卫生倡导者不应该低估对社会保守的法律的政治支持，因为这些法律阻碍了对公共卫生的有效干预。降低损害项目遭到一些人的强烈反对，这些人认为法律应当表达社群对于高风险或不道德行为的共同反对，或者至少不应当对此宽恕。然而事实上，社会对于高风险行为的反对可能仅仅驱使这些行为转向地下，使得处于危险中的个人不大可能寻求所需要的服务，并且不太容易接受到公共卫生的信息。通过表示更大程度的社会宽容，解除规制能够消除对处于危险中的群体及其行为的偏见，从而改善健康效果。除了解除规制之外，旨在禁止歧视和保护隐私的规制在消除对弱势群体的偏见问题上起到重要作用，从而可作为公共卫生法律的实施手段（见第十章）。

第五节　降低吸毒者的损害：
一则关于解除规制的案例研究

非法吸毒者尤其容易受到一系列健康问题威胁，包括药剂过量（特别是

---

[72] "U.S.: Police Practices Fuel HIV Epidemic," Human Rights Watch, July 19, 2012, www.hrw.org/news/2012/07/19/us-police-practices-fuel-hiv-epidemic.

在年轻人和中年人中,这已经成为死亡的主要原因),意外伤害和暴力行为(见第十三章)以及血源性感染,比如 HIV 和 C 型肝炎(见第十章)。政府的解决办法通常是将其入罪以进行威慑。但是入罪会消极地影响吸毒者的健康和他们的社群。法律限制吸毒用具的获取阻碍了吸毒者从事更为安全的吸毒活动。起诉的威胁使得吸毒者与其伙伴在药剂过量或者遭受损害时不愿向警察寻求帮助或是寻求医疗救助。法律处罚也对高监禁率社区的健康问题产生了更为广泛的影响,从而导致了健康方面的种族差异。[73]

美国国内的司法管辖区以及其他国家都在进行降低损害的解除规制干预,从而保护非法吸毒者的健康和他们的社群。针具交换也许是最受瞩目的降低损害策略的体现,为静脉吸毒者提供保护自身免受感染的方法。最近,州政府和地方政府已经开始放松对纳洛酮(Naloxone)的处方限制,纳洛酮是一种类鸦片过量的解毒剂。也许最为大胆也最有争议的降低损害策略便是除罪化、去刑事化或者是使非法吸毒合法化。

一、洁净注射器的获取

给吸毒者提供洁净的注射器和针具来取代使用过的器具,会大大减少血源性感染的传播。尽管如此,针具交换项目面临着政治阻碍。1988 年,国会禁止使用联邦资金来资助此类项目。[74] 根据竞选承诺,奥巴马政府连同国会在 2009 年撤销了联邦资金的使用禁令,但是此番胜利是短暂的:禁令在两年之后又恢复了,这是为了避免联邦政府关门作出的一种妥协。[75]

尽管联邦资金具有易变性和不确定性,但是在州、地方以及私人资金的支持下,目前已有超过 200 个被认可的针具交换项目在至少 32 个州运行着。[76] 例如,巴尔的摩市卫生署提供移动的针具交换服务,每周遍及 17 个地方。[77] 利用给边缘社群提供医疗服务的机会,这种项目也对梅毒、HIV 以及 C

---

[73] Dora M. Dumont, Brad Brockmann, Samuel Dickman, Nicole Alexander, and Josia D. Rich, "Public Health and the Epidemic of Incarceration," *Annual Review of Public Health*, 33 (2012): 325–39; Michael Massoglia, "Incarceration, Health, and Racial Disparities in Health," *Law and Society Review*, 42, no. 2 (2008): 275–306.

[74] American Foundation For AIDS Research, *Federal Funding for Syringe Exchange*, June 2011, www.amfar.org/uploadedFiles/On_The_Hill/SEP backgrounder.pdf.

[75] Azmat Khan, "Despite Show of Support, Federal Funding Ban on Needle Exchange Unlikely to Be Lifted Anytime Soon," PBS *Frontline*, August 7, 2012, www.pbs.org/wgbh/pages/frontline/social-issues/endgame-aids-in-black-america/despite-show-of-support-federal-funding-ban-onneedle-exchange-unlikely-to-be-lifted-any-time-soon.

[76] U.S. Syringe Exchange Database, *North American Syringe Exchange Network*, www.nasen.org/programs, accessed August 5, 2015.

[77] Baltimore City Health Department, *Community Risk Reduction*, http://health.baltimorecity.gov/NeedleExchange, accessed January 15, 2015.

型肝炎进行检测。由于针具交换项目作用有限,撤销禁止无菌注射器具无处方销售的立法也是一种重要的策略。纽约和其他一些州已放宽了无处方销售的规制,以扩大无菌器具的可用范围。(78)

二、纳洛酮的使用与《好撒玛利亚人法》

2008 年,中毒事件已超过了汽车事故和火灾成为美国国内人员伤亡的主要原因。大部分中毒致死事件是处方药使用过量所致,主要来自于类鸦片处方如氧可酮(奥施康定)[oxcodone(OxyContin)]。纳洛酮(也叫作盐酸烯丙羟吗啡酮)[Naloxone(Narcan)]通过在几分钟之内逆转呼吸衰竭来阻止药剂过量致人死亡。护理人员和高级紧急医疗技术人员(advanced emergency medical technicians, AEMTs)可以获得这种药物,但是初级医疗技术人员(e-mergency medical technicians, EMTs)以及紧急医疗急救员(emergency medical responders, EMRs)则更可能首先出现在现场,即便那些初级医疗技术人员通常都不会准时到达。(79) 替代方案提高了药物的可利用性,例如,允许医师在药剂过量发生前开处方给处于危险中的病人。医师也可以开处方或者直接把纳洛酮给那些认为他们的朋友或是家庭成员处于用药过量危险中的人。消除纳洛酮获取上的法律障碍,比如禁止或不鼓励第三方开处方的医疗实践法以及禁止初级医疗技术人员和紧急急救员携带或者管理这种药物的执业范围法——可以挽救生命。

大多数州已采取措施消除纳洛酮处方和使用的法律障碍。(80) 例如,华盛顿州允许任何处于药物过量危险中的人或者目睹药物过量之人获得纳洛酮的处方。“吸毒者、家庭成员和关心他们的朋友可以携带纳洛酮,这与过敏人士可以携带肾上腺素(‘肾上腺素自助注射器’)一样。”(81)许多州都颁布了《好撒玛利亚人法》,人们可以通过拨打 911 报警电话报告用药过量事件,从而使他们免于因持有药物而被逮捕和起诉。(82) 2014 年,马萨诸塞州州长德瓦

---

(78) James M. Tesoriero, Haven B. Battles, Susan J. Klein, Erin Kaufman, and Guthrie S. Birkhead, “Expanding Access to Sterile Syringes through Pharmacies: Assessment of New York's Expanded Syringe Access Program,” *Journal of the American Pharmacists Association*, 49 (2009): 407-16.

(79) Network for Public Health Law, *Legal Interventions to Reduce Overdose Mortality: Emergency Medical Services Naloxone Access*, January 5, 2015, www.networkforphl.org/resources_collection/2015/01/05/519/resource_emergency_medical_services_naloxone_access.

(80) Network for Public Health Law, *Legal Interventions to Reduce Overdose Mortality: Naloxone Access and Overdose Good Samaritan Laws*, November 2014, www.networkforphl.org/_asset/qz5pvn/network-naloxone-10-4.pdf, 2.

(81) “Naloxone (Narcan) Frequently Asked Questions,” StopOverdose.org, updated April 2013, http://stopoverdose.org/faq.htm#whocan.

(82) Network for Public Health Law, *Legal Interventions*, 2; Drug Policy Alliance, 911 *Good Samaritan Laws: Preventing Overdose Deaths, Saving Lives*, June 2015, http://www.drugpolicy.org/resource/911-good-samaritan-laws-preventing-overdose-deaths-saving-lives.

尔·帕特里克(Deval Patrick)宣布类鸦片过量所致死亡属于公共卫生紧急情况,使得获取纳洛酮的法律障碍立即消除,同时监管者制定了一定的程序来完善长期性的规制(见第十一章)。[83] 类鸦片过量的传染性疾病会在第十三章讨论。

三、除罪化、去刑事化以及合法化

"禁毒之战"在20世纪80年代爆发,并且许多毒品犯罪的强制最低量刑规则导致了大量的监禁,特别是对非裔美国人口来说,这种情况造成了毁灭性的影响。为了回应这种社会和经济上的影响,一些主张降低损害的人士奋力争取更为激进的放松管制方式。参考其他国家的例子,他们要求除罪化(取消监禁,支持其他刑罚)、去刑事化(只施加民事制裁,比如罚金或者强制治疗),或者使持有和使用毒品完全合法化。[84]

在某种程度上来说,至少有19个州及哥伦比亚特区已经不再将少量持有大麻入刑。在大多数州,持有少量大麻实际上已部分合法。[85] 比如,在阿拉斯加州,在个人住所持有大约4盎司的大麻并不会受到刑事或民事制裁。[86] 在佛蒙特州,持有1盎司或者更少的大麻只是一种民事违法行为。[87] 2012年,科罗拉多州和华盛顿州成为第一批使大麻合法化、对其征税并对其进行规制的辖区。[88] 之前持有毒品是非法的,现在却使其合法化,这一变化带来了规制上的新挑战。公共卫生专家正在调查酒精和烟草控制法在多大程度上会为大麻合法化的广泛规制提供范例。[89]

主流的政治观点认为,行政管制成本高、效率低、具有侵犯性,并且耽滞

---

[83] "Governor Patrick Delivers Remarks on the Opioid Crisis," press release, March 27, 2014, http://archives.lib.state.ma.us/handle/2452/219383.

[84] Glenn Greenwald, *Drug Decriminalization in Portugal: Lessons for Creating Fair and Successful Drug Policies* (Washington, DC: Cato Institute, 2009), 12–13.

[85] NORML, *States That Have Decriminalized*, http://norml.org/aboutmarijuana/item/states-thathave-decriminalized, accessed August 5, 2015.

[86] NORML, *Alaska Laws and Penalties*, http://norml.org/laws/item/alaska-penalties, accessed August 5, 2015.

[87] NORML, *Vermont Laws and Penalties*, http://norml.org/laws/item/vermont-penalties-2, accessed August 5, 2015.

[88] Matt Ferner, "Colorado Is 'New Amsterdam:' State's Historic Marijuana Laws Compared to Netherlands' Long-Fabled Pot Laws," *Huffington Post*, June 5, 2013, www.hungtonpost.com/2013/06/05/colorado-is-new-amsterdam_n_3390123.html; ACLU of Washington, "I-502: Washington's New Marijuana Regulation Law: Frequently Asked Questions," November 7, 2012, www.aclu-wa.org/sites/default/files/attachments/Marijuana%20I-502%20FAQs%20-%20110712.pdf.

[89] Rosalie Liccardo Pacula, Beau Kilmer, Alexander C. Wagenaar, Frank J. Chaloupka and Jonathan P. Caulkins, "Developing Public Health Regulations for Marijuana: Lessons from Alcohol and Tobacco," *American Journal of Public Health*, 104, no. 6 (2014): 1021–28.

革新。一种长久的担忧是,监管者往往屈从于强大的私人利益,从而不能确保更高的公共利益。然而,在一些地区,公共卫生倡导者致力于消除有效的公共卫生实践所面临的法律阻碍,他们面对着社会保守人士的反对。至于经济监管,新治理提供了全新的视角。的确,市场激励、利益相关者的合作、自我规制以及公共信息是改变风险商业行为的宝贵技巧。然而,当界定清晰、执行严格的规则被用来保护公众健康和安全时,新治理能够或者应该代替传统规制这一说法就不太可行了。直接规制仍然是公共卫生的主要内容,通过侵权体系——下一章的主题,进行间接规制也是如此。

第七章　侵权法与公共卫生间接规制

　　通过损害赔偿金的方式可以使规制得到有效实施,这与一些形式的预防性救济同出一辙。支付赔偿金的义务,实际上也是规制的宗旨,会成为管制行为和控制政策的有效方法。

　　——菲利克斯·法兰克福特:"圣地亚哥建筑贸易委员会诉加尔蒙案"(Felix Frankfurter, San Diego Bldg, *Trades Council v. Garmon*, 1959)

　　迄今为止,我们认为主要涉及立法机关和行政机关行为的规制,是出于预防损害、防止疾病以及促进公共卫生的目的。侵权责任也是公共卫生规制的一种间接但有效的手段。[1] 这一章关注了民事诉讼的一种重要形式:利用侵权法对人们及其所居住环境遭受的损害进行救济。[2]

　　公共卫生法律中的诉讼作用是多层面的。正如前面章节所讲到的,政府有时发现自己是在捍卫企业和个人提起的诉讼中所涉的那些公共卫生法律法规,这些诉讼对宪法或行政法基础发起了挑战。正如第三章所述,这些诉讼也可能被私主体用作执行联邦法律的主动性策略。相比之下,侵权法主要在州层面得到发展,通过法官运用几百年来的先例价值(普通法)来裁决纠纷并完善法律原理,或者通过立法机关将普通法原则编纂成法典(比如,消费者保护和反欺诈法)。私主体和国家亲权角色下的政府提起诉讼,使加害人对其所造成的健康和安全危险承担金钱赔偿或停止侵害责任。

---

[1] 私人主体提起的针对政府的诉讼也可以实现公共卫生的目标,比如,第1983节要求各州执行联邦安全网计划,控告联邦机构强迫他们遵守国会指令的诉讼(比如成立营养援助计划)也有助于确保他们获得医疗保健和营养。

[2] 制定法也规定了私人诉讼权,比如《清洁空气法》,42 U.S.C. §§ 7401-7671q (2005),以及《清洁水法》,33 U.S.C. §§ 1251-1387 (2005),授权私人主体提起诉讼以减少污染。

侵权诉讼是减少损害和疾病负担的一种有效工具。③ 总检察长、公共卫生机构以及普通公民可以诉诸民事诉讼以救济各种公共卫生损害：环境破坏（例如，空气污染或地下水污染）；暴露在有毒物质中（例如，农药、放射线或者化学品）；不安全的医药品、疫苗或医疗器材［例如，己烯雌酚（diethylstilbestrol）、脊髓灰质炎活疫苗或者避孕设备］；危险物品（例如烟草、火器或者酒精饮料）；瑕疵产品（例如，儿童玩具、娱乐设施或者家庭用品）；以及市场上销售的貌似健康实则劣质的食品和饮料。这种责任会阻止有害行为的实施并鼓励安全措施的创新（包括产品设计、包装以及标签）。侵权诉讼也可以实现公共卫生的目标，通过提高人们的健康和安全风险意识，让公众通过披露程序来获悉更多的产业行为信息，并提高创建或加强广泛监管制度的政治意愿。

作为私人交易的具有高度个人主义观念的侵权诉讼和作为维护公共秩序且保护整个人类福祉的侵权法这样更偏向集体主义的观念，这两者之间的紧张关系使得作为公共卫生法的一种手段的侵权诉讼大打折扣。④ 侵权法传统上坚持对过错、因果关系和损害进行个案评估，这妨碍了它作为一种证明人口损害机制的有效性。⑤ 在大多数案件中，个别原告被要求证明某一特定被告由于特定过失导致了损害，在某个产品导致损害或者接触有毒物质所致损害的案件中，损害往往要经过几十年才会显现出来，所以，实际上这类案件中的证明责任是一种不能被克服的障碍。

20世纪，一种更加以人口为导向的观点，强调侵权责任的威慑功能，开始主导许多法官和评论家的分析。⑥ 特别是在20世纪70年代与80年代之间，许多辖区的法院和立法机构考虑到越来越多的诉求整合，开展了许多倾

---

③ Jon S. Vernick, Jason W. Sapsin, Stephen P. Teret, and Julie Samia Mair, "How Litigation Can Promote Product Safety," *Journal of Law, Medicine, and Ethics*, 32, no. 4 (2004): 551-55; Jon S. Vernick, Julie Samia Mair, Stephen P. Teret, and Jason W. Sapsin, "Role of Litigation in Preventing Product-Related Injuries," *Epidemiologic Reviews*, 25, no. 1 (2003): 90-98; Peter D. Jacobson and Soheil Soliman, "Litigation as Public Health Policy: Theory or Reality?" *Journal of Law, Medicine, and Ethics*, 30, no. 2 (2002): 224-38; Wendy E. Parmet and Richard A. Daynard, "The New Public Health Litigation," *Annual Review of Public Health*, 21 (2000): 437-54; Stephen P. Teret and Michael Jacobs, "Prevention and Torts: The Role of Litigation in Injury Control," *Journal of Law, Medicine, and Ethics*, 17, no. 3 (1989): 17-22; Stephen P. Teret, "Litigating for the Public's Health," *American Journal of Public Health*, 76, no. 8 (1986): 1027-29.

④ See Glen O. Robinson and Kenneth S. Abraham, "Collective Justice in Tort Law," *Virginia Law Review*, 78, no. 7 (1992): 1481-1519，审视了侵权制度的个体化关注并讨论了不断提高的集体化改革。

⑤ Lindsay F. Wiley, "Rethinking the New Public Health," *Washington and Lee Law Review*, 69, no. 1 (2012): 207-72，讨论了公共妨害理论是如何远离传统过失规则的个人主义倾向的。

⑥ 争论仍然是侵权制度的目标是什么。See, for example, Heidi Li Feldman, "Science and Uncertainty in Mass Exposure Litigation," *Texas Law Review*, 74, no. 1 (1995): 1-48; Steven Shavell, *Economic Analysis of Accident Law* (Cambridge, MA: Harvard University Press, 2007); Guido Calabresi, *The Costs of Accidents: A Legal and Economic Analysis* (New Haven, CT: Yale University Press, 1970), 16.

向原告的侵权改革。法院允许个人将他们的诉求聚合成大规模的集体诉讼,并且将人口视角引入过错和因果关系说。20世纪90年代,扮演国家亲权角色的州和市政官员在利用侵权诉讼来维护公众享有的健康权、安全权以及福利受到不合理侵害方面的态度变得越来越激进。⑦

侵权法朝着更为集体主义的方向发展产生了很大的反应,这种反应来自于担心自身承担责任的企业和经济上较为保守的学者。倾向于被告的侵权改革横扫整个国家,大大降低了诉讼作为保护公共卫生手段的可能性。在这些改革当中,侵权法和公共卫生法学者仍然努力克服侵权法的个人主义观念和侵权法的公法模式之间存在的紧张关系。

我们以对公共卫生目标主要责任理论的简要综述来开启本章。在审视相关的理论问题后,我们来论证作为公共卫生手段的侵权法的价值和缺陷。一则烟草诉讼的案例研究证明了作为公共卫生策略的侵权诉讼的有效性。最后,我们看一看具有政治意味的侵权体系改革运动以及其对公共卫生的影响。

第一节 侵权责任的主要理论

侵权(tort),源自于拉丁文 torquere,"扭曲"(to twist),是"一种民事的不法行为,而非违约行为,法院会以赔偿金的形式为此提供救济"⑧。与刑事诉讼不同,刑事诉讼由作为公诉人的政府提起,并且可能会判处徒刑或是刑事罚金以上交政府,而侵权诉讼由欲从被告处寻求救济的受害方提起,通常以给付原告赔偿金的形式进行。侵权诉讼通常根据法官几百年来裁决个案所形成的普通法原则提起。在裁决根据法定诉因起诉案件的过程中,法院也转向了普通法上的侵权法原则,这是由立法机关创设的,其旨在使私主体能够执行某一特别法所规定的规则。由于侵权法是州法,所以极具管辖权特性(各州的规定有差异)。虽然如此,侵权法还是有一些普遍适用的原则的。

原告可以根据一个或者多个侵权法上的"诉因"(cause of action)提起诉讼。根据被告行为的可责性,这些诉因大致分为三种:故意侵权行为、过失以

---

⑦ 欲坚持国家亲权的立场,州或地方政府官员必须:(1)"声称对足够多数的人口产生伤害";(2)"表达特定私主体之外的利益,即国家必须不仅仅是名义上的主体";(3)"表达一种准主权利益"。*Alfred L. Snapp & Son v. P.R.*, 458 U.S. 592, 607 (1982).

⑧ W. Page Keeton, Dan B. Dobbs, Robert E. Keeton, and David G. Owen, *Prosser and Keeton on Torts*, 5th ed. (St. Paul, MN: West Group, 1984), § 1. 要注意这是一个有瑕疵的定义,因为,一些侵权行为具有合同要素,比如违反担保;一些侵权行为会造成非金钱赔偿,比如禁止继续妨害。

及严格(或是"无过失")责任。我们主要探讨五个诉因：(1)过失；(2)异常危险行为的严格责任；(3)产品责任(准严格责任的一种形式)；(4)虚假陈述(在大多数受案范围中，普通法上的故意侵权被编入消费者保护法中)；(5)损害(也是准严格责任的一种形式)。这些诉因中的每一个都由一系列要件依次构成，原告必须通过证据优势来证明这些要件，从而让被告承担责任(见表7.1)。

表 7.1 侵权法:相关诉因与其要件

过失	注意义务	存在引起履行正当注意义务的行为或特殊关系
	违反义务	不合理的行为，未能履行正当注意义务
异常危险行为的严格责任	参与异常危险行为	引起高度身体损害风险的异常行为，即便已经尽到合理注意义务。
产品责任(准严格责任)	产品销售者销售瑕疵产品	根据瑕疵类型适用规则:制造瑕疵、设计瑕疵或者是未能警示的瑕疵。
虚假陈述	虚假陈述	被告对实质性事实的虚假陈述。
	合理信赖	原告对被告的表述产生合理且可预见的信赖。
损害(准严格责任)	财产权或公共权利的重大且不合理的干预	合理性规则适用于对原告权利的干预，而不适用于被告的行为。
上述全部	因果关系	如果没有被告的行为损害就不会发生，并且损害的类型是可预见的，且/或直接来自于被告的行为
	损失或损害	身体损害或财产损失。

一、过失

若你热爱你的邻居这一规则成为法律，那么你就不得伤害你的邻居；律师的问题是，谁是我的邻居？会收到一个有限的回答。你必须采取合理注意来避免你能够合理预见的可能会给你的邻居造成伤害的行为或者疏忽。那么，在法律上谁是我的邻居？这个答案似乎是那些受我的行为如此密切且直接影响的人，我应该合理地为他们考虑。

——詹姆斯·R.阿特金："多诺霍诉史蒂文森案"(James R. Atkin, *Donoghue v. Stevenson*, 1932)

若要主张被告承担过失责任,原告必须证明被告:(1)对原告有采取合理注意的法律义务;(2)因未能采取合理预防而违反了这种义务[9],至于本章讨论的全部侵权类型,原告也必须确立:(3)因果关系;(4)损失或者损害。

(一)注意义务

注意义务是法律规定的旨在保护他人免受不合理损害的义务。大多数法院着重强调个人主义的义务,而避开了对整个社会所负有的一般义务,这种义务要求原告确立一些特殊条件,即应由被告对原告这类群体所负有的义务。从哲学上讲,"过失"(积极的不法行为)和"不履行"(消极的不作为)之间的区别不是很清晰(见框7.1),但是在法律上却往往存在差异。通常,所谓过失,即我们对那些可预见的因我们的行为而遭受损害的人负有义务。比如,如果一个公司开办化学工厂,它就负有这样的审慎注意义务,并且它要对所有可能因其未能履行正当注意义务而受损害的各方负有此种义务。另外,一方并非总是要对未能积极采取保护他人免受外部威胁的措施承担责任,营救或者为他人提供救助的一般义务并不存在。[10] 例如,如果附近的一个化学工厂爆炸了,并且你看到你的邻居受伤了,你并不负有帮助她的法律义务,即使你可以这样做且并不会将自己置于危险之中。

框7.1　过失责任是保护群体免疫力的手段吗?

> 　　不给你的孩子接种疫苗并不是个好的决定。这对于个别儿童和整个社群来说都会产生真实的健康影响。
> 　　——萨德·奥默,埃默里大学罗林斯公共卫生学院(Saad Omer, Rollins School of Public Health, Emory University, 2013)
> 　　近来会对生命造成威胁并可用疫苗进行预防的疾病如百日咳(whooping cough)和麻疹的暴发促使公共卫生倡导者去思考让家长接受疫苗的新策略(见第十章)。他们的注意力大多集中在教育家长和加强学校疫苗接种法的豁免上。但是少数人还建议,侵权责任可以起到作用,它提出了这样一个问题,即拒绝接受疫苗的家长是否应对可能由此受到损害的人负有责任。

---

[9] Keeton, *Prosser and Keeton on Torts*, § 30; 57 Am. Jur. 2d *Negligence* § 78 (1989); *Restatement (Second) of Torts* § 281 (1965).

[10] Barry R. Furrow, "Forcing Rescue: The Landscape of Health Care Provider Obligations to Treat Patients," *Health Matrix*, 3, no. 1 (1993): 31–87.

当家长出于未经科学证据证实的恐惧或者因为倾向于"自然的"生活方式而拒绝为他们的孩子接种疫苗时,他们的孩子并不是唯一被置于危险中的人。太过年幼不能接种疫苗的婴儿和预先存在的医疗条件使得"群体免疫力"决定了疫苗的不安全性:足够大比例的人口接种疫苗会阻止疾病的传播,在保护接种人群的同时也保护了未接种人群。如果将疫苗豁免限制在那些具有医学上禁忌证的人或是在宗教信仰上真诚反对接种的人身上,那么群体免疫力才有所保证。但在一些地区,成群的家长会因其他原因而拒绝接种,从而将群体免疫力置于风险当中。在由此产生的疾病暴发过程中,患病或死亡的人大多数是因年幼而不能接种的婴儿和由于医学原因而不能接种的其他人群。

假设流行病调查能够将个别百日咳患者的病例追溯到某个被家长拒绝接种的儿童身上,那么受损害的个人能否让拒绝接种的家长承担过失责任?如果法院审理这样一个案件,那么其结果可能会取决于责任的构成要件。家长不为孩子接种的决定可能会被定性为不作为,由此在原、被告之间没有特殊关系的情况下则不存在责任,因为不存在应当采取积极措施来保护陌生人免受外部威胁的一般义务。作为一种选择,原告可以将家长允许未接种且存在潜在感染的儿童与其他人(例如,在托儿所或是主题公园里)互相接触这一做法定性为不作为,从而产生了实施合理注意以避免感染其他人的义务。确实,法院长期认为,患有危险的、传染性疾病的个人(或是感染儿童的家长)负有保护他人免受感染的法律义务。[1]另外,在性传播感染的情况下,法院一般会首选个案裁判,他们认为重点在于原、被告之间的关系是否足以施加一种义务,而这种义务本是陌生人之间本不会存在的。[2]

拒绝接种的家长可能认为,哲学意义上的反对豁免允许她带她的孩子去托儿所和学校(正如第十章所述,许多国家也都认可这种做法),应该保护她不承担法院强加给她的侵权责任。但是我们很难预测法院将会如何回应这种观点。一方面,接种豁免似乎表达了立法机构的看法,即接种最终还是一个个人选择的问题。当对责任原则的政策含义进行权衡时,法院经常将其推给立法机构。另一方面,"一个人可以作出一种合理的、国家认可的不接种的选择,但并不保护作出这种选择的人不受其他人选择的影响"[3]。

在 HIV 传播的侵权责任背景下,大多数评论者认为,侵权责任的威胁对 HIV 的预防并未产生重要影响。[4]对于可通过疫苗来预防的疾病来说,结论上有何不同吗?

> 注释：
> 1. *Carsanaro v. Colvin*, 716 S.E.2d 40 (N.C. Ct. App. 2011)（法院认为，在妻子的情夫患有疱疹并且丈夫因此而被感染的情况下，丈夫对妻子的情夫有权提出合法的诉求）；*Smith v. Baker*, 20 F. 709 (C.C.S.D.N.Y. 1884)（法院认为，被告家长应当对让感染百日咳的孩子与原告的孩子接触这一行为承担法律责任）。
> 2. Deana A. Pollard, "Sex Torts," *Minnesota Law Review*, 91, no. 3 (2007): 769-824, 795-802, 文中描述了法庭典型的个案分析方法，这个方法用来确定过失传播案件中被告与原告之间是否存在特殊关系。
> 3. Arthur L. Caplan, David Hoke, Nicholas J. Diamond, and Viktoriya Karshenboyem, "Free to Choose but Liable for the Consequences: Should Non-vaccinators Be Penalized for the Harm They Do?" *Journal of Law, Medicine and Ethics*, 40, no.3 (2012): 606-11, 609.
> 4. Sun Goo Lee, "Tort Liability and Public Health: Marginal Effect of Tort Law on HIV Prevention," *South Texas Law Review*, 54, no. 4 (2013): 639-84.

在原告与被告之间具有某种"特殊关系"时，尤其是原告在某种程度上依赖被告的这种关系时，可以认为一方当事人有确切的保护另一方免受外部威胁的义务，并因此承担不作为责任；这种特殊关系往往产生于习惯、某种情感和公共政策。⑪ 其他的例子中，土地所有人以及土地占有人负有保护来访人员的积极义务，医生对其患者负有特殊义务，学校也可能对其学生负有特殊义务。⑫ 例如，一所学校可能负有义务采取合理措施保护学生免受由于附近化工厂爆炸带来的损害，即使该学校并未管理此化工厂或者引发爆炸。

(二) 违反义务

违反义务，即过失行为，发生在某一主体未能遵守法律规定的正当注意标准之时，就像违反义务的行为传统上都是个人主义的理解一样。⑬ 对于大多数案件来说，被告要承担的注意义务的标准在于，一个具有"一般谨慎"的"理性人"在某种情况下将会实施的注意义务的标准。⑭ 这种标准刻意模糊，从而依靠陪审团——社会的良心，对被告行为的合理性作出规范的裁决。

---

⑪ Keeton, *Prosser and Keeton on Torts*, § 56.
⑫ Ibid., §§ 56-64.
⑬ See Robinson and Abraham, "Collective Justice in Tort Law," 1484-85."侵权法的个人主义以责任标准的制定作为开端，这种标准认为每个诉求都是独一无二的。"
⑭ *Lucero v. Holbrook*, 288 P.3d 1228, 1232 (Wyo. 2012)（"当一个人不能在类似的情况下达到一个理性人应达到的一般谨慎标准，那么这就是过失"）；*The Nitro-glycerine Case*, 82 U.S. 524, 536-37 (1873)（法律"并不苛责已采取一般预防事故措施的人承担过失责任，而这种措施是一个小心谨慎的人在类似的情况下所习惯采取的做法"）。

正当注意标准是法律上可接受风险的一种衡量。规范过失的法律并不要求避免所有可能发生的损害。几乎所有的人类行为都伴随着风险,只有"不合理的"风险才被视为过失。当然,区分合理的风险与不合理的风险的标准也是非常不严谨的。一些法官和学者采用的侵权责任威慑观点依赖于"过失计算",这种方法平衡了预防负担与由于无预防措施所导致损害的可能性及严重程度。预防负担不仅包括直接成本(例如,给武器的触发机制安装保险锁这种额外的制造成本),也包括与预防相关的不便和缺少实用性(例如,在开火之前扳开安全锁会花费额外的时间,由此降低了武器的实用性)。损害的可能性和严重程度并非指原告实际遭受的损害,而是指从整体来看,所有主体在采取措施前(即要决定是否采取相关预防措施的时刻)可以预见到的损害。1947 年,勒恩德·汉德(Learned Hand)法官著名的论断认为,过失计算是一种代数公式:"如果损害的可能性为 P,所导致损害的严重程度为 L,避免损害的合理预防负担为 B,则责任取决于 B 是否小于 L 乘以 P,即 B 是否小于 PL"(见图 7.1)。⑮ 通过评估社会层面而非个体层面的预防措施的负担与益处,过失理论更加对集体主义的视角敞开了心扉。

在适当的时候,法院也依照习惯做法来裁决所指称的侵害行为。由于过失是一种公共标准,他人在相似情况下通常的、习惯的做法尽管不是决定性的,但却具有高度的证明性。除了专业过失案件,法院并不会对行为符合产业惯常注意标准的被告进行严格约束。"在采用可实施的新装置过程中,整体诉求可能被不合理地拖延……法院必须在最后说明需要什么;这些预防措施是非常必要的,即使他们被普遍忽视,其过失也不会被原谅。"⑯

除了习惯以外,法院会参照制定法、规章以及指导原则中规定的标准。违反法律法规的标准就可能构成过失行为本身(意思是不需要进一步证明不合理性)或者至少是过失的高度暗示。例如,如果职业安全与健康管理局要求雇主将铅接触降低到某个规定的水平,未达到这个水平就可能构成侵权诉讼中的侵害要件。即使是行政机构(例如,疾病控制与预防中心)或专业组织[例如,美国医学会(AMA)]颁布的非约束性指导原则,都强烈地影响着过失行为中的法律注意标准。

(三)过失责任的积极抗辩

过失行为的两种抗辩对公共卫生案件至关重要。这两种抗辩都为被告提供了规避责任的机会,而需要为之承担责任的损害或疾病是个人的自身行

---

⑮ *United States v. Carroll Towing Co.*, 159 F.2d 169 (2d Cir. 1947).
⑯ *The T. J. Hooper*, 60 F.2d 737, 740 (2d Cir. 1932).

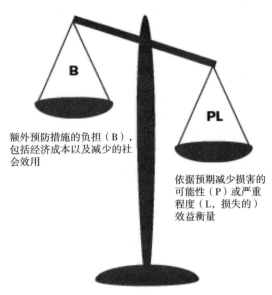

图 7.1 过失计算

为造成的——烟草行业、武器行业涉及的持续不断的诉讼以及肥胖诉讼。[17]

第一种抗辩,即风险承担(assumption of risk),认为如果个人知道风险的存在但是却从事这种行为,他就不能要求被告承担责任。在许多情形下,人们知道吸烟、吃高卡路里食物或者购买和使用武器会面临风险。在这些情形下,各行业很容易公开指责消费者自身,认为他们应当对自己的行为所导致的损害负责。至于风险承担,政府要求贴标签并且进行披露,这实际上可能会对行业有帮助。例如,酒精饮料制造商可以依靠政府的健康警示来规避责任。由于产品的危险主要体现在产品的包装和广告上,制造商会认为,消费者必须对自己的行为负责。

第二种抗辩,即共同过失,认为如果原告自身的过失导致了损害或疾病,那么损害赔偿金就会被减少(在一些辖区内会被完全免除)。共同过失的抗辩使各行业制造商认为原告所遭受的损害是其自身缺少正当注意的结果。

---

[17] Simon Chapman, "Blaming Tobacco's Victims," *Tobacco Control*, 11, no. 3 (2002): 167-68(认为烟草公司的行为排除了吸烟者的个人责任:把儿童作为目标,销售令人成瘾的产品以及阻止消费者真实了解吸烟的风险)。

二、异常危险行为的严格责任

> 通过使行为人承担严格责任——换句话说,我们不给他这样的借口——即使他更为谨慎也无能力避免事故——我们激励他去尝试阻止事故发生的各种方法,而这种事故并不涉及更高程度的注意,这种激励是过失制度中所没有的,也许是徒劳的,但是会重新定位、改变或者减少(也许会消除)这种导致事故的行为。
>
> ——理查德·波斯纳:"印第安纳州港口带铁路有限公司诉美国氨基氰有限公司案"(Richard Posner, *Indiana Harbor Belt Ry. Co. v. American Cyanamid Co.*, 1990)

确立被告的行为不符合注意标准是困难的。然而,在一小部分案件中,法院追究责任时不考虑被告行为的合理性,并且被告对其自身行为的抗辩更是有限。在这些案件中,这种责任被称作"严格责任"或是"无过失责任"。

例如,根据"异常危险行为"理论,如果某个行为是危险的、不寻常的,并且具有足以使被告承担损害成本的不适当性(在其位置和使用方式的范围内),即使被告在实施其行为过程中尽到了合理注意,他也要承担严格责任。严格责任有效地使行为人成为那些所有可能因其行为遭受损害之人的保险人。由于生产、运输以及危险物的处理可能会被认为是异常危险行为,所以这个理论对于救济人为造成的环境灾难具有潜在效用。[18]

三、产品责任

包括产品责任和妨害在内的侵权法的一些领域,横跨了过失责任与严格责任两种责任制度。20 世纪早期高度个人主义的隐私主义的抛弃,以及 20 世纪 60 年代和 70 年代州法院和立法机构对产品责任主义的迅速采用,标志着侵权法朝着以人群为基础的方向发展。(见第十三章)提起产品责任索赔的原告不需要确定对方具有过失责任或者违反了过失构成要件,而且在大多数司法管辖区,这些索赔不属于共同过失或自担风险的抗

---

[18] *Dep't of Envtl. Prot. v. Ventron Corp.*, 468 A.2d 150 (N.J. 1982)(关于水银的处理);*T & E Indus. v. Safety Light Corp.*, 587 A.2d 1249 (N.J. 1991)(关于镭尾矿的处理);*Prospect Indus. Corp. v. Singer Co.*, 569 A. 2d 908 (N.J. Super. Ct. 1989)(关于多氯联苯的泄漏);*In re Hanford Nuclear Reservation Litig.*, 350 F. Supp. 2d 871 (E.D. Wash. 2004)(发现用于生产钚的化学分离过程异常危险,需要承担严格责任);Keeton, *Prosser and Keeton on Torts*, §78.

辩。法院衡量产品责任的诉讼规则确实包含合理性因素以及类似过失分析的风险——效用。但是这些规则大体都被用于产品本身而非制造商或者销售商的行为。

产品责任法规定商品销售者应承担瑕疵产品的准严格责任。法院以及立法机构定义销售者、产品以及瑕疵的方式由此显得非常重要。产品从广义上来说是有形的、可被替代的。[19] 如果没有法律的优先适用(见第三章和第十三章),产品责任事实上适用于所有能够引起损害的产品,包括汽车、家用电器、娱乐性药物器具、疫苗以及医疗设备。当生产定制产品的服务或者进行产品管理的服务在特定交易中超过了有形产品自身的销售,被告就会被视作服务提供者,而非商品销售者,并由此免于承担产品责任。[20] 例如,某牙医使用瑕疵的皮下注射针为病人治疗,他就不可能面临作为一名产品销售者所应承担的严格责任,即使病人支付的费用包括针具的成本。[21] 然而,如果他未能采取合理措施保证病人的安全,则可能承担过失责任。

◎瑕疵适用的法则

瑕疵的定义十分复杂。产品瑕疵总体有三类:制造瑕疵、设计瑕疵以及警示瑕疵(普遍称为"缺少警示"的诉讼)。[22] 法院根据原告主张的瑕疵类型而采用不同的规则(见表 7.2)。法院和立法机构将过失分析这一概念引入他们的规则中,并且在消费者承担滥用产品责任的案件中或者在对理性消费者来说危险已经非常明显的案件中,他们否定责任的存在。由此,随着产品责任法在 20 世纪 80 年代到 90 年代之间的逐渐发展,几乎很快就背离了严格责任的初衷。[23]

---

[19] 产品责任已经扩展至涵盖无形无体的产品,比如电。*Houston Lighting & Power Co. v. Reynolds*, 765 S. W.2d. 784 (Tex. 1988)(认为一旦交付给消费者,电便成为产品)。

[20] *Cavan v. General Motors Corp.*, 571 P.2d 1249, 1251-52 (Or. 1977).

[21] *Magrine v. Krasnica*, 227 A.2d 539 (N.J. 1967).

[22] Restatement (Third) of Torts: Prod. Liab. § 2 (1998). 未能警示的诉讼,制药公司和其他公司有时会利用"习得居间人规则"来进行抗辩,认为具有高级知识的当事人,特别是医生,有责任提醒使用者某个产品的危害性。*Swayze v. McNeil Labs., Inc.*, 807 F.2d 464 (5th Cir. 1987)(适用习得居间人规则进行抗辩,药品生产商只提醒处方医师即可免责);*Mazur v. Merck & Co.*, 964 F.2d 1348 (3d Cir. 1992)(认为当 Merck 销售 MMR II 疫苗给疾病控制与预防中心进行大规模免疫接种,疾病控制与预防中心则是习得居间人);*Centocor, Inc. v. Hamilton*, 372 S.W. 3d 140 (Tex.2012)(认为所有的原告诉讼都可以通过习得居间人规则而禁止,因为生产商已警示了他的处方医师)。

[23] See Restatement (Third) of Torts: Prod. Liab. § 1, comment a (1998)(主张设计和警示瑕疵责任的评估"依赖于合理性规则,这个规则习惯上被用来决定一个行为人是否存在过失。然而,许多法院坚持认为这些案件中的责任应为'严格'责任")。

表 7.2 产品瑕疵适用的法则

瑕疵类型	定义	规则	特殊考虑
制造瑕疵	产品与制造者自身的标准不符,因为在制造过程中出现错误或者在销售前发生损坏。	产品是否在不安全的情况下进行销售?	绝对的严格责任:遭受损害的原告不需要证明销售者通过合理注意本可以预防或发现缺陷。
设计瑕疵	产品符合制造商的预期设计,但设计本身存在不合理的危害风险。	两个选择: (1) 设计风险是否超过了它的实用性? (2) 产品是否不符合消费者对安全的预期?	许多采用风险效用规则的法院要求原告确定"合理的替代设计"。被认为固有或"不可避免的"不安全产品通常被大多数法院视为没有缺陷。
警示瑕疵	产品的说明或警示不充分,导致产品存在不合理的安全隐患。	通过合理的说明或警示,可预见的风险是否被降低?	警告必须针对所呈现出的风险,并基于对消费者如何使用产品的现实评估。

四、虚假陈述

与产品责任中缺乏警示的诉讼有些相关的是欺诈性虚假陈述的诉讼,它是一种故意侵权。要让被告承担虚假陈述的责任,原告必须确定销售者对消费者进行了口头、书面或者通过其他表达错误意思的行为造成了误传,并且原告理所当然地因依赖被告的陈述而遭受损害。故意隐瞒事实也是虚假陈述,比如烟草公司未能披露有关烟草有害影响的内部研究。[24] 法院和陪审团通常对个别原告声称他们理所当然地依赖销售者的陈述这一点持怀疑态度。而且,将原告某一特殊的损害与被告作出的某一特殊的陈述联系起来实为困难,尤其是在日常消费的、较为普遍的产品案件中更是如此,例如快餐。[25]

在某些司法辖区内,根据消费者保护的法律法规,同样的诉讼理由是可

---

[24] *Restatement (Second) of Torts* § 402B (1965)(规定"对公众作出重大事实的虚假陈述的销售者,如果消费者因相信其虚假陈述而导致身体损害,那么销售者要承担责任")。

[25] *Pelman v. McDonald's Corp.*, 396 F.3d 508, 510 (2d Cir. 2005)(认为原告不能证明"他的或她的损害是基于信赖任何特定的麦当劳广告或是宣传材料中所作出的特定陈述而造成的",从而导致他们的虚假广告诉讼被驳回)。

行的,包括对虚假广告的诉讼以及欺诈性贸易惯例的诉讼。不像普通法上的虚假陈述这一诉讼理由,这些法定的诉由可能不要求证明相关性。近些年来,州和联邦行政机构已开始利用消费者保护法来阻止食品和饮料公司对其产品的健康功效进行误导性说明(见框 7.2)。

**框 7.2 "食品法院":加利福尼亚州北部
地区食品和饮料误导性标签诉讼**

公共卫生信息运动提高了人们对健康饮食重要性的意识。许多消费者,特别是收入较高的消费者,很愿意为他们认为是更健康的产品支付额外费用。但是如果这些公司能够用误导性的健康需求和市场策略进行操纵,那么公众健康的目标可能就会被破坏了。为了对抗工业界的这些活动,私人主体、州政府[1]和联邦政府[2]依据消费者保护法和虚假广告法,提起起源于普通法虚假陈述诉因的民事诉讼。

这种诉讼策略被许多管辖区推行,加利福尼亚州北部地区的联邦法院已经主审了许多这样的案件,因此被称为"食品法院"(Food Court)。这个特别法院的受欢迎程度可能取决于以下几个因素的结合:州消费者保护法不受联邦《食品、药品与化妆品法》的限制,但与联邦法不同,该法创设了一种私人诉权(a right of action);这些主张非常迎合北部加利福尼亚州的饮食文化;第九巡回上诉法院对集体诉讼的友好态度。[3]

私主体已经提起了数百件的诉讼,控告食品和饮料制造商和零售商的欺骗性销售。比如,在巴西诉多勒食品有限公司(Brazil v. Dole Food Co.)案中,原告声称,被告的部分产品(包括包裹在糖浆中的冰沙与水果)不适合作为"自然的""新鲜的""不含糖的""抗氧化的"以及"低卡路里的"产品进行销售。[4] 在吉布森诉特雷德·乔(Gitson v. Trader Joe's)案中,原告声称,被告在包括优格和安奇拉达酱在内的产品上使用"浓缩甘蔗汁"而非"糖类"这样的表述,从而使它们看起来更为健康。[5] 两起诉讼起初都被驳回,因其未能确定诉争的产品和标签具有足够的特殊性,未能满足普通法欺诈性虚假陈述的诉讼要求。在原告提交修改的控诉状后,这些案件及许多其他案件向前走了一步,之前采用的以欺诈为基础的申诉标准具有相当大的不确定性,而今消费者保护的诉讼开始有了立法的规定。[6] 与针对其他被告的类似案件一样,就"浓缩甘蔗汁"这种表述是否具有"虚假和误导性",是否不符合在包装食品标签上使用普通成分名称要求的问题,吉布森仍在等待食品药品管理局最后指示的认可。[7]

注释：

1. See, for example, "A. G. Schneiderman Announces Settlement with Maker of Pediasure Sidekicks Supplement for Misleading Advertising," December 4, 2013, www.ag.ny.gov/press-release/ag-schneiderman-announces-settlement-maker-pedia sure-sidekicks-supplement-misleading（announcing settlement of claim brought by the New York State attorney general against Abbot Labs, makers of Pediasure nutritional supplements, alleging false advertising based on television advertisements extolling the health benefits of sugary drinks with added vitamins.

2. See, for example, *POM Wonderful LLC*, 2013 FTC LEXIS 6（Federal Trade CommissionJanuary 10, 2013）（支持对石榴汁饮料制造商的误导性健康宣传提出索赔要求）。

3. Anthony J. Anscombe and Mary Beth Buckley, "Jury Still out on the 'Food Court': An Examination of Food Law Class Actions and the Popularity of the Northern District of California," Bloomberg Law Practitioner Contributions, June 28, 2013, http://about.bloomberglaw.com/practitioner-contributions/jury-still-out-on-the-foodcourt, accessed August 12, 2015.

4. *Brazil v. Dole Food Co.*, 935 F. Supp. 2d 947（N.D. Cal. 2013）.

5. *Gitson v. Trader Joe's Co.*, 2013 WL 5513711（N.D. Cal. Oct. 4, 2013）.

6. See William H. Dance, "Federal Courts in California Split over Standing to Sue for 'Unlawful' Food Labeling," Washington Legal Foundation Legal Opinion Letter, 23, no. 3（2014）, www.wlf.org/upload/legalstudies/legalopinionletter/DanceLOL_031414.pdf.

7. *Gitson v. Trader Joe's Co.*, 63 F. Supp. 3d 1114（N.D. Cal. 2014）; *Figy v. Amy's Kitchen, Inc.*, 2014 WL 3362178（N.D. Cal. July 7, 2014）; *Gitson v. Clover Stornetta Farms*, 2014 WL 2638203（N.D. Cal. June 9, 2014）（基于优先管辖权诉讼中止,"根据谨慎弃权理论,法院认定,这件可审理的案件涉及技术和政策问题,而这些问题应首先由相关行业的监管机构而非司法部门处理"）。For a critique of these decisions, see Diana R. H. Winters, "Not Part of the Solution: The Inappropriate Use of Primary Jurisdiction in Food-Labeling Litigation," *American Journal of Law and Medicine*（forthcoming 2015）.

五、妨害

妨害理论包括不同种类的不法行为,这些不法行为源于某一主体不合理地、不当地或是非法地使用其自身的财产、不动产或是动产,或是其自身实施的不适当、不合适或是非法的私人行为,从而阻碍或损害了另一主体或整个公众权利的实现。对于每个社会主体来说,它都是伟大的社会契约的一部分,在每个文明社会中,它都是一个基本的、重要的原则,每个社会成员都应让渡其绝对权利中的部分权利。
——贺拉斯·盖伊·伍德:《不同形式妨害法的实用文集》
(Horace Gay Wood, *A Practical Treatise on the Law of Nuisances in Their Various Forms*, 1893)

妨害(nuisance)是指对个人或社群享有的受法律保护之利益的一种非法干涉。这个词起源于13世纪,其基本特征是伤害、损害或者干扰。[26] 和产品责任一样,妨害责任具有准严格性。侵权责任是公共卫生法的一种手段,妨害原则对侵权责任的适用尤为重要,因为它会给公众带来损害,由此在很大程度上它并非取决于过错或因果关系的个人主义概念。

私人妨害和公共妨害具有共同的渊源但却是截然不同的原理。[27] 私人妨害是对产权人使用土地以及享有土地的一种实质性、不合理的干预,例如噪音或空气污染。[28] 比如,一小部分产权人可以对附近的化工厂所有者提起私人妨害诉讼,理由在于他们所享有的财产权利被有毒气体和被告工厂所排放的危险污染物所侵犯。而有一种公共妨害主张是对私人妨害原则的适度延伸。想象一下,一个化工厂不仅影响了附近居民,还影响了整个城镇。从某种意义上来说,私人妨害仅仅由于受害人群的扩大而变成了一种公共妨害。[29]

更广泛的公共妨害请求权并不一定与被告财产的使用或者享有有关。[30] 总体上来说,"公共权利"的妨害是对普通大众权利的实质性的、不

---

[26] *Oxford English Dictionary*, 2nd ed., 1989.

[27] 妨害起源于排除妨害的普通法诉讼,旨在解决侵犯土地权的纠纷,包括像邻居通行权这样的私人地役权。通过一种自然程序,对公共地役权进行干涉,就像对私人土地行使公共权一样,也被认为是一种妨害。F. H. Newark, "The Boundaries of Nuisance," *Law Quarterly Review*, 65 (1949): 480–90; see also John R. Spencer, "Public Nuisance: A Critical Examination," *Cambridge Law Journal*, 48, no. 1 (1989): 55–84.

[28] 私人妨害与非法侵入的概念不同,但并不矛盾。非法侵入保护土地的独占利益,而私人妨害保护土地的使用和享有利益;非法侵入要求物理侵占,而私人妨害则不需要。James A. Henderson, Richard N. Pearson, and John A. Siliciano, *The Torts Process*, 6th ed. (New York: Aspen Publishers, 2003).

[29] *Village of Pine City v. Munch*, 44 N.W. 197, 197–98 (Minn. 1890)("如果妨害总体上影响了周围的社区或当地社区的居民,那么这种妨害具有公共性")。

[30] Michael S. McBride, "Critical Legal History and Private Actions against Public Nuisances, 1800–1865," *Columbia Journal of Law and Social Problems*, 22, no. 3 (1989): 307–22, 13–14(描述了19世纪以前法院审理的两个不同类型的公共妨害案件:那些涉及侵犯公共地役权和损害土地私有权的案件"非常普遍,以至于成为国家应当关心的问题")。58 Am. Jur. 2d *Nuisances* § 31, at 592 (2002)("不像私人妨害那样,公共妨害不必涉及对土地使用和享有的侵害,或者是对土地私人使用和享有的另一种利益的侵犯,而是包括对一般公众来说普遍享有的权利的不合理侵害"); *City of Cincinnati v. Beretta U.S.A. Corp.*, 768 N.E.2d 1136, 1142 (Ohio 2002)(认为妨害诉求并不限于不动产,如果被告的行为侵害了一般公众的一般权利,则也可以被适用于产品设计、制造、营销或者销售引发损害的案件)。

合理的干预,包括"健康权、公共安全、公共和平、公共舒适感或者公共便利"[31]。这些诉讼主要由州政府和地方政府[32]提起,以解决私主体所造成的生活条件不健康的问题或是不合理干预其他集体利益的问题(见框7.3)。[33]

框7.3　不断利用国家亲权之诉讼来打击对公共健康有害的行业

　　大多数公共妨害案件都与被告以侵害他人权利的方式使用自己的财产有关。然而,从20世纪80年代开始,一些主张者开始大加利用"公共权利"妨害原则。[1]主张者首先提起了针对石棉制造商的诉讼作为试验。由于石棉制品的变质,它们释放出的纤维被人们吸入时会致癌。20世纪80年代,石棉的危害被广泛知晓,几十年前由于工作而接触这种物质的那一代工人大多数是男人,他们被诊断患上一种稀少且致命的癌症——间皮瘤(mesothelioma)。个人受害者提起的诉讼通常不能将个别原告受到的损害归因于某个特定制造商的产品。[2]最终,一些市政当局和教育部门提起了公共妨

---

[31] *Restatement (Second) Torts* § 821B (1979); *State v. Lead Indus. Ass'n, Inc.*, 951 A.2d 428, 446 (R. I. 2008)("将'公共妨害界定为'对一般大众共同享有的权利的一种不合理干扰"); *Ganim v. Smith & Wesson Corp.*, 780 A.2d 98, 131–32 (Conn. 2001)("妨害具有公众性,侵犯了公共权利,并且造成普遍的损害,它们阻碍了公共权利的实现,这些公共权利正是作为公众一部分的市民所享有的……如果某种干扰对大众来说通常是很普遍的,那么它便是公共妨害……这个规则并不考虑受到干扰的人数,而是考虑对公众权利侵害的可能性"); *City of Phoenix v. Johnson*, 75 P.2d 30, 34 (Ariz. 1938)("当妨害影响了作为公众一部分的市民所享有的权利时,它是普遍的或是公众的,而私人妨害只会影响单独的个人或一定数量的人所享有的私人权利,而非公共权利……这种差异并非来源于造成妨害的事物本身的属性或特征上的必要差异,而是基于受到影响的权利之间所存在的不同"); *Copart Indus., Inc. v. Consol. Edison Co.*, 362 N.E.2d 968, 971 (N.Y. 1977) (quoted in *City of New York v. A-1 Jewelry & Pawn, Inc.*, 247 F.R.D. 296, 343 (E.D. N.Y. 2007)(公共妨害"由冒犯、干预或对公众行使普遍享有的权利造成损害的行为或过失组成,以违反公共道德的方式,干扰大众对公共场所的使用,或者是危害或损害相当多的人的财产、健康、安全或是舒适感")。

[32] 私人原告如果能够满足"特定损害"规定也可以提起诉讼。*Restatement (Second) of Torts* § 821C (1) (1979)(提到了为了获得赔偿,私人原告必须已经"遭受了不同于其他公共成员在行使普通公众的权利受到干扰时所遭受的那种损害"); John G. Culhane and Jean Macchiaroli Eggen, "Defining A Proper Role for Public Nuisance Law in Municipal Suits against Gun Sellers: Beyond Rhetoric and Expedience," *South Carolina Law Review*, 52, no. 2 (2001): 287–329, 291(认为针对公共妨害提起的私人诉讼"没有任何防御目的并且应当被废除")。

[33] *City of Chicago v. Beretta U.S.A. Corp.*, 821 N.E.2d 1099 (Ill. 2004)(由城市或郡对武器制造商、批发商以及经销商提起的公共妨害诉讼); *City of Miami v. Coral Gables*, 233 So. 2d 7, 8 (Fla. Dist. Ct. App. 1970)(由科勒尔盖布尔斯市代表其市民针对迈阿密拥有和运营的焚化炉排放的污染气体提起了公共妨害诉讼); *Village of Wilsonville v. SCA Servs., Inc.*, 426 N.E.2d 824, 827 (Ill. 1981)(该案涉及一个化学废弃物处理场,据称该场因威胁到"村庄、县以及州的公民的健康"而被构成了公共妨害); *Maryland v. Galaxy Chem.*, 1 Env't Rep. Cas. (BNA) 1660, 1661–64 (Md. Cir. Ct. 1970)(州代表接触到附近化学工厂排放的污染气体的居民提起了公共妨害诉讼,其中一部分居民声称工厂所排放的有毒烟雾已对他们造成了损害)。

害诉讼,主张石棉制品的制造和销售本身就构成了妨害。[3] 这个策略使得他们能够建立集体层面而非个人层面的因果关系,但是他们的诉讼被大多数法院驳回。[4]

整个行业的危险产品公共妨害诉讼的分水岭发生在20世纪90年代,那时一些州的总检察长(国家亲权职能)将公共妨害诉求列入他们针对烟草制造商的诉讼中,此时正是《大和解协议》(Master Settlement Agreement, MSA)达成不久之前(见下面的烟草诉讼案例学习)。[5] 原告以被告故意妨碍"公众免受不合理伤害、疾病和不健康的权利"为依据提起权利诉求,并且声称被告已经"引起了对公共健康、公共安全以及市民公共福利的破坏"[6]。

控告武器制造商和经销商的诉讼为许多法院裁决关于产品本身损害公共健康和安全这样的公共妨害案件提供了契机。产品责任对原告来说一直都是因枪支暴力损害而起诉整个武器行业的一种手段(尽管通常是一种艰难的手段,见第十三章)[7],但是这次的诉讼却不同。

控告枪支制造商的公共妨害诉讼并不是因为枪支是瑕疵产品,原告也不认为枪支制造本身构成妨害。相反,原告主张通过促进枪支非法交易的特定经销行为构成了公共妨害。尽管这些案件大多数不被受理[8],但是仍有一些法院允许进行审理。[9] 最终,国会通过《武器合法贸易保护法案》(Protection of Lawful Commerce in Arms Act, PLCAA)终止了这场诉讼[10],从而阻止了枪支制造商和经销商因刑事滥用或者合法滥用枪支而承担侵权责任。国会还呼吁立即终结未决的诉讼。随着新泽西州桑迪胡克小学(Sandy Hook Elementary School)枪击惨案的发生,参议院考虑通过立法废除2013年法案,但是立法草案从未获得全部通过。[11]

在关于武器诉讼的几年里,主张者设法利用相似的策略来对抗一些州内的铅漆和涂料行业。当铅漆变坏,就会产生灰尘和薄片,这种物质能够非常轻易地被小孩吞下。尽管铅漆和儿童铅中毒之间的联系(这会对儿童大脑认知的发展和行为产生不良影响)在一个多世纪以前就已经建立了,但是直到1978年美国才禁止铅漆,而大多数住宅在国家禁止之前就已经停止使用铅漆了。

主张者代表那些血铅水平升高的儿童提起了诉讼,但是在这些案件中,建立因果关系要比在石棉诉讼中更为困难。因为与石棉会导致间皮瘤不同,与接触铅有关的"标志性"损害并不存在,所以在个人层面上建立因果关系是尤为困难的。[12]公共妨害诉讼提供了一种基于个人损害诉讼的潜在替代方案,但效果有限。罗得岛州总检察官完成了一个最初由州审判法院支持的一项高度公开的陪审团裁决。[13]但是此项裁决后来被罗得岛州最高法院推翻了,并且其他辖区的法院也驳回了相似的诉讼请求。[14]

尽管整个行业不承担公共妨害责任的总体趋势已定,但是此种责任仍可作为公共卫生的立法手段。2014年,一个审判法院支持了加利福尼亚州的一些市政机构的公共妨害请求,命令之前的铅漆制造商支付11.5亿美元来资助一项综合治理计划。[15]2015年,肯塔基州、芝加哥以及加利福尼亚州地方政府针对奥施康定和其他类鸦片物质制造者提起了妨害诉讼。[16]这些诉求认为,被告关于长期使用类鸦片物质会治疗慢性非癌症疼痛的这种具有侵略性、误导性的销售会导致用药成瘾或过量、强制医疗、药物治疗以及执法成本的提高。

注释:

1. Lindsay F. Wiley, "Rethinking the New Public Health," *Washington and Lee Law Review*, 69, no. 1 (2012): 207-72, 38-46.

2. James L. Stengel, "The Asbestos End-Game," *New York University Annual Survey of American Law*, 62, no. 2 (2006): 223-70, 36.

3. *Town of Hooksett Sch. Dist. v. W. R. Grace & Co.*, 617 F. Supp. 126, 133 (D.N.H. 1984); *Cnty. of Johnson v. U.S. Gypsum Co.*, 580 F. Supp. 284, 294 (E.D. Tenn. 1984); *City of Manchester v. Nat'l Gypsum Co.*, 637 F. Supp. 646, 656 (D.R.I. 1986).

4. *Cnty. of Johnson*, 580 F. Supp. at 294; *Detroit Bd. of Educ. v. Celotex Corp.*, 493 N.W. 2d 513, 521 (Mich. Ct. App. 1992); *Corp. of Mercer Univ. v. Nat'l Gypsum Co.*, No. 85-126-3-MAC, 1986 WL 12447, at *6 (M.D. Ga. Mar. 9, 1986).

5. Victor E. Schwartz and Phil Goldberg, "The Law of Public Nuisance: Maintaining Rational Boundaries on a Rational Tort," *Washburn Law Journal*, 45, no. 3 (2006): 541-83, 52, 54. 另一些人则质疑公共妨害诉讼在扭转烟草诉讼浪潮中的重要性。See, for example, Richard Faulk and John Gray, "Alchemy in the Courtroom? The Transmutation of Public Nuisance Litigation," *Michigan State. Law Review*, 2007, no. 4 (2007): 941-1016, 958. "许多人都错误地认为,利用公共妨害诉讼能够扭转反烟草行业的趋势。无论如何,大卫·凯瑞斯(David Kairys)都表示,他认为州的烟草诉讼是解决制造商和经销商在枪支泛滥问题上所扮演角色的典范。" David Kairys, "The Origin and Development of the Governmental Handgun Cases," *Connecticut Law Review*, 32, no. 4 (2000): 1163-74, 72.

6. *Texas v. Am. Tobacco Co.*, 14 F. Supp. 2d 956, 972（E.D. Tex 1997）.

7. Thomas F. Segalla, "Governmental and Individual Claims in Gun Litigation and Coverage: Where to Go from Here?" in *Insurance Coverage in the New Millennium*（Philadelphia, PA: ALI-ABA Course of Study, 2000）363.

8. *City of Philadelphia v. Beretta U.S.A. Corp.*, 277 F.3d 415, 421（3d Cir. 2002）; *Camden Cnty. Bd. of Chosen Freeholders v. Beretta U.S.A. Corp.*, 273 F.3d 536, 540（3d Cir. 2001）; *Ganim v. Smith & Wesson Corp.*, 780 A.2d 98, 133（Conn. 2001）; *Penelas v. Arms Tech., Inc.*, 778 So. 2d 1042, 1045（Fla. Dist. Ct. App. 2001）; *City of Chicago v. Beretta U.S.A. Corp.*, 821 N.E.2d 1099, 1111（Ill. 2004）; *New York ex rel. Spitzer v. Sturm, Ruger & Co.*, 761 N.Y.S.2d 192（N.Y. App. Div. 2003）.

9. *City of Gary ex rel. King v. Smith & Wesson Corp.*, 801 N.E.2d 1222, 1232; *City of Boston v. Smith & Wesson Corp.*, 12 Mass. L. Rep. 225（Mass. Super. Ct. 2000）; *City of Cincinnati v. Beretta U.S.A. Corp.*, 768 N.E.2d 1136, 1136（Ohio 2002）.

10. Protection of Lawful Commerce in Arms Act, 15 U.S.C. §§ 7901-7903; *City of New York v. Beretta U.S.A. Corp.*,524 F.3d 384（2d Cir. 2008）（面对宪法挑战时支持《武器合法贸易保护法案》）。

11. Andrea Rael, "Senate Committee Passes Liability for Guns Bill, Allowing Manufacturers and Sellers of Assault-Style Weapons to Be Sued," *Huffington Post*, March 4, 2013, www.hungtonpost.com/2013/03/04/senate-committee-passes-liability-for-guns-bill-sb-196_n_2808772.html.

12. See Kenneth Lepage, "Lead-Based Paint Litigation and the Problem of Causation: Toward a Unified Theory of Market Share Liability," *Boston College Law Review*, 37, no. 1（1995）: 155-82, 58; *Brenner v. Am. Cyanamid Co.*, 699 N.Y.S.2d 848, 853（N.Y. App. Div. 1999）.

13. *Rhode Island v. Lead Indus. Ass'n*, No. PC 99-5226, 2007 WL 711824（R.I. Super. Ct. Feb. 26, 2007）.

14.*Rhode Island v. Lead Indus. Ass'n*, 951 A.2d 428（R.I. 2008）; see also Faulk and Gray,*Alchemy in the Courtroom*, 978-79, 1007-14, 描述了威斯康星州和新泽西州诉讼的失败。

15.*California v. Atlantic Richfield Co.*, No. 100CV788657, 2014 WL 1385821（Cal. Super. March 26, 2014）.

16. *Purdue Pharma L. P. v. Kentucky*, 704 F.3d 208（2d Cir. 2013）[被告制药厂辩称,原告根据国家亲权提出的公共妨害和其他诉求是假设的、想象出来的集体诉讼,可以根据《集体诉讼公平法案》（CAFA）移送到联邦法院,并要求州法院重新审理]; *Purdue Pharma L.P. v. Combs*, No. 2013-CA-001941-OA, 2014 WL 794928 (Ky. February 28, 2014)(不得向州法院发回禁止令);John Schwartz, "Chicago and 2 California Counties Sue over Marketing of Painkillers," *New York Times*, August 24, 2014, www.nytimes.com/2014/08/25/us/chicago-and-2-califor-niacounties-sue-drug-companies-over-painkiller-marketing.html.

公共妨害是一种"特别侵权"[34],它的过错与因果关系标准比过失诉讼所适用的那些标准更为宽松。公共妨害大体上是一种严格(无过错)责任形式,至少在政府为原告所提起的诉讼中是这样。[35]尽管妨害的因果关系要件在技术上来说与任何其他形式的侵权相同,但是妨害请求的构成方式却改变了这种分析结论。至少在理论上,公共妨害案件的原告若要主张被告的行为在很大程度上对公众造成了损害,而并非是对任何特定的个人或个别群体造成了损害,则其仅需证明整体人群层面的因果关系。[36]这是公共健康诉讼的明显特征,下面会阐述更多细节。支持者认为,"公共妨害诉讼是民法为行政机构人员立即阻止并纠正危害公众的行为所提供的媒介"[37]。在批评者看来,它可能成为"一种侵权行为,在这种侵权行为中,据称责任的产生是基于不特定的人在不特定的地点生产了不特定的产品,从而导致了不特定的健康损害"[38]。

第二节 因果关系要件:法庭上的流行病学

在哲学意义上,一个行为的后果会延续很长时间,而某一事件的原因要追溯到人类活动的开端甚至更早。但是任何在此基础上

---

[34] Victor E. Schwartz and Phil Goldberg, "The Law of Public Nuisance: Maintaining Rational Boundaries on a Rational Tort," *Washburn Law Journal*, 45, no. 3 (2006): 51-83, 52.

[35] 然而,在最近的几十年中,一些法院要求公共妨害诉讼具有过错要件。See Robert Abrams and Val Washington, "The Misunderstood Law of Public Nuisance: A Comparison with Private Nuisance Twenty Years after Boomer," *Albany Law Review*, 54, no. 2 (1990): 359-99, 67-74, 讨论了"公共妨害法律不适当地要求传统的过错概念"。

[36] 集体诉讼案件与公共妨害案件相似,它们提供了一种使私人诉讼集体化的途径。"Developments: The Paths of Civil Litigation," *Harvard Law Review*, 113, no. 7 (2000): 1752-1875, 1761 n. 12, 大体上描述了集体诉讼和公共妨害诉讼请求的合并之间的相似性。但是集体诉讼案件是基于个人诉讼请求的合并,而不像在公共妨害诉讼中诉争的请求那样,它从根本上具有集体性。

[37] David Kairys, "The Origin and Development of the Governmental Handgun Cases," *Connecticut Law Review*, 32, no. 4 (2000): 1163-74, 76.

[38] Richard O. Faulk and John S. Gray, "Alchemy in the Courtroom? The Transmutation of Public Nuisance Litigation," *Michigan State Law Review*, 2007, no. 4 (2007): 941-1016, 981-82.

应当承担的责任都会导致所有不法行为的无限责任,并且会"造成社会紧张,使法院陷入无休止的诉讼中"。作为一个实际问题,基于一些社会正义观或是政策,任何行为后果的责任都应当有边界。
——威廉·L.普罗塞:《侵权法手册》(William L. Prosser, *Handbook of the Law of Torts*, 1941)

要想证明损害赔偿金或双方之间的其他救济(与交给政府的罚金不同)是合理的,侵权责任要求被告行为与原告的损害之间存在合理的联系。因果关系与损害由此成为上述所有起诉理由的构成要件。构成个人伤害或是财产损失这种形式的事实损害在大部分公共卫生案件中都不存在特殊的疑问。另外,确立因果关系可能会带来特别棘手的问题。因果关系实际上由两个不同的要素构成:事实因果关系(causation in fact)[也称为"若非"(but-for)因果关系]和最近因果关系(proximate causation)("法律上的因果关系")。

一、事实因果关系

建立事实上的因果关系需要原告证明(达到"较有可能"标准,而非"超出合理怀疑"标准)被告所遭受的损害如果没有被告的行为就不会发生。换句话说,被告的行为是原告损害发生的必要前提要件。

比如,当原告指控被告应当提供更充分的健康或安全警示时,他必须表明,如果被告已给出警示,损害就可能不会发生。法院长期以来纠缠于这样的事实,即警示对个人的影响可能是非常小的,但是对人群来说却是重大的。在若非因果关系规则没有例外的情况下,所有原告都会发现确立因果关系几乎是不可能的,这样就削弱了被告提供警示信息的潜在动机,而这种警示信息至少会挽救几条人命。许多法院通过采用"听从推定"(heeding presumption)(推定原告会听从被忽略的警示信息,但这种推定可以被推翻)的方式来转变这种两难困境,或者将若非规则下的举证责任转移给被告。㊴

由于接触有毒污染物或有害产品而引起的诉讼往往会失败,因为原告实际上不能确定事实上的因果关系。长久的潜伏期可能意味着原告无法识别

㊴ See, for example, *Technical Chem. Co. v. Jacobs*, 480 S.W.2d 602 (Tex. 1972)(采取了主义推定规则); *Haft v. Lone Palm Hotel*, 478 P.2d 465 (Cal. 1970)(证明责任转向了被告需要证明救生员的不在场不是溺水者死亡的若非原因) Richard C. Henke, "The Heeding Presumption in Failure to Warn Cases: Opening Pandora's Box?" *Seton Hall Law Review*, 30, no. 1 (1999): 174-201, 182(提到了"许多辖区已经采取注意推定规则来作为一种公共政策",以阻止事故的发生)。

出在过去几十年里自己接触过的产品是由哪些制造商生产的。没有一个"标志性的"损害（例如间皮瘤，这种病几乎都是由于接触石棉所引起，或者是透明细胞腺癌，对于接触己烯雌酚的未诞生女婴来说并不罕见），原告很难确立这种因果关系，即他们共同面临的健康问题是由被告的产品导致。⑩ 即使科学家们知道某一产品与某种健康问题[例如心脏病和中风的危险在服用伟克适（Vioxx）的病人中发生率较高]的发生率提高有关，除非接触被告的产品会使原告的风险增加一倍，否则他就不能根据传统的事实因果关系（因为其超过50%的风险会被归因为某一因素，而非接触被告应承担责任的产品）规范来确立因果关系。这些问题将在框7.4中作进一步讨论。

二、近因

近因的明确定义很难表述清楚，因为这一术语旨在表达，根据法律规定，强制承担责任是公平的那些情形。一些法院认为，如果被告的行为是造成损害的直接原因，而非远因，那么她就应该承担责任；另有观点认为，损害必须是某种行为的自然的、可能的后果。然而，大多数对最近因果关系的定义都取决于损害是否为被告行为的可预见后果——也就是说，被告在从事危险行为时是否合理地预见到损害。

根据这些规则，近因原则要求的基本目的都是相同的，出于政策原因限制被告责任即使在原告能够确定其他所有因素的情况下也是如此。这些要件所具有的政策趋向特性从历史上讲赋予法官大量的余地来驳回诉讼，在这些诉讼中，法官对被告应当受到责罚的观点不太赞同。例如，驳回公共妨害诉讼中控告武器和铅漆行业的那些法院在很大程度上依赖近因（有时表达为缺少对原告的法律义务）。⑪

---

⑩ Kenneth S. Abraham, "Individual Action and Collective Responsibility: The Dilemma of Mass Tort Reform," *Virginia Law Review*, 73, no. 5 (1987): 845-907.

⑪ *City of Chicago v. Am. Cyanamid Co.*, 823 N.E.2d 126, 132-33 (Ill. App. Ct. 2005)（案件因缺少直接因果关系而被驳回）；*Hamilton v. Beretta U.S.A. Corp.*, 750 N.E.2d 1055, 61-62 (N.Y. 2001)（认为不承担责任，因为枪支制造商并没有支配携带枪支的罪犯，并且与损害的关系也太远）；*Camden Cnty. Bd. v. Beretta U.S.A. Corp.*, 273 F.3d 536, 541 (3d Cir. 2001)（认为手枪制造商和市政当局打击犯罪的成本之间的因果关系不是很紧密，所以不足以让制造商承担公共妨害赔偿）。

框 7.4 因果关系、产品标签与风险

在众多接触有毒物质的侵权案件中,传统的若非因果关系规则要求原告能够确定制造他所接触的有害产品的特定厂家。原告也必须确定被告应当承担的责任使原告的风险增加了一倍。一些备受瞩目的侵权诉讼案件反映了这些要求的难度。在一些案件中,法院采用了专门的责任规则。在其他案件中,法院通过采用较为宽松的标准使得陪审团可以越过传统若非规则的界限。我们用两个例子来说明这些基本问题。[1]

己烯雌酚是一种合成雌激素,20 世纪 40 年代至 60 年代孕妇常用它。厂商对此药物进行了预防流产功能的积极推销,但事实上这种药物对孕妇并没有任何好处,反而会引发重大损害,特别是对未诞生的女婴来说更是如此。己烯雌酚并未获得专利,由此,成百上千的公司都生产了这种药物。一名孕妇在整个怀孕期间可能服用了不同生产商生产的药物。这些药物通常都没有被贴上标签,它们的外观也相当统一。

经历了一代人之后,服用过己烯雌酚的母亲产下的女儿开始经历罕见的癌症、流产和其他健康问题。最终,研究表明,产前服用己烯雌酚会使女儿患阴道透明细胞腺癌的风险增加 40 倍。尽管己烯雌酚和这种罕见癌症之间的联系很容易就能确定,但几乎没有任何单独原告能够指出,某个特定生产商就是在她诞生前所接触的药物的生产商。一些辖区的法院最终采用了一个独特的方法来解决该问题。根据市场份额责任,生产商可能会承担原告赔偿金的一部分份额,这个份额反映了他们在相关地理区域,相关时期内所拥有的市场份额。由此,这个规则"分摊了每个被告应当承担的整体罪责,权衡了每个被告对公众所造成损害的风险程度"[2]。一些法院对这个规则的认可引发了和解浪潮,但是对于与己烯雌酚无关的案件却很少适用这项规则。[3]

伟克适是一种畅销的止痛药,患者服用后会增加心脏病和中风的风险这一事实被确认后,默克公司于 2004 年将此药下市。因为伟克适是一种由一个单独生产商排他性生产的专利药品,产品识别并不是个难题。然而,在这个案件中,原告遇到了十分常见的健康问题。像己烯雌酚导致的"标志性"损害并不存在。[4] 对原告来说重要的是,科学研究发现,服用伟克适会导致病人患心脏病和中风的风险提高了一倍。最终,默克公司与数万名个人原告达成一项价值 48.5 亿美元的和解协议。[5]

对于服用伟克适的原告来说,未能证明风险提高了一倍就会产生问题,因为法院对流行病学证据的法律证明采用了严格标准。民事案件中采用的证据证明标准的优势可以被量化:原告需要证明存在问题的产品能够引起损害的可能性会超过50%。[6] 许多法院又进一步将这种量化标准转化为一项要求,即流行病学研究表明,接触此药物的人群有50%以上的风险可归因于接触此药物行为。[7]

比如,假设某个特定健康问题(像心脏病)的潜在发生风险是20%。现在假设在服用过某种特殊药物、产品或者有毒物质的病人中,风险是35%,这种风险程度的提高就足以引起严重隐患。但是,它却不足以根据若非规则的严格适用而成立事实上的因果关系。研究似乎表明,对于一个接触药物的病人所承受的风险(总共35%)来说,不到这种风险的一半要归因于接触这种药物(因为15%的增幅代表不到接触药物病人总风险的一半)。单单是基于研究本身不足以表明他所遇到的健康问题"多半可能"归因于被告应当负责任的那部分风险,因为更有可能的是,他只是许多人中的一个,即使没有接触过存在争议的药品,他们也会经历这样的健康问题。

对于所有潜在的原告来说也是如此。尽管科学家可以确定,在特定人群中,接触药物导致出现特定健康问题的人数大幅增加,但没有人能够确切表明,他的健康问题就是由该接触行为引起的。[8] 流行病学研究远不是用来回答这种特定因果关系问题的。[9] 正如前面所讨论的未能警示的例子,即使实际上被告在大量的案件中都负有责任,严格的因果关系分析由此也会使被告在所有的案件中摆脱责任,这仅仅是因为原告不能确定哪些情况应当归因于被告。为了避免这个结果,一些法院认可了传统若非规则的一些例外情况,即询问被告的行为是否是造成原告损害的"实质性因素"(substantial factor)。[10]

注释:

1. 我们感激 Ward Farnsworth and Mark F. Grady, *Torts: Cases and Questions*, 2nd ed. (Austin, TX: Wolters Kluwer, 2009) 因为他们将市场份额责任与伟克适诉讼引发的因果关系问题并列在一起,这是非常鼓舞人心的。

2. *Hymowitz v. Eli Lilly and Co.*, 539 N.E.2d 1069, 1078 (N.Y. 1989).

3. *Sindell v. Abbott Labs.*, 607 P.2d 924 (Cal. 1980); *Martin v. Abbott Labs.*, 689 P.2d 368 (Wash. 1984); *Collins v. Eli Lilly Co.*, 342 N.W.2d 37 (Wis. 1984), *cert. denied*, 469 U.S. 826 (1984); *Hymowitz v. Eli Lilly and Co.*, 539 N.E.2d 1069 (N.Y. 1989).

4. Samuel Issacharo, "Private Claims, Aggregate Rights," *Supreme Court Review*, 2008：183-221, 185, 215-20, 文章探讨了伟克适所引发的危害, 这只属于流行病学证据, 这是一种"潜在的实质性的主张, 无论是形式上还是实际情况下, 都不属于可识别的个人诉讼"。

5. Alex Berenson, "Courts Reject Two Major Vioxx Verdicts," *New York Times*, May 30, 2008, 文章解释说, 法院推翻了两项伟克适案的陪审团裁决———一项是由于缺乏因果关系, 另一项是因为惩罚性赔偿这一裁决是不合理的———但是, 鉴于默克公司最近支付了覆盖大约5万人的48.5亿美元和解金, 法院判决的影响就微乎其微了。

6. See *United States v. Fatico*, 458 F. Supp. 388, 403 (E.D.N.Y. 1978) ("如果量化后的证据超过50%, 就非常有可能")。

7. 事实上, 服用伟克适的原告提起的一些个人诉讼正是在此基础上被拒绝的。See, for example, *Merck & Co. , Inc. v. Garza*, 347 S.W.3d 256 (Tex. 2011) (根据法院的裁决, 陪审团作出有利于原告的裁决, 因为根据法律规定, 原告提交的任何一项研究都没有显示, 接触伟克适的风险增加了1倍, 甚至是5倍, 研究人群中发生心脏疾病的风险, 显示出"对像病人这样的人来说, 相对风险在统计学上翻了一番")。早期应用在流行病学证据中大于50%规则的这一阐述是允许原告使用流行病学证据来建立特定因果关系努力中的一部分, 而这对于他们来说是不可能通过任何其他手段来完成的。See, for example, *In re "Agent Orange" Prod. Liab. Litig.*, 611 F. Supp. 1223, 1261 (E.D.N.Y. 1985) (阐明了优势规则的"较弱"版本, 这使得原告可以通过统计证据本身来建立因果关系, 这与"较强"版本相反, "较强"版本也要求原告提出"特殊的"证据, 即证明接触损害了原告的个人利益)。然而, 随着时间的推移, 一些法院将流行病学证据的许可使用解释为一种强制要求, 即除非原告能够证明由于接触所带来的风险增加了一倍以上, 否则原告可能无法胜诉。See, for example, *Merrell Dow Pharms. ,Inc. v. Havner*, 953 S.W.2d 706 (Tex. 1997). 对于一系列的案件来说需要2.0的相对风险即将风险或可归因风险增加一倍以上, 并列举一些案例, 认识到较低的相对风险可以支持在原告能够排除其他可能原因的情况下的特定因果关系, see *Restatement (Third) of Torts* § 28, comment C(4) reporter's note (2010).

8. Lindsay F. Wiley, "Rethinking the New Public Health," *Washington and Lee Law Review*, 69, no. 1 (2012)：207-72, 61-63, 文章讨论了"流行病学的危害", 并认为这些危害"在人口层面上可以成立因果关系, 但却不能追踪到任何个体受害者"。

9. Michael D. Green, D. Michal Freedman, and Leon Gordis, "Reference Guide on Epidemiology," in Committee on the Development of the Third Edition of the Reference Manual on Scientific Evidence, *Reference Manual on Scientific Evidence*, 3rd ed. (Washington, DC：National Academies Press, 2011), 549-632, 611 n. 186. "关于利用特定因果关系相对风险的阈值的讨论不属于流行病学, 也不是流行病学家们会进行的调查……而关联强度是一种从关联中推断因果关系的指导原则……并不要求指定的阈值。"

> 10. *Restatement (Third) of Torts* § 26, comment j(描述了"实质因素"规则的演变,该规则"允许事实发现者在存在多个充分因果关系时来决定事实上的因果关系——这两个单独的因果链中的每一个都足以引起原告的损害,因此不会引起若非因果关系");Ibid., at comment n(描述了即使原告不能确定被告的行为会使原告的风险增加一倍以上,原告也可以利用"机会损失"或"机会错过"原则让被告承担医疗事故责任)。

三、科学证据

在公共健康案件中,因果关系问题通常集中在法律与科学的互动上。传统侵权行为的证明问题,例如汽车事故,通常是可以被克服的。如果 X 打 Y,Y 遭受了直接损害,通过这个事件的目击证人的证明以及医疗专家关于损害是由这次冲突所致的证明,因果关系就很容易成立。但是假如某个产品或行为只与人群中不断增加的风险有关,而不会对某个确定的个体造成直接损害,这种情况应该怎么办?整理出能够证明某个产品或行为会使某个特定原告遭受损害的科学证据究竟有多难?

有毒物质侵权案件的原告通常利用盖然性证据来建立被法律认可的接触与损害之间的联系。[42] 在使用这种证据时也产生了棘手的问题:在庭审中科学性证据何时可以被采用。[43] 如最高法院在多伯特诉梅里尔·道制药公司(*Daubert v. Merrell Dow Pharmaceuticals*, 1993)案[44]中所表达的那样,庭审法官在判断专家证词的采信度方面必须假扮成守门人(或者是审查员):"法官必须保证……被采信的科学性证词或证据不仅仅具有相关性,还要有可靠性。"[45]

多伯特案——是指控抗恶心药物盐酸双环维林(Bendectin)引发儿童天生缺陷案件中的一个,此案建立了二元规则来决定科学证据的可采信性:可靠性(reliability)以及相关性(relevancy)[或"切合性"(fit)]。最高法院认为有四个因素或"大致观察"来评估科学证据的可靠性:(1)检验——科学理

---

[42] 对盖然性的一个突出论述,参见 Daniel M. Fox, "Epidemiology and the New Political Economy of Medicine," *American Journal of Public Health*, 89, no. 4 (1999): 493-96, 95.

[43] Clark C. Havighurst, Peter Barton Hutt, Barbara J. McNeil, et. al., "Special Issue: Evidence: Its Meanings in Health Care and in Law," *Journal of Health Politics and Policy*, 26, no. 2 (2001): 191-446.

[44] *Daubert v. Merrell Dow Pharms., Inc.*, 509 U.S. 579 (1993).

[45] *Daubert*, 509 U.S. at 589. For post-*Daubert* cases, see, for example, *Allen v. Penn. Eng'g Corp.*, 102 F. 3d 194 (5th Cir. 1996)(认为,根据多伯特规则,暴露在环氧乙烷中会导致癌症的专家证词并不具有科学有效性);*Hoskins v. Trucking*, 2010 WL 4000123 (N.D. Ind. 2010)(认为,根据多伯特规则和《联邦证据规则》第 702 条规定,医生的证词可以被采信)。

论或技术是否可以被检验或者是否已经被检验；(2)同行互查——该理论或技术是否已被同行严格互查和公开；(3)错误率——是否存在公知的错误率或潜在的错误率；(4)普遍接受 ——该理论或技术在相关科学领域内是否被普遍接受。㊻

多伯特及其后代在"努力培养流行病学和生物统计学方面的律师和法官方面"有着积极的影响。㊼ 然而,在实际应用的过程中,一些法院对流行病学证据的采信有着过于严格、不切实际的期待,这与科学质询原则㊽和因果关系理论所固有的传统的灵活性不符。㊾ 原告的专家证人通常依赖于多种研究与推理的结合来填补研究中的空白。㊿ 一些法院要求原告对于每个个案都要符合多伯特案所认定的可靠性和相关性规则。(51) 一些法院甚至将多伯特案解释为课以原告"举出多伯特案中能够成立因果关系的相关流行病学证据的义务,尤其是当被告举出其自身的流行病学证据来质疑这种因果关系时更要如此"(52)。

㊻ *Daubert*, 509 U.S. at 592-94. 在押候审中,第九巡回法院多考虑了一个额外因素:专家是否进行了独立于本案的研究。法院认为,以本案为目的的研究更可能存在偏见。*Daubert v. Merrell Dow Pharms.*, *Inc.*, 43 F.3d 1311, 1317 (9th Cir. 1995) (known as *Daubert II*).

㊼ Wendy E. Parmet, *Populations*, *Public Health*, *and the Law* (Washington, DC: Georgetown University Press, 2011): 233. 在多伯特案之后的许多案件中,最高法院扩展了其观点:*Gen. Elec. Co. v. Joiner*, 522 U.S. 136 (1997)(认为审理法院应当根据多伯特规则去验证专家的结论和他的方法论)和 *Kumho Tire Co. v. Carmichael*, 526 U.S. 137 (1999)(将多伯特规则适用于工程师和其他技术专家的证词中)。这项规则最终被编入《联邦证据规则》中,规范了联邦法院之前提起的案件。Federal Rules of Evidence, Rule 702 (2006).

㊽ *Blanchard v. Goodyear Tire and Rubber Co.*, 30 A.3d 1271 (Vt. 2011)(部分简易判决的维持决定,是因为风险并没有上升到2.0标准,由此便不存在因果关系);Parmet, *Populations*, 234:要求"对原告来说与接触药物相关的风险必须达到2.0标准或者是更高才能证明疾病是此药物引起的",法院是在"人为地以僵化并错误的方式"利用流行病学的研究。

㊾ *Stubbs v. City of Rochester*, 124 N.E. 137 (N.Y. 1919)(强调了这个事实因果关系规则并不是"僵硬的",尽管原告未能证明被污染的城市水源直接导致了伤寒病的暴发,但是基于"该规则的精神",允许原告建立因果关系);*Haft v. Lone Palm Hotel*, 478 P.2d 465 (Cal. 1970)(将被告的证明责任变成旅馆游泳池中缺少救生员和警示并不能引起原告丈夫和儿子溺亡的证明责任,因为被告缺少救生员的过失剥夺了原告证明因果关系的各种途径);*Herskovits v. Group Health Coop. of Puget Sound*, 664 P.2d 474 (Wash. 1983)(允许在医疗事故案件中获得"机会损失"赔偿,即使在被告应诊断出癌症的时候,原告死于癌症的风险已经超过50%);*Zuchowicz v. United States*, 140 F.3d 381 (2d Cir. 1998)(适用更灵活的"实质性因素"规则来作为"若非"事实因果关系规则的替代选择)。

㊿ In re *Paoli R.R. Yard PCB Litig.*, 35 F.3d 717, 745 (3d Cir. 1994)(认为专家从动物研究中推断出来的结论是不能被人们采信的)。

(51) *Schudel v. Gen. Elec. Co.*, 120 F.3d 991, 997 (9th Cir. 1997)(裁决该证词不能满足多伯特案的可靠性规则,因为这些推断是从其他化学物质的研究中所作出的,而且也不能证明出特定的因果关系)。

(52) Parmet, *Populations*, 233.

第三节　侵权诉讼的公共健康价值

侵权法的重点在于从个体层面上证明因果关系并进行责任分配,这可能与以人群为重点的公共卫生法有所不同。尽管如此,侵权法是促进公共健康的重要手段。[53] 作为直接规制的补充,侵权法具有一些目标:让危险产品从商品市场中退出,提高价格并且降低消费者购买这些产品的意愿,阻止不安全或具有误导性的商业活动,并且使高风险行为的社会成本内部化。[54] 诉讼也可以达到其他目标。在原告未能让被告承担损害赔偿金或原告不能获得法定救济的案件中,侵权诉讼可以提高问题意识,并由此产生支持立法或管制对策的政治意愿。

一、威慑

> 在罗纳德·科斯(Ronald Coase)和圭多·卡拉布雷西(Guido Calabresi)具有重大影响的学术研究产生前,与意外事件和危险行为唯一相关的经济问题被认为是,"什么是补偿事故受害人的最好的法律制度?"科斯和卡拉布雷西指出,法律能够影响潜在的侵权行为人和侵权受害人的行为,简言之,即能够具有配置效应而非仅仅是分配效应。
>
> ——理查德·波斯纳:《圭多·卡拉布雷西的〈事故的成本〉》(Richard Posner, *Guido Calabresi's*, *The Costs of Accidents*, 2005)

侵权法的威慑理论指出,侵权责任的作用体现在预防事故上,这种作用是侵权法和公共健康之间的重要连接点。然而,主要的批评在于侵权法不是一种特别有效的威慑。企图经验性地评价侵权法的威慑效果已产生了复杂的结果。我们来回顾一下关于产品责任法影响的多种研究,例如,迈克尔·J.摩尔(Michael J. Moore)和基普·维斯库斯(Kip Viscusi)总结道,"产品设计和制造瑕疵所带来的潜在股市损失极大地刺激了安全产品的生产",但是他

---

[53] Jon S. Vernick, Julie Samie Mair, Stephen P. Teret, and Jason W. Sapsin, "Role of Litigation in Preventing Product-Related Injuries," *Epidemiologic Reviews*, 25, no. 1 (2003): 90–98.

[54] Peter D. Jacobson and Soheil Soliman, "Litigation as Public Health Policy: Theory or Reality?" *Journal of Law, Medicine, and Ethics*, 30, no. 2 (2002): 224–38.

们对于涉及较长潜伏期以及因果关系难题的案件形成了一个不同的结论。㊹

一些学者坚持认为法律规则仅仅控制人类的行为:外行通常不清楚法律规则,即使知道,他们也更可能被正常的人类动机所影响——冒险意识、性欲、忍受风险或是渴望安全。㊺这种批评是有根据的,但却没有抓住要领。侵权法通过改变企业实施行为的方式而影响消费者的行为。产业可以通过制造更安全的产品,提供更清晰的警示和说明,或者仅仅是停止生产线从而对侵权法作出反应,所有这些举措都有力地影响着消费者的选择和行为。作为一种选择,企业可以吸收责任成本,通常以提高价格的形式将成本转嫁到消费者身上。提高价格会使需求减少,特别是对年轻人群来说,征收烟草税就是一例。

也许侵权法的威慑作用与公共卫生法之间存在的更大问题是威慑理论的成本效益分析。公共卫生法学者对成本效益分析与公共卫生目标之间具有兼容性这一观点持有异议。伊丽莎白·威克斯·伦纳德(Elizabeth Weeks Leonard)认为,过失计算理论与公共卫生法在重公共利益而轻个人利益这一基本导向上具有许多共同特征:"汉德公式承认了稀有资源的现实性以及将他们作为整体社会利益而进行分配的必要性,而不仅仅是个人为某一损害寻求补偿。"㊼相反,温迪·帕尔梅特认为,过失计算(至少以效用最大化的法律和经济形式)忽略了事故在群体中的重要影响,同时,总体福利最大化的目标未能解决对弱势人口的差别性影响这一问题。㊽

二、侵权诉讼是直接规制的一种途径

许多公共卫生问题都带有政治意味并且有力地影响着企业和消费者。结果通过立法或行政机构规章来直接规制有害产品或行为可能非常困难。强势的利益群体,例如烟草、食品、药品或武器团体,能够通过政治程序来抵御规制。消费者自身可能会反抗这些规制以及国家对他们想购买的产品所征收的税。考虑到对汽车和轻型卡车实施严格的排放标准会有困难,对烟草、快餐的卡路里含量的披露或者手枪的安全锁征收更高的税则更为可行。通过政治程序进行直接规制失败了,侵权法可以成为公共卫生倡导者武器库

㊹ Michael J. Moore and W. Kip Viscusi, *Product Liablity Entering the Twenty-First Century: The U.S. Perspective* (Washington, DC: AEI-Brookings Joint Center for Regulatory Studies, 2001).

㊺ G. Edward White, *Tort Law in America: An Intellectual History* (New York: Oxford University Press, 1980), 230; Scott Burris, "Law and the Social Risk of Health Care: Lessons from HIV Testing," *Albany Law Review*, 61, no. 3 (1998): 831-95.

㊼ Elizabeth Weeks Leonard, "Tort Litigation for the Public's Health," in John G. Culhane, ed., *Reconsidering Law and Policy Debates: A Public Health Perspective* (New York: Cambridge University Press, 2011), 187-220, 202, 206.

㊽ Parmet, *Populations*, 220-24,将侵权法的经济分析与公共卫生的人口方法特征进行了比较。

中的一个重要武器，可以帮助建立用立法或规范来解决问题的政治意愿。

企业不喜欢侵权责任所具有的不可预测性。如果承担责任的危险足够大，各行业可能更倾向于服从广泛并可预测的管制制度，但条件是这种制度会优先适用私人侵权诉讼。当然，如果规制制度（或者规制制度的执行）是宽松的，那么优先适用私人诉讼对公共卫生倡导者来说可能不是一种有利的权衡。法院发现若普通法侵权诉讼得以优先适用，较弱的规制标准就会引发公共卫生的双重问题：宽松的规制错过了保护公共健康的机会，倡导者也不能诉诸侵权体制来寻求更加有效的对策。

特殊产品或产业行为会造成损害，侵权诉讼也可以提高公众对这个问题的意识和了解，从而给直接规制施加政治压力。一旦法官启动诉讼的证据开示程序（discovery process），被告就必须向原告披露信息和文件，倡导者和规制者通过该程序就能够获得有价值的数据。媒体对侵权诉讼的报道能够使人们更清晰地认识到未得到正确评价的公共卫生危险。这两个因素的结合在烟草控制的努力中起到了重要的作用。有影响力的反吸烟运动通过证据开示所披露的产业文件信息来损害烟草行业的名声。(59)

侵权诉讼也会引起舆论对共同损害责任概念通常被视为个人责任问题这一说法的反应。在一些案件中，立法机关被侵权诉讼的浪潮（不论是真实的还是想象的）所影响，从而颁布了保护特定行业免受任何侵权诉讼的特别立法。《武器合法贸易保护法案》（见框 7.3，如上）以及许多州的立法机构为了回应针对快餐公司提起的肥胖诉讼而通过的所谓的《起司汉堡法案》（Cheeseburger Bill）（参见第十二章），都给人们提供了警示。

第四节 烟草战争：一则案例研究

本案涉及一种产业，这个产业通过销售令人高度上瘾的产品而生存和获利，这个产业引发了许多疾病，而这些疾病所导致的年死

---

(59) Matthew C. Farrelly, Cheryl G. Healton, Kevin C. Davis, Peter Messeri, James C. Hersey, and M. Lyndon Haviland, "Getting to the Truth: Evaluating National Tobacco Countermarketing Campaigns," *American Journal of Public Health*, 92, no. 6 (2002): 901-7; *Lorillard Tobacco Co. v. Am. Legacy Found.*, 903 A.2d 728, 731-32 (Del. 2006)（"真相®运动告知它的受众戒烟的原因，并且包括与烟草公司和他们的分支机构的行为相关的信息"）；"About," Truth website, www.thetruth.com/about/ (accessed June 16, 2013. "我们的观念并不是反对吸烟或者支持吸烟。甚至与吸烟无关。我们的看法是关于烟草行业操纵他们的产品、研究和广告以确保能够找到在美国每天'流失的'1 200 名消费者的替代者。你知道，因为他们死了。"

亡人数令人难以置信,同时它也导致了难以计数的人遭受经济损失,并对我们国家的医疗照护制度带来了长久负担。被告对许多这类事实的了解已长达 50 余年。尽管被告如此了解,他们仍一贯反复地利用许多技巧和诡辩对公众、政府和公共卫生团体否认这些事实。

——格拉迪斯·凯斯勒:"美国诉菲利普·莫里斯公司案"
(Gladys Kessler, *U.S. v. Philip Morris*, 2006)

作为一则案例研究,烟草诉讼的历史表明了公共卫生倡导者的诉讼策略是如何随着时间的推移而逐渐形成的,很大程度上是试图战胜指向吸烟者个人责任的抗辩。那些对烟草战争历史不熟悉的人通常会惊讶地了解到我们现在认为是理所当然的这些行业限制,包括禁止户外广告以及使用像低焦油这样引人误解的术语,是如何通过诉讼而非直接规制实现的。

一、烟草诉讼的第一次浪潮

20 世纪 50 年代早期,在第一次针对烟草行业的诉讼被提起之前,烟草是一种文化标志。吸烟被视为一种时髦的行为,对烟草的促销无所不在,它被体育明星和电影明星描绘为美好生活的装饰。然而,流行病学家已经报道出烟草和癌症之间的关联[60],并且这些数据很快就被大众媒体公开[61]。第一次烟草诉讼发生在 1954 年[62],这引发了侵权行为法学者罗伯特·拉宾(Robert Rabin)所称的烟草诉讼的第一次浪潮。[63] 在第一次烟草诉讼浪潮期间,从 1954 年到 1973 年,大约发生了 100—150 个案件;这些案件中的很少一部分

---

[60] E. Cuyler Hammond and Daniel Horn, "Smoking and Death Rates: Report on Forty-Four Months of Follow-Up of 187,783 Men, I; Total Mortality," *Journal of the American Medical Association*, 166, no. 10 (1958): 1159-72; E. Cuyler Hammond and Daniel Horn, "Smoking and Death Rates: Report on Forty-Four Months of Follow-Up of 187,783 Men: II; Death Rates by Cause," *Journal of the American Medical Association*, 166, no. 11 (1958): 1294-1308; Richard Doll and A. Bradford Hill, "A Study of the Aetiology of Carcinoma of the Lung," *British Medical Journal*, 2, no. 4797 (1952): 1271-86; Ernest L. Wynder and Evarts A. Graham, "Tobacco Smoking as a Possible Etiologic Factor in Bronchiogenic Carcinoma: A Study of Six Hundred and Eighty-Four Proved Cases," *Journal of the American Medical Association*, 143, no. 4 (1950): 329-36.

[61] Roy Norr, "Cancer by the Carton," *Reader's Digest*, 61 (December 1952): 7-8; Lois Mattox Miller and James Monahan, "The Facts behind the Cigarette Controversy," *Reader's Digest*, 65(July 1954): 1-6.

[62] *Lowe v. R. J. Reynolds Tobacco Co.*, No. 9673(C) (E.D. Mo. filed March 10, 1954) (case subsequently dropped).

[63] Robert L. Rabin, "A Sociolegal History of the Tobacco Tort Litigation," *Stanford Law Review*, 44, no. 4 (1992): 853-78, 857. See Wendy E. Parmet, "Tobacco, HIV, and the Courtroom: The Role of Affirmative Litigation in the Formation of Public Health Policy," *Houston Law Review*, 36, no. 5 (1999): 1663-1712.

得到了审理,并且没有原告胜诉。⑭

　　这些案件主要是根据过失理论、违反保证以及虚假陈述而被提起。⑮ 回顾过去,烟草诉讼的一败涂地令人震惊。在那时,原告不能被视为自愿承担风险,因为他们开始吸烟时并不知道吸烟会有害健康。另外,虚假陈述诉讼似乎非常有力,因为行业广告大肆鼓吹产品的安全性:"要安全,请吸谢斯菲尔德牌香烟。""不会对鼻子、喉咙以及附属器官产生副作用"(1952);并且"相较于其他牌香烟,医生更喜欢吸骆驼牌香烟"(1955)。流行病学家仍然在解决因果关系问题,1964年卢瑟·特里(Luther Terry)发表了具有里程碑意义的关于吸烟议题的《医务总监报告》(Surgeon General's Report)。⑯ 极具讽刺意味的是,在那同时,《医务总监报告》戏剧性地改变了公众对于吸烟的看法,美国法律协会(American Law Institute, ALI)几乎免除了烟草行业的严格产品责任。在《侵权法(第二次)重述》中,美国法律协会规定,"好的(未受污染)烟草并不能仅仅因为吸烟可能有害健康这种观念,就毫无道理地被认为是危险品"⑰。

二、烟草诉讼的第二次浪潮

　　到烟草诉讼第二次浪潮的时候,从1983年到1992年,吸烟不再是优雅的标志,而是较差生活质量和底层社会的象征。公众已经变得更具有健康意识,并且认为香烟是极度危险并且能够引人上瘾的产品。这种新的健康意识对诉讼当事人来说既是福音又是诅咒。尽管因果关系很容易建立,但是原告不能再声称自己不知健康风险。辩护律师认为原告应当为自己的疾病负责。毕竟是原告个人作出的吸烟决定,他们完全了解这些风险。烟草行业利用联邦反烟草规制作为免于诉讼的挡箭牌。1965年颁布的《香烟标签和广告法》(Cigarette Labeling and Advertising Act)规定了烟草包装上应当贴有警告标签。⑱ 辩护律师可以指出这些警示即为原告知悉风险的真凭实据。

　　在第二次烟草诉讼浪潮期间将近有两百起诉讼,其中有许多案件是以未

---

　　⑭ *Lartigue v. R.J. Reynolds Tobacco Co.*, 317 F.2d 19 (5th Cir. 1963); *Green v. Am. Tobacco Co.*, 304 F.2d 70 (5th Cir. 1962), *aff'd*, 409 F.2d 1166 (5th Cir. 1969) (en banc).

　　⑮ Graham E. Kelder Jr. and Richard A. Daynard, "The Role of Litigation in the Effective Control of the Sale and Use of Tobacco," *Stanford Law and Policy Review*, 8, no. 1 (1997): 63-98, 71.

　　⑯ U.S. Department of Health, Education, and Welfare, *Smoking and Health: Report of the Advisory Committee to the Surgeon General of the Public Health Service* (Washington, DC: Government Printing Office, 1964),关于烟草公司主张的健康风险科学数据的整理。

　　⑰ *Restatement (Second) of Torts* § 402A, comment i (1965).

　　⑱ 15 U.S.C. § 1333 (1994).

能警示的新理论为起诉依据。[69] 此时,当事人在涉及橙剂[70]、己烯雌酚、道尔顿子宫避孕器以及盐酸双环维林等产品的大量侵权案件中取得了惊人的进步。尽管在科学、侵权理论以及社会态度方面发生了显著变化,但是结果是一样的。直到 1990 年,新泽西州的陪审团裁决赔偿烟民罗斯·西波隆(Rose Cipollone)40 万美元的赔偿金,此人在 58 岁时死于癌症。此陪审团裁决(此裁决在上诉时被推翻)是浩瀚的烟草诉讼历史中第一个原告获得赔偿金的裁决。[71] 为了了解烟草行业赢得诉讼的原因,我们需要检视他们的策略,这是非常重要的。

三、"山中之王":烟草战争中的行业策略

> 我们(烟草公司)关于口供和证据开示总体持激进态度,一如往常,这种态度使得这些案件变得极度复杂,并且对原告律师来说成本高昂。套用巴顿将军的话,我们赢得诉讼的方式并不是花掉(R. J. Reynolds)所有的钱,而是让其他人花掉这些钱。
>
> ——J. 迈克尔·乔丹:"海恩斯诉吉特集团公司案"所引用的 R. J.雷诺兹内部备忘录(J. Michael Jordan, *Internal R. J. Reynolds memorandum quoted in Haines v. Liggett Group, Inc.*, 1993)

烟草行业在前两次诉讼浪潮中采用了一种不同寻常却又非常有效的策略:积极且不妥协的诉讼。[72] 首先,烟草行业在庭审前的操纵是残酷无情的,他们企图毫无休止地拖延诉讼,并且耗尽原告的资源。由于原告律师通常都来自小型律所,接手案子也是基于偶然,他们应付不了庭审前的大笔费用预支。烟草行业采用有意识的策略将大量的资源投入法律抗辩中,而从不结束诉讼,并且总是将诉讼进行到底。例如,西波隆案件产生了 12 个联邦意

---

[69] Linda Greenhouse, "Court to Say if Cigarette Makers Can Be Sued for Smokers' Cancer," *New York Times*, March 26, 1991.

[70] In re *Agent Orange Prod. Liab. Litig.*, 304 F. Supp. 2d 404, 417 (E.D.N.Y. 2004), *aff'd*, 517 F.3d 76 (2d Cir. 2008)(重新计算了关于橙剂的大量诉讼,并描述了原告的早期胜利,包括对惩罚性赔偿的集体确认)。

[71] Lawrence O. Gostin, Allan M. Brandt, and Paul D. Cleary, "Tobacco Liability and Public Health Policy," *Journal of the American Medical Association*, 266, no. 22 (1991): 3178–82, 79.

[72] *Thayer v. Liggett and Meyers Tobacco Co.*, No. 5314 (W.D. Mich., February 20, 1970)(将该行业是如何说服原告的细节列成了目录)。该行业也坚决反对直接规制。Peter S. Arno, Allan M. Brandt, Lawrence O. Gostin, and Jessica Morgan, "Tobacco Industry Strategies to Oppose Federal Regulation," *Journal of the American Medical Association*, 275, no. 16 (1996): 1258–62.

见,并且花掉了原告律师近 400 万美元的费用;律师们只好在第二次庭审前撤诉。⑬ 其次,烟草行业采用不受限制的抗辩,它能够刺探出原告的道德习惯,促使陪审团发现原告的个人可归责性。由于癌症和心脏病的风险已存在几十年,对辩护律师来说,检验每个可能存在的行为危险因素都是轻而易举的。共同责任的裁决变成了对原告道德的彻底检验。最后,烟草行业对健康风险的争论一直存在。1972 年的备忘录概括了烟草行业的策略,即"对健康费用产生疑问而事实上并不否定它;支持公众的吸烟权,而事实上并不鼓励他们从事这样的行为"。⑭

四、优先适用问题的战争:烟草标签法案和罗斯·西波隆

1965 年的《香烟标签和广告法》⑮在 1969 年被修正为《公共健康与吸烟法案》(Public Health Cigarette Smoke Act of 1969)⑯,该法案规定针对"吸烟与健康"议题优先适用各州的立法规范。最高法院授予了复审令,下面的罗斯·西波隆案的陪审团裁决为西波隆诉吉特集团(*Cipollone v. Liggett Group*, 1992)案的标志性判决做好了准备。⑰ 最高法院在约翰·保罗·史蒂文斯(John Paul Stevens)大法官主导的未过半数的多数意见中认为,在审理对"未成功予以警告以及在广告与推广中弱化联邦对警告的强制性要求的行为"提起的侵权诉讼时,应优先适用 1969 年的《公共健康与吸烟法案》。然而,法案并未优先适用基于明示担保、故意欺诈、误解或同谋的侵权请求。⑱ 由此,最高法院的裁决给基于虚假陈述和欺诈的烟草诉讼留下了足够的空间。在第三次诉讼浪潮期间,原告以难以想象的方式获得了成功。

五、烟草诉讼的第三次浪潮

20 世纪的大部分时间里,烟草诉讼的被告实际上享有一个侵权豁免的权利空间来销售他们的有害产品。烟草产品责任案件中的原告一般从未能以过失或适销性默示担保为理由成功提起诉讼。烟草诉讼被告方的律师用"受害者的抗辩具有可责性"进行反

---

⑬ Richard A. Daynard and Graham E. Kelder Jr., "The Many Virtues of Tobacco Litigation," *Trial Products Liability*, 34 (1998): 36.
⑭ Donald Janson, "Data on Smoking Revealed at Trial," *New York Times*, March 13, 1988.
⑮ 79 Stat. 282 (1965), as amended, 15 U.S.C. §§ 1331–1340 (1965)("关于吸烟和健康的说明不应被要求标在香烟包装上[除非是国会强制要求的警示]")。
⑯ Public Health Cigarette Smoking Act, 84 Stat. 87 (1970), as amended, 15 U.S.C. §§ 1331–1340 (1969)([州]不应对厂商在香烟广告及促销中明示有关吸烟与健康的信息作出强制要求或禁止)。
⑰ *Cipollone v. Liggett Group*, 505 U.S. 504 (1992).
⑱ Ibid., at 530–31.

击,比如共同过失或自担风险,以及符合美国文化核心的个人主义观念的主题……陪审团倾向于同意烟草行业所主张的观点——吸烟者作出个人决定要自我承担众所周知的患癌症或其他疾病的风险……国家亲权诉讼(州检察长所提起的)回避了之前棘手的问题,诸如预见性、因果关系的不确定性以及基于过失的抗辩。各州(的法官)不能与吸烟者的抗辩事由一样,因为他们从来没有吸过烟。

——迈克尔·L.罗斯塔德、托马斯·H.凯尼格:《改革公共利益侵权法以救济公共健康流行病》,(Michael L. Rustad and Thomas H. Koenig, *Reforming Public Interest Tort Law to Redress Public Health Epidemics*, 2011)

烟草诉讼的第三次浪潮以戏剧性的爆料开始。1994 年 5 月 12 日,旧金山加利福尼亚大学医学院的斯坦顿·格兰茨(Stanton Glantz)教授收到了装有一万多页内部产业资料的匿名包裹(后来调查出是代表布朗和威廉姆森烟草公司的律所中的一个律师助理发出的)。这份"烟草文件"(Tobacco paper)包含了具有破坏性并涉及烟草行业实际情况和欺骗意图的证据。[79] 尽管烟草行业进行了公开诉讼,但烟草文件证明了行政官员已经了解了吸烟有害健康,尼古丁会使人上瘾,以及烟草中含有有毒农药这些情况。此外,该行业还故意控制烟草中的尼古丁含量并将其产品销售给青年人。这些文件以及通过新闻报道和发现获得的信息,会对接下来的诉讼产生重大影响——除了个人吸烟者的诉讼外,还有集体诉讼、政府作为原告的诉讼以及其他需要医疗费用报销的第三方支付者的诉讼。[80]

(一)医疗费用报销

政府和其他希望报销吸烟引发的疾病的付费者在烟草诉讼第三次浪潮中起到了主要作用。州检察长对烟草行业提起了直接请求权,要求其报销治

---

[79] Stanton A. Glantz, Deborah E. Barnes, Lisa Bero, Peter Hanauer, and John Slade, "Looking through a Keyhole at the Tobacco Industry: The Brown and Williamson Documents," *Journal of the American Medical Association*, 274, no. 3 (1995): 219-24; John Slade, Lisa A. Bero, Peter Hanauer, Deborah E. Barnes, and Stanton A. Glantz, "Nicotine and Addiction: The Brown and Williamson Documents," *Journal of the American Medical Association*, 274, no. 3 (1995): 225-33. The Brown and Williamson documents are available at the University of California, San Francisco, *Tobacco Control Archives*, April 24, 2006, www.library.ucsf.edu/tobacco.

[80] Philip J. Hilts and Glenn Collins, "Records Show Philip Morris Studied Influence of Nicotine," *New York Times*, June 8, 1995; Philip J. Hilts, "Tobacco Company Was Silent on Hazards," *New York Times*, May 7, 1994; Richard D. Hurt and Channing R. Robertson, "Prying Open the Door to the Tobacco Industry's Secrets about Nicotine: The Minnesota Tobacco Trial," *Journal of the American Medical Association*, 280, no. 13 (1998): 1173-81, 回顾了明尼苏达州医疗补助追偿诉讼所披露的 39 000 多个内部文件。

疗吸烟引发的疾病的公共开支。随着 1994 年最初由密西西比州提起的穷人医疗保险补贴诉讼案件的深入[81]，大多数州都加入了诉讼。1997 年，烟草行业以及州检察长努力地达成了一项和解方案，此项和解方案取决于国会决议授权该行业某些形式的诉讼豁免权。各州在接下来的 25 年里将收取的 3 680 亿美元的费用作为交换。然而，国会最终未能同意和解协议的要求。约翰·麦凯恩（John McCain）议员的一个提案要求提高烟草税，提高和解赔偿数额并改变民事责任豁免规定，他的这个提案是不会被烟草行业所接受的。[82] 结果，纳贝斯克烟草公司（RJR-Nabisco）不再支持联邦烟草立法，随后立法委员会没有通过该法案。

伴随着联邦的失败而来的是四个州（佛罗里达、明尼苏达、密西比以及得克萨斯）与烟草公司达成了总共 400 亿美元的和解协议。[83] 随着个案和解成本的提高，烟草行业与 46 个州和美国的六个领地协商达成《大和解协议》。该协议于 1998 年 11 月 16 日达成，要求烟草行业永久性地以支付 2 060 亿美元作为对各州的补偿，并一直持续到 2025 年。创设慈善基金会来减少成年人吸烟；解散烟草研究委员会（一个产业集群，它试图破坏吸烟对健康危害的客观科学研究）；通过网际网络提供公众获取文件的渠道；限制户外广告、对卡通人物的使用、烟草买卖以及对体育赛事的赞助。烟草行业虽然使各州豁免于以州的身份提起的民事诉讼，但未豁免于个人诉讼或者代表吸烟者提起的集体诉讼。[84] 烟草制造商以及其他利益相关者后来基于非法排除印第安部落的协商权而质疑《大和解协议》基于宪法[85]和反垄断法[86]的合法性。[87] 然而，这些案件一个都没有胜诉，《大和解协议》一贯地得到了支持。

---

[81] In re *Mike Moore, Attorney General ex. rel., State of Mississippi Tobacco Litigation*, No. 94-1429 (Miss. Chanc., Jackson Co. 1994).

[82] S. 1415, 105th Cong. (1998). See also John Schwartz and Saundra Torry, "Tobacco Targets the McCain Bill," *Washington Post*, April 11, 1998.

[83] The text of these settlements is available at http://ag.ca.gov/tobacco/pdf/1msa.pdf#search=%22Master%20Settlement%20Agreement%22, (September 21, 2006). Minnesota settled on perhaps the most favorable terms. See *Minnesota v. Philip Morris*, 551 N.W.2d 490 (Minn. 1996) (en banc); Settlement Agreement and Stipulation for Entry of Consent Judgment, *Minnesota v. Philip Morris*, No. CI-94-8565 (Minn. Dist. Ct. May 18, 1998).

[84] National Association of Attorneys General, *Master Settlement Agreement*, November 16, 1998, http://www.naag.org/assets/redesign/files/msa-tobacco/MSA.pdf.

[85] *Star Scientific v. Beales*, 278 F.3d 339 (4th Cir. 2002)（判决认为《大和解协议》并不违反贸易条款，即平等保护条款、正当程序条款或者宪法中的协定条款）。

[86] *Mariana v. Fisher*, 338 F.3d 189 (3d Cir. 2003)（根据 Noerr-Pennington 规则 ["一个请求政府救济的当事人一般不承担反垄断责任"]来抵制《大和解协议》限制贸易的不合理要求）。

[87] *Table Bluff Reservation v. Philip Morris, Inc.*, 256 F.3d 879 (9th Cir. 2001)（判决认为，印第安部落反对他们被排除在《大和解协议》协商之外并没有合理的理由，因为此部落没有证实：(1) 他们向烟草公司索要被拒绝给付的医疗保健费用；(2) 他们被排除在《大和解协议》之外损害了他们将来获取医疗保健报销的资格或者烟草公司应当给付的其他救济机会）。

州检察长针对烟草行业诉讼的成功鼓舞了其他群体去请求报销医疗费用。最有希望的努力是联邦政府起诉烟草行业,请求偿还过去和未来与吸烟引起的疾病相关的卫生保健支出。美国司法部根据联邦《反欺诈和受贿组织法》(RICO)的规定,力图禁止烟草公司从事诈骗或其他非法行为,并迫使这些公司为他们过去的非法行为"交出"2 800亿美元。在政府受到严重打击的情况下,美国法院哥伦比亚特区巡回上诉法庭在2005年裁决认为,追缴不是一种可行的纠正办法,因为《反欺诈和受贿组织法》(RICO)只适用于针对未来侵害行为的救济。[88] 美国司法部随后降低了赔偿要求,从1 300亿美元降到100亿美元,这引发了健康倡导者和民主党议员对白宫的不适当政府干预的指控。[89] 最后,美国庭审法院裁决认为,这些公司虽然通谋欺骗公众,但是强制执行数十亿美元的罚金也是不允许的。2006年,联邦法官格拉迪斯·凯斯勒(Gladys Kessler)根据《反欺诈和受贿组织法》(RICO)行使司法权,并通过法院命令来阻止未来的违法行为,并命令被告停止使用欺骗性的表述,例如"低焦油"或"醇香型",并且应当在其产品标签和广告上注明诸如烟草行业能够让人们对烟草产品上瘾这种"纠正性的信息披露"[90]。在撰写本文时,纠正性的信息披露的准确内涵是后续诉讼的主题,烟草公司争辩道,凯斯勒法官的命令超出了《反欺诈和受贿组织法》规定的司法权的适当范围,并且违反了第一修正案所规定的权利。[91]

法院已公开反对私人提起的医疗报销诉讼。法院驳回了个人作为私人总检察长来诉请赔偿联邦医疗保险费用的要求。[92] 同时,工会和其他私人第三方支付者要求赔偿吸烟引发的疾病所产生的医疗照护费用的诉讼都被联邦八个巡回法院判决驳回。[93] 即便是外国也在寻求获得其用于公共卫生医疗

---

[88] *United States v. Philip Morris USA, Inc.*, 396 F.3d 1190 (D.C. Cir. 2005).

[89] Michael Janofsky and David Johnston, "Award Limit in Tobacco Case Sets off a Strenuous Protest," *New York Times*, June 9, 2005.

[90] *U.S. v. Philip Morris USA, Inc.*, 449 F. Supp. 2d 1 (D.D.C. 2006).

[91] *United States v. Philip Morris USA, Inc.*, 786 F.3d 1014 (D.C. Cir. 2015)(审理法院要求制造商应当披露:他们在吸烟的危害方面之所以欺骗公众是因为强制性披露旨在救济已经发生的违反《反欺诈和受贿组织法》的行为而非阻止或限制未来发生的违反《反欺诈和受贿组织法》的行为,而法院的这种要求被驳回了)。

[92] *Glover v. Philip Morris USA, Inc.*, 380 F. Supp. 2d 1279 (M.D. Fla. 2005)(判决认为,单独的个人可以根据《医疗保险二级支付法案》的规定作为私人总检察长起诉烟草公司,因为公司潜在的侵权责任和支付医疗保险的责任并未通过判决来确认)。

[93] See, for example, *Empire Healthchoice, Inc, v. Philip Morris USA, Inc.*, 393 F.3d 312 (2d Cir. 2004)(判决认为,根据新《纽约市消费者保护法》的规定,医疗保健费用第三方支付者的诉讼请求太过间接而不能被立案);*SEIU Health & Welfare Fund v. Philip Morris, Inc.*, 249 F.3d 1068 (D.C. Cir. 2001)(该案件否定了原告的《反欺诈和受贿组织法》以及针对烟草行业的欺诈索赔,理由是原告未能在被指控的伤害和不法行为之间充分建立直接的因果关系)。

体系开支的赔偿,但时至今日都没有成功。㉔ 也许最令人惊讶的原告是破产的石棉公司,这些公司被认为应对雇工患肺癌负责。这些公司控告烟草行业对肺癌所造成的影响,但陪审团认为肺癌仅仅是由石棉导致的而与烟草无关,但是他们也没有成功。㉕

(二) 集体诉讼

烟草诉讼的当事人在第三次诉讼浪潮中采取了集体诉讼的策略。1994年,无烟航空的乘务人员提起了针对烟草制造商的集体诉讼,声称他们因吸入机舱内的二手烟而受到损害。法官支持了该集体诉讼(这是向集体诉讼的成功迈出的关键一步)㉖,双方就3亿美元的医疗基金达成了和解协议;此次和解承认了个人诉讼的法律地位。㉗

但迄今为止,法官挫伤了集体诉讼的积极性。在1996年的卡斯塔诺诉美国烟草公司(Castano v. American Tobacco Company, 1996)案中㉘,第五巡回上诉法院撤销了美国境内一起所有尼古丁依赖者的集体诉讼,因为各州法律的不同使得集体索赔的判决行不通。相似的,在2006年的恩格尔诉吉特集团(Engle v. Liggett Group, 2006)案中,佛罗里达州最高法院肯定了下级法院的判决,该份判决驳回了烟草诉讼史上最大一笔惩罚性赔偿——1 450亿美元。法院也判决取消了集体诉讼的资格,因为个别问题,包括因果关系的证明以及被告之间的过错分配,优先于集体的共同问题。㉙ 其他辖区的法院也

㉔ Republic of Guatemala v. Tobacco Inst., Inc., 83 F. Supp. 2d 125 (D.D.C. 1999)(驳回了原告带有偏见的诉讼请求,因为被告所谓的不法行为并不是原告发生损害的近因);Republic of Venezuela v. Philip Morris Co., 827 So. 2d 339 (Fla. Dist. Ct. App. 2003)(驳回原告的诉讼请求,因为委内瑞拉政府要求烟草公司赔偿其市民支出的与吸烟有关的医疗费用并不存在直接诉因);SEIU Health & Welfare Fund v. Philip Morris, Inc., 249 F.3d 1068 (D.C. Cir. 2001)(撤销了之前被驳回的《反欺诈和受贿组织法》和欺诈的诉讼请求,因为原告声称的损害与被告所谓的不法行为之间不存在近因,所以原告不具有《反欺诈和受贿组织法》或反垄断的诉讼资格,法院对原告其他的诉讼请求维持了原判);Arias v. Dyncorp, 738 F. Supp. 2d 46 (D.D.C. 2010)(驳回了厄多瓜尔省和其市民的诉讼请求,因为根据 Article III 或者国家亲权原则,原告缺少诉讼资格)。

㉕ Falise v. Am. Tobacco Co., 94 F. Supp. 2d 316 (E.D.N.Y. 2000); Owens Corning v. R. J. Reynolds Tobacco Co., 868 So. 2d 331 (Miss. 2004)(判决认为,烟草公司没有责任向石棉公司支付过去或未来的与烟草有关的诉讼费用)。

㉖ Broin v. Philip Morris, Inc., 641 So. 2d 888 (Fla. Dist. Ct. App. 1994)(确认了一方当事人具有诉讼资格,即美国航空公司雇用的所有无烟航班乘务人员,他们遭受由于吸入二手烟而导致的疾病), rev. denied, 654 So. 2d 919 (Fla. 1995)(未公开的暂缓审议的意见)。

㉗ Ramos v. Philip Morris Co., 743 So. 2d 24 (Fla. Dist. Ct. App. 1999)。

㉘ Castano v. Am. Tobacco Co., 84 F.3d 734 (5th Cir. 1996)。

㉙ Engle v. Liggett Group, Inc., 945 So. 2d 1246 (Fla. 2006)。

驳回了烟草集体诉讼。[100]

（三）吸烟者的个人诉讼

在第三次烟草诉讼浪潮中，烟草行业也面临着来自个人吸烟者提起的诉讼。俄勒冈州[101]和加利福尼亚州[102]的原告赢得了大量的诉讼，许多个人诉讼也蠢蠢欲动。[103]尽管恩格尔案的裁决最初对烟草行业来说是一种胜利，但是法院的裁决可能也打开了佛罗里达州的吸烟者提起个人诉讼的大门。佛罗里达州最高法院裁决认为，陪审团针对被告制造商行为的裁决对佛罗里达州各法院就"恩格尔案"涉及的后续个体诉讼的裁决具有约束力。[104]因为作为被告的烟草制造商存在过失、产品责任、欺诈以及违反担保的情形，被法院驳回集体诉讼的成员可以提起个人诉讼而并不需要各自证明这些要件[105]，这使得原告获得了大量的损害赔偿金。[106] 2015 年，联邦巡回法院对这种策略进行了严厉打击，认为佛罗里达州法院将恩格尔案不利于烟草行业的陪审团裁决解释得太过宽泛，这相当于对烟草行业的完全禁令，而美国国会一再拒绝采纳该种禁令。[107]

个人非吸烟者成功提起了吸入二手烟的诉讼。[108]尽管这些原告面对着

---

[100] *Price v. Philip Morris, Inc.*, 848 N.E. 2d 1 (Ill. 2005). 原告以被烟草公司"低焦油""超低焦油"以及"清淡型"香烟的描述所欺骗的消费者身份起诉。审理法院确认了原告的诉讼资格，发现消费者受骗这种争议是一种常见的事实问题，可以作为集体诉讼进行审理。在原告获得 100 亿美元的胜诉判决后，伊利诺伊州最高法院撤销了原审判决，理由是菲利普·莫里斯做的广告符合现行有效的联邦贸易委员会的规定。针对该公司的 100 亿美元的判决被驳回。See also *Simon II Litig. v. Philip Morris USA, Inc.*, 407 F.3d 125 (2d Cir. 2005)（撤销全国范围内烟民为原告索要惩罚性赔偿的集团诉讼令，因为缺乏证据表明个人诉讼能够被维持）；*Marrone v. Philip Morris USA, Inc.*, 850 N.E.2d 31 (Ohio 2006)（驳回清淡型香烟的烟民的集体诉讼资格，因为被告没有注意到诉称的行为具有欺骗性）。

[101] *Williams v. Philip Morris, Inc.*, 127 P.3d 1165 (Or. 2006)（对原告给予 7 950 万美元的惩罚性赔偿）。

[102] *Henley v. Philip Morris, Inc.*, 5 Cal. Rptr. 3d 42 (Cal. Ct. App. 2003)（判给原告 2 500 万美元的惩罚性赔偿，但在后续的程序中有所减少）；*Boeken v. Philip Morris, Inc.*, 26 Cal. Rptr. 3d 638 (Cal. Ct. App. 2005)（将惩罚性赔偿减至 5 000 万美元）。

[103] 烟草对人有害是一种"常识"，因此驳回了一些个人诉讼。*Tompkins v. R.J. Reynolds Tobacco Co.*, 92 F. Supp. 2d 70 (N.D.N.Y. 2000)。

[104] *Engle v. Liggett Group, Inc.*, 945 So. 2d 1246, 1269 (Fla. 2006)（裁判认为，在多阶段的诉讼中，集体诉讼资格的确认对一些阶段来说是合适的，但对于其他阶段却并非如此，但是如果在某些诉讼阶段原告并没有资格，而一旦申请决定到达后，原告就具备了集体诉讼的资格）。

[105] *Philip Morris USA, Inc. v. Douglas*, 110 So. 3d 419 (Fla. 2013)。

[106] *Searcy v. R.J. Reynolds Tobacco Co.*, M.D. Fla., No. 3：09-cv-13723（陪审团在 2013 年 4 月作出了 26 亿美元的裁定）；*Aycock v. R.J. Reynolds Tobacco Co.*, M.D. Fla., No. 3：09-cv-10928.陪审团在 2013 年 4 月作出了赔偿 560 万美元的裁定）。陪审团发现两个案件中吸烟者一方存在比较过失，从而导致赔偿金的减少。

[107] *Graham v. R.J. Reynolds Tobacco Co.*, 782 F.3d 1261, 1284 (11th Cir. 2015)（裁判认为，恩格尔一案中的损害赔偿金默认优先适用联邦法律的规定）。

[108] Edward L. Sweda Jr, "Lawsuits and Secondhand Smoke," *Tobacco Control*, 13, no. S1 (2004): i61-i66, 描述了过去 25 年里发生的二手烟诉讼中，不吸烟的当事人占优势；*Chauncy v. Bella Palrmo Homeowners Association*, 2013 WL 2369918 (Cal. Super. 2013)。

艰难的法律阻碍，难以证明二手烟和他们的疾病之间存在因果关系[109]，但是2006年医务总监的一份报告果断地将二手烟与癌症和心血管疾病联系起来，从而为这些努力提供了支持。[110] 随着"烟草诉讼律师协会"（Tobacco Trial Lawyer Association）（一个分享信息、专家证人以及策略的网站）的形成，更加严格的司法案件管理制度以及保护律师策略的工作成果披露的新规则在新的诉讼中得到了发展，个人诉讼可能会再次作为一种力量在烟草战争中出现，尽管诉讼的目标并不一定总是烟草行业本身。例如在2013年，加利福尼亚州的一个审判法院判给起诉其邻居、房东和业主协会的一个家庭适当的赔偿金，认为他们的邻居在临近其房屋的人行道和中庭上大量吸烟，加重了他们儿子的哮喘病。[111] 由此，诉讼可以对企业和其他公有或私营机构施加压力，令其采取禁烟政策，以保护非吸烟者免受二手烟的损害。

（四）惩罚性赔偿金

集体诉讼和个人诉讼中的大笔惩罚性赔偿金（以及惩罚性赔偿产生的强大激励）是不确定的，因为过多的赔偿可能会违反宪法保障的正当程序。最高法院认为（并没有实际裁决）惩罚性赔偿金（旨在惩罚被告并且阻止他人实施相似行为）不应当超过10倍以上的补偿性损害赔偿金额[包括收入损失、（侧重精神上的）疼痛和痛苦、医疗费用以及其他的被告引发的支出][112]，但是州法院随后却支持了陪审团意见中远超过此限制的赔偿金[113]。最高法院当时的判决否定了2007年发生的俄勒冈州诉被告菲利普·莫里斯（Philip Morris）赔偿7 950万美元的案件。法院认为，第十四修正案的正当程序条款禁止州法院的陪审团利用惩罚性赔偿金对给第三方造成损害的被告进行惩罚。[114] 法院的理由是，这种赔偿金剥夺了被告对情况不明的缺席受害

---

[109] Stephen D. Sugarman, "Mixed Results from Recent United States Tobacco Litigation," *Tort Law Review*, 10, no. 1 (2002): 94-126, 提到非烟民可能会努力在接触二手烟与损害之间建立因果关系。

[110] U.S. Department of Health and Human Services, *The Health Consequences of Involuntary Exposure to Tobacco Smoke: A Report of the Surgeon General* (Washington, DC: Government Printing Office, 2006).

[111] *Chauncy v. Bella Palrmo Homeowners Association*. 2013 WL 2369918.

[112] *State Farm Mut. Auto. Ins. Co. v. Campbell*, 538 U.S. 408, 425 (2003)（裁判认为，惩罚性损害赔偿金为14 500万美元，而全部的损害赔偿才不过是100万美元，这对过错方来说既不合理又不适当，由此保险公司的财产便被剥夺，而这种剥夺既是不合理的、独断的，又是违宪的）; see Sara D. Guardino and Richard A. Daynard, "Punishing Tobacco Industry Misconduct: The Case for Exceeding a Single Digit Ratio Between Punitive and Compensatory Damages," *University of Pittsburgh Law Review*, 67, no. 1 (2005): 1-65, 讨论了惩罚性赔偿在何种情况下可以超出保险公司的单位数比率限制。

[113] *Williams v. Philip Morris, Inc.*, 127 P.3d 1165 (Or. 2006)（恢复原告获得7 950万美元惩罚性赔偿金的权利，是案中800 000美元赔偿金的99倍）。

[114] *Philip Morris USA v. Williams*, 549 U.S. 346 (2007)（因为被告所损害的人并非诉讼当事人，所以对被告处以7 950万美元惩罚性赔偿的裁决被驳回）。

者的权利主张进行抗辩的公平机会。然而,只要陪审团不因这些损害惩罚被告,法院就认可将非当事人受到损害的证据作为证明可责性的一种手段。⑮

烟草战争的胜利是一场令人震惊、非常意外的公共健康的胜利。过去几十年里发生了那么多的烟草诉讼都未能消除吸烟者责任这一障碍,而《大和解协议》却是一个令人瞩目的成就。而且《大和解协议》对涉及烟草户外广告、卡通人物、推销以及体育赞助的禁止,减少了美国文化中无所不在的烟草形象。通过诉讼获得的行业文件已被诸如真理运动这样的反吸烟广告运动利用,产生了巨大影响,这些行业文件强调了烟草行业做法的欺骗性以及烟草公司对消费者的漠视,而不仅仅是与吸烟有关的健康危害。

尽管诉讼带来了不可否认的好处,但是这种胜利在一些方面却黯然失色。首先,经济上的和解使得预防吸烟的投资失去了机会。不幸的是,各州已开始将自主资金主要用于基础教育、社会事业、减税以及其他在政治上应优先考虑的方面。⑯ 各州利用《大和解协议》规定的烟草税收和其他烟草税中不到20%的收入来打击烟草的使用。其实,各州为了降低烟草的使用,每花费1美元,烟草行业就会花费18美元进行推销。⑰ 其次,解散烟草研究委员会实际上可能对该行业有利。最终,该委员会已成为从烟草使用以及行业隐瞒行为中发现损害的媒介,反而又对烟草公司不利。最后,和解协议中达成的广告限制仍然给烟草行业留有足够的空间,通过年轻人可接触到的多种渠道来进行创造性的产业宣传。在2009年国会采取措施之前,烟草广告在体育活动中仍然很普遍,广泛的电视观众都可以看到这种广告。⑱

也许烟草诉讼最重要的影响是转变了公众和政府对于吸烟风险和责任的观念,弄清了制造商知道什么,他们是如何隐瞒这种常识的以及他们是如何操纵消费者的。2009年,公共观念的转变以及削弱烟草行业力量的做法使得国会通过《家庭吸烟预防与烟草控制法》变得可能,从而不再适用食品

---

⑮ 在发回重审后提起上诉,俄勒冈州最高法院启动了"特别提议的陪审团指令"复审程序,这看起来似乎是使陪审团考虑非诉讼当事人的赔偿金,否则要"重新确认[ed its]本案之前判决的所有细节"。*Williams v. Philip Morris, Inc.*, 176 P.3d 1255, 1264 (Or. 2008). 菲利普·莫里斯再次向最高法院提起上诉,最高法院发出了再审令,但该决定过于草率,随后又被撤销。*Philip Morris USA, Inc. v. Williams*, 556 U.S. 178 (2009).

⑯ Frank A. Sloan, Emily Streyer Carlisle, John R. Rattli, and Justin Trogdon, "Determinants of States' Allocations of the Master Settlement Agreement Payments," *Journal of Health Politics, Policy and Law*, 30, no. 4 (2005): 643-86, 认为控制烟草的资金分配不足问题在生产烟草的州、保守的民主党比例较高的州以及老人、黑人、西班牙人或者富裕的居民比例较高的州内最为严重。

⑰ Campaign for Tobacco-Free Kids, "Broken Promises to Our Children: The 1998 State Tobacco Settlement Fifteen Years Later," February 27, 2014, www.tobaccofreekids.org/content/what_we_do/state_local_issues/settlement/FY2014/2014_03_updates/Executive%20Summary%20Update.pdf.

⑱ Lara Zwarun, "Ten Years and 1 Master Settlement Agreement Later: The Nature and Frequency of Alcohol and Tobacco Promotion in Televised Sports, 2000 through 2002," *American Journal of Public Health*, 96, no. 8 (2006): 1492-97.

药品管理局有权规制广告、包装甚至是烟草产品这条联邦烟草法规。这种情况对那些寻求利用诉讼来鼓励健康饮食的人们可能有益,本书第十二章会进一步探讨这个问题。

第五节 侵权法改革运动

民事司法制度似乎有些混乱,将咖啡洒到自己身上或者是用高尔夫球砸自己额头的人可以获得异常多的惩罚性赔偿金。

——希欧多尔·B.奥尔森:《正义管用吗?》(Theodore B. Olson, *Was Justice Served?*, 1995)

想一想他们的目标:劝说美国民众放弃与不负责任的公司对簿公堂的权利,并且确保保险行业能够在自己口袋里留下一点钱。这就是侵权法的改革。这也是一些公关的功绩所在。

——乔安妮·朵罗修:《商会的秘密和它的"侵权法改革"任务》(Joanne Doroshow, "The Secret Chamber of Commerce and its 'Tort Reform' Mission", 2009)

大部分侵权法都是随着时间的推移慢慢地逐渐积累起来并得到发展的。然而,在过去的半个世纪里,侵权法发生了迅速的改变。[119] 倾向于被告的侵权法改革现状对侵权责任的补偿功能具有巨大的影响。更重要的是,从公共健康的视角来看,这也影响到侵权法的威慑作用和监管的强制效果。

一、早期消费者保护的侵权法改革

20世纪六七十年代,侵权法的改革者都是那些消费者保护团体,他们认为立法机关应当用无过失的行政赔偿方案(就像工人的补偿那样)代替传统的侵权法,以达到侵权责任的补偿目标,并且用更为广泛的健康和安全的直接规制来实现侵权法的威慑功能。[120] 这些比较激进的建议并没有被广泛采

---

[119] Joanna M. Shepherd, "Products Liability and Economic Activity: An Empirical Analysis of Tort Reform's Impact on Businesses, Employment, and Production," *Vanderbilt Law Review*, 66, no. 1 (2013): 257–321, 详细描述了有利于原告和有利于被告的侵权法改革的进展情况,特别是关于产品责任的发展,并且利用实证分析方法进行一部分有利于被告的改革,但非全部,一些州对这种方法的采用与其经济利益联系在一起。

[120] Stephen D. Sugarman, "The Transformation of Tort Reform," in Andrew F. Popper, *Materials on Tort Reform* (St. Paul, MN: West Academic Publishing, 2010) 40–41.

用。相反,20世纪六七十年代的倾向于消费者的侵权法改革浪潮在很大程度上源于司法裁判,比如那些建立严格产品责任和市场份额责任的裁判。例如,为了应对医疗服务供给的无常性,法院拒绝采用保护非营利医疗照护提供者的慈善豁免原则。他们也让医生遵守国家的而非当地的医疗照护标准。其他具有创建性的侵权法改革则考虑到涉及养老院过失、恶意保险协议以及场所责任(其结果是旅馆、大学以及购物中心的安全性不断提高)的诉讼。在很大程度上,这些努力在促进健康和安全的同时,加强了普通法侵权责任的基本方法,而非破坏。

二、"常客被告"组织

从20世纪70年代开始,侵权法改革发展成现在的倾向于被告的形式。用被告律师维克多·施瓦茨(Victor Schwartz)的话说:"当法官作出不利于社会的改变时,一些公司、医生和市民群体就会求助于立法来扭转这种改变。"[21]作为一种草根运动的现代侵权法改革,其自身是由常客被告(Frequent Defendants)所发起的、组织良好、资金充足的公共关系运动的产物。产品责任协调委员会成立于1987年,它对八个组织的侵权改革内容进行了整合:美国侵权法改革协会(the American Tort Reform Association)、产品责任联盟(the Product Liability Alliance)、商业圆桌会议(the Business Roundtable)、商会(the Chamber of Commerce)、国家制造商协会(the National Association of Manufacturers)、化学品制造商协会(the Chemical Manufacturers Association)、同一产品责任法联盟(the Coalition for Uniform Product Liability Laws)以及全国独立企业联合会(the National Federation of Independent Businesses)。[22] 反过来,这些组织都由专业协会和高风险担责的大型公司主导:医生协会和保险公司、化学品公司、药物公司以及烟草公司。

侵权法改革的游说团体将大量的资源投入在三个主要战场上:州的立法机关、联邦国会以及州最高法院的选举。公共关系这场战役取得了很大的成功。美国人过度爱好诉讼的意识导致了诉讼的碎片化危机,失控的陪审团以及飙涨的损害赔偿金在整个公众意识中生根发芽。美国侵权法改革协会以及防止滥诉的民间团体兜售其调查结果,即89%的调查对象认为滥诉是个

---

[21] Victor Schwartz, "The Dynamics of Tort Law: Its Capacity for Change; It Can Help or Harm Society," in ibid., 15-18, 16.

[22] Michael Rustad and Thomas Koenig, "The Supreme Court and Junk Social Science: Selective Distortion in Amicus Briefs," *North Carolina Law Review*, 72, no.1 (1993): 91-162, 119 n. 138.

问题,60%的调查对象认为诉讼会破坏经济。⑫

三、现代侵权法改革措施

在过去的40年中,侵权法改革采取了多种形式,所有这些形式都会影响到赔偿。我们在此集中讨论最重要的威慑影响。

(一)损害限额

许多州的立法机关都制定了僵化的赔偿规定,这些规定限制了法院和陪审团实施惩罚性赔偿的权力,以防止极度不法行为的产生并补偿原告所遭受的疼痛和痛苦。这些限额使侵权责任风险更具可预测性,同时也可以减少侵权诱因。许多州的最高法院都宣布损害限额是违宪的,主要原因是这些规定违反了各州关于平等保护的宪法保障。⑫

(二)产品责任

作为削弱严格产品责任运动的一部分,许多司法管辖区(通过司法裁决或者州立法机关的决议)都排除适用对经销商和零售商销售瑕疵产品造成损害所应承担的严格责任原则。⑫ 用一位原告律师的话说:"'产品销售者责任'倒不如称作'沃尔玛法',因为此种侵权改革的实际效果是,沃尔玛可以销售给你含有镭元素的儿童玩具,并且你还不能因此而起诉他(因为他们仅仅是一名'销售者'),你也不能起诉包装上标出的商标(因为他们仅仅是一名'经销商'),你在向世界另一头的一些骗子公司追索权利的道路上会受阻,因为这些公司就是为了逃避责任而设立的。"⑫

(三)时效条款(Seatutes of Repose)

许多州都剥夺了有起诉资格的原告在其应当发现自身所受损害之后的合理时间内提起诉讼的权利。其结果是,在危险产品被售出的许多年后提起的诉讼被驳回,不安全的桥梁和建筑得以建造,或者是有毒的污染物被排放到环境中,而不顾损害何时发生或者此种损害被原告发现的可能性。2014年,最高法院认为,强调合理证据开示日期的较具弹性的联邦环保法规,并不

---

⑫ LUCEResarch, *Americans Speak on Lawsuit Abuse: Results of a National Survey* (Washington, DC: American Tort Reform Association, 2012), 23, http://atra.org/sites/default/files/documents/ATRA%20SOL%20Voter%20Survey%20Summary%20FINAL.pdf.

⑫ *Mobile Infirmary Med. Ctr. v. Hodgen*, 884 So.2d 801 (Ala. 2003); *Atlanta Oculoplastic Surgery, P.C., v. Nestlehutt*, 691 S.E.2d 218 (Ga. 2010); *Watts v. Lester E. Cox Med. Ctrs.*, 376 S.W.3d 633 (Mo. 2012); *McCall v. United States*, 134 So.3d 894 (Fla. 2014).

⑫ See, for example, Ashley L. Thompson, "The Unintended Consequence of Tort Reform in Michigan: An Argument for Reinstating Retailer Product Liability," *University of Michigan Journal of Law Reform*, 42, no. 4 (2009): 961-94, 描述了法院对立法改革进行限制性解释所产生的影响。

⑫ Max Kennerly, "The Real Economic Impact of Product Liability Tort Reform," *Litigation and Trial*, February 7, 2013, www.litigationandtrial.com/2013/02/articles/attorney/economic-impacttort-reform.

会在没有明文规的情况下,默示地优先适用更严格的州时效条款。[122]

(四)特定产业的豁免

除了旨在降低侵权行为赔偿责任的一般措施外,各个立法机关都适用了特殊的法律规定,授予整个产业大量的豁免权,包括武器制造商和经销商、血液制品提供商、快餐公司以及其他产业实体。这些特殊的豁免规定是产业游说的产物,但是它们仍披着"常识"[128]"个人责任"[129]以及"合法贸易保护"这类用语的外衣[130]。

(五)集体诉讼

集体诉讼允许将几十个、几百个甚至上千个个人诉讼聚合起来,使其特别适合解决群体损害问题。关于集体诉讼的证明问题的联邦规则已被修改并且不断以严格的方式进行解释,这使得联邦集体诉讼案件缺乏可行性,并且也促使一些原告在州法院提起诉讼,因为在那里认证规则更具灵活性。[131]

2005年的《集体诉讼公平法案》(Class Action Fairness Act of 2005, CAFA)[132]赋予联邦法院对集体诉讼和"大规模诉讼"(mass action)的原始管辖权,在这些诉讼中,根据对当事人的种类的最保守的估计,一般认定的集体应包括100人或者更多的人,应有至少500万美元的争议金额。[133]由此,只要原告集体中的任何成员或者任何单一被告是来自不同州的公民,那么被告就可以提出将原告在州法院提起的诉讼移送至联邦法院进行审理,因为在联邦法

---

[122] *CTS Corp. v. Waldberger*, 573 U.S. ___, 134 S.Ct. 2175 (2014)[认为1980年颁布的《综合环境反应、补偿和责任法》(CERCLA)中的证据开示条款明确规定,对于州内发生的排放危险物质、污染物或者污染环境的侵权诉讼应优先适用州的限制性规定,而非优先适用更为严格的州的休庭期规定]。

[128] American Legislative Exchange Council, "Commonsense Consumption Act," www.alec.org/model-legislation/commonsense-consumption-act (model statute for adoption by state legislatures), accessed September 30, 2015.

[129] Personal Responsibility and Work Opportunity Reconciliation Act, Pub. L. 104-93.

[130] Protection of Lawful Commerce in Arms Act, 15 U.S.C. § § 7901-7903.

[131] Thomas E. Willging and Emery G. Lee III, "From Class Actions to Multidistrict Consolidations: Aggregate Mass-Tort Litigation after *Ortiz*," *University of Kansas Law Review*, 58, no. 4 (2010): 775-807, 详细描述了集体诉讼所适用的程序规则的演变,并且评论了记录程序变革影响的实证研究。

[132] Pub. L. 109-2, codified in scattered sections of 28 U.S.C.

[133] 《集体诉讼公平法案》中的"群体诉讼"条款被描述为"一个不透明的、巴洛克式的相互参照的迷宫,很难解释"。*Lowery v. Alabama Power Co.*, 483 F.3d 1184, 1198 (11th Cir. 2007). 不管怎样,许多被告都选择将"大规模诉讼"变更为"集体诉讼",因为不像集体诉讼那样,大规模诉讼在没有得到大多数当事人同意的情况下,不能进行跨区域诉讼。See *Purdue Pharma v. Kentucky*, 704 F.3d 208, n. 9 (2d Cir. 2013)(提到,被告为了进行跨区域诉讼,可能会选择将原告的诉讼更换为集体诉讼而非大规模诉讼,尽管更换为大规模诉讼的可能性会更大)。

院,其程序规则、司法倾向以及非地方的陪审团可能会更有利于保护他们的利益。[132] 被告企图将政府为原告的国家亲权诉讼移送至联邦法院,这些原告根据州一级法律(包括公共妨害、欺诈以及侵害消费者权益)在州法院提起诉讼,其根据是这些案件等同于"变相的"集体诉讼,但是联邦巡回法院在很大程度上会拒绝接受这种策略。[133]

集体诉讼改革在原告缺乏充分资源或动机单独提起诉讼的情况下,削弱了对被告的威慑作用。一些证据表明,对集体诉讼的限制导致了跨区域诉讼(MDL)的增加。在跨区域诉讼中,个别原告提出的多项索赔被某个单独的联邦法院合并为一项审前动议裁决。[134] 这种方法在针对制药公司和其他被告的诉讼中有助于形成有利于原告的和解,但这对当事方和法院都是一种负担,而且不允许像集体诉讼那样以群体为基础进行索赔。

四、侵权法改革对公共卫生法的影响

作为公共卫生法倡导者的一个重要手段,侵权法面临极大的威胁。州立法机关以及国会两院都是法案稳步运行的见证者,这些法案会极大地限制法院和陪审团对有害他人的不法行为的救济能力。那些诸如旨在限制产品责任和集体诉讼案件的改革,削弱了对减少烟草、药物以及其他危险产品和物质所造成的死亡和疾病曾经起到很大作用的那些理论。公共利益倡导者以及类似的普通大众会支持对不可预测的侵权判决进行广泛的直接规制,以确保公共健康和安全。但是随着监管对策在政治上的可行性越来越小,作为产业转型的一种途径,侵权责任的损失会更大。

---

[132] 这个管辖权,28 U.S.C. § 1332(d)规定的条件比较复杂,既不会适用于2/3甚至更多的原告是本州公民在本州提起的针对主要是本州的被告的集体诉讼("本州"的例外),也不会适用于具有某种本地特色的("本地争议"的例外)集体诉讼。根据第(3)款,如果这一比例在1/3到2/3之间,且主要被告是诉讼所在州的公民,那么地区法院可能会酌情放弃对其认为本质上属于地方案件的管辖权。该法规接着在第(5)(A)款(主要被告是政府的某些诉讼)以及第(9)款(某些证券诉讼和公司诉讼)中将其他案件排除在联邦管辖范围之外。Kevin M. Clermont and Theodore Eisenberg,"CAFA Judicata: A Tale of Waste and Politics," *University of Pennsylvania Law Review*, 156, no. 6 (2008): 1553-92, 57.

[133] *Purdue Pharma v. Kentucky*, 704 F.3d at 212(评论了一些案件,在这些案件中,迄今为止所有解决这个问题的巡回法院根据《集体诉讼公平法案》都不认为国家侵权诉讼可以被推定为集体诉讼);but see *Louisiana ex rel. Caldwell v. Allstate Ins. Co.*, 536 F.3d 418 (5th Cir. 2008)(发回一件国家亲权反垄断案件,在此案中,州代表某些私人投保人向被告索要3倍赔偿,国会在通过《集体诉讼公平法案》的过程中,"强调了'集体诉讼'这个术语应当作广泛界定以防止'司法僭越',对有利益关系的实际当事人的赔偿请求逐个进行评估",并得出结论,即"国家要求3倍赔偿的请求如果与本案有关,投保人才是有利益关系的实际当事人")。

[134] Willging and Lee,"From Class Actions to Multidistrict Consolidations"; Eldon E. Fallon, Jeremy T. Grabill, and Robert Pitard Wynne,"Bellwether Trials in Multidistrict Litigation," *Tulane Law Review*, 82, no. 6 (2008): 2323-67,描述了作为促进和解的跨区域诉讼程序中的一部分非约束性典型审判,特别关注了伟克适和Proplusid药物所引起的损害的诉讼。

框 7.5 侵权豁免是一种公共卫生工具:消除学校财产共享使用的阻碍

在某些情况下,解除规制可以成为消除有效公共卫生应对的法律障碍的一个重要工具(见第六章),与其相似,侵权豁免也可以完成公共卫生的目标。一些州政府和地方政府正在采取措施,使得校外的公众可以在上课时间以外利用学校的设施,以鼓励人们进行身体锻炼并预防慢性疾病(见第十二章)。学校的操场、体育馆、运动场、篮球场和网球场以及跑道在放学后通常被锁上,因为工作人员考虑到安全、维护以及使用这些设备的人受伤后的侵权责任问题。为了鼓励"公共使用"(shared use),一些州为众多校区制定了专门的侵权责任保护。[1] 比如在 2012 年,密西西比州制定了一部法律,保护校区和校区的雇员不承担"任何公众娱乐或运动使用户内或户外的学校财产或设施所导致的损失或者损害责任"。而一项重要的例外却规定,由于没有对设备或设施进行适当维护或保养而导致的损害不适用豁免规则,除非校区或校区雇员曾试图限制需要维修的某个设备或器材区域的使用,以免会对正常上课的学生产生危害。[2]

侵权责任的豁免也能够鼓励医疗专业志愿者帮助处在紧急状态的其他人[3],并且确保充足的疫苗提供(见第十章)。这些豁免规定旨在平衡公共安全(保护人们免受损害)和其他公共卫生事项(对身体锻炼设施的获取以及对健康紧急情况的充分应对)之间的关系。

注释:

1. Manel Kappagoda and Robert S. Ogilvie, eds., "Playing Smart: Maximizing the Potential of School and Community Property through Joint Use Agreements" 2012, available at ChangeLab Solutions, http://changelabsolutions.org/sites/default/files/Playing_Smart-National_Joint_Use_Toolkit_Updated_20120517_0.pdf.

2. Miss. Code Ann. § 37-171.

3. Sharona Hoffman, "Responders' Responsibility: Liability and Immunity in Public Health Emergencies," *Georgetown Law Journal*, 96, no. 6 (2008): 1913-69.

第八章　税收、开支与社会保障体系
——公共卫生的隐性影响

　　旨在解决健康或社会问题的举措几乎总是试图打破社会经济的缺点和它产生的问题之间的联系,而非降低不平等本身。背后的希望是,人们能够在同样的境遇中继续生活,特别是穷人,而不再屈服于精神疾病、少女怀孕、教育失败、肥胖或药物。每个问题都需要其自身的解决办法,而与其他因素无关。人们被鼓励去积极地采取措施来避免不安全的性行为,拒绝药物,试图放松,寻求他们自己的工作和生活之间的平衡并给予他们的孩子有"质量"的时间。唯一的问题是,许多政策的共同之处在于,它们似乎是基于这样的信念,即穷人需要被教育才能变得更为明智。这些问题的共同根源在于不平等和由此导致的堕落行为,而现在,这些明显的事实已从人们的视野中消失。

　　——理查德·威尔金森、凯特·皮特克:《精神层面》(Richard Wilkinson and Kate Pickett, *The Spirit Level*, 2010)

　　在《精神层面》这本畅销书中,理查德·威尔金森和凯特·皮特克认为,收入的不平等既使穷人愤怒又令小康阶层不满。[1] 通过削弱社会的凝聚力,鼓励过度消费以及人们不断增长的愤怒和不平等,这些都对健康和福祉起到了负面作用。作者的结论是,超过一定的整体财富的门槛,单独的经济增长不可能促进社会卫生的进一步提高。他们将财富的重新分配视为公共健康问题在人口层面上的解决办法,包括婴儿死亡率、肥胖和精神疾病。

　　自从股票市场崩盘的前一年即 1928 年以来,占美国人口 1% 的高收入群

---

[1] Richard Wilkinson and Kate Pickett, *The Spirit Level: Why Greater Equality Makes Societies Stronger* (New York: Bloomsbury, 2009), 31.

体和剩下的99%的美国人口之间的收入差距在2012年达到了最大值。② 收入的不平等以惊人的速度在扩大。从20世纪70年代末到2007年,占美国人口1%的高收入群体的税后收入增长了约275%,相比之下,占人口60%的中收入群体的税后收入才增长了40%。③ 美国自从2007年到2009年之间的经济萧条中得以恢复以后,收入的巨大优势逐渐被这1%的人口所占据。④ 占领运动的参与者对美国社会明显的收入和财富不均、失业、工资停滞、工会权力的削弱、CEO们的巨额收入以及征税的不平等现象发出了悲叹。

收入的重新分配可以是来自直接规制或者侵权法的介入,但是这在不断增长的税收(大多数情况下,较高收入通常也会承担较高的边际税率)⑤和支出项目(只是一些,远达不到针对低收入和中等收入的个人和家庭提供帮助的全部)中体现得最为明显。广泛的政府支出项目,也就是社会保障体系,改善了收入不平等对社会和经济的不良影响。然而,财政缩减政策会影响到社会保障,使得穷人更加不堪一击。

财政缩减也加剧了政治僵局,促使像政府关闭和信用缺失这种边缘政策被实施。2011年,联邦债务上限危机通过设立旨在减少赤字的超级委员会而得以解决,如果委员会不奏效,那么自动开支缩减便得以实施。当随之而来的财政缩减政策在2013年开始实施时,州和地方的公共卫生机构(高度依赖于联邦补助金)、科学研究人员以及包括医疗照护、食品援助、住房在内的社会保障项目都遭受了严重的预算缩减。这些缩减是一种灾难性的打击,因为许多社会保障项目的需求都在急剧上升,退休人员失去了他们的退休金,工薪阶层失去了工作。同年的晚些时候,联邦政府关闭了数个星期,因为众议院中占少数的共和党议员要求删除《平价医疗法》(此法案确保大多数美国人能够享受到平价的医疗保险)中的预算。

不难看出为何这些问题会产生如此大的分歧。税收政策和重点支出项

---

② Emmanuel Saez, *Striking it Richer*: *The Evolution of Top Incomes in the United States* (*Updated with 2012 Preliminary Estimates*), Econometrics Laboratory, University of California, Berkeley, September 3, 2013, http://eml.berkeley.edu/~saez/saez-USt opincomes-2012.pdf.

③ Congressional Budget Office, *Trends in the Distribution of Household Income between 1979 and 2007* (Washington, DC: Congressional Budget Office, 2011).

④ Paul Wiseman, "Richest 1 Percent Earn Biggest Share Since '20s," Associated Press, September 10, 2013: "95% of the income gains reported since 2009 have gone to the top 1 percent."

⑤ 然而,现实中,当考虑到财产税、销售税以及消费税时,美国税收制度中从中低收入家庭征税的部分比来自富裕家庭的部分占的份额大得多,这导致一个无党派智囊团认为大多数州的税收制度都是退化的。Carl Davis, Kelly Davis, Matthew Gardner, Harley Heimovitz, Sebastian Johnson, Richard Phillips, Alla Sapozhnikova, and Meg Wiehe, *Who Pays? A Distributional Analysis of the Tax Systems in All 50 States*, 5th ed. (Washington, DC: Institute on Taxation and Economic Policy, 2015).

目影响着我们生活的方方面面,也是两个政党意识形态差异的核心。然而,这些政策和计划运作的细节却是复杂的。

税收和开支政策严重影响了健康的决定因素。税收影响行为,并且它能够打击不健康的活动,比如吸烟、过度饮酒、不健康的节食以及人工日光浴。更广泛地说,税收和开支政策重新分配了财富,并且使得很多社会保障项目得以开展,这些项目的开展使得教育、医疗照护、充足并且健康的食物以及其他人类的基本需求得到了保障。了解这些项目是如何进行的,包括他们公开倡导的特别机会,是公共卫生法和公共卫生政策的一个重要方面。

在本章,我们讨论对个人征税所带来的影响与社会选择,以及社会保障对公共健康的重要性。作为达到人口健康目标的一种手段,我们特别关注平价医疗保健的获取。最终,我们将对一个儿童牙齿健康的案例进行研究,此案例反映出国家和个人努力减少含糖饮料消费的多面性,确保合适的饮水加氟以及保证人们特别是儿童能够享有的牙医照护。

第一节 税收与激励

税法在很多领域都影响着个人的行为和商业活动。课征消费税(excise tax)是通过强制消费者和销售者将社会成本内部化从而打击了高风险活动或有害活动。优惠的税收待遇会鼓励对社会有益(以及政策上支持)的行为。我们很难预测脱离征税权力调控下的人类行为所引发的公共健康威胁是好是坏。

一、有益活动的税收减免

以多种形式的税收减免为例,排除应税所得中的某些利益,从总收入中扣除某些支出,并提供抵税额来抵税,政府对个人行为提供激励,有利于人们从事对公共健康和福祉有利的行为,并且也完善了社会保障体系。

(一)以雇主为基础的医疗福利课税豁免

大多数美国人的医疗照护待遇都是作为雇员的一种福利而享有的。由此,雇员医疗福利的优惠税收待遇在确保大多数美国人能够享受医疗保险方面起到了较大的作用,相比之下,以资格为基础的计划比如"老人保险""穷人保险"以及"用于医疗保险保费的联邦所得税扣减额",发挥的作用则比较小。雇员的应税收入中不含医疗福利部分,雇主可以将其作为商业支出(比如工资和其他福利)进行扣除。

联邦政府每年要失去将近 2 500 亿美元的收入,医疗保险的免税额远远超过了第二大的免税计划——抵押贷款利息扣除额。⑥ 雇主资助的健康计划所享受的优惠税收待遇"深深地影响了医疗照护在美国的提供方式——向谁提供以及谁来作为提供的主体"⑦。事实上,这种开销如此之大,使得一些健康经济学家将税收激励作为美国医疗照护巨额开支的一种重要的驱动因素。税收政策促使雇主和雇员在免税的医疗福利取代(应税)提薪的补偿方案方面达成一致。⑧ 反过来,高价值的医疗福利使得消费者免于承担医疗照护的开支,从而导致商品和服务的价格提高以及过度使用,既浪费了资源又可能会对其自身带来健康风险。《平价医疗法》旨在通过对高价值("凯迪拉克")医疗计划征收新的消费税来减轻这些影响,这项措施将削弱过度消费医疗服务的动机,同时增加财政收入,为医疗保障计划提供资金。

(二)慈善捐赠的减税

税收减让鼓励了慈善活动的私人投资,从而广泛推动了公共福利事业,包括科学研究、教育、食品以及社区发展。⑨ 一些自由主义者认为,公共福利国家是不合道理的,因为如果国家不课以重税,私人的慈善捐赠也足以确保社会保障体系。他们认为民间慈善组织比公共援助项目更有效。⑩ 然而,批评者认为,私人慈善团体一般难以面对经济危机。⑪ 而且他们会恣意歧视社会上的弱势群体和慈善事业。

(三)社会保障的可退税免税额——针对工资收入低的家庭

可退税免税额(refundable tax credits)(即在政府提出了退还抵免额超出税额的部分)起到了解决"就业"资金援助福利计划替代方案的作用。所得税抵免(the earned income tax credit, EITC)不仅向低收入群体提供税收减免,还向许多有享受资格的家庭提供直接的经济资助,因为抵免额通常比他们应承担的税额要多。儿童税费抵免部分可退,但是因为中等收入家庭能够

---

⑥ Congressional Budget Office, *Key Issues in Analyzing Major Health Insurance Proposals* (Washington, DC: Congressional Budget Office, 2008).

⑦ Daniel M. Fox and Daniel C. Schaffer, "Tax Policy as Social Policy: Cafeteria Plans, 1978 – 1985," *Journal of Health Politics, Policy and Law*, 12, no. 4 (1987): 609-64, 610; see also Daniel M. Fox and Daniel C. Schaffer, "Tax Administration as Health Policy: Hospitals, the Internal Revenue Service, and the Courts," *Journal of Health Politics, Policy and Law*, 16, no. 2 (1991): 251-79; R. Alton Lee, *A History of Regulatory Taxation* (Lexington, KY: University of Kentucky Press, 1973), 1-11.

⑧ Jonathan Gruber, "The Tax Exclusion for Employer-Sponsored Health Insurance," NBER Working Paper No. 15766, National Bureau of Economic Research, February 2010.

⑨ Charitable Contributions, I.R.C. § 170.

⑩ Daniel Shapiro, "Will Private Charity Be Enough?" Bleeding Heart Libertarians blog, December 16, 2013, http://bleedingheartlibertarians.com/2013/12/will-private-charity-be-enough/.

⑪ Mike Konczal, "The Voluntarism Fantasy," *Democracy*, 32 (2014): 51-62.

承担稍重一些的税费,所以只有一小部分的适格家庭才会收到退税。

2010 年,通过放弃税收以及支付退税,联邦政府在为需要的家庭提供临时援助计划(the Temporary Assistance for Needy Families Program,TANF,福利计划)上所投入的每 1 美元金钱福利,就要在所得税抵免上投入超过 5 美元。相比之下,1994 年,正处于大规模的联邦福利改革前夕,所得税抵免与资金援助福利上的开支基本持平。由于人口的特性差异,所得税抵免也并非绝对平等。一些经济学家认为,在经济低迷的有孩子的已婚夫妇家庭中,所得税抵免具有稳定作用,但是对作为大多数接受者的单亲家庭来说却并非如此。[12] 而且,尽管所得税抵免使得一些接受者的收入得以稳定,但是却难以把这些家庭从贫困的深渊中拉出来,这引发了评论者对经济保守主义者的批评,认为他们在主张大力削减福利计划、营养补助计划(通常所谓的食品券)以及医疗补助计划的同时,又吹捧作为社会保障项目的所得税抵免所具有的优点。[13]

二、公共卫生的"罪恶税"

> 在所有的担忧中,有一种税最令我们惊慌。尽管市场的限制以及在公共场所被动吸烟(的限制)确实能够抑制这种现象,但是,以我们的经验来看,税收的打击要严厉得多。由此,我们对税收的担忧是我们思考的核心。
>
> ——菲利普·莫里斯公司内部文件(Internal Philip Morris Document,1985)

税收政策打击了那些政府视为不健康、危险的或者其他不受欢迎的行为。[14] 消费税是一种特殊的销售税,它适用于特定的产品。零售消费税在消费者购买商品时要缴纳,制造商的消费税在其和批发商或零售商交易时需要缴纳,而最终这些成本都会以提高价格的形式转嫁给消费者。消费税适用于

---

[12] Marianne Bitler, Hilary Hoynes, and Elira Kuka, "Do In-Work Tax Credits Serve as a Safety Net?" NBER Working Paper No. 19785, National Bureau of Economic Research, January 2014.

[13] Sharon Parrott, "Commentary: The EITC Works Very Well—But It's Not a Safety Net by Itself," Center on Budget and Policy Priorities, March 26, 2014, www.cbpp.org/commentary-the-eitcworks-very-well-but-its-not-a-safety-net-by-itself.

[14] 更完整的讨论可以见 Jendi B. Reiter, "Citizens or Sinners? The Economic and Political Inequity of 'Sin Taxes' on Tobacco and Alcohol Products," *Columbia Journal of Law and Social Problems*, 29, no. 3 (1996): 443-68.

烟草产品⑮、酒精饮料⑯、含糖饮料⑰、武器⑱、赌博⑲、市内日光浴服务⑳以及一次性购物袋(见框8.1)。消费税也会对不利于健康和环境的商业活动产生影响,例如,对石油产品㉑和会造成环境等级下降的消耗臭氧的化学物质㉒征收消费税。

在经济方面,消费税使消费产品的社会成本内部化,比如香烟、不健康的食品或饮料。产品消费对社会(或者在任何不涉及产品生产或者消费的第三方身上)施加了成本,税收能够确保消费者的支出反映了消费的真实成本(例如,包括医疗保健成本和生产力损失,这些最终会影响到整个社会)。这个想法是,如果消费者要内化全部消费成本,那么更高效的消费水平就会随之产生,由此促进了社会福利。㉓

框 8.1 用购物袋税改变社会规范:公共卫生的经验教训?

> 地方政府不断提高一次性购物袋的税收和费用,以减少浪费并资助环境净化。税收在改变消费者行为方面达到非常好的效果。比如,在华盛顿特区,5美分的购物袋费用(其中1美分由零售商收取,剩下的4美分归市政府所有)使前两年的一次性购物袋使用量减少了70%到80%。[1] 这种影响比对烟草或汽水饮料的征税要大得多。购物袋税也具有广泛的吸引力:爱尔兰在2002年第一次征收购物袋税不久,就被称为"欧洲最受欢迎的税收"[2]。
>
> 在商店中使用可重复利用的购物袋要比戒烟或降低含糖饮料的消费习惯更容易改变。而且,与面临产业强烈反对的含糖饮料税不同,购物袋税具有政治上的灵活性,因为销售商很乐意避免一次性购物袋的免费发放。

---

⑮ I.R.C. § 5701 (tobacco). 这个题词来自菲利普·莫里斯案的文件,名为 "General Comments on Smoking and Health," appendix 1 in *The Perspective of PM International on Smoking and Health Initiatives*, March 29, 1985, Bates No. 2023268329/8348, quoted in Ann Boonn, *Raising Cigarette Taxes Reduces Smoking, Especially among Kids (and the Cigarette Companies Know It)* (Washington, DC: Campaign for Tobacco-free Kids, 2012).

⑯ I.R.C. §§ 5051 (beer), 5001 (distilled spirits), 5041 (wine).

⑰ 国会虽已考虑但没有通过将含糖饮料税作为2010年联邦《健康改革法》的一部分。但是,许多州政府和地方政府已经征收了这些税。See, for example, N.Y. Tax Law §1115.

⑱ I.R.C. § 5821(制造武器)。

⑲ I.R.C. § 4401(赌博)。

⑳ I.R.C. § 5000B(室内日光浴服务)。

㉑ I.R.C. § 4081(石油产品)。

㉒ I.R.C. § 4681(消耗臭氧层的化学剂)。

㉓ Adam J. Hoffer, William F. Shughart II, Michael D. Thomas, "Sin Taxes: Size, Growth, and Creation of the Sindustry," Working Paper No. 13-04, Mercatus Center, 2013.

尽管存在这些差异,购物袋税成功的例子为公共卫生提供了经验:当他们改变社会规范时,征税才会起到最大的作用,社会规范更容易被以社会互动的方式所实施的有形措施所影响。购物袋税是一项对环境有利的良好措施,与循环利用相似:它让消费者感觉到,他们正在做着一件有利于社会的事情,并且其他人也意识到这种行为是有益的。确实,伴随着税收而带来的巨大行为变化可能与其信号传递影响关系更大,而非经济成本。不像收银台征收汽水饮料税或是烟草税那样悄无声息,购物袋税需要在收银员和顾客之间进行另外的互动。收银员要询问顾客是否需要购买一次性购物袋,顾客(也许会羞怯地)承认并未购买可重复利用的购物袋,收银员会清点被使用的一次性购物袋的数量并且要收取专门的购物袋费。这种结果对消费者(附近目睹这一切的购物者)来说是一种强烈的信号,让他们意识到利用可重复使用的购物袋才是规范做法。

含糖饮料税和烟草税是否可以以更为可见、更具有社会互动性的方式来征收?也许吧。但是努力使伴随着这些消费税而来的社会诱因变得更加敏锐,会促使所谓的保姆型国家遭到更强烈的政治反应。

注释:

1. 华盛顿特区政府估测,2009 年至 2011 年间,一次性塑料袋的使用量减少了 80%,但一份独立的报告则批评了政府的方法,报告估测减少的比例应接近 69%。See Beacon Hill Institute, *Two Years of the Washington, D.C. Bag Tax: An Analysis* (Boston, MA: Beacon Hill Institute, 2012).

2. Frank Convery, Simon McDonnell, and Susana Ferreira, "The Most Popular Tax in Europe? Lessons from the Irish Plastic Bags Levy," *Environmental and Resource Economics*, 38, no. 1 (2007): 1–11.

经研究表明,消费税影响着人类的行为,特别是儿童和青年受价格影响较大。例如,青年人吸烟与香烟价格紧密相关。[24] 联邦烟草税每包香烟提高 60 美分的规定于 2009 年 4 月 1 日生效,从那时起,由此引发的结果就立刻出现了。在过去的 30 天里,五月份的中学生和高中生吸烟的比例下降了 10%,导致现在的青少年吸烟者减少了 25 万人。[25] 正如本书第十二章所讨论的那样,一些管辖区模仿烟草税,已经开始对含糖饮料征税。这种做法的可行性表现刚刚开始出现,但是初步研究似乎表明,这些辖区的做法对年轻的

[24] Boonn, *Raising Cigarette Taxes*.
[25] Jidong Huang and Frank J. Chaloupka IV, "The Impact of the 2009 Federal Tobacco Excise Tax Increase on Youth Tobacco Use," NBER Working Paper No. 18026, National Bureau of Economic Research, 2012.

消费者来说具有更强烈的影响。㉖

消费税也带来收入,增加了征税辖区的政治诉求。如果所产生的资金被用作预防策略,那么福利最大化的正当性便会得到巩固。但是当这些资金被分配到总预算中,那么消费税可能会仅仅被视为一种削减财政支出或者提高总体税收的政治权宜之计。

作为一种收入来源,消费税要比所得税和财产税的增加更具有政治可行性,但是也有不足。通过网购或者在美国印第安人保留地的零售店购物可以广泛地避税,购买这些产品并不需要交税。另外,随着时间的推移,消费税收入呈总体持平或逐渐下降态势。比如,烟草税通常以每包烟为单位而非销售价格的比例进行征税。由此,税收只有在每包烟的税率上升(这需要立法行动)或者消费数额提高时才有所增加。乐观的是,烟草的消费在下降,但是这也意味着烟草税的收入在减少。㉗

所谓的"罪恶税"对穷人的影响尤为严重,这不仅是因为消费税占穷人收入的比例要高得多,还因为穷人吸烟和饮用含糖饮料的比例更高。㉘ 消费税按固定税率征收,不考虑支付能力,因此对富人的影响比穷人小。平均而言,穷人将收入的7%用于支付消费税,中等收入的人支付的消费税为收入的4.6%,而最富有的人却支付的消费税不到收入的1%。消费税更为倒退的地方体现在,低收入家庭要比最富裕的家庭多支付每份收入的 16 倍作为税费。㉙ 大众缴纳的含糖饮料税从 2010 年到 2012 年急剧下降㉚,在很大程度上响应了行业运动对低收入社群和未成年人的影响。㉛

对有害产品或服务征税会面临巨大的政治阻碍。然而,一旦征税政策被制定,那么实际上其不会受诉讼影响。一个世纪以来,法院赋予税收立法巨大的空间。㉜ 税收很容易作为一种合法的政府目的而被接受,而法院很少会

㉖ See, for example, Adam D. M. Briggs, Oliver T. Mytton, Ariane Kehlbacher, Richard Tiffn, Mike Rayner, and Peter Scarborough, "Overall and Income Specific Effect on Prevalence of Overweight and Obesity of 20% Sugar Sweetened Drink Tax In UK: Econometric and Comparative Risk Assessment Modelling Study," *British Medical Journal*, 347 (2013): f6189, 粗略计算对含糖饮料征收 20% 的税将英国人民的肥胖率降低 1.3%。这会减少约 180 000 个肥胖病人,特别是在青少年和年轻的成年人中效果更为明显。

㉗ Institute on Taxation and Economic Policy, *Cigarette Taxes: Issues and Options* (Washington, DC: Institute on Taxation and Economic Policy, 2011).

㉘ See, for example, Rachel E. Morse, "Resisting the Path of Least Resistance: Why the Texas 'Pole Tax' and the New Class of Modern Sin Taxes are Bad Policy," *Boston College Third World Law Journal*, 29, no. 1 (2009): 189-221; Reiter, "Citizens or Sinners?".

㉙ Davis, et al., *Who Pays?*, 3.

㉚ "63% Oppose 'Sin Taxes' on Junk Food and Soda," Rasmussen Reports, May 6, 2012, www.rasmussen-reports.com/public_content/lifestyle/general_lifestyle/may_2012/63_oppose_sin_taxes_on_junk_food_and_soda.

㉛ Daniel Zingale, "Gulp! The High Cost of Big Soda's Victory," *Los Angeles Times*, December 9, 2012.

㉜ *Dodge v. Mission Twp.*, 107 F. 827, 827 (8th Cir. 1901)(要注意税收权只限于"服务于公共用途")。

审查税收的合理监管——这些税收是如何被利用的。[33] 税收的目的部分或者主要是管制性的,这种说法一直持续着。[34]

如此一来,税收权力便是管制的权力。税收积累了健康和社会保障所必需的资源,并且间接地调整个人和组织的活动。税收激励是种有力的武器,它能够促进或者打击任何立法者所认为的对人口健康和福祉重要的事情。

第二节 开支权

> 自由主义者需要重新赢得公众的支持。自由主义者需要能够清楚地表明,福利国家正是以私营保险制度在大萧条时期失败的方式而获得成功的。虽然当今的社会福利制度不尽令人满意,但今天的福利国家在大萧条期间支撑了经济,并且仍然有能力为美国人民提供广泛的安全保障。
>
> ——迈克·科沙利:《唯意志论的空想》(Mike Konczal, *The Voluntarism Fantasy*, 2014)

各级政府每年的支出差不多有6万亿美元,约占美国国内生产总值的40%。政府资金可以被广泛地用来保护公众健康,包括从储存急用医疗设备和用品到建设人行道以保护交通安全、防止交通堵塞。资源分配主要是政策和政治问题,但涉及的机制、施加在承包商和受领者身上的限制以及共享型联邦和州的计划管理,都产生了很多与公共健康相关的重大法律问题。从"健康采购"政策到社会保障计划的开支条款规定,开支权对确保人们健康所需的各种条件来说是一种重要的手段。

一、健康的政府采购

一些具有开创精神的州和地方政府以及联邦机构采取了有健康意识的采购策略,以确保包括办公楼、法院、学校、医疗照护机构、拘留所以及监狱在

---

[33] But see *Williams v. Vermont*, 472 U.S. 14 (1985)(仔细审查了违反平等保护条款的税收)。
[34] *License Tax Cases*, 72 U.S. 462 (1866).

内的公共机构所销售的食物达到最低的营养标准。㉟ 例如在华盛顿州，2013年的一项行政命令要求州的行政机构确保向雇员、学生、在押人员以及居住在州公立设施中的人员提供的食物和饮料达到最低营养标准。㊱ 美国国家公园服务机构对提供给各类机构的食物采取以健康为中心的指导原则，包括膳食中包含的水果和蔬菜的要求，以及让儿童可以获得至少两种更为健康的、对身体有益的膳食选择。㊲

框 8.2 钱从哪儿来？

> 　　创收是税收的最大功能。税收收入负担了联邦预算 2/3 的经费，剩余的部分则通过借贷来承担。个人所得税——按照不断增长的数目进行征收，收入较高的个人将支付应税所得的更高比例，组成了联邦财政收入的 40%。[1] 社会保险缴纳（特别是社会保障工资税）占了近 40% 的税收，企业所得税占了 15%，消费税和关税占了 5%。
>
> 　　在州和地方一级，情况却完全不同。大多数州政府受平衡预算授权的约束。这一要求通常适用于该州的一般运营基金，该基金不包括指定的联邦和州的资金。[2] 各州和地方政府经常使用债务融资，为新建学校、监狱或水处理设施等资本项目提供资金。大多数州和地方财政收入来自消费税和财产税。各州和地方政府也严重依赖联邦政府的援助，这些援助有多种形式，占州财政收入的 24%（阿拉斯加州）至 49%（密西西比州）之间。
>
> 　　州一级的卫生机构特别依赖于联邦资金。州卫生机构的资金有一半来自联邦补助金、合作协议及契约（不包括老人医疗保险与穷人医疗保险的给付），一些州卫生部门的预算资金甚至有 80% 来自于联邦资金。公共卫生的开支变化很大，人均超过 31 美元，2014 年的变化范围从内华达州居民人均 3.59 美元到夏威夷州居民人均 156 美元。[3]
>
> 　　注释：
> 　　1. "The Numbers: What Are the Federal Government's Sources of Revenue?" in Urban-Brookings Tax Policy Center, *The Tax Policy Briefing Book* (Washington, DC: Urban-Brookings Tax Policy Center, 2012), I-1-1.

㉟ National Policy and Legal Analysis Network to Prevent Childhood Obesity, *Understanding Healthy Procurement: Using Government's Purchasing Power to Increase Access to Healthy Food* (Oakland, CA: ChangeLab Solutions, 2011).

㊱ 华盛顿州州长办公室，行政命令第 13-06 号。

㊲ National Park Service, "Healthy Food Choice Standards and Sustainable Food Choice Guidelines for Front Country Operations," June 5, 2012, http://concessions.nps.gov/docs/Healthy_Parks_Healthy_Foods/NPS_Front_Country_Healthy_and_Sustainable_Food_Choices_05.03.13.pdf.

2. See National Conference of State Legislatures, *NCSL Fiscal Brief*: *State Balanced Budget Provisions* (Denver, CO: National Conference of State Legislatures, October 2010).

3. Trust for America's Health, *Investing in America's Health*: *A State-by-State Look at Public Health Funding and Key Health Facts* (Washington, DC: Trust for America's Health, 2015).

二、开支条款立法

正如 NFIB 诉西贝利厄斯(*NFIB v. Sebelius*)案的讨论和第三章所谈论的主权豁免那样,收税和支配税收收入的权力大大扩张了联邦立法机构的权限。在一些情况下,国会对接受联邦资金的州施加条件,要求这些州对不在国会列举的其他权力范围内的私自活动进行监管,或对本应受到保留权或主权豁免原则保护的州的活动进行规制。在其他情况下,国会有权根据贸易条款或是其他权力强制施行普遍适用的法律,但是涉及联邦资金接受的规制(针锋相对)更被视为政治上的权宜之计。

开支条款是与教育[比如《不放弃任一孩子法案》(No Child Left Behind Act)][38]、民事权利[比如,《权利法案》(Civil Rights Act)(第六章)[39],1972 年《教育法修正案》(the Education Amendments of 1972)[40]第九章以及《残疾人正常活动法》第 504 条[41]]、环境保护[比如,适用于各州的《清洁空气法》][42]和隐私[比如《家庭教育权与隐私法案》(Family Educational Rights and Privacy Act)]相关的重要联邦立法的基础。[43]确实,最高法院在 NFIB 案中判决穷人医疗保险资格的强制性扩张已超出了国会开支权的范围[44],随之而来的是,这些法律容易受到宪法的挑战。

---

[38] No Child Left Behind Act of 2001, Pub. L. No. 107-110, 115 Stat. 1425(经 20 U.S.C.分散部分修订后编纂为法典)。

[39] 42 U.S.C. § 2000d("在接受联邦经济资助方面的任何计划或活动中"禁止种族歧视); Olatunde C.A. Johnson, "Stimulus and Civil Rights," *Columbia Law Review*, 111, no. 1 (2011): 154-205. Title VI, 通过医疗补助计划扩大联邦医疗保健资助范围,20 世纪 60 年代,在加快消除医院的种族歧视方面起到重要作用。Sidney D. Watson, "Reinvigorating Title VI: Defending Health Care Discrimination—It Shouldn't Be So Easy," *Fordham Law Review*, 58, no. 5 (1990): 939-78.

[40] 20 U.S.C. § 1681(a)("在接受联邦经济资助的任何教育计划或行动中",禁止性别歧视)。

[41] 29 U.S.C. § 794(a)("在接受联邦经济资助的任何计划或活动中",禁止歧视身心障碍者)。

[42] 42 U.S.C. § 7401.

[43] 20 U.S.C. § 1232g; 34 CFR Part 99(这些隐私规定适用于根据特定联邦计划接受资助的学校)。

[44] Samuel R. Bagenstos, "The Anti-leveraging Principle and the Spending Clause after *NFIB*," *Georgetown Law Journal*, 101, no. 4 (2013): 861-921; Eloise Pasacho, "Conditional Spending after *NFIB v. Sebelius*: The Example of Federal Education Law," *American University Law Review*, 62 (2013): 577-662.

三、社会保障体系

近60%的联邦预算(大部分是通过借款获得的)用于维持社会保障项目,例如社会保险、老人医疗保险、穷人医疗保险、福利计划以及营养补助计划。⑮ 减税的支持者认为,减税将促进经济发展,但他们也支持减税作为减少政府支出项目规模的"不正当"方式。低税的倡导者认为,政府职能应该被严格界定——促进个人自由。这种政治见解认为,确保健康和福祉是个人责任而非公共责任。

然而,对公共健康倡导者来说,社会保障是一种重要的政府责任。医疗保健计划——主要是老人医疗保险、穷人医疗保险以及儿童医疗保险计划(Children's Health Insurance Program, CHIP),将近占了联邦预算的20%。这些计划对公共健康以及公共健康宣传机会的重要性会在下面详细讨论。其他社会保障计划对健康没有明显的影响。它们包括收入补助计划,例如针对老年人和残障失能穷人的补充保障收入计划、失业保险及福利计划;还有物质援助,比如营养补助计划、学校早餐和午餐计划、为低收入家庭、儿童保育以及家庭供暖和用电开销等提供的诸多补助计划。上面数据中的55%还包括向中低收入的家庭提供可退税抵免。合在一起,社会保障计划使得每年超过4 000万人口脱贫。⑯

四、改革与实施联邦开支条款立法

许多社会保障计划以及开支条款立法的管制制度都部分地受到联邦财政的资助,各州、地方政府以及私人接受者按照联邦指导原则对其进行管理。联邦和各州的共同行政管理为受援者和其他受益人提供了独特的改革、试验和执行的机会。

联邦指导原则可能会限制州和地方政府实施改革的灵活性。例如,一些公共卫生的倡导者号召限制营养补助计划福利,以确保这些福利不会被用来购买含糖饮料或是其他不健康的食品。州政府或大城市的立法机构和行政机构可能会赞成这些提议,但是如果没有负责这些计划的美国农业部的放权,他们就不能实施这些提议。美国农业部规定,营养补助计划福利可以被用来购买除酒类产品、烟草以及预热熟食之外的任何食物或饮料。除非他们

---

⑮ Center on Budget and Policy Priorities, "Policy Basics: Where Do Our Federal Tax Dollars Go?," updated March 11, 2015, www.cbpp.org/research/policy-basics-where-do-our-federal-tax-dollarsgo.

⑯ Ibid."2013年,政府社会保障体系使得3 900万人口脱离贫困。"如果没有任何的政府收入补助……2013年的贫困率会达到28.1%,这个数据几乎是现在的(15.5%)两倍。

从联邦政府处得到了许可,否则管理此计划的州和地方政府机构不得施加额外限制。[47]

由于负责实施支出计划的行政机构的放权,州和地方政府得以采用一些新的方法。比如,美国农业部废除了联邦对一些州的要求,允许这些州实施营养补助计划,并取消营养补助计划福利在农贸市场中的交易成本。一些州也利用他们自己的资金来补充联邦营养补助计划福利,提高用来购买新鲜水果和蔬菜的福利价值。这些举措为国内改革铺平了道路,将资金用于正在执行的 2014 年《农业法案》所提出的水果和蔬菜的激励计划(见第十二章)。[48] 正如下面框 8.4 所述,放权在医疗补助计划改革中起到了重要的作用。

负责监管社会保障计划的联邦机构因其阻碍了州改革的灵活性而受到批评。然而,与此同时,批评者认为,羸弱的联邦机构实施开支计划的规定会影响社会保障的效果。从某种意义上来讲,这些计划很像作为资助人的联邦政府与作为监管者的州和地方政府(或私人企业)之间的协议。不遵守联邦规定的惩罚方式一般是收回资金。对于一些计划而言,例如穷人医疗保险,联邦机构唯一可以利用的手段便是全部收回资金,然而这是一种偶尔产生威慑作用但从未被实施过的方法。

私人倡导者力求实施联邦指导原则,确保开支计划的最小福利在一些情况下能够实现。私人针对各州要求执行联邦穷人医疗保险法的诉讼有利于确保该计划能够满足接受者的需要。[49] 比如,20 世纪 80 年代,私人当事人利用《美国法典》第 1983 节和《美国联邦宪法》最高条款(见第三章)来获取添加在州政府穷人医疗保险中治疗艾滋病的救命药物 AZT。[50]

但是,请求实施联邦社会保障计划的私人诉讼正面临越来越多的阻碍。比如,联邦法律规定,各州必须为医生和其他医疗服务提供者制定足够的报销率,以确保医疗补助接受者获得的医疗服务与普通人相当。[51] 正如下面讨论的,这种所谓的医疗保健的平等获取纯属玩笑。但是当病人和医疗保健提供者想要实现这个愿望以及其他针对州的联邦规则时,法院则对他们的诉求

---

[47] See Lindsay F. Wiley, "The U.S. Department of Agriculture as a Public Health Agency? A 'Health in All Policies' Case Study," *Journal of Food Law and Policy*, 9, no. 1 (2013): 61-98, 讨论了对营养补助计划限制的争论。

[48] Rachel Winch, *Nutrition Incentives at Farmers' Markets: Bringing Fresh, Healthy, Local Foods within Reach* (Washington, DC: Farmland Information Center, 2008).

[49] Ann B. Lever and Herbert A. Eastman, "'Shake it Up in a Bag': Strategies for Representing Beneficiaries in Medicaid Litigation," *St. Louis University Law Journal*, 35, no. 4 (1991): 863-92.

[50] Gene P. Schultz and Charles A. Parmenter, "Medical Necessity, AIDS, and the Law," *St. Louis University Public Law Review*, 9, no. 2 (1990): 379-420.

[51] 42 U.S.C. § 1396a(a)(30)(A).规定州医疗补助计划下的支出必须"与医疗效率、经济和质量相一致",并且"能够招募足够多的医疗服务提供者",以提供至少与"本地区总体人口"相当的医疗和服务。

越来越充满敌意。(52) 起初，倡导者发现《美国法典》第 1983 节为诉讼提供了渠道，律师费（在一些案件中是赔偿金）也可以获得。然而，随着时间的推移，最高法院已经收紧了 1983 年提出的强制执行支出规定的标准。(53) 近些年，司法部门拒绝允许私人执行各种重要的支出规定，包括反歧视规定(54)和隐私规定(55)，他们认为，国会在赋予私主体联邦权利方面不够明确，《美国法典》第 1983 节并没有赋予私人诉权，这种诉讼并未被包含于实质规定中。(56) 倡导者转向了最高条款（该条款不支持律师费或者是赔偿金）来作为诉讼基础，但是这个渠道也很有限。(57)

五、利用公共资金的创新方法

> 我们得知一种新的政府财政现状，我们不得不改变我们从事商业活动的方式。社会效益债券使得我们可以获得更好的结果，只有在我们实现了这些结果时，纳税人才需要纳税。
>
> ——杰伊·冈萨雷斯，马萨诸塞州行政和财政部长（Jay Gonzalez, Massachusetts Secretary of Administration and Finance, 2012）

改善贫穷的状态是一项艰巨的任务，这需要将有限资源进行最优化利用。在银行部门的帮助下，一些社区发展团体正在开创革新发展途径，他们利用公共资金来吸引大量的民间投入，以建设更为健康、安全、繁荣的社区。

---

(52) *Minnesota Pharmacists Ass' n v. Pawlenty*, 690 F. Supp. 2d 809 (D. Minn. 2010)［认为 42 U.S.C. § 1396a(a)(30)(A)，并未创设《美国法典》第 1983 节可强制执行的权利］。

(53) Rochelle Bobro, "Section 1983 and Preemption: Alternative Means of Court Access for Safety Net Statutes," *Loyola Journal of Public Interest Law*, 10, no. 1 (2008): 27–85.

(54) *Barnes v. Gorman*, 536 U.S. 181 (2002)（认为联邦《康复法》和《美国身心障碍者法》规定了接受联邦资助的各类计划不得存在歧视，这些规定并不包含惩罚性赔偿诉讼，因为如果国会想要批准联邦资金，那么接受资助的人就一定会被告知：若要接受联邦资助，他们自身就要遵守这些条件）。

(55) *Gonzaga Univ. v. Doe*, 536 U.S. 273 (2002)［认为，《家庭教育权与隐私法案》给州行政机构和教育机构提供补助金，但条件是保护学生档案不被公开，然而此法案并没有创设单独的、可强制执行的权利］。

(56) Ibid., at 283（法院驳回了法院的判例"除了明确授予的支持根据第 1983 节提起的诉讼理由的权利之外，允许任何其他权利"的观点，并注意到"默示的诉讼权利案件应指导确定法令是否赋予根据第 1983 节可执行的权利"）。

(57) *Armstrong v. Exceptional Child Ctr.*, 575 U.S. ___, 135 S. Ct. 44 (2015)（认为根据最高条款，医疗补助的提供者针对国家的报销比率提起诉讼并不存在诉因）。

框 8.3 对接受联邦资助者的反游说限制

接受联邦补助金资助的非营利组织以及公共健康机构不得利用联邦资金进行游说或者进行某些类型的宣传。管理和预算办公室（the Office of Management and Budget，OMB）提出的资金使用原则规定了联邦资金使用方面的这些限制。其他限制则通过国会特定机构的补助金拨付附文来公布。

2012 年健康与人类服务部发布的拨付附文极大地扩大了对补助金接受者的限制，包括《平价医疗法》所规定的公共卫生接受者。前述管理和预算办公室资金使用原则禁止利用联邦资金来宣传州一级或联邦层级的立法，包括通过直接呼吁立法者以及吸引公众去支持或反对正在进行的立法。2012 年拨付附文扩大了地方政府的活动限制以及对州一级管理行为的拥护或反对。这一条款，即第 503 条规定对当地公共卫生机构和非营利组织产生了寒蝉效应。谨慎地阐明何为游说以及何不为游说对确保受到不适当干预的公共卫生法革新至关重要。[1]

注释：

1. Edward T. Waters and Susannah Vance, "Memorandum to Marice Ashe: New Lobbying Restrictions in the Consolidated Appropriations Act 2012," ChangeLab Solutions, June 8, 2012, http://changelabsolutions.org/sites/default/files/Memorandum%20M%20%20Ashe%2006082012%20re%20CAA%20Section%20503.pdf.

通过社会效益债券（social impact bonds），政府愿意为能够改善的且能够减少政府成本的社会结果买单。政府付款是有条件的，条件是在双方认同的时间框架内，根据预定的参数能够证明将会成功获得政府付款。私人服务提供者（通常是非营利组织）设计并实施干预，并商定评估标准。营利投资者为这种干预提供资金支持，当政府支付时，他们会寻求投资回报。

2012 年，纽约宣布了美国境内的第一个此类协议。纽约与一个非营利社会研究机构——MDRC 为两家非营利服务机构提供资金和管理以降低累犯率。在为期四年的项目中，如果 MDRC 能够降低里克斯岛监狱青少年累犯率的 10%，那么纽约市矫正局就会支付给 MDRC 960 万美元，如果累犯率降得更低，矫正局就会支付更多。期间，高盛（Goldman Sachs）会提供 960 万美元的资本作为给 MDRC 的贷款，以资助干预活动。通常这意味着如果 MDRC 的干预失败，那么非营利组织将会欠高盛 960 万美元。然而，在这个事情中，彭博慈善基金会（Bloomberg Philanthropies）为其中的 720 万美元投资作担保。最终这意味着，如果 MDRC 做到累犯降低了 10% 以上，那么高盛将赚取210万美元的投资回报,如果MDRC没有做到,他将失去240万美元。[58]犹他州、马萨诸塞州以及加利福尼亚州也有相似的协议和探索,主要集中在儿童教育、青少年累犯、妇幼健康以及护士家庭访问计划方面。[59]

当然,如果私人投资者仅仅排挤传统的政府投资和慈善投资,社会效益债券不一定就会增加社会资源。批评者也在担心,营利投资者可能会收回本应该归国家所有的收入。尽管如此,社会效益债券仍有转变社会服务形态的潜力,利用私人融资去支持那些政策制定者不愿冒险实验的干预措施。如果干预有效,政府就会买账,投资者就有利可图。同时,大部分失败的风险也转向投资者。

第三节 以提升医疗保健可及性为目的的税收与开支

> 我们可以清晰地分析出,在过去的时间里,人们对于医疗照护知识和工具的利用是多么的缺少和不平等……这导致了令人怀疑的进步和相当大的不平等。我们面临的挑战在于克服福利分配的不平等,如果我们承诺医疗科学只提供给那些可以支付得起费用的人们而非整个社会,那么灾难就会降临在我们头上。
>
> ——威廉·福奇:《如何影响人口的变化》(William Foege, *How to Effect Change in the Population*, 2005)

关于医疗照护覆盖的个人责任和公共责任之间的平衡问题,党派政治间产生了鲜明的分歧。尽管公共卫生专家经常纠正这种误解,即享受医疗照护是健康的最重要决定因素(健康行为以及居住条件是主要因素),然而,人们能够支付得起的优良医疗保健仍然很重要。在美国,政府通过形形色色的税收激励、规制以及公共计划来促进医疗保险覆盖,同时《平价医疗法》也为医

---

[58] City of New York, Bloomberg Philanthropies, Goldman Sachs, and MDRC, "Fact Sheet: The NYC ABLE Project for Incarcerated Youth," New York: Office of the Mayor, August 2, 2012).

[59] Nonprofit Finance Fund, "California Pay for Success Initiative," http://nonprofitfinancefund.org/CaliforniaPFS. See also Kristina Costa and Jitinder Kohli, "Social Impact Bonds: New York City and Massachusetts to Launch the First Social Impact Bond Programs in the United States," Center for American Progress, November 5, 2012, www.americanprogress.org/issues/economy/news/2012/11/05/43834/new-york-city-and-massachusetts-to-launch-the-first-social-impact-bond-programs-in-the-united-states.

疗照护和公共健康搭建了重要的桥梁。

《平价医疗法》主要通过两种方式扩大医疗照护的获取范围：通过扩大医疗补助计划资格以及利用补助和税收处罚制度来提高私人医疗计划的获取率。然而，只凭保险覆盖本身并不能确保享有有效的医疗保健。[60] 医疗照护的支付能力（即使是对那些享有保险覆盖的人来说）、医疗照护提供者的可用性以及地理、语言和文化因素也十分重要。

《平价医疗法》没有创建一个统一的体系，而是在一个基本的私有化、分散的医疗照护提供和筹资系统的基本结构内改善覆盖和对消费者的保护。[61] 即使在全面落实《平价医疗法》后，医疗照护的筹资和提供仍在很大程度上具有私有化性质，其覆盖也远未普及。通过公共保险计划、私人保险计划的规定以及医疗照护的直接公开提供，医疗照护的覆盖和获取有所扩大。非法移民被排除在福利之外，因为许多州的贫困人口拒绝穷人医疗保险的范围扩大。虽然全面的医疗照护法已超出了本书的范围，但是一些方面仍值得关注。

一、就业医疗保险规制

美国的大部分非老年人通过雇佣福利来获取私人医疗保险。一些较大型企业的雇主建立了他们自己的医疗计划（由第三方管理人管理），并自己承担资金风险。通过明示的优先适用《雇员退休收入保障法》(Earned Retirement Income Security Act, ERISA)这种联邦雇员福利法，这种方法（叫作自我保险）使得此计划免受州的规制。[62] 然而，大多数雇主会进行全面保险，这意味着外面的保险公司会承受资金风险。各州积极地规范全面的保险计划，这些计划明确地免除了对《雇员退休收入保障法》优先适用的保护。不论是自我保险还是全面保险，就业风险池覆盖了意外发生医疗保健费用的风险，大雇主一般会比小雇主更喜欢较低的成本和较强的谈判力。

保险费由雇主和雇员分担。正如上面所阐述的，雇主的分担额作为税收

---

[60] Jennifer E. DeVoe, Alia Baez, Heather Angier, Lisa Krois, Christine Edlund, and Patricia A. Carney, "Insurance + Access ≠ Health Care: Typology of Barriers to Health Care Access for Low-Income Families," *Annals of Family Medicine*, 5, no. 6 (2009): 511-18.

[61] Alice Noble and Mary Ann Chirba, "Individual and Group Coverage under the ACA: More Patches to the Federal-State Crazy Quilt," *Health Affairs* blog, January 17, 2013, http://healthaairs.org/blog/2013/01/17/individual-and-group-coverage-under-the-aca-more-patches-to-the-federalstate-crazy-quilt/.

[62] *FMC Corp. v. Holliday*, 498 U.S. 52, 61 (1990)（我们将 Deemer 条款理解为自费的《雇员退休收入保障法》计划不受州法律但书中"规范保险"的约束）；*Wurtz v. Rawlings Co.*, 933 F. Supp. 2d 480, 507 (E.D.N.Y. 2013)（公司的健康医疗保险计划是员工福利待遇，所以民事诉讼的风险被《雇员退休收入保障法》提前预防了）。

减免的业务费用,员工的分担额则被排除在应税收入之外。这种免税制度已实施了几十年,为雇员购买医疗保险提供了动力,因为1美元的免税医疗福利的价值已超过1美元应税收入的价值。

即使在享有就业保险的个人和家庭中,保险不足也是个问题:医疗保健可能由于覆盖不足以及沉重的费用分担而令保险人承受不起。许多以雇主为基础的保险计划所提供的保险范围比较有限,其他的雇主也由于几十年来不断增长的医疗保健费用而削减保险范围。[63] 为解决这些不足之处,同时维持以就业为基础的制度,《平价医疗法》对以雇主为基础的计划实施了一系列病人保护规定。特别是,《平价医疗法》禁止年度和终身保险,而这是以前基于雇主的计划的共同特点。

二、直接购买医疗保险的规制

不能享受就业医疗保险的个人和家庭可以在"非团体"市场或者"个人"市场上购买私人保险。从历史上看这是很困难的,而且成本很高,因为个人缺乏谈判力以及大型雇员群体所享有的共享风险池。市场失灵、消费者的信息缺失以及不健康的人群在市场中的比例过高等因素都抬高了成本,并且限制了个人保险方案的质量。[64] 此外,由于先存条件(preexisting conditions)、家庭史或者其他风险因素(例如是女性)的影响,有些人可能对医疗照护的开销需求较大,他们可能会支付过高的保险费,所提供的覆盖内容会使他们遭受重大的财务风险,或完全拒绝承保范围。[65]

根据《平价医疗法》的规定,没有雇主帮助购买保险的个人以及那些供职于小型单位的职工,可能会在新创建的健康保险交易所即交易市场中购买私人保险。个人和小型的保险计划通过交易所来进行买卖、规制和补助。一些州已经建立了他们自己的交易所(以州为基础的交易所),但是大部分州不选择这样做,而是允许健康与人类服务部介入,并为他们建立联邦政府促进市场,或者与健康与人类服务部合作运营交易所(州的合作交易所)。通过交易所销售的保险计划需要达到最低要求(下面会讨论)。"保证发行"

---

[63] Gary Claxton, Matthew Rae, Nirmita Panchal, Anthony Damico, Nathan Bostick, Kevin Kenward, and Heidi Whitmore, *Employer Health Benefits*: 2014 *Annual Survey* (Menlo Park, CA: Kaiser Family Foundation and Health Research and Educational Trust, 2014), 1.

[64] See Jon R. Gabel, Ryan Lore, Roland D. McDevitt, Jeremy D. Pickreign, Heidi Whitmore, Michael Slover, and Ethan Levy-Forsythe, "More than Half of Individual Health Plans Officer Coverage That Falls Short of What Can Be Sold through Exchanges as of 2014," *Health Affairs*, 31, no. 6 (2012): 1339-48.

[65] See Gary Claxton, Karen Pollitz, and Larry Levitt, "What Do They Mean when They Talk about Pre-existing Health Conditions?" Kaiser Family Foundation, October 19, 2012, http://k.org/health-reform/perspective/what-do-they-mean-when-they-talk-about-pre-existing-health-conditions.

的要求不允许交易所排除基于先行条件或者其他健康因素的投保行为。他们的权力限制在通过风险保险经营来向投保人收取不同种类的保险费,并且也不可以排除先行条件的适用。这些交易所也旨在促进私营部门的竞争以保持保险费在可控范围内得到提升。(66)

为了使得非团体保险和小团体保险的价格更低廉,《平价医疗法》规定在交易所购买保险且有资格的个人以及收入在联邦贫困水平 100%到 400%的家庭可以获得一般的联邦补助金。这些补助金被设计成税收抵免,并通过交易所从联邦政府转移到私人健康计划中,而不经过已投保人的手,并且不可退回。正如第五章所讨论的那样,在金诉伯维尔(*King v. Burwell*, 2015)案中,最高法院支持国家税务局的一项规则,该规则表明,购买保险的人可以通过联邦运营的交易所来获得补助金。(67) 超过一半的州缺少这些补助金会威胁到数百万人对平价医疗保健的获取,也可能会破坏《平价医疗法》的完整性。

三、强制性个人投保之税收罚款

《平价医疗法》的许多特色都吸引了公众的广泛支持,例如担保问题、社区费率以及禁止因先决条件而被拒保。然而,他们却为年轻健康的个人提供了额外的激励,让他们远离保险市场,直到他们生病或受伤(搭便车心理)。如果年轻的健康人远离保险市场,那么保险费就会陷入恶性循环地增长(因为保险费提高后,更多的人会远离保险市场)。除了通过提供补助金的方式来鼓励保险登记,《平价医疗法》还对有能力购买私人保险却未购买的个人施以税收惩罚。(68) 税收惩罚的情况以及合宪性在第三章已进行了讨论。

四、预防性保健服务的获取

除了提高保险登记率外,《平价医疗法》还努力提高医疗保险的质量。预防保健对法律起草者来说是一个特别关注的焦点。最低福利标准,也叫必要健康福利,着重强调了预防保健。但是卫生改革法另外一个、最初比较模糊的规定却被联邦监管机构大量使用,以扩大预防保健的有效获取。《平价医疗法》规定,美国预防服务工作组以及其他专门团体所建议的预防保健由

---

(66) See Sarah Kli , "Are Obamacare's Exchanges Competitive? Here's What the Experts Say," *Washington Post Wonkblog*, May 30, 2013, www.washingtonpost.com/news/wonkblog/wp/2013/05/30/are-obamacares-exchanges-competitive-heres-what-the-experts-say,讨论了市场预期竞争的程度。

(67) *King v. Burwell*, 576 U.S. ___, 135 S. Ct. 2480 (2015)(认为国会打算将补助金交给联邦运营的交易所管理,尽管从整体上看法律规定这些交易是"州所建立的")。

(68) Patient Protection and Affordable Care Act, Pub. L. No. 111-148 § 1501.

私人健康计划提供"全额支付"[69]。这意味着参加私人保险的个人可以获得这些服务(包括疫苗和筛查检测),而没有自负额部分、共同支付部分或者共同保险。然而,这个规则导致了大量的争议。美国预防服务工作组的某些指示具有政治色彩,例如以证据为基础的常规乳房 X 光片建议只提供给没有额外风险因素的 50 岁以上的妇女。为了回应公众的反应,《平价医疗法》规定了更广泛的乳腺癌筛查保险覆盖。当健康与人类服务部强制规定全额支付的避孕覆盖后,随即一场抗议爆发了——相关者根据宪法自由行使条款提起了诉讼(见第四章)。

五、公共卫生保险计划

补助金制度、税收惩罚以及扩大个人保险市场登记量的诸多规定都是为了确保美国中高收入群体享有支付得起的、可靠的医疗保险。然而,数百万的低收入者需要额外的公共支持才能支付得起医疗保险。为了满足这一需要,许多公共计划得以建立,为那些不能够在私人市场购买保险的人提供保险。这些计划中规模最大的当属老人医疗保险(与社会保障资格紧密相关,并且由老年人和失能残障者享有)和穷人医疗保险(低收入个人和家庭享有)。

20%左右的美国人口享受穷人医疗保险或者是由联邦政府补助金所资助的附属于前者的儿童医疗保险计划。与医疗保险制度完全由联邦运营不同,穷人医疗保险以及儿童医疗保险计划受联邦政府和各州的联合资助与管理。由此,这些州受到在资格和福利方面具有相当大余地的联邦政策的支配。[70] 这些规则将在下面的儿童牙齿健康案中进行叙述。

通过豁免程序可以提供更大的灵活性,州借此可以向老人医疗保险与穷人医疗保险服务中心请愿,要求作研究或证明计划之用的医疗照护可以得到特别规制豁免。《社会保障法》(Social Security Act)第 1115 节规定,健康与人类服务部秘书长有权放弃适用有关批准的实验性、试点或示范项目的规定。[71] 州可以根据《社会保障法》第 1115 节的豁免规则来完善并实施本会被联邦法律所禁止的覆盖方法。

正如起草的那样,《平价医疗法》要求所有的州都要接受穷人医疗保险资金(这里是说所有的州)以扩大此计划的适格主体的范围,这使得之前根

---

[69] 42 U.S.C. § 300gg-13.
[70] Nicole Huberfeld, "Federalizing Medicaid," *University of Pennsylvania Journal of Constitutional Law*, 14, no. 2 (2011): 431-84, 47-48.
[71] Ibid.

据联邦法律并没有资格享受补助的上百万未参与保险的美国人都可以加入。此项规定对非老年人或失能残障者、没有可依靠的子女(之前不论是什么收入水平都没有资格)的人以及非失能残障父母和大一点的孩子也特别重要(之前只有在极低的收入水平下才享有)。然而在 NFIB 诉西贝利厄斯案中,最高法院认为,《平价医疗法》对各州不愿扩大穷人医疗保险范围的惩罚是违宪强制。[72] 其结果是,是否扩大范围完全由各州来选择。尽管扩大范围伴随着非常慷慨的条件(联邦政府最初支付 100% 的费用,逐步减少到 90%),许多州也拒绝扩大。[73] 相比过去,如今各州之间在穷人医疗保险资格方面都发生了戏剧性的变化。更糟的是,那些本来想投保的人受到了冷落。

六、慈善医疗与医院免税地位

《平价医疗法》未能建立一种真正普遍的医疗保健制度。对于那些仍未参保的人——包括非法移民、需要等待 5 年才能获得医疗补助资格的合法移民以及某些居住在拒不扩大穷人医疗保险范围的那些州的低收入个人和家庭来说,慈善医疗非常重要。全国有成百上千的免费和慈善保健诊所,为人们提供所需的基本服务。许多医院也提供慈善保健计划,但对资格的要求差异很大。[74]

大约 60% 的社区医院都是非营利的并且是免税的。直到最近,维持免税地位所需的负担依然很小。[75] 但是出于对未参保人群医疗情况的关心(比如各州选择退出医疗保险扩大范围,补贴不足以及排除许多移民),一些州和地方政府开始加强"社区福利"法律的制定,为医院必须提供给社区的福利制定标准,以使他们的免税地位更具合理性。[76] 《平价医疗法》也要求非营利医院进行社区健康需求评估。[77] 疾病控制与预防中心对这些评估的指导更加需要多部门合作、社区参与、以证据为基础的干预以及高质量的信息采集。[78]

---

[72] *NFIB v. Sebelius*, 567 U.S. ___, 132 S. Ct. 2566 (2012).

[73] 42 U.S.C. § 1369c.

[74] Peter J. Cunningham, "The Health Care Safety Net: What Is It, What Good Does It Do, and Will It Still Be There when We Need It?" *Harvard Health Policy Review*, 8, no. 2 (2007): 5-15.

[75] John D. Colombo, "Federal and State Tax Exemption Policy, Medical Debt and Healthcare for the Poor," *St. Louis University Law Journal*, 51, no. 2 (2007): 433-57; Stephen M. Shortell, Pamela K. Washington, and Raymond J. Baxter, "The Contribution of Hospitals and Health Care Systems to Community Health," *Annual Review of Public Health*, 30 (2009): 373-83.

[76] Martha H. Somerville, Gayle D. Nelson, Carl H. Mueller, Cynthia L. Boddie-Willis, Donna C. Folkemer, *Hospital Community Benefits after the ACA: Community Building and the Root Causes of Poor Health* (Washington, DC: Hilltop Institute, 2012).

[77] 26 U.S.C. § 501(r).

[78] Centers for Disease Control and Prevention, "Tools for Successful CHI Efforts," www.cdc.gov/chinav/tools/index.html, accessed August 11, 2015.

框 8.4 鼓励健康行为？健康改革的个人责任

如果你吸烟，就须戒烟。如果你不戒烟，医疗补助计划中的一部分福利或者是全部福利就不属于你。如果你的家族中有糖尿病史，并且你被告知要改变某种生活方式，如果你不这样做，你的福利就不再属于你。

——布奇·奥特，爱达荷州州长（Butch Otter, governor of Idaho, 2013）

与仅仅向购买烟草、人工晒黑和含糖饮料的消费者收费相比，为何不对吸烟者或是具有不健康身体质量指数（BMI）的人施加经济惩罚？[1] 或者是，如果这种惩罚太过严苛，对戒烟、保持健康血压、参加减肥咨询会或者接种被建议的疫苗这些行为提供经济奖励如何？

提高医疗照护资助的公众责任这一观点遭到了强烈的反对。销售有害产品（枪支、不安全的交通工具、烟草、酒精、快餐以及含糖饮料）的公司冷嘲热讽地主张个人责任以阻断国家规制。如今第三方支付者正在使用相似的策略来削弱医疗照护改革的影响。评论者们观察到，《平价医疗法》"非常推崇这样的观念，即个人对其自身健康负责，通过奖惩机制，个人的行为可以被引导从而作出'正确的'选择"[2]。这些措施建立在一些州早期努力的基础上（健康与人类服务部通过管制豁免进行制裁），将健康经济激励融入他们的穷人医疗保险中。

国会通过这些"个人健康责任"的规定，用科学和政治上的经济利益来鼓励人们实施更为健康的行为。一些实验性的策略已开始使用较小的、一次性的回报来奖励人们的服从行为：几美元、一张抵用券或礼品卡，或者是参与抽奖活动。激励措施是鼓励人们服从简单任务的最有效的办法，比如接种疫苗，在观测下服用一剂肺结核药物，或者是报告出生后的就诊预约。但是激励措施在引导更为复杂的"生活方式的听从"方面效果非常不明显，比如戒烟或者减肥。[3] 随着时间的推移，奖励逐渐增加的更为复杂的项目，似乎只产生了有限的、暂时的效果。[4] 另外，激励措施的影响也随着时间的推移慢慢消散。比如，减肥计划的参与者往往恢复了体重（而且远远不止这些）。[5] 靠奖励戒烟的人比没有奖励戒烟的人 6 个月内复吸的比例更高。[6]

医疗照护覆盖的条款十分复杂，并且具有多面性，它为较小的、一次性的回报创造了机会，并为较大的、长期的回报提供了契机，这些回报能够有效建立以服从医疗和生活方式为条件的覆盖。通过一项一般规则的例外来限制私人健康计划的程度，也许会基于人与人之间"健康因素"的不同而改变覆盖（保险费、共同付费、扣除额以及福利）的内涵，《平价医疗法》允许雇主和保险公司实施工作场所的健康计划，并根据参与活动和特定健康成果的完成情况而给予回报或是实施惩罚。不论成功还是失败，这种例外规制通过允许私人承保人将成本转移到不健康的雇员身上，从而破坏《平价医疗法》的总体目标。[7]

根据各州自身的穷人医疗保险，他们在控制医疗照护成本方面有着巨大的兴趣，因为这种成本占州总体支出的近1/4。[8] 联邦法律限制各州对穷人医疗保险的受援者收缴分摊的保险费和共同支付部分的权力，但是2005年《赤字削减法案》(The Deficit Reduction Act, DRA)极大地放宽了这些限制。此后不久，健康与人类服务部认可了《社会保障法》第1115节的一些豁免条款，允许各州实施一系列激励计划。[9] 佛罗里达州为遵医行为和遵从健康生活方式的人发放礼品券。爱达荷州通过为新实施的月保费制度提供抵免额，将回报与成本分担紧密联系在一起，以奖励健康儿童来访。[10] 西弗吉尼亚州进一步模糊了激励和惩罚之间的界限，创设了两个层级的穷人医疗保险福利：一项是基本的默认享有部分（这项福利与之前的相比，提供的福利更少），另一项是显著提高的福利部分。受援者如果愿意"签署并遵守与州的一项协议，即他们会参与某些行为"，那么他们就能够获取提高的部分。[11] 参与的受援者同意加入由他们的医疗照护提供者指导的健康改善计划，及时汇报所被建议的健康检查和其他的约定事项，遵医嘱服用处方药，只有在紧急情况下才使用医院的急诊室，以及"尽己所能保持健康"[12]。

2011年穷人医疗保险激励之慢性病预防(Medicaid Incentives for the Prevention of Chronic Disease, MIPCD)资助计划（根据《平价医疗法》授权）获得了长达5年的8 500万美元的资金支持，以"检验对参与穷人医疗保险激励之慢性病预防计划的穷人医疗保险受益人的直接激励是否有效，并且通过实施健康行为而改变他们的健康风险和结果"[13]。大部分接受穷人医疗保险激励之慢性病预防资助计划的都只为参与者提供小额财政激励，而与覆盖条件无关。[14]

最高法院2012年的裁决使得穷人医疗保险范围的扩大具有可选择性，这加强了各州获得豁免的议价能力[15]，其中一部分豁免请求包含了以激励为基础的健康计划的应用。2013年，美国老人医疗保险与穷人医疗保险服务中心批准了一个豁免项目，允许佛罗里达州将穷人医疗保险完全归于私有，将几乎所有的国家穷人医疗保险转变为私人保险公司经营的管理式医疗计划。[16]这项新的示范项目规定,管理式医疗计划将会制定能够鼓励和奖励健康行为的计划,比如戒烟、减肥以及酒精或药物滥用的恢复。

就是否接受《平价医疗法》规定的医疗补助范围扩大这一事项,爱荷华州立法机构作出了妥协,爱荷华州努力并获得了与爱达荷州相似的实验计划的豁免权。其他州也对相似的方式产生兴趣,并且也肯定在观察爱荷华州的实验进程。例如,上面提到的州长布奇·奥特表示,如果有一些规定"需要更多的个人责任和更好的健康结果",那么他很愿意看见穷人医疗保险激励制度在爱达荷州发展得更好,并会考虑扩大穷人医疗保险的资格范围。[17]

个人责任运动的潜在意义在于,个人对其自身不健康的行为负有责任,他们忽视了很多表明健康行为是复杂的、具有强烈的遗传性、对社会和经济会产生影响的迹象。同时,大部分的焦点集中在对少数人和穷人来说负担过重的健康风险上面——节食和与烟草有关的疾病。由于经济条件比较好而产生的健康风险却没有人提及,比如沉迷于豪华的牛排大餐、快速驾驶汽车或者是参与冒险活动比如高山滑雪和爬山。

注释:

本材料改编自 Lindsay F. Wiley, "Access to Health Care as an Incentive for Healthy Behavior? An Assessment of the Affordable Care Act's Personal Responsibility for Wellness Reforms," *Indiana Health Law Review*, 11, no. 2 (2014): 635–709, 642.

1. See Rebecca L. Rausch, "Health Cover(age)ing," *Nebraska Law Review*, 90, no. 4 (2012): 920-70, 31-34, 描述了亚拉巴马州决定对那些未能达到特定健康指标的员工每月征收附加费,其中包括质量指数低于35的员工,亚利桑那州州长提议对该州的医疗补助接受者实行类似的惩罚。

2. Janet L. Dolgin and Katherine R. Dieterich, "Weighing Status: Obesity, Class, and Health Reform," *Oregon Law Review*, 89, no. 4 (2011): 1113-77, 34.

3. See Adam Oliver and Lawrence D. Brown, "Politics of Prevention: A Consideration of User Financial Incentives to Address Health Inequalities," *Journal of Health Politics, Policy, and Law*, 37, no. 2 (2012): 201-26.

4. See Jill R. Horwitz, Brenna D. Kelly, and John E. DiNardo, "Wellness Incentives in the Workplace: Cost Savings through Cost Shifting to Unhealthy Workers," *Health Affairs*, 32, no. 3 (2013): 468-76, 71. "四项全面的减肥审查几乎没有显示出明显的损失——尤其是在更长的时间里,比如12个月。例如,一项对长期、多元的管理项目的审查确定了12项试验,其中4项包括激励措施。该审查的结论是:基于激励的干预促进了减肥,但参与者容易恢复体重。"

5. Ibid.,471."对7项随访至少12个月的试验进行的综合分析发现,经济激励与12个月时加权平均损失0.88磅、18个月时加权平均1.5磅相关,以及30个月加权平均收益为2.42磅,尽管没有一个结果具有统计学意义。"

6. Ibid."在一项研究中,所有参与者在每次面试和抽血后获得45美元(最多180美元),激励组成员通过可替宁检测——检测香烟烟雾中的化学物质从而确认戒烟,获得750美元。6个月后,激励组9.4%的成员仍然禁烟,而对照组则为3.6%。然而,奖励结束后6个月的复发率对照组显著高于激励组。"

7. John DiNardo, Jill Horwitz, and Brenna Kelly, "Toward a Scientific Approach to Workplace Wellness: A Response to Ron Goetzel," *Health Affairs* blog, July 1, 2013, http://healthaairs.org/blog/2013/07/01/toward-a-scientific-approach-to-workplacewellness-a-response-to-ron-goetzel/.

8. National Association of State Budget Offcers, *State Expenditure Report* (Washington, DC: National Association of State Budget Offcers, 2014), 2.

9. Karen J. Blumenthal, Kathryn A. Saulsgiver, Laurie Norton, Andrea B. Troxel, Joseph P. Anarella, Foster C. Gesten, Michael E. Chernew, and Kevin G. Volpp, "Medicaid Incentive Programs to Encourage Healthy Behavior Show Mixed Results to Date and Should Be Studied and Improved," *Health Affairs*, 32, no. 3 (2013): 497-507, 499.

10. Jessica Greene, *Medicaid Efforts to Incentivize Healthy Behaviors* (Hamilton, NJ: Center for Health Care Strategies, July 2007), 4.

11. Pat Redmond, Judith Solomon, and Mark Lin, *Can Incentives for Healthy Behavior Improve Health and Hold Down Medicaid Costs*? (Washington, DC: Center on Budget and Policy Priorities, 2007).

12. Robert Steinbrook, "Imposing Personal Responsibility for Health," *New England Journal of Medicine*, 355, no. 8 (2006): 753-56, 55.

13. See Centers for Medicare and Medicaid Services, "MIPCD: The States Awarded," http://innovation.cms.gov/initiatives/MIPCD/MIPCD-The-States-Awarded.html, accessed October 23, 2014.

14. 如果在过去的48小时内酒精检测结果为阴性,康涅狄格州的一项计划将为此提供15美元的奖励。如果"收缩血压降低10mmHg或达到另一个临床上合适的目标","降低(糖化血红蛋白)0.6%,或维持8.0%或更少的水平",或者"减少体重或保持较轻体重",纽约的项目将会为此提供奖励。

15. Robert Alt and Nathaniel Stewart, *Medicaid: Waivers Are Temporary, Expansion is Forever* (Columbus, OH: Buckeye Institute for Public Policy Solutions, 2013).

16. Joan Adler and Jack Hoadly, *Medicaid Managed Care in Florida: Federal Waiver Approval and Implementation* (Jacksonville, FL: Jesse Ball DuPont Fund, 2013).

17. Audrey Dutton, "Idaho Gov. Otter Wants More Personal Accountability in Medicaid," *Idaho Statesman*, May 30, 2013.

七、公共筹资的医疗保健提供

公共资助的医疗保险和对慈善医疗的激励都没有满足需要,社区服务也只不过是临时措施,包括在诸如学校和公共诊所这样的机构中工作的公共卫生医生和护士。公共资助服务提供了重要的公共卫生保护,例如疫苗、性传播或空气传染疾病的治疗以及诊所预防服务。下面关于儿童牙齿健康的案例反映了机遇的多面性与公共医疗预防的阻碍。

第四节 儿童牙齿健康:一则案例研究

2007年2月25日,迪蒙特·德里弗(Deamonte Driver),一个来自马里兰州乔治王子县(Prince George)的12岁大的男孩死于脑部感染。他的死是由蛀牙导致的。[79] 医生在做牙齿检查时本应早些发现这个问题,并且能够用简单的补牙方法进行治疗。但是男孩的病情却未能确诊也未被治疗,发展成了脓肿,使得细菌侵入了脑部。即便是脑部手术和六周的重症护理都未能挽救他的生命。迪蒙特的蛀牙本可以用80美元就能治好,但他却花费了超过25万美元。

迪蒙特的悲剧引起了广泛的关注,但是他的情况太过常见。[80] 国家忽视了穷人应享有的高质量的牙齿保健,这不仅会夺去这些人的生命,也会引起他们深深的疼痛、痛苦、失去牙齿以及年轻人无数次地失去机会。牙齿健康是人类整体健康和福祉必不可少的组成部分,慢性牙齿感染与糖尿病和心脏病的风险增加有关。[81] 牙齿疼痛会伴随孩子的生活,影响他们的学习、工作以及参与社交活动的能力,而且这种影响会延伸到他们的成年期。

可预防的儿童牙齿疾病是儿童中最为常见的慢性疾病,26%的学龄前

---

[79] See Mary Otto, "For Want of a Dentist," *Washington Post*, February 28, 2007; see also John Iglehart, "Dental Coverage in SCHIP: The Legacy of Deamonte Driver," *Health Affairs* blog, January 30, 2009, http://healtha airs.org/blog/2009/01/30/dental-coverage-in-schip-the-legacy-ofdeamonte-driver/; David A. Hyman, "Follow the Money: Money Matters in Health Care, Just Like in Everything Else," *American Journal of Law and Medicine*, 36, no. 2-3 (2010): 370-88, 76.

[80] 蛀牙导致死亡的预防率可能是不准确的,因为据说通常是由于蛀牙导致的感染而非牙齿问题本身引起的死亡。

[81] U.S. Department of Health and Human Services, *Oral Health in America: A Report of the Surgeon General* (Rockville, MD: U.S. Department of Health and Human Services, 2000), 109-32.

儿童、44%的幼儿园儿童以及超过一半的青少年都患有蛀牙。[82] 简单的预防措施——饮水加氟、减少含糖饮料的购买以及预防性的牙齿保健，会改变这些儿童和家庭的生活。问题不是资源不足或者是证据干预，而是缺少使牙齿保健普遍可及的政治意愿。迪蒙特的死促使很多州进行了改革。5 年后，马里兰州医疗补助的牙齿保健计划已位居全国第一，迪蒙特的母亲是一名牙科助理，她为医疗补助计划的病人提供服务。[83]

一、牙齿健康保险覆盖

尽管牙齿保健不能通过保险来获得，但是在牙齿计划的覆盖下，儿童更容易找牙医看病。从历史上看，尽管牙齿保健对整体健康来说具有内在的重要性，但是医疗保险计划并不覆盖牙齿保健部分。大多数雇主资助计划下的牙齿保险是从医疗保险中分离出来的[84]，在雇员福利范围外的私人牙齿保险覆盖是非常稀有的。当牙齿保险被医疗保险覆盖时，其范围通常没有医疗保险全面——比如，提供预付折扣，并不是全面的保护，并限制常规清洗和检查的覆盖范围。其他治疗的自付费用是禁止的。

《平价医疗法》完善了私人牙齿保险的获取制度，特别针对儿童，但是这并不足够。[85]《平价医疗法》要求的重要的医疗福利包括儿童（而非成年人）牙齿保健。通过交易所售出的保险计划需要提供儿童牙齿保险，但却是作为与医疗保险分开的、独立的计划进行提供，而非作为整体医疗涵盖的一部分。[86] 如果提供独立的计划，那么常规医疗计划则不会提供儿童牙齿保险。因此，许多需要儿童牙齿保险的家庭不得不购买两份保险计划，一份是医疗保险，另一份是为他们的孩子所购买的牙齿保险。

另外，只有有限的消费者保护才适用于独立的牙齿计划。这种计划不需要达到医疗损失率的要求，即常规医疗计划固定将特定比例的保费收入花在医疗保健和治疗保证上面，从而限制了间接费用和利润。对风险承保的限制

---

[82] Bruce A. Dye, Sylvia Tan, Vincent Smith, Brenda G. Lewis, Laurie K. Barker, Gina Thornton-Evans, Paul I. Eke, et al., *Trends in Oral Health Status: United States*, 1988-1994 and 1999-2004, Vital and Health Statistics, series 11, no. 248, Centers for Disease Control and Prevention (Washington, DC: Government Printing Office, 2007).

[83] Katherine Driessen, "5 Years after Boy Dies from Toothache, Maryland Medicaid Dental Care is on Mend," *Washington Post*, February 15, 2012.

[84] Meg Booth, Colin Reusch, and Joe Touschner, *Pediatric Dental Benefits under the ACA: Issues for State Advocates to Consider* (Washington, DC: Georgetown University Center for Children and Families and the Children's Dental Health Project, August 2012), 1.

[85] Sidney D. Watson, "Mending the Fabric of Small Town America: Health Reform and Rural Economies," *West Virginia Law Review*, 113, no. 1 (2010): 1-30, 22-23.

[86] 42 U.S.C. § 18022.

和先存条件的考虑也并不适用。保险公司销售独立牙齿计划需要提供儿童专属计划,遵守禁止年度和终审覆盖限额,并且确保提供足够的牙科诊所网络。[87] 然而,中等收入的家庭并不能获得联邦发放给独立计划的补助金。[88]

《平价医疗法》扩大了公共计划的涵盖范围以提供保险覆盖,包括穷人医疗保险和儿童医疗保险计划。公共计划旨在提供全面的照护,而非仅仅是一个打折扣的计划。联邦法律规定,所有的州都要提供早期及定期筛查、诊断和治疗(early and periodic screening, diagnostic and treatment, EPSDT)福利,包括为所有没有超过21岁的穷人医疗保险被保险人提供儿童牙齿保健。[89] 这需要保险公司提供全额支付,包括一年两次的洗牙、检查和诸如涂氟与补牙这样的预防性治疗。不过,由于各州都在管理其自身的计划,他们仍有较大的控制权,这导致了各州在儿童牙齿保健的获取方面具有很大差异。

二、牙齿医疗保健的获取

迪蒙特·德里弗享受穷人医疗保险的福利,却无法享有早期及定期筛查、诊断和治疗福利要求的常规牙齿保健待遇。他的母亲之前尝试为迪蒙特的弟弟获取牙齿保健,但是她却不能找到一名接受穷人医疗保险的牙医。无家可归的日子,缺少交通工具,穷人医疗保险的失误,这些都加剧了家庭的困难。[90] 迪蒙特的母亲听到他抱怨头痛时就将他送到医院的急诊室。迪蒙特在这里接受了治疗头疼、鼻窦感染以及牙齿脓肿的药物处理,但他仍然没有获得适当的牙齿保健。[91]

即使保险覆盖在人们可承受的范围内,但是家庭必须找到受过训练并且愿意为之诊病的牙科专家。然而,许多提供者只接受有限的穷人医疗保险病人,或者是根本不接受。[92] 这个问题一般是由于低医疗报销比例和行政上要求的繁文缛节所致。[93] 总体来说,医疗报销比例平均为穷人医疗保险对同样服务所支付费用的66%,而一些州远远低于这个平均水平。[94] 与急诊医师不同,牙医可以合法地拒绝给患者看病。正如卫生法学者杰奎琳·福克斯

---

[87] 45 C.F.R. 156.
[88] 26 CFR 1.36B-3.
[89] 42 C.F.R. 441.56.
[90] Driessen, "5 Years after Boy Dies from Toothache."
[91] Hyman, "Follow the Money," 376.
[92] Brietta R. Clark, "Medicaid Access, Rate Setting and Payment Suits: How the Obama Administration Is Undermining Its Own Health Reform Goals," *Howard Law Journal*, 55, no. 3 (2012): 771-853, 773.
[93] Hyman, "Follow the Money," 376.
[94] Stephen Zuckerman and Dana Goin, *How Much Will Medicaid Physician Fees for Primary Care Rise in 2013? Evidence from a 2012 Survey of Medicaid Physician Fees* (Washington, DC: Kaiser Family Foundation, 2012).

(Jacqueline Fox)所观察到的:"考虑到牙医的稀缺,再加上通常的供求规律,在低报销率的州任何治疗穷人医疗保险病人的牙医都可能会出于一些其他原因为患者看病而非考虑经济利益。"⑮从根本上来说,这种体制很大程度上依赖于牙科专家很小部分的行善本能,而非赋予病人获取牙齿治疗的权利。

这个问题在专业的牙齿保健方面更为突出。比如,寻求治疗急性口腔损伤的儿童是很难找到医生的。⑯ 提供者资源短缺和低报销率之间存在直接的联系,提高儿科牙齿保健的获取率与医疗报销率相辅相成。⑰

除了报销比率低以及行政上存在的问题之外,即使是对于好意的牙医来说,治疗穷人医疗保险病人也是令人沮丧的。很大比例的病人通过穷人医疗保险计划找到牙医后却不遵守约定。穷人医疗保险病人通常很难满足交通、日间护理和请假的要求。⑱ 理论上,大多数低收入家庭的儿童可能会有牙齿保险,但是事实上,享有穷人医疗保险的儿童并不总是能够获得被保证的基本医疗。

三、校园临时计划

国家采用了一系列临时措施努力为儿童提供无法获取的牙齿保健。学校中的筛查特别有效。牙科护士可以尽早发现问题,比如牙齿上出现白斑或条痕这样明显的脱钙表征,并能建立儿童和愿意为其治疗的医生之间的联系。学校的干预有益于中产阶级和穷人:即使是许多已购买私人牙齿保险家庭的孩子都不能接受到常规保健。学校护士也能就牙齿卫生和预防性保健重要性方面给予家长培训和建议。

---

⑮ Jacqueline Fox, "The Epidemic of Children's Dental Diseases: Putting Teeth into the Law," *Yale Journal of Health, Policy, Law, and Ethics*, 11, no. 2 (2011): 223-65, 44.

⑯ Kathryn C. Kokoczka, "Secret Shoppers in Illinois: Uncovering Startling Trends in Access to Healthcare," *Public Interest Law Reporter*, 17, no. 1 (2011): 84–88, 86; Joanna Bisgaier, Diana B. Cutts, Burton L. Edelstein, and Karin V. Rhodes, "Disparities in Child Access to Emergency Care for Acute Oral Injury," *Pediatrics*, 127, no. 6 (2011): e1428–e1435.

⑰ See, for example, Sandra L. Decker, "Medicaid Payment Levels to Dentists and Access to Dental Care among Children and Adolescents," *Journal of the American Medical Association*, 306, no. 2 (2011): 187–93; Centers for Medicare and Medicaid Services, *The State Medicaid Manual* (Washington, DC: U.S. Department of Health and Human Services, 2005), 5-9.

⑱ Vanessa Fuhrmans, "Note to Medicaid Patients: The Doctor Won't See You," *Wall Street Journal*, July 19, 2007.d.

框 8.5　阿拉巴契亚的"激浪嘴"

2009 年,ABC 新闻披露了一则关于在阿拉巴契亚地区发生的极度侵蚀儿童牙齿的流行病。第 20 期题为"山区的孩子们"这则报道描绘出这个地区的景象:贫困率是国家平均标准的 3 倍,寿命是全国最短的。记者戴安·索耶(Diane Sawyer)和她的照相机陪伴了肯塔基州的牙医爱德温·史密斯(Edwin Smith),他投资 15 万美元建立了一个移动的牙医诊所。在采访史密斯和他的父母时,引发蛀牙的备受指责的原因之一是:激浪(Mountain Dew)汽水。这种饮料中含有大量的糖分和咖啡因,汽水就像穷人的抗抑郁剂。糖和酸的结合以及人们整天不间断地啜饮习惯是产生牙齿疾病的原因。牙医们称这个难题为"激浪嘴"(Mountain Dew mouth)。

激浪饮料的制造商——百事可乐公司,努力进行损害控制。该公司全球卫生政策副总裁德里克·亚奇(Derek Yach)在一次电视讲话中讨论了百事可乐公司会怎样支持阿拉巴契亚地区的牙科教育。[1] 公共卫生倡导者持有其他意见,他们提议征收含糖饮料税以广泛资助牙齿预防和保健。[2] 他们也催促禁止使用营养补助计划福利来购买汽水饮料。2013 年,这些呼吁获得了全国公共广播电台的新关注,但是含糖饮料税以及营养补助计划的限制却面临着根深蒂固的反对意见。[3]

注释:
1. "Pepsi's Third Statement to ABC News," *ABC News*, February 13, 2009.
2. See Pricilla Norwood Harris, "Undoing the Damage of the Dew," *Appalachian Journal of Law*, 9, no. 1 (2009): 53–119.
3. See Eliza Barclay, "'Mountain Dew Mouth' Is Destroying Appalachia's Teeth, Critics Say," *The Salt*, National Public Radio, September 19, 2013, www.npr.org/sections/thesalt/2013/09/12/221845853/mountain-dew-mouth-is-destroying-appala chias-teeth.

除了发现并纠正牙科问题以及教育家长之外,学校护士也能够促进有价值的干预措施。例如,有助于预防蛀牙的密封剂通常通过学校或与学校有关联的项目来提供。2010 年,将近 2 000 个学校或者与学校有关联的项目提供了永久性或移动的设施。㉙ 这些项目通常依赖于联邦政府拨款、烟草和解款项和州一级税收。他们也寻求通过医疗补助计划、儿童医疗保险计划以及覆

㉙ National Maternal and Child Oral Health Policy Center, *Oral Health Opportunities in School Based Health Centers* (Washington, DC: National Maternal and Child Oral Health Policy Center, October 2010), 2.

盖学生的私人保险进行报销。

《平价医疗法》创建了一个资助项目,该项目为有资格享受医疗补助和儿童医疗保险计划待遇的儿童设立一个学校健康中心。[⑩] 资助金用于扩大现有设施规模,购买移动的医疗装置,并改进牙齿设备,提高学校项目覆盖率到50%。[⑩] 在最基本的层面,学校服务是为了小心地照顾孩子,而非相反。消除牙齿保健可及性方面的障碍,可以帮助孩子们更健康地成长,并做好学习的准备。

框8.6　饮水加氟:旧的公共健康策略,新的争议

预防龋齿不仅仅是常规牙医走访的问题。社区层面的公共卫生计划利用"上游"策略,努力找到并减轻问题产生的根源所在。一个多世纪之前,研究者发现在有大量天然含氟水域地区成长的儿童,其牙齿耐腐蚀性非常高。最后,他们的研究使得许多州和地方政府相信了饮用水加氟是对的。加氟会抑制口腔中的细菌(细菌靠糖来维持生命)产生损害牙釉质的酸,同时也促进了牙齿的再矿化。水中加氟比牙齿治疗的费用便宜了不少。

然而,一些少数但有力的观点对水中加氟的做法产生了怀疑,并且对感觉到的风险产生恐惧。[1] 正如一位评论者认为:"在害怕且试探性的人群中存在大量的垃圾科学和民俗。"[2] 这些担忧经常阻碍地方政府的行动,也湮没了公共卫生机构的声音。

医学科学和公共意见之间的分歧引起了立法上的战争与充满争议的诉讼。[3] 水中加氟的做法不断地遭到质疑,人们认为这是地方当局滥用权力、手伸得过长、违反联邦食品和药品规制、侵犯隐私以及违反平等保护的表现。但是到目前为止,没有一个终审法院判决认为水中加氟是违法的。

注释:

1. Leila Barraza, Daniel G. Orenstein, and Doug Campos Outcalt, "Denialism and Its Adverse Effect on Public Health," *Jurimetrics*, 53, no. 3 (2013): 307-25.

2. Edwin "Ted" Pratt Jr., Raymond D. Rawson, and Mark Rubin, "Fluoridation at Fifty: What Have We Learned?" *Journal of Law, Medicine, and Ethics*, 30, no. 3 (2002): 117-21, 18.

3. *City of Port Angeles v. Our Water—Our Choice!*, 239 P.3d 589 (Wash. 2010)(法院认为,地方立法动议指令市议会停止饮水加氟的行为已超出了地方的立法动议权)。

[⑩] 42 U.S.C. § 280h-4.
[⑩] John Schlitt, "Health Care Reform Funding for School-Based Health Centers Helps Keep Students in School and Learning," Georgetown University Health Policy Institute blog, January 9, 2012, http://ccf.georgetown.edu/ccf-resources/health_care_reform_funding_for_school-based_health_centers_helps_keep_students_in_school_and_learnin.

第四部分

情境中的公共卫生法

第九章　监测与公共卫生研究
——隐私、安全与个人健康信息保密

> 各种新型数据正以前所未有的规模呈现在我们眼前,随之产生了对其进行更好的分析的需求。我们怎样才能以有效、及时的方式将来自医生办公室、医院与急诊科的大量数据中的最相关的信息分离出来? 我们如何才能获得并使用新的监测数据源(例如,法律实施、医学鉴定与管理式医疗机构)中的信息? 在有用的信息从数据源流出并转化为最佳的公共卫生实践之前,什么才是事实上必须要处理的解析性问题? 最后,我们如何才能使用新技术来展示、传播数据,以实现最有效的信息沟通?
>
> ——史蒂芬·B.撒克、杰弗里·P.卡普兰:《人群健康监测》
> (Stephen B. Thacker and Jeffrey P. Koplan, *Monitoring the Health of Populations*, 2004)

本书的第二、第三部分已经描述了公共卫生法的基础与工具,我们现在转而将公共卫生法的基本问题置于公共卫生历史、公共卫生科学与公共卫生实践的情境之中,来进行深入分析。第四部分将探讨公共卫生的五大领域:监测与研究;传染性疾病、应急准备与反应、非传染性疾病、意外伤害。我们将"监督与研究"作为公共卫生实践与政策的"基石"来开始本章的探讨。[1]

公共卫生体系的核心功能之一就是:为增进社区福祉[2],通过开展公共卫

---

[1] Stephen B. Thacker, Judith R. Qualters, and Lisa M. Lee, "Public Health Surveillance in the United States: Evolution and Challenges," *Morbidity and Mortality Weekly Report*, 61, no. 3 (2012): 3-9.

[2] Denis J. Protti, Jeff Luck, and Paul Fu Jr, "Information Systems in Support of Public Health in High-Income Countries," in *Oxford Textbook of Public Health*, ed. Roger Detels, Robert Beaglehole, Mary Ann Lansang, and Martin Gulliford, 5th ed. (New York: Oxford University Press, 2011): § 5.1.

生监测③、生物监测④与公共卫生研究⑤等公共卫生实践活动⑥,来搜集健康信息并有效利用数据。生物统计学和流行病学是公共卫生的基础性学科,两者共同为公共卫生判断的作出以及公共政策的制定提供实证论据(见表 9.1)。

表 9.1 公共卫生的实践与科学:定义

公共卫生监测	对风险因素、损伤和疾病在人群中的分布和发展趋势进行监测。对卫生数据进行连续的、系统的搜集、分析和解释,为公共卫生实践的规划、实施与评价提供支撑。
生物监测	对与人、动物或植物健康相关的疾病活动与威胁的信息进行监测,以便对生物、化学、放射性或核袭击,新发传染性疾病,流行性传染性疾病,环境灾害以及食源性疾病暴发进行快速检测。
公共卫生研究	旨在形成概括性的公共卫生知识的系统性调查研究。
公共卫生信息	致力于搜集、整合、分析和传播公共卫生信息的机构和组织网络,包括州和地方卫生部门、联邦机构和其他政府部门、非营利组织和营利组织。
流行病学	对与健康相关的状态或事件在特定人群中的分布及决定因素进行研究,并对研究成果进行应用,以控制健康问题。流行病学家对疾病发生以及过早死亡的模式、趋势和原因进行探寻,并基于以下两个基本前提展开工作:这种疾病不是随机分布在人群中的,亚群体在疾病发生频率与影响因素方面都有不同。
生物统计学	统计学的一个分支学科,对来自医学和生物科学的数据进行分析、组织和总结。

卫生机构搜集、分析、传播卫生信息的速度之快与效率之高都是前所未有的。⑦ 公共卫生监测与研究产生了巨大的社会效益——包括对传染性疾病暴发、有毒物质的环境与职业接触、伤害以及其他健康威胁的及时发现与有效应对。公共卫生信息系统还可以将资源集中于最急需的领域,并进行重点干预;可以通过识别危险,并向处于风险中的人群提供卫生信息,来促进行为、社会与环境的改变;可以评估干预的效益与成本;可以通过向政策制定者与公民提供准确的卫生信息来影响立法与社会规范。

---

③ Thacker, "Public Health Surveillance."
④ The White House, *National Strategy for Biosurveillance* (Washington, DC: White House, 2012).
⑤ David Ogilvie, Peter Craig, Simon Griffin, Sally Macintyre, and Nicholas J. Wareham, "A Translational Framework for Public Health Research," *BMC Public Health*, 9 (2009): 116-25.
⑥ Joel L. Nitzkin and Christopher Buttery, "Public Health Information Infrastructure," *Engineering in Medicine and Biology Magazine*, 27, no. 6 (2008): 16-20.
⑦ Patrick W. Carroll, William A. Yasnoff, M. Elizabeth Ward, Laura H. Ripp, and Ernest L. Martin, eds., *Public Health Informatics and Information Systems* (New York: Springer, 2003).

然而,对个人健康数据的系统性获取会带来隐私风险。美国社会高度重视隐私保护以免受政府或其他侵害。⑧ 健康信息会揭示隐秘细节,这可能对个人的就业、子女抚养、移民身份、保险或公共利益产生不利影响。随着越来越庞大的数据被搜集、整合、传送给越来越多的用户,个人控制私人信息被获取的能力正被急剧削弱。

强大的隐私保护能够且必须与现代公共卫生信息基础设施的发展并存。在很多情况下,尊重隐私与促进公众健康具有目标的一致性。公共卫生有赖于社区信任与合作,一旦隐私得不到保障,疾病筛查、性伴侣通知以及医学治疗等公众参与性计划的实施就会受到阻碍(见第十章)。然而,鉴于所有的隐私都得到保障显然是不现实的,因此,我们不得不面临艰难的平衡。社会应当限制对可识别的健康数据的系统搜集来确保隐私吗?或者说,鉴于信息价值对于社会愿望的实现是如此重要,以至于个人应该放弃一些隐私吗?

本章首先对公共卫生监测与研究进行描述,同时关注对两者的功能进行区分的艰难与重要性。接下来,我们将探讨,在公共卫生监测与研究中适用健康信息所带来的隐私、保密与安全保护等方面的法律和伦理基础。我们提供两个案例研究结果(一个是关于艾滋病的研究,另一个是关于糖尿病的研究)来说明强制报告法律与隐私之间的交互作用,以及集体需求与个人利益之间的微妙的紧张关系。最后,我们要讨论的是:"大数据"时代对个人信息的日益增长的可利用性、集成性和可访问性,以及对海量信息的有意义的使用与个人隐私保护进行平衡的不懈努力所带来的难题。

第一节 公共卫生监测

在拿破仑战争时期,法语单词"监控"被引入英语中,意指"对某一个人进行密切监视或看守"⑨。现今,公共卫生监测是指:通过对公共卫生实践规划、实施与评估中所使用的与健康有关的数据进行不间断的、系统的搜集、分

---

⑧ Lynne "Sam" Bishop, Bradford J. Holmes, and Christopher M. Kelley, *National Consumer Health Privacy Survey* 2005 (Oakland, CA: California Healthcare Foundation, 2005),调查显示,67%的全国受访者"有点"或"非常关注"他们的个人健康信息隐私。

⑨ Willy J. Eylenbosch and Norman D. Noah, eds., *Surveillance in Health and Disease* (New York: Oxford University Press, 1988), 9; Ruth L. Berkelman, Donna F. Stroup, and James W. Buehler, "Public Health Surveillance," in *Oxford Textbook of Public Health*, 4th ed., ed. Roger Detels, James McEwen, Robert Beaglehole, and Heizo Tanaka (Oxford University Press, 2002), 759-78.

析与解释,从而对风险因素、意外伤害与疾病在人群中的分布进行监控。⑩ 现代公共卫生监测活动的范围涵盖了从(引发隐私关注的)具体案例的报告(例如,向卫生部门通报个案,对传染性疾病患者的个人接触史进行跟踪调查,对疾病暴发进行调查)到统计方法的运用(即对诸如临床试验结果、行为调查与人口统计等综合性数据的汇总——见表 9.2)等各个方面。

表 9.2　精选的公共卫生监测与研究工具

数据类型	描　述
生命统计登记	州与地区层面的相关登记:婴儿出生与死亡,胎儿死亡,妊娠终止。
特定疾病与特定状况登记	关于特定疾病与状况的数据采集(来自卫生保健专业人员和实验室的个人病例报告或电子健康病历监测):如艾滋病、癌症、糖尿病、铅接触以及职业接触(例如,接触石棉)等。
生物数据库与基因数据库	采集存储的组织样本和遗传信息,供研究人员对遗传相关性进行评估。
全国健康与营养检查调查	每年通过访谈、直接的体格检查、临床实验室试验和相关测量来搜集数据,以评估健康和营养状况。
全国健康访谈调查	每年搜集的代表性数据包括:急性疾病与损伤的发生率,慢性疾病与身心障碍的发生率,以及获得和利用的医疗照护服务的情况。
全国免疫调查	通过对有儿童的家庭的年度电话调查,以及对免疫接种提供者的年度邮件调查,监测免疫接种的覆盖率。
全国伤害监测电子问卷调查	对医院急诊部门接诊的与消费产品相关的伤害病例进行不间断的调查。
行为危险因素监测系统	对成人与健康相关的行为、慢性疾病以及预防服务的使用情况进行年度电话调查。

从历史上看,监测主要集中在识别和控制患传染性疾病的人。早在合众国成立之前就有了疾病强制报告制度。罗得岛州第 1741 号法令要求客栈老板向地方当局报告任何已知的罹患传染性疾病的房客。⑪ 1850 年的莱缪尔·沙特克报告(Lemuel Shattuck's 1850 report,见第六章)提出了一个有关

---

⑩　World Health Organization, "Public Health Surveillance," www.who.int/topics/public_health_surveillance/en/; Stephen B. Thacker, Judith R. Qualters, and Lisa M. Lee,, "Public Health Surveillance in the United States: Evolution and Challenges," *Morbidity and Mortality Weekly Report*, 61 (2012): 3-9; Alexander D. Langmuir, "The Surveillance of Communicable Diseases of National Importance," *New England Journal of Medicine*, 268 (1963): 182-92.

⑪　Stephen B. Thacker, "Historical Development," in *Principles and Practice of Public Health Surveillance*, 2nd ed., ed. Steven M. Teutsch and R. Elliott Churchill (New York: Oxford University Press, 1994), 1-16, 4.

疾病与死亡原因的标准化命名,并提议按照年龄、性别、职业、社会经济状况与地理分布来搜集健康数据。他提出的监测范围涵盖了疫苗接种与学校健康直至吸烟与酗酒。[12] 联邦政府自 1850 年开始报告全国死亡率数据(基于第一次人口普查和死亡登记数据),且自 1878 年开始搜集鼠疫、霍乱、天花与黄热病的发病率数据。[13]

州一级的系统性疾病报告始自 1874 年,当时马萨诸塞州制定了一个医生每周通报的自愿计划。在一封写给医生的信中,州卫生局附上了一个示例通知卡,以便"繁忙的医务人员在被请求提供此项服务时,花费最少的时间,并将因此对他们造成的烦扰降低至最低程度"。[14] 美国公共卫生服务署在 1913 年发布了一个示范法,以便统一报告要求,但仅有少数几个州采纳了这个示范法。[15] 随着 1916 年脊髓灰质炎(俗称小儿麻痹症)的流行以及 1918 年至 1919 年间流感的流行,公众对传染性疾病威胁的认识得以提高,至 1925 年,所有的州都加入了全国发病率报告体系。[16]

传染性疾病监测在 20 世纪中后期具有重要意义。1955 年,发生在美国疫苗接种者中的急性脊髓灰质炎事件威胁着整个接种计划,直到监测数据发现这一问题是因一个单一的厂家所致,情况才得以扭转。20 世纪 60 年代至 70 年代,监测是控制疟疾与消灭天花的基础性工作。[17] 1981 年,据报道,在男性同性恋群体中,很多人患有一种罕见的癌症并发肺炎。此后不久,流行病学家将其描述为后天免疫缺乏综合征(AIDS),并明确了其可能的传播方式。[18] 同样,1993 年,在美国西南部的原本健康的居民中出现一批死亡病例后,调查人员识别出一种新型汉坦病毒,并制定了预防措施。[19]

最近,国际社会也迅速动员起来,识别并应对新型传染性疾病,诸如新型冠状病毒[如严重急性呼吸综合征(SARS)和中东呼吸综合征(MERS)与流

---

[12] Thacker, "Public Health Surveillance."

[13] Ibid.

[14] Henry Ingersoll Bowditch, D. L. Webster, J. C. Hoadley, R. Frothington, T. B. Newhall, R. T. Davis, and L.F. Folson, "Letter from Massachusetts State Board of Health to Physicians," *Public Health Reports*, 30, S12 (1915): 31.

[15] James A. Tobey, *Public Health Law: A Manual of Law for Sanitarians* (Baltimore: Williams & Wilkins, 1926): 109.

[16] Ibid.

[17] Donald A. Henderson, "Surveillance of Smallpox," *International Journal of Epidemiology*, 5, no. 1 (1976): 19–28.

[18] Centers for Disease Control and Prevention, "Kaposi's Sarcoma and Pneumocystis Pneumonia among Homosexual Men: New York City and California," *Morbidity and Mortality Weekly Report*, 30, no. 25 (1981): 305–08.

[19] Brian Hjelle, Steven Jenison, Gregory Mertz, Frederick Koster, Kathryn Foucar, "Emergence of Hantaviral Disease in the Southwestern United States," *Western Journal of Medicine*, 161, no. 5 (1994): 467–73.

感病毒（如 H5N1 与 H1N1）]等。[20] 识别新型传染性疾病与生物恐怖主义的卫生监测已经成为国家和全球优先考虑的事项（见第十一章）。

随着人们日益认识到行为对个人健康的影响，公共卫生官员目前还搜集与分析行为信息，例如，酒精与毒品的使用，安全带与安全帽的使用，吸烟、营养、运动以及性行为等。[21] 近年来，卫生监测还扩展至非传染性疾病（如心脏病和糖尿病等）领域。对传染性疾病的监测在很大程度上依赖于医生的病例报告，而对行为与非传染性疾病的监测则主要是通过对被设定为抽样人群的代表进行调查而开展。[22] 举例来说，"行为风险因素监测系统"（the Behavioral Risk Factor Surveillance System, BRFSS）是世界上最大的正在运行的电话健康调查系统。自 1984 年以来，它通过年度调查，跟踪记录美国的卫生条件和风险行为情况。[23] "国家健康与营养检查调查"（the National Health and Nutrition Examination Survey, NHANES）是一个将访谈与体格检查以及实验室检查结合在一起以评估成年人与儿童的健康和营养状况的项目。国家健康与营养检查调查移动检查中心在随机选择的全国网点巡查，以评估确诊的与未确诊的疾病的患病率、生长与发育、超重与肥胖、饮食与营养、环境风险接触以及其他风险因素。[24]

为评估环境风险，卫生机构还搜集有关危害物质（空气、食品或水中的有毒物质）、风险接触（例如，儿童血铅水平）与疾病（例如，癌症、出生缺陷与肺疾病的发生率）方面的数据。"环境公共卫生跟踪调查"（Environmental Public Health Tracking, EPHT）在整合有关危害、风险接触与健康影响方面的数据的基础上，来确定它们之间可能的相关性（见框 9.1）。

---

[20] World Health Organization, *WHO Consultation on Priority Public Health Interventions before and during an Influenza Pandemic* (Geneva: World Health Organization, 2004)，该咨询建议提出了三项卫生监测原则，即建立综合监测系统、强化流行间隙期的监测工作（而不是等到大流行暴发时再进行监测）、侧重对聚群进行检测。

[21] See, for example, Laura Kann, Steven A. Kinchen, Barbara I. Williams, James G. Ross, Richard Lowry, Carl V. Hill, Jo Anne Grunbaum, Pamela S. Blumson, Janet L. Collins, and Lloyd J. Kolbe, "Youth Risk Behavior Surveillance: United States, 1997," *Morbidity and Mortality Weekly Report*, 47, no. SS-3 (1998): 1–89.

[22] Henry Rolka, David W. Walker, Roseanne English, Myron J. Katzoff, Gail Scogin, and Elizabeth Neuhaus, "Analytical Challenges for Emerging Public Health Surveillance," supplement, *Morbidity and Mortality Weekly Report*, 61 (2012): 35–39.

[23] Centers for Disease Control and Prevention, "Behavioral Risk Factor Surveillance System," www.cdc.gov/brfss, accessed August 12, 2015.

[24] Centers for Disease Control and Prevention, "Surveys and Data Collection Systems," www.cdc.gov/nchs/surveys.htm, accessed August 12, 2015.

框 9.1　环境健康追踪:危害源、接触与疾病的交互作用

环境在人类发展和健康中发挥着重要作用。[1] 疾病控制与预防中心的国家环境公共卫生跟踪项目(CDC's EPHT)对风险进行监控,为公共卫生机构和政策制定者提供数据,以防止、减轻有害接触。[2] 州政府也开展类似的监控:比如,加利福尼亚州有一个遍及全州的检测有毒化学物质接触的项目。[3]

当与环境危害、有害接触以及相关的健康影响的数据结合运用时,环境公共卫生监测就最为有效。危害监测是指对环境中存在的以下各种危害的发生、分布和发展趋势进行评估:化学物质、物理因子、生物力学应激源和生物因子(如颗粒物质或苯的空气浓度、极端的高温天气以及建于 1950 年以前的房屋比例——那时含铅油漆被普遍使用)。有害接触监测(亦称生物监测)是指对人体中存在的化学毒素的浓度(例如,血铅水平、尿砷水平和尿汞水平)进行监测。健康影响监测是指对人口的健康状况与疾病的环境危害归因(例如,特定的出生缺陷或癌症的发生率、热应力或哮喘患者的急诊就诊率)进行监测。环境公共卫生跟踪调查运用危害物、接触与健康影响方面的数据(连同人口与社会经济数据)来寻找可能的相关性。[4] 我们的主要目标是通过告知来减少环境危害,并减轻环境危害所带来的影响。作为一个早期预警系统,环境公共卫生跟踪调查的价值体现在:对有意的或意外的生物、化学或放射性物质的释放的潜在威胁发出预警。[5] 环境健康监测是适应气候变化的重要策略,这一策略允许卫生官员对有害物质暴露的地理分布变化以及变化的环境对健康的影响进行监测。

注释:
1. 关于环境健康问题的调查,see Robert H. Friis, *Essentials of Environmental Health*, 2nd ed., ed. Richard Riegelman (Sudbury, MA: Jones & Bartlett, 2012).
2. Centers for Disease Control and Prevention, National Environmental Public Health Tracking Program, www.cdc.gov/nceh/tracking, accessed August 20, 2015.
3. Cal. S.B. 1379, Reg. Sess. (Cal. 2006)(创建了一个生物监测项目来识别在加利福尼亚州人体内的化学物质,旨在减轻污染物接触并对负责识别有毒化学物质来源的厂家或个人的花费进行评估)。
4. Amy D. Kyle, John R. Balmes, Patricia A Buffler, and Philip R. Lee, "Integrating Research, Surveillance, and Practice in Environmental Public Health Tracking," *Environmental Health Perspectives*, 114, no. 7 (2006): 980–84.

> 5. Susan West Marmagas, Laura Rasar King, and Michelle G. Chuk, "Public Health's Response to a Changed World: September 11, Biological Terrorism, and the Development of an Environmental Health Tracking Network," *American Journal of Public Health*, 93, no. 8 (2003): 1226-30.

为了评估与疾病相关的遗传性变异,卫生专业人员搜集并评估遗传数据在人口层面的发展趋势。[25] 例如,他们对亚群体对疾病的行为和环境诱因的易感性很感兴趣。公共卫生系统需要掌握传染性风险、非传染性风险、行为风险、环境风险以及遗传风险方面的可靠信息,以降低发病率与过早死亡率。

◎疾病与其他健康状况之强制报告

> 发病率登记对于治疗学来说具有无法估量的贡献,对于卫生学来说也是如此,因为这让医生能够确定各种形式的疾病的病程与死亡率……幻觉将被驱散,骗术将被阻止,治疗学作为一门科学得以创立,痛苦在减少,生命将免遭许多危险的侵害。
> ——威廉·法尔:《生命统计学》(William Farr, *Vital Statistics*, 1838)

由医疗照护专业人员及实验室向公共卫生机构提供的病例通报是卫生监测的基石。基于警察权,州政府拥有宪法赋予的强制要求通报包括传染性疾病、伤害、行为风险因素与其他健康状况(例如,伴侣受虐或儿童受虐、枪击致伤、医院获得性感染等情况)在内的各种案例的权力。[26] 正如下文所讨论的,最高法院支持通报要求,对于以侵犯个人隐私为由提出的异议不予支持。[27] 各州已通过立法列举可通报健康状况事项(或可通报疾病类型,如"传染性疾病"或"性传播性疾病"),或将此项任务授权给州或地方卫生机构办理。[28] 立法机关进行授权,而法院则赋予卫生机构决定如何给疾病分类的相当大的自由裁量权。例如,纽约州最高法院驳回了一项由医生组织提出的质

---

[25] Institute of Medicine, *Implications of Genomics for Public Health* (Washington, DC: National Academy Press, 2005); Muin J. Khoury, "From Genes to Public Health: The Applications of Genetic Technology in Disease Prevention," *American Journal of Public Health*, 86, no. 12 (1996): 1717-22.

[26] 公共卫生机构试图获得学校健康信息,以保护儿童、家庭和公众的健康。然而,一些学校援引《家庭教育权与隐私法案》,以维护学生教育档案隐私为由,已经拒绝公共卫生机构获取健康数据(即使这些数据关涉法定报告性传播疾病)。Association of State and Territorial Health Officials, *Accessing School Health Information for Public Health Purposes: Position Statement* (Washington, DC: Association of State and Territorial Health Officials, 2006).

[27] *Whalen v. Roe*, 429 U.S. 589 (1977)(支持纽约市对某些危险药品处方的报告要求)。

[28] *New York State Socy of Surgeons V. Axlrod* 572 N.E.2d 605(N.Y.1991)。

疑案。在这项质疑案中,医生组织试图要求卫生专员将艾滋病列为性病;但卫生专员拒绝这样做,法庭也支持他行使该项自由裁量权。㉙

各州法律对于可通报疾病的清单规定并不一致,具体来说,在必须报告的具体情形、报告的时限与负责接收通报的机构等方面都有区别。㉚ 法令关于承担通报义务的当事人的规定也各不相同,但大多数法令都规定,由指定的医疗照护专业人员与实验室承担此项义务。有关州外实验室执行报告要求的问题,详见框9.2中的讨论。

所有的州和地区通过定期与疾病控制与预防中心共享综合性数据,来支持国家公共卫生监测。㉛ 目前,大约有70种法定病情已被列入国家法定疾病监测系统(the National Notifiable Diseases Surveillance System, NNDSS)。㉜ 虽然州法律要求在州一级层面通报特定情形,但向疾病控制与预防中心通报则是自愿的(目前,所有司法辖区都这么做)。㉝ 尽管大多数法定报告情形都是传染性疾病,但是疾病控制与预防中心还建议通报癌症、血铅水平升高、硅肺(与职业性接触相关的肺部疾病)以及急性杀虫剂中毒类疾病或损伤方面的情形。州与领土流行病学家委员会(The Council of State and Territorial Epidemiologists, CSTE)会同疾病控制与预防中心,每年提出国家监测疾病清单的增减情形,大多数州都遵从这些建议。㉞ 疾病控制与预防中心为法定通报疾病以及可能成为州通报要求对象的其他情形建立标准化病例释义。㉟ 标准化病例通报通常包括病人的姓名、年龄、种族、地址、实验室分析、风险行为以及临床病史。

㉙ New York State Soc'y of Surgeons v. Axlrod 572 N.E 2d 60S(N.Y.1991)

㉚ Terence L. Chorba, Ruth L. Berkelman, Susan K. Safford, Norma P. Gibbs, and Harry F. Hull, "Mandatory Reporting of Infectious Diseases by Clinicians," Journal of the American Medical Association, 262, no. 21 (1989): 3018-26.

㉛ Ibid.

㉜ Centers for Disease Control and Prevention, "2015 National Notifiable Infectious Conditions," www.cdc.gov/nndss/conditions/notifiable/2015, accessed August 12, 2015.

㉝ Centers for Disease Control and Prevention, "National Notifiable Disease Surveillance System (NNDSS)," wwwn.cdc.gov/nndss/history.html, accessed August 12, 2015.

㉞ Centers for Disease Control and Prevention, "Case Definitions for Infectious Conditions under Public Health Surveillance," Morbidity and Mortality Weekly Report, 46, no. RR-10 (1997): 1-55.

㉟ Daniel M. Fox, "Social Policy and City Politics: Tuberculosis Reporting in New York, 1889-1900," Bulletin of the History of Medicine, 49, no. 2 (1975): 169-75.

框9.2 州外实验室的通报要求

> 州通常要求医疗照护专业人员与检测实验室对疾病情况进行报告。通常实验室是更可靠的数据记录者,并作为一个自动防故障系统而运行着。然而,如果医疗照护提供者使用州外实验室,这一自动防故障系统就会遭到破坏,因为,州外实验室多半没有义务遵守医疗照护提供者所在州的通报要求。诚然,州内医生收到来自州外实验室的阳性检测结果时,必须向卫生部门提供一份报告,但是如果他没有这样做(实际上,医生通报率极低是众所周知的事实),那么就没有实验室通报的后备系统了。此外,实验室往往只保存有限的病人数据,所以他们向公共卫生部门提供的报告可能是不完整的。
>
> 州和联邦本可以找到解决管辖权问题的富有想象力的方案。具体来说,在州一级,监管机构可以要求州内医疗照护提供者和健康计划只能与同意通报的州外实验室签订契约。实验室若不通报检测结果,可对州供应商或计划进行制裁,而不是对州外实验室进行制裁。在联邦一级,鉴于样本和数据跨越州界而被检测,因而可被视为贸易对象,国会就可以有权根据宪法中的贸易条款要求对检测结果进行通报。这并不是说以联邦登记来取代州登记,实际上,联邦法律可以只要求实验室向州有关当局报告。然而,在这一解决方案还阙如的情况下,管辖权问题就会对通报的完整性构成阻碍,特别是在当下,当整合性医疗照护提供系统在区域范围内或全国范围内运转时,情况就显得更为突出。

尽管法定疾病通报制度有着悠久的传统,目前也很风行,但是通报可能会带来政治纷争与社会分裂。公共卫生领域与医学领域对通报制度的看法极为不同。㊱ 公共卫生专业人士认为他们的首要职责是保护公众,并通过援引科学与集体责任之伦理来证明通报的正当性。反之,医生将维护(作为个体)病人之利益视为首要责任。通报义务通常要求医生提供病人的姓名与其他敏感信息,医生或许认为这是泄密。患者也可能会反对强制通报,因为他们不相信州能够保证所登记的敏感数据处于安全状态。也许是因为医学与公共卫生的价值取向不同,或是由于这两个领域之间缺乏清晰明了的对

㊱ Daniel M. Fox, "From TB to AIDS: Value Conflicts in Reporting Disease," *Hastings Center Report*, 16, no. 6 (1986), 11–16.

话,医生对通报制度的遵从一直是变化不定的,而且往往遵从程度很低。[37]

第二节　公共卫生研究

> 生命的一半时间在婴幼儿期、疾病及依赖性无助中度过……在揭示高死亡率、疾病(导致高死亡率)、疾病的诱因时,登记簿上的摘录将证实:一部分疾病是不可避免的,一部分疾病通过渐进的社会改良有望被消除,而相当大比例的疾病可以通过广泛采取卫生措施而被遏制。
> ——威廉·法尔:《生命统计学》(William Farr, *Vital Statistics*, 1838)

公共卫生研究涉及系统的调查,这样的调查旨在促使概括性的公共卫生知识的形成。公共卫生研究人员试图确定社区健康的决定因素,并评估干预措施的有效性。具体的研究方法从对候选疫苗与药物的大型临床试验研究,到流行病学和生物统计学研究等不一而足。[38] 若没有一个针对严谨研究的系统议程,公共卫生官员将无法获得用以制定政策与方案或分配卫生资源所需的科学证据。

公共卫生研究涉及多学科研究,并与公共卫生实践有着密切的联系。流行病学研究包括对疾病、风险因素与伤害的人群分布(例如,确定在特定时期内、地理区域与社会经济群体或职业中的某种集中发生的病情)的描述性、假设生成性研究。[39] 描述性研究的结果可能会导向分析性、假设检定性研究,这种研究运用实验或观察的方法,旨在确定疾病或损伤的决定因素(见第二

---

[37] Timothy J. Doyle, M. Kathleen Glynn, and Samuel L. Groseclose, "Completeness of Notifiable Infectious Disease Reporting in the United States: An Analytical Literature Review," *American Journal of Epidemiology*, 155, no. 9 (2002): 866-74. 报告的完整性从 9% 到 99% 不等,艾滋病、性病和结核病报告的平均完整性(79%)显著高于其他所有疾病报告的完整性(49%); Ian Brissette, Kitty H. Gelberg, and Anthony J. Grey, "The Effect of Message Type on Physician Compliance with Disease Reporting Requirements," *Public Health Reports*, 121, no.6 (2006): 703-09. 医生在收到纽约州职业肺病登记处有关特定病人的个性化信息要求时,回应率为 50%,该比例明显高于医生被要求将信息报告作为法律义务来对待时的回应率;而且前者报告的完整性也高于医生被要求将报告作为实现公共卫生的目的来对待时的报告的完整性。

[38] John M. Last, "Epidemiology and Ethics," *Journal of Law, Medicine and Ethics*, 19, no. 3-4 (1991): 166-74.

[39] Harris Pastides, "The Descriptive Epidemiology of Cancer," in Philip C. Nasca and Harris Pastides, *Fundamentals of Cancer Epidemiology*, 2nd ed. (Sudbury, MA: Jones and Bartlett, 2008), 1-28.

章)。一旦研究人员确立了一个可能的因果关系,研究所确定的危险因素就可能成为干预所针对的目标。公共卫生从业人员和决策者选择、设计干预措施,是建立在了解流行病学和社会科学研究成果(汲取经济学、心理学、社会学、人类学以及政治学等学科的研究成果)的基础上,然后通过进一步的流行病学和社会科学研究,对干预措施进行评估,以确定是否应该维持、停止或更为广泛地采用干预措施。[40]

一、公共卫生法研究

随着公共卫生科学家和决策者对法律作为一种健康决定因素的作用越来越关注(见第一章),公共卫生的研究领域已扩展到将公共卫生法研究囊括其中。公共卫生法研究也被称为法律流行病学(legal epidemiology)。[41] 法律流行病学是对法律作为一种因果要素的科学研究,这种因果要素是指法律在群体层面上对疾病的病因、分布与预防的影响。从事政策监测(policy surveillance)的多学科研究团队对与健康相关的法律和政策进行系统的、连续的分类、规划和追踪研究。他们还研究法律(例如,禁止分心驾驶的刑法)和法律实践(例如,将持有安全套视为卖淫的证据的警务实践)助长疾病风险的情形。最后,他们还对作为干预手段的法律、政策和法律实践——防止与控制疾病(例如,餐厅菜单上的热量标注对消费者行为的影响)——进行评估。

二、公共卫生实践与人体试验的区别

> 迷失在法律和伦理的灰色地带的是一系列的公共卫生活动,这些活动并不能被恰到好处地归入实践或是研究范畴……公共卫生的范围极为广泛,它的浩瀚复杂使其不同于独立的研究活动。有人认为,人体试验的定义不适用于公共卫生活动……也有人强调,需要一场国家改革。这场改革包括对监测或其他公共卫生实践提供"某种形式的明确的、系统的审查";这样的审查是由公共卫生的外部伦理机构来组织,或者将公共卫生机构彻底排除在联邦人体研究保护系统之外。然而,这些歧义的内在基础性问题却是一致的,也是持续存在的:即公共卫生实践和研究何以不同?

---

[40] Ogilvie, et al., "Translational Framework."
[41] Scott Burris, Ichiro Kawachi, and Austin Sarat, "Integrating Law and Social Epidemiology," *Journal of Law, Medicine, and Ethics*, 30, no. 4 (2002): 510-21; Scott Burris, "From Health Care Law to the Social Determinants of Health: A Public Health Law Research Perspective," *University of Pennsylvania Law Review*, 159, no. 6 (2011): 1649-67; Alexander C. Wagenaar and Scott Burris, eds., *Public Health Law Research: Theory and Methods* (San Francisco: Jossey-Bass, 2013).

——小詹姆斯·G. 霍奇:《一种区分公共卫生实践与人体研究的更好的方法》(James G. Hodge Jr., An Enhanced Approach to Distinguishing Public Health Practice and Human Subjects Research, 2005)

卫生机构日常所从事的关涉个人信息搜集与分析的活动十分广泛,不仅包括前文述及的监测,还包括流行病学调查(例如,追踪疾病暴发的源头)、对接触者的追踪(见第十章)以及对干预措施的评估与监控。一个棘手而重要的问题是:确定这些常规活动在何种情形下已越出疆界而成为人体试验了。如果将常规的公共卫生实践归入研究之列,卫生部门就不得不将更多的活动提交机构审查委员会(Institutional Review Boards, IRBs)审核,并且要获得参与者的知情同意。这些要求可能会使快速、有效的社区健康威胁应对受到阻碍。

公共卫生实践的法律和道德权威与研究的法律和道德权威存在显著差异。[42] 传统上,公共卫生实践被视为州警察权力的行使,伴有授权监测与响应的法令。相比而言,开展研究通常没有授权。此外,开展研究的道德权威在很大程度上取决于参与者的同意,而维护公众健康的道德权威并不依赖同意。相反,公共卫生法可以强制要求个人为了共同利益从事或不从事某些活动。实践和研究之间的这一区别表明,公共卫生活动在受影响的个人不愿参与的情况下,也可以合法地实施;但是对这些活动进行描述确非易事。下文我们将回到这个议题上,但首先我们来介绍几个独特的适用于监测与研究的伦理原则和法律规则。

第三节　隐私、保密与安全:概念界定

疾病引发巨大的恐惧。对疾病和死亡的恐惧通常与对失去隐私的焦虑不相上下。隐私丧失可以将对身体的威胁转变为将个人声誉、资源甚至自治和自由置于某种危险境地。当政府试图以公共卫生为名对疾病进行监控时,这两个根深蒂固的忧惧便相伴而生。

---

[42] Amy L. Fairchild, "Dealing with Humpty Dumpty: Research, Practice, and the Ethics of Public Health Surveillance," *Journal of Law, Medicine and Ethics*, 31, no. 4 (2003): 615-23; Steven S. Coughlin, "Ethical Issues in Epidemiological Research and Public Health Practice," *Emerging Themes in Epidemiology*, 3 (2006): 16.

——艾米·L. 费尔柴尔德、罗纳德·贝耶尔、詹姆斯·格罗夫:《搜索之眼》(Amy L. Fairchild, Ronald Bayer and James Colgrove, Searching Eyes, 2007)

公共卫生专业人员和研究人员搜集着大量的个人信息,这些个人信息涉及人类生活的私人领域。在此,我们就来探讨这个私人领域及其哲学基础与法律地位。[43] 隐私、保密和安全有时被认为是可以互换的概念,但实际上并非如此。有关这些独特的但相互关联的术语的定义见表 9.3。

"隐私"(privacy)这个术语——是个人据以主张限制他人获得其个人生活的某些方面信息的权利——在伦理话语中具有不同的含义。本章不涉及决策性隐私——即个人在不受干扰的情况下作私密性决定的自由(例如,关于身体完整性的决定)。有关医疗方面的决策性隐私将在第十章进行探讨。此处所探讨的隐私也主要不是塞缪尔·沃伦(Samuel Warren)和路易斯·布兰代斯(Louis Brandeis)所言的作为隐居或"独处的权利"(right to be let alone)的隐私概念——个人的这种权利是指,在个人不知情或未同意的情况下不得被观察、拍照或被检查——尽管,数据搜集的手段要求就暗含了这种形式的隐私(见下文的"大数据"部分)。[44] 实际上,本章主要涉及的是健康信息隐私,意指个人有权对个人健康信息的搜集、使用和传播的情形进行控制。

表 9.3　三个密切相关的概念:隐私、安全与保密

隐私	个人控制他人进入其某一方面的个人生活的权利。
信息隐私	个人控制他人获得其个人信息的权利。
安全	所设计的技术、组织与管理措施旨在保护数据系统免受有意的或无意的未经授权的披露、更改与毁坏。
保密	存在于具有密切关系的双方(如医生和病人)之间,就在此种关系范围内如何共享信息(包括如何保持信息安全和信息隐私)所达成的协议以及所附随的信任。这有时被视为关系隐私的一种形式。

在此,我们还要讨论保密和安全。"保密"(confidentiality)是指具有特定关系的双方当事人就在这一特定关系范围内如何处理双方共享的信息而达

---

[43] 有关这方面的历史性评述,see James G. Hodge Jr. and Kieran G. Gostin, "Challenging Themes in American Health Information Privacy and the Public's Health: Historical and Modern Assessments," *Journal of Law, Medicine and Ethics*, 32, no. 4 (2004): 670-79.

[44] Samuel D. Warren and Louis D. Brandeis, "The Right to Privacy," *Harvard Law Review*, 4, no. 5 (1890): 193-220.

成的合意。保密意在尊重个人的隐私(此处的个人是指已向对方透露了私密信息的人),并保护双方的信任关系。"安全"(security)是指技术、组织和管理方面的实践——借此来保护信息,以防被非法泄露。例如,采用安全的电子数据系统使用密码或安全令牌,以确保只有授权的用户才能存取受保护的信息;执行审核以监控系统用户;对数据加密以防外部存取(见框9.3)。

框9.3　隐私利益与公共卫生需要之间的平衡:
个人可识别的、编码的、匿名的数据

只要一个记录揭示了有关该记录主体的私人信息,该主体对于有关健康记录的信息隐私主张通常是有法律效力的。因此,披露标准应根据记录是否与特定人相关而有所不同。当数据持有者拥有某个人的可识别的信息时,就会带来最严重的隐私问题:意味着该人要么可以被记录本身所包含的信息识别,要么可以由记录持有者以其他方式从其他渠道所获取的信息识别。包含独一无二的可识别特征信息的数据(如姓名、社会安全号码、指纹或电话号码等)可归类为可识别数据。即使没有一个独一无二的标识符,某些数据也可能会提供足够的信息,从而使某个特定的个体被识别。有关地点、种族、性别、出生日期和其他个人特征方面的信息就使得在一个小群体中识别个体成为可能。

《健康保险流通与责任法案》(Health Insurance Portability and Accountability Act of 1996, HIPAA)规定的隐私规则(Privacy Rule,下文将对此进行讨论)保护个人的可识别健康信息,但该规则并未对非可识别信息的使用或披露进行限制。根据《健康保险流通与责任法案》的规定,在以下两种情况下,某一数据可以被视为不包含身份信息:首先,如果一个合格的统计员对信息作出的正式判定是"风险很小",那么,这些信息就可以被单独使用或结合其他合理获取的数据来识别个体。此外,可以通过去除记录中的特定的标识符(例如,姓名、地理标志、日期、电话号码、社会安全号码)来去除数据中的身份信息。上面谈到的第二种方法也被称为"安全港"(safe harbor),但当所涉主体确信可以利用余下的信息来识别个体时,这种方法就是无效的。[1]

涉及集合性数据使用的监测、流行病学研究和统计应用,因其所提供的研究案例是匿名的,因此,在使公共卫生大获裨益的同时,对个人隐私的侵害却可以忽略不计。例如,很少(如果有的话)需要对血液样本或其他组织的分析进行限制,因为,这些样本并不会与任何一个人产生关联。[2]

然而，即使像这样的匿名数据也会引发对"群体"隐私的关注。

所谓"群体"隐私是指民族、种族或宗教团体拥有的隐私利益，这一说法尚存在争议。试想一个研究人员并未搜集个人的可识别身份数据，但是其发布的信息却可能使一个特定的群体受到侮辱，例如对镰状细胞性贫血（发生在非洲裔美国人中）或泰-萨克斯病（Tay-sachs disease 发生在德系犹太人中）的遗传学研究。或者假定在一个印第安人居住的小村庄开展一项探寻有关吸毒、精神病或性病高发病率的原因的研究。在这种情况下，该群体的成员可能会感到，这一信息的公布会贬损他们的声誉与社会地位。[3]

可链接数据或编码数据所引发的隐私关注处于中等水平。这些数据不具有直接可识别性，但是通过使用一个安全代码可以与一个特定的人相关联。有关编码数据的隐私问题，取决于是否有充分的措施来保护链接的安全性。如果数据持有者可以轻而易举地获得译码密钥，那么隐私问题就会凸显，在这种情况下，编码数据实际上可以被视为具有个人身份的可识别性。然而，如果持有者并不能译码以发现可识别的身份特征，那么，对所有的实际使用而言，这些数据可以被看作匿名的。例如，各州使用桑迪克斯代码（soundex code）（用病人的姓氏字母编码）向疾病控制与预防中心发送HIV病例报告。这样，由州卫生部门持有的数据具有个人身份的可识别性，但为保护个人隐私，由疾病控制与预防中心所持有的数据则是加密的。那么，主要的问题就变成：数据持有人和密钥持有人之间的防火墙可否被突破。

公共卫生专家认为，可识别的数据或至少是可链接的数据对于确保记录的完整性与准确性往往是必不可少的，并可以避免重复报道，也便于开展后续追踪调查。这些问题影响到监测和研究的质量和可靠性。匿名数据使得获取有关风险行为和其他风险因素等有用信息的任务变得复杂起来，因为原本这类信息可以从对医生和患者的访谈中获得，也可以从对病人的医疗档案的审查中而获得。[4]

使用匿名数据还因其他因素而颇具争议。例如，在1990年代中期，疾病控制与预防中心对HIV在新生儿中的流行情况所开展的匿名研究，在提供科学有效、至关重要的监测数据的同时，所带来的隐私风险却微不足道。然而，国会却批评了这项研究，因为匿名记录使得卫生当局无法将测试结果返回至为HIV呈阳性的婴儿提供照护的机构，由此，这些孩子就不能得到治疗。[5]

注释：
1. 45 C.F.R. § 164.514.
2. 45 CFR § 46.101（b）; National Bioethics Advisory Commission, *Research Involving Human Biological Materials: Ethical Issues and Policy Guidance*（Rockville, MD: National Bioethics Advisory Commission, 1999）, https://bioethicsarchive.georgetown.edu/nbac/hbm.pdf.
3. James G. Hodge Jr. and Mark E. Harris, "International Genetics Research and Issues of Group Privacy," *Journal of Biolaw and Business*, Special Supplement（2001）: 15-21; Madison Powers, "Justice and Genetics: Privacy Protection and the Moral Basis of Public Policy," in *Genetic Secrets: Protecting Privacy and Confidentiality in the Genetic Era*, ed. Mark A. Rothstein（New Haven, CT: Yale University Press, 1997）: 355.
4. Lawrence O. Gostin and Jack Hadley, "Health Services Research: Public Benefits, Personal Privacy, and Proprietary Interests," *Annals of Internal Medicine*, 129, no. 10（1998）: 833-35.
5. Howard Minkoff and Anne Willoughby, "Pediatric HIV Disease, Zidovudine in Pregnancy, and Unblinding Heelstick Surveys: Reframing the Debate on Prenatal HIV Testing," *Journal of the American Medical Association*, 274, no. 14（1995）:1165-68.

第四节　健康信息隐私：伦理与实用主义基础

隐私权的伦理关切指向健康数据的私密性及其被泄露的潜在危害性。公共卫生档案中含有大量的敏感信息：公共卫生官员关注个人的行为（例如，性史、吸烟、饮酒或吸毒）、基因特征和社会经济地位。因此，公共卫生档案中包含了大量的、具有不同用途——如确定受益资格、执法、营销以及更多的其他方面的用途——的个人信息。此外，公共卫生档案只是政府机构和商业实体（如广告业、营销业等）所控制的档案中的一部分。其中，政府机构所掌握的公共卫生档案用于社会服务、移民、执法、教育等方面。如果对此加以整合，这些信息可以提供个人私人生活的详细面向。

对敏感的健康数据的不必要的泄露，可能会导致各种各样的危害。诸多道德观念都意识到保护个人免于尊严受辱与缺乏尊重（健康信息泄露就是这方面的明证）的必要性。此外，侵犯隐私可能会导致经济损害，如失去工作、保险或住房等；还会导致社会或心理伤害：一些病情（例如，HIV 和其他性病)的披露可能会带来耻辱,造成尴尬、被社会孤立与抑郁。当使用违禁药物、实施不受社会赞成的性表达方式或其他引发社会不满的行为等被视为影响健康状况的原因时,上述的这些风险就变得尤为显著。

对隐私的侵蚀也会削弱公共卫生目标。患有污名化疾病或处于患污名化疾病风险的人若不认为他们的私密将受到尊重,他们或许就不会主动进行检测、咨询并接受治疗。他们也不太可能会透露有关风险因素的敏感信息。例如,如果一个青少年得知他的性病状况可能会透露给他的父母,他或许就不敢接受检测或寻求治疗。㊺ 由于担心健康信息被泄露而不透露健康信息将会不利于治疗,且将他人置于疾病暴露的风险中。因此,信息隐私值得保护,这不仅是出于对患者的社会与经济利益之考虑,也是出于对患者健康与更广泛的社会群体健康之考虑。

第五节 健康信息隐私:法律地位

至此,我们已经指出,搜集、使用和传播健康信息既会带来公共卫生利益,也会构成隐私风险。对健康信息隐私的法律保护(宪法、法律和行政手段)在寻求便利使用健康信息以获得公众利益的同时,还要提供合理的隐私保护。㊻ 不幸的是,它们并不总能达到平衡。

一、宪法上的信息隐私权

司法上将信息隐私作为一项宪法权利来确认显得尤为重要,因为政府是公共卫生信息的主要搜集者和传播者。㊼ 公民不必依赖政府的自由裁量权来保护其隐私权益。反之,个人需要来自政府本身的保护,而有效的宪法救济则是保护个人信息免遭未经授权的政府获取或披露的最可靠的方法。然而,宪法却没有明确承认隐私权。

㊺ See Kimberly D. Goodwin, Melanie M. Taylor, Erin C. Fuse Brown, Michelle Winscott, Megan Scanlon, James G. Hodge Jr., Tom Mickey, and Bob England, "Protecting Adolescents' Right to Seek Treatment for Sexually Transmitted Diseases without Parental Consent: The Arizona Experience with Senate Bill 1309," *Public Health Reports*, 127, no. 3 (2012): 253-58.

㊻ Amitai Etzioni, *The Limits of Privacy* (New York: Basic Books, 1999).

㊼ Seth F. Kreimer, "Sunlight, Secrets, and Scarlet Letters: The Tension between Privacy and Disclosure in Constitutional Law," *University of Pennsylvania Law Review*, 140, no. 1 (1991): 1-147; Francis S. Chlapowski, "The Constitutional Protection of Informational Privacy," *Boston University Law Review*, 71, no. 1 (1991): 133-60.

尽管缺乏明确的宪法表述，但是最高法院已经为健康信息隐私确定了一个有条件的宪法性权利。在沃伦诉罗（Whalen v. Roe，1977）一案中，法院直面这一问题：宪法上的隐私权是否对政府数据库中的健康信息的搜集、存储和传播构成限制。[48] 本案争论的焦点是：一部纽约州的法律要求医生报告附表二中所管制物质的处方信息，并以一个集中的电子数据库的形式提供数据存储。法院指出，公共卫生活动的开展"需要对大量的信息进行有序的保存，其中有很多信息体现了个人的性格特征，若被泄露则会带来潜在的尴尬甚或危害"[49]。另外，法院承认这些活动"隐含着对隐私的威胁"[50]。经过对这些因素的权衡，法院认为，沃伦案中并无违法之处，因为纽约州设定了充分的安全措施：计算机U盘被存放在一个上锁的柜子里，计算机处于离线运行状态以免未经授权的访问，并且限定了可以存取数据的官员数量。

下级法院认为，沃伦案为信息隐私提供了一个有限的权利保护，即受第五修正案和第十四修正案中的正当程序条款（Due Process Clauses）保护（见第四章），或以州宪法作为该项权利的存在基础。[51] 法院业已采用灵活的测试手段在隐私侵犯与政府利益强度之间进行平衡。例如，在美国诉西屋电气公司（United States v. Westinghouse Electric Corporation，1980）案中，第三巡回法庭阐述了如下五项平衡要素：（1）记录的类型及其所包含的信息；（2）任何未经授权的披露所致危害的可能性；（3）信息披露对当事人之间的关系（这一关系是记录得以产生的基础）的伤害；（4）防止信息非经一致同意的披露的保障措施的充分性；（5）存取信息的必要程度（即一个可认可的公共利益）。[52] 一个贯穿判例法的明确无误的主题是：司法尊重政府获取和使用信息的明示需要，以至于公共卫生监测活动很少因正当程序理由而受到质疑。假若政府所阐明的行动意图正当（如保护公众健康），并采用合理的隐私获取及安全措施，法院就不太可能会干预公共卫生

---

[48] Whalen v. Roe, 429 U.S. 589 (1977). In Nixon v. Adm'r of Gen. Servs., 433 U.S. 425 (1977), 在沃伦案判决4个月后，法院勉强承认狭义的隐私权。See also Planned Parenthood v. Danforth, 428 U.S. 52, 80 (1976)（法院承认隐私权，但为保护孕产妇健康，法院支持合理的报告和记录要求，并适当尊重患者的隐私）。

[49] Whalen, 429 U.S. at 605.

[50] Ibid.

[51] Rasmussen v. South Fla. Blood Serv., Inc., 500 So. 2d 533 (Fla. 1987)（本案判定，一名艾滋病患者无权获得一张传票来协助他证明他是在输血过程中被感染的）。

[52] United States v. Westinghouse Elec. Corp., 638 F.2d 570, 578 (3d Cir. 1980).

监测项目。[53]

　　隐私权倡导者也已转向第四修正案关于禁止非法搜查和扣押的规定,以此挑战公共卫生监测中对某些信息的搜集与使用。例如,在俄勒冈处方药监控项目诉联邦缉毒署(Oregon Prescription Drug Monitoring Program v. DEA, 2014)案中,一个联邦地区法院作出如下裁定:联邦缉毒署在没有搜查令的情况下,不能访问州处方药监控项目(Prescription Drug Monitoring Program, PDMP)。[54] 目前,在几乎所有的司法辖区内都已经建立了处方药监控项目,它们对药局以及特定处方药配发人员所提供的数据进行搜集、监测和分析。[55] 这些项目旨在对药物使用情况进行监测,如追踪药物的滥用与转移(从经授权的使用者流向未经授权的使用者)的趋势;但其主要功能是允许医师和药局识别单个的药物滥用者,这些滥用者可能正同时从多个渠道获取药物。联邦缉毒署惯常使用行政传票从州处方药监控项目处获取信息作为药品调查的一部分。当区法院根据第四修正案裁定行政传票不合法时,借助的是最高法院 2001 年的一个判例。该判例认为,在没有搜查令的情况下,不能以执法为目的而获取医学实验室检测结果,因为"在医院接受诊断性检测的典型患者对隐私权享有的合理预期是:这些检测结果未经本人同意将不会被非医务人员共享"。[56]

二、HIPAA 行政简化规则

　　在《平价医疗法》颁布之前,1996 年的《健康保险流通与责任法案》旨在保证以雇主为基础建立起来的医疗保险覆盖的便携性——即"钱随人走"(见第八章)。[57]《健康保险流通与责任法案》还要求健康与人类服务部采用电子化医疗照护交易国家标准,以提高效率与效益,这是一种被称为"行政简化"的措施。在寻求电子健康档案(EHRs)的采用及标准化的利益最大化的同时,国会也认识到此种做法对隐私的威胁。为平衡各方利益,国会指示健康与人类服务部采用联邦隐私保护规则来保护个人可识别的健康信息。由

---

[53] 个人主张宪法赋予的信息隐私权不太可能获得补救,除非州未能维护某一重大利益或在披露高度敏感信息时特别粗心大意。See Doe v. Borough of Barrington, 729 F. Supp. 376 (D.N.J. 1990) (本案认定,一名警官在泄露一名艾滋病感染者的信息时,违反了宪法规定的隐私权); Woods v. White, 689 F. Supp. 874 (W.D. Wis. 1988) (本案将宪法隐私权扩大到监狱医务人员对囚犯艾滋病状况的披露), aff'd, 899 F. 2d 17 (7th Cir. 1990).

[54] Oregon Prescription Drug Monitoring Program v. U.S. DEA, 998 F. Supp. 2d 957 (D. Or. 2014).

[55] National Association of State Controlled Substances Authorities, State Profiles, www.nascsa.org/stateprofiles.htm, accessed January 21, 2015,除了对其他州的药物管制法进行调查外,还对处方药监控项目的立法与规章进行调查。

[56] Ferguson v. Charleston, 532 U.S. 67, 78 (2001).

[57] Health Insurance Portability and Accountability Act of 1996, Pub. L. No. 104-191, 110 Stat. 1936.

此产生的系列规则有:《隐私规则》(2003)(Privacy Rule, 2003)、《安全规则》(2005)(Security Rule, 2005)和《执行规则》(2006)(Enforcement Rule, 2006),这些规则提供了第一个系统的全国范围内适用的健康信息隐私保护框架。[58] 除了法律规定的相关披露外,这些规则取代了所有的为隐私提供较少保护的州和地方法律(优先适用的最低标准,见第三章)。在随后的几年里,国会和健康与人类服务部一直对这些规则进行定期更新,最近的更新是 2013 年的《HIPAA 总括性规则》(HIPAA Omnibus Rule)。[59]

(一)所涵盖的实体

《HIPAA 总括性规则》适用于从事电子计费交易或其他目的的医疗照护提供者[60],还适用于健康计划(包括私人保险公司、雇主健康计划和政府支付医疗保健计划)与医疗照护信息交换中心(处理健康信息的机构)。这些被称为"所涵盖的实体"。所涵盖的实体所雇用的提供涉及个人可识别健康信息的商业伙伴(例如,律师、会计师和其他承包商)也要遵守规则中的某些条款规定而直接承担责任。规则不涵盖那些常规处理敏感健康信息的实体,例如,提供寿险、车险与工伤险的公司;不涵盖管理社会保障或福利待遇的公共机构;也不涵盖提供电子保健应用的公司。

(二)受保护的健康信息

《HIPAA 总括性规则》适用于"受保护的健康信息"(protected health information, PHI)。受保护的健康信息是指与个人的过去、现在以及将来的身体和精神健康状态、医疗照护或支付情况相关的可识别性数据。规则还包括确定数据是否具有个人身份可识别性的规范标准(见前文框 9.3)。《隐私规则》适用于受保护的健康信息,不论该信息是否通过电子方式进行传输。相比之下,《安全规则》只对所涵盖实体以电子形式创建、接收、维护或传输的"受保护的健康信息"进行保护。《安全规则》将之称为"受保护的电子健康信息"(electronic protected health information, E-PHI)。

(三)隐私与安全政策

《隐私规则》要求所涵盖的实体告知个人享有隐私权,并告知个人其受保护的健康信息是如何被使用或披露的;采取并实施隐私政策和程序;培训

---

[58] 《执行规则》为违反《隐私规则》和《安全规则》而开展的调查和听证提供了民事处罚制度和程序。
[59] 健康与人类服务部根据《卫生信息技术促进经济和临床健康法》与《遗传信息无歧视法案》,对《HIPAA 隐私、安全、执行与违反通知规则》作了修改;还对《HIPAA 总括性规则》作了修改,78 Fed. Reg. 5566 (January 25, 2013) (to be codified at 45 C.F.R. §§ 160 and 164).
[60] 如果卫生保健提供者从事 HIPAA 行政简化规则所规定的特定类型的电子交易,就受这些规则的管辖。一旦一个卫生保健提供者受这些规则管辖,那么这些规则就将适用于该卫生保健提供者所有与受保护的健康信息相关的活动,而不管这些活动是否涉及信息的电子传输。

工作人员遵循这些政策和程序;指定一个负责政策和程序的隐私主管;接受病人的询问或投诉。《安全规则》则为"受保护的电子健康信息"设定行政、物理与技术方面的保障措施。[61]

(四)使用与披露规则

一般情况下,《隐私规则》禁止所涉实体使用或披露受保护的健康信息。而一般性禁止根据使用或披露的目的有着广泛的组织化的例外情况。大量的信息使用和披露在未获得病人同意(或"授权",在法规中的用语)的情况下是被允许的。为治疗、付款或医疗保健业务目的的使用和披露(或因这些活动而附带产生的使用和披露)而获得患者授权是非强制性的。[62] 此外,基于12个确定的"国家优先目的"(national priority purposes),《隐私规则》允许未经患者授权而使用和披露受保护的健康信息,而每一个"国家优先目的"都有各自的特定情形。除了法律规定的披露外,所涉实体必须作出合理的努力,仅仅披露必需的、尽可能少的受保护的健康信息以达成允许披露的预期目的。

对于某些目的的实现,需要授权,但是只要获得非正式许可或仅仅给某个人提供接触对象的机会就足够了。这包括提供一个功能目录里的基本信息,以及以告知为目的向患者所确认的亲戚、朋友及其他任何一个人提供信息。此外,在灾害救援中,"受保护的健康信息"可能会以告知为目的向经法律授权的协助救援的公共或私人实体披露。

对于所有的其他目的而言,都需要患者(或其代表)的书面授权;除了在有限的情形下,所涉实体不见得能以一个患者的授权为条件来进行治疗、付款、登记或享有获益资格。对于与市场营销相关的健康信息的使用和披露有着特殊的限制和授权要求。心理治疗记录是受特殊保护的,大多数有关于此的用途都需要授权,包括许多"受保护的健康信息"的使用和披露,若未经同意,是不允许实施的。此外,一部较早的联邦法律要求在披露药物和酒精治疗记录时需要病人的授权[63],而一部最近的联邦法律(已被吸纳到对《隐私规则》的修改中)则禁止对基因信息的歧视性使用。[64]

(五)《隐私规则》与公共卫生

在无个人授权亦可允许信息使用和披露的"优先目的"中,有几个"优先

---

[61] 45 C.F.R. § 160.302-318.
[62] 披露心理治疗记录仍然需要授权。
[63] The Confidentiality of Alcohol and Drug Abuse Patient Records Act of 1972, 42 U.S.C. § 290dd-2; 42 C.F.R. pt. 2(适用于接受联邦资助的治疗中心)。
[64] The Genetic Information Nondiscrimination Act of 2008, Pub. L. No. 110-233, 122 Stat. 881(修正后编纂在《美国法典》第29卷、第42卷中)。

目的”与公共卫生相关。最值得注意的是,《隐私规则》以防止或控制疾病、伤害或身心障碍为目的,允许所涉实体在未经授权的情况下向公共卫生当局披露“受保护的健康信息”。这项规定包括对疾病、伤害、出生与死亡的报告,以及对公共卫生监测、调查和干预的披露。所涉实体还可以就几项特定的公共卫生活动向公共卫生部门和其他相关方作其他允许的披露,包括:所涉实体认为,对于防止或减轻对个人或公众的健康与安全的严重威胁是必要的;虐待儿童与疏于照顾儿童的报告;食品药品管理局管辖的活动(不良事件、产品召回和上市后监测);传染性疾病风险人员通告;工作场所的医疗监测。

此外,《隐私规则》并不优先于与公共卫生报告、监测、调查或干预相关的州和地方法律。(65) 该规则明确规定,当获得联邦、部落、州或地方法律的授权时,则允许所涉实体向当局披露“受保护的健康信息”(66)。健康与人类服务部部长将“法律授权”解释为:包括法律允许与要求的行动。(67) 因此,公共卫生当局被允许在法律授权范围内开展全方位的公共卫生活动。我们将在下文讨论以研究为目的而允许的披露。

三、其他联邦隐私法案

尽管《隐私规则》为健康信息提供了最系统的隐私保障,《家庭教育权与隐私法案》(68)、1974年的《隐私权法案》(Privacy Act of 1974)(69)以及《信息自由法》(Freedom of Information Act, FOIA)(70)还为特定类型的记录提供保护。

(一)《家庭教育权与隐私法案》

公共卫生监测可以包括对学校健康记录的检查,这会引发隐私担忧。《家庭教育权与隐私法案》与相应的配套法规对于从联邦教育部管理的项目中获得资助的教育机构与专门机构所保存的记录进行管理(几乎包括所有的公立学校和学区,以及大多数的公立和私立的高等教育机构)。健康与人类服务部和教育部联合发表的指南阐明:“在小学或中学阶段,一个学生的健康记录,包括免疫记录……还有由学校护士保存的记录,属于《家庭教育权与隐私法案》所规定的教育记录……以及依据《残疾人教育法案》(Individuals

---

(65) 45 C.F.R. § 160.203(c)(公共卫生法律不受《隐私规则》的限制,规定“疾病或损伤、虐待儿童、出生或死亡方面的报告制度”,或规定“开展公共卫生监测、调查或干预活动”)。

(66) 45 C.F.R. § 164.512(a).

(67) Standards for Privacy of Individually Identifiable Health Information, 64 Fed. Reg. 59,918, 59,929 (Nov. 3, 1999)(45 C.F.R. § § 160-164)。

(68) 20 U.S.C. § 1232g; 34 C.F.R. pt. 99.

(69) 5 U.S.C. § 552a.

(70) 5 U.S.C. § 552.

with Disabilities Education Act)，对由学校保存的特殊教育学生的记录(包括为学生提供服务的记录)进行管理。"(71)在高等教育阶段，《家庭教育权与隐私法案》仍然管控着学生的健康临床记录。(72) 出于对主体的世俗生活的考虑，当前的与以往的学生记录都是受保护的。

如同《隐私规则》一样，在未得到家长或者适格的学生书面同意的情况下，《家庭教育权与隐私法案》一般也禁止对个人可识别的教育信息的披露。《家庭教育权与隐私法案》对同意要求的例外规定比《隐私规则》中确认的例外规定要窄。当遇到《家庭教育权与隐私法案》所规定的"健康或安全紧急情况"(作为一种例外)(73)时，允许向合适的相关方(例如父母)披露个人可识别的教育信息，假如这一披露对于保护处于紧急状态下的学生或其他人的健康或安全是必要的话。(74) 作为对弗吉尼亚理工大学枪击案的一种回应，2009年的条例对学校管理者的灵活性与尊重给予了更多的考虑(见框 9.4)。然而，《家庭教育权与隐私法案》不包括类似于在《健康保险流通与责任法案》中所见的更广泛的"公共卫生通报"例外情形。(75)

框 9.4　学校健康档案的隐私：
健康与安全紧急例外就足够了吗？

2007 年，一个被记录有行为健康问题的弗吉尼亚理工大学学生枪杀了 32 名学生和教师。弗吉尼亚州在悲剧发生之后发布的一份报告中指出，《家庭教育权与隐私法案》中有关隐私的保护性规定(或者至少是管理者对这些保护性规定的认识)对于披露凶手的教育档案信息构成障碍。[1] 假如这一信息得以披露的话，可以想见，这个凶手可能会接受治疗，那么，就有可能防止他实施暴力行为。对此，教育部门澄清：会充分尊重管理者所作出的有关健康与安全披露必要性的决定。

---

(71) U.S. Department of Health and Human Services and U.S. Department of Education, *Joint Guidance on the Application of the Family Educational Rights and Privacy Act* (*FERPA*) *and the Health Insurance Portability and Accountability Act of* 1996 (*HIPAA*) *to Student Health Records* (Washington, DC: Government Printing Office, 2008), 2, www.hhs.gov/ocr/privacy/hipaa/understanding/coveredentities/hipaaferpajointguide.pdf.

(72) "在高等教育机构，符合条件的学生的医疗和心理治疗档案可以排除在'教育档案'之外，如果这些档案的建立、维护与使用仅与学生的治疗相关，并且只向治疗提供方披露的话。" Ibid., citing 34 C.F.R. § 99.3. 但是由高等教育机构所持有的"治疗记录"中的信息不得用于非治疗性目的(例如，公共卫生监测的目的)，除非符合同意条件的某一例外情形。

(73) 34 C.F.R. § 99.31(a)(10).

(74) 34 C.F.R. § 99.36.

(75) Association of State and Territorial Health Officials, "Public Health Access to Student Health Data: Authorities and Limitations in Sharing Information between Schools and Public Health Agencies: Issue Brief," www.astho.org/Programs/Preparedness/Public-Health-Emergency-Law/Public-Health-andSchools-Toolkit/Public-Health-Access-to-Student-Health-Data, accessed August 12, 2015.

2009年生效的修订后的条例，删除了以前对于健康与安全例外情形的狭义解释用语，且尊重教育机构的如下判定："对学生或其他人的健康或安全存在明确而重大的威胁。"² 修订后的条例试图采用这种尊重式路径来防止报告中所指出的《家庭教育权与隐私法案》可能带来的任何寒蝉效应。当然，其不足之处在于，学生可能不愿意向教师或学校管理人员透露他们的问题，因为他们担心这些问题会被报告给他们的父母与执法部门。

　　2013年，随着康涅狄格州纽敦镇的桑迪胡克小学（Sandy Hook Elementary School）枪击惨案的发生——20名一年级学生与6位老师被枪杀，健康信息隐私法再次与防止大规模枪击事件相关联。在由奥巴马总统宣布的23个执行行动中，有一个针对健康与人类服务部的命令指出："向医疗照护提供者发信阐明，联邦法律不会禁止他们向执法当局通报暴力威胁信息。"³

　　尽管对与安全相关的威胁信息的披露有了更大的灵活性，但是《家庭教育权与隐私法案》在对公共卫生监测与隐私保护进行平衡时，依然有赖于对"紧急情况"的理解。2009年的《家庭教育权与隐私法案》条例的补充性注释明确规定："健康和安全"例外不允许常规性的、非紧急情况下的披露。⁴这进一步强化了行政机构此前的警告：若未经学生书面同意而对法定情形进行常规报告，则违反《家庭教育权与隐私法案》的规定。⁵ 教育部门已对"紧急情况"作了狭义的界定，建议："紧急情况""不包括发生的可能性尚不知晓的可能或最终的紧急威胁。"⁶ 暴力威胁或诸如甲氧西林金黄色葡萄球菌（MRSA）等传染性疾病暴发的威胁被明确规定在《家庭教育权与隐私法案》的健康与安全紧急例外情形中，但是哮喘、高血压或肥胖（这些情形会带来更大的疾病负担）等慢性疾病却被排除在外。⁷ 例如，州与地方卫生官员协会（ASTHO）的相关报告指出，《家庭教育权与隐私法案》已阻碍了各州对儿童哮喘的发病趋势进行跟踪调查：教育档案中包含的与健康相关的数据被特定的事件和观察性信息所补充。这一重要信息可能并未包括在公共卫生监测系统（诸如死亡率记录和急诊室接诊数据等）中。例如，一个在体育课上经常发作喘息的孩子，没有被医生诊断为患有哮喘，但这一情况却可能被学校的护士记录在这个孩子的教育档案中。⁸

　　由于按照《家庭教育权与隐私法案》的要求，在非紧急情况下使用学生的健康数据必须得到个人同意，这些研究受到了极大的阻碍。在这种情况下，个别的同意（这需要父母作出肯定地选择加入，而不是简单地让他们选择退出)会产生严重的选择偏差。替代性方法,如使用汇总的或其他去除了可识别身份信息的数据,又会导致重复报告的风险,并对后续研究构成阻碍。

注释:

1. Virginia Tech Review Panel, *Mass Shootings at Virginia Tech: Report of the Virginia Tech Review Panel Presented to Governor Timothy M. Kaine*, Commonwealth of Virginia (April 2007), available at www.washingtonpost.com/ wp-srv/metro/documents/vatechreport.pdf.

2. 34 C.F.R. § 99.36(c) (2009).

3. Rick Ungar, "Here Are the 23 Executive Orders on Gun Safety Signed Today by the President," *Forbes*, January 16, 2013, www.forbes.com/sites/rickungar/2013/01/16/here-are-the-23-executive-orders-on-gun-safety-signed-today-by-the-president/.

4. Family Educational Rights and Privacy, 73 Fed. Reg. 74806 (proposed December 9, 2008) (codified at 34 C.F.R. § 99.36), at 74837.

5. 2004 年,负责《家庭教育权与隐私法案》实施的教育部办公室发布了一封解释信,以解决《家庭教育权与隐私法案》与新墨西哥州卫生局规章之间的冲突。新墨西哥州卫生局的规章要求:向州卫生局强制常规报告各种卫生情况,向州流行病学办公室(SOE)实时报告某些传染性疾病情况。家庭政策执行办公室(FPCO)建议,尽管某些传染性疾病实时报告制度归于《家庭教育权与隐私法案》规定的紧急例外情形,这些报告也必须限制范围、限定时间并提交有关当局。常规报告的法定病情——包括州强制报告法明确规定的传染性疾病、伤害、环境风险、性传播疾病、HIV、癌症和出生缺陷——不符合《家庭教育权与隐私法案》的规定,因为这些情形并不存在对社区的即将发生的危险或威胁。LeRoy S. Rooker, director, Family Compliance Policy Office, U.S. Department of Education, to Melanie P. Baise, associate university counsel, University of New Mexico, November 29, 2004, in FERPA Online Library, www.ed.gov/policy/gen/guid/fpco/ferpa/library/baiseunmslc.html.

6. U.S. Department of Education, "Family Educational Rights and Privacy Act (FERPA) and H1N1, October 2009," www2.ed.gov/policy/gen/guid/fpco/pdf/ferpah1n1.pdf; see also U.S. Department of Education, "Family Educational Rights and Privacy Act (FERPA) and the Disclosure of Student Information Related to Emergencies and Disasters, June 2010," www2.ed.gov/policy/gen/guid/fpco/pdf/ferpa-disaster-guidance.pdf.

7. Winnie Hu and Sarah Kershaw, "Dead Student Had Infection, Officials Say," *New York Times*, October 26, 2007, www.nytimes.com/2007/10/26/nyregion/26infect.html; "Mt. Clemens Schools Closed Tuesday Due to MRSA Outbreak," *CBS Detroit*, May 6, 2013, http://detroit.cbslocal.com/2013/05/06/mt-clemens-schoolsclosed-tuesday-due-to-mrsa-outbreak.

8. Association of State and Territorial Health Officials, *Tracking Childhood Asthma with School Data in Three States: Case Study* (Arlington, VA: ASTHO, 2006), 1.

(二)《隐私权法案》

1974年的《隐私权法案》对由联邦机构持有的记录进行管理。联邦机构被要求就包含在"一个记录系统"里的"任何一个记录"遵守公平信息实践法典(code of fair information practices)。(76) 法律赋予个人对披露的同意权,并赋予个人审查和纠正记录中的谬误的权利。机构只能保留相关信息,且不得通过使用个人标识符来匹配文件。然而,《隐私权法案》却允许联邦机构为"常规使用"而披露信息,这意味着他们可以将健康信息用于任何与"信息搜集目的不相违背的目的"(77)。

(三)《信息自由法》

依据《信息自由法》的规定,除了依据《隐私权法案》必须要保密的信息之外的其他信息都应披露。(78) 不过,《信息自由法》包含数项允许机构拒绝披露的免除情形。对公共健康的最重要的免除披露情形包括:可识别的健康统计数据,药物滥用治疗记录和性病记录(79);"特权或机密"数据(联邦卫生机构一直依赖此项豁免来对抗司法对涉案的机密病历或机密研究记录的证据揭

(76) 5 U.S.C. § § 552(b)(1)-(3), (6).

(77) 5 U.S.C. § 552(a)(7). 卫生机构利用这一概念为进一步使用个人身份信息辩解。例如,卫生保健财政管理局(HCFA)向研究人员公布来自医疗保险同行评审组织提供的病历(含有病人姓名与完整的服务提供者标识符)中的数据。

(78) 5 U.S.C. § 552. 1999年的一个附加条款(俗称《谢尔比修正案》)是1999财年综合拨款法案的附件,指令行政管理和预算局要求联邦机构确保:"根据一笔款项所产生的任何数据都将依据《信息自由法》所规定的程序向公众公开。" Omnibus Consolidated and Emergency Supplemental Appropriations Act, Pub. L. No. 105-277, 112 Stat. 2681 (1998).《谢尔比修正案》的颁布引发了很多问题和异议,其中包括对人体研究对象隐私保护的不确定性这一问题。修正案的捍卫者认为,它为公众提供了问责机制和公开透明机制。虽然修正案提出的隐私问题仍然令人担忧,但此类问题至今尚未在法庭上被质询。See Institute of Medicine, *Access to Research Data in the 21st Century: An Ongoing Dialogue among Interested Parties; Report of a Workshop* (Washington, DC: National Academies Press, 2002).

(79) See, for example, 13 U.S.C. § 9(关于人口普查的原始数据);42 U.S.C. § 290dd-2(关于药物滥用的记录);38 U.S.C. § 5701(关于赔偿请求人的医疗和保险记录);42 U.S.C. § 242m(d)(关于可识别的健康统计数据);42 U.S.C. § 247c(e)(5) (1994)(关于性病的记录)。

示,例如,中毒性休克、雷耶氏综合征和癌症的登记数据)[80];以及员工和医疗档案(联邦机构可以利用此项豁免来保护个人免受伤害或尴尬)。[81]

四、州隐私法案

各州的隐私法呈现出高度的多样性,其中有一些仿照联邦《隐私权法案》《信息自由法》以及《隐私规则》而形成。所有州都为政府持有的健康数据提供一些保护:例如,一般意义上的公共卫生数据与相关数据,尤其是传染性疾病或性传播疾病方面的数据。许多州对向卫生部门报告的数据或者保存在州注册中心或数据库的数据(如先天性出生缺陷、癌症或儿童免疫接种信息)提供特定的保护。几乎所有的州都允许基于各种不同的目的而披露公共卫生信息,包括统计学分析、性伴告知、流行病学调查以及根据传票或法庭命令而披露。

虽然许多州都保护政府持有的健康信息,但对私人持有的数据的隐私保护却是分散而可变的。[82]一些州制定了全面的健康信息隐私法规,对健康信息隐私提供比《健康保险流通与责任法案》更多的保护。许多州还通过对特定类型的卫生保健提供者和保险公司进行规制授权,以对医疗记录的安全性和使用进行监管。大多数州都通过法律对被视为特别敏感的信息(包括艾滋病、酒精和药物成瘾、精神健康以及基因构成等方面的数据)提供高度保护。[83]有关隐私的特定情形与特定提供者方面的法令在州一级层面的增多,造成了健康信息使用管理规则方面的不一致性。不同的标准可以适用于由同一机构持有的数据,这取决于患者是否正在接受为受保护的疾病而提供的治疗;不同的标准也可以适用于相同类型的数据,这取决于这些数据是由医生、医院、药房还是由保险公司持有。

---

[80] But see *Washington Post Co. v. U.S. Dep't of Health & Human Servs.*, 690 F.2d 252, 258 (D.C.Cir.1982)(本案发现,依据《信息自由法》的规定免于披露的数据仍有可能获取)。法院在隐私利益与当事人的司法审判利益之间进行平衡,有时还制定了富有创意的保护令,以达成在允许信息披露的同时,对隐私侵犯的限制。*Burka v. U.S. Dep't of Health & Human Servs.*, 87 F.3d 508 (D.C. Cir. 1996)(本案认为,作为对吸烟行为进行联邦研究的一部分内容的与调查相关的问卷与数据磁带不能免于《信息自由法》规定的披露要求);*Rasmussen v. South Fla. Blood Serv., Inc.*, 500 So. 2d 533, 535 (Fla. 1987); *Lampshire v. Procter & Gamble Co.*, 94 F.R.D. 58, 60 (N.D. Ga. 1982); *Farnsworth v. Procter & Gamble Co.*, 101 F.R.D. 355, 357 (N.D. Ga. 1984), *aff'd*, 758 F.2d 1545 (11th Cir. 1985).

[81] *Werderitsh v. Sec'y of Health and Human Servs.*, 2005 WL 3320041 at *10 (Fed. Cl. 2005)(本案判定,与《疫苗法》有关的信息,除了有关个人的医疗记录和可以识别个人身份的信息外,信息披露是允许的); *U.S. Dep't of State v. Washington Post Co.*, 456 U.S. 595, 599 (1982)(医疗档案可以免于《信息自由法》规定的披露要求,因为披露会侵犯病人隐私)。

[82] Joy Pritts, Stephanie Lewis, Robin Jacobson, Kevin Lucia, and Kyle Kayne, *Privacy and Security Solutions for Interoperable Health Information Exchange: Report on State Law Requirements for Patient Permission to Disclose Health Information* (Washington, DC: Health Information Privacy and Security Collaborative, 2009).

[83] Ibid., 3.6-20,有关州隐私法对于特定情形的信息保护的述评;see, for example, Confidentiality of HIV-Related Information Act, 35 Pennsylvania Statutes § 7601 et seq.

第六节 隐私与保密研究

鉴于公共卫生研究人员可能会搜集广泛的健康信息(常常表现为可识别的形式),因而了解适用于研究领域的隐私保障措施就显得非常重要。在联邦资助的研究中,适用共同规则来保护参与者的隐私。在所有由《健康保险流通与责任法案》所涉实体开展的研究中,适用《隐私规则》来保护参与者的隐私。食品药品管理局颁发的《人体受试者保护联邦政策》要求:涉及食品添加剂、药品、医疗器械和人用生物制品方面的研究,需经机构审查委员会(IRB)审查,并遵循知情同意规则。[84] 此外,联邦机构经授权可发放机密证书,以保护研究人员不被强迫披露研究对象的身份。

一、共同规则

1981 年,健康与人类服务部根据《贝尔蒙特报告》[Belmont Report,这份报告由臭名昭著的塔斯基吉(Tuskegee)梅毒实验所促成]颁布了人体试验参与者规则。[85] 1991 年,健康与人类服务部联合另外 16 个执行机构采纳了一个修订的《人体受试者保护联邦政策》(Federal Policy for the Protection of Human Subjects)(即《共同规则》)中。[86] 这一政策要求由联邦机构开展或支持的研究,需要经过一个机构审查委员会(IRB)的审查和批准,并要获得人体试验参与者的知情同意。

《共同规则》不设定最低限度的隐私标准,但它要求机构审查委员会确

---

[84] 21 C.F.R. §§ 50, 56.这些规定的大部分内容与《共同规则》非常相似,尽管也有一些明显的区别。例如,食品药品管理局规定,如果在五天内向机构审查委员会报告紧急使用试验性药品的情况,可免于机构审查委员会的审查要求。食品药品管理局也可以全部或部分放弃对规定的执行。See U.S. Food and Drug Administration, "Science and Research: Comparison of FDA and HHS Human Subject Protection Regulations," www. fda. gov/ScienceResearch/Special Topics/RunningClinicalTrials/educationalmaterials/ucm112910. htm, updated March 10, 2009.

[85] National Commission for the Protection of Human Subjects of Biomedical and Behavioral Research, Belmont Report: Ethical Principles and Guidelines for the Protection of Human Subjects of Research, April 18, 1979, www. hhs. gov/ohrp/humansubjects/guidance/belmont. html; Susan M. Reverby, Examining Tuskegee: The Infamous Syphilis Study and Its Legacy (Chapel Hill, NC: University of North Carolina Press, 2009); see also Harriet A. Washington, Medical Apartheid: The Dark History of Medical Experimentation on Black Americans from Colonial Times to the Present (New York: Doubleday, 2007).

[86] Protection of Human Subjects, 45 C.F.R. §§ 46.101-404 (1993).就对人类受试者的保护而言,食品药品管理局所实施的规则,与共同规则相似但不完全相同。

保"在适当的时候,要有保护受试者隐私的充分规定"(87)。此外,在寻求知情同意时,研究者必须向受试者提供"一个阐明将在何种程度上(如果有的话)对受试者身份识别记录进行保密的声明"(88)。尽管参与者必须被告知"他们的信息数据是否被机密地持有",但是规则并不要求研究人员采用特别的保障措施。因此,《共同规则》下的隐私模式有赖于同意和独立审查,而非基于强制保护形式。

二、HIPAA 规则在研究中的适用

在前文中,我们已经对 HIPAA 行政简化规则作了详细讨论,这一规则也适用于所涉实体所开展的研究:所涉实体必须保护健康信息的安全,并确保健康信息的适当使用与披露。只有当所涉实体获得了机构审查委员会或者被称为"隐私委员会"(privacy board)的替代机构的批准,他们才可以未经参与者同意使用或披露研究所涉的可识别的健康信息。隐私委员会的成员必须具有各种不同的背景和适当的能力。豁免标准包括以下内容:(1)所涉披露不超过最低限度的风险;(2)在无豁免的情况下不能开展实际的研究;(3)与个人的预期收益以及研究的重要性相关的隐私风险是合理的;(4)有一个销毁标识符的计划,除非存在一个保留它们的健康或研究的理由;(5)有书面保证以确保数据不会被重复使用或不会向他人披露,除了研究监督或进一步的研究也将有资格获得豁免之外。(89) 一些研究人员已经对隐私规则中增加的保护措施提出了批评,他们认为增加的隐私利益并不足以证明负担的合理性。(90)

三、机密证书

由联邦机构依据《公共卫生服务法》(Public Health Service Act)第 301 节(d)项规定出具的"机密保证"(confidentiality assurance)[或机密证书(certificate of confidentiality)],授权研究人员可以拒绝提供研究参与者的姓名或其

(87) 45 C.F.R. § 46.111(a)(7).

(88) 45 C.F.R. § 46.116(a)(5).

(89) 45 C.F.R. § 164.512(e).

(90) Mark A. Rothstein, "Currents in Contemporary Ethics: Research Privacy under HIPAA and the Common Rule," *Journal of Law, Medicine and Ethics*, 33, no. 1 (2005): 154-59; Jennifer Kulynych and David Korn, "The Effect of the New Federal Medical-Privacy Rule on Research," *New England Journal of Medicine*, 346, no. 3 (2002): 201-4.

他标识特征。[91] 获得机密证书的研究人员不得被强迫在任何民事、刑事、行政或立法程序中指认研究对象。机密证书也似乎将研究人员从遵从州报告要求的义务中解脱出来,尽管法律在这个问题上尚无定论。[92] 机密证书保护的是研究人员,而非研究参与者;机密证书允许研究人员拒绝向当局提供信息,但不要求他们必须这样做。此外,机密证书必须通过一个潜在的漫长的申请过程才能获得。[93] 虽然美国国家卫生研究院已推广使用机密证书,但是许多研究人员仍未意识到其可利用性。[94]

由于机密证书并未在法庭上被全面地评估,所以其最终价值是不确定的。许多关于研究数据的强制披露的争议都以支持保密而得以解决,并未诉诸法庭。[95] 对此,还没什么有记录的质疑。[96] 1973 年,纽约州上诉法院在一起谋杀案审判中,允许一个美沙酮诊所的负责人拒绝披露可识别的研究数据。[97] 2006 年,北卡罗来纳州上诉法院最终宣布下级法院要求强制披露的命令失效,但在此前,一个在刑事审判中作控方证人的研究参与者的记录却披露给了辩护人和法庭。[98] 2013 年发生了一件备受瞩目的涉及社会科学研究的案

(91) 42 U.S.C. § 241(d). 机密证书最初仅限于在"药物使用和效果"研究中对受试者数据的披露。Comprehensive Drug Abuse Prevention and Control Act of 1970, Pub. L. No. 91-513, § 3(a). 1974 年,该法扩大到"精神卫生领域,包括酒精和其他精神药物的使用和效果的研究中"。Comprehensive Alcohol Abuse and Alcoholism Prevention, Treatment, and Rehabilitation Amendments of 1974, Pub. L. No. 93-282, § 122(b). 1988 年,再一次扩展至健康研究领域,现行的这个项目得以产生。Health Omnibus Programs Extension of 1988, Pub. L. No. 100-607, §163; see Zachary N. Cooper, Robert M. Nelson, and Lainie Friedman Ross, "Certificates of Confidentiality in Research: Rationale and Usage," *Genetic Testing*, 8, no. 2 (2004): 214-20.

(92) 然而,如果研究人员要求一份证书,以避免报告一种传染性疾病,助理秘书则需要特别说明报告将会对该研究造成怎样的不良影响。Ibid.

(93) Peter M. Currie, "Balancing Privacy Protections with Efficient Research: Institutional Review Boards and the Use of Certificates of Confidentiality," *Institutional Review Board: Ethics and Human Research*, 27, no. 5 (2005): 7-12.

(94) Leslie E. Wolf, Jola Zandecki, and Bernard Lo, "The Certificate of Confidentiality Application: A View from the NIH Institutes," *Institutional Review Board: Ethics and Human Research*, 26, no. 1 (2004): 14-18; M. Justin Coffey and Lainie Friedman Ross, "Human Subject Protections in Genetic Research," *Genetic Testing*, 8, no. 2 (2004): 209-13.

(95) Leslie E. Wolf, Lauren A. Dame, Mayank J. Patel, Brett A. Williams, Jeffrey A. Austin, and Laura M. Beskow, "Certificates of Confidentiality: Legal Counsels' Experiences with and Perspectives on Legal Demands for Research Data," *Journal of Empirical Research on Human Research Ethics*, 7, no. 4 (2012): 1-9.

(96) Leslie E. Wolf, Mayank J. Patel, Brett A. Williams, Jeffrey L. Austin, and Lauren A. Dame, "Certificates of Confidentiality: Protecting Human Subject Research Data in Law and Practice," *Minnesota Journal of Law, Science, and Technology*, 14, no. 1 (2013): 11-87, 除本文讨论的案例以外,还记录了一些未报告的案例,记述了联邦和州为保护研究数据的隐私而作出的其他方面的努力,并提议加强机密证书制度建设。

(97) *People v. Newman*, 298 N.E.2d 651 (N.Y. 1973); but see *People v. Still*, 48 A.D.2d 366 (N.Y.App. Div. 1975)(本案中,强制披露了如下研究记录:研究参与者/刑事被告人在法庭文件中已经透露他参与了本项研究)。

(98) *State v. Bradley*, 634 S.E.2d 258 (N.C. Ct. App. 2006); Laura M. Beskow, Lauren Dame, and E. Jane Costello, "Certificates of Confidentiality and the Compelled Disclosure of Research Data," *Science*, 322, no. 5904 (2008): 1054-55(详细记录了该案件的审判过程,并对该案对机密证书制度的影响进行了评析)。

件。在此案中,第一巡回法院强制要求披露有关一个研究参与者在爱尔兰共和军中活动的研究记录。[99] 这种混合判例法致使一些评论家呼吁取消机密证书计划,而另一些评论家则要求加强这一计划。

四、公共卫生实践与研究之区别再探

正如本章前文所述,公共卫生实践与研究之间的区别是难以把握的。鉴于对研究的要求并不适用于公共卫生监测和实践,也不可能对公共卫生监测和实践构成阻碍,因此,从监管的角度来看,两者之间的区别是至关重要的。由于《共同规则》并不直接处理由卫生部门承担的许多活动,因此,很难判断州机构在什么时候必须遵从其规定。《共同规则》和《隐私规则》都将研究定义为:"一个系统的调查研究,包括研究开发、测试、评估,旨在增进或促成一般性知识。"[100]这一定义侧重研究设计:即对一个假设进行检测,从搜集的数据中得出结论,从而促成一般性知识。

不幸的是,这个定义并不总是有助于对公共卫生实践与研究进行区分。日常的公共卫生实践中经常使用的科学方法和证据,类似于应用于研究中的那些科学方法和证据。许多公共卫生活动采用严谨的科学程序,对健康威胁进行监测与应对,因而具有系统性。由于卫生机构想从既有的知识中得出对当下与未来的健康威胁的一般性认识,因此,大量的公共卫生实践旨在促成"一般性知识"。实际上,国家生物伦理学顾问委员会对这种规范性语言的模糊性提出了批评,因为委员会注意到这种定义几乎不能为区别公共卫生实践与研究提供什么指导。[101]

为了澄清这一问题,疾病控制与预防中心依赖公共卫生活动所阐明的目的,来确定其是否构成研究:

> 研究的目的是产生或促成一般性知识。公共卫生中的非研究性活动旨在预防或者控制疾病或伤害,并改善健康;或者改进公共卫生项目或服务。在任何一个旨在预防疾病或伤害,或者改进项目与服务的公共卫生努力中,都可以获得知识。在某些情况下,这些

---

[99] In re *Request from the United Kingdom in the matter of Dolours Price*, 718 F.3d 13 (1st Cir. 2013).
[100] 45 C.F.R. § 46.102(d) (1993). 将某项活动归类为研究项目并不自动要求机构审查委员会的审查。一旦一项活动被归类为研究项目,就必须再作出两个决定:研究是否涉及人类受试者?如果是,研究是否可以免除机构审查委员会的审查?关于人类受试者的含义,see 45 C.F.R. § 46.102(f)(1)(2).关于免于机构审查委员会审查的研究类别,See 45 C.F.R. § 46.101(b).
[101] National Bioethics Advisory Commission, *Ethical and Policy Issues in Research Involving Human Participants* (Bethesda, MD: National Bioethics Advisory Commission, 2001), 34, https:// bioethicsarchive.georgetown.edu/ nbac/human/overvol1.pdf.

知识可能具有普遍性,但是致力的目标却是使参加公共卫生项目的当事人获益,或者是通过控制一个群体(信息来自这个群体)中的公共健康问题来造福这个群体。[102]

同样,《贝尔蒙特报告》将"实践"定义为旨在增进人类福祉的干预。然而,学者们批评疾病控制与预防中心的方法过于主观,因为这种方法诱使研究人员为避免机构审查委员会的审查,而将他们的工作定性为实践。[103]

州与领土流行病学家委员会提出了区分实践与研究的改进性指导方针,该方针注重:(1)法律的权威。公共卫生实践是经法律授权,并伴有相应的机构职责以开展活动。(2)明确的意图。医生的意图主要是减轻受影响社区的健康威胁,而研究者的意图则是要检验一个假设,并寻求超越活动参与者的广义结论。(3)参与者利益。公共卫生实践旨在提供社区利益,而研究的主要目的是通过科学发现而造福社会。(4)方法论。实践由公认并行之有效的干预措施所主导,以解决公共卫生问题,而研究往往有一个实验性设计,如随机性选择等。[104] 当然这些指导方针并不能解决困境,但它们确实提供了补充性工具。这些指导方针还可以清晰地显现以下过程:即便公共卫生活动始自实践形式,也可以逐渐发展为研究。

州与领土流行病学家委员会抵制联邦对公共卫生实践的监督,认为州官员已对其承担法律责任和政治责任。此外,如果联邦对公共卫生实践的监督不当,各州应当自行强制执行独立的伦理审查的流程和标准吗?一些伦理学家主张,即使常规的公共卫生措施不被定性为研究,它们也应受到仔细的、冷静的审查:要么根据州法律的授权进行审查,要么最低限度也要根据公共卫生实践的自愿准则进行审查。[105] 总之,目前还没有关于可操作性原则的权威阐释。

---

[102] Centers for Disease Control and Prevention, *Distinguishing Public Health Research and Public Health Nonresearch*, July 29, 2010, www.cdc.gov/od/science/integrity/docs/cdc-policy-disting uishing-public-health-research-nonresearch.pdf.

[103] James G. Hodge Jr., "An Enhanced Approach to Distinguishing Public Health Practice and Human Subjects Research," *Journal of Law, Medicine, and Ethics*, 33, no. 1 (2005): 125–41.

[104] Ibid.; James G. Hodge Jr. and Lawrence O. Gostin, with the CSTE Advisory Committee, "Public Health Practice vs. Research: A Report for Public Health Practitioners Including Cases and Guidance for Making Distinctions," *Council of State and Territorial Epidemiologists*, May 24, 2004.

[105] Compare Amy L. Fairchild and Ronald Bayer, "Ethics and the Conduct of Public Health Surveillance," *Science*, 303, no. 5658 (2004): 631–32, with John P. Middaugh, James G. Hodge Jr., and Matthew L. Cartter, "Letters: The Ethics of Public Health Surveillance," *Science*, 304, no. 5671 (2004): 681–84.

第七节　隐私与公共卫生：
艾滋病与糖尿病监测个案研究

公共卫生监测活动往往被视为侵入和管闲事，这可能导致个体因担心污名和受歧视而远离公共卫生服务。如上所述，依照法律授权或委托而开展的公共卫生监测活动能够有效地免除《健康保险流通与责任法案》的隐私保护规定。于是，监测活动主要由授权实施监测活动的法律及条例中的隐私保护条款来管理。在此，就具有高度争议性的监测方案，我们介绍两个案例研究——艾滋病实名报告和糖尿病实名监测——来说明隐私和公共健康之间的多重关系。

一、案例研究1：基于实名的艾滋病病毒感染报告

从历史上看，HIV病例报告已引发激烈的政治争论和慷慨激昂的社区抵制。[106] HIV报告带来了许多公共健康方面的好处，包括疾病流行监测效果的提高、更有效的针对性预防和支持服务；同时，通过将艾滋病病毒感染者送交治疗而让临床受益。[107] 尽管HIV监测很重要，但是患者代言人已对政府滥用敏感数据的案例表达了关切之情。[108] 例如，在20世纪90年代，一名佛罗里达州的卫生官员将HIV登记簿上的登记者姓名透露给了约会服务机构[109]；伊利诺伊州颁布了法律（但从未实施），以指导官员在州艾滋病病人登记簿与卫生保健许可证记录之间进行交叉对比。[110] 社区代表还对HIV报告可能会阻止人们进行检测并寻求治疗表示关切[111]，尽管实证研究并没有明确验证这

---

[106] Ronald Bayer, *Private Acts, Social Consequences: AIDS and the Politics of Public Health* (New Brunswick, NJ: Rutgers University Press, 1991): 117–23.

[107] Lawrence O. Gostin, John W. Ward, and Cornelius Baker, "National HIV Case Reporting for the United States: A Defining Moment in the History of the Epidemic," *New England Journal of Medicine*, 337, no. 16 (1997): 1162–67; Lawrence O. Gostin and James G. Hodge Jr., "The 'Names Debate:' The Case for National HIV Reporting in the United States," *Albany Law Review*, 61, no. 3 (1998): 679–743.

[108] American Civil Liberties Union, *HIV Surveillance and Name Reporting: A Public Health Case for Protecting Civil Liberties*, October 4, 1997, www.aclu.org/hiv-surveillance-and-name-report ing-public-health-case-protectingcivil-liberties.

[109] Sue Landry, "AIDS List Is Out: State Investigating Breach," *St. Petersburg Times*, September 20, 1996.

[110] Ill. Pub. Act 87-763, sec. 693.40(3)(A) (1991), codified at 410 Ill. Comp Stat 325/5.5.

[111] AIDS Action Foundation, *Should HIV Test Results Be Reportable? A Discussion of the Key Policy Questions* (Washington, DC: AIDS Action Foundation, 1993).

一关注。(112) 由于担心隐私泄露和受歧视，社区组织呼吁公共卫生当局实施一种唯一标识符系统以替代实名监测制。(113) 然而，研究发现，唯一标识符系统所搜集的数据是不完整的，所包含的记录也难以匹配。(114)

疾病控制与预防中心建议，可以以选择检测点（允许匿名测试）并提供隐私和安全保证的方式来推行 HIV 实名通报。(115) 虽然一直以来，艾滋病病例是可通报的，但是却花了 20 年的时间才使之在全美范围内通报(116)，并经历了更长的时间才实现了基于实名的通报。2008 年，最后几个司法辖区从基于代码的通报转向基于实名的通报。(117) 各州的隐私和安全保护规定各不相同。由于可以有效地免除《隐私规则》的限制，州疾病通报就由包含在各州授权法令和配套条例中的隐私标准来管理。(118)

疾病控制与预防中心目前对 HIV 的诊断、死亡、疾病分期诊断及其在全国范围内的流行情况进行监控。有影响力的公共卫生官员敦促采取更为精细的监控手段，包括对病毒载量和 CD4 细胞计数的密切监测以及对耐药菌

(112) Gail L. Dolbear and Linda T. Newell, "Consent for Prenatal Testing: A Preliminary Examination of the Effects of Named HIV Reporting and Mandatory Partner Notification," *Journal of Public Health Management Practice*, 8, no. 3 (2002): 69-72; Cari Cason, Nan Orrock, Karla Schmitt, James Tesoriero, Zita Lazzarini, and Esther Sumartojo, "The Impact of Laws on HIV and STD Prevention," *Journal of Law, Medicine, and Ethics*, 30, no. 3(SS) (2002): 139-45; Andrew B. Bindman, Dennis Osmond, Frederick M. Hecht, J. Stan Lehman, Karen Vranizan, Dennis Keane, Arthur Reingold, and the Multistate Evaluation of Surveillance of HIV (MESH) Study Group, "Multistate Evaluation of Anonymous HIV Testing and Access to Medical Care," *Journal of the American Medical Association*, 280, no. 16 (1998): 1416-20.

(113) Lynda Richardson, "AIDS Group Urges New York to Start Reporting of HIV," *New York Times*, January 13, 1998.

(114) Centers for Disease Control and Prevention, "Evaluation of HIV Case Surveillance through the Use of Non-name Unique Identifiers: Maryland and Texas, 1994-1996," *Morbidity and Mortality Weekly Report*, 46, no. 52 (1998): 1254-58, 1271; Dennis H. Osmond, Andrew B. Bindman, Karen Vranizan, J. Stan Lehman, Frederick M. Hecht, Dennis Keane, and Arthur Reingold, "Name-Based Surveillance and Public Health Interventions for Persons with HIV Infection," *Annals of Internal Medicine*, 131, no. 10 (1999): 775-79.

(115) Patricia L. Fleming, John W. Ward, Robert S. Janssen, Kevin M. De Cock, Ronald O. Valdiserri, and Helene D. Gayle, "Guidelines for National Human Immunodeficiency Virus Case Surveillance," *Morbidity and Mortality Weekly Report*, 48, no. RR13 (1999): 1-28; Centers for Disease Control and Prevention, *Data Security and Confidentiality Guidelines for HIV, Viral Hepatitis, Sexually Transmitted Disease, and Tuberculosis Programs: Standards to Facilitate Sharing and Use of Surveillance Data for Public Health Action* (Atlanta, GA: Centers for Disease Control and Prevention, 2011).

(116) 自艾滋病流行之初，疾病控制和预防中心就已经建立起完备的艾滋病报告制度，但艾滋病病毒（HIV）报告制度则是逐步发展起来的。As of 2013, the CDC refers to AIDS as "HIV infection, stage 3."

(117) Centers for Disease Control and Prevention, *Terms, Definitions, and Calculations Used in CDC HIV Surveillance Publications*, May 2014, www.cdc.gov/hiv/pdf/prevention_ongoing_surveill ance_terms.pdf.

(118) See, for example, Ala. Admin. Code r. 420-4-1, App. 1(适用于 HIV 和其他可报告病症的州强制报告法明确规定："病例报告信息是保密的，不应受公众审议或作为证据提交法庭，除非依据本章所提到的程序，或是根据病人的书面同意，方可对某人进行强制检查、强制测试、强制承诺或强制隔离，假如不能确定另有他人的话"）。Ibid., at 420-4-1-.04(8).

株感染的通报,并向患者和卫生保健专业人员提供反馈。[119] 目前,近 4/5 的州都制定了法律,要求实验室对所有 CD4 细胞水平和病毒载量情况进行通报。[120]

随着 HIV 检测技术的应用变得更简单、更快速、更广泛,一些公共卫生官员已经提倡采用常规筛查,以提高监测和治疗效果。例如,2006 年,哥伦比亚特区发起了一场运动,敦促年龄介于 14 岁至 84 岁之间的居民接受 HIV 检测;鼓吹用口腔棉棒检测,仅 20 分钟就能得知结果。[121] 同时,针对亚群体(例如,美洲原住民与阿拉斯加原住民)的数据残缺不全这一现状,还需要采取策略以提高对亚群体的监测效果。[122] 但是,随着辩护者们对隐私侵犯与医患关系诚信的关注,毫无疑问,上述提议依然具有政治争议性,在脆弱社区则更是如此。然而,反对检测(包括实名报告)的声音现在已经烟消云散了,因为对 HIV 感染者的早期诊断可以带来卓有成效的治疗。

二、案例研究 2:糖尿病监测

> 在东哈莱姆区,可以利用任何一个简单的人与人之间的联结——一个取款机前的队列,一条邮政路线的一部分,一个教堂唱诗班的成员——追踪一个无形的糖尿病网络,这个网络穿过群体,延伸进入社区,带着它的威胁触摸着几乎每一个生命……人类的行为方式使得与 2 型糖尿病打交道的患者常常感到徒劳无效——习惯势力;意志丧失;耸肩式的失败主义;想缓解艰辛的生活而妥协于小小的慰藉:吃一块蛋糕、喝几杯啤酒、一天不扎针。
>
> ——N.R.克莱因菲尔德:《纽约时报》(N. R. Kleinfield, *New York Times*, 2006)

---

[119] Thomas R. Frieden, Moupali Das-Douglas, Scott E. Kellerman, and Kelly J. Henning, "Applying Public Health Principles to the HIV Epidemic," *New England Journal of Medicine*, 353, no. 22(2005): 2397-402. 病毒载量是对血液样本中 HIV 病毒数量进行估量的一种方法。高病毒载量意味着抗反逆转录病毒治疗不能有效地控制感染。CD4(也称为 T 细胞)计数可以衡量 HIV 抑制免疫系统的程度。CD4 细胞计数低,意味着免疫系统功能低下,这被用作判断个人是否已从艾滋病病毒感染者发展成艾滋病病人的基准。

[120] Centers for Disease Control and Prevention, *State Laboratory Reporting Laws: Viral Load and CD4 Requirements*, www.cdc.gov/hiv/policies/law/states/reporting.html, accessed August 17, 2015.

[121] Amanda D. Castel, Manya Magnus, James Peterson, Karishma Anand, Charles Wu, Marsha Martin, Marie Sansone, et al., "Implementing a Novel Citywide Rapid HIV Testing Campaign in Washington, D.C.: Findings and Lessons Learned," *Public Health Reports*, 127, no. 4 (2012): 422-31.

[122] Centers for Disease Control and Prevention, *Improving HIV Surveillance among American Indians and Alaska Natives in the United States* (Atlanta, GA: Centers for Disease Control and Prevention, 2013), www.cdc.gov/hiv/pdf/policies_strategy_nhas_native_americans.pdf.

糖尿病所致的急慢性疾病、伤残以及死亡人数令人震惊。[123] 但是,大多数公共卫生机构并没有对人群中的糖尿病情况进行系统的监控。如果有的话,糖尿病监测则比 HIV 报告更具争议性。对于像 HIV 这样的传染性疾病的监测,因具有防止疾病传染的必要性而能得到辩护。糖尿病作为一种慢性病,不具备这样的合理性。监测是基于父权式的假设:患者及其医生在对疾病的认知与处理上,需要政府的监管。[124]

纽约市卫生局于 2006 年实施了一项新措施,以应对糖尿病的流行。[125] 该创举包括(由实验室,而不是医生)对糖化血红蛋白测试结果进行强制通报。一个病人的糖化(又称糖基化)血红蛋白水平可以表明其病情与前几个月的情况相比得到控制(通过药物、饮食与体力活动来控制)的程度。对于接受合理、良好的医疗保健的糖尿病患者来说,通常每年要进行多次检测。[126] 研究表明,较低水平的糖化血红蛋白可以降低严重的眼、肾以及神经系统并发症的发生风险。

提供给注册中心的糖化血红蛋白检测结果——估计每个月有 175 000 份检测结果——与病人及其医生的姓名、出生日期和地址等可识别信息相关。[127] 从 2006 年到 2013 年,健康与精神卫生部(Department of Health and Mental Hygiene)向卫生保健提供者发出季度报告,报告中包括最佳实践建议与糖化血红蛋白水平升高的患者名单。卫生部门还向那些糖化血红蛋白水平表明其疾病管理不善的患者邮寄有关糖尿病管理以及可用资源的资料。尽管该项目在 2013 年就停止了向卫生保健提供者和患者提供信息回报,但是仍通过描述和表征疾病负担的方式继续加强对糖尿病监测和流行病学研究。

纽约市糖尿病新倡议自实施以来,就一直陷于争议的漩涡中。临床实验室担心通报责任的加重,因为通报要求包含人口统计信息,而跟踪人口信息则会带来沉重的负担。医生声称该计划对临床自治造成冲击,并对治疗关系构成干扰。公民自由主义者则对同意与保密表示关切。在规定了"选择退

---

[123] Centers for Disease Control and Prevention, *National Diabetes Statistics Report*, 2014: *Estimates of Diabetes and Its Burden in the United States* (Atlanta, GA: Centers for Disease Control and Prevention, 2014).

[124] Thomas R. Frieden, "Asleep at the Switch: Local Public Health and Chronic Disease," *American Journal of Public Health*, 94, no. 12 (2004): 2059-61, 主张地方公共卫生机构加强对慢性病的监测和控制。

[125] N.Y.C. Health Code § 13.04.

[126] American Diabetes Association, "Standards of Medical Care in Diabetes: 2013," *Diabetes Care*, 36, no. S1 (2013): S11-S66.

[127] Robert Steinbrook, "Facing the Diabetes Epidemic: Mandatory Reporting of Glycosylated Hemoglobin Values in New York City," *New England Journal of Medicine*, 354, no. 6 (2006): 545–48; New York City Department of Health and Mental Hygiene, *New York City A1C Registry*: Improving Diabetes Care In New York City, September 30, 2011, www.nyc.gov/html/doh/downloads/pdf/diabetes/diabetes-a1c-reg.pdf.

出"的情况下("选择退出"允许患者请求卫生部门不要联系他们),知情同意中的薄弱环节就显而易见了。⑫ 然而,患者不能规避通报要求:那些选择退出邮寄计划的患者的信息仍然保留在注册簿中。批评者们抱怨:患者可能不了解他们有退出邮寄计划的权利;而且,在任何情况下,选择退出的过程都是复杂的,退出本身也需要有限的信息披露。"选择进入"政策可能会更好地保证知情同意的实现,但是这一政策也将会大大地降低接受该计划服务的人数。

如同所有经州或地方法律授权的公共卫生监测一样,纽约市糖尿病监测计划也豁免于《健康保险流通与责任法案》有关禁止披露可识别的个人健康信息的规定。因此,管理该计划的隐私保护规定就包含在授权该计划的规定里。规定阐明:测试结果和其他信息"应当保密,除了本人……或其医疗提供者之外,不得向任何人披露"⑫。因此,数据不能被用于损害个人利益,例如,拒绝病人的驾驶执照、健康或人寿保险、就业等。尽管如此,批评者认为,仅仅因政府获取敏感的个人信息,隐私侵犯就会发生。

评论家们指出,纽约市糖尿病监测计划是一种新型的、更关涉隐私的公共卫生监测例证,技术进步使得这一计划成为可能。评论家们注意到"食品、运动、肾上腺素、咖啡因、酒精、压力、水化、药物以及沐浴和性交等活动都会影响血糖水平",因而指出,这些记录在"讲述着一个人的日常生活习惯的故事"⑬。大量的数据因监控疾病管理或进展的监测而得以搜集,这不只是简单地监测疾病存在或不存在,同时也因数据挖掘而引发忧虑,特别是当公共卫生注册信息可能与其他数据库结合使用的情况下就更是如此。

在这些忧虑中,就有这样的主张:对糖尿病这种非传染性疾病进行强制监测是不合适的。类似的忧虑还发生在对作为糖尿病和其他非传染性疾病的风险因素之一的身体质量指数(BMI)的监测中。⑬ 为防止危害公众,传染性疾病通报制度已完好地建立起来了,如同对环境或职业有毒接触可能导致的疾病的报告制度一样;但纽约市(糖尿病)信息登记计划首次表明:政府要

---

⑫ Amy L. Fairchild, "Diabetes and Disease Surveillance," *Science*, 313, no. 5784 (2006): 175-76.
⑫ New York City, Health Code art. 24, § 13.07 (2015).
⑬ Margaret B. Hoppin, "Overly Intimate Surveillance: Why Emergent Public Health Surveillance Programs Deserve Strict Scrutiny under the Fourteenth Amendment," *New York University Law Review*, 87, no. 6 (2012): 1950-95, 75.
⑬ 大多数州都采用强制性的校本身体质量指数、体重、体质健康监测或筛查方案。Lindsay F. Wiley, "'No Body Left Behind': Re-orienting School-Based Childhood Obesity Interventions," *Duke Forum for Law and Social Change*, 5 (2013): 97-128.

求,基于实名报告一种非因环境或职业有毒接触而引起的慢性非传染性疾病。[132] 这里,关键且悬而未决的问题是:在对一种具有严重影响的慢性非传染性疾病的监测和病例管理中,政府的适当角色是什么。持续的、系统的糖尿病监测是无端的父爱主义吗? 还是说,对身处严重并发症和死亡风险的人们(其中尚有许多人享受不到稳定的医患关系所带来的利益)施以照顾是社会的当务之急呢?[133]

第八节　大数据时代的公共卫生

　　信息不必只停留在医院。患者、初级医疗照护医生和医疗实践可以(并且正在示范这样做)与消费者在超市的购买信息相关联,可以与他们在计步器上、俱乐部的健身信息相关联,可以与他们的吸烟和饮酒习惯相关联。如果"网飞"(Netflix)和"亚马逊"(Amazon)可以知晓这么多关于你的信息,并且影响你的购买与行为,那么,健康信息技术产业也可以如此行事。
　　——劳埃德·I.塞德拉:《赫芬顿邮报》(Lloyd I. Sederer, *Huffington Post*, 2013)

　　在数字时代,[健康数据是]最有价值的信息,无与伦比。
　　——杰弗里·切斯特,数字民主中心执行理事(Jeffrey Chester, executive director, Center for Digital Democracy, 2014)

　　海量数据的获取为公共卫生实践和研究带来了实质性好处,但是也放大了已久存在的隐私忧虑。新技术使得分析师能够有效地整合和"挖掘"数量巨大的数据。正如最高法院最近所注意到的,数字数据在数量上和质量上都不同于物理记录。[134] 我们的数字足迹可以揭示我们的健康史、浪漫偏好、购买习惯、政治倾向、社会关系以及更多其他方面的信息。在数字时代,只需几次

---

[132] Michelle M. Mello and Lawrence O. Gostin, "Commentary: A Legal Perspective on Diabetes Surveillance; Privacy and the Police Power," *Milbank Quarterly*, 87, no. 3 (2009): 575–80. 然而,需要注意的是,自2003年以来,阿肯色州一直要求公立学校对BMI进行监测,并对可识别的 BMI 数据(这是对风险因素而不是疾病的提示)进行报告,以此作为儿童肥胖监测和筛查项目的一部分。See Wiley, "'No Body Left Behind.'"
[133] Fairchild, "Diabetes and Disease Surveillance."
[134] *Riley v. California*, 134 S. Ct. 2473 (2014).

击键就可以对多个数据库中的信息进行交叉匹配。

现代信息技术使得研究人员在搜集信息时,能够以难以想象的方式利用现有的数据登记资料、数据库和生物数据库(见框9.5)。公共卫生从业人员和研究人员需要学习如何利用这些海量的信息,与此同时,要保证适度的隐私保护。这一挑战如同从消防软管饮水。创新者正在施行(并且不断调整)新方法以利用作为公共卫生工具的大数据,而监管机构和法院则在努力跟进。

一、大数据陷阱:谷歌流感趋势

流感监测提供了一个引人注目的在公共卫生实践中利用大数据的潜力和挑战方面的例证。传统的流感追踪主要依赖医疗照护提供者的通报。疾病控制与预防中心收到来自近3 000家医疗照护提供者的数据,这些数据反映了每年3 000万名就诊患者的信息,并伴有实验室对一组病人进行检测所确认的类流感症状的报告。但这个过程需要时间。而通过在网际网络搜索和社群网络贴文上挖掘关键词以探测与健康相关的趋势,可以为潜在疾病的暴发提供更快速的警报。2008年推出的"谷歌流感趋势"(Google Flu Trends)系统,使用聚合的搜索数据来评估流感动态。这是基于以下假定:特定区域内的使用谷歌(搜索引擎)上网搜索与"流感相关"信息的用户数量可以准确地反映该地区流感的流行情况。的确,"谷歌流感"数据往往就是疾病控制与预防中心的监测数据的真实反映,而且"谷歌"数据可以比疾病控制与预防中心的监测数据提前几天获得。然而,在非典型情况下,这些数据结果有时被弃而不用,大卫·拉泽(David Lazer)和他的同事将之称为大数据分析的"陷阱"。[133] 在2009年,因对A型H1N1流感(猪流感)心生恐惧,以及在2012年至2013年,因媒体报道了一个异常严重的疫情的暴发,很多人就去网际网络上搜索与"流感相关"的关键词,即使他们并未得病。每一次受挫都促使"谷歌"运算法则的调整,以提高其准确性。[134] 2011年,该公司扩大了评估范围,增加了登革热追踪计划。

由于"谷歌"数据并不是以逐个的、可识别的方式进行公布,因此,该项目不会带来信息隐私问题。但是通过"谷歌"搜集数据(如同其他实体搜集来自社群网络贴文上的消费者数据或者信息一样)会引发对个人利益的关

---

[133] David Lazer, Ryan Kennedy, Gary King, and Alessandro Vespignani, "The Parable of Google Flu: Traps in Big Data Analysis," *Science* 343, no. 6176 (2014): 1203–05.

[134] Declan D. Butler, "When Google Got Flu Wrong," *Nature*, 494, no. 7436 (2013): 155–56; see also David Lazer, Ryan Kennedy, Gary King, and Alessandro Vespignani, "Google Flu Trends Still Appears Sick: An Evaluation of the 2013-2014 Flu Season," unpublished manuscript, March 13, 2014, http://gking.harvard.edu/files/gking/files/ssrn-id2408560_2.pdf.

注——要求力避在未获得个人理解或同意的情况下对个人活动的审视;也会引发对所搜集数据(可能包括诸如 IP 地址或信用卡号码之类的会暴露个人身份的信息)的安全性的关注。

二、地理信息系统

新技术使得对健康趋势的空间映射得以增强。几个世纪以来,将健康数据与特定的地理位置相联系一直是流行病学调查的主要内容,但是从约翰·斯诺(John Snow)的手绘地图(记录 1854 年伦敦霍乱死亡病例的地点)开始,我们已经走了很长一段路。利用地理信息系统(Geographic Information Systems, GIS),可以将健康信息的多个数据库、消费者的购买行为、网际网络搜索、社会经济指标以及其他因素结合到一起,以便绘制出一个地区的健康趋势图。例如,绘制全美范围内各社区的心脏病发病率地图,或者确定糖尿病与一个特定城市每个街区的平均家庭收入之间的联系。这一成果非常重要,且备受瞩目。在宏观层面,绘制健康地图可能不会产生明显的隐私问题。但当研究人员和决策者在个人领域层面上使用标有数据的地图时,就变得很容易将数据与居民个人联系起来。

三、电子健康档案

或许,对于公共卫生监测来说,最有前景的大数据资源就是使用范围快速扩大的电子健康档案。由于电子健康档案能提高保健工作的效率和质量,《健康保险流通与责任法案》和其他联邦卫生法律正在推动医疗照护提供者转而使用电子健康档案。电子健康档案正在迅速地成为照护的标准,即使是对于小诊所来说也是如此。纽约市正率先基于电子健康档案开发数据聚合,以期创制一个跟踪公共卫生趋势的工具;而传统意义上对公共卫生趋势的监控则是通过昂贵的调查开展的,这可能需要耗时两年。纽约市宏观试点项目基于一套健康指标来采集电子健康档案数据,这套健康指标包括:血压、胆固醇、血糖、糖尿病诊断、体重指数、忧郁症的诊断、吸烟状况和流感疫苗接种情况。再通过与传统调查数据进行比较,来核实数据结果,从而确保电子健康档案数据足以代表一般人群。[30]

---

[30] New York City Department of Health and Mental Hygiene, *Developing an Electronic Health Record–Based Population Health Surveillance System* (New York: New York City Department of Health and Mental Hygiene, 2013).

框 9.5　旧样本的新用途：残余新生儿血斑研究之争议

2011年，健康与人类服务部的一个专家委员会发布了关于储存和使用新生儿筛查试验中剩余的干血斑的州政策的建议。[1]血斑试验是强制性的州立筛查项目的一部分，几乎所有在美国出生的婴儿，往往在未经其父母的明确同意下，就接受了这项试验。[2]对于那些不容易通过体检来确诊的严重的但可治疗的病症，就立即采集几滴血，并对之进行检测。经过这些初步的筛选试验后，剩余的血斑被存储，并最终可能被用于各种研究和监测。血斑里的遗传物质可以长时间地保持稳定。

这种研究已经进行了几十年，那么，为什么现在需要对此提出新的建议呢？因为，新的研究方法（特别是全基因组测序和数据挖掘）的采用，使得对现有样本进行以前无法想象的研究成为可能。作为回应，病人权利支持者已提起诉讼，旨在终结保留样本以供远远超出当初搜集样本只为进行初步筛查而使用的做法。[3]

2009年，得克萨斯州卫生服务部门同意销毁所有以前搜集的残留血液样本，这是作为在一起诉讼中所达成的解决方案的一部分。这起诉讼是由那些不同意保留血斑以供研究的父母提起的。两年后，该案的律师提出了一个新的诉讼，这一次患方声称使用残余血斑违反了第四修正案，但该案因缺乏主体资格而被驳回。在一起发生在明尼苏达州的诉讼中，病人声称这样的做法违反了州基因隐私法案，这起诉讼也同样被驳回。然而，最终，明尼苏达州最高法院认为，新生儿血液检测法并未授权使用剩余的新生儿血液样本进行研究。[4]

对科学家来说，全基因组测序以及其他研究工具的采用使得生物样本库成为一个有吸引力的资源。除残留新生儿血斑外，血液和组织样本也被搜集起来而被广泛用于筛查、治疗和研究，那些最终存放于样本库中的一小部分样本可以用于未来的研究。由于生物样本的长期储存允许对标本开展新的试验，而这在生物样本采集之初是无法仔细考量的，因此会带来一系列复杂的问题，如隐私问题、知情同意问题、知识产权问题以及将研究结果反馈给个人捐赠者的问题（个人捐赠的样本在采集后的数月、数年或数十年里会揭示以前未被发现的健康信息）。[5]

从历史上来看，涉及"研究目的"的同意书被认为足以涵盖生物样本储存领域，但注意标准正在迅速改变之中。是不是仅仅涉及生物样本储存就足够了呢？如果全基因组测序具有可能性，那么，这应该被作为同意过程中的一部分吗？应该将样本在将来的各种可能应用，简要地告知患者和研究对象吗？样本将来被用于克隆或生成新的细胞、组织、器官或生物体的可能性又有多大呢？是否应当告知患者，即使研究者最终发现严重的健康问题，他们也不必将这些结果反馈给个人捐赠者？对于当初用老方法所采集的样本，在继续使用时，有什么方法能够将新的注意标准运用到同意程序中呢？诚然，这类数据被使用的可能性是不受限制的。看来，与此相关的法律和伦理问题也是难以穷尽的。

注释：

1. See Bradford L. Therrell Jr., W. Harry Hannon, Donald B. Bailey Jr., Edward B. Goldman, Jana Monaco, Bent Norgaard-Pedersen, Sharon F. Terry, Alissa Johnson, and R. Rodney Howell, "Committee Report: Considerations and Recommendations for National Guidance Regarding the Retention and Use of Residual Dried Blood Spot Specimens after Newborn Screening," *Genetics in Medicine*, 13, no. 7 (2011): 621-24.

2. See Lainie Friedman Ross, "Mandatory versus Voluntary Consent for Newborn Screening?" *Kennedy Institute of Ethics Journal*, 20, no. 4 (2010): 299-328.

3. See Beth A. Tarini, "Storage and Use of Residual Newborn Screening Blood Spots: A Public Policy Emergency," *Genetics in Medicine*, 13, no. 7 (2011): 619-20.

4. *Bearder v. State*, 806 N.W.2d 766, 776 (Minn. 2011).

5. See Presidential Commission for the Study of Bioethical Issues, *Anticipate and Communicate: Ethical Management of Incidental and Secondary Findings in the Clinical, Research, and Direct-to-Consumer Contexts* (Washington, DC: Bioethics Commission, 2013), 80, http://bioethics.gov/sites/default/files/FINALAnticipate Communicate_PCSBI_0.pdf.

四、行动健康应用软件

与健康相关的信息不仅越来越多地被《健康保险流通与责任法案》所涉实体（如卫生保健提供者和保险公司等）搜集，而且也越来越多地被商业利益实体搜集；这些实体通过行动应用软件和装置设备来跟踪生物特征读数（如心率、体温、血压）或与健康相关的行为（如体力活动或饮食）而进行信息采集。[138] 这些个人可识别信息不仅对营销人员来说很有价值，而且对雇主、健

---

[138] Nicolas P. Terry, "Big Data Proxies and Health Privacy Exceptionalism," *Health Matrix*, 24 (2014): 65-108; Murray Aitken and Carolyn Gauntlett, *Patient Apps for Improved Healthcare: From Novelty to Mainstream* (Parsippany, NJ: IMS Institute for Healthcare Informatics, 2013), www.imshealth.com/deployedfiles/imshealth/Global/Content/Corporate/IMS%20Health%20Institute/Reports/Patient_Apps/IIHI_Patient_Apps_Report.pdf.

康保险公司和其他实体来说也可能很有用。对行动健康应用市场的各个方面进行规制的机构有:联邦贸易委员会、食品药品管理局,但这两个机构都尚未以有意义的方式来处理隐私问题。事实上,在国会不采取行动的情况下,这两家机构或许都没有足够的权力来处理这一问题。2014 年,联邦贸易委员会发布了一份报告,详细介绍了九种主要数据中介商的做法,并建议国会应该"对敏感信息(如某些健康信息)施以重要保护,要求面向消费者的信息采集者在搜集以及与数据中介商分享这些信息前,要获得消费者肯定的明示同意"[19]。

虽然人们对作为监测和研究的组成部分的健康信息的搜集、使用和传播仍存在争议,但它也为公共卫生实践各领域(传染性疾病防控、应急准备与响应、非传染性疾病预防、伤害预防)的干预提供了至关重要的科学依据。有关公共卫生科学与实践的各领域以及在每个领域内发展而成的法律和政策干预措施,我们将在下面的章节中进行探讨。

---

[19] Federal Trade Commission, *Data Brokers: A Call for Transparency and Accountability* (Washington, DC: Federal Trade Commission, 2014): viii, www.ftc.gov/system/files/documents/reports/data-brokers-call-transparencyaccountability-report-federal-trade-commission-may-2014/140527databrokerreport.pdf.

第十章　传染性疾病的预防与控制

现在,我知道这些杆菌是活生生的、有气息的"科赫"(译者注:科赫,1843—1910年,德国细菌学家、医学家,结核菌、霍乱菌发现者,曾获1905年诺贝尔生理学—医学奖)。现在,我也知晓这些杆菌在我的可怜的小老鼠、绵羊甚至在奶牛体内进行成百万倍繁殖的方式。这些单个的杆菌,比公牛要小十亿倍……但是,令人恐怖的是,这种杆菌却在大型动物体内进行数以百万计的繁殖:云集在它的肺部和脑部,填塞住它的血管。

——保罗·德克吕夫:《微生物猎人》(Paul De Kruif, *The Microbe Hunters*, 1926)

本章致力于探讨与传染性疾病相关的公共卫生法。微生物威胁可以导致严重的、有时是致命的人类疾病。微生物可以经由人传染给人,经由动物传染给人,或者经由食物或水传播给人。几十年来,例如白喉、胃肠道感染、结核病(TB)这样的传染性疾病在美国一直位居主要死因之列。[1] 然而,流感

---

[1] 1800年代(尤其是霍乱)至1910年代(其他的食源性和水源性疾病)期间,胃肠道感染是导致死亡的主要原因,直至20世纪30年代初期,随着卫生条件与食品安全的改善,胃肠道感染才逐步减弱。在1900年,肺结核是第二大死因,此后,随着对肺结核传播方式的进一步了解、跟踪疾病进展能力的提升以及(20世纪中叶)对肺结核的有效治疗,由肺结核所导致的死亡率大幅度下降。而白喉则成为首要死因——特别是在儿童中,这种情况持续到20世纪20年代,当有效的疫苗接种得以施行时才被改变。David S. Jones, Scott H. Podolsky, and Jeremy A. Greene, "The Burden of Disease and the Changing Task of Medicine," *New England Journal of Medicine*, 366, no. 25 (2012): 2333-38,文中采用一个交互式图形,来展示1900年至2010年期间的十大主要死因,available at www.nejm.org/doi/full/10.1056/NEJMp1113569.
2010年,美国排名前十的导致过早损失生命年数(YLL)的疾病是缺血性心脏病、中风、肺癌、慢性阻塞性肺疾病(COPD)、道路伤害、自我伤害、糖尿病、肝硬化、老年痴呆与大肠癌。1990年,两种传染性疾病——艾滋病(HIV/AIDS)和下呼吸道感染(如肺炎)——名列前十,但到2010年时已不在前十之列了。See U.S. Burden of Disease Collaborators, "The State of US Health, 1990-2010: Burden of Diseases, Injuries, and Risk Factors," *Journal of the American Medical Association*, 310, no. 6 (2013): 591-606, 595-96, fig. 1.

并发肺炎仍然是第八号死因。② 此外,疾病发病率和死亡发生率反映出显著的社会经济差异,尤其是对于艾滋病、肺结核、C 型肝炎、淋病和梅毒这些疾病而言更是如此。我们还需要对新发疾病(例如,新型流感病毒和冠状病毒)的潜在威胁、重新出现的疾病(例如,百日咳和麻疹)、抗生素的耐药性(例如,导致血行与尿路感染的肺结核、淋病、病原体耐药菌株)以及医院获得性感染(导致败血症与肺炎)等问题保持警惕。③

19 世纪与 20 世纪初所形成的传染性疾病控制模式,在公共卫生与法律上留下了不可磨灭的印迹。随着人们对抵御传染性疾病的疫苗接种、传染性疾病检验以及传染性疾病药物治疗(从而减少传染)的科学可行性的认识,公共卫生病原模式或"微生物"模式应运而生(参见第一章)。时至今日,法律对病原模式仍发挥着强大的导向功能。医疗对策已经被编入州公共卫生法律中,这些法律授权卫生官员强制进行传染性疾病疫苗接种、筛查与治疗,并对感染者的接触者进行跟踪观察。

传染性疾病威胁的公共性是不容置疑的。食源性和水源性疾病、人畜共患性疾病(由受感染的动物所传播)以及人际传播性疾病属"老"公共卫生问题。政府用来解决"老"公共卫生问题的权力是巨大的,并且对个人自治的侵犯通常也被认为是必要的。但是,人们对用以实现这些毋庸置疑的合法目标的手段却存在争议。在第六章中,我们探讨了"命令—控制"型规制与"新治理"(主要适用于商业活动)之间的连贯性。在此,我们将类似的概念适用于更加私人化的决定事项中,例如,儿童疫苗接种、与性伙伴讨论性传播性疾病、个人卫生等事项。诚然,以传染性疾病控制为名而行使强制执行或禁止的权力所带来的影响是深远的。但在更多情况下,采取更柔和的方式,效果可能会更好。

考虑到历史相关性和持续性问题,我们主要关注医疗对策问题。我们的讨论始自强制疫苗接种法律,以此作为讨论个人权利与公共卫生之间的张力

---

② 1900 年至 1930 年代,流感并发肺炎是第一大或第二大死因,目前仍位列前十大死因之列。2013 年,在美国,流感并发肺炎是第八大死因(从 2010 年的第九上升为第八)。Kenneth D. Kochanek, Sherry L. Murphy, Jiaquan Xu, and Elizabeth Arias, "Mortality in the United States, 2013," *National Center for Health Statistics Data Brief*, No. 178 (2014).

③ 2012 年,败血症或脓毒症(由细菌或其他病原体侵入血流而引起的病症)在主要死因中位列第十一位(最近几年来,也可以获取十大死因之外的死因排名情况),2010 年,则位列主要死因第十。"Deaths: Final Data for 2012," *National Vital Statistics Report*, 63, no. 9 (2014)(2015 年将形成完整报告),有详尽的表格显示,available at www.cdc.gov/nchs/data/nvsr/nvsr63/nvsr63_09.pdf. 一些研究人员对如下现状表示关注:作为死因之一的败血症,可能存在少报情况,而是将之归入肾衰竭、呼吸衰竭或者心脏停搏等死因之列,由此来模糊医院获得性感染的影响。医院获得性感染也是引发肺炎所致死亡的重要原因。2006 年,医院获得性败血症及肺炎引致 48 000 人的死亡与 81 亿美元的医疗费用。Michael R. Eber, Ramanan Laxminarayan, Eli N. Perencevich, and Anup Malani, "Clinical and Economic Outcomes Attributable to Health Care-Associated Sepsis and Pneumonia," *Archives of Internal Medicine*, 170, no. 4 (2010): 347-53.

的范例[参见第四章对雅各布森诉马萨诸塞州一案的讨论]。然后,我们将继续探讨作为识别感染病例策略的筛查与接触追踪。接下来,我们要讨论旨在造福个人、防止传染并保持抗菌药物有效性的强制医疗制度。在此,我们有机会来探讨一个日趋重要的问题:对一线药物产生耐药性的病原体菌株的出现和扩散。最后,我们将关注点从医疗对策转向社会生态方法:即通过社会变革与行为改变来防止疾病传播。我们将通过两个案例研究(艾滋病传播和医院获得性感染案例研究)对传统规制与新治理之间的适当平衡进行比较研究。

本章所讨论的许多主题也与下一章(突发公共卫生事件防备)相关。而下一章将要讨论的一些策略问题(检疫、隔离和社交距离)也与传染性疾病控制密切相关。

表 10.1　传染性疾病预防与控制的主要术语

疾病与感染	这两个术语往往交替使用,但在某些情况下,公共卫生战略将尚未引发宿主病症的潜伏性感染作为控制目标。采取干预措施以预防疾病并防止感染传播。例如,公共卫生专家经常使用"性传播感染"(Sexually Transmitted Infection, STI)这一术语,而不是"性传播疾病"(Sexually Transmitted Disease, STD),因为潜在的性传播感染会带来公共卫生风险。
致病媒介、病原体	传染性疾病是由致病媒介(亦称病原体)或它们所产生的毒素所引起。大多数传染性疾病是由病毒、细菌或真菌等病原体引发。寄生虫病是由原生动物和蠕虫引起的。除了朊病毒(prions)异常(错误折叠的蛋白质导致一些类型的脑病)之外,所有已知的传染性疾病的病原体都是微生物。
毒力、致病力	毒力(亦称致病力)是指病原体在宿主体内导致显性疾病症状的能力。毒力往往是由病原体在宿主体内的复制能力所致。有时,我们用病死率来表示毒力,即死于疾病的受感染者的比例。病原体并非天然具有毒力,也不当然带来病死率;毒力与病死率受宿主种群的独特性以及致病媒介与宿主相互作用的环境的影响。
传播性、传染性	传播性(又称传染性)是指病原体从一个宿主传播到另一个宿主的能力。
传播途径、污染物、带菌载体	根据病原体的不同,传播途径可能是呼吸道(通过直接吸入或摄入飞沫;或间接地经由"污染物"传播,如门把手或电话机)、粪—口接触(通常是间接的,如通过被污染的水或食物)、性接触、口腔接触(直接或间接地通过共享饮料或器皿而传播),或皮肤接触(直接或间接地通过共享毛巾或衣服而传播)。 经病媒传播的疾病是指由一个媒介微生物(例如,蚊子、蜱或啮齿动物)将病原体从一个人传播给另一个人。 一些食源性与水源性病原体以及人畜共患传染性疾病(经由动物传播)可以导致个体被感染,但不会再发生人与人之间的传播。

(续表)

地方病	一种疾病的地方流行水平是指,这种疾病在特定地域的通常发病情况。如果一种疾病在一个地区的发病率是稳定的,就表明这种疾病是一种地方病。
疾病暴发	当一种疾病在特定的时间、特定的地点感染的人数超过了预期的人数时,便是这种疾病的暴发。
流行	当一种传染性疾病迅速地蔓延至众人时,这种传染性疾病的流行就发生了。
大流行	当一种流行病在全球大范围扩散时,这种疾病的大流行就发生了。

第一节 疫苗接种:
使人群获得抵御疾病的免疫力

在疫苗接种几乎消除了许多严重的、有时是致命的传染性疾病后,美国公共卫生系统近来注意到疫苗可预防的疾病在增多。越来越多的家长要么延迟、要么选择性地接受这些至关重要的疫苗接种,甚至有少数家长选择根本不给孩子接种任何疫苗。这些趋势反映了公众对保护我们所有人免遭永久的传染性疾病威胁的疫苗接种体系的信任在降低……医生、护士和其他卫生专业人员如何才能与越来越多的对"疫苗犹豫"(vaccine-hesitant)的家长建立密切联系呢?如果我们的公共卫生和科学领袖对这种令人担忧的事件的转向不作出反应的话,我们将处于什么样的重要关头呢?……正如必须对公众进行有关科学议题的教育一样,也必须对科学界进行有关公众的态度和观点的教育。

——美国艺术与科学学院:《公众对疫苗的信任》(American Academy of Arts and Sciences, *Public Trust in Vaccines*, 2014)

尽管疫苗接种所蕴涵的基本原则可以追溯到公元 2 世纪,但疫苗接种作为公共卫生实践却来自爱德华·詹纳(Edward Jenner)(以及其他人)的工作成果——他研发了一种对付可怕的天花的疫苗。1796 年,詹纳注意到,患牛痘的人很少会染上天花。他先让一个年轻男孩感染上牛痘,然后设法让这个男孩再感染天花,而由牛痘病毒所激发的免疫力却可以有效地预防天花。④ 詹纳将他的牛痘接种称为"疫苗"(vaccine)——这个词来源于拉丁语 vaccinus,与牛相关。

直到1880年,路易斯·巴斯德(Louis Pasteur)进一步发展了免疫理论。他发现导致鸡霍乱的细菌的陈旧培养液失去了大部分的致病力,还发现新鲜培养液也不能让先前接种过陈旧培养液的鸡感染霍乱。⑤ 后来,巴斯德研发了炭疽、猪丹毒、狂犬病预防接种技术。为了纪念詹纳,巴斯德将疫苗的含义扩大至包括所有的预防接种在内。后来,其他的研究人员研发了鼠疫疫苗与伤寒疫苗。到19世纪末,科学家们已经证明,接种灭活疫苗或减毒活疫苗可抵御传染性疾病,这种做法被称为主动免疫。

一、成人免疫法律

天花是促使最早的强制接种法律颁布的力量所在。⑥ 1809年,马萨诸塞州颁布了第一部强制免疫的法律。⑦ 1905年,在雅各布森诉马萨诸塞州一案的里程碑式的判决作出时,许多州都要求强制接种天花疫苗。⑧

在当代,除了服兵役者⑨、新移民⑩、有些州的大学生以及有些州的卫生

---

④ Donald A. Henderson, "Edward Jenner's Vaccine," *Public Health Reports*, 112 (1997): 116-21; Edward Jenner, The Origin of the Vaccine Inoculation (London: D. N. Shury, 1801).

⑤ John M. Barry, *The Great Influenza: The Epic Story of the Deadliest Plague in History* (New York: Penguin Books, 2004): 68-69; George Rosen, *A History of Public Health*, expanded ed. (Baltimore: Johns Hopkins University Press, 1993): 304.

⑥ 尽管有其他疾病的暴发,但是路易斯·巴斯德还未研制出霍乱疫苗。接下来的重大的疫苗发现,例如,索尔克发现脊髓灰质炎疫苗,以及史密斯发现白喉毒素,已是20世纪早期和中期的事了。

⑦ Charles L. Jackson, "State Laws on Compulsory Immunization in the United States," *Public Health Reports*, 84, no. 9 (1969): 787-96, 92-94. See also William Packer Prentice, *Police Powers Arising under the Law of Overruling Necessity* (1894; repr., Littleton, CO: Fred B. Rothman, 1993), 132. "强制疫苗接种制度已经确立……好几个州都有针对未成年人实施强制疫苗接种的法令。城市条例也对此进行规制,但是如下的间接规制方法更为有效,即禁止未接种疫苗的儿童上学、进入工厂,或是坚持对移民进行隔离检疫、免费接种疫苗等……"。

⑧ *Jacobson v. Massachusetts*, 197 U.S. 11 (1905); William Fowler, "Principal Provisions of Smallpox Vaccination Laws and Regulations in the United States," *Public Health Reports*, 56, no. 5 (1942): 167-210, 167, 报告指出,只有6个州没有制定天花疫苗接种法令。直到20世纪30年代末,这些州才颁布了与其他疾病有关的强制免疫法。William Fowler, "State Diphtheria Immunization Requirements," *Public Health Reports*, 57, no. 10 (1942): 325-28.

⑨ 军事条例要求美国部队对多种疾病进行免疫,包括破伤风、白喉、流感、A型肝炎、麻疹、腮腺炎、德国麻疹、脊髓灰质炎和黄热病,这取决于部队性质和部署的地理区域。美国法院认可军事强制接种令的合法性。Jared P. Cole and Kathleen S. Swendiman, *Mandatory Vaccinations: Precedent and Current Laws*, Congressional Research Service Report RS 21414 (Washington, DC: Office of Congressional Information and Publishing, May 21, 2014): 8. See for example, *United States v. Chadwell*, 36 C.M.R. 741 (N.M.B.R. 1965),海军陆战队审查委员会(现海军陆战队刑事上诉法院)支持2名美国海军陆战队成员以宗教信仰为由拒绝接种天花、伤寒、副伤寒和流感疫苗。

⑩ 8 U.S.C. § 1182.

保健工作者⑪之外,对成年人通常并不强制要求疫苗接种。继 2009 年新型 A 型流感(H1N1)大流行之后,州对于卫生保健人员接种流感疫苗的兴趣在增加。⑫ 大多数法律要求卫生保健机构制订、实施免疫计划,并"安排"或"确保"对其员工的疫苗接种,但对(其他)个人的强制接种却很罕见。⑬ 作为对疫苗短缺和法律挑战的回应,纽约州卫生部门撤销了对医疗照护工作者强制接种疫苗的规定。⑭ 随后,其他州也颁布了类似的规定。⑮ 2013 年,纽约州设立了一项要求:当卫生专员确定流感构成流行时,医疗照护及住院治疗机构中未接种流感疫苗的工作人员在医治流感患者时需要佩戴医用口罩。⑯

依据《平价医疗法》所采用的医院绩效付费方案,参与医院必须对接受流感疫苗接种评估后并接种疫苗(如果接种疫苗具有医学上的必要)的患者的比例进行报告。在以价值为基础的采购计划中,绩效(连同其他质量和效能措施一起)与付费激励机制被捆绑在一起。⑰ 作为住院质量报告计划的一部分,医疗照护工作者的流感疫苗接种率也必须向"老人医疗保险与穷人医疗保险服务中心"报告,不过,尚未与付费激励机制绑定。⑱

---

⑪ 一些州已要求某些医疗保健机构(如医院和疗养院)的职工接种麻疹、腮腺炎、德国麻疹和 B 型肝炎等疫苗。许多州还要求惩教或保健机构的病人或住院医师接种 B 型肝炎和流感等疫苗。这些法律在设置背景、要求接种的疫苗种类以及所涵盖的人员等方面差别很大,但一般允许医疗、宗教和个人信仰豁免(尽管后两种豁免不太常见)。Cole and Swendiman, *Mandatory Vaccinations*, 4; Megan C. Lindley, Gail A. Horlick, Abigail M. Shefer, Frederic E. Shaw, and Margaret Gorji, "Assessing State Immunization Requirements for Healthcare Workers and Patients," *American Journal of Preventive Medicine*, 32, no. 6 (2007): 459-65; Alexandra M. Stewart and Marisa A. Cox, "State Law and Influenza Vaccination of Health Care Personnel," *Vaccine*, 31, no. 5 (2013): 827-32.

⑫ Lisa H. Randall, Eileen A. Curran, and Saad B. Omer, "Legal Considerations Surrounding Mandatory Influenza Vaccination for Healthcare Workers in the United States," *Vaccine*, 31, no. 14 (2013): 1771-76.

⑬ Stewart and Cox, "State Law and Influenza Vaccination."

⑭ Robert I. Field, "Mandatory Vaccination of Health Care Workers: Whose Rights Should Come First?" *Pharmacy and Therapeutics*, 34, no. 11 (2009): 615-16, 18.

⑮ Thomas R. Talbot, "Update on Immunizations for Healthcare Personnel in the United States," *Vaccine*, 32, no. 38 (2014): 4869-75.

⑯ Ibid.; Abigale L. Ottenberg, Joel T. Wu, Gregory A. Poland, Robert M. Jacobson, Barbara A. Koenig, and Jon C. Tilburt, "Vaccinating Health Care Workers against Influenza: The Ethical and Legal Rationale for a Mandate," *American Journal of Public Health*, 101, no. 2 (2011): 212-16; Prevention of Influenza Transmission by Healthcare and Residential Facility and Agency Personnel, N.Y. Comp. Codes R. & Regs. tit 10, § 2.59 (2015).

⑰ Centers for Medicare and Medicaid Services, Hospital Value-Based Purchasing, accessed August 17, 2015, www.cms.gov/Medicare/Quality-InitiativesPatient-Assessment-Instruments/hospital-value-based-purchasing/index.html.

⑱ Centers for Medicare and Medicaid Services, *Operational Guidance for Acute Care Hospitals to Report Healthcare Personnel (HCP) Influenza Vaccination Data to CDC's National Healthcare Safety Network (NHSN) for the Purpose of Fulfilling CMS's Hospital Inpatient Quality Reporting (IQR) Program Requirements and CMS's Hospital Outpatient Quality Reporting (OQR) Program Requirements* (Washington, DC: CMS, 2014). 一些反对接种的网站报道,薪酬激励与卫生保健人群接种率达到 90% 的成就挂钩,但是引用的数据却来自对患者接种情况的评估。

医院和其他雇主通常将接种作为雇用那些与病人或易受感染者一起工作的员工的条件,或作为雇用那些接触危险病原体的员工的条件。[19] 这些要求受到那些允许雇员选择退出疫苗接种的州法律的限制。[20] 如美国医师学会等专业机构指出,医疗照护人员负有防止传染性疾病传播的职业责任与伦理责任,于是许多医院要求雇员按年度接种流感疫苗,以此作为雇用的条件。[21] 这些政策大大提高了医疗照护工作者的疫苗接种率。然而,这些政策却已遭遇诉讼挑战,诉讼认为这样的要求违反了集体谈判协议和联邦劳动法。[22]

二、学校和日托中心疫苗接种法律

> 从19世纪30年代开始,"天花"的攻击逐渐加剧,到内战时期,这一病症又再度成为一个严重问题。巧合的是,天花肆虐之时恰逢义务教育法的颁布以及随之而来的公立学校数量的快速增长。由于大批儿童的聚集明显助长了天花的传播,也由于疫苗接种提供了相对安全的预防措施,因此很自然地,义务教育法本应引发一场强制疫苗接种运动。
>
> ——约翰·达菲:《学校疫苗接种》(John Duffy, *School Vaccination*, 1978)

虽然法律以接种疫苗作为入学条件可以追溯到"天花"时代,但是现代州法律的颁布在很大程度上是为了应对20世纪60年代和20世纪70年代发生在学校里的麻疹传播。在那些有着计划免疫法律的州,麻疹在小学生中的发病率便极低,这对政策制定者产生了影响。[23] 于是,不再是卫生部门要求

---

[19] Brady L. Miller, Faruque Ahmed, Megan C. Lindley, and Pascale M. Wortley, "Institutional Requirements for Influenza Vaccination of Healthcare Personnel: Results from a Nationally Representative Survey of Acute Care Hospitals: United States, 2011," *Clinical Infectious Diseases*, 53, no. 11 (2011): 1051-59.

[20] Cole and Swendiman, *Mandatory Vaccinations*.

[21] Ibid., 5.

[22] Wendy E. Parmet, "Pandemic Vaccines: The Legal Landscape," *New England Journal of Medicine*, 362, no. 21 (2010): 1949-52. 例如,华盛顿州护士协会成功挑战了维吉尼亚梅森医院强制流感疫苗接种政策,因为该医院在没有与护士工会进行协商(根据双方的集体谈判协议,双方应当进行协商)的前提下提出了这项政策。See Cole and Swendiman, *Mandatory Vaccinations*, 5; Talbot, "Update on Immunizations." 关于禁止单方面引入政策的决定,see *Va. Mason Hosp. v. Wash. State Nurses Ass'n*, 511 F.3d 908 (9th Cir. 2007).

[23] Centers for Disease Control and Prevention, "Measles and School Immunization Requirements: United States, 1978" *Morbidity and Mortality Weekly Reports*, 27, no. 33 (1978): 303-04, 注意到,严格执行疫苗接种法的国家的麻疹发病率比其他国家低50%以上; Kenneth B. Robbins, David Brandling-Bennett, and Alan R. Hinman, "Low Measles Incidence: Association with Enforcement of School Immunization Laws," *American Journal of Public Health*, 71, no. 3 (1981): 270-74, 注意到,麻疹发病率低的国家显然更有可能颁布并执行要求所有在校人群接种的法律。

强制执行免疫接种,而是立法机构要求将免疫接种作为入学的条件。㉔ 全国范围内的"儿童免疫倡议"于1977年启动,"倡议"强调严格执行学校计划免疫法的重要性。在随后的几年内,有30个州推行法律改革,儿童疫苗接种水平上升到了90%。㉕

目前,50个州都通过立法规定:5岁以上的儿童在报名进入州授权的日托机构或公立学校前,必须接受一系列的疫苗接种。在大多数州,这样的法律也适用于私立学校。虽然疾病控制与预防中心会在咨询免疫接种咨询委员会(Advisory Committee on Immunization Practices, ACIP,由疾病控制与预防中心召集的医学和公共卫生专家组成)后作出建议,但各州负有确定强制疫苗接种清单的最终责任。各州疫苗接种的要求各不相同,一般来说,都要求对那些具有高度传染性并造成严重发病率和死亡率风险的疾病进行疫苗接种。㉖ 有些州除了要求对日托机构和小学的孩子接种白喉、百日咳、破伤风、麻疹、流行性腮腺炎、德国麻疹、脊髓灰质炎与B型肝炎疫苗外,还要求对即将入学的大学生接种脑膜炎疫苗。㉗ 当前对人类乳头状瘤病毒疫苗强制接种尚存在争议,有关这方面的讨论,请参见框10.1。

框10.1 人类乳头状瘤病毒疫苗接种:科学成功中的争议

> 人类乳头状瘤病毒(HPVs)是美国最常见的性传播疾病,超过一半的未接种疫苗的性活跃人群在他们人生中的某个时段会感染上这种疾病。某些类型的HPVs除了引发一些罕见的男、女共患的癌症之外,还会引发大多数的宫颈癌。免疫接种咨询委员会(ACIP)建议对11岁至12岁的所有儿童(在他们性活跃期到来之前)接种HPV疫苗,以防止今后宫颈癌的发病。起初,这一建议是针对女孩的;2011年,扩展至男孩。
>
> 尽管HPV疫苗的有效性已得到证明,但因多种原因,HPV疫苗已受到政治上的指控。对HPV疫苗的批评指向如下事实:即默克公司(Merck,一家

㉔ Walter A. Orenstein and Alan R. Hinman, "The Immunization System in the United States: The Role of School Immunization Laws," *Vaccine*, 17, no. S3 (1999): S19–S24.

㉕ Kevin M. Malone and Alan R. Hinman, "Vaccination Mandates: The Public Health Imperative and Individual Rights," in *Law in Public Health Practice*, ed. Richard A. Goodman, Marc A. Rothstein, Richard E. Hoffman, Wilfredo Lopez, and Gene W. Matthews (New York: Oxford University Press, 2003): 262–84.

㉖ Marcel Verweij and Angus Dawson, "Ethical Principles for Collective Immunisation Programmes," *Vaccine*, 22, nos. 23–24 (2004): 3122–26, 文中列举了集体免疫接种计划的七项原则:严重的健康威胁、安全性和有效性、最小负担、有利的负担/利益比、公正的分配、自愿性(如果可能的话)和公众信任。

㉗ Cole and Swendiman, *Mandatory Vaccinations*.

疫苗生产企业)一直在积极游说州实施强制疫苗接种计划。他们还指出,疫苗的成本很高,而且事实上,HPV并不通过日常教学接触而传播。一些社会保守人士的反对理由是:HPV疫苗强制接种篡夺了父母的责任,且传递了一种隐性信息——青少年的性行为是为社会可接受的。[1] 虽然公共卫生界支持常规的HPV疫苗接种,但专家们在强制疫苗接种是否会导致强烈抵制上存在分歧。有专家担心HPV疫苗强制接种会对学校的入学疫苗接种要求构成威胁,实际上,在一些地区,入学疫苗接种要求已表现出政治上的脆弱性。

在政治和社会争议中,立法活动一直呈现出变化不定的状态。2007年,得克萨斯州州长签署了一项行政命令,要求六年级的女孩接种疫苗,但州议会推翻了这项行政命令。同年的晚些时候,弗吉尼亚州与哥伦比亚特区颁布了学校疫苗接种要求,尽管,弗吉尼亚州有多个法案废除了这一规定,但是该规定还是存续了下来。[2] 还有几个州至少为一部分患者提供资助以支付HPV疫苗接种费用,并设立教育项目以鼓励疫苗接种。[3] 由于免疫接种咨询委员会的建议已被纳入《平价医疗法》(该法规定,私营保险公司为预防服务提供"全额支付"的保险),因此,个人在接种HPV疫苗以及其他被推荐的疫苗并不需要支付分摊付款额(参见第八章)。

2013年的一项研究表明,自2006年引入人类乳头状瘤病毒疫苗以来,在14岁至19岁的女性中,疫苗可预防的人类乳头状瘤病毒患病率下降了56%。[4] 下降的幅度令公共卫生专家震惊,因为在全美只有约1/3的少女接种了全程三剂疫苗。"相比之下,在英国和丹麦这样的国家,疫苗接种率都在80%以上。"[5] 疾病控制与预防中心不无遗憾地指出,美国已经"错过了为女孩接种疫苗的机会;假如当初临床医生更积极主动一些,那么,年轻女性的接种疫苗率可能会达到90%以上"[6]。

注释:

1. See Michelle M. Mello, Sara Abiola, and James Colgrove, "Pharmaceutical Companies' Role in State Vaccination Policymaking: The Case of Human Papillomavirus Vaccination," *American Journal of Public Health*, 102, no. 5 (2011): 893-98; James Colgrove, Sara Abiola, and Michelle M. Mello, "HPV Vaccination Mandates: Lawmaking amid Political and Scientific Controversy," *New England Journal of Medicine*, 363, no. 8 (2010): 785-91; Lawrence O. Gostin, "Mandatory HPV Vaccination and Political Debate," *Journal of the American Medical Association*, 306, no. 15 (2011): 1699-1700.

2. National Conference of State Legislatures, *HPV Vaccine Policies*, www.ncsl.org/research/health/hpv-vaccine-state-legislation-and-statutes.aspx, accessed August 21, 2015.

3. Kaiser Family Foundation, "The HPV Vaccine: Access and Use in the U.S.," September 26, 2015, http://kff.org/womens-health-policy/fact-sheet/the-hpvvaccine-access-and-use-in.

4. Lauri E. Markowitz, Susan Hariri, Carol Lin, Eileen F. Dunne, Martin Steinau, Geraldine McQuillan, and Elizabeth R. Unger, "Reduction in Human Papillomavirus (HPV) Prevalence among Young Women Following HPV Vaccine Introduction in the United States: National Health and Nutrition Examination Surveys, 2003–2010," *Journal of Infectious Diseases*, 208, no. 3 (2013): 385-93, 89.

5. Sabrina Tavernise, "HPV Vaccine Is Credited in Fall of Teenagers' Infection Rate," *New York Times*, June 19, 2013.

6. "News From the Centers for Disease Control and Prevention: HPV Vaccination Appears Stalled," *Journal of the American Medical Association*, 310, no. 11 (2013): 1114.

◎豁免

虽然各州的具体规定各不相同,但所有的学校免疫接种法律都对那些具有医学上免疫禁忌证(包括对疫苗成分过敏或有免疫功能缺陷)的儿童给予免疫豁免。如果医生证明孩子易受疫苗的不良影响,孩子就可以免除疫苗接种。除了西弗吉尼亚州、密西西比州和加利福尼亚州之外的所有州还给予宗教豁免,各州对有关反对接种的诚实性、力度、宗教基础方面的要求各有不同。㉘ 还有18个州对那些对免疫接种持有哲学异议的家长给予豁免。㉙ 这些法令允许父母以其"个人的""道德的"或"其他方面的"信仰为由而反对疫苗接种。各州法律对获得非医学豁免的程序规定各有不同。例如,有些州只要求在打印出来的表格上签名;而阿肯色州的做法却不是这样,该州要求提交一份经过公证的声明,完成对有关疫苗接种的风险和利益方面的教育要求与

㉘ W. Va. Code § 16-3-4 (2015); Miss. Code Ann. § 41-23-37 (2014). 密西西比州的法令最初包括一项宗教豁免规定,但在布朗诉斯通(*Brown v. Stone*)案中,依据宪法废除了这项规定,*Brown v. Stone*, 378 So. 2d 218 (Miss. 1979), *cert. denied*, 449 U.S. 887 (1980).

㉙ 在本书出版时,亚利桑那州、阿肯色州、加利福尼亚州、科罗拉多州、爱达荷州、路易斯安那州、缅因州、密歇根州、明尼苏达州、密苏里州、北达科他州、俄亥俄州、俄克拉荷马州、俄勒冈州、宾夕法尼亚州、得克萨斯州、犹他州、佛蒙特州、华盛顿州和威斯康星州都允许哲学上的豁免。自2016年7月1日起,废除哲学豁免的法律将在加利福尼亚州和佛蒙特州生效。National Conference of State Legislatures, *States with Religious and Philosophical Exemptions from School Immunization Requirements*, July 6, 2015, www.ncsl.org/research/health/school-immunization-exemption-state laws.aspx.

卫生部的批准。㉚

实践中,各种原因所致豁免的人数只占全体入学者的一小部分;但豁免的人数正日益增多,很多家长对特定疫苗以拖延或选择的方式婉拒。㉛ 州豁免政策对疫苗接种率造成了影响,并最终对疫苗可预防疾病的发生率造成影响。㉜ 一项研究发现,在允许以个人信仰为由反对疫苗接种的州,百日咳的发病率是只允许以宗教信仰为由反对疫苗接种的州的两倍多;在豁免程序简易的州,百日咳的发病率比难以获得豁免的州高出 90%。㉝ 在 2010 年加利福尼亚州百日咳暴发期间,普查区非医学豁免人群(在 2015 年该州颁布法律禁止非医学豁免之前)患百日咳的风险可能达 2.5 倍。㉞

面对不断上升的豁免率和备受瞩目的疾病暴发,一些州已经采取了更严格的豁免申请程序。㉟ 例如,2014 年,加利福尼亚州对法律进行了修订,要求寻求豁免的父母提供一个由保健医生签名的、表明父母已经收到有关疫苗接种的利益和风险的信息的证明,2015 年,该州立法机关禁止所有的非医学豁免。㊱

㉚ Ark. Code Ann. § 6-18-702 (2015).

㉛ Saad B. Omer, Jennifer L. Richards, Michelle Ward, and Robert A. Bednarczyk, "Vaccination Policies and Rates of Exemption from Immunization, 2005–2011," *New England Journal of Medicine*, 367, no. 12 (2012): 1170–71.

㉜ Nina R. Blank, Arthur L. Caplan, and Catherine Constable, "Exempting Schoolchildren from Immunizations: States with Few Barriers Had Highest Rates of Nonmedical Exemptions," *Health Affairs*, 32, no. 7 (2013): 1282–90; Kacey Ernst and Elizabeth T. Jacobs, "Implications of Philosophical and Personal Belief Exemptions on Re-emergence of Vaccine-Preventable Disease: The Role of Spatial Clustering in Under-Vaccination," *Human Vaccines and Immunotherapeutics*, 8, no. 6 (2012): 838–41; Saad B. Omer, Daniel A. Salmon, Walter A. Orenstein, M. Patricia deHart, and Neal Halsey, "Vaccine Refusal, Mandatory Immunization, and the Risks of Vaccine-Preventable Diseases," *New England Journal of Medicine*, 360, no. 19 (2009): 1981–88; Emily Oshima Lee, Lindsay Rosenthal, and Gabriel Scheffler, "The Effect of Childhood Vaccine Exemptions on Disease Outbreaks," *Center for American Progress*, November 14, 2013, www.americanprogress.org/issues/healthcare/report/2013/11/14/76471/the-effect-of-childhood-va ccine-exemptions-on-disease-outbreaks.

㉝ Saad B. Omer, William K. Y. Pan, Neal A. Halsey, Shannon Stokley, Lawrence H. Moulton, Ann Marie Navar, Mathew Pierce, and Daniel A. Salmon, "Nonmedical Exemptions to School Immunization Requirements: Secular Trends and Association of State Policies with Pertussis Incidence," *Journal of the American Medical Association*, 296, no. 14 (2006): 1757–63, 61.

㉞ Jessica E. Atwell, Josh Van Otterloo, Jennifer Zipprich, Kathleen Winter, Kathleen Harriman, Daniel A. Salmon, Neal A. Halsey, and Saad B. Omer, "Nonmedical Vaccine Exemptions and Pertussis in California, 2010," *Pediatrics*, 132, no. 4 (2013): 624-30. 最近百日咳暴发的部分原因是,目前使用的(无细胞)百日咳疫苗可能比以前认为的免疫力低,使得推荐的加强剂量不足以产生有效的免疫力。无细胞疫苗是由于担心全细胞百日咳疫苗相关的副作用而研发的。"a"在 DTaP(白喉、破伤风和无细胞百日咳联合疫苗)中意指"acellular"(无细胞),而 DTP(百白破联合疫苗)则含有全细胞百日咳疫苗。Maxwell A. Witt, Paul H. Katz, and David J. Witt, "Unexpectedly Limited Durability of Immunity Following Acellular Pertussis Vaccination in Preadolescents in a North American Outbreak," *Clinical Infectious Diseases*, 54, no. 12 (2012): 1730–35.

㉟ Tara Haelle, "US States Make Opting Out of Vaccinations Harder," *Nature News*, October 5, 2012, www.nature.com/news/us-states-make-optingout-of-vaccinations-harder-1.11548.

㊱ Cal. Health & Safety § 120365 (2015) (as amended by 2015 Cal. Legis. Serv. Ch. 35 (S.B. 277) (West)).

三、强制免疫接种的合宪性

由于公共卫生具有压倒一切的重要性,司法部门坚决支持强制接种。[37]当然,疫苗接种计划必须具有科学必要性,而非主观臆断或实行差别对待。例如,在王伟诉威廉姆森(*Wong Wai v. Williamson*, 1900)一案中,联邦法院废除了一项适用于旧金山市的华人的措施,因为这项措施纯粹以种族为基础而设立。[38] 在雅各布森诉马萨诸塞州这一里程碑式的案件中,最高法院认为,强制疫苗接种完全处于州警察权力范围内:"我们不认为这项立法侵犯了联邦宪法所保护的任何权利"(参见第四章)。[39] 在"Zucht 诉金"(*Zucht v. King*, 1922)一案中,最高法院支持学校开展强制免疫接种。[40] 作为一项州权力——将疫苗接种作为孩子入学的一个条件来要求——已被广为接受并得到司法认可。[41] 反对疫苗接种的倡导者们试图推翻"雅各布森"案的判决结论,或限制该判决对传染性疾病或具有现实而明显危险的疾病的影响范围,当下的州法院和联邦法院都驳回了他们的诉求。[42]

(一)宗教信仰自由

反对者依据第一修正案对疫苗接种法提出了挑战:"国会不得制定关于确立宗教[设立条款],或禁止自由从事宗教活动[自由行使条款]的法律。"虽然几乎所有的州都给予宗教豁免,但是最高法院还没有直接处理这一问题,即个人是否拥有以宗教为由拒绝疫苗接种的宪法权利。然而,学界权威

---

[37] James A. Tobey, *Public Health Law: A Manual of Law for Sanitarians* (Baltimore: Williams & Wilkins, 1926), 89-98, 总结法院 67 个案件,几乎都支持州有权接种疫苗;James A. Tobey,"Vaccination and the Courts," *Journal of the American Medical Association*, 83, no. 6 (1924): 462-64.

[38] *Wong Wai v. Williamson*, 103 F. 1 (C.C.N.D. Cal. 1900).

[39] *Jacobson v. Massachusetts*, 197 U.S. 11, 38 (1905).

[40] *Zucht v. King*, 260 U.S. 174 (1922). 州最高法院也一贯支持学校疫苗接种规定。See, for example, *People, ex rel. Hill v. Board of Educ.*, 195 N.W. 95 (Mich. 1923).

[41] See, for example, *Maricopa Cnty. Health Dep't v. Harmon*, 750 P.2d 1364 (Ariz. Ct. App. 1987); *Cude v. State*, 377 S.W.2d 816 (Ark. 1964)(本案中引用了大量的判例);*Brown v. Stone*, 378 So. 2d 218 (Miss. 1979), *cert. denied*, 449 U.S. 887 (1980).

[42] *Boone v. Boozman*, 217 F. Supp. 2d 938, 954 (E.D. Ark 2002)(本案驳回了原告的论点——雅各布森案、Zucht 案以及下级法院支持强制接种的判例是"基于一项公然的突发公共卫生事件(包括天花)而作出的,而 B 型肝炎这种情形却并不具备'明显而现实的危险性'");*Workman v. Mingo Cnty. Bd. of Educ.*, 419 Fed. Appx. 348 (4th Cir. 2011)(本案驳回了原告的论点——雅各布森案应该"被推翻,因为此案创立了一个违宪的先例";可以接受的是,雅各布森案应限于流行病情形);*Phillips v. City of New York*, 27 F. Supp. 3d 310 (E.D.N.Y.2014)("虽然原告认为雅各布森案的判决是恶法,并要求本法院推翻最高法院的判决,但本法院不能这样做")。

则支持州当局来决定是否给予宗教豁免,以及在何种条件下给予宗教豁免。⑬

在普林斯诉马萨诸塞州(Prince v. Massachusetts,1944)一案中,最高法院就强制接种问题在判决中指出:"(州的)权力不会仅仅因为父母声称基于宗教或良心对孩子的行为过程进行控制这一理由而失去效力。因此,父母不能基于宗教理由,从强制疫苗接种中为其自身主张超过为孩子主张的自由。自由地信仰宗教的权利不包括将社会或儿童置于传染性疾病风险或将儿童置于不良健康或死亡风险的自由。"⑭1965 年,阿肯色州最高法院遵循"依据宗教信仰的行动自由从属于为整个社会利益而实施的合理规制"⑮这一理念,明确维持了一项不允许宗教豁免的强制性疫苗接种法律。2011 年,第四巡回法院维持了西弗吉尼亚州的强制疫苗接种法——该法不允许任何非医学方面的豁免。⑯

在面对那些在具体个案中被否认了宗教豁免权利的家长对第一修正案提出的质疑时,一些州法院和联邦法院已然支持强制接种法。⑰ 法院亦支持地方官员在决定是否给予疫苗接种豁免时,具有对疫苗接种异议的诚实性、力道和宗教基础进行评估的权力。⑱ 例如,2013 年,一个联邦地方法院维持了一名卫生官员的决定,即一个家长关于疫苗接种的医学风险的关切并不能

---

⑬ *Brown*, 378 So. 2d at 223("为保护大多数学童……免遭[疫苗可预防疾病所致的]伤残和死亡的恐惧,禁止未接种疫苗的儿童入学……在某种程度上,这可能与父母的宗教信仰相冲突,然而,诚恳地说,学童的利益必须被优先考虑。");*Cude*, 377 S.W.2d at 819("根据权力的影响力,要求上学的孩子接种疫苗属州警察权力范畴……这并不侵犯任何人的宪法权利,无论基于宗教原因或其他原因都是如此")。

⑭ *Prince v. Massachusetts*, 321 U.S. 158, 166–67 (1944).

⑮ *Wright v. DeWitt Sch. Dist.*, 385 S.W.2d 644, 648 (Ark. 1965).

⑯ *Workman*, 419 F. Appx. 348.

⑰ See, for example, *Caviezel v. Great Neck Pub. Schs.*, 739 F. Supp. 2d 273 (E.D.N.Y. 2010); *Phillips*, 27 F. Supp. 3d 310[本案驳回了原告的诉求:(原告认为)否认宗教豁免违反了第一修正案、实质性正当程序条款与平等保护条款];*George v. Kankakee Cmty. Coll.*, 2014 WL 6434152 (C.D. Ill. 2014)[本案驳回了原告的诉求:(原告认为)对公立社区学院护理培训项目的学生接种疫苗的要求,违反了第一修正案、隐私权条款以及实质性正当程序条款]。

⑱ *Mason v. Gen. Brown Cent. Sch. Dist.*, 851 F.2d 47 (2d Cir. 1988)(本案认为,父母所坚信的免疫接种违背了"基因蓝图"是一种世俗观念,而非宗教信仰);*Hanzel v. Arter*, 625 F. Supp. 1259 (S.D. Ohio 1985)(本案认为,基于"捏脊伦理"而反对疫苗接种的父母不能获得豁免);*McCartney v. Austin*, 293 N.Y.S.2d 188 (N.Y. Sup. Ct. Broome Cnty. 1968)(本案认为,疫苗接种法未对天主教信仰自由构成干涉,且天主教并未禁止疫苗接种);*In re Elwell*, 284 N.Y.S. 2d 924, 932 (N.Y. Fam. Ct. Dutchess Cnty. 1967)(该文阐明,虽然父母是公认的宗教组织的成员,但他们对脊髓灰质炎疫苗的异议并非基于他们的宗教教义)。But see *Berg v. Glen Cove City Sch. Dist.*, 853 F. Supp. 651, 655 (E.D.N.Y. 1994)(本案注意到,虽然犹太教中没有禁止接种疫苗的规定,但父母仍然怀有真切的宗教信念,且有可能在他们的诉求中取得成功)。See also Ben Adams and Cynthia Barmore, "Questioning Sincerity: The Role of the Courts after Hobby Lobby," *Stanford Law Review Online*, 67 (2014): 59–66[对鲁斯·金斯伯格(Ruth Ginsburg)法官的主张,她持不同意见 in *Burwell v. Hobby Lobby Stores, Inc.*, 573 U.S.___, 134 S. Ct. 2751 (2014), 在一个"使法院'远离评估业务'"的"压倒性利益"中……所宣称的宗教信仰的诚实性是基于对兵役制、对毒品与野生动物保护犯罪的刑事检控、对囚犯的膳宿以及对破产程序背景下的宗教异议的诚实性的司法评估的长期历史记录来获得支持的]。

视为一个宗教异议。⁴⁹ 2014 年，一个联邦地方法院在一个案件中驳回了以第一修正案与平等保护条款挑战纽约州宗教豁免标准的请求。本案中的家长声称，这个豁免标准迫使他们"详尽地陈述他们的宗教信仰并将之提交'检测'，听凭一个学校官员作主观评判，而他并没有资格作这种决定"⁵⁰。

（二）政教分离条款与平等保护条款面临的挑战

有时，法院会使得如下法律失效：该法律所承认的宗教豁免只适用于那些基于一个"公认的教会或教派"之教义或实践而反对疫苗接种的人士。⁵¹ 那些有着虔诚宗教信仰但并不是某一公认的教会或教派的成员的人，基于以下两个理由挑战这些法令：首先，这些法令为特定的宗教提供优惠待遇，从而违反了第一修正案关于禁止法律"设立"宗教的规定⁵²；其次，鉴于这些法令对无确定的宗教信仰的人士构成歧视，因而违反了第十四修正案关于保证法律之平等保护的规定。⁵³ 当法院接受这种主张时，就决定将这些宗教豁免条款从疫苗接种法令的其余部分分离出去并使之无效，而让一般的疫苗接种规定生效。⁵⁴ 事实上，这也是密西西比州何以成为不承认宗教豁免的仅有的三个州之一的原因所在。⁵⁵ 为遵循在越南战争期间处理出于良心而拒绝服兵役的案子而形成的先例，大多数州已采取行动，将此类用语从其法令中删除。⁵⁶

（三）植根于隐私权、自由权与教育权的宪法挑战

如同宗教豁免的情况一样，各州可以免除对疫苗接种持哲学异议的人士接种疫苗的义务，但这样做并不是宪法义务使然。下级法院认为，家长并不拥有以"基于其所'合理相信'的东西对其孩子是最有利的"作为理由而拒绝

---

⁴⁹ *Check ex rel. M. C. v. N.Y.C. Dep't of Educ.*, 2013 WL 2181045 (E.D.N.Y. 2013).

⁵⁰ *Phillips*, 27 F. Supp. 3d 310.

⁵¹ *Boone v. Boozman*, 217 F. Supp. 2d 938 (E.D. Ark. 2002)（本案认为，州对"公认的"宗教的要求违反了设立和自由行使条款，也违反了平等保护条款，本案切断了宗教豁免与疫苗接种之间的联系）。

⁵² *Compare Sherr v. Northport-East Northport Union Free Sch. Dist.*, 672 F. Supp. 81, 91, 97 (E.D.N.Y. 1987)（本案支持，具有"虔诚的宗教信仰"的父母的子女可以免于接种；但判定同时指出，要求他们必须是"公认的宗教团体的真正成员"的规定，违反了宪法的"政教分离"）with *Kleid v. Bd. of Educ.*, 406 F. Supp. 902 (W.D. Ken. 1976)（本案认为，对于"国家承认的和确立的教会或教派"的豁免并不违反宪法的"政教分离"）。

⁵³ *Dalli v. Bd. of Educ.*, 267 N.E.2d 219 (Mass. 1971)（本案宣布，对基于平等保护理由而认同"公认的教会或教派"的教义和实践"的异议者的豁免无效，因为它在扩展这类群体优先权的同时，却拒绝给其他具有真实的宗教异议的群体以优先对待）。

⁵⁴ Ibid.（将宗教豁免与强制接种及医学豁免区分开来）；*Davis v. State*, 451 A.2d 107 (Md. 1982) (accord)；*Brown v. Stone*, 378 So. 2d 218 (Miss. 1979). 在布恩诉布兹曼（*Boone v. Boozman*）一案中，法院也否定了宗教豁免与疫苗接种之间的联系，但一年后，阿肯色州立法机关却采用了一项新的宗教豁免规定，密西西比州则继续推行无宗教豁免的强制疫苗接种计划。

⁵⁵ *Brown*, 378 So. 2d 218.

⁵⁶ Alicia Novak, "The Religious and Philosophical Exemptions to StateCompelled Vaccination: Constitutional and Other Challenges," *University of Pennsylvania Journal of Constitutional Law*, 7, no. 4 (2005): 1101-29.

对孩子进行疫苗接种的实体性正当程序权利。㊼ 认为学校疫苗接种法律是对孩子受教育权的干涉这一主张,很少能获得支持。例如,亚利桑那州上诉法院就驳回了这样一个论点:"个人的受教育权优于州防止传染性疾病传播的需要。"㊽

（四）"混合权利"理论:宗教自由与其他宪法权利的结合

宗教自由挑战州疫苗接种法律不成功的一个原因就是最高法院在"就业司诉史密斯"(*Employment Division v. Smith*,1990)一案的判决中所指出的:"中立的、普遍适用的法律无须由令人信服的政府利益来证成,即使这项法律具有烦扰到某一特定的宗教活动的附带效应时也是如此。"㊾1993年的《宗教自由恢复法》要求对宗教自由构成搅扰的联邦法律实施中度审查标准,但《宗教自由恢复法》不适用于包括学校疫苗接种法在内的州法律(参见第四章)。㊿ 在借鉴"史密斯"案判决附带意见的基础上㉑,一些法院已经认可了作为"史密斯"案之例外的一种"混合"权利,由此,当州法律受到宗教自由与其他宪法权利(诸如言论自由或受教育权)的联合挑战时,可能会受到中度审查。㉒ 宗教—教育混合权利理论已在家庭学校教育法律方面引起大量争讼㉓;反对疫苗接种的倡议者们也支持这一理论。

在沃克曼诉明戈县(*Workman v. Mingo County*,该案对西弗吉尼亚州的只允许医疗豁免的法律提出了挑战)一案中,原告认为,史密斯案"为那些对宗教信仰构成负担的、与教育相关的法律保留了一种例外"㉔。注意到巡回法院在混合权利理论方面的分歧,第四巡回法院拒绝对此问题作出裁决:"因为,即使假定是为了适用严格审查标准这一理由,来自最高法院的先前判决引导我们得出的结论也是:西弗吉尼亚州的疫苗接种法抵挡这样的审查。"㉕

㊼ *Workman v. Mingo Cnty. Bd. of Educ.*, 419 Fed. Appx. 348, 355-56 (4th Cir. 2011); *Phillips v. City of New York*, 27 F. Supp. 3d 310 (E.D.N.Y. 2014); see also *Zucht v. King*, 260 U.S. 174 (1922)(本案否定了以平等保护和正当程序条款来挑战地方学校疫苗接种条例)。

㊽ *Maricopa Cnty. Health Dep't v. Harmon*, 750 P.2d 1364 (Ariz. Ct. App. 1987)。

㊾ *Employment Div. v. Smith*, 494 U.S. 872, 879 (1990)。

㊿ *City of Boerne v. Flores*, 521 U.S. 507 (1997)(该判例使得适用于各州的《宗教自由恢复法》归于无效)。

㉑ *Smith*, 494 U.S. at 881("在本案中,我们谨作出如下判决:第一修正案禁止将一项中立的、普遍适用的法律适用于具有宗教动机的行动中;这一决定不只涉及宗教活动自由条款,而且涉及宗教活动自由条款与其他宪法性保护措施——如言论自由和新闻自由——的结合使用")。

㉒ *Combs v. Homer-Center Sch. Dist.*, 540 F.3d 231, 244-47 (3d Cir. 2008)(本案讨论了巡回法院的分歧,并对史密斯案中的异议进行总结而形成法官附带意见)。

㉓ Michael E. Lechliter, "The Free Exercise of Religion and Public Schools: The Implications of Hybrid Rights on the Religious Upbringing of Children," *Michigan Law Review*, 103, no. 8 (2005): 2209-41。

㉔ *Workman v. Mingo Cnty. Bd. of Educ.*, 419 Fed. Appx. 348, 353 (4th Cir. 2011)。

㉕ Id.

四、强制性疫苗接种的政治意义

> 反疫苗接种运动不是最近才出现的新鲜事,只要有疫苗接种就有反对疫苗接种的讨论……反对疫苗接种的社会原因各不相同,但都包括以下观点:疫苗接种违背了上帝的意志;人体将被动物原料污染;强制性疫苗接种是对公民自由的侵犯;疫苗是无效的。虽然医疗技术已经发生了变化,但是目前反疫苗接种运动中的许多前沿论点却与这些早期的忧虑惊人地相似。
>
> ——安德里亚·卡塔:《历史上的疫苗接种与公众关注》(Andrea Kitta, *Vaccinations and Public Concern in History*, 2012)

从 1924 年到 2012 年,儿童常规疫苗接种阻止了超过 1 亿例严重疾病(如脊髓灰质炎、麻疹、德国麻疹、流行性腮腺炎、A 型肝炎、白喉与百日咳)的发生。[66] 与此同时,州疫苗接种立法取得了巨大的成功。在美国,学龄儿童的全程免疫接种率接近 95%,这一比例等同于或者高于大多数其他发达国家的免疫接种率。[67]

全国层面的疫苗接种高覆盖率令人欢欣鼓舞,但是这一现象掩盖了地方层面存在一批未接种疫苗的儿童:那里有疫情暴发。在一些州,只有约 80% 的幼儿园的孩子在进入小学时接种了被推荐的疫苗[68],在一些社区,疫苗接种率骤降至防止疫情持续暴发所必须的比例点之下。

有组织的家长团体对疫苗接种进行反抗,并为获得自由豁免疫苗接种而游说。网站与网络聊天论坛为那些敌视疫苗接种的人士主持讨论。[69] 一些支持者大力抵制疫苗接种,是基于疫苗会导致自闭症这样一个根深蒂固的观念。最初,这些问题集中在硫柳汞(thimerosal)(一种用于某些疫苗中的汞防腐剂)上,尽管经医学研究所和许多科学组织调查后未发现有任何证据来支持这一主张。[70] 针对这些担忧,美国的几个州和其他国家已禁止使用含有硫

---

[66] See Willem G. van Panhuis, John Grefenstette, Su Yon Jung, Nian Shong Chok, Anne Cross, Heather Eng, Bruce Y. Lee, et al., "Contagious Diseases in the United States from 1888 to the Present," *New England Journal of Medicine*, 396, no. 22 (2013): 2152-58.

[67] Centers for Disease Control and Prevention, "Vaccination Coverage among Children in Kindergarten: United States, 2013-14 School Year," *Morbidity and Mortality Weekly Reports*, 63, no. 41 (2014): 913-20.

[68] Ibid., 据报道,科罗拉多州的接种率为 81%~82%。

[69] Anne Kata, "Anti-vaccine Activists, Web 2.0, and the Postmodern Paradigm: An Overview of Tactics and Tropes Used Online by the Anti-vaccination Movement," *Vaccine*, 30, no. 25 (2012): 3778-89.

[70] Institute of Medicine, *Immunization Safety Review: Vaccines and Autism* (Washington, DC: National Academy Press, 2004).

柳汞的疫苗。[71] 随后,研究发现:随着硫柳汞从疫苗中的完全消除,美国加利福尼亚州与加拿大的自闭症发病率仍持续上升。这进一步巩固了硫柳汞与自闭症之间没有因果关系的观点。[72] 至此,除流行性感冒灭活疫苗外,硫柳汞实际上已从所有在美国上市的疫苗中去除,并按常规建议适用于 6 岁以下的儿童。[73] 然而,一些家长仍然不相信有关疫苗接种的安全性和有效性的专家论断。[74] 有人认为,麻疹—腮腺炎—德国麻疹三合一(MMR)疫苗本身可能就是罪魁祸首,并继续对甚至不含硫柳汞的疫苗接种进行抵制。

接种疫苗与自闭症之间的联系已被一次又一次的研究所否定。[75] 有一些其他的与疫苗相关的风险也已得到确认,但这些风险要么相对温和、要么极少发生。例如,有六类疫苗(麻疹—腮腺炎—德国麻疹三合一疫苗、水痘—带状疱疹疫苗、流感疫苗、B 型肝炎疫苗、脑膜炎疫苗、破伤风疫苗)与一种很小的过敏反应风险相关,这一过敏反应是与对用于疫苗生产过程中的蛋制品过敏有关(大约每 150 万剂一例)。麻疹—腮腺炎—德国麻疹三合一疫苗还会导致免疫系统缺陷的人得麻疹包涵体脑炎,但这种情况极为罕见。[76] 在对这些风险予以考虑的基础上,科学家冷静地衡量了群体利益与最小的风险和经济成本,认为疫苗是一种安全、有效的预防策略。

政府机构和非营利组织正在努力纠正人们对疫苗安全性的误解。但科

---

[71] 加利福尼亚州和爱荷华州不允许疫苗中含有硫柳汞,在其他州,类似的法案正悬而未决。2008 年生效的纽约州的法律,要求卫生专员每年确定不含硫柳汞的流感疫苗供应是否充足,N.Y. Pub. Health § 2112 (Consol. 2014). See also Parmet, "Pandemic Vaccines."

[72] Robert Schechter and Judith K. Grether, "Continuing Increases in Autism Reported to California's Developmental Services System: Mercury in Retrograde," *Archives of General Psychiatry*, 65, no. 1 (2008): 19–24; Eric Fombonne, Rita Zakarian, Andrew Bennett, Linyan Meng, and Diane McLeanHeywood, "Pervasive Developmental Disorders in Montreal, Quebec, Canada: Prevalence and Links with Immunizations," *Pediatrics*, 118, no. 1 (2006): e139–e150.

[73] 有些疫苗含有微量的硫柳汞(每剂疫苗含硫柳汞 1 微克,而在硫柳汞消除行动开展前,每剂疫苗中的硫柳汞含量为 25 微克)。

[74] Institute of Medicine, *Vaccine Safety Research, Data Access, and Public Trust* (Washington, DC: National Academies Press, 2005).

[75] 最近,医学研究所于 2013 年发表了一份报告。这份报告对儿童免疫接种计划中所要求接种的疫苗的安全性进行了调查,结果显示,无任何证据表明儿童期免疫计划与主要的安全问题(包括自闭症和其他神经发育性障碍、注意力缺陷或破坏性疾病、自身免疫性疾病、哮喘、过敏症及癫痫等风险)有关。Institute of Medicine, *The Childhood Immunization Schedule and Safety: Stakeholder Concerns, Scientific Evidence, and Future Studies* (Washington, DC: National Academies Press, 2013). See also Margaret A. Maglione, Lopamudra Das, Laura Raaen, Alexandria Smith, Ramya Chari, Sydne Newberry, Roberta Shanman, Tanja Perry, Matthew Bidwell Goetz, and Courtney Gidengil, "Safety of Vaccines Used for Routine Immunization of US Children: A Systematic Review," *Pediatrics*, 134, no. 2 (2014): 325–37.

[76] Institute of Medicine, *Adverse Effects of Vaccines: Evidence and Causality* (Washington, DC: National Academies Press, 2012).

学家和家长之间却可能都错误地理解了对方的意思。[77] 各种观点之间存在巨大的分歧,这取决于是从个人视角还是从社会视角来看待疫苗接种的风险。父母关心自己孩子的健康,并可能强烈地认为,即使因疫苗引发的灾难性伤害的风险微乎其微,也不能以此作为整个社会享有利益的理由。从个人立场来看,只要有足够多的其他的父母给他们的孩子接种疫苗以确保社区或群体免疫力(见框10.2),那么不给自己的孩子接种疫苗或许就是最佳的选择。[78]

为促使家长给孩子接种疫苗,人们所提出的法律激励机制包括:当家长在无医学上的理由而拒绝对孩子进行疫苗接种而造成疾病传播时,让家长承担侵权责任[79];对拒绝为孩子进行疫苗接种的家长予以法定处罚或征税,以此来建立基金,用于支付感染"疫苗可预防性疾病"的患者的治疗费用;增加对免费疫苗接种项目以及疫苗宣传教育改进项目的资助。[80] 这些建议一直存在争议。有人认为,非医学豁免违反了孩子们根据第十四修正案所享有的正当程序权利和平等保护权利,孩子们并未从这样的豁免中受益。[81]

---

[77] 在最近的一项研究中,父母被随机分配到对照组或某一组中,并接受如下四项干预措施中的一项:(1)向其提供来自疾病控制和预防中心的信息,表明麻疹—腮腺炎—德国麻疹三合一疫苗导致自闭症的证据不足;(2)当接种疫苗时,向父母常规提供文本信息,让其知晓来自疫苗信息报表中的关于麻疹—腮腺炎—德国麻疹三合一疫苗可以预防的疾病危害;(3)向其提供那些患有麻疹—腮腺炎—德国麻疹三合一疫苗可以预防的疾病的儿童的照片;(4)向其提供一个来自疾病控制与预防中心资料单上的关于一个婴儿几乎死于麻疹的戏剧性故事。研究人员发现,"没有任何干预措施增强了父母对于未来孩子接种疫苗的意图。对麻疹—腮腺炎—德国麻疹三合一/自闭症之间的关联性的反驳成功地减少了疫苗导致自闭症的误解,但是也降低了那些对疫苗最不怀好意的父母让孩子接种疫苗的意图。此外,患儿形象增加了疫苗/自闭症之间有关联的明确的表达,而关于一个身处危险的婴儿的戏剧性叙述增强了对严重的疫苗副作用的自我报告观念"。Brendan Nyhan, Jason Reifler, Sean Richey, and Gary L. Freed, "Effective Messages in Vaccine Promotion: A Randomized Trial," *Pediatrics*, 133, no. 4 (2014): e835-e842.

[78] Garrett Hardin, "The Tragedy of the Commons," *Science*, 162, no. 3859 (1968): 1243-48.

[79] Dorit Rubinstein Reiss, "Compensating the Victims of Failure to Vaccinate: What Are the Options?" *Cornell Journal of Law and Public Policy*, 23, no. 3 (2014): 595-633; Teri Dobbins Baxter, "Tort Liability for Parents Who Choose Not to Vaccinate Their Children and Whose Unvaccinated Children Infect Others," *University of Cincinnati Law Review*, 82, no. 1 (2014): 103-44. 反对因未接种疫苗而要求父母承担侵权责任的论点,see Mary Holland, "Guest Post: Crack Down on Those Who Don't Vaccinate?: A Response to Art Caplan," *Bill of Health*, June 21, 2013, http://blogs.law.harvard.edu/billofhealth/2013/06/21/guest-post-crack-down-on-those-whodont-vaccinate-a-response-to-art-caplan.

[80] Christine Parkins, "Protecting the Herd: A Public Health, Economics, and Legal Argument for Taxing Parents Who Opt-Out of Mandatory Childhood Vaccinations," *Southern California Interdisciplinary Law Journal*, 21, no. 2 (2012): 437-90.

[81] Allan J. Jacobs, "Do Belief Exemptions to Compulsory Vaccination Programs Violate the Fourteenth Amendment?" *University of Memphis Law Review*, 42, no. 1 (2011): 73-108.

框 10.2　作为公共利益的群体免疫：搭便车与随大流

> 公共卫生政策制定者应对许多问题的解决方案，取决于使人们以一种促进共同利益的方式行事，即使所期望的行为可能不符合每个人的利益。如果个人作出破坏公共利益的选择，社会面临的选择将是：要么放弃所希求的公共利益，要么找到一种方法来影响个人决策，以保证充分的合作。
> ——吉尔·西格尔、内奥米·西格尔、理查德·J. 邦妮：《公共卫生中集体行动的理由》(Gil Siegal, Neomi Siegal and Richard J. Bonnie, *An Account of Collective Actions in Public Health*, 2009)

社区（或群体）免疫是一种公共利益，这种公益的获得有赖于大多数公众愿意自身并让自己的孩子接种疫苗这一集体行动。疫苗接种的广泛豁免为个人创造了"搭便车"的机会，这种"搭便车"建立在群体免疫预防疾病的基础上。只要其他人同意接种疫苗，就会对少数拒绝接种疫苗者形成保护，也会对那些不能接种疫苗的人（例如，这些人太年幼，或对疫苗成分过敏，或有免疫功能缺陷，或正在接受癌症治疗而不宜接种疫苗）形成保护。但是如果一个地理区域内有太多的人选择不进行疫苗接种，那么，每个人都会变得容易受到疾病的侵袭。

群体免疫可以控制感染传播，并预防疾病暴发，从而保证对每个人（无论是接种了疫苗的人还是未接种疫苗的人）进行疾病防护。现假设某人感染了某种疾病（例如，因到一个疾病未被根除的地方旅行而被感染），如果他（她）所在的群体的疫苗接种率高得足以产生群体免疫的话，那么，即使他（她）与人群有密切的接触，疾病传染也会受到限制，并且也很容易得到遏制。[1]因此，在众人接种疫苗而形成群体免疫的情况下，一小部分人能够安全地"搭便车"。

群体免疫的确切的阈值变化取决于病原体的特性、人口及其相互作用的环境。如果搭便车的人数超过这个阈值，每个人都将处于危险中：未接种疫苗的人特别脆弱，而那些接种疫苗的人，也可能会得病。即使使用高效的疫苗，如果仅有一小部分人接种疫苗，也不会产生足够的免疫反应，因此他们仍将处于疾病暴发的风险之中。例如，麻疹疫苗的有效率大约是95%，这意味着在充分接种疫苗的人中，有5%的人不会产生足够的免疫反应以防止感染。想象一下，一个麻疹感染者在一个如主题公园这样拥挤的环境中度过一天，就会将数以千计的人置于感染麻疹病毒的危险中。如果他们代表的是美国的典型人群,我们来计算一下:假如有大约900人已经充分接种了麻疹疫苗,但这900人中有45个人实际上并未产生免疫力,并很有可能会被麻疹病毒感染。同时,由于麻疹具有高度传染性,未接种疫苗者几乎100%会被感染。

百日咳和麻疹的近期暴发(见下文)引起了人们对于特定社区内儿童不接种疫苗的聚类现象的关注。例如,在加利福尼亚州南部和其他几个地区的学校里聚集着来自奉行"自然"的生活方式的家庭的学生(这种"自然"的生活方式包括拒绝接种疫苗),这些学生所占的比例相当高。[2] 聚类本身属集体行动范畴,即担忧疫苗不良反应的父母倾向于"跟随潮流"[3]。任何一个家长关于是否接种疫苗的决定都受生活在同一个社区里的其他家长的决定的影响。当邻里之间互相分享宗教信仰或文化价值观时,就可能会产生聚类现象。个人也可能会以拒绝接种疫苗作为对发生在邻居中的(真实的或潜在的)显而易见的不良事件的回应。

这里涉及两种伦理价值的冲突:自主性和公平性。个人基于维护身体的完整性和决策的隐私性声称有权拒绝接种疫苗。然而,个人在行使自主权时,却将他人置于风险之中。基于这种演算而带来的公平性问题因以下事实而被强化:拒绝接种疫苗的家长可能更富有,并受过更正规的教育。[4] 富裕的父母有资本退出由低收入父母的行动所建构起来的群体免疫而带来的搭便车行列。强制执行被认为更加公平,因为社区中的每一个人公平地分享利益、分摊负担。这样做仍然会为具有医疗豁免情形的人留有空间,也可能会为那些对疫苗接种持纯粹宗教异议的人留有余地。

注释:

1. Paul Fine, Ken Eames, and David L. Heymann, "'Herd Immunity': A Rough Guide," *Clinical Infectious Diseases*, 52, no. 7 (2011): 911-16, 12."疫苗衍生免疫的间接效应的大小是由传染性病原体的传播性、疫苗所引发的免疫的性质、混合模式和疾病在人群中的传播、疫苗在人群中的分布——以及更重要的是免疫力在人群中的分布——等所形成的函数决定的。"

2. David E. Sugerman, Albert E. Barskey, Maryann G. Delea, Ismael R. Ortega-Sanchez, Daoling Bi, Kimberly J. Ralston, Paul A. Rota, Karen Waters-Montijo, and Charles W. LeBaron, "Measles Outbreak in a Highly Vaccinated Population, San Diego, 2008: Role of the Intentionally Undervaccinated," *Pediatrics*, 125, no. 4 (2010): 747-55; Jessica E. Atwell, Josh Van Otterloo, Jennifer Zipprich, Kathleen Winter, Kathleen Harriman, Daniel A. Salmon, Neal A. Halsey, and Saad B. Omer, "Nonmedical Vaccine Exemptions and Pertussis in California, 2010," *Pediatrics*, 132, no. 4 (2013): 624-30.

3. John C. Hershey, David A. Asch, Thi Thumasathit, Jacqueline Meszaros, and Victor V. Waters, "The Roles of Altruism, Free Riding, and Bandwagoning in Vaccination Decisions," *Organizational Behavior and Human Decision Processes*, 59, no. 2 (1994): 177-87; Thomas May and Ross D. Silverman, "'Clustering of Exemptions' as a Collective Action Threat to Herd Immunity," *Vaccine*, 21, nos. 11-12 (2003): 1048-51.

4. 在非西裔白人儿童中,完全不接种疫苗的情况更普遍,他们的母亲的年龄较大并接受过更正规的教育,他们的家庭收入年均超过 75 000 美元。低接种率——即一些人接种疫苗,但不是所有人都接种疫苗——仍然是低收入家庭一个持续存在的问题。Philip J. Smith, Susan Y. Chu, and Lawrence E. Barker, "Children Who Have Received No Vaccines: Who Are They and Where Do They Live?", *Pediatrics*, 114, no. 1 (2004): 187-95, 189.

人们常说,疫苗是其自身成功的牺牲者。事实上,现在每年死于雷击的人要多于感染破伤风的人或死于麻疹的人。这意味着现在很少有家长经历过这些疾病所引起的死亡和残疾;而在引入免疫接种前,由这些疾病所引起的死亡和残障失能却是家常便饭(见图 10.1)。但这种情况可能正在发生变化。2012 年,人们见证了自 1955 年以来在美国暴发的最严重的百日咳,报告病例超过 48 000 人,死亡 20 人,其中大部分是 3 个月以下的婴儿。[82] 同年,疾病控制与预防中心认为发生在布鲁克林的近 60 例麻疹病例与 1 名未接种疫苗的青少年有关。2014 年,发生的麻疹病例是自 2000 年该病被宣布消除以来最多的一年;加利福尼亚州则经历了一场可怕的百日咳疫情,100 多个儿童在重症监护室度过,3 个婴儿生命垂危。[83] 2014 年至 2015 年,一场暴发于迪士尼乐园的麻疹疫情蔓延到了好多州。[84] 这次疫情的暴发,促成了一场针对位居反疫苗运动核心地位的家长的激烈的反击活动,这些家长被指责酿成了一场可以预防的公共卫生危机:"他们的孩子从学校被送回了家。他们的家人被禁止参加生日聚会和邻里约会。在网络上,人们称他们构成失职和犯罪……麻疹焦虑波及(距暴发中心地)数千英里以外的地方。"[85]

---

[82] Centers for Disease Control and Prevention, "Pertussis Outbreak Trends," updated March 11, 2015, www.cdc.gov/pertussis/outbreaks/trends.html.

[83] California Department of Public Health, "Pertussis Report," August 3, 2015, www.cdph.ca.gov/programs/immunize/Documents/Pertussis%20report%208-3-2015.pdf.

[84] Jennifer Zipprich, Kathleen Winter, Jill Hacker, Dongxiang Xia, James Watt, and Kathleen Harriman, "Measles Outbreak California, December 2014-February 2015," *Morbidity and Mortality Weekly Report*, 64, no. 6 (2015): 153-54.

[85] Jack Healy and Michael Paulson, "Vaccine Critics Turn Defensive over Measles," *The New York Times*, January 30, 2015.

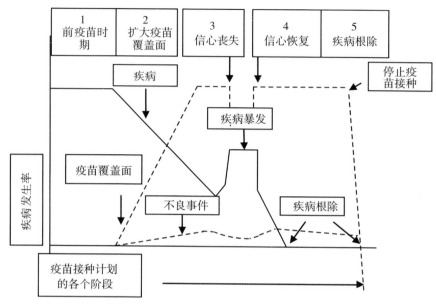

图 10.1 疫苗接种计划的演进

改编自 Robert T. Chen and Walter A. Orenstein, "Epidemiologic Methods in Vaccination Programs," *Epidemiologic Reviews*, 18, no. 2 (1998): 99-117, 102, 112.

应对这些传染性疾病的安全有效的疫苗已经使用几十年了,但却不能对具有医学上的禁忌证的新生儿和其他人(包括患特定过敏症的人或免疫系统受损的人)进行安全的疫苗接种。这些人依靠群体免疫来进行保护,当一个地区的接种率低于群体免疫所需的水平时,生命便处于危险之中。

五、确保安全、稳定的疫苗供应

除确保公众充分接种疫苗外,政策制定者还要致力于确保安全的疫苗以合理的价格进行稳定的供应,并确保疫苗的运送富有效率。⑧ 这些目标是相互关联的,要求政策制定者达成一个艰难的平衡。努力确保安全疫苗的供应,可能会增进人们对疫苗接种的信任。但是政府为获得稳定的疫苗供应所

---

⑧ 关于"疫苗计划"的专题研讨会,see Adel Mahmoud, "The Vaccine Enterprise: Time to Act," *Health Affairs*, 24, no. 3 (2005): 594-97; see also David B. Rein, Amanda A. Honeycutt, Lucia Rojas-Smith, and James C. Hersey, "Impact of the CDC's Section 317 Immunization Grants Program Funding on Childhood Vaccination Coverage," *American Journal of Public Health*, 96, no. 9 (2006): 1548-53, 显示联邦接种资助计划有助于提高接种覆盖率。

作的努力——如:为疫苗研发提供资助;提高季节性流感疫苗的接种率,以便在发生新型流感大流行时,在一定程度上确保对疫苗产能的稳定需求;为疫苗生产商提供保护,使其规避侵权责任——可能会在某些情况下导致不信任。

无论是为常规需求而确保安全、稳定的疫苗供应,还是为应对新型疾病威胁而确保疫苗的生产能力,都需要规划、市场激励和健全的监管。世界卫生组织已得出这样的结论:由于疫苗生产的"独特的风险和限制",单靠市场力量不可能成功地确保稳定的疫苗供应。[87] 疫苗所带来的利润在制药行业利润中所占的比例很小,但其研发成本却很高。药品行业专家估计,推出一种新上市的疫苗,需要耗费近9亿美元。主要成本用于临床试验和新的基础设施方面的投资。这些投资必须在前期——即在疫苗的安全性和有效性或其市场情况被人们了解之前——得到弥补。[88]

疫苗市场是有限而变动的。对于大多数疫苗而言,个人一生中仅仅需要接种几次就够了;对疫苗的需求低于可以反复服用的药物。[89] 作为生物制剂(即由生物材料衍生的药物),疫苗受到食品药品管理局特别严格的监管,还受到基于《公共卫生服务法》和《食品、药品与化妆品法》的监控。这些监管旨在确保疫苗安全,但也增加了成本,导致了上市的迟延。[90]

美国市场所需的所有常规疫苗只由少数几个公司进行生产,对于许多疫苗来说,只有一个供应商。[91] 季节性流感(这是疫苗"可预防的死亡"中的头

---

[87] Frank A. Sloan, Stephen Berman, Sara Rosenbaum, Rosemary A. Chalk, and Robert B. Giffin, "The Fragility of the U.S. Vaccine Supply," *New England Journal of Medicine*, 351, no. 23 (2004): 2443-47. In 1967, 26 家公司获准为美国市场生产疫苗,但目前只有不到一半的公司获得许可。Patricia M. Danzon and Nuno Sousa Pereira, "Vaccine Supply: Effects of Regulation and Competition," *International Journal of the Economics of Business*, 18, no. 2 (2011): 239-71.

[88] Peng-jun Lu, Tammy A. Santibanez, Walter W. Williams, Jun Zhang, Helen Ding, Leah Bryan, Alissa O'Halloran, et al., "Surveillance of Influenza Vaccination Coverage: United States, 2007-08 through 2011-12 Influenza Seasons," *Morbidity and Mortality Weekly Report*, 62, no. SS4 (2013): 1-29, 文章注意到,接种率仍远低于所设定的2020年健康人群接种目标——6个月至17岁的儿童接种率为70%,18岁及18岁以上的成人接种率为70%,卫生保健人员的接种率为90%。

[89] Jerome O. Klein and Martin G. Meyers, "Vaccine Shortages: Why They Occur and What Needs to Be Done to Strengthen Vaccine Supply," *Pediatrics*, 117, no. 6 (2006): 2269-75; Allison Kempe, Christine Babbel, Gregory S. Wallace, Shannon Stokley, Matthew F. Daley, Lori A. Crane, Brenda Beaty, Sandra R. Black, Jennifer Barrow, and L. Miriam Dickinson, "Knowledge of Interim Recommendations and Use of Hib Vaccine during Vaccine Shortages," *Pediatrics*, 125, no. 5 (2010): 914-20.

[90] World Health Organization, "Vaccines for Pandemic Influenza: Informal Meeting of WHO, Influenza Vaccine Manufacturers, National Licensing Agencies, and Government Representatives on Influenza Pandemic Vaccines," Department of Communicable Disease Surveillance and Response, November 11-12, 2004, www.who.int/csr/resources/publications/influenza/WHO_CDS_CSR_GIP_2004_3/en/.

[91] "Total Cost to Develop a New Prescription Drug, Including Cost of Postapproval Research, Is $897 Million, According to Tufts Center for the Study of Drug Development," *Business Wire*, May 13, 2003, www.businesswire.com/news/home/20030513005057/en/Total-Cost-Develop-Prescription-DrugIncluding-Cost.

号死因)疫苗的生产特别容易受到影响。流感疫苗接种率(特别是在儿童中的接种率)正呈总体上升态势,但离公共卫生的目标仍然相差甚远。[92] 疫苗短缺是常见现象,并不总能保证最脆弱的群体获得疫苗。[93] 为保证稳定的疫苗供应,政府创建了这样一些激励机制:推行教育计划以鼓励需求,签发采购契约,提供价格保证或补贴。在疫苗短缺时,政府机构可以在推进可用疫苗的跨管辖区转移中发挥作用,也可以在监督卫生保健提供者遵从给予最脆弱病人以优先考虑的指导方针方面发挥作用。[94]

责任与赔偿

20 世纪 80 年代,对白喉、百日咳、破伤风联合疫苗安全问题的广泛宣传导致对疫苗制造商的诉讼的增加,这又导致了疫苗供应的短缺,于是便要求对疫苗实行定量配给。由此,疫苗价格猛涨,新疫苗研究受到威胁。[95] 为应对这一问题,美国国会通过了《国家疫苗损害赔偿法》(National Vaccine Injury Compensation Act, NVICA)——这是一个对民事侵权制度进行改革的立法,旨在实现对个人进行快速、便捷、公平的损害赔偿;同时,对疫苗制造提供间接补贴,从而将损害赔偿成本由疫苗制造商转移给公众。[96]

《国家疫苗损害赔偿法》建立了对由特定的疫苗所造成的损害的无过错赔偿制度,由国家疫苗损害赔偿项目(National Vaccine Injury Compensation

---

[92] 此外,如果没有政府的支持,当出现生物恐怖分子使用罕见的病原体进行恐怖袭击时,或者因意外事故或环境变化导致罕见病原体出现时,将没有现成的疫苗市场来应对。

[93] Larry K. Pickering and L. Reed Walton, "Vaccines in the Pipeline: The Path from Development to Use in the United States," *Pediatric Annals*, 42, no. 8 (2013): 146-52. 虽然大多数药物是化学合成的,因此具有已知的化学结构,但生物制剂(例如疫苗、血液制品和大多数蛋白产品)都来自生物体。根据《公共卫生服务法》的规定(Public Health Service Act),生物制剂要接受严格的制造工艺规制,与此同时,依据《食品、药品与化妆品法》的规定(Food, Drug and Cosmetic Act),生物制剂还要接受安全性和有效性控制。Richard Kingham, Gabriela Klasa, and Krista Hessler Carver, "Key Regulatory Guidelines for the Development of Biologics in the United States and Europe," in Wei Wang and Manmohan Singh, ed., *Biological Drug Products: Development and Strategies* (Hoboken, NJ: Wiley, 2013), 75-110.

[94] Allison T. Chamberlain, Katelyn Wells, Katherine Seib, Amanda Kudis, Claire Hannan, Walter A. Orenstein, and Ellen A. S. Whitney, et al., "Lessons Learned from the 2007 to 2009 Haemophilus influenzae Type B Vaccine Shortage: Implications for Future Vaccine Shortages and Public Health Preparedness," *Journal of Public Health Management and Practice*, 18, no. 3 (2012): e9-15.

[95] 1982 年,当美国广播公司(NBC)首次播出电视纪录片"百白破联合疫苗(DPT):疫苗接种轮盘赌"时,有关百白破联合疫苗安全性的争论就成为一个公共议题了。这个节目以因疫苗接种引起严重神经性损害的儿童来吸引公众注意。作为回应,一些对疫苗心存不满的家长成立了一个游说组织,这个组织促使参议院委员会召开了多次听证会。提起诉讼的案件由 1979 年的一起增加到 1986 年的 255 起。疫苗制造商面对诉讼增加的反应不出所料,一些商家停止配送百白破联合疫苗,另一些商家提高了百白破联合疫苗的价格(1986 年的百白破联合疫苗成本超过 1980 年的一百多倍)。Edmund W. Kitch, "Vaccines and Product Liability: A Case of Contagious Litigation," *Regulation*, 9, no. 3 (1985): 11-18; Martin H. Smith, "National Childhood Vaccine Injury Compensation Act," *Pediatrics*, 82, no. 2 (1988): 264-69. 最终,一种替代全细胞百日咳成分的减毒替代疫苗(白喉、破伤风和无细胞性百日咳联合疫苗,DTaP)得以批准并广泛使用,但是,如前所述,无细胞疫苗的免疫保护期较短,从而引发了最近白喉、破伤风和百日咳的暴发。

[96] 42 U.S.C. §§ 300aa-10-34.

Program，NVICP)对此进行管理。⑰ 联邦索赔法院特殊法官办公室(更为大家所熟知的名称是疫苗法院)基于标准化的疫苗损害表对赔偿要求进行判决。索赔依据的是优势证据原则，即原告必须证明：他们接种了一种普遍使用的疫苗，要么是受到了"疫苗损害表"中所列的一种损害(一种"表中所列损害")——其因果关系是推定的；要么是这种上市疫苗实际上造成了或明显加重了一种"非表中所列损害"。

始自1990年代末，一场代表自闭症儿童的索赔浪潮挑战了国家疫苗损害赔偿项目的财务可行性。成千上万的索赔合并成综合性自闭症诉讼，尽管在2010年疫苗法院的判决在上诉中得以维持，但是最终这些诉讼都被驳回。⑱ 尽管2010年的判决给国家疫苗损害赔偿项目的财务诚信提供了支撑，但是公共卫生专家却对审判过程提出了批评。与无过错赔偿方式相一致，疫苗法院为建立因果关系而适用的证据规则和标准不像适用于传统的侵权索赔诉讼中的证据规则和标准那么严格(参见第七章)。结果是，法院允许采用可疑证据，意在将疫苗接种与自闭症联系起来，但这种做法不符合适用于侵权案件中的更严格的证据标准。尽管最终判决否认了这种因果关系，但是法院对可疑科学证据的显而易见的支持却可能强化了这样的认识——对疫苗导致自闭症的索赔具有所谓的合法性。⑲

患者在向疫苗法院提出索赔请求后，仍保留提起民事诉讼的权利；但《国家疫苗损害赔偿法》却为疫苗制造商提供庇护，使其免受某些类型的产品责任索赔。例如，在布鲁斯维茨诉惠氏(*Bruesewitz v. Wyeth*，2011)一案中，最高法院解释到：在向疫苗制造商提起设计缺陷索赔时，《国家疫苗损害赔偿法》具有优先适用性。⑳ 汉娜·布鲁斯维茨(Hannah Bruesewitz)在6个月时接种了百白破疫苗，几乎是在接种后，立刻就发生了反复性惊厥症状，随后便是发育迟缓与癫痫。汉娜家的索赔要求被疫苗法院以未能形成因果关系为由而驳回。尔后，他们向州法院起诉追究疫苗制造商的产品责任，声称汉娜接种的是一种陈旧的、不安全形态的百白破联合疫苗。州法院和上诉法院驳回了本案；最高法院也对原判持肯定态度，认为《国家疫苗损害赔偿法》对于所有

---

⑰ 《国家疫苗损害赔偿法》涵盖了白喉疫苗，破伤风疫苗，百日咳疫苗，麻疹、腮腺炎、德国麻疹疫苗或含其中任一成分的疫苗，脊髓灰质炎疫苗，A型肝炎疫苗，B型肝炎疫苗，B型流感嗜血杆菌疫苗，轮状病毒疫苗，水痘疫苗，肺炎球菌疫苗，脑膜炎球菌疫苗，季节性流感疫苗和人类乳头状瘤病毒疫苗等多种疫苗。

⑱ *Cedillo v. Sec'y Health and Human Servs.*, 617 F.3d 1328 (Fed. Cir. 2010).

⑲ Jennifer Keelan and Kumanan Wilson, "Balancing Vaccine Science and National Policy Objectives: Lessons From the National Vaccine Injury Compensation Program Omnibus Autism Proceedings," *American Journal of Public Health*, 101, no. 11 (2011): 2016-21, 18.

⑳ *Bruesewitz v. Wyeth, LLC*, 562 U.S. 223 (2011).

向制造商提起的设计缺陷索赔都具有优先适用性。法院的判决使得高昂的诉讼费用得以控制,并且帮助《国家疫苗损害赔偿法》在损害赔偿和疫苗供应的可持续性之间建立了微妙的平衡。[100] 然而,这个判决却在疫苗接种反对者中备受争议,他们一直认为《国家疫苗损害赔偿法》对制药行业有过度保护之嫌。代表家长利益的反疫苗接种网站指出,向国家疫苗损害赔偿项目提交的大量的索赔要求(包括已赔付的与未赔付的)表明疫苗是不安全的。

第二节 检测与筛查

> 疾病筛查是现代公共卫生和预防医学所使用的最基本的工具之一。在控制传染性疾病流行和对慢性疾病实施靶向治疗的努力中,筛查项目有着悠久而卓著的历史……在实践中,当在性别不平等、种族歧视、性禁忌和贫困的背景下开展筛查时,这些背景条件就会形塑公共卫生决策者以及患者(包括那些对卫生保健体制能否公平对待他们丧失信心的患者)的态度和信念。因此,如果筛查方案设计、组织或实施得不好,就可能会导致不当干预,并可能会强化群体和个人的脆弱性。
>
> ——迈克尔·A.斯托托、唐娜·A.阿尔马里奥、玛丽·C.麦考密克主编:《减少困难》(Michael A. Stoto, Donna A. Almario and Marie C. McCormick, eds., *Reducing the Odds*, 1999)

19世纪末,路易斯·巴斯德、罗伯特·科赫(Robert Koch)与格哈德·汉森(Gerhard Hansen)等微生物学家发现,炭疽、霍乱、肺病、麻风病和狂犬病等传染性疾病是由微生物引起的。[102] 由此,就有可能通过检测来确定人体是否被微生物感染,甚至在症状发生前就可以进行检测。例如,罗伯特·科赫于1890年研发了一种皮肤试验,用以诊断结核感染。结核病检测以及其他传染性疾病(如梅毒和淋病)检测,作为公共卫生筛查项目的一部分,很快就被

---

[100] John D. Kraemer and Lawrence O. Gostin, "Vaccine Liability in the Supreme Court: Forging a Social Compact," *Journal of the American Medical Association*, 305, no. 18 (2011): 1900–1901; Gary N. McAbee, William M. McDonnell, and Steven M. Donn, "Bruesewitz v. Wyeth: Ensuring the Availability of Children's Vaccines," *Pediatrics*, 127, no. 6 (2011): 1180–81.

[102] René Dubos, *Pasteur and Modern Science*, ed. Thomas D. Brock (Washington, DC: American Society for Microbiology, 1998).

应用到更广泛的人群中。

虽然检测和筛查这两个词常常被交替使用,但两者是有区别的。检测(testing)是指用来确定单个患者是否患有疾病或存在疾病前兆的临床程序。具有某种风险史、遗传倾向或临床症状的个人往往被挑选出来进行检测。相比之下,筛查(screening)是指医学检测在特定人群中的系统应用。通常情况下,医学检测服务于诊断或临床目的;而筛查却用于更广泛的公共卫生目的,如病例追查,即对于先前发生在看似健康或无临床症状之人身上的未知的或未被识别的病症进行确认。筛查也与监测密切相关(参见第九章),例如,艾滋病筛查就是一种有价值的也可增加治疗机会的监测工具。

筛查指南对健康保险的覆盖范围有一定的影响(参见第八章),并因此可能充满政治争议。[103] 筛查项目还会引起一系列有关其目标与许可方面的伦理和法律问题。因为筛查项目可能是一个沉重的负担,公共卫生机构必须对筛查项目进行谨慎评估:筛查将会达成一个重要的公共卫生目标吗?筛查所带来的利益大于负担吗?如何对负担和利益进行分配?检测的边际效用是什么?它能带来有意义的新信息吗?基于这样的信息可以得到有效的回应吗?如果不能获得合理的治疗服务,那么筛查可能就是不适当的。但另一方面,即使筛查不能带来有效的治疗,可能也具有合理性,因为,通过筛查可以建议(或要求)被感染者改变其行为方式,从而降低疾病传播的风险。

一、阳性预测值与收益

对潜在筛查项目的负担和利益的评估,始自对该项目的阳性预测值(positive predictive value, PPV)和收益的了解。筛查项目的阳性预测值可以被用来对具有阳性检测结果的人群的实际患病率进行估量。[104] 阳性预测值主

---

[103] Martha A. Field, "Testing for AIDS: Uses and Abuses," *American Journal of Law and Medicine*, 16, no. 1 (1990): 34-35. 关于与艾滋病筛查有关的政治争议的一个引人注目的例子,see Panos Institute and Norwegian Red Cross, *The 3rd Epidemic: Repercussions of the Fear of AIDS* (London: Panos Institute, 1990), 108:"无论强制措施的成效如何,都可以从执行中获得重要的政治利益。政府的行动看起来坚决,果断,疫情似乎得到了控制。那些接受强制检测的目标人群往往遭到社会歧视,并被要求对艾滋病(HIV)的传播负责,这使得采取强制方式显得更加合理并具有可接受性。然而,这种影响最终会造成社会分化,并会阻碍那些身处巨大风险之中的人群寻求建议和帮助。"最近,科学家们已经在对在机场筛查 A 型 H1N1 流感病毒和埃博拉(Ebola)病毒的证据基础提出质疑。Praveena J. Gunaratnam, Sean Tobin, Holly Seale, Andrew Marich, and Jeremy McAnulty, "Airport Arrivals Screening during Pandemic (H1N1) 2009 Influenza in New South Wales, Australia," *Medical Journal of Australia*, 200, no. 5 (2014): 290-92, 发现这种筛查在检测 A 型 H1N1 流感病毒方面并无实效,并告诫今后不要再使用此种筛查方法;see also Hiroshi Nishiura and Kazuko Kamiya, "Fever Screening during the Influenza (转下页)

(接上页)(H1N1-2009) Pandemic at Narita International Airport, Japan," *BMC Infectious Diseases*, 11 (2011): 111; Sophie Novak, "Why the New Ebola Airport Screenings Won't Work," *Government Executive*, October 21, 2014, www.govexec.com/defense/2014/10/why-new-ebolaairport-screenings-wont-work/97046.

[104] 相反,阴性预测值是那些在阴性测试中健康人群的比例。

要由测试的特异性和被检测人群的患病率所决定。[105] 鉴于一项检测的特异性(specificity)(正确地识别未患病者的技术)和敏感性(sensitivity)(正确地识别患病者的技术)是固定不变的,检测的阳性预测值和阴性预测值的变动就取决于检测所应用的人群。

除非检测的特异性不存在任何瑕疵,否则阳性预测值就会随着被检测人群的患病率的降低而降低。更为复杂的问题是,特异性和敏感性往往呈负相关关系;高敏感性通常是以忽视低特异性为代价而取得的,反之亦然。因为,敏感性问题通常更令人关注,而许多筛查性检测都达不到理想的特异性。这意味着,少数的几个实际上感染了疾病的人士逃避了检测,但是很多健康人士却可能被误认为感染了疾病,这些人又可能要接受更具侵入性的后续检测。例如,结核菌素皮肤试验(Tuberculin Skin Testing, TST)是筛查潜伏性结核感染的常用方法。对于检测潜伏性感染,结核菌素皮肤试验具有接近完美的敏感性,但是其特异性却较低。我们可以采用更为特定的血液检测来确诊,但是费用会更高。如果在潜伏性结核感染发病率较低的地区的一般人群中应用 结核菌素皮肤试验,其阳性预测值就会变低。然而,当结核菌素皮肤试验被应用于患病率较高的人群时,检测的阳性预测值就会更高。

一个筛查项目的收益可以用多种方式来衡量,如该项目所确认的未识别的病例数,确认的并被纳入治疗的病例数,或因检测而预后得以改善的人数。通常,那些关注高患病率人群的筛查项目最具成本效益,会带来很高的收益。但对高危人群进行识别并将其作为筛查目标并不总是可行的或明智的。最终,政策制定者必须对筛查成本与收益进行平衡。如果早发现、早干预可以避免疾病传播(例如,在学校、监狱或疗养院等人群聚集的地方进行结核病筛查)或严重后果(例如,甲状腺功能亢进症),那么,即使筛查项目只检测到少数人患病,有时也是合理的。

伊利诺伊州于 1980 年代末在艾滋病低发人群中推行婚前 HIV(艾滋病病毒)强制筛查(当时的 HIV 检测费用比现在更昂贵),强有力地说明了这一问题。[106] 州立法机关认为,对结婚申请人进行筛查时,将会告知他们无保护

---

[105] 测试的灵敏度与阳性预测值有关,但对于低流行率的疾病来说,即使是相当大的灵敏度差异对阳性预测值也没有什么影响。

[106] 只有两个州通过法案,要求在婚前进行 HIV 检测,但是这些法案并未施行多长时间,部分原因是检测率很低。越来越多的州废除了以血液检测作为颁发结婚证条件的规定。然而,6 个州(康涅狄格州、佐治亚州、印第安纳州、密西西比州、蒙大拿州和俄克拉荷马州)和哥伦比亚特区在签发结婚证之前仍然要求进行梅毒或德国麻疹检查,或者两项检查都要做。Robert H. Schmerling, "The Truth about Premarital Blood Testing," *Aetna InteliHealth*, November 29, 2004; Steve LeBlanc, "Bay State Abolishes Blood Tests for Marriage Licenses," Associated Press, February 3, 2005.

性行为的风险,因而可以预防 HIV。然而,在筛查项目实施的最初 6 个月里,只发现 8 例 HIV 阳性者,却耗资 250 万美元(312 000 美元/例)。该项目的年度费用是该州对所有其他艾滋病监测和预防项目总拨款的近 1.5 倍。与此同时,伊利诺伊州的结婚率在下降,而相邻的其他州的结婚率却在上升。[107] 伊利诺伊州中止了该项目。这个例子表明,政策制定者需要仔细考量在低患病率人群中开展筛查的成本和收益。

二、目标人群问题

从科学角度来看,在患病率较高的人群中开展筛查更可取,这样不仅在单位成本较低的情况下可以发现更多的病例,而且产生的伪阳性结果也较少。鉴于这样的明显优势,人们会期望公共卫生当局几乎总是将处于感染高风险的人群作为目标人群。然而,避免将社会弱势群体作为目标人群可能也是一个很好的理由,因为对他们来说,选择性筛查可能会使他们被污名化。

公共卫生官员面临两难选择。如果将目标人群限定为一个狭小的高危人群,而这些人群又处于社会弱势地位(例如,依赖社会福利项目的人群、处于监禁状态的人群、男同性恋人群、在毒品治疗机构接受治疗的人群,或那些因从事性工作而被捕的人群),对他们进行筛查则可能会因强化耻辱感而对其造成伤害。也可以选择对更广泛的人群——包括但不限于高危人群——进行筛查。然而,这种以广泛人群为基础的筛查方法,会将许多可能未被感染者纳入不必要的筛查之列,并会增加假阳性病例的风险。

随着科学和社会的发展,这些考虑可能会随着时间的推移而不断演变。例如,2006 年,疾病控制与预防中心修订了在卫生保健机构施行的 HIV 筛查指南,扭转了几十年来人们对艾滋病政策的看法。以前的指南建议,仅仅针对高风险人士或在艾滋病高发的卫生保健机构工作的人士进行 HIV 检测。与之形成鲜明对比的是,目前的指南建议,对年龄在 13 岁至 64 岁的所有患者都进行 HIV 筛查,这已成为常规医疗护理的一部分,并不考虑可感知的风险或艾滋病患病率;此外,检测人员也不再被要求提供咨询服务。[108] 这种根本性转变因治疗方面的进展以及更低廉、更快速的检测技术的采用而变得

---

[107] Bernard J. Turnock and Chester J. Kelly, "Mandatory Premarital Testing for Human Immunodeficiency Virus: The Illinois Experience," *Journal of the American Medical Association*, 261, no. 23 (1989): 3415–18.

[108] Bernard M. Branson, H. Hunter Handsfield, Margaret A. Lampe, Robert S. Janssen, Allan W. Taylor, Sheryl B. Lyss, and Jill E. Clark, "Revised Recommendations for HIV Testing of Adults, Adolescents, and Pregnant Women in Health-Care Settings," *Morbidity and Mortality Weekly Report*, 55, no. RR14 (2006): 1–17.

合乎情理。[109]

三、强制与同意问题：一个分类学问题

政策制定者不仅要对怎样进行目标筛查作出艰难的选择，他们还必须对筛查中的强制和同意这类政治摇摆性问题作出决定。[110] 政客们有时会被强制筛查所吸引，但那些承受强制筛查负担的人则会积极地维护他们的自主权。本节将提供一个筛查分类，下一节将从宪法的角度对筛查进行检视。

自愿与强制这两个术语看起来相当简单：前者意味着选择自由的不受约束，后者意味着没有自由。然而，在这两个极端之间，有一个分类范围。我们至少可以确定以下五种形式的筛查：自愿筛查、选择进入下的常规筛查、选择退出下的常规筛查、有条件的筛查、强制性筛查。[111] 一些最有争议的公共辩论针对的是项目结构，因为它揭示了筛查在何种程度上符合知情同意原则，亦如 HIV 案例研究所显示的。

（一）自愿筛查

自愿筛查需要心智健全的成年人在事先被充分告知有关检测性质的情况下的明示同意。理想的状态是，通过非指导性咨询，以中性术语告知被检测者选项，并由其自行选择。任何偏离规范的自愿筛选都需要慎重的理由。

（二）选择进入下的常规筛查

这里至少有两种形式的"常规"筛查：事先同意（选择进入）的筛查和无事先同意（选择退出）的筛查。选择进入的筛查是指，向特定人群中的个人提供常规性检测，即他们被告知可以得到一项特定的检测——此乃医护标准的一部分，并给予他们选择是否执行该项检测的机会。作为知情同意程序的一部分，个人被告知他们有权同意或不予同意。直到获得他们的同意，才对他们进行实际的检测。这种项目可以用一个更明确的术语来表示，那就是"知情同意下的常规筛查提供"。

---

[109] Heather D. Boonstra, "Making HIV Tests 'Routine': Concerns and Implications," *Guttmacher Policy Review*, 11, no. 2 (2008): 13-18.

[110] Ronald Bayer, *Private Acts, Social Consequences: AIDS and the Politics of Public Health* (New Brunswick, NJ: Rutgers University Press, 1989); Joint United Nations Program on HIV/AIDS and World Health Organization, "UNAIDS/WHO Policy Statement on HIV Testing," June 2004, http://data.unaids.org/una-docs/hiv-testingpolicy_en.pdf; Terje J. Anderson, David Atkins, Catherine Baker-Cirac, Ronald Bayer, Frank K. Beadle de Palomo, Gail A. Bolan, and Carol A. Browning, et al., "Revised Guidelines for HIV Counseling, Testing, and Referral," *Morbidity and Mortality Weekly Report*, 50, no. RR19 (2001): 1-58.

[111] Ruth R. Faden, Nancy E. Kass, and Madison Powers, "Warrants for Screening Programs: Public Health, Legal and Ethical Frameworks," in *AIDS, Women and the Next Generation*, ed. Ruth R. Faden, Gail Geller, and Madison Powers (New York: Oxford University Press, 1991).

(三)选择退出下的常规筛查

在选择退出的筛查中,特定人群中的所有人都会接受常规性筛查,除非他们明确要求不对其执行一个特定的检测。这里的关键问题是:如何告知他们将对其进行检测。由医生或护士就检测程序面对面地向他们进行解释吗?要提及具体的检测吗?或是检测提供者只进行一般的分析讨论?这种形式的常规筛查未必能保证知情同意。个人可能并未意识到他们正在接受筛查,即使意识到了,他们可能也不完全了解检测的目的或他们有选择退出的权利。这种做法在卫生保健领域被广为接受。例如,供应商经常订购实验室的血液或尿液分析结果,却没有对将要在抽样检测者身上实施的每一项检测的性质进行充分解释。但是,作为产前常规血液检测的一部分,应当将对潜在的污名化病症(如 HIV)的检测与对贫血、德国麻疹、肝炎以及其他性传播性疾病的评估合并实施吗?抑或应当明确告知患者将对其进行一项 HIV 检测吗?

在这两种形式的常规筛查之间进行选择具有重要的政策与实践意义。选择进入下的常规筛选更尊重自主权,更注重知情同意的价值。然而。选择退出下的常规筛查,则以更小的负担将更多的人口纳入筛查范围。由于免除了检测前的咨询要求,使得这个项目可以节约更多的时间与经济成本。

如前所述,目前,公共卫生组织建议,对所有成年人开展选择退出下的 HIV 常规筛查,以便将感染者与临床以及预防服务联系起来。[112] 加强筛查已产生了显著效益。在超过 120 万人的 HIV 感染者中,约有 14% 的感染者并不知晓其自身状况(这一比例在 2003 年时是 25%)。[113] 对年轻人来说,以下这些数字更令人不安:在 13 岁至 24 岁的 HIV 感染者中,有超过一半的感染者不知晓自身状况。[114] 此外,近 1/4 的新诊断的患者,其病程已进入 HIV 感染第三阶段(这一阶段的感染者被称为艾滋病患者,即 AIDS)。对于那些为数众多的未确诊的感染者或诊断为进入晚期病程的患者来说,意味着已失去了预防和治疗的机会。[115] 官员们希望,随着选择退出下的常规检测的更为广

---

[112] Branson, "Revised Recommendations for HIV Testing"; U.S. Preventive Services Task Force, "Final Recommendation Statement: Human Immunodeficiency Virus (HIV) Infection: Screening," April 2013, www.uspreventiveservicestaskforce.org/Page/Document/Recommen dationStatementFinal/human-immunodeficiency-virus-hiv-infection-screening.

[113] Centers for Disease Control and Prevention, "Monitoring Selected National HIV Prevention and Care Objectives by Using HIV Surveillance Data: United States and 6 Dependent Areas, 2012," *HIV Surveillance Supplemental Report*, 19, no. 3 (2014): 10.

[114] Ibid., 11.

[115] M. Kumi Smith, Sarah E. Rutstein, Kimberly A. Powers, Sarah Fidler, Wiliam C. Miller, Joseph J. Eron Jr., and Myron S. Cohen, "The Detection and Management of Early HIV Infection: A Clinical and Public Health Emergency," *Journal of Acquired Immune Deficiency Syndromes*, 63, Supplement No. 2 (2013): S187-S199.

泛的推广,早期诊断、早期治疗以及为预防疾病传播的早期咨询将成为常态。

(四)附条件的筛查

政府可以根据接受医学检测的情况让接受检测者获得某些特权或服务。例如,一些州将接受"性传播疾病"检测作为取得结婚证的条件,或将接受结核病(TB)筛查作为获得在学校或护理之家工作的条件。美国联邦政府要求对移民至美国的人进行结核病和其他健康检测;自 2010 年起,移民不再被要求进行 HIV 检测。在严格意义上讲,附条件的筛查并不是强制性的,因为个人可以放弃特权或服务要求而避免检测。然而,如果特权或服务对个人具有高度的重要性,测试要求就可以被视为强制。[116]

(五)强制性筛查

如果州持有一个强大的公共卫生目标并能公平地执行检测,就可以强制要求个人接受检测而无须征得个人同意。[117] 许多州已对特殊群体的特定疾病采取强制性筛查措施,如:对学生、学校工作人员和卫生保健工作者进行结核病筛查[118];在新生儿中进行梅毒筛查[119];在囚犯中进行艾滋病和结核病筛查[120];等等。这一法律体系中包含一些复杂的、令人费解的、有时互相矛盾的条款。法令可以简单地将某一类人界定为强制力适用的对象。这类人可以是一般意义上的人,如"被合理怀疑"的感染者。另外,这类人也可以是特定的群体,如性犯罪者、流动劳动力、性工作者、孕妇、新生儿或被羁押的人。法令可以对触发筛查要求的境况——例如,对暴露于血源性感染(例如,医院或实验室工作人员之间的感染)的工作场所——进行界定。法令还可以规定卫生官员在测试时必须遵循的程序——从不受约束的自由裁量权至请求司法命令。

---

[116] Richard Coker, "Compulsory Screening of Immigrants for Tuberculosis and HIV," *British Medical Journal*, 328, no. 7435 (2004): 298-300, 该文得出如下结论:筛查不是建立在证据基础之上的,并且会引发实际问题和伦理问题。

[117] See, for example, *Hill v. Evans*, 1993 WL 595540 (M.D. Ala., Oct. 7, 1993)(本案认为,对高危人群进行强制性 HIV 检测是违宪的,因为它与公共卫生中的州利益没有合理联系)。

[118] Soju Chang, Lani S. M. Wheeler, and Katherine P. Farrell, "Public Health Impact of Targeted Tuberculosis Screening in Public Schools," *American Journal of Public Health*, 92, no. 12 (2002): 1942-45.

[119] Katherine L. Acuff and Ruth R. Faden, "A History of Prenatal and Newborn Screening Programs: Lessons for the Future," in Faden, Geller, and Powers, *AIDS, Women, and the Next Generation*.

[120] Jemel P. Aguilar, *HIV Testing in State Prisons: A Call for Provider-Initiated Routine HIV Screening Policy* (Austin, TX: Institute for Urban Policy Research and Analysis, 2012); David L. Saunders, Donna M. Olive, Susan B. Wallace, Debra Lacy, Rodel Leyba, and Newton E. Kendig, "Tuberculosis Screening in the Federal Prison System: An Opportunity to Treat and Prevent Tuberculosis in Foreign-Born Populations," *Public Health Reports*, 116, no. 3 (2001): 210-16.

四、宪法视角下的强制筛查：不合理的搜查与扣押

卫生官员要依据授权立法开展筛查。筛查项目还要遵照残疾人歧视法的规定。[121] 检测所面临的最主要的宪法障碍是第四修正案的规定，即人民享有"人身安全"而不受州行为主体的"不合理的搜查和羁押"的权利。虽然第四修正案被普遍认为仅适用于对人身或住宅的搜查，但最高法院早就认为，对生物样品的搜集与附随分析也属搜查范畴。[122] 实际上，为获取个人信息而进行的生物样品搜集以及随后而至的任何一项分析都涉及对身体完整性的侵犯，个人隐私因而受到威胁。

宪法规定，对血液、尿液或其他人体组织的强制提取与分析必须是"合理的"。合理性是一个关键点，正是基于这一点，政府在搜查或扣押方面的利益可以超越因参与政府行动而致个人隐私或自由的损失。[123] 在大多数刑事案件中，搜查除非是依据合理根据而签发的司法令状来实施，否则就是不合理的；如果取得司法令状是不可行的，法院最低限度的要求是：基于个案评估基础上的"合理怀疑"。[124]

在药物筛查案例中，当州"有超出执法正常需要的特殊需要"时，最高法院支持可以不适用可能的或合理的理由要求。[125] 鉴于大多数公共卫生筛查项目的实施并无执法目的，他们便被归入"特殊需要"原则范围。[126] 例如，法院支持对被指控或被定罪的性侵犯者强制进行性病筛查[127]，理由就在于：告知性

---

[121] *Sch. Bd. of Nassau Cnty. v. Arline*, 480 U.S. 273 (1987)（本案判定，学校开除患有结核病的教师，违反了联邦《康复法》）。The Americans with Disabilities Act of 1990, 42 U.S.C. § 12101 et seq. (1992)该法案对医疗检查、体检和询问作了具体规定。雇主在提供工作前不得对申请人进行筛查，但在提供工作后，可以对雇员进行筛查，前提是所有入职的雇员都要接受筛查，并且要对其医疗信息保密；只有当筛查与工作相关并且符合业务需要的情况下，雇主才可对现任雇员进行筛查。

[122] *Schmerber v. California*, 384 U.S. 757, 767-68 (1966).

[123] *Illinois v. Lidster*, 540 U.S. 419, 429 (2004)（"在判断合理性时，我们着眼于'引起公众关注的议题的重要性，该议题在何种程度上提升了公众关注的兴趣，以及对个人自由干涉的严重程度'"）[quoting *Brown v. Texas*, 443 U.S. 47 (1979)].

[124] *Maryland v. Pringle*, 540 U.S. 366, 371 (2003)（本案认为，该标准"不能被精确定义或量化为百分比，因为它涉及概率，并取决于总体环境情况"）；*Ornelas v. United States*, 517 U.S. 690, 696 (1996)（本案指出，"合理怀疑"建基于已知的事实和情况足以证明违禁品将会被发现）。

[125] *Skinner v. Ry. Labor Executives' Assn.*, 489 U.S. 602, 613-14 (1989)（本案支持对因违反安全规定所致大型列车事故的列车员工进行药物检测，即使在没有合理损害嫌疑的情况下也可以进行检测）；*Nat'l Treasury Emps. Union v. Von Raab*, 489 U.S. 656 (1989)（本案认为，鉴于政府在维护边境与公共安全方面的"压倒性"利益所在，进行药物检测毋庸置疑）。特殊需要原则不只局限于医学筛查。See *MacWade v. Kelly*, 460 F.3d 260 (2d Cir. 2006)（本案认为，基于特殊需要原则，防止恐怖分子袭击地铁是一种特殊需要）。

[126] *United States v. Sczubelek*, 402 F.3d 175 (3d Cir. 2005)[本案坚持采用在美利坚合众国诉奈茨（*United States v. Knights*）一案中所确立的更为严格的"总体情况"原则（而不是特殊需要原则），来对缓刑人员进行DNA检测，*United States v. Knights*, 534 U.S. 112, 118 (2001)]；*United States v. Kimler*, 335 F.3d 1132 (10th Cir. 2003)（而本案则坚持采用基于特殊需要标准来进行DNA检测）。可对上述两个案例进行比较分析。

[127] In re *Juveniles A, B, C, D, E*, 847 P.2d 455 (Wash. 1993).

侵犯者的潜在的强奸受害者这一"特殊需要"具有合理性。[128]

如果筛查是为了实现公共卫生目的而非刑事司法目的,法院就将对政府利益与隐私利益进行平衡,以确定合理性。天平的一端是政府在公共卫生方面的利益,另一端则是个人对隐私权的期待。[129] 法院相当看重州在公共卫生与安全方面的利益,有时甚至把个人的利益仅仅视为名义上的利益:"社会判断是,血液检测并不对个人隐私与身体完整性构成过度的广泛的负担。"[130] 因此,大多数法院在审查政府筛查项目时都表现出一种宽松的姿态。[131] 即使是对高度污名化的疾病(如艾滋病),法院也支持对消防与救护人员[132]、军事人员[133]、国务院海外员工[134]、移民[135]以及性犯罪者[136]实施筛查。偶尔,法院也会否决筛查项目,理由是该疾病传播的风险可以忽略不计。[137]

在弗格森诉查尔斯顿市(Ferguson v. City of Charleston, 2001)这个涉及孕妇毒品检测的有趣案件中,最高法院考虑到了特殊需要原则。[138] 南卡罗来纳医科大学(MUSC)连同执法人员,在未获得疑似使用毒品的怀孕患者同意的情况下,对他们实施了毒品检测,并逮捕了那些检测结果呈阳性的患者。尽管这一行动的意图是善意的(保护母亲和儿童的健康),但是法院认为,这一策略不符合特殊需要原则,因为南卡罗来纳医科大学检测的目的"最终与实现犯罪控制的一般利益没有区别"。[139]

---

[128] Lawrence O. Gostin, Zita Lazzarini, Diane D. Alexander, Allan M. Brandt, Kenneth H. Mayer, and Daniel C. Silverman, "HIV Testing, Counseling, and Prophylaxis after Sexual Assault," *Journal of the American Medical Association*, 271, no. 18 (1994): 1436–44.

[129] Bd. of Educ. v. Earls, 536 U.S. 822, 829 (2002)("当特殊需要超出正常执法需要时,使得提供执行令与合理根据的要求变得不切实际……此时,执法合理性就要通过对侵犯个人隐私的性质与促进合法的政府利益的权衡来确定")。在厄尔斯(Earls)一案中,法院判定,鉴于学生对隐私利益的预期降低,尿检所造成的侵入微乎其微,并考虑到州在学生健康与安全中的重要利益,对参加课外活动的高中生进行药物检测是一种保护学生的合理手段。同上。

[130] Skinner v. Ry. Labor Execs. Ass'n, 489 U.S. 602, 625 (1989).

[131] See, for example, *Vernonia Sch. Dist. 47J v. Acton*, 515 U.S. 646 (1995)(本案支持在校际体育比赛中随机进行尿液检测)。

[132] Anonymous Fireman v. City of Willoughby, 779 F. Supp. 402 (N.D. Ohio 1991)(本案支持对消防员和医护人员强制进行 HIV 检测,因为这些人员是"高危"职业者)。

[133] Plowman v. U.S. Dep't of Army, 698 F. Supp. 627 (E.D. Va. 1988)(本案支持对联邦文职雇员进行 HIV 检测)。

[134] Local 1812, Am. Fed'n of Gov't Emps. v. U.S. Dep't of State, 662 F. Supp. 50 (D.D.C. 1987)(本案支持对驻外事务处人员进行 HIV 检测)。

[135] Haitian Ctrs. Council v. Sale, 823 F. Supp. 1028 (E.D.N.Y. 1993).

[136] In re Juveniles A, B, C, D, E, 847 P.2d 455 (Wash. 1993)(本案支持对实施性犯罪的青少年强制进行 HIV 检测)。

[137] Glover v. E. Neb. Cmty. Office of Retardation, 686 F. Supp. 243 (D. Neb 1988), aff'd, 867 F.2d 461 (8th Cir. 1989)(本案依据第四修正案,宣布对健康员工进行 HIV 与乙肝病毒筛查的政策无效)。

[138] Ferguson v. City of Charleston, 532 U.S. 67 (2001).

[139] Id. at 81, quoting Indianapolis v. Edmond, 531 U.S. 32, 44 (2000).

筛查因其旨在实现重要的公共卫生目标而常常被认为是合理的,即使它给弱势群体施加了负担。然而,除了弗格森一案外,最高法院依据其对第四修正案的法理理解,通常会认可公共卫生利益,且在未对筛查实际上能否实现这些目标进行仔细评估的情况下就予以认可。与其说强制筛查促进了州利益,倒不如说这可能阻止了高危个体获取卫生服务。同时,因主要关注物理性侵入(尤其是血液检测),法院可能对敏感信息披露时所涉及的信息隐私问题未给予足够重视。

用来评估成功的筛查项目的一个最重要的指标,就是它对公众来说是否具有可接受性。[140] 公众接受很重要,因为如果高危人群参加公共卫生项目,那么他们的行为改变就最有可能。公众接受对于公共卫生活动的合法性而言也很重要。当然,公众接受问题远非那么简单;在紧急情况下,公众可能会强烈要求采取有力措施,而身处风险的个人却抵制强制筛查。从某种程度上来说,筛查的社区接受度取决于目标人群以及筛查的自愿性。

第三节 抗菌疗法

抗生素的发现不仅预示着一个全新的感染控制和卫生保健方法的产生,而且也促进了国家繁荣,并推翻了将健康视为道德义务的观念……直到 1930 年代中期,对大多数感染的一般性控制措施都是预防而不是治疗。那时,对于那些陷入并死于疾病的人而言,健康禁令与道德蔑视相辅相成。

——罗伯特·巴德:《抗生素》(Robert Bud, *Antibiotics*, 2007)

1928 年,亚历山大·弗莱明(Alexander Fleming)注意到,在一个致脓性金黄色葡萄球菌的实验室培养基中,有一个区域的周围的金黄色葡萄球菌停止了生长,而在这个区域,一种经空气传播的霉污染物——青霉菌已经开始生长。弗莱明发现了一种由霉所分泌的化学物质,并将其命名为青霉素(盘尼西林,penicillin)。[141] 然而,直到 1939 年,由霍华德·弗洛里(Howard

---

[140] John Maxwell Glover Wilson and Gunnar Jungner, *Principles and Practice of Screening for Disease* (Geneva: World Health Organization, 1968).

[141] Alexander Fleming, "On the Antibacterial Action of Cultures of a Penicillium, with Special Reference to Their Use in the Isolation of B. influenzae" *British Journal of Experimental Pathology*, 10, no. 3 (1929): 226-36.

Florey)领导的牛津大学科学家所组成的研究小组才确认并从霉中分离出这种能杀菌的物质。这一发现促使在第二次世界大战期间为治疗创伤而大量生产青霉素。[⑫] 1944 年,人们发现了治疗肺结核的第一种有效的治疗手段——链霉素(streptomycin)。然而,在 1940 年代中期,微生物学家就已意识到,抗生素有一个阿喀琉斯之踵(Achilles' heel,即致命的弱点)。1946 年,弗莱明撰文写道:"微小剂量的给药……导致耐药菌株的产生。"[⑬]

抗菌药物可以抗击各种微生物,例如,用抗生素来抗击细菌,用抗病毒药和亚类抗反转录病毒药来抗击病毒,用抗真菌药来抗击真菌,以及用抗寄生虫药和驱虫药来抗击寄生虫。这些药物在为个人谋利的同时,也因减少或消除病人的传染性而造福社会。然而,当病原体对一线药物产生耐药性时,抗生素的双重优势就面临威胁。耐药性(drug resistance,又称抗药性)是一个由多重原因引起的复杂现象,为应对这一问题,一系列法律与政策干预措施应运而生(见框 10.3)。

框 10.3　保持医疗对策的有效性:耐药性问题

> 我们必须把抗生素当作一种宝贵的、有限的资源,如同渔业、林业和能源资源一样。我们必须节约并恢复资源。我们不得不承认,过去 70 年来,我们使用、研发和保护抗生素的方法已然失败。时间在是否采取折中措施的争论中流逝,现在是采取创新而大胆的解决方案以减缓抗生素的耐药性并加速研发新的抗生素的时候了。
>
> ——布拉德·斯匹伯格:《新抗生素的研发》(Brad Spellberg, *New Antibiotic Development*, 2012)
>
> 病原体的耐药性困扰了科学家几十年,但人类的所作所为却以惊人的速度加快了这一进程;这促使监管机构采取新的法律和政策干预措施,以避免公共卫生危机的发生。[1] 随着多重耐药性传染性疾病的发病率的上升,社会面临着回到前治疗时代的恐惧。

[⑫] Paul N. Zenker and Robert T. Rolfs, "Treatment of Syphilis, 1989," *Reviews of Infectious Diseases*, 12, no. S6 (1990): S590–S609.

[⑬] Sir Alexander Fleming, *Chemotherapy*: *Yesterday, Today and Tomorrow*; *The Linacre Lecture* 1946 (Cambridge: Cambridge University Press, 2014).

耐药性经由自然选择而发生：敏感病原体被药物杀死，而耐药病原体则存活下来并不断增殖。[2] 零星或小剂量使用抗菌药物可以"训练"病原菌，促使其耐药性的产生。广泛、任意地使用药物推进了这一演化过程。结果如同一场持续进行的军备竞赛：医生被迫求助于第二线和第三线药物，而制药公司则竭力开发新药。

由于市场的不确定性以及严格的监管，新抗菌药物的输送已近乎中断。由于用于治疗各不相同的传染性疾病的药物多为短疗程药物，因而抗生素并不像其他药物一样能带来高收益。鉴于耐药性可以进一步发展并快速扩散，因此，新的具有相同作用机理的抗菌药物的生命周期就相对缩短。而开发具有新的作用机理的药物的成本则可能高得令人望而却步。有人呼吁取消监管壁垒，从而降低成本，并增加药物研发的公共投资。

其他政策建议旨在减少过度使用和滥用现有的和新开发的药物。抗菌剂的过度使用、病人的依从性差（不能完成整个疗程）、集约性农业利用、药品伪造或不合格等都是迫在眉睫的问题。例如，抗生素被普遍用于病毒性感染（实际上，抗生素对此是无能为力的）或轻度细菌感染（这种情况通常在不治疗的情况下也会自愈）。医生过度使用抗菌剂事出有因，包括用于诊断的时间有限、责任问题以及病人的要求。[3]

即使医生用药适当，如果患者没有完成整个推荐疗程，耐药风险也在增加（见下文）。病人依从性差可因患者一旦感觉好一点就认为药物治疗不必要的错误认知所致，也可因无家可归或不稳定的生活条件等社会经济因素所致。因此，病人教育应以依从性支持服务体系，如提供保健与处方药服务、提供看病的交通条件、给予经济激励等（见第八章）。

抗生素在畜牧饲养业中的广泛应用加剧了其耐药性的产生。畜牧饲养业界的通常做法是：在动物饲料中添加低剂量的抗生素，以促进动物的生长而不是治疗感染。这种广泛使用小剂量抗生素的做法已越来越成为研究的重点，对其加强监管的呼声也日益高涨。然而，由于这种做法对农业企业来说有利可图，因而，对其进行管制在政治上举步维艰。

注释：

1. See, for example, Dan I. Andersson, "Persistence of Antibiotic Resistant Bacteria," *Current Opinion in Microbiology*, 6, no. 5（2003）：452 – 56; Douglas D. Richman, ed., *Antiviral Drug Resistance*（Chichester, UK：John Wiley & Sons, 1996）.

2. See generally, Enrico Mihich, ed., *Drug Resistance and Selectivity：Biochemical and Cellular Basis*（New York：Academic Press, 1973）.

> 3. See Matthew S. Dryden, Jonathan Cooke, and Peter Davey, "Antibiotic Stewardship: More Education and Regulation, Not More Availability?" *Journal of Antimicrobial Chemotherapy*, 64, no. 5 (2009): 885-88, 本文注意到, 在英国国家卫生服务体系范围内, 增加病人选择的倡议刺激了更多的非处方抗生素的使用, 这引起人们对抗生素耐药性的关注。

一、强制检查与医学治疗

在考虑病人的需求时, 公共卫生专业人员应该仔细考虑直接观察治疗(Directly Observed Therapy, DOT)是否关注到：个人是怎样身处结核病的众多的社会结构决定因素之中, 并受其怎样的影响。这些因素包括：拥挤的居住与工作环境；不安全的食品；移民工人与学校；难以获得卫生保健服务；禁闭或惩罚性的法律制度；在女性、男性与儿童中对结核病的传播风险进行差别性形塑的性别规范；等等。直到最近, 结核病患者治疗管理模式还被认为是不符合药物治疗标准的"嫌疑犯"与"违规者"。结核病界已为去除这种污名化术语(这种术语唤起惩戒与纪律的隐喻)取得了令人钦佩的进步, 但仍然存在这样一种倾向, 即认为病人本身就是问题的根源。

——迈克·弗里克、奥德丽·张：《美国科学公共图书馆·话说医学(博客)》(Mike Frick and Audrey Zhang, *PLoS Speaking of Medicine blog*, 2013)

对大多数人来说, 如果被诊断患有疾病, 都渴望接受治疗。在消除可能会阻止患者获得卫生保健的经济以及其他方面的障碍中, 公共卫生法可以发挥作用(参见第八章)。然而, 在少数情况下, 患者不遵从治疗建议, 这将威胁公众健康。[44] 由于不完整的治疗可能促使抗药性的产生, 因此, 卫生官员始终关注强制治疗。然而, 强制治疗是对人体完整性的严重入侵, 需要慎重考虑。[45] 在此, 我们将检视强制性检查与治疗的法律规定, 特别是有关结核病直接观察治疗方面的法律规定。

---

[44] U.S. Food and Drug Administration, "Combating Antibiotic Resistance," updated March 23, 2015, www.fda.gov/forconsumers/consumerupdates/ucm092810.htm.

[45] *Riggins v. Nevada*, 504 U.S. 127, 127 (1992)(本案要求"压倒性的理由和确定的医疗适当性")。关于监管的一般性理由的讨论, 参见本书第四章。

患者享有普通法上的拒绝治疗的权利,这体现在知情同意原则中。⁽¹⁴⁶⁾ 许多州和一些地方政府颁布了授权进行强制性体检和治疗的法律,它们凌驾于普通法的拒绝权之上(下文将对强制检查和治疗的合宪性问题进行讨论)。有些法律授权卫生官员基于合理的理由——医学检查或治疗"对于保持与维护公共健康"是必要的——可以发布对医学检查或治疗进行指导的书面命令。有些司法辖区制定了适用于特定病症(例如结核病或性传播疾病)的法令。⁽¹⁴⁷⁾

作为最后的手段,大多数州的卫生当局可能会寻求法院裁定,以对病人进行强制治疗或者限制。法院(和适用的法令)通常以病人对他人构成危险作为裁定的条件,有些法院对处于活动期的疾病的强制性治疗有着特别的限制。法院作出的"不遵从治疗"的裁定,可以成为将病人拘禁于医院或者拘留所的正当理由,但这些场所必须适宜居住并有利于健康。⁽¹⁴⁸⁾ 例如,在1990年代,纽约市为应对多重耐药性肺结核的重新抬头,修改了卫生法典以允许对不服从治疗的个人进行拘禁。在纽约市诉安托瓦内特(*City of New York v. Antoinette R.*, 1995)一案中,法院维持了一项住院令,因为这个住院令建基于明确的、令人信服的证据之上,即病人不遵从处方用药疗程。⁽¹⁴⁹⁾ 我们将在第11章对检疫隔离目的的合宪性限制作进一步讨论。

⁽¹⁴⁶⁾ 医生缺乏法定的强制治疗权,他们必须要尊重心智健全的成年人的拒绝表示。基于知情同意原则,需要提供以下信息:卫生保健提供者必须披露病人的诊断结论与物质利益、风险以及替代治疗方案;健全的心智是指患者必须能够理解和选择治疗方案;自愿性是指患者必须能够自由地作出选择,不受不当影响或胁迫。除非根本没有考虑患者的意愿(例如,如果某人允许对其施行某种治疗,但医生却对其施行另一种治疗),知情同意原则的法律基础是过失,而不是非法侵犯。William Lloyd Prosser, W. Page Keeton, Dan B. Dobbs, Robert E. Keeton, and David G. Owen, *Prosser and Keeton on Torts*, 5th ed. (St. Paul, MN: West Publishing, 1984), §§ 15, 30. 大约一半的州采用"以病人为中心"的信息披露标准,这一标准以理性的病人所想了解的信息为依据。See, for example, *Canterbury v. Spence*, 464 F. 2d 772 (D.C. Cir. 1979), *cert denied*, 409 U.S. 1064 (1972). 其余的州采用"以医生为中心"的标准,这一标准以理性的医生在具体情况下意欲披露的信息为依据。See, for example, *Chapel v. Allison*, 785 P.2d 204 (Mont. 1990).

⁽¹⁴⁷⁾ Centers for Law and the Public's Health, *Tuberculosis Control Laws and Policies: A Handbook for Public Health and Legal Practitioners* (Atlanta, GA: Centers for Disease Control and Prevention, 2009); Melisa L. Thombley and Daniel D. Stier, *Menu of Suggested Provisions for State Tuberculosis Prevention and Control Laws* (Atlanta, GA: Centers for Disease Control and Prevention, 2010).

⁽¹⁴⁸⁾ 宜居与健康环境理论主要集中在心理健康和性侵犯民事案件中。See, for example, *Youngberg v. Romero*, 457 U.S. 307, 315, 319, 324 (1982)(本案判定,当事人享有"最低限度的充分或合理的培训,以确保免于过度约束的安全与自由");*Hydrick v. Hunter*, 449 F.3d 978, 991–1001 (9th Cir. 2006)(本案判定,民事性侵者享有实质性正当程序权利以获得安全的约束条件)。但法院已经将这一权利扩展到传染性疾病控制领域。*Neimes v. Ta*, 985 S.W.2d 132, 141–42 (Tex. Ct. App. 1998)[本案回顾了杨伯格案(*Youngberg*),并将其延伸到对结核病人的民事限制方面];*Souvannarath v. Hadden*, 116 Cal. Rptr. 2d 7 (Cal. Ct. App. 2002)(本案认可州法对非依从性多重耐药性结核病人拘禁的禁止);*Benton v. Reid*, 231 F.2d 780 (D.C. Cir. 1956)(本案判定,患有传染性疾病的人不是罪犯,不应该被关押在监狱里);*State v. Hutchinson*, 18 So. 2d 723 (Ala. 1944) (same); but see In re *Martin*, 188 P.2d 287 (Cal. Ct. App. 1948)(本案支持在县监狱实施隔离措施,尽管监狱人满为患、备受责难)。

⁽¹⁴⁹⁾ In re *City of New York v. Antoinette R.*, 630 N.Y.S.2d 1008 (N.Y. Sup. Ct., Queens Cnty. 1995); see *City of New York v. Doe*, 614 N.Y.S.2d 8 (N.Y. App. Div. 1994)(鉴于本案病人的滥用药物史、不稳定的住房状况以及对自身病情严重性的不理解,本案认为更小限制性的拘禁替代方式是无法发挥作用的)。

二、直接观察治疗

结核病治疗面临特殊的挑战——对于成人结核病而言,并无十分有效的疫苗。[59] 虽然抗生素治疗很有效,但必须每天服药一次,或每周服药两次,或每周服药一次,疗程持续 4~9 个月。治疗方案的区别取决于患者是处于结核感染的潜伏期(即病人没有症状,但治疗可以防止疾病的发展与传播),还是处于结核病的活动期(这个阶段,细菌复制活跃,导致病人发病,并增加了疾病传播的风险)。现实中,对不遵从治疗的结核病或性病患者实施拘禁的情况是极为罕见的。对绝大多数可能不遵从治疗的患者而言,会在社区接受直接观察治疗或监督治疗。在直接观察治疗或监督治疗中,每一剂药物的施用,都在一个卫生保健工作者或社区工作者或病人指定的支持者(家庭成员、朋友或同伴支持者)的观察下进行,以提高治疗的依从性。[60] 监督治疗通常是自愿的,但大多数卫生部门都被赋予必要时施行直接观察治疗的权力。

监督治疗可以在个人住所、工作场所、诊所或医生办公室甚至在某个街角实施。相对于住院或者拘禁而言,直接观察治疗是侵入性较小的替代方案。虽然实证证据错综复杂,但许多直接观察治疗项目的治疗完成率达到 90% 以上;此外,一些研究发现,相比于自我治疗,直接观察治疗降低了耐药率与复发率。[62]

---

[59] 在许多结核病高发的国家,卡介苗(BCG)已被例行使用。然而,卡介苗对成人肺结核的疗效充其量是变化不定的,一些大型试验显示卡介苗接种呈现出零效益。此外,卡介苗接种会影响筛查项目——结核菌素皮肤试验——的准确性。由于这些原因,在美国,卡介苗并不经常被推荐使用,尽管它有时被用于那些持续接触未经治疗的或耐药的结核病患者(即在家中的患者)的孩子以及在高危环境中工作的医务人员。

[60] Ronald Bayer and David Wilkinson, "Directly Observed Therapy for Tuberculosis: History of an Idea," *Lancet*, 345, no. 8964 (1995): 1545-48.

[62] See, for example, C. Patrick Chaulk, and Vahe A. Kazandjian, "Directly Observed Therapy for Treatment Completion of Pulmonary Tuberculosis: Consensus Statement of the Public Health Tuberculosis Guidelines Panel," *Journal of the American Medical Association*, 279, no. 12 (1998): 943-48, 45, 本文认可直接观察治疗完成率从 86% 到 96.5% 不等;Centers for Disease Control and Prevention, "Approaches to Improving Adherence to Antituberculosis Therapy: South Carolina and New York, 1986-1991," *Morbidity and Mortality Weekly Report*, 42, no. 4 (1993): 74-75, 81(本文提供的直接观察治疗完成率为 93.9%);Stephen E. Weis, Philip C. Slocum, Francis X. Blais, Barbara King, Mary Nunn, G. Burgis Matney, Enriqueta Gomez, and Brian H. Foresman, "The Effect of Directly Observed Therapy on the Rates of Drug Resistance and Relapse in Tuberculosis," *New England Journal of Medicine*, 330, no. 17 (1994): 1179-84, 本文发现直接观察治疗与自我治疗相比,耐药性和复发风险较低;Jotam G. Pasipanodya and Tawanda Gumbo, "A Meta-analysis of Self-Administered vs. Directly Observed Therapy Effect on Microbiologic Failure, Relapse, and Acquired Drug Resistance in Tuberculosis Patients," *Clinical Infectious Diseases*, 57, no. 1 (2013): 21-31, 一项统合分析发现,在治疗失败、获得性耐药或复发方面,直接观察治疗与自我治疗之间没有显著差异;Patrick K. Moonan, Teresa N. Quitugua, Janice M. Pogoda, Gary Woo, Gerry Drewyer, Behzad Sahbazian, Denise Dunbar, Kenneth C. Jost, Charles Wallace, and Stephen E. Weis, "Does Directly Observed Therapy (DOT) Reduce Drug Resistant Tuberculosis?" *BMC Public Health*, 11 (2011): 19, 本文注意到对直接观察治疗作用的质疑,但发现通用直接观察治疗与选择性直接观察治疗相比,在群体层面上减少了耐药性结核病的获得和传播。

尽管直接观察治疗具有这些优势，但是它仍然对个人自由、尊严和隐私造成影响。在一项研究中，接受直接观察治疗的伊索比亚和挪威病人认为这一治疗过程过于僵化，并表达了他们无法自我控制的挫折感。具体说来，直接观察治疗干扰了他们的日常生活和工作计划，有时会导致工作机会和收入的丧失[153]；要求个人对他们接受治疗的特定地点和时间进行报告，对他们的自由构成限制；此外，在公共场所进行治疗，病人会感到耻辱或受到歧视。针对这些缺陷，一些项目正在研发技术性解决方案。其中，使用智能型手机对治疗进行安排与观察，可以使日程安排更为灵活，这在弱势群体中拥有更高的病人接受度，并可为他们提供更好的照护。[154] 这些方法在取得与传统的直接观察治疗相当的治疗完成率的同时，具有成本效益与可靠性。[155] 例如，一项研究发现，通过手机视频聊天可以对患者进行成功的观察。这项创新在仍能确保治疗依从性的同时，平均为每个患者在支付医疗照护工作者的时间和差旅费用上节省了2 400美元。[156]

对具有不依从史的个人采用直接观察治疗已被广泛接受。更大的难题是，在未进行个性化的风险评估或并无前期不依从史的情况下，在大范围的人群中采用直接观察治疗是否具有正当性。个性化的风险评估会带来沉重的负担，并具有潜在的歧视性，基于人群的方法可能会更公平、更有效。1990年代，公共卫生组织与专家委员会所采用的指南，建议对结核病进行通用监督治疗。[157] 研究表明，通用直接观察治疗（Universal Directly Observed Therapy）在防止耐药性结核病的获得与传播方面比选择性直接观察治疗更有效。[158] 只是，在治疗完成率较低的地区采用通用直接观察治疗或许可取，但在治疗完成率已经

---

[153] Mette Sagbakken, Jan C. Frich, Gunnar A. Bjune, and John D. H. Porter, "Ethical Aspects of Directly Observed Treatment for Tuberculosis: A CrossCultural Comparison," *BMC Medical Ethics*, 14 (2013): 25.

[154] C. M. Denkinger, A. K. Stratis, A. Akkihal, N. Pant-Pai, and M. Pai, "Mobile Health to Improve Tuberculosis Care and Control: A Call Worth Making," *International Journal of Tuberculosis and Lung Disease*, 17, no. 6 (2013): 719-27.

[155] Richard Garfein, Kelly Collins, Fatima Munoz, Kathleen Moser, Paris Cerecer-Callu, Mark Sullivan, Ganz Chokalingam, et al., "High Tuberculosis Treatment Adherence Obtained Using Mobile Phones for Video Directly Observed Therapy: Results of a Binational Pilot Study," *Journal of Mobile Technology in Medicine*, 1, no. 4S (2012): 30.

[156] K. Krueger, D. Ruby, P. Cooley, B. Montoya, A. Exarchos, B. M. Djojonegoro, and K. Field, "Videophone Utilization as an Alternative to Directly Observed Therapy for Tuberculosis," *International Journal of Tuberculosis and Lung Disease*, 14, no. 6 (2010): 779-81.

[157] Centers for Disease Control and Prevention, *Improving Patient Adherence to Tuberculosis Treatment*, rev. ed. (Atlanta, GA: Centers for Disease Control and Prevention, 1994), 赞同直接观察治疗; Kelly Morris, "WHO Sees DOTS," *Lancet*, 349, no. 9055 (1997): 857; American Thoracic Society, "Treatment of Tuberculosis and Tuberculosis Infection in Adults and Children," *American Journal of Respiratory and Critical Care Medicine*, 149, no. 5 (1994): 1359-74, 支持直接观察治疗。

[158] Moonan, "Does Directly Observed Therapy (DOT) Reduce Drug Resistant Tuberculosis?"

很高的地区或许就没有必要采用了。⑮

无论是选择性的直接观察治疗还是通用性的直接观察治疗,当其因地制宜并与依从增强型支持服务进行联合使用时,可能就是最有效的。现代直接观察治疗可以而且应该超越对药物服用的监督,而将免费食物、交通、儿童保健、对其他疾病(尤其是心理健康和药物滥用治疗)的医疗护理以及住房援助等囊括其中。⑯ 目前,结核病宣传小组已经成为社区参与政策制定与评估的一支潜在的强大力量。⑰

三、强制检查、治疗以及直接观察治疗的合宪性

拒绝治疗的权利不仅体现在普通法上,而且还植根于联邦和州宪法之中。最高法院已经认识到,心智健全的人享有受宪法保障的自由权益,可以在身处人工流产⑱、末期病症⑲、精神疾病⑳的情况下拒绝不想接受的医学治疗。法院的实质性正当程序理念认为,宪法所保障的治疗决定权属于"一个人一生中最内在的、最个人化的选择,这样的选择对个人尊严与自治来说至关重要"。㉑

然而,保持身体完整性的权利并不是绝对的。㉒ 法院在个人自由与国家利益之间进行平衡测试。正如最高法院在关于精神病患者强制治疗案中所阐述的那样,强制治疗的宪法标准要求:精神病患者对本人或他人构成危险;

---

⑮ Ronald Bayer, Catherine Stayton, Moïse Desvarieux, Cheryl Healton, Sheldon Landesman, and Wei-Yann Tsai, "Directly Observed Therapy and Treatment Completion for Tuberculosis in the United States: Is Universal Supervised Therapy Necessary?" *American Journal of Public Health*, 88, no. 7 (1998): 1052-58, 本文注意到许多治疗完成率高的地区不依赖直接观察治疗。

⑯ Marcos A. Espinal and Christopher Dye, "Can DOTS Control Multidrug-Resistant Tuberculosis?" *Lancet*, 365, no. 9466 (2005): 1206-9, 本文将直接观察治疗视为更广泛的公共卫生战略的一部分,这包括诊断、对6~8个月治疗的支持、药物供应维持系统以及记录与报告;Jimmy Volmink, Patrice Matchaba, and Paul Garner, "Directly Observed Therapy and Treatment Adherence," *Lancet*, 355, no. 9212 (2000): 1345-50, 本文注意到,直接观察治疗方案不仅包括监督治疗,还包括激励、追踪不履行者、法律制裁、以病人为中心的方法、员工激励以及监督等。

⑰ Andrea DeLuca, Erica Lessem, Donna Wegener, Laia Ruiz Mingote, Mike Frick, and Dalene Von Delft, "The Evolving Role of Advocacy in Tuberculosis," *Lancet Respiratory Medicine*, 2, no. 4 (2014): 258-59.

⑱ See for example, *Stenberg v. Carhart*, 530 U.S. 914 (2000)(本案推翻了内布拉斯加州关于妊娠晚期堕胎的禁令);*Planned Parenthood v. Casey*, 505 U.S. 833 (1992).

⑲ *Cruzan v. Dir., Mo. Dep't of Health*, 497 U.S. 261 (1990)(本案支持州关于放弃对植物人治疗的要求,即提供明确和令人信服的证据来证明病人的意愿);*Washington v. Glucksberg*, 521 U.S. 702 (1997)(本案支持禁止医生协助自杀);*Vacco v. Quill*, 521 U.S. 793 (1997) (same).

⑳ *Washington v. Harper*, 494 U.S. 210, 221-22; see *Hydrick v. Hunter*, 449 F.3d 978, 998-99 (9th Cir. 2006)(本案认为,既决犯、审前羁押者和假释犯都享有拒绝施用不想要的抗精神病药物的自由,并认为民事性暴力实施者有不被强制服药的自由,在非紧急情况下享有程序性正当程序权利)。

㉑ *Casey*, 505 U.S. at 851.

㉒ *Mills v. Rogers*, 457 U.S. 291, 299 (1982)("实质性问题涉及对受保护的宪法〔自由〕利益的界定,并涉及对可能超越个人宪法利益之上的相互冲突的州利益的情形的鉴别")。

治疗系基于精神病患者的医疗利益;对精神病患者的药物治疗,是由执业医师按照专业标准来执行的。⑯ 在2003年的一个案件中,强制治疗使得一名刑事被告有机会出庭受审。在该案中,法院认为,治疗必须能显著地促进重要的政府利益,且在考虑侵入性较小的替代方案时,也必须要考虑可否增进这些政府利益。⑱

对于心智健全的成年人的强制治疗来说,最有说服力的理由就是伤害预防。州在预防疾病传播(通过减少病人的传染性)与保持抗菌药物的有效性方面有着实质性利益。下级法院运用伤害预防理论支持对传染性疾病患者进行强制体检⑲与治疗。⑰ 当然,程序保障必须到位,但行政听证可能就足够了。⑰

第四节 接触者追踪与性伴通知

> 我们目睹,妻子从她不忠的丈夫那里感染了梅毒而被糟践,这个无辜的女人成为梅毒的终生受害者。
> ——马里恩·克拉克·波特:《性病的预防》(Marion Clark Potter, *Venereal Prophylaxis*, 1907)

接触者追踪(contact tracing)是一种应用于流行病学调查的存在已久的公共卫生实践做法。具体来说,接触者追踪通过识别接触者,使其获得检测与治疗,并且如果必要的话,对处于疾病潜伏期的接触者进行隔离,从而追踪

---

⑯ *Riggins v. Nevada*, 504 U.S. 127 (1992)(在审判过程中,非自愿施用抗精神病药物被宣布为无效,因为没有证据证明:没有更小侵害性的替代药品;所施用的药物具有医学上的适当性,且这种药物对于被告的安全或他人的安全是至关重要的)。

⑱ *Sell v. United States*, 539 U.S. 166, 180–81 (2003)。

⑲ *Reynolds v. McNichols*, 488 F.2d 1378 (10th Cir. 1973)(本案支持对被怀疑患有性病的人进行强制性体检、治疗和扣留);*People ex rel. Baker v. Strautz*, 54 N.E.2d 441 (Ill. 1944) (same); *Rock v. Carney*, 185 N.W. 798 (Mich. 1921)(本案支持体检,但仅基于合理理由)。有关对孕妇强制进行HIV筛查的合宪性调查,see Dorian L. Eden, "Is It Constitutional and Will It Be Effective? An Analysis of Mandatory HIV Testing of Pregnant Women," *Health Matrix*, 11, no. 2 (2001): 659–86.

⑰ In re *City of New York v. Antoinette R.*, 630 N.Y.S.2d 1008 (N.Y. Sup. Ct., Queens Cnty. 1995)(本案表明了既存的、明确的、令人信服的证据作为对一个过去不遵从治疗的结核病女患者进行扣留并治疗的依据);In re *City of New York v. Doe*, 614 N.Y.S.2d 8 (N.Y. App. Div. 1994)(基于最小限制措施不可能保护公共健康一认知,本案支持对结核病人进行持续扣留治疗)。

⑰ *Washington v. Harper*, 494 U.S. 210 (1990)(本案支持,在囚犯对自己或他人存在危险的情况下,对该囚犯强制施用抗精神病药物;此种情况下,治疗符合囚犯的医疗利益;此种情况下,基于程序性正当程序,相关规定由包括医务人员在内的行政小组进行审查)。

调查疾病暴发的源头,并对疾病的传播进行控制。对性传播疾病的接触者进行追踪这一做法,可能源自16世纪的欧洲。其时,欧洲颁布了对疑似感染梅毒的妓女进行医学检查的条例,后来发展成为"社区监管"(community regulation)。[172] 1930年代,当梅毒在美国流行期间,"接触流行病学"成为公共卫生的核心战略。[173]

性伴通知 ——有时被称为"同伴咨询与转介服务"(partner counseling and referral services, PCRS)——是警察权职能的典型体现。州法令授权采用性伴通知,使其成为性病或艾滋病预防的一部分。公共卫生当局使用的性伴通知模式主要有两种:病人转介模式与供应商转介模式。在病人转介模式中,"指数"(index)患者(即在公共卫生诊所确诊或由医生确诊的被感染者)被要求联系他们的性伴侣以及针头共享伙伴。供应商转介模式,则是指派受过培训的医疗照护工作者负责通知事宜 ——通知接触者并为其提供咨询和治疗。在通知时,为保护患者的隐私,卫生专业人员拒绝披露"指数"患者的姓名(尽管接触者常常会推断出患者的身份)。

性伴通知(如报告制度)已引发争议,争议始于1930年代梅毒流行期间对商业性性工作者的报告,持续至最近的艾滋病流行中对男男性关系者的报告。[174] 这些弱势群体害怕性伴通知,虽然名义上是自愿的,但涉及要与政府官员进行合作的微妙的胁迫的存在。提供性伴侣的名字被认为是对隐私的侵犯,并会引发歧视。披露性伴侣姓名的人士也面临着躯体、性以及情感虐待的风险。[175]

虽然一些宣传组织往往反对性伴通知,但是处于亲密关系中的人士或许享有知晓他们的性伴侣的现状的权利,这样,他们就可能会基于知情来作出有关性以及共享药物注射器具方面的判断。考虑一下这种情况:一个女人与她的伴侣有着长期的性关系,但是她却不知晓她的性伴侣患有性病;如果卫生官员觉察到这一风险,但却未能披露风险,她可能会感到委屈。性伴通知项目已经为权衡感染者与他们的性伴之间的利益找到了一个精妙的平衡点。

性伴通知似乎是必要的,因为那些被告知接触了传染源的人士可以采取措施来降低他们被感染的风险。如果性伴通知是一座通往有效咨询与治疗

---

[172] Rosen, *History of Public Health*, 73; Vern L. Bullough, *The History of Prostitution* (New Hyde Park, NY: University Books, 1964): 166-72.

[173] Allan M. Brandt, *No Magic Bullet: A Social History of Venereal Disease in the United States since 1880* (New York: Oxford University Press, 1987).

[174] Chandler Burr, "The AIDS Exception: Privacy vs. Public Health," *Atlantic Monthly*, June 1997, 57-67.

[175] Karen H. Rothenberg and Stephen J. Paskey, "The Risk of Domestic Violence and Women with HIV Infection: Implications for Partner Notification, Public Policy, and the Law," *American Journal of Public Health*, 85, no. 11 (1995): 1569-76.

的桥梁,那么它就可以造福于个人与社会。然而,有关性伴通知的成本效益的实证证据还是混沌不清的。⑯ 在认可公众享有对未披露的风险进行防护的诉求的同时,依赖自愿合作、隐私保护以及支持服务的提供,可以最大限度地减少社会危害。

◎加速性伴治疗

预防和控制性病的方法包括:病例发现(通过接触者追踪以及其他措施)、教育、咨询与治疗。⑰ 对于卫生专业人员来说,由于很难联系上被感染者的性伴,因此他们便越来越关注"加速性伴治疗"(Expedited Partner Therapy, EPT),这样可以在无医学评估的情况下对"指数"患者的性伴进行治疗。⑱ 相反,临床医生则通过性伴为病人提供所需的药物或处方。初步数据显示,加速性伴治疗可以降低社区衣原体和其他性传播疾病的发病率⑲,同时也可以降低"指数"病人再感染的风险。⑳

然而,加速性伴治疗有时被认为充满了医学方面的和法律方面的风险。在缺乏对个人的临床评估和建议的情况下,性伴可能会用药不当,从而造成不良影响,并导致耐药性。卫生专业人员为医患关系之外的人开具处方,则可能会面临潜在的侵权责任或执照制裁。目前,美国大多数州允许开展加速性伴治疗。㉑ 性病仍然是一种"隐性流行病",在全国许多地方有着很高的发病率,此外,人们对淋病抗生素耐药菌株的担忧也与日俱增。我们认为,能够联系上个人并提供治疗的策略是值得追求的,即使做不到个性化咨询和临床评估。

---

⑯ The evidence is accumulated in Lawrence O. Gostin and James G. Hodge Jr. , "Piercing the Veil of Secrecy in HIV/AIDS and Other Sexually Transmitted Diseases: Theories of Privacy and Disclosure in Partner Notification," *Duke Journal of Gender Law and Policy*, 5 (1998): 9-88, 72-82.

⑰ Centers for Disease Control and Prevention, "Sexually Transmitted Diseases Treatment Guidelines, 2006," *Morbidity and Mortality Weekly Report*, 55, no. RR11 (2006): 1-94.

⑱ James G. Hodge Jr. , Amy Pulver, Matthew Hogben, Dhrubajyoti Bhattacharya, and Erin Fuse Brown, "Expedited Partner Therapy for Sexually Transmitted Diseases: Assessing the Legal Environment," *American Journal of Public Health*, 98, no. 2 (2008): 238-43; Centers for Disease Control and Prevention, "Guidance on the Use of Expedited Partner Therapy in the Treatment of Gonorrhea," August 20, 2015, www.cdc.gov/std/ept/gc-guidance.htm.

⑲ Jeffrey D. Klausner and Janice K. Chaw, "Patient-Delivered Therapy for Chlamydia: Putting Research into Practice," *Sexually Transmitted Diseases*, 30, no. 6 (2003): 509-11.

⑳ Matthew R. Golden, William L. H. Whittington, H. Hunter Handsfield, James P. Hughes, Walter E. Stamm, Matthew Hogben, Agnes Clark, et al. , "Effect of Expedited Treatment of Sex Partners on Recurrent or Persistent Gonorrhea or Chlamydial Infection," *New England Journal of Medicine*, 352, no. 7 (2005): 676-85.

㉑ James G. Hodge Jr. , *Expedited Partner Therapies for Sexually Transmitted Diseases: Assessing the Legal Environment* (Washington, DC: Center for Law and the Public's Health, 2006), 报告显示,有39个司法管辖区允许或可以采用加速性伴治疗,有13个司法管辖区禁止采用加速性伴治疗; Centers for Disease Control and Prevention, "Legal Status of Expedited Partner Therapy," updated June 4, 2015, www.cdc.gov/std/ept/legal/default.htm, tracking state laws; Arizona State University College of Law Public Health Law and Policy Program and Centers for Disease Control and Prevention, *Legal/Policy Toolkit for Adoption and Implementation of Expedited Partner Therapy* (Atlanta, GA: Centers for Disease Control and Prevention, 2011).

第五节　社会—生态预防策略：艾滋病与医院获得性感染的案例研究

几个世纪以来，病原模式一直在传染性疾病预防和控制领域占据主导地位。医疗干预措施（如疫苗接种、检测和治疗）可以成为疾病预防与控制的有力工具。但是，社会—生态模式——强调健康的社会、经济以及环境决定因素（参见第一章）——为疾病干预开辟了新途径。社会—生态模式所采用的方法很广泛，从为结核病菌感染者提供支持性服务，到加强对儿童疫苗接种的社会支持，到改变将喷嚏打在肘弯而不是在打喷嚏时用手捂住口鼻的社会规范。在这里，我们介绍两个涉及非医学干预的案例研究，以此来展现柔性治理方式的有效性。

一、案例研究 1：艾滋病病毒/艾滋病

> 每个被查明患有艾滋病的人都应在前臂刺青（留下标记），以保护针头共享者；都应在臀部刺青（留下标记），以防止其他同性恋者受到侵害。
> ——威廉·F.巴克利：《纽约时报》（William F. Buckley, *New York Times*, 1986）

> 经过多年的发现与努力学习，人们才摆脱了对艾滋病的无知和恐惧，并清楚地看到这个新威胁对全球健康的影响程度……艾滋病的社会、文化、经济以及政治反应……对全球艾滋病难题来说，如同疾病本身一样至关重要。
> ——乔纳森·曼恩：《在联合国大会上的演讲》（Jonathan Mann, *Address to United Nations General Assembly*, 1987）

艾滋病病毒/艾滋病大流行对传统的传染性疾病控制理念提出了挑战。[182] 虽然科学家们继续致力于研发艾滋病疫苗，但目前还毫无进展。在艾滋病流行早期，尚无有效的治疗手段，卫生当局转而采取其他干预措施（包括筛查、

---

[182] Lawrence O. Gostin, *Global Health Law* (Cambridge, MA: Harvard University Press, 2014).

报告与性伴通知)以减少行为风险。有些辖区甚至将传播艾滋病的行为定罪。然而,随着时间的推移,人们清楚地认识到,污名化和歧视因妨碍人们进行检测和寻求治疗,从而成为有效的公共卫生反应的严重障碍。去污名化策略包括:促进艾滋病病毒携带者/艾滋病病人的权利实现,以及对艾滋病病毒传播行为的非刑事化对待。

(一)刑事化对待

1988 年,HIV 流行总统委员会(Presidential Commission on the HIV Epidemic)指出,刑事责任"与这样的社会义务要求并行不悖,即防止对他人造成伤害;也与刑法的关切相吻合,即对实施损害行为的行为人进行惩罚"[183]。1994 年,联邦政府为州接受与艾滋病相关的联邦资助设定了认证条件,即该州的刑事法律要足以起诉那些冒险传播 HIV 的人。[184] 尽管这是一个科学共识,即对 HIV 传播作犯罪化对待并不是有效的预防策略,但是上述法令仍然普遍存在。[185]

(二)侵权责任

侵权责任也被加以利用,以防止风险行为。[186] 例如,在一个广为流传的流行病早期案例中,演员罗克·哈德森(Rock Hudson)在实施"高风险"性行为时,故意隐瞒了自己的 HIV 感染情况,陪审团判定用其财产为其行为承担责任。[187] 大多数法院认为,告知性伴侣义务仅仅由实际知晓感染现状而引发。例如,密歇根州的一家法院曾判定,篮球明星"魔术师"埃尔文·约翰逊(Earvin "Magic" Johnson)没有义务告知其性伴侣他的 HIV 感染情况,因为他

---

[183] *Report of the Presidential Commission on the Human Immunodeficiency Virus Epidemic*, 130-131 (Washington, DC: Presidential Commission on the Human Immunodeficiency Virus Epidemic, 1988).

[184] Ryan White Comprehensive AIDS Resources Emergency (CARE) Act of 1990, 41 U.S.C. s. 300ff-47 (1994)(要求州提供认证证明,以便能够对故意让他人接触 HIV 的 HIV 阳性献血者、献精液者、献母乳者、HIV 阳性性活动者或共用针头者起诉)。《医保法案》(CARE Act)建议各州采用一种特定意图标准,而并不要求各州颁布一部特定的 HIV 法令。

[185] J. Stan Lehman, Meredith H. Carr, Allison J. Nichol, Alberto Ruisanchez, David W. Knight, Anne E. Langford, Simone C. Gray, and Jonathan H. Mermin, "Prevalence and Public Health Implications of State Laws That Criminalize Potential HIV Exposure in the United States," *AIDS and Behavior*, 18, no. 6 (2014): 997-1006; Scott Burris and Edwin Cameron, "The Case Against Criminalization of HIV Transmission," *Journal of the American Medical Association*, 300, no. 5 (2005): 578-81.

[186] See, for example, *Berner v. Caldwell*, 543 So. 2d 686, 688 (Ala. 1989)("对传播危害他人的传染性疾病的人追究责任已有一个多世纪了"); *Meany v. Meany*, 639 So. 2d 229 (La. 1994); *McPherson v. McPherson*, 712 A.2d 1043 (Me. 1998); *Crowell v. Crowell*, 105 S.E. 206, 208 (N.C. 1920)(这是一个坚定的法律主张,即如果一个人因过失使得另一个人接触传染性疾病,这个人就要承担责任); *Mussivand v. David*, 544 N.E.2d 265 (Ohio 1989)(本案判定,患有性病的人应尽到合理的注意义务,以避免将性病传染给与其发生性关系的其他人); *Aetna Cas. & Sur. Co. v. Sheft*, 989 F.2d 1105 (9th Cir. 1993)(本案认为,一个人因虚假陈述其未患艾滋病,从而诱使他的情人与其发生性行为,这本身就是有害的行为)。

[187] *Christian v. Sheft*, No. C 574153 (Cal. Super. Ct. Feb. 17, 1989).

并不知晓自己的病情。[188] 然而,在某些案件中,法院采用的是推定认知标准(即被告"知道或应当知道")。例如,在约翰·B.诉洛杉矶县高等法院(John B. v. Superior Court of L.A. County, 2006)一案中,加利福尼亚州最高法院就试图解决这样的难题:丈夫是否对配偶负有高度注意义务?具体来说,即在法庭对风险认知进行归因前,丈夫的注意义务应达到什么程度?假如(未感染的)妻子有理由怀疑丈夫不忠时,她必须对保护自身免受感染承担什么责任?最终,法院以4∶3得出如下结论:即使丈夫实际上并不知晓自身HIV感染情况,但是鉴于他在婚前以及婚姻持续期间与多个男人实施无保护的性行为,他也应当知晓自身感染情况。[189] 在这些案例中,陪审团和法官或许会受到性取向偏见的影响,并且目前尚不清楚责任威胁能否有效地阻止疾病的传播。[190]

(三)去污名化

尽管许多州继续对故意传播 HIV 的行为课以民事与刑事责任,但是公共卫生界已在一项迥然不同的策略上达成共识:对 HIV 去污名化。在2001年的一个特别会议上,联合国呼吁各国制定法律,"以消除对 HIV/AIDS 以及弱势群体成员的各种形式的歧视,并确保他们充分享有各种人权和基本自由"[191]。去污名化强调公共卫生与人权之间的协同作用。在美国,去污名化策略涉及"反对……强制性法律措施,例如,强制性检测与刑事法律"[192]。去污名化策略还致力于促进现有的身心障碍者保障法、隐私法、保密法以及知情同意法的应用,同时还采用针对 HIV/AIDS 的新的法律框架,以保护 HIV 感染者免受歧视。这些策略通过减少疾病传播,达到保障个人权利和保护公众健康的双重目的,但是与前述的惩罚性策略相比,可能不那么容易被公众接受。

二、案例研究2:医院获得性感染

在长岛的北岸大学医院,每当有人进入重症监护室时,运动传

---

[188] *Doe v. Johnson*, 817 F. Supp. 1382 (W.D. Mich. 1993)(本案维持如下诉讼主张,即如果被告知道自己感染了 HIV 或先前的性伴侣感染了 HIV,则要承担过失传播 HIV 的责任)。

[189] *John B. v. Superior Court of L.A. Cnty.*, 137 P.3d 153 (Cal. 2006); Deana A. Pollard, "Sex Torts," *Minnesota Law Review*, 91, no. 3 (2007): 769-824.

[190] Sun Goo Lee, "Tort Liability and Public Health: Marginal Effect of Tort Law on HIV Prevention," *South Texas Law Review*, 54, no. 4 (2013): 639-84.

[191] United Nations General Assembly, *Declaration of Commitment on HIV/AIDS* (Geneva, Switzerland: Joint UN Programme on HIV/AIDS, 2001), www.unaids.org/en/media/unaids/contentassets/dataimport/publications/irc-pub03/aidsdeclaration_en.pdf.

[192] Ibid.

感器(如同那些用于防盗的报警器)就会发出响声。传感器会触发一个视频摄像机,从而将图像传送到印度(几乎穿越世界一半的距离),那里的工作人员正在检查:看医生和护士是否在执行一个关键的程序——洗手。随着耐药性超级细菌的增加……以及随着医院获得性感染每年带来300亿美元的花费并导致近100 000名病人的死亡,医院愿意尝试几乎任何一种手段(试图对此种现状加以改善)……研究表明,如果没有激励,医院的工作人员用于洗手的时间只占到其与病人交流的时间的30%。因此,除了视频窥探之外,医院……正培训洗手指导员,发放免费的披萨和咖啡券以示奖励,并用"红卡"进行告诫。医院正在使用射频身份识别芯片:当医生经过水槽时,这种芯片可以对此进行记录;还派秘密监视员——他们也身着白大衣——看起来与其他医务人员没有什么区别,观察他们的同事们洗手时间是否达到所要求的15秒——这与唱一首"生日快乐"歌的时间一样长。

——阿内莫纳·哈特科利斯:《纽约时报》(Anemona Hartocollis, *New York Times*, 2013)

当耐药性微生物感染成为一个普遍性问题时,卫生部门特别注重医院获得性感染(HAI)问题。由于医院集中了众多需要使用抗菌药物的重病患者,因此,这里是产生耐药性的极佳场所。一个来到医院的病人可能就是一个感染者,或者是一个社区获得性无症状定植者,然后这种感染可以通过医疗保健工作者、受污染的物品表面和设备得以迅速传播。有时患病的医护人员出于职责会对自身患病情况进行报告,即使他们具有传染性(见框10.4),但通常工作人员只是一个载体,他们将病原体从一个病人身上传到另一个病人身上,而本人却不会患病。病人之间的日常接触可以传播感染,尤其是经由手术部位,以及导尿管或血管导管(例如,经外周静脉置入中心静脉导管或中央导管来进行化疗或长期抗生素治疗)接触而传播。当然,并不是所有的感染都是耐药性的,但研究表明,那些发病率上升的感染具有耐药性:例如,耐甲氧西林金黄色葡萄球菌(MRSA)、耐万古霉素肠球菌(VRE)以及耐碳青霉烯类肠杆菌科细菌(CRE)等所引起的感染。这些耐药性感染的死亡率高达60%至70%,令人深感忧虑。[193]

---

[193] Emily R. M. Sydnor and Trish M. Perl, "Hospital Epidemiology and Infection Control in Acute-Care Settings," *Clinical Microbiology Reviews*, 24, no. 1 (2011): 141-73; Farrin A. Manian, "The Role of Postoperative Factors in Surgical Site Infections: Time to Take Notice," *Clinical Infectious Diseases*, 59, no. 9 (2014): 1272-76.

框 10.4　出勤制度改革：带薪病休——一项传染性疾病控制策略

> 员工缺勤会增加雇主的成本。然而，因病本该在家休息的员工上班却会带来不利影响，这在一定程度上是因为他（她）会在工作场所传播疾病。带病工作在医务人员中尤其成问题，一是因为他们不像其他行业的工作人员那样容易休病假，二是因为他们的工作利于疾病传播。[1] 在食品服务业和其他行业中，带病出勤也是一个值得注意的问题。因为在这些行业中，工人要么接触公众，要么接触食物。在这些行业中，工作人员的大部分收入来自小费，此外，其他低薪员工很少能享受到带薪病休。
>
> 在美国，总共大约40%的劳动者享受不到带薪病假。几个司法辖区（包括纽约市、波特兰市、俄勒冈州、华盛顿特区、旧金山市和康涅狄格州）正为改变此种现状而采取行动。提供带薪病假不仅是一种控制感染的横向策略（见表10.2），由此而减少带病工作也体现了一种更广泛的社会正义。尽管带薪病假能带来诸多益处，但是，强制带薪病休的法律仍然面临着一场艰巨的政治角斗。虽然一些州正在考虑制定新的病假规定，但更多的州已先行通过地方性法律规定病假了。例如，威斯康星州立法机构在2008年的全民公决中先行通过了《密尔瓦基带薪病休法案》，在此次公投中，有69%的选民投了赞成票。
>
> 注释：
> 1. Danielle Ofri, "Why Doctors Don't Take Sick Days," *New York Times*, November 15, 2013.

医院获得性感染（有时被称为院内感染）可以通过简单的干预措施得到很好的控制。例如，医院工作人员与访客在见每个病人的前后，进行有效的洗手。本章讨论的大多数策略是"垂直"意义上的策略，注重利用病原体特异性免疫机制和抗菌剂。相比之下，保持手部卫生是一种"水平"意义上的策略，可以有效地抵御各种各样的感染。其他策略包括：抑制工作狂精神（例如：不鼓励医务人员在生病、压力太大或者因其他事务而无法专心工作时还必须照常上班——译者注）；鼓励医务人员不打领带，穿露出肘部以下前臂的上衣（这样可以降低微生物经由衣服传播，因为在接触不同的病人期间，衣服难以得到消毒处理）；重新设计病房格局和医院设施，以降低物品和设施表面的病原菌数（见表10.2）。[94]

---

[94] Edward Septimus, Robert A. Weinstein, Trish M. Perl, Donald A. Goldmann and Deborah S. Yokoe, "Approaches for Preventing Healthcare-Associated Infections: Go Long or Go Wide?," *Infection Control and Hospital Epidemiology*, 35, no. 7 (2014): 797–801.

表 10.2　传染性疾病防治的纵向与横向策略

	纵向策略	横向策略
目标	减少由特定病原体所引起的感染或定植的发生（即以病原体为基础）。	减少总体感染率（即以人口为基础）。
资源利用	通常很高。	更低。
实例	对受特定病原体感染或定植的患者进行主动检测并采取隔离措施。 强制要求卫生保健人员接种流感疫苗。	注意手部卫生。 保持肘部以下的手臂的裸露。 减少（被感染者与患者）的出勤。

资料来源：Mike Edmond, "Developing Your Approach to Infection Prevention," Controversies in Hospital Infection Prevention blog, January 4, 2011, http://haicontroversies.blogspot.com/2011/01/developing-your-approach-to-infect-ion.html.

保持手部卫生比起开发新型抗菌药物来说，是一个简单得多的干预措施。但是，由于这依赖于每个卫生保健机构（总数多达成千上万）中数以百计的个人每天完成几十个动作来实现，因此难以得到全面遵行。为促使工作人员遵循手部卫生以及其他预防感染的建议，可以采取多种策略，例如，对违规者进行处罚、对安全行为进行奖励等。然而，更为常见的策略是，监管机构让医院承担责任；于是，医院可以采取他们认为的任何适当的手段来降低感染率。

（一）主动检测与隔离

英国和其他欧洲国家已经要求医院对所有患者（或特定的患者，如那些择期手术的患者，或者是具有感染或定植高风险的患者）就特定的耐药性病原体——最常见的是耐甲氧西林金黄色葡萄球菌——进行筛查。那些被检测出具有活动性感染或定植的患者要被隔离预防。许多卫生官员呼吁在美国通过类似的法令，但是一些专家警告说，从长远来看，对特定病原体的筛查（一种垂直性方法）可能不如水平性策略那样具有效率与效益，因为水平性策略可以对各种感染进行控制。他们还指出，那些被置于隔离以及相关"接触预防措施"（是指卫生保健工作人员和访客每时每刻都要穿戴手套、长袍和口罩）之下的患者的健康状况可能会更糟糕。[109]

（二）执业许可证处罚与刑事制裁

如果某个特定的医院或卫生保健提供者的医院获得性感染率不能令人

---

[109] Daniel J. Morgan, Lisa Pineles, Michelle Shardell, Margaret M. Graham, Shahrzad Mohammadi, Graeme N. Forrest, Heather S. Reisinger, Marin L. Schweizer, and Eli N. Perencevich, "The Effect of Contact Precautions on Healthcare Worker Activity in Acute Care Hospitals," *Infection Control and Hospital Epidemiology*, 34, no. 1 (2013): 69–73.

满意的话,对于质量或安全违规,州卫生机构可以施以执业许可证制裁。一般的执业许可证法令与条例可以授权实施这些惩戒措施(参见第六章),但有些州正在制定专门的医院获得性感染方面的法律。2011 年,由疾病控制与预防中心以及州和领土卫生官员协会联合发布的州政策工具包建议:法令应该对卫生机构的职权作广义界定,以提供行政管理的灵活性,从而应对日益严峻的医院获得性感染的流行。[96]

在一些恶性案件中,行政当局已对那些将患者置于院内疾病感染风险的卫生保健提供者提起了刑事诉讼。例如,2013 年,一个拉斯维加斯的医生在被定二级谋杀罪与疏于照顾病人罪后,被判处终身监禁。[97] 刑事指控是由 2007 年 C 型肝炎暴发事件所引发。人们经追踪调查发现,该事件是由被告在自己拥有的内窥镜中心使用非无菌药瓶所致。在这个案例与其他一些案例中,感染控制不力是由节省成本、图方便所诱发。

(三)公开披露

鉴于执业许可证处罚和刑事制裁的严厉性,这两种手段很少被使用。而特有的健康危害也不能通过惩罚少数"危险分子"而得到改善。很多州已经通过对医院获得性感染率的强制报告与公开披露来应对这一执法差距。自 2004 年至 2011 年期间,有 25 个州采用了新的公开披露规定(除三个州已施行披露规定外)。[98] 在联邦层面,医院住院质量报告项目[依据 2003 年《老人医疗保险现代化法案》(Medicare Modernization Act of 2003)而建立]为医院报告各方面的质量和效率措施(包括严格的医院获得性感染率以及相关处理措施)提供了经济激励。这些数据通过网络平台向公众开放,由此,消费者能够对不同医院的各种措施进行比较。公开披露所起的作用与以监督为目的而向卫生机构提供隐私报告的作用不同。这是一种基于市场导向的监管,建立在如下的假定之上,即知情的消费者会转院至感染率偏低的医院。

(四)医疗保险绩效付费制度

《平价医疗法》和 2005 年《赤字削减法案》也借助财政激励机制,鼓励医院减少医院获得性感染的发生。首先,依据 2005 年《赤字削减法案》,老人医疗保险与穷人医疗保险服务中心所颁布的相关条例规定,对特定的医院获得性感染(包括与导尿管相关的尿路感染、与血管导管相关的感染、遵照特定

---

[96] Association of State and Territorial Health Officials, *Eliminating Healthcare-Associated Infections: State Policy Options* (Arlington, VA: ASTHO, 2011).

[97] Alexia Shurmur, "Las Vegas Doctor Gets Life Sentence for Hepatitis C Outbreak," Reuters, October 24, 2013, www.reuters.com/article/2013/10/24/us-usa-doctor-sentencing-idUSBRE99N1 HR20131024.

[98] Association of State and Territorial Health Officials, *Eliminating Healthcare-Associated Infections*.

程序所致的手术部位感染)的治疗费用不予报销。⑲ 鉴于这些感染的治疗费用高昂,从而成为医院采用严格的感染控制程序的强大动因。然而2012年的一项研究显示,这项政策的实施并未带来感染率的显著变化。⑳

不止于此,《平价医疗法》还有两个按绩效付费的项目。依据"以医院价值为基础的采购项目"(Hospital Value-Based Purchasing Program),对医院的激励支付是建立在多项绩效指标基础上的,包括旨在减少医院获得性感染的以过程为基础的措施(例如,术后一天或两天内拔除导尿管)以及选定的医院获得性感染考察指标(例如,与中央导管相关的血行感染)。依据"医疗保险医院获得性感染减少项目"(Medicare Hospital Acquired Condition Reduction Program),25%的医院——这些医院的选定的医院获得性感染率最高(中央导管与导尿管感染),并存在其他的医源性病症(例如,跌倒与褥疮)——受到的处罚是:全体人员在整个财政年度的医疗保险补偿额被扣除1%。㉑ 这些方法(如公开报告)带来了保险付费的不一致性(会形成一条支付曲线),旨在在医院营造一种"力争上游"的氛围。不过,对个人健康计划与公共项目中的"以价值为基础的采购项目"的实证研究结果并不一致。㉒

正如这两个案例研究所揭示的,当不能获得有效的治疗时(如在广泛耐药性感染的病例中),行为干预以及社会—生态干预都变得更加重要。即使可以获得有效的治疗(如对HIV的抗反转录病毒疗法或对非耐药性医院获得性感染的治疗),预防也优于治疗。因此,虽然病原模式——促成了针对特定病原体的疫苗接种,推动了医学筛查和治疗干预的发展——很多年来一直在公共卫生法中占据主导地位,但是社会—生态模式越来越受到重视,且在情理之中。

---

⑲ 然而,在过去,依据Medicare's Inpatient Prospective Payment System,这些并发症将会获得很高的补偿费,截至2008年,医院可以获得基础治疗的补偿费,就像没有发生合并感染一样。Centers for Medicare and Medicaid Services, "Hospital-Acquired Conditions and Present on Admission Indicator Reporting Provision," September 2014, www.cms.gov/Outreach-and-Education/Medicare-Learning-Network-MLN/MLNProducts/Downloads/wPOAFactSheet.pdf.

⑳ See Grace M. Lee, Ken Kleinman, Stephen B. Soumerai, Alison Tse, David Cole, Scott K. Fridkin, Teresa Horan, et al., "Effect of Nonpayment for Preventable Infections in U.S. Hospitals," *New England Journal of Medicine*, 367, no. 15 (2012): 1428-37.

㉑ Jordan Rau, "More than 750 Hospitals Face Medicare Crackdown on Patient Injuries," *Kaiser Health News*, June 22, 2014, http://kaiserhealthnews.org/news/patient-injuries-hospitals-medicare-hospital-acquired-conditionreduction-program/.

㉒ Cheryl L. Dambert, Melony E. Sorbero, Susan L. Lovejoy, Grant Martsolf, Laura Raaen, and Daniel Mandel, *Measuring Success in Health Care Value-Based Purchasing Programs* (Washington, DC: Rand Corporation, 2014).

第十一章　突发公共卫生事件防备
——恐怖主义、疾病大流行与灾难

> 本来,天灾人祸是人间常事,然而一旦落到头上,人们就难以相信是真的。世上有过鼠疫的次数和发生战争的次数不相上下,而在鼠疫和战争面前,人们总是同样的不知所措。
> ——阿尔贝·加缪:《鼠疫》(Albert Camus, *The Plague*, 1948)

恐怖袭击、新型流感、新发传染病和自然灾害促使我们去重新审视国家的公共卫生体制。2001年的"9·11事件"和炭疽芽孢恐怖袭击,2003年暴发的SARS疫情,2005年的丽塔与卡特里娜飓风,2009年的H1N1流感疫情,2011年的艾琳飓风,2012年的桑迪飓风,2013年的得克萨斯州化肥厂爆炸事件,以及2014至2015年在西非暴发的埃博拉疫情——上述这些事件,使公共卫生防备日益成为人们关注的焦点。自"9·11事件"之后,"突发事件防备与回应的概念框架中开始包含越来越多公共卫生领域的内容"①。对生物安保(biosecurity)的日益重视和随之倾注的大量资源促成了公共卫生法的复兴。一旦政府未能有效防备公共卫生突发事件,公众便会产生不安,要求政府提供更有效防备规划的政治压力也就接踵而至。

"全危险因素"(all-hazards)和"恢复能力"(resilience)如今已成为防备管理的口号。② 针对某些特定威胁的纵向防御策略(如某种病原体或毒素的疫苗研发与治疗)仍然被优先考虑,但若是要在确保应对各种突发状况的同时提升满足日常需求的能力,横向的防御策略(如对公共卫生基础设施的投资)就必不可少。在联邦层面,国家应急反应框架(National Response

---

① Nan D. Hunter, "'Public-Private' Health Law: Multiple Directions in Public Health," *Journal of Health Care Law and Policy*, 10, no. 1(2007): 89-119, 102.

② See, for example, Ernest B. Abbott, "Homeland Security in the 21st Century: New Inroads on the State Police Power," *Urban Lawyer*, 36, no. 4 (2004): 837-48, 40-41, 描述了防备管理中全危险因素路径的发展; Lindsay F. Wiley, "Adaption to the Health Consequences of Climate Change as a Potential Influence on Public Health Law and Policy: From Preparedness to Resilience," *Widener Law Review*, 15, no. 2 (2010): 483-519.

Framework, NRF)试图将现有的防备、回应及恢复机制整合起来,"调整关键的角色和职责……指导国家如何回应各种类型的灾害和突发事件",从而确保"安全与恢复能力"。③ 在这样一个时代,政府为了防范那些或许永远不会发生的小概率事件投入了大量资源。与此相比,将这些资源用于防范发生概率更大的事件(如自然灾害),在政治上或许更为行之有效。从实践的角度看,提升公共卫生基础设施满足日常需要的能力,也的确带来了显著的成效。

现代公共卫生突发事件防备依然延续了传统公共卫生法律的干预手段,如隔离、检疫等措施。但它同时也采用了许多新的方法以实现社会隔离(social distancing),促进医学手段的发展和运用,完善紧急状况下稀缺资源的配置。公共卫生政策必须在保护个人权利和满足集体需要之间保持微妙的平衡,促进跨辖区的合作与协调,并尽力满足弱势人群的需要以保证公平。本章将首先考查公共卫生突发事件防备中联邦与州之间的平衡,并结合危机管理的周期(见图 11.1 和表 11.1),探讨灾害与紧急状态的宣布、疏散和安置、医疗对策(medical countermeasures)的研发与迅速部署运用以及隔离、检疫和社会隔离等问题。

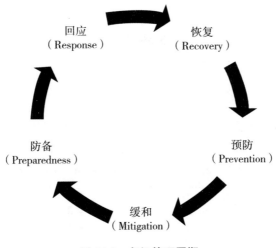

图 11.1 危机管理周期

---

③ Department of Homeland Security, *National Response Framework*, 2nd ed. (Washington, DC: Department of Homeland Security, 2013): i, I.

表 11.1　危机管理的核心概念

	定义	举例
预防	防止危险事件发生的行为。	严格控制有害生物制剂的接触,以避免其意外泄漏或被恐怖分子利用。
缓和	事前所采取的行为,其并不以防止危险事件的发生为目的,而是旨在减轻危险事件可能造成的影响。	湿地保护区维护一个风暴缓冲带,以试图在将来飓风来临时,减小风暴潮。
防备	一种事前的过程,旨在培养回应能力或从危险事件中恢复的能力。	训练第一反应人员(警察、消防员、医疗急救人员)以提高危机回应能力。
回应	事后所采取的行为,旨在减轻危险事件的实时影响,避免死亡、疾病和财产损失。	迅速将医疗用品和人员投往有需要的地区,提供安全、卫生的避难场所,以拯救生命。
恢复	事后所采取的行为,旨在处理危险事件的长期影响并恢复社区生活(包括重建)。	龙卷风过后,根据严格的标准恢复社区生活,同时也采取措施缓和未来可能发生的事件的影响。

第一节　公共卫生突发事件防备中联邦与州的平衡

公共卫生突发事件防备所要面对的风险和漏洞,在规模、骤发性及威胁的不可预测性方面,远远超出了常规能力的范围。④ 它既包括化学、生物、放射性及原子能的危险(chemical, biological, radiological and nuclear exposures, CBRN),也包括自然、工业及技术灾难(如飓风、洪水、地震、大坝溃堤和辐射泄漏)。要应对上述风险,就必须有事前预案、快速检测及有效回应的能力。威胁可能是自然发生的(如新疾病的暴发),也可能源自有意的行为(如恐怖袭击)或者单纯的意外(如化学品泄漏)。"生物安保"指的是防

---

④ Christopher Nelson, Nicole Lurie, Jeffrey Wasserman, Sarah Zakowski, and Kristin J. Leuschner, *Conceptualizing and Defining Public Health Emergency Preparedness* (Arlington, VA: Rand Corporation, 2008): 4-6,讨论了多种关于公共卫生突发事件防备的定义,并提出了如下定义:"公共卫生突发事件防备,是指公共卫生系统、医疗系统、社区以及个人面对公共卫生突发事件(尤其是那些规模、时间、无法预测之威胁超出了常规能力的突发事件)时,预防、保障、快速响应及恢复的能力。这种防备,要求持续、协调的规划,其执行则依赖于对绩效进行评估,并采取正确的措施。"

范有害微生物的扩散,但有时候也被用来泛指所有的公共卫生突发事件。另一个与之相关的概念是"生物安全"(Biosafety),是指在生物学研究中采取必要的安全措施以防范危险物质的意外泄漏。如果研究人员不遵循严格的防护程序,生物样本将造成重大的危害(见框11.1)。

框11.1　生物安全

> 这些事件披露出的行为令人完全无法接受。它们本不应该发生。我很不安,也很愤怒,我为此失眠,并且一直在寻找解决的办法。
> ——托马斯·弗里登,疾病控制与预防中心主任(Thomas Frieden, CDC Director, 2014)

生物安全,是指在生物学研究中维持安全的环境,以防止有害物质泄漏,对研究人员、实验室以外的公众、环境造成危害。2014年,多起生物安全事故被曝光,让政府主管部门极为难堪,并引发了社会各界对实验室生物安全防护问题的深入关注。

2014年6月,疾病控制与预防中心发生一起事件,导致超过75名科学家和工作人员暴露在炭疽活菌中。该事件的起因是两家实验室的程序失误。后续调查表明,部分实验室研究人员未遵守适当的程序对炭疽菌进行灭活。疾病控制与预防中心对暴露人员进行了预防性抗生素治疗并接种疫苗,并未发现感染病例。[1]

调查还披露了2014年稍早发生的一起更危险的失误。美国农业部曾要求疾病控制与预防中心向其送交H9N2禽流感病毒的样本,迄今为止,该菌株在人类中的传播性和毒性并不强。然而,疾病控制与预防中心错误地运送了一份遭H5N1污染的样本,而后者是一种高毒性的流感病毒,致死率达60%。更糟糕的是,直到美国农业部向疾病控制与预防中心实验室通知这一错误六周以后,疾病控制与预防中心领导层才得知此事。疾病控制与预防中心随后暂时关闭了流感和炭疽实验室,并暂停了其高等级生物安全实验室中生物样本的运输。[2]

还有其他多起严重事件都揭示了重大的生物安全失误。2014年4月,巴斯德研究所(Institut Pasteur,一家法国的研究基金会)发现2 300份致命的冠状病毒(会导致SARS)从其实验室不翼而飞。7月,国家卫生研究院在一间未使用的储存室发现了数份天花样本,而人们还一直以为这种病毒早已被根除,其仅存的样本都封存在两所高等级安全实验室内。12月,疾病

> 控制与预防中心研究人员错误地允许将埃博拉病毒送往一间安全性较低的实验室,幸运的是这一错误在24小时之内就被发现,并立即向领导层报告。
> 　　上述事件令人非常不安,因为疾病控制与预防中心、国家卫生研究院和巴斯德研究所管理着全球顶尖的实验室,这些实验室对提供疾病关键信息、研发有效对策起到了不可或缺的作用。然而上述事件表明,如果不采取正确的生物安全措施,这些实验室本身就将构成对生物安全的巨大威胁。
>
> 注释:
> 1. Centers for Disease Control and Prevention, *Report on the Potential Exposure to Anthrax* (Atlanta, GA: Centers for Disease Control and Prevention, 2014). See also Donald G. McNeil Jr., " C. D. C. Closes Anthrax and Flu Labs after Accidents," *New York Times*, July 11, 2014.
> 2. Centers for Disease Control and Prevention, *Report on the Inadvertent Cross-Contamination and Shipment of a Laboratory Specimen with Influenza Virus H5N1* (Atlanta, GA: Centers for Disease Control and Prevention, 2014).

　　公共卫生突发事件将国家安全(联邦政府最基础的职能)与公共卫生(州政府最基础的职能)紧密联系在一起。它对美国的联邦主义提出了巨大挑战,包括对地方、州、部落(tribal)及联邦各个层面数量庞大的法律——其中相当多的法律是设计来"处理一般的公共卫生事务,或回应更为传统的突发状况"⑤。这种联邦主义结构造成了管辖权的冲突,也导致人们对灾害管理中谁来承担最终责任的问题感到困惑,甚至遮蔽了这一问题的存在。

　　2001年的"9·11事件"和炭疽芽孢恐怖袭击,开启了随后长达十余年的政府应对能力建设,这其中包括对存在已久的联邦灾难与突发事件回应法和州公共卫生法的改革。不少改革相当引人瞩目:包括组建新的国土安全部,建立医疗资源及医务人员的联邦直接回应体系——这是自新政(New Deal)以来规模最大的联邦行政部门重构。而在州层面,有39个州以及哥伦比亚特区都在一定程度上接受了《州紧急卫生权力示范法案》(Model State Emergency Health Powers Act)。突发事件防备法的这种巨大扩张,使人们逐渐开始关注不同层级政府之间的合作、同级政府内部的跨部门合作以及对个人权利的保护等问题。

　　自20世纪中叶以来,联邦政府逐渐承担起为灾后重建提供资金的责任。

---

⑤　John D. Blum, "Too Strange to Be Just Fiction: Legal Lessons from a Bioterrorist Simulation: The Case of TOPOFF 2," *Louisiana Law Review*, 64 (2004): 905-17,16.

因为灾后重建所需的资金往往远远超过地方政府所拥有的资源,由联邦政府来承担这一职责,可以分散灾害带来的经济负担。在灾害的预防与缓解方面,借助健康、安全与环境规制和对国家安全及国际发展议程的管理,联邦政府也同样扮演着领导者的角色。尤其是在应对恐怖袭击与全球性流感问题上——尽管减缓气候变化的努力因政治僵局而受到了阻碍。[⑥] 联邦政府基于对公共卫生的关注对生物制剂进行管制(见框 11.2),对新发传染病实施监控(见第九章),并为州及地方政府防备突发事件提供指引和财政支持。近些年来,在向州及地方政府提供资助和建议之外,联邦政府还日益成为服务的直接提供者,其防备、回应能力在不断扩张。

框 11.2 受关切的双重用途研究

多个联邦机构(如健康与人类服务部、疾病控制与预防中心以及农业部的动植物检疫服务)对生物管控制剂和毒素(biological select agents and toxins, BSATs)的占有、使用和运输进行监管。[1] 这些机构通过合作来共同规制受关切的双重用途研究(Dual-Use Research of Concern, DURC),即本身意图良好但有可能被滥用(如生物恐怖主义)的科学研究。例如,科学家可能会对病毒进行改造,使其毒性更强,或具有更强的人际传播能力。这类研究[被称作"功能获得"(gain of function)]能够促进对病原体的科学理解,以便进行检测并研究对策。但是这种危险的病原体也存在故意/非故意的泄漏风险,将对实验室工作人员及广大公众造成严重威胁。

2012 年,研究人员对 H5N1 型流感病毒菌株进行了修改,以促进其在哺乳动物之间的空气传播。在研究成果正式发表前的审查阶段,国家科学顾问委员会生物防御小组(National Science Advisory Board for Biodefense, NSABB)——该组织负责对双重用途研究的生物安全方面提供建议、指导及监督——建议在公开出版时对该试验的方法和结果的具体细节进行修改,以防相关信息被生物恐怖主义者使用。[2]

国家科学顾问委员会生物防御小组的建议在学术界和卫生界引起了轩然大波。有些人认为,这一建议是"对现代科学研究赖以生存的公开性和可获得性的侮辱"[3]。另一些人则认为,这一高传染性、高致病性的流感病毒相

---

⑥ Lawrence O. Gostin and Alexandra Phelan, "The Global Health Security Agenda in an Age of Biosecurity," *Journal of the American Medical Association*, 312, no. 1(2004): 27-28.

当危险,防止其引发大规模瘟疫的考虑,远远超过披露其研究细节可能带来的好处。⁴ 国家科学顾问委员会生物防御小组最终修改了此前的决定,同意全文发表其中的一项研究,而对其他的研究进行部分发表。⁵

2013 年,健康与人类服务部颁布了一个框架性的规定,以指导其所资助的一项关于 H5N1 病毒的研究,该研究的目的是生成可以通过呼吸飞沫在哺乳动物间传播的 H5N1 病毒。2014 年,白宫科学与技术政策办公室颁布了一项由多个联邦机构共同制定的双重用途研究政策,对大学及其他接受联邦资助的科研院所开展的双重用途研究进行审查和监督。

注释:

1. *Report of the Working Group on Strengthening the Biosecurity of the United States*(Washington, DC: U.S. Department of Health and Human Services, 2009), 7.

2. John D. Kraemer and Lawrence O. Gostin, "The Limits of Government Regulation of Science," *Science*, 335, no. 6072 (2012): 1047-49.

3. Nicole M. Bouvier, "The Science of Security versus the Security of Science," *Journal of Infectious Diseases*, 205, no. 11 (2012): 1632-35, 33. See also Sander Herfst, Albert D.M.E. Osterhaus, and Ron A.M. Fouchier, "The Future of Research and Publication on Altered H5N1 Viruses," *Journal of Infectious Diseases*, 205, no. 11 (2012): 1628-31.

4. Bouvier, "The Science of Security," 1362-63.

5. Jon Cohen and David Malakof, "On Second Thought, Flu Papers Get Go-Ahead," *Science*, 336, no. 6077 (2012): 19-20.

◎ 联邦防备、回应及恢复活动的法律基础

《罗伯特·T.斯塔福德灾难缓和与紧急救助法案》(《斯塔福德法案》)⑦规制着政府的救灾、防备和回应行为,而《公共卫生服务法》第 319 节则规定了联邦公共卫生紧急状态的宣布。⑧ "9·11 事件"、SARS 疫情的暴发以及对大流感的担忧,促成了一系列的改革,以强化联邦政府的应对能力,并加大了对州、地方及部落政府的支持力度。这其中包括 2002 年的《公共卫生安全及生物恐怖主义防备与回应法案》(Public Health Security and Bioterrorism Preparedness and Response Act)[即《生物恐怖主义法案》

---

⑦ Pub. L. No. 100-707 (1988).

⑧ Codified at 42 U.S.C. § 247d.

（Bioterrorism Act）]⑨、2004 年的《生物盾计划法案》（Project Bioshield Act）⑩、2005 年的《公共准备和紧急应对法案》（Public Readiness and Emergency Preparedness Act, PREP）⑪和 2006 年通过（并于 2013 年再次授权）的《瘟疫及全危险防备法案》（the Pandemic and All-Hazards Preparedness Act, PAHPA）。⑫ 与此同时，布什政府和奥巴马政府也均对国家应急反应框架和国家大流感战略（National Strategy for Pandemic Influenza）进行了改进，以配合上述联邦层面的努力。⑬

第二节　紧急状态宣告

联邦的回应及救灾援助常常以特定的法律宣告为先决条件。紧急状态的宣布，导致日常的法律框架发生重要变化，因为后者是为满足日常需求而设的。这些变化既可能导致政府权威的扩张，也可能导致去管制化。在某些情况下，由于某些特殊的原因，基于个人权利而对政府权力施加的限制会被放宽甚至被取消。

一、《斯塔福德法案》下的灾害与紧急状态宣告

《斯塔福德法案》规定了两种类型的总统宣告，二者皆可带来联邦救助：其一为重大灾害，其二为紧急事件。法案将"重大灾害"（major disaster）界定为"自然的"灾难（包括飓风、龙卷风、风暴、洪水、巨浪、潮汐波、海啸、地震、火山喷发、山崩、泥石流、暴雪或干旱）。⑭ 这一定义并未包含紧迫的生物安全威胁，如生物恐怖主义或自然暴发的流行病，后者因此无法获得重要的财

---

⑨ Pub. L. No. 107-188 (2002).
⑩ Pub. L. No. 108-276 (2004).
⑪ Pub. L. No. 109-148 (2005).
⑫ Pub. L. No. 109-417 (2006); Pub. L. No. 113-5 (2013).
⑬ Homeland Security Council, *National Strategy for Pandemic Influenza* (Washington, DC: Homeland Security Council, 2005); Homeland Security Council, *National Strategy for Pandemic Influenza: Implementation Plan* (Washington, DC: Homeland Security Council, 2006); Rachel Holloway, Sonja A. Rasmussen, Stephnie Zara, Nancy J. Cox, and Daniel B. Jernigan, "Updated Preparedness and Response Framework for Influenza Pandemics," *Morbidity and Mortality Weekly Report*, 63, no. RR6 (2014): 1-9.
⑭ 42 U.S.C § 5122 (2012).

政援助。⑮ 法案对"紧急事件"(emergency)的定义则要宽泛得多,指的是"根据总统的决定,为了拯救生命、保护财产、保障公共健康和安全,或为了减轻美国任一地方遭受的灾难威胁,需要联邦提供支持,以增强州和地方政府应对能力的情形"⑯。紧急状态一旦宣布,总统便获得授权,指挥一切联邦机构运用其既有的权力和资源来协调救灾工作,协助州与地方政府采取卫生与安全措施,发布风险与灾害预警,公布卫生信息,控制公共卫生威胁,发放药物与食品。⑰

通常来讲,总统的宣告必须以州政府的请求为前提。⑱ 绝大多数时候,这种传统的"拉动方式"(pull approach)是有效的,但其弊端也在卡特里娜飓风事件中暴露无遗。在面对"灾难性事件"时,国土安全部部长(或其指定人员)有权在未经请求的情况下启动快速联邦救助——即所谓的"推动方式"(push approach),但迄今为止,这一权力从未被启用。⑲ 许多人批评国土安全部在卡特里娜飓风袭击后未能及时作出灾难事件的宣告。⑳ 当成千上万的居民在凄惨的条件下挣扎求生时,联邦政府与州政府却陷入了长达数日的谈判扯皮之中。

二、《公共卫生服务法》下的公共卫生紧急状态宣告

《公共卫生服务法》规定了第三种类型的联邦宣告。健康与人类服务部有权在发生如下状况时宣布进入公共卫生紧急状态:"(1)某种疾病或紊乱造成公共卫生突发事件;(2)传染病大规模暴发、生物恐怖袭击及其他公共卫生突发事件。"㉑这一宣告可由总统和健康与人类服务部部长同时作出,而不必依赖于州的请求。一旦作出宣告,健康与人类服务部部长即有权进行拨款、支出财政经费、缔结合同和开展调查,并以公共卫生突发事件基金来提供

---

⑮ See. Blum, "Too Strange," 915–16; Vickie J. Williams, "Fluconomics: Preserving our Hospital Infrastructure during and after a Pandemic," *Yale Journal of Health Policy, Law and Ethics*, 7, no. 1 (2007): 99–152, 132; Jason W. Sapsin, "Introduction to Emergency Public Health Law for Bioterrorism Preparedness and Response," *Widner Law Symposium Journa*l, 9, no. 2 (2003): 387–400, 397; Sarah A. Lister, *The Public Health and Medical Response to Disasters: Federal Authority and Funding*, Congressional Research Service Report RL 33579 (Washington, DC: Office of Congressional Information and Publishing, September 19, 2007).

⑯ 42 U.S.C § 5122 (2012).

⑰ 42 U.S.C § 5192 (2012).

⑱ 42 U.S.C § 5191 (2012).

⑲ Department of Homeland Security, *National Response Framework Catastrophic Incident Annex* (Washington, DC: Department of Homeland Security, 2008).

⑳ Government Accountability Office, *Testimony before the Senate Homeland Security Committee and Government Affairs Committee: Hurricane Katrina: GAO's Preliminary Observations regarding Preparedness, Response, and Recovery* (Washington, DC: Government Accountability Office, 2006), 8–9; U.S. Senate Committee on Homeland Security and Governmental Affairs, *Hurricane Katrina: A Nation Still Unprepared*; *Special Report of the Committee on Homeland Security and Government Affairs* (Washington, DC: Government Printing Office, 2006):"在应对卡特里娜飓风时,国土安全部部长并未执行国家应急反应计划的灾难性事件预防附件,从而也未能使用这一工具,减轻联邦响应的难度。启动灾难性事件预防附件将提高联邦响应的级别,从而使联邦政府作出更积极的反应,而非等待州和地方政府的正式请求。"

㉑ 42 U.S.C. § 247d (2012).

财政支持。

公共卫生紧急状态的宣告,还允许健康与人类服务部部长暂时搁置可能妨碍突发事件应对的联邦法律条款。[22] 随着联邦政府越来越深地介入到卫生服务供给的各个方面(如确保紧急医疗救助的可及性、健康信息隐私保护、药品安全等),联邦卫生法的框架也在不断膨胀,而这些法律有可能妨碍对突发事件的防备、应对、恢复工作的展开。健康与人类服务部部长有权暂停部分法律条款的适用,例如关于医疗服务机构参与老人医疗保险与穷人医疗保险资格之规定,《食品、药品与化妆品法》中的部分条款[23],以及《紧急医疗救助和积极劳动法》(Emergency Medical Treatment and Active Labor Act, EMTA-LA)[24]和1996年的《健康保险流通与责任法案》[25]的执行。

三、州的紧急状态宣告

在多数情况下,公共卫生突发事件的第一反应是由城市、市(municipality)或者县(county)作出的,快速响应所需的基础设施也由其管理。这便涉及大量的州法律及地方法律,分别规制如紧急状态宣告、学校关闭、检疫与隔离、职业许可等事项。各州之间甚至各地方之间的规定往往各不相同。这些法律事无巨细,从医疗急救人员的准入到尸体的处理无所不包。

"9·11事件"之后,决策层及学界纷纷要求各州推动其公共卫生法律的现代化,为公共卫生突发事件的应对提供法律保障。作为这一努力的一部分,疾病控制与预防中心发布了《州紧急卫生权力示范法案》,其中将公共卫生突发事件定义为一种迫在眉睫的威胁,即"极有可能导致受灾人口的大规模死亡、严重或长期的残障失能;或广泛暴露在传染性或有毒物质环境中,使受灾人口极有可能在未来遭到重大损害"[26]。在"9·11事件"之后的十年间,多数州将公共卫生紧急状态宣告的内容纳入其公共卫生或灾害防备法

---

[22] 42 U.S.C. § 1320b-5 (2012); Brian Kamoie, "The National Response Plan: A New Framework for Homeland Security, Public Health, and Bioterrorism Response," *Journal of Health Law*, 38, no. 2 (2005): 287-318, 311.

[23] 21 U.S.C. § 301 (2012).

[24] 42 U.S.C. § 1395dd (2012)(禁止转移病情尚未稳定的住院病人)。

[25] Pub. L. No. 104-191, 110 Stat. 1936 (1996)(对U.S.C第18、26、29、42节中的散乱规定作了修订和编纂,尤其是增加了对医疗隐私的规制)。

[26] The Centers for Law and the Public's Health, Model State Emergency Health Powers Act (2001) §§ 405, 104, www.publichealthlaw.net/MSEHPA/MSEHPA.pdf.

中,这些宣告通常会带来特殊的授权、更灵活的监管以及财政上的支持。[27]

州作出公共卫生紧急状态宣告的目的是多种多样的。在 2009 年 H1N1 流感肆虐期间,有些州作出了紧急状态宣告,而有些州则认为既有的权力已足够应对疫情。2014 年,康涅迪格州的州长为应对埃博拉疫情的潜在威胁而宣布了紧急状态,而马萨诸塞州的州长德瓦尔·帕特里克则针对鸦片类药物的滥用作出了紧急状态宣告,进而得以迅速消除获取纳洛酮的监管障碍,禁止高风险的氢可酮止痛药,并要求医生在开具二类或三类药处方之前,必须征询州处方药监管项目的意见。[28] 这些紧急措施都是暂时性的,随后才经州卫生部门漫长的行政过程而成为持续性的做法。

框 11.3 《州紧急卫生权力示范法案》

在"9·11"恐怖袭击事件发生后一周,一封夹带有炭疽杆菌的邮件从新泽西州首府特伦顿寄出,地址是纽约市三家主要的新闻网站及两家小报社,最终导致 22 人感染,5 人死亡。在这一系列事件当中,疾病控制与预防中心要求乔治城大学公共卫生与法律研究中心及约翰斯·霍普金斯大学起草后来广为人知的《州紧急卫生权力示范法案》。该示范法案旨在为各州立法机关改进其公共卫生突发事件应对法律提供一张路线图,主要针对五大关键的公共卫生功能:防备与规划、监测、财产管理、人员保护以及沟通和公共信息。[1] 与现代尊重个人权利的司法理念诞生之前的公共卫生法律相比,它提供了标准更清晰、更强有力的正当程序保护。[2]

在《州紧急卫生权力示范法案》中,只有在州长作出紧急状态宣告之后,才能运用强制性的公共卫生权力来应对疾病的暴发。[3] 紧急状态宣告授权公共卫生官员进行必要的检查以开展诊断和防备。当受命阻止传染病传

---

[27] Gigi Kwik Gronvall, *Preparing for Bioterrorism* (Baltimore, MD: Center for Biosecurity of the University of Pennsylvania Medical College, 2012) 106; Rebecca Haffajee, Wendy E. Parmet, and Michelle M. Mello, "What is a Public Health 'Emergency'?" *New England Journal of Medicine*, 371, No. 11 (2014): 986-88, 讨论了公共卫生突发事件中州的紧急状态和灾害宣告的可行性。

[28] "Governor Patrick Delivers Remarks on the Opioid Crisis," press release, March 27, 2014, http://archives.lib.state.ma.us/handle/2452/219383; circular letter from Deborah Allwes, director of the Bureau of Health Care Safety and Quality, to Massachusetts Controlled Substance Registration Participants, April 24, 2014, www.mass.gov/eohhs/docs/dph/quality/hcq-circularletters/2014/dhcq-1404612.pdf. 州长对氢可酮药物的紧急禁令(该药物于 2014 年获得食品药品管理局批准,尽管食品药品管理局也担心其被滥用的巨大风险)被联邦法院所推翻。因为这一禁令与食品药品管理局的规则是相冲突的。法院支持了一种更弱的规制。*Zogenix, Inc. v. Patrick*, 2014 WL 4273251 (D. Mass, August 28, 2014).

播的实质性风险时,政府有权对个人实施隔离和检疫,但必须遵守人权的基本原则:选择最小限制性替代措施;提供安全、宜居的环境;满足个体的医疗需求与生活必需。尽管《州紧急卫生权力示范法案》的制定者承认,在紧急状态下可以不进行拘留前听证,但政府仍然必须在发布隔离或检疫指令10日内获得法院命令,并且被拘留者有权获得律师咨询。

尽管如此,仍然有学者批评《州紧急卫生权力示范法案》对公民自由的保护不够充分,尤其在隔离检疫问题上。[4] 此外,也有学者指出强制权力往往是无效的,且可能导致卫生工作者忽视应当采取的医疗措施。[5] 还有学者担忧这种"非常权力"可能被用于一般公共卫生事件的处理。[6] 不过总的来说,在一个人们对恐怖主义和公民自由极为关切的年代,《州紧急卫生权力示范法案》仍然是关于公共卫生事件应对与遵循法治的争论的"避雷针"。[7]

注释:

1. Lawrence O. Gostin, "The Model State Emergency Health Powers Act," in *Terrorism and Public Health*, ed. Barry S. Levy and Victor W. Sidel (Oxford: Oxford University Press, 2003), 265-66.

2. Lawrence O. Gostin, "The Model State Emergency Health Powers Act: Public Health and Civil Liberties in a Time of Terrorism," *Health Matrix*, 13, no. 1 (2003): 3-32; Lawrence O. Gostin, "Public Health Law in an Age of Terrorism: Rethinking Individual Rights and Common Goods," *Health Affairs*, 21, no. 6 (2002): 79-93.

3. Model State Emergency Health Powers Act § § 401-405 ("During a state of public health emergency, the public health authority shall use every available means to prevent the transmission of infectious disease").

4. George J. Annas, "Blinded by Bioterrorism: Public Health and Liberty in the 21st Century," *Health Matrix*, 13, no. 1 (2003): 33-70.

5. Wendy E. Parmet, "Quarantine Redux: Bioterrorism, AIDS, and the Curtailment of Individual Liberty in the Name of Public Health," *Health Matrix*, 13, no. 1 (2003): 85-115.

6. Wendy E. Parmet and Wendy K. Mariner, "A Health Act That Jeopardizes Public Health," *Boston Globe*, December 1, 2001.

7. Lawrence O. Gostin, "When Terrorism Threatens Health: How Far Are Limitations on Personal and Economic Liberties Justified?" *Florida Law Review*, 55 (2003):1105-70.

第三节 疏散与紧急避难:弱势群体的需求

除了灾害直接造成的伤亡,灾后恶劣的卫生环境也是导致疾病和死亡的重要原因。这包括因洪水污染或肮脏的居住环境所导致的传染性疾病肆虐[29];因意外泄漏导致的危险化学品或放射性物质接触;使用应急发电机造成的一氧化碳中毒[30];慢性病患者因治疗中断导致的病情加剧;以及因灾害中生命和财产损失而引发的心理健康问题。尽管难以预测和量化,但要做到高效防备和应对灾害,就必须充分考虑到这些间接因素的影响。在这方面,人们在应对气候变化方面所做的努力可资借鉴(见框11.4)。

框11.4 适应气候变化

> 气候变化已经影响到——并将持续影响——人类健康、水资源供应、农业、交通、能源、沿海地区以及其他社会部门,并对美国的经济和人们的生活质量带来负面影响……相比之下,某些群体更易遭受气候变化对健康的不利影响,如老人、小孩、穷人和病人。还有些人由于其所居住的环境(包括涝地、沿海地区以及某些城市地区)而容易受其影响。要应对气候变化对健康的潜在冲击,发展和维持公共卫生基础设施是重中之重。
> ——美国全球气候研究计划:《气候变化对美国的影响》(U.S Global Change Research Program, *Climate Changes Impacts in the United States*, 2014)
>
> 通过减少温室气体排放来缓解全球气候变化严峻局面的努力绝大部分是失败的。上文所引报告中提出的观点已经为人们敲响了警钟。气候变化对健康的影响已然显现,且这种影响会显著增加发病率和死亡率。除了目前所采取的"缓和"措施之外,各国政府都开展了

---

[29] Centers for Disease Control and Prevention, "Morbidity Surveillance after Hurricane Katrina: Arkansas, Louisiana, Mississippi, and Texas, September 2005" *Morbidity and Mortality Weekly Report*, 55, no. 26 (2006): 727-31.

[30] Centers for Disease Control and Prevention, "Heat-Related Mortality: Arizona, 1993-2002, and United States, 1979-2002," *Morbidity and Mortality Weekly Report*, 54, No. 25 (2005): 628-30.

旨在减少气候变化对人类健康和福祉影响的科学研究和政策变革——即所谓"适应"措施。作为社会适应气候变化之健康后果的重要方面,对公共卫生系统的需求也与日俱增。

在美国,气候和环境变化改变了人们的公共卫生需求,这一方面是由于其导致了新的威胁,另一方面是由于已有威胁的强度和地理分布都出现了变化。气候变化最明显、最具体的威胁,便是极端气候灾害的不断增多。尽管媒体更喜欢报道诸如洪水、飓风这种令人震撼的自然灾害,但在美国,因极端天气而导致死亡的最主要因素却是热浪,后者如今变得愈加频繁和极端。[1]气候变化对健康的影响也与日俱增。越来越高的温度、越来越频繁的山火,导致空气质量进一步恶化,由此引发更多的呼吸道和心血管疾病。同时,天气模式的变化,也可能导致各种通过动物、食物或饮水传播的疾病日趋增多。[2]

气候和环境变化所导致的健康问题,将以新的方式对美国早已不堪重负的公共卫生基础设施带来挑战。各方面的公共卫生功能都是必需的,不过其中尤其重要的,是疾病预防和回应、疾病监测、传染病控制以及传染病媒介控制。无论是否有证据证明气候变化背后的人为因素,像卡特里娜飓风、艾琳飓风、桑迪飓风等自然灾害,以及如西尼罗河病毒等病媒传染病和如汉他病毒等动物传播疾病,都已让我们窥见气候变化可能导致的健康风险。吸取上述这些教训,对于我们适应气候变化的挑战至关重要。

注释:

1. *Examining the Human Health Impacts of Global Warming*, *Hearing Before the U.S. Senate Committee on Environment and Public Works*, 110*th Cong.* (October 23, 2007), statement of Michael McCally, executive director of Physicians for Social Responsibility.

2. Kathryn Senior, "Climate Change and Infectious Disease: A Dangerous Liaison?" *Lancet Infectious Diseases*, 8, no. 2 (2008): 92-93.

◎从失败中学习

在卡特里娜飓风和桑迪飓风这样的自然灾害面前,我们的应急反应系统被彻底击败了。各级政府迟缓、混乱的应对措施,导致受灾民众只能栖身于天桥下等待救援,或困守家中,或拥挤在缺水少药、暴力环伺的临时避难所。[31]

---

[31] Mollyann Brodie, Erin Weltzien, Drew Altman, Robert J. Blendon, and John M. Benson, "Experiences of Hurricane Katrina Evacuees in Houston Shelters: Implications for Future Planning," *American Journal of Public Health*, 96, no. 8 (2006): 1402-8.

媒体曝光了幸存者(尤其是穷人、老人和残障失能者)所处的可怕境遇,这些事件让美国人深刻地意识到,不平等状况本身可能引发公共卫生危机,并凸显了关注弱势群体需求的必要性。

应急管理计划通常没有充分满足弱势人群的需要。在紧急事件信息发布时,有些人由于存在听力障碍无法收听到相关信息,因而对迫在眉睫的灾难一无所知[32];有些人则由于患有智力障碍,根本无法理解关于疏散的指示。在疏散行动中,由于运载车辆未安装轮椅升降台或坡道,许多有行动障碍的人们只能被留在原地。以卡特里娜飓风事件为例,在未能及时撤离的幸存者中,超过40%的人要么是自身有身体障碍,要么是为了留下照顾其他有身体障碍的人。医院和疗养院往往装备落后,未能及时撤离。政府则无法提供足够数量的特殊避难设施来满足身心障碍者的需要。即便进入了避难所,人们还必须为获取医疗、休息室、食物、饮水以及交通等最基本的生活资源而互相争夺。[33]

以上种种失败不啻催化剂,促使应急管理计划去更充分地考虑身心障碍者的需要。[34] 为此,国会对《斯塔福德法案》进行了修改,新修订的法案,即2007年的《后"卡特里娜"应急管理改革法案》(the Post-Katrina Act,以下简称《后"卡特里娜"法》)[35],要求在应急计划的每一阶段都要将残障失能者的需要考虑在内,并规定了详细的保障指南。《瘟疫及全危险防备法案》中也规定了类似的条款,并将满足受威胁人群的公共卫生和医疗需要列为全国性的预防准备目标。[36]

总体上看,联邦和州法律在此方面仍存在种种不足,未能对紧急状态下有着特殊需要的个人提供全面的保护。由此也引发了身心障碍者权利组织对州、市政府的一系列诉讼。例如在2013年的一场集体诉讼中,联邦地区法院的法官认定纽约市的应急反应预案未能满足残障失能者的需要。[37] 本案原针对艾琳飓风提起,在桑迪飓风过后不久开庭审理。[38] 许多残障失能者作为

---

[32] "Katrina Reveals Lack of Resources to Evacuate Deaf," *Washington Times*, October 5, 2005.

[33] The National Council on Disability, *The Impact of Hurricanes Rita and Katrina on People with Disabilities: A Look Back and Remaining Challenges* (Washington, DC: National Council on Disability, 2006); Glen W. White, Michael H. Fox, and Catherine Rooney, *Assessing the Impact of Hurricane Katrina on Persons with Disabilities* (Lawrence, KS: National Institute on Disability and Rehabilitation Research, 2007).

[34] Sharona Hoffman, "Preparing for Disaster: Protecting the Most Vulnerable in Emergencies," *U. C. Davis Law Review*, 42, no. 5 (2009): 1491-547, 497.

[35] Pub. L. 109-295 (2006).

[36] 该法案第2802节(4)(b)将"处在危险中的"个体界定为"儿童、孕妇、老年人及卫生部门认定的其他在公共卫生紧急事件中拥有某种特殊需要的人"42 USC § 300hh-1.

[37] *Brooklyn Ctr. for Independence of the Disabled v. Bloomberg*, 980 F. Supp. 2d 588 (S.D.N.Y.2013).

[38] *Brooklyn Ctr. for Independence of the Disabled v. Bloomberg*, 290 F.R.D. 409 (S.D.N.Y. 2012)(指出城市的突发事件及灾害预防规划中未能考虑身心障碍者的需要)。

证人出庭,以证明在灾害发生时,他们被围困在公寓大楼中等待救援。㊴ 许多住在公租房内的居民甚至退回到"近乎原始的生存状态"——困守在缺少饮水、暖气或电力的高层公寓里。㊵

框 11.5　卡特里娜飓风"战术包"故事

政府应对卡特里娜飓风失败的一个重要原因,是国家战略储备(Strategic National Stockpile, SNS)未能满足飓风幸存者的需求。国家战略储备物资存放在重达 50 吨战术包中,可在 12 小时之内运送到美国的任何一个角落。其吹嘘可以应对无论何种原因导致的公共卫生危机。[1] 然而,从国家应急反应框架的诸多方面来看,国家战略储备对于应对恐怖主义的片面强调,实际上削弱了在其他灾害中满足人口需求的能力。

在卡特里娜飓风首次冲击之后,许多幸存者失去了药物,或者很难获得和补充处方药,这有时会导致致命的后果。[2] 患有糖尿病、高血压、HIV/AIDS 及其他慢性病的人一旦不能获得药物,将面临严重的健康威胁甚至死亡。而在卡特里娜飓风过去数月之后,有些人仍然无法获得所需药物。在新奥尔良工作的一个医疗小组报告称患有慢性病无法治疗的病人在增多。"这些病人来就诊时往往带有极为严重的问题……糖尿病患者已有 6 个月之久未接受胰岛素注射,他们来的时候已患有糖尿病酮症酸中毒。"[3]

卡特里娜飓风发生后,国家战略储备的"12 小时"战术包迅速投入使用,但直到风暴过去 3 天后才到达灾区。[4] 当地政府原本有责任对存在特殊需求的个人进行评估,但他们未能向慢性病患者提供足够的照护。避难所无法向糖尿病患者提供胰岛素、透析及合适的食物。各州及地方政府都极度依赖于国家战略储备的医疗补给。而当战术包终于到达时,其装满了各种在自然灾害之后毫无用处的物品,压根就没有可用于慢性病应急管理的物资。国会在关于卡特里娜飓风应对失败的报告中指出,战术包内物资的糟糕选择是一个重大的规划错误。

㊴ Michael T. Schmeltz, Sonia K. González, Liza Fuentes, Amy Kwan, Anna Ortega-Williams, and Lisa Pilar Cowan, "Lessons from Hurricane Sandy: A Community Response in Brooklyn, New York," *Journal of Urban Health*, 90, No. 5 (2013): 799-809.

㊵ Eric Lipton and Michael Moss, "Housing Agency's Flaws Revealed by Storm," *New York Times*, December 9, 2012.

注释：

1. See Leah J. Tulin, "Poverty and Chronic Conditions during Natural Disasters: A Glimpse at Health, Healing, and Hurricane Katrina," *Georgetown Journal on Poverty Law and Policy*, 14, no. 1 (2007): 115-53, 31-32.

2. Ibid.

3. Alfred Abaunza, chief medical officer, West Jefferson Medical Center, quoted in Ruth E. Berggren and Tyler J. Curiel, "After the Storm: Health Care Infrastructure in Post-Katrina New Orleans," *New England Journal of Medicine*, 354, no. 15 (2006): 1549-52, 49-50. See also Andrea J. Sharma, Edward C. Weiss, Stacy L. Young, Kevin Stephens, Raoult Ratard, Susanne Straif-Bourgeois, Theresa M. Sokol, Peter Vranken, and Carol H. Rubin, "Chronic Disease and Related Conditions at Emergency Treatment Facilities in the New Orleans Area after Hurricane Katrina," *Disaster Medicine and Public Health Preparedness*, 2, no. 1 (2008): 27-32.

4. *A Failure of Initiative*, Select Bipartisan Committee to Investigate the Preparation for and Response to Hurricane Katrina, H.R. Rep. No. 109-396, 109th Cong. (2006), 35; *The Federal Response to Hurricane Katrina: Lessons Learned* (Washington, DC: The White House, 2006), 33.

第四节 医疗对策的研发与分配

在应对灾害的规划和实施的任何阶段，都应当遵循公平、透明、一致、合比例及负责任等普遍的伦理价值……运用这些原则，能确保我们在管理可调用的稀缺资源时，向个人及全体人群提供最好的护理。从根本上说，危机的医疗护理标准，就是要在可供选择的治疗手段极为有限的严峻局面下，向全体人群提供最大化的服务。

——美国医学研究所：《危机的护理标准》(Institute of Medicine, *Crisis Standard of Care*, 2012)

联邦政府实施了一系列项目，旨在推动医疗对策的研发、储备和迅速部署运用，强化医疗设施应对处理重大人员伤亡事故的能力，提升医疗卫生人员辨别和治疗生物恐怖袭击所致疾病的能力，推动跨地区和跨部门的合作。

借助国家战略储备[41]、疾病控制和预防中心的国家疾病监测信息系统(National Electronic Disease Surveillance System, NEDSS)[42]、国家救灾医疗服务(National Disaster Medical Service, NDMS)[43]以及医疗卫生志愿者应急注册系统(Emergency System for Advance Registration of Volunteer Health Professionals, ESAR-VHP)[44],联邦政府获得了更多的直接干预手段。

一、医疗对策的研发及政府采购

治疗对策(therapeutic countermeasures),是指为了预防和治疗由公共卫生危机引发的疾病及其他健康危险而采取的医学干预。疫苗能够预防疾病,通过群体免疫来对人群提供保护;抗菌药物治疗能够缓解症状,降低发病率和死亡率;碘化钾能在核辐射泄漏事件中保护甲状腺。在应对化学、生物、放射性及原子能的危险袭击和疾病的自然暴发所导致的公共卫生问题时,治疗对策发挥着至关重要的作用。

然而,在许多被疾病控制和预防中心视为极度危险的生物恐怖主义手段(如肉毒杆菌毒素、瘟疫、兔热病、病毒性出血热等)面前,我们还缺乏有效的对策。[45] 而在天花、炭疽热等问题上,尽管已经存在对策,但相关储备远不足以应对大规模疫情暴发。制药业缺乏动力去开展针对新型流感、细菌战、恐怖袭击等罕见且不可预见事件的治疗对策的研发。极低的自然发生率、巨大的新产品研发成本、难以预测的市场需求以及不确定的监管环境共同导致了治疗对策措施的匮乏。[46]

(一)国家战略储备

健康与人类服务部、疾病控制与预防中心、国土安全部一起维持着"药品、疫苗、其他生物制品、医疗器械及其余用品"的国家战略储备,以备"在发生生物恐怖主义袭击或其他公共卫生危机时,提供紧急卫生安全所需"[47]。2004 年的《生物盾计划法案》为此提供了资金支持,并于 2013 年再度得到授

---

[41] 42 U.S.C. § 247d-6b (2012).

[42] Centers for Disease Control and Prevention, "National Notifiable Diseases Surveillance System (NNDSS): NEDSS/NBS," wwwn.cdc.gov/nndss/script/nedss.aspx, accessed October 26, 2014.

[43] 国家救灾医疗服务是依据《公共卫生服务法》第 2812 节展开的。See 38 U.S.C. § 8117(e) (2012).

[44] U.S. Department of Health and Human Services, "The Emergency System for Advance Registration of Volunteer Health Professionals," www.phe.gov/esarvhp/pages/about.aspx, accessed October 26, 2014.

[45] Michael Greenberger, "Choking Bioshield: The Department of Homeland Security's Stranglehold on Biodefense Vaccine Development," *Microbe*, 1, no. 6 (2006): 260-61.

[46] Stefan Elbe, Anne Roemer-Mahler, and Christopher Long "Medical Countermeasures for National Security: A New Government Role in the Pharmaceuticalization of Society," *Social Science and Medicine*, 131 (2015): 263-71.

[47] 42 U.S.C. 247d-6b(a)(1).

权,以采购用来应对多种化学、生物、放射性及原子能的危险事件的医疗对策。⑱ 然而,拖延、官僚主义以及缺乏与私营部门的协同,使生物盾计划饱受困扰。⑲ 在无休止的争论中,对更安全、更有效的炭疽疫苗的研发(在 2014 年至 2015 年西非埃博拉疫情暴发之前,这是政府最首要的关切)陷入了泥潭。与瓦克斯根公司(VaxGen)之间关于炭疽疫苗研发的巨额合同被取消,这引发了公众关于官僚体制之迟缓拖延的关注。㊿ 国会对生物盾计划屡次作出改革,尤其是通过 2006 年的《瘟疫及全危险防备法案》,组建了生物防御高级研究与发展机构(Biodefense Advanced Research and Development Authority, BARDA),来组织生物防御活动。该法案提供了至关重要的资金支持,以跨越国家卫生研究院资助的早期研究和国家战略储备采购的后期研发产品之间的"死亡之谷"(valley of death)。51 尽管改革层出不穷,人们对透明度和迟缓的研发进度的担忧依然挥之不去。52

历经坎坷之后,生物盾计划将十余种新产品纳入国家战略储备,同时还增加了 80 余种处于不同研发阶段的产品。53 然而在卡特里娜飓风之后,人们对此提出了批评,认为其在化学、生物、放射性及原子能的危险对策方面投入了太多资源,而忽略了在一场灾难中,如何应对常规医疗需求的剧增才是更为紧迫的问题。2013 年,联邦政府以每单位 200 美元的价格采购了 200 万单位的 Arestvyr(一种天花药物),此举激起了巨大争议。这一事实表明,对于化学、生物、放射性及原子能的危险事件这种非日常性威胁的对策的研发,其背后的政治支持渐趋衰落。而在 2014 年西非埃博拉疫情刚暴发时,媒体关于埃博拉疫苗及治疗方法的研发早已启动的报道对生物盾计划有所提

---

⑱ George W. Bush, "Remarks by the President at the Signing of S.15—Project Bioshield Act of 2004," July 21, 2004, http://georgewbush-whitehouse.archives.gov/news/releases/2004/07/20040721-2.html.

⑲ Mary Quirk, "Boost to U.S. National Security with Signing of Bioshield," *Lancet Infectious Diseases*, 4, no. 9 (2004): 540; Bernard Wysocki Jr., "U.S. Struggles for Drugs to Counter Biological Threats," *Wall Street Journal*, July 11, 2005.

㊿ Eric Lipton, "Bid to Stockpile Bioterror Drugs Stymied by Setbacks," *New York Times*, September 18, 2006; Gregory H. Levine and Jeffrey L. Handwerker, "Development of Countermeasures for Bioterrorism in the United States," in *Development of Therapeutic Agents Handbook*, ed. Shayne Cox Gad (Hoboken, NJ: John Wiley & Sons, 2012): 73-90.

51 U.S. Government Accountability Office, *Project Bioshield: Actions Needed to Avoid Repeating Past Problems with Procuring New Anthrax Vaccine and Managing the Stockpile of Licensed Vaccine*, GAO 08-88 (Washington, DC: Government Printing Office, 2007), 9.

52 Levine and Handwerker, "Development of Countermeasures."

53 Chris Schneidmiller, "Q&A: Bioshield Program Successful after 'Rocky Start,' HHS Preparedness Chief Says," *Global Security Newswire*, March 1, 2013; Frank Gottron, *The Project Bioshield Act: Issues for the 113th Congress*, Congressional Research Service Report R43607 (Washington, DC: Office of Congressional Information and Publishing, 2014).

振㊸,但在危机存续期间,却并无证明有效的医疗对策被投入使用。

(二)国家战略储备的安全性

同样,批评的声音直指国家战略储备的安全性。尽管政府采购合同特别强调制药商必须就药品存储获得食品药品管理局的许可,但仍有许多重要的储备药物未获得批准。新研发并迅速投入使用的医疗对策的安全性和有效性很难得到保证。在公共卫生危机中蔓延的许多疾病本身并非自然发生或者仅有少数患者,这导致临床试验难以开展㊺,而故意让受试者感染致命病毒以验证新疗法有效性的做法又明显与医学伦理相悖。㊻总统的生物伦理问题委员会也曾专门就用于儿童的医疗对策表达过关切,因为在儿童中开展临床试验比在成人中要困难得多。㊼

为了在临床试验的潜在风险和对新疫苗、新疗法进行严格检验的需要之间取得平衡,食品药品管理局采取了一种非常规的办法。根据"动物(疗效)原则"(Animal Rule),新的医疗对策只需在动物临床研究中满足以下四个条件,即可获得批准:(1)产品的毒理机制被广泛理解;(2)产品效果应基于多种动物试验,且动物试验的结论可推及对人体反应的预测;(3)研究的终点与提高人类存活率或降低大规模发病率(或其他有益于人类的后果)密切相关;(4)对药物工作原理有足够的了解,以选择对人体适宜的剂量。㊽然而,制药商迄今尚未使用过这一监管通道,这意味着要么上述要求太高难以达到,要么便是制药商并无争取许可的动力。㊾

此外,还存在一些更简便的机制。食品药品管理局可以授予紧急使用授权,批准新药的临床研究申请,或者基于紧急状况行使自由裁量,拒绝开展执法行动。有时候,公共卫生危机的确为未经批准的药物快速投入使用提供了正当性,但如何在科学上存在不确定性的情况下,对风险和收益进行权衡,仍然是一个巨大的挑战。㊿历史上声名狼藉的政府失误警告我们,大规模使用未经充分检验的医学措施,有可能带来严重的伤害,并导致公众对政府的信任危机(见框 11.6)。

㊸ Shannon Pettypiece, "How Dick Cheney Joined the Fight against Ebola without Even Trying," *Bloomberg News*, October 23, 2014.

㊹ Elbe, Roemer-Mahler, and Long, "Medical Countermeasures."

㊺ Levine and Handwerker, "Development of Countermeasures."

㊻ Presidential Commission for the Study of Bioethical Issues, *Safeguarding Children: Pediatric Medical Countermeasure Research* (Washington, DC: Presidential Commission for the Study of Bioethical Issues, 2013), 1–105.

㊼ 21 C.F.R. § 314.610.

㊽ Paul Aebersold, "FDA Experience with Medical Countermeasures under the Animal Rule," *Advances in Preventive Medicine*, 2012 (2012).

㊾ 42 U.S.C. § 247 d-6a (2012).

**框 11.6 大规模紧急疫苗接种计划：
从 1976 年猪流感到天花**

> 公共卫生界人人都知道 1976 年的猪流感疫苗计划……这几乎已经成了公共卫生"传说"的一部分，其道德涵义，取决于谁来讲述这段故事和如何讲述。不过，猪流感疫苗计划并非某种民间传说，它远比这复杂。这个故事里没有反派，也难以简单地分析之。
>
> ——瓦尔特·R. 道德勒：《1976 往事》(Walter R. Dowdles, *The 1976 Experience*, 1997)

在 1976 年军队新兵中暴发流感后，疾病控制与预防中心断定致病原是猪流感，一种极易通过人际接触传播的病毒。[1] 由于推测此次疫情可能演变成像 1918 年猪流感疫情一样的大灾难（在那次大流感中，全球共有 5 000 万人被夺去了生命），福特总统推出了一项雄心勃勃的计划：为所有美国人免疫。[2] 巨大的后勤保障问题由此而来。保险业告诉制药企业，他们不会为接种猪流感疫苗提供责任保险，这对疫苗供给造成了巨大威胁。国会迅速采取行动，承诺支付责任成本。尽管在高级卫生官员中支持者寥寥，该计划仍然启动了。到 10 月份，在首支疫苗被注射 10 天之后，匹兹堡的 3 位老年人在接种疫苗不久后死亡。尽管卫生官员声称这些死亡事件与疫苗无关，媒体仍然抱着"死亡人数统计"的心态进行了报道。11 月，明尼苏达州的一位医生报告了一起格林-巴利综合征(Guillian-Barre syndrome, GBS)的病例，可能与疫苗注射有关。随着格林-巴利综合征病例越来越多，猪流感免疫计划在 12 月被迫终结。

在 2001 年恐怖袭击之后，联邦政府启动了另一项大规模疫苗计划。尽管早在 1980 年，世界卫生大会即宣布人类已经彻底消灭了天花，但是疾病控制与预防中心和俄罗斯的实验室仍然保存了大量的病毒样本。[3] 人们无法保证这些病毒不会落入流氓国家或恐怖组织手中。各界的高度关注，催生出一项非同寻常的政策决定：针对一种早已根除的疾病大规模接种疫苗，而该疫苗的风险早已为人熟知。[4] 基于如下假设，即全人群接种可能导致严重副作用的风险要远远大于天花暴发的风险，行政部门选择从选定人群开始接种。[5] 该计划分为几个阶段：首先，对于在高风险地区服役的 50 万军事人员立即进行强制接种；随后，针对约 50 万的医疗服务人员及应急人员，在 30 日内自愿接种;接下来,再对大约 1 000 万其他的医疗服务人员和应急人员(如消防员、警察)进行接种;最后,再对坚持要注射一种尚未证明效果的新疫苗的公众进行接种。[6]

对军队的接种计划如期进行,在不到 6 个月的时间内,国防部进行了 450 293 例疫苗接种。[7]然而,针对健康的医疗卫生人员的接种计划——一旦发生天花病毒袭击事件,这些人将负责为普通公众接种——却举步维艰。疫苗企业和管理疫苗的医院在 2002 年试图取得侵权豁免。[8]医疗卫生人员也请求获得天花疫苗致害赔偿[9],但国会直到 2003 年 4 月才制订了相关计划,此时已发生了多起广受关注的严重疫苗反应事件。最后,政府没能保证最低数量的公共卫生和医疗服务人员的参与。该计划在 2003 年 7 月正式"暂停",仅有不到 10% 的适格医生和护士响应。[10]

猪流感和天花疫苗接种计划,为如何在不确定情况下决策提供了有趣的案例。评论家认为,政府的科学家应当为猪流感疫苗接种计划的失败负责。[11]一份极具争议的报告指出,科学家们的过度自信,来源于极为微弱的证据、对个人主张的笃信,以及要求政府官员"做正确的事情"的狂热。[12]天花疫苗接种计划也饱受批评。[13]医学研究所的报告指出,白宫未能就该政策的合理性进行沟通,同时也妨碍了疾病控制与预防中心与关键支持者进行交流。[14]主要的利益相关者之间缺乏计划与合作,导致政府失去了公信力,并最终导致计划的失败。

尽管这些"警世故事"充满教益,但它们并没有回答如下问题:面对科学的不确定性,到底是犯过度谨慎的错误好,还是采取激进干预的措施好?不妨来思考一下,当面临炭疽杆菌或与天花微生物制剂相关的疑似生物恐怖主义袭击时,该如何应对?在紧急情况下,谁可以获得疫苗?政府在何种情况下可以采取强制免疫措施?不采取行动的代价——一旦风险转化为现实——是失去生命;而过度行动的代价——如果风险被过度夸大——则是浪费公共资源,导致不必要的疫苗致害事件,并损害个人的自治。

注释:

1. 这一案例的事实主要来自 Richard E. Neustadt and Harvey Fineberg, *The Epidemic That Never Was: Policy-Making and the Swine Flu Affair* (New York: Vintage Books, 1983); Walter R. Dowdle, "The 1976 Experience," *Journal of Infectious Diseases*, 176, no. S1 (1997): S69-S72.

2. Louis Weinstein, "Influenza, 1918: A Revisit?" *New England Journal of Medicine*, 294, no. 19 (1976): 1058-60.

3. 2014 年 5 月,世界卫生大会审议了(不是第一次)是否应该销毁剩余的天花病毒,但又一次未能达成共识。

4. Declaration Regarding Administration of Smallpox Countermeasures, 68 Fed. Reg. 4,212 (January 28, 2003).

5. 布什政府的公共卫生和国防官员积极讨论了是否为核心医护人员和其他关键人员接种疫苗———一项控制和遏制战略———或者发起一项为普通民众接种疫苗的计划。2002 年,免疫实践咨询委员会(Advisory Committee on Immunization Practices)最终决定,集中免疫接种将更加有益。Advisory Committee on Immunization Practices and the Healthcare Infection Control Practices Advisory Committee, "Recommendations for Using Smallpox Vaccine in a Pre-event Vaccination Program," *Morbidity and Mortality Weekly Report*, 52, no. RR7 (2003): 1-16.

6. Edward P. Richards, Katharine C. Rathbun, and Jay Gold, "The Smallpox Vaccination Campaign of 2003: Why Did It Fail and What Are the Lessons for Bioterrorism Preparedness?" *Louisiana Law Review*, 64, no. 4 (2004): 851-904.

7. John D. Grabenstein and William Winkenwerder Jr., "US Military Smallpox Vaccination Program Experience," *Journal of the American Medical Association*, 289, no. 24 (2003): 3278-82.

8. Homeland Security Act of 2002, Pub. L. No. 107-296, 116 Stat. 2135, § 304 (规定若健康与人类服务部部长宣布接种天花疫苗是"对化学、生物、核放射或其他新出现的恐怖主义威胁的反制措施",则疫苗的"任何制造商或经销商",或者"任何由适格人员管理天花疫苗的医疗单位",均可免除侵权责任)。

9. Naomi Seiler, Holly Taylor, and Ruth Faden, "Legal and Ethical Considerations in Government Compensation Plans: A Case Study of Smallpox Immunization," *Indiana Health Law Review*, 1, no. 1 (2004): 3-27.

10. Donald G. McNeil Jr., "Two Programs to Vaccinate for Smallpox Are 'Paused,'" *New York Times*, June 19, 2003; Donald G. McNeil, "Threats and Responses: Bioterror Threat; Many Balking at Vaccination for Smallpox," *New York Times*, February 7, 2003.

11. Cyril H. Wecht, "The Swine Flu Immunization Program: Scientific Venture or Political Folly?" *American Journal of Law and Medicine*, 3, no. 4 (1977): 425-45; but see Nicholas Wade, "1976 Swine Flu Campaign Faulted, yet Principals Would Do It Again," *Science*, 202, no. 4370 (1978): 849, 851-52.

12. Richard E. Neustadt and Harvey V. Fineberg, *The Swine Flu Affair: Decision Making on a Slippery Disease* (Washington, DC: U. S. Department of Health, Education, and Welfare, 1974).

13. Thomas May, Mark P. Aulisio, and Ross D. Silverman, "The Smallpox Vaccination of Health Care Workers: Professional Obligations and Defense against Bioterrorism," *Hastings Center Report*, 33, no. 5 (2003): 26-33, 认为无论是在公共卫生还是国家安全问题上，接种天花疫苗都并非一种职业道德义务。

14. Institute of Medicine, *The Smallpox Vaccination Program: Public Health in an Age of Terrorism* (Washington, DC: National Academy Press, 2005); see also Thomas May and Ross D. Silverman, "Should Smallpox Vaccine Be Made Available to the General Public?" *Kennedy Institute of Ethics Journal*, 13, no. 2 (2003): 67-82.

二、保证充足的医务人员和设施

医疗用品固然重要，但缺少必要的人员和设施，一切仍是徒劳。在紧急状况下，本地的医务人员往往被迅速击溃，因为其人员编制是建立在常规需求而非峰值需求之上的。此外，医务人员的生活也同样遭到冲击，这妨碍他们及时到岗履职。政府试图通过促进志愿者跨区域协作来确保人员和设施及时到位。要确保政府、急救机构和医务人员相互配合、共同保护公众健康，建立一个统一规划、统一准备的协调应对机制至关重要。

（一）国家救灾医疗服务

国家救灾医疗服务旨在提供"综合性的国家医疗应对能力"[61]，以帮助州和地方政府实施"与医疗服务、卫生相关的社会服务……以及适当的辅助性服务，以回应公共卫生危机受害者的需要"[62]。即使在健康与人类服务部尚未依据《公共卫生服务法》作出公共卫生紧急状态宣告的情况下，健康与人类服务部部长仍有权启动国家救灾医疗服务。[63] 同意加入国家救灾医疗服务的医院承诺向病人提供一定数量的急救病床。在美国，超过1/3的急救医院是国家救灾医疗服务的参与者，共提供了超过10万张急救床位。然而有研究者指出："尽管这表面上看起来不错，但实际上，即便是在普通年头，流感病人便已占据了超过114 000张床位……医院并不急于向国家救灾医疗服务提供足额的床位，以免暴露其床位接待能力，以致今后一旦发生哪怕是一般

---

[61] U.S. Department of Health and Human Services, "National Disaster Medical System," Public Health Emergency website, www.phe.gov/Preparedness/responders/ndms/Pages/default.aspx, accessed October 31, 2014.

[62] 42 U.S.C. § 300hh-11 (2012).

[63] 42 U.S.C. § 300hh-11(a)(3)(A)(i) (2012).

性的流感疫情,也会要求其提供床位。"⑭

(二)医务志愿者的注册和准入

医务工作者的许可是由各州颁发的,当发生紧急事件时,就有可能出现医务工作者自愿到疫区从事救援活动,却不具备当地执业资格的问题。为此,《应急志愿医疗卫生人员统一法案》(The Uniform Emergency Volunteer Health Practitioners Act)——已有14个州及哥伦比亚特区通过了这一法案——规定,在已宣告的紧急状况下,可以向跨州从事医疗援助的人员提供许可,为其提前注册。在联邦层面,建立了一个全国性的医疗卫生志愿者应急注册系统,就志愿者的身份和信誉提供最新的、可验证的信息。⑮

三、稀缺资源的配置

尽管我们已经作出了巨大努力来保障医务人员、医院、医疗对策储备的紧急应对能力,在紧急状况下,稀缺性仍将是常态。究竟如何分配这些稀缺的救命物资?这里提出了一个重要的生命伦理问题:当不能拯救所有人的生命时,谁应该得救?对医疗对策产品(如疫苗、抗菌剂)和医疗设备(如呼吸机)的分配,要求必须有一套指引分配的伦理规则。尽管决策者可能会考虑不同的优先项,但一般而言,以下因素都是必须考虑的。⑯

(一)预防和公共卫生

预防是公共卫生的传统职能,因此运用防护措施阻断疫病传播是重中之重。疫苗和预防治疗手段的迅速投入使用,能够抑制局部疫情暴发。例如,在家庭、人员聚集场所或本地社区内,对直接接触被感染者的人群接种疫苗,能够最大化地拯救生命。

(二)科学和医学的作用

如果说公共卫生是首要考虑,那么关键就是要保护那些承担疫苗(或其他治疗手段)研发、生产职责的科研人员和相关厂商和医务工作者。为了拯救生命、提供照护,这些都是不可或缺的。因此,对于那些在医疗对策研发、医疗服务提供及公共卫生计划制订过程中发挥关键作用的人,应当优先予以

---

⑭ Williams, "Fluconomics."

⑮ U.S. Department of Health and Human Services, "The Emergency System for Advance Registration of Volunteer Health Professionals," Public Health Emergency website, www.phe.gov/esarvhp/Pages/about.aspx, accessed October 31, 2014.

⑯ Lois Uscher-Pines, Saad B. Omer, Daniel J. Barnett, Thomas A. Burke, and Ran D. Balicer, "Priority Setting for Pandemic Influenza: An Analysis of National Preparedness Plans," *PLoS Medicine*, 3, no. 10 (2006): e436,指出不同国家关于分配的决定是不同的,医疗卫生工作人员始终被摆在首位,但接下来究竟是老人、儿童还是基础服务人员,则差别很大。

保护。

(三)社会运行和关键基础设施

大规模疫情有可能使社会的核心部门陷入瘫痪。许多公、私主体在保障公共健康和安全方面发挥着不可或缺的作用,其中包括:现场急救人员(救护车、消防员及人道救援人员)、安保人员(警察、国民警卫队、军人)、提供重要物品和服务(如饮水、食物和药品)的人员、关键基础设施(交通运输、公用事业、通信服务)、环卫(如垃圾清理、感染性废弃物回收)。此外,政府部门(包括行政、立法、司法系统)的持续运作也非常重要。

(四)医疗需要与弱势群体

医疗需要是一种被广泛接受的评价标准,它将那些最迫切需要医疗服务的人群放在首位。这要求对不同的风险进行细致的流行病学评估,如季节性流感的易感人群是婴儿和老人,而高致病性毒株则更容易感染年轻人。此外,还应优先考虑社会边缘群体,由于居住条件拥挤或无家可归、营养不良或患有慢性病,他们往往是高度脆弱的人群。[67]

(五)代际公平

医疗需要的标准往往偏向于老年人,因为他们通常是最脆弱的群体。不过,也有理由认为不应一味地青睐这一年龄群体。[68]例如,为老年人接种疫苗,往往不如用在更年轻、更健康的人群身上,因为疫苗在前者体内产生的抗体要更少。更进一步说,倘若人的生命都是平等的,那么对年轻人进行医疗干预所能挽救的生命年数也就更长。如果按照有些伦理学家提出的"公平回合"(fair innings)原则——即所有人都应有平等的机会获得合理的生命长度,那么儿童、年轻人及孕妇就应得到更多青睐。[69]

(六)社会正义和非歧视

根据以上标准,利益分配不应过分偏向富人和有政治地位的人。然而,表面中立的规则实际上却常常导致不公平的结果。例如,对科学家、医疗卫生人员和制药企业雇员的优待实际上是使富裕人群受益。按照社会正义

---

[67] Kirsty Buccieri and Stephen Gaetz, "Ethical Vaccine Distribution Planning for Pandemic Influenza: Prioritizing Homeless and Hard-to-Reach Populations," *Public Health Ethics*, 6, no. 2 (2013): 185-96.

[68] Ezekiel J. Emanuel and Alan Wertheimer, "Who Should Get Influenza Vaccine When Not All Can?" *Science*, 312, no. 5775 (2006): 854-55,讨论了"生命周期"的原则,其核心观点是每个人皆应有机会获得完整的生命周期。

[69] Robin P. Silverstein, Harvey S. Frey, Alison P. Galvani, Jan Medlock, and Gretchen B. Chapman, "The Ethics of Influenza Vaccination," letters in *Science*, 313, no. 5788 (2006): 758-60,主张一个人的价值取决于年龄,60岁的老人在他的生活中投入了许多,但也得到了最多的回报。

和非歧视的原则,一个人从社会中所得越少,便越有权要求获得医疗资源。⑦

第五节　检疫、隔离、限制行动与社区控制

> 如果没有凯茜·希考克斯(Kaci Hickox)护士慷慨、亲切又充满同情地用她的技艺来帮助、安慰和照顾那些被这可怕疾病击倒的人,我们今天不会有机会站在这里……本法院深知,有关埃博拉的种种误解、谣传、伪科学和不良信息在我们的国家四处蔓延。本法院也理解,人们在恐惧驱使之下行动,而这种恐惧并不全然是理性的。然而,无论这种恐惧理性与否,它都是真实存在的。在此,作为一名专业的医护人员,希考克斯需要展现出她对于人类本性和真实恐惧的充分理解。她需要据此来指引自身的行动。
>
> ——查尔斯·C.拉凡尔提法官:"梅休诉希考克斯案"(Charles C. LaVerdiere, *Mayhew v. Hickox*, 2014)

我们投入了相当多的力量进行医疗对策的研发。尽管这些措施在临床上是有效的,但在瘟疫暴发时,要阻断传染病的快速传播,医学干预还远远不够:疫苗和医疗有可能无法获得或失效,而医药用品也常常稀缺。因此,我们有必要去考查那些古老的公共卫生应对措施。这些措施会带来重要的社会、政治及宪法问题,因为它们所涉及的是人最基本的权利:结社、迁徙和自由。

公共卫生部门拥有广泛的权力,来对那些造成公众威胁的人的自主权利或自由施加限制。⑦ 它可以发布中止令来要求人们停止危险行为⑫,强迫其接受体检或治疗,对其实施短期或无限期的拘留。我们在本书第十章已经讨论过通过行使上述权力来处理常规公共卫生威胁(如结核病和性传播疾病)的问题。在本节中,我们将讨论另外两类相关的干预手段——当暴发传染病危机时,医疗措施往往不易获得,或者不够充足,这两类干预措施就显得

---

⑦ Bruce Jennings and John Arras, *Ethical Guidance for Public Health Emergency Preparedness and Response: Highlighting Ethics and Values in a Vital Public Health Service* (Washington, DC: Advisory Committee to the Director, Centers for Disease Control and Prevention, 2008).

⑦ 尽管卫生部门有限制的权力,但其或许并无义务为患有传染病的人提供住院治疗。See *Cnty. of Cook v. City of Chicago*, 593 N.E.2d 928 (Ill. App. Ct. 1992)(判决该县没有义务为结核病患者提供住院治疗)。

⑫ 卫生部门发布了一项禁令。这类命令通常是针对那些未能改正自身行为,且在告知和警告其相关的法律后果后,仍坚持特定行为的人。

极其重要。一种是对确诊的传染病患者进行隔离;另一种是对暂无症状但曾经暴露(或可能暴露)的人群进行检测,以便在疾病的潜伏期就防止其传播。同时,我们还将讨论将患者和暴露人群与社会隔离开的一些现代手段,如旅行限制和社会隔离。上述措施提出了许多社会、文化、政治和法律问题,这些问题异常复杂,其中隐含着共同体和他者的观念(见框 11.7)。

框11.7 流行病的社会政治维度

我们很难夸大流行病所带来的恐惧,以及其对于共同体的动摇。[1] 纵观历史,瘟疫一直被看作一种苦难的根源,导致人口的大量死亡,并对安全造成巨大的威胁——就像重大的战争一样。因此社会感到有必要采取严厉的措施来保护自身。[2] 在有效的医疗防护措施被发明以前,最典型的社会反应,是将患病者驱逐出共同体以保护健康人。疾病带来恐惧,并导致惩罚性的行动。共同体可以通过谴责患病者、将其贴上他者的标签、认为其活该被流放,来为其严厉的处理措施辩护。

即便到了启蒙时代,使用个人控制手段的理由也更多地源于敌意而非科学。19、20世纪的美国所采取的种种限制措施正展示了上述偏见[3]。例如:对黄热病患者实行隔离,尽管该病是通过蚊虫传播而非人际传播[4];逮捕酒鬼(尤其是贫穷的爱尔兰人),其理由是错误地认为霍乱来自酗酒和纵欲[5];将疑似患有梅毒的妓女集中监禁在政府举办的"妓女教养所"[6];挨家挨户搜查可能患有脊髓灰质炎的儿童,并强迫其搬走[7];在旧金山瘟疫暴发期间,对中国人实行隔离。[8]

近期的几次疾病暴发,同样展示了关于恐惧和误解、谴责和排斥以及社会争议等复杂问题。2014年,对埃博拉的恐惧,导致人们对非裔和曾访问非洲的旅行者(尽管其访问地点与埃博拉疫区相隔千里)产生了一种过度泛化的负面印象,即认为他们是不清洁、不负责任的。2015年,部分政策制定者认为源自南加州迪士尼乐园的麻疹疫情,是由非法移民导致的,尽管事实上,墨西哥、萨尔瓦多、危地马拉、洪都拉斯等国的麻疹疫苗接种率比美国更高。长期以来,疾病与偏见之间的这种联系,充斥于关于隔离、旅行限制及移民问题的争论当中。[9]

注释:

1. See generally, Irwin W. Sherman, *The Power of Plagues* (Washington, DC: American Society for Microbiology Press, 2006); William H. McNeill, *Plagues and Peoples*, 2nd ed. (New York: Anchor Books, 1977).

2. Jared M. Diamond, *Guns, Germs, and Steel*, rev. ed. (New York: Norton, 2005); Barry S. Levy and Victor W. Sidel, eds., *War and Public Health* (New York: Oxford University Press, 1997).

3. See generally, Howard Markel, *When Germs Travel: Six Major Epidemics That Have Invaded America and the Fears They Have Unleashed* (New York: Vintage Books, 2005); Thomas B. Stoddard and Walter Rieman, "AIDS and the Rights of the Individual: Toward a More Sophisticated Understanding of Discrimination," *Milbank Quarterly*, 68, supp. 1 (1990): 143–74; Paul J. Edelson, "Quarantine and Social Inequity," *Journal of the American Medical Association*, 290, no. 21 (2003): 2874.

4. David F. Musto, "Quarantine and the Problem of AIDS," *Milbank Quarterly*, 64, supp. 1 (1986): 97–117.

5. Guenter B. Risse, "Epidemics and History: Ecological Perspectives and Social Responses," in *AIDS: The Burdens of History*, ed. Elizabeth Fee and Daniel M. Fox (Berkeley: University of California Press, 1988): 33–66.

6. Philip K. Wilson, "Bad Habits and Bad Genes: Early 20th-Century Eugenic Attempts to Eliminate Syphilis and Associated 'Defects' from the United States," *Canadian Bulletin of Medical History*, 20, no. 1 (2003): 11–41; Allan M. Brandt, *No Magic Bullet: A Social History of Venereal Disease in the United States since 1880* (New York: Oxford University Press, 1985).

7. Guenter B. Risse, "Revolt against Quarantine: Community Responses to the 1916 Polio Epidemic, Oyster Bay, New York," *Transactions and Studies of the College of Physicians of Philadelphia*, 14, no. 1 (1992): 23–50.

8. 旧金山的公共卫生官员确信,由于亚洲人更多以稻米而非动物蛋白为食,他们更易遭受瘟疫。Edelson, "Quarantine and Social Inequity."

9. 在19世纪和20世纪早期,特别积极的检疫政策——以及被认为携带疾病的不公正的歧视——常常被加诸移民的头上。Kathryn Stephenson, "The Quarantine War: The Burning of the New York Marine Hospital in 1858," *Public Health Reports*, 119, no. 1 (2004): 79–92; Howard Markel, *Quarantine! East European Jewish Immigrants and the New York City Epidemics of 1892* (Baltimore, MD: Johns Hopkins University Press, 1997).

一、隔离和检疫的多重面相

实施隔离和检疫有多种形式。对于民事监禁(civil confinement),关键的评估标准包括:疾病传播的风险是否显著?对行动的限制有多苛刻?执行时的强制和侵入程度如何?被限制的人群有多大规模?会造成怎样的社会、政治和经济影响？卫生官员如何对隔离人员的健康状况加以监测并满足其基本需求？收益和负担是否得到了公平分配，尤其是对那些穷人或少数族裔？

（一）医学隔离

人们普遍认为，对被感染者的隔离是一种审慎而有效的卫生措施。对被感染者来说，医学隔离能为其提供密切的监测和治疗；对社会而言，它抑制了疾病的传播。医学隔离通常由受过专门训练的人在医院实施。然而，当公共卫生危机暴发时，紧急医疗需求将使得医院疲于应付，因此要求更多的人力、床位和设备。

正如达拉斯社区医院的两位护士感染埃博拉病毒的事件所揭示的，有时候医院并不具备施行良好隔离措施的必备条件。在美国，仅有极少数机构具备最先进的生物遏制技术（如位于马里兰州的贝塞斯达国家卫生研究院，亚特兰大的埃莫里大学医院，奥马哈的内布拉斯加大学医疗中心，位于蒙大拿州米苏拉的圣帕特里克医院）。这些机构具有负压系统、带内部通话装置的观察窗口、配备生物防护罩的工作区以及专业的实验室。倘若没有这些防护措施，近距离接触被感染者及其体液的医卫人员和实验室技术人员将面对极高的受感染风险。然而这种专业级别的生物遏制措施难以普及。在不够理想的条件下，是否可以要求（或者以解雇、吊销执照等威胁来强迫）医疗卫生人员与被感染的病人一起工作？[73]

框 11.8　西非埃博拉疫情：公共卫生准备的教训

> 2014 年到 2015 年，成千上万西非人被埃博拉病毒感染，该病毒致死率极高，主要发生在几内亚、利比里亚和塞拉利昂共和国。2014 年 8 月，世界卫生组织依据《国际卫生条例》宣布西非埃博拉疫情是一场"国际关注的公共卫生危机"。尽管西非是重灾区，零星的埃博拉病例也出现在欧洲和北美洲——绝大多数是曾到过疫区的旅行者，也有少数病例发生在照顾埃博拉患者的医务人员中。在设施齐全的医院接受治疗的病人的死亡率明显低于那些医疗体系落后国家的患者。尽管如此，美国国内对埃博拉的诊断和处理仍然揭示了我们的卫生系统是多么脆弱。[1]

---

[73] Carl H. Coleman, "Beyond the Call of Duty: Compelling Health Care Professionals to Work during an Influenza Pandemic," *Iowa Law Review*, 94, no. 1 (2008): 1–47, 讨论了授权当局要求医疗卫生人员工作的法律，并讨论了促进自愿工作的其他替代性方式。

托马斯·E. 杜坎(Thomas E. Duncan)是一名42岁的利比里亚人,在利比里亚有暴露于埃博拉的风险,随后于11月19日经布鲁塞尔、华盛顿旅行至得克萨斯州达拉斯。从利比里亚出境时,他并未披露自己曾接触过感染埃博拉病毒的患者。当时他也并未表现出任何症状或传染性。埃博拉病毒通过受感染者的体液(包括血液、汗液及唾液)直接接触他人的眼、鼻、口或伤口而传播,潜伏期长达21天。在发病(例如发热、肠胃疼痛)之前,被感染者并不会带来显著的传播风险。

抵达达拉斯5天后,杜坎因高烧、腹痛来到得克萨斯州长老会医院急诊部。他报告他来自利比里亚,但医院却把他送回了家。9月28日,他被救护车送回医院,此时他的状况已明显恶化。医院将他安置在隔离病房。10月8日,杜坎去世。在接下来的日子里,两位曾治疗过杜坎的护士——妮娜·范(Nina Pham)和安珀·文森(Amber Vinson)——成为美国本土确诊的最早的埃博拉病例。

杜坎最初的误诊,导致了其后一系列的公共卫生应对失误。急诊服务人员将他送到医院时,并未使用相应的个人防护设备。在杜坎被确诊感染埃博拉病毒之前的48个小时里,那辆救护车一直在运送其他病人。卫生部门颁布了传染性疾病控制令,要求杜坎的配偶和3个小孩待在公寓内接受隔离,但是对公寓的清理消毒工作却被推迟,因为卫生部门在取得危险垃圾运输许可的问题上遇到了困难。这里的居民最终搬到了其他地方。卫生官员追踪了杜坎的接触记录,最后确定了近50人——其中包括他的配偶和子女——并要求这些人待在家里,直到21天的潜伏期结束。

当妮娜和文森被确诊时,由于在西班牙出现了一个相似的病例,疾病控制与预防中心开始重新考虑,医院在缺乏特定设施和训练的情况下是否能够安全地治疗埃博拉患者。两位被感染的护士于是被送往美国国家卫生研究院的生物防护部门以及埃莫里大学医院,在那里,她们成功接受了治疗,疾病没有继续传播。此外,大约50名曾接触过杜坎的人受到了监控。而对于文森,她在确诊前曾坐飞机往返于俄亥俄州,这进一步引起了对潜在暴露风险的担忧。

美国对埃博拉病例的处理,为全球化时代的公共卫生防备上了重要一课。《瘟疫及全危险防备法案》及其他联邦计划促进了对训练、计划、多部门合作以及法律改革的大量投入,但是明显的漏洞仍然存在。对关键卫生设施的投入在降低:2013年,疾病控制与预防中心的预算被削减了10%。

从2008年到2014年,各州和地方公共卫生机构工作人员流失达到20%。许多紧急医疗服务机构和医院面临财务困难,导致医学研究所于2012年发出警告,声称一旦发生公共卫生紧急事件,"可能会导致巨大的困惑、混乱与错误决策"。奥巴马总统在埃博拉事件后提出了一项旨在强化公共卫生防备的紧急拨款,国会于2014年年末立法通过。[2]

媒体批评疾病控制与预防中心未能在作出隔离和检疫决定中发挥更强的领导作用,但这原本主要是各州和地方的责任。疾病控制与预防中心的权力限于预防国际性或跨州的传染病传播,而这一任务主要通过20家联邦检疫站来完成。

克莱格·斯宾塞(Craig Spencer)事件进一步激起了关于检疫政策的政治争论。斯宾塞曾在无国界医生组织工作,参与了几内亚埃博拉患者的治疗。在返回纽约的途中,斯宾塞医生出现了感染症状,并被隔离在贝尔维尤医疗中心。该事件促使纽约州和新泽西州州长发布了一项命令,要求所有从3个疫情最严重的国家回来的医务人员必须接受21天的强制隔离。根据这一政策,凯茜·希考克斯从塞拉利昂共和国回国后——她曾在塞拉利昂共和国照顾埃博拉病人,先是被隔离在新泽西州的一家医院。随后,克里斯·克里斯蒂(Chris Christie)州长撤销了这一决定,允许她被转送到其父母所居住的缅因州。在她抵达后,保罗·勒佩奇(Paul LePage)州长对她进行了强制性的居家隔离,并由警察在其居住地守卫。由于这些事件正好发生在选举之前,有评论家质疑各州官员是否受到政治考虑的影响。最终,缅因州的一名法官推翻了该州的隔离令。

评论家还质疑各州和联邦官员为何不宣布公共卫生紧急状态。康涅狄格州是唯一宣布公共卫生紧急状态的州;其他各州(包括出现了埃博拉病例的州)则没有这么做,而是认为控制一般传染病(例如结核病,见第十章)的权力已经足够应付。

10月8日,疾病控制与预防中心宣布加强5个美国机场的入境检查,这5个机场接受了94%的来自塞拉利昂共和国、利比里亚和几内亚的旅客。具体措施包括体温检测,症状观察,以及询问健康史和埃博拉暴露史。这些程序随后扩展到全国所有机场,授权疾病控制与预防中心官员对初步检查认为有高风险的旅客进行评估,并将进一步的检查评估交给各州及地方卫生部门。无症状且无暴露史的低风险乘客会被告知自我检测的指引,并要求其提供在美国境内活动的相关信息。这些举措为排解公众的担忧起到了一定作用,但并未增强实质性的保护,因为在离境接受检查时未表现出埃博拉症状的乘客，一般也不大可能在抵达美国时表现出相应症状。

当疫情还处在早期时就在来源国国内对其进行预防和控制，仍然是阻止全球性疾病暴发的最可靠的手段。保障全球卫生安全的前置措施拯救了无数的生命，并将疾病国际传播的风险降到了最低。[3]

注释：

1. Lawrence O. Gostin, James G. Hodge Jr., and Scott Burris, "Is the United States Prepared for Ebola?," *Journal of the American Medical Association*, 312, no. 23 (2014): 2497-98.

2. Lawrence O. Gostin, Henry A. Waxman, and William Foege, "The President's National Security Agenda: Curtailing Ebola, Safeguarding the Future," *Journal of the American Medical Association*, 313, no. 1 (2014): 27-28.

3. Lawrence O. Gostin and Eric A. Friedman, "Ebola: A Crisis in Global Health Leadership," *Lancet*, 384, no. 9951 (2014): 1323-25.

(二) 居家隔离

在 SARS、埃博拉和大流感疫情的应对中，决策者一直强调居家隔离或自我隔离——有时候又被称为"就地避难"(sheltering in place)。居家隔离相对而言较为缓和，更容易为社会所接受，组织起来也更简单。大部分人并不介意在家里待上一小段时期。但是，病毒潜伏期有可能会长达数周(埃博拉病毒的潜伏期长达 21 天)，也很难对居家隔离进行监控，因为人们也许会觉得有必要出门工作、采购生活必需品或会见亲友。[74] 同时居家隔离也会对家庭成员带来风险，因为后者负有伦理上的义务，保证被隔离者获得足够的照护、衣物、供暖、食物和饮水。有时候，这还是州宪法、法律和联邦宪法规定的法定义务。关于这一点，我们在接下来讨论法律权威时还会提到。

居家隔离表面上是自愿的，但对于不配合者，各州有权采取强制手段。在 SARS 和埃博拉疫情的应对中，强制包括如下几种形式：自我监控；动态监控(与有关部门保持日常联络，以评估症状和发热状况)；直接动态监控(有关部门直接进行日常观察，并对是否允许工作、旅行、乘坐公共交通工具、参加聚会等事项进行讨论)；限制行动(也被称作修正版的居家隔离，即禁止乘坐长途商业运输工具出行，或者仅在获得特别批准的情况下，允许乘坐本地

---

[74] "Flu Pandemic Mitigation—Quarantine and Isolation," GlobalSecurity, www.globalsecurity.org/security/ops/hsc-scen-3_flu-pandemic-quarantine.htm, accessed October 31, 2014, 建议隔离人员"在单独的房间睡觉和进食，使用单独的浴室，并使用如面罩等防护设备，以尽可能减少与其他家庭成员的接触"。

公共交通工具);自愿或根据法院命令,进行完全的居家隔离。⑦ 限制的严厉程度,必须与对个人的风险评估结果相一致。遵守公共卫生指令的个人应当得到支持和补偿,获得住所、食物和误工赔偿,并受到有尊严的对待。⑦ 此外,还应考虑在法律上保护他们免遭就业歧视(如同对那些申请参加国民警卫队或陪审服务的人一样)或其他不公正对待,以体现他们为保护公共利益而对个人自由作出的牺牲。⑦

(三)工作隔离

在 SARS 暴发期间,卫生官员采取了工作隔离措施,将曾接触 SARS 患者且未出现症状的医疗卫生人员与其家庭和工作场所隔离。如果他们当时并不在工作岗位上,则要求他们遵守居家隔离的规定。对于核心员工,则在进行密切监控的同时,将他们留在工作岗位上。

(四)旅行者的检疫

旅行者会带来特殊的风险:他们可能来自地方病发病地区;在旅行过程中,他们往往共处于封闭的环境中;并且他们往往分散到不同地方,与不同的人们接触。在 SARS 期间,北美当局对搭载有可疑症状乘客的航班和游轮进行了隔离,直到最终确定其威胁程度。为应对埃博拉疫情,还专门制定了规定,对来自疫区国家并出现发热或其他症状的旅行者进行拘留。不过这些应对计划并不完善,因为被感染的旅行者不一定会出现症状,而有时候没有被感染的人也可能触发热传感器。有时候,还会通过和旅行者面谈来评估其接触传染源的可能性,对于可能的暴露者,则要求其提供联系方式并接受动态监控。

(五)机构隔离

医学隔离和上述几种有限的隔离方式主要用于个人或小群体,与此同时,卫生官员也在探讨对机构或某一地区实施集体隔离检疫的可能性。在 SARS 期间,中国和新加坡都对公寓大楼进行了隔离。其他可能的集体隔离场所还包括军事基地、体育场馆、宾馆、学生宿舍等。从历史上看,在疫病暴

---

⑦ Lawrence O. Gostin, Ronald Bayer, and Amy L. Fairchild, "Ethical and Legal Challenges Posed by Severe Acute Respiratory Syndrome: Implications for the Control of Severe Infectious Disease Threats," *Journal of the American Medical Association*, 290, No. 24 (2003): 3229-37;疾病控制和预防中心《美国临时监测和移动潜在埃博拉病毒暴露人员指南》,2015 年 5 月 13 日;Lawrence O. Gostin, James G. Hodge Jr., and Scott Burris, "Is the United States Prepared for Ebola?," *Journal of the American Medical Association*, 312, No. 23 (2014): 2497-98.

⑦ Centers for Disease Control and Prevention, *Interim U.S. Guidance*,指出这些义务事关公共卫生命令的执行是否"公平且合乎伦理",但并未说明其是否为法律上的要求。

⑦ Nan D. Hunter, "'Public-Private' Health Law: Multiple Directions in Public Health," *Journal of Health Care Law and Policy*, 10 (2007): 89-119, 113-17,讨论了现有的劳动雇佣法律在保护被隔离者权益方面的不足。

发期间,监狱、精神病院、养老院等人群聚集的机构将禁止居住在其中的人们离开。这些人往往陷入悲惨的境地,因为在封闭、拥挤的环境下,传染病很容易迅速扩散。[78]

(六)地理隔离

防疫封锁线(cordon sanitaire)是一种古老的隔离方式。顾名思义,它指的是在受感染地区和未受感染地区之间划出一条警戒线,阻止人口流动,防止疾病或瘟疫的传播。它又被称作"周界"(perimeter)或"地理"(geographic)隔离,通过划定真实或虚拟的界线,限制人们进出某一地区。

集体隔离常常不太有效,政治上也不易被接受,它对个体的侵入性太强,也容易扰乱社会秩序。把健康人和感染者聚集在一起,将导致传染病的迅速蔓延。同时,集体隔离也可能导致不公平,例如20世纪初旧金山对华人的隔离检疫。[79] 除对正义的担忧之外,集体隔离的组织也很成问题。按照联邦政府的"桌面推演",将大批人群隔离在一个地方将导致众多人死亡。要在决定谁应当被隔离、监控和实施检疫的同时,确保良好的卫生条件并满足基本需求,涉及的组织工作简直令人望而生畏。[80] 而要保证为被隔离人群提供正当程序保护,其难度也是巨大的。

最重要的是,隔离是政治性的。惊慌失措的公众可能会要求对某些孤立的个体(如来自疫区国家的旅行者,或者可能被感染的医疗卫生人员)实施过度的隔离,但会强烈抵制实施更广泛的隔离措施。遵从公共卫生的建议需要公众的接受和对政府的信任。实施某些隔离方式将会带来巨大的代价,如果真能阻断传染病的蔓延,那或许还是值得的,但能证明其有效性的证据(尤其是集体隔离)常常是有限的。[81]

二、隔离和检疫的法律权威

联邦和州在治理上的重叠,势必引发关于联邦主义的问题:在不同情况下,哪一级政府有权采取行动?谁来制定相应的法律规则?理论上说,世界

---

[78] Howard Markel, *Quarantine! East European Jewish Immigrants and the New York City Epidemics of* 1892 (Baltimore, MD: Johns Hopkins University Press, 1997).

[79] *Jew Ho v. Williamson*, 103 F. 10 (C.C.N.D. Cal. 1900).

[80] Joseph Barbera, Anthony Macintyre, Lawrence O. Gostin, Tom Inglesby, Tara O'Toole, Craig DeAtley, Kevin Tonat, and Marci Layton, "Large-Scale Quarantine following Biological Terrorism in the United States: Scientific Examination, Logistic and Legal Limits, and Possible Consequences," *Journal of the American Medical Association*, 286, no. 21 (2001): 2711-17.

[81] Centers for Disease Control and Prevention, "Efficiency of Quarantine during an Epidemic of Severe Acute Respiratory Syndrome: Beijing, China, 2003," *Morbidity and Mortality Weekly Report*, 52, no. 43 (2003): 1037-40.

卫生组织制定的《国际卫生条例》(IHR)覆盖所有区域性或全球性的健康风险;联邦法律用于控制疾病的跨国或州际传播;而州法律和地方法律则处理某一个州、市或县所面临的健康威胁。但在这一相对简单的框架背后,还隐含着更为复杂的问题:到底由哪一级政府来牵头应对危机?突发公共卫生事件的防备要求清晰的权限划分,但实践中却很少能做到这一点。当埃博拉病例在美国被确诊时,疾病控制与预防中心就因此遭到了许多批评,因为一方面它所发布的关于感染控制、检疫和隔离的指南并无约束力,另一方面又一再地屈从于州和地方政府的权威。

各州在其境内实施隔离和检疫的权力源自警察权。[82] 尽管每个州都有对隔离和检疫的授权,但法律的规定却千差万别。通常而言,这些权力可以在规制性传播疾病[83]、结核病[84]以及传染性疾病(包括麻疹、疟疾等多种疾病)[85]的法律中找到。如果一州在法律中穷尽式地列举了行使公共卫生权力的特定传染病类型,那么当新型传染病出现时,它很可能无权采取行动。幸运的是,绝大部分州都已不再采用这种方式,而代之以更宽泛的授权,以采取一切必要行动来保护人民免受传染病的威胁。[86] 在这方面,联邦政府与州政府之间的合作至关重要,然而法律结构的差异和各种政治因素的影响,常常使这种合作毁于一旦。

◎联邦法规

《公共卫生服务法》规定了全国性的检疫授权。2012年,期待已久的联邦传染性疾病控制规定终于颁布[87],这一规定扩大了联邦权力的范围,将检

---

[82] *Gibbons v. Ogden*, 22 U.S. 1, 25 (1824); *Hennington v. Georgia*, 163 U.S. 299 (1896).

[83] National Conference of State Legislatures, *Sexually Transmitted Diseases: A Policymaker's Guide and Summary of State Laws* (Denver, CO: National Conference of State Legislatures, 1998), 85–91(对50个州的检疫法进行了分类);see Lewis W. Petteway, "Compulsory Quarantine and Treatment of Persons Infected with Venereal Diseases," *Florida Law Journal*, 18 (1944): 13.

[84] Howard Markel, *When Germs Travel: Six Major Epidemics That Have Invaded America and the Fears They Have Unleashed* (New York: Vintage Books, 2005), 13–46; Lawrence O. Gostin, "Controlling the Resurgent Tuberculosis Epidemic: A Fifty-State Survey of Tuberculosis Statutes and Proposals for Reform," *Journal of the American Medical Association*, 269, no. 2 (1993): 256–61; Advisory Council for the Elimination of Tuberculosis (ACET), "Tuberculosis Control Laws: United States, 1993," *Morbidity and Mortality Weekly Report*, 42, no. RR15 (1993): 7–9.

[85] Lawrence O. Gostin, Scott Burris, and Zita Lazzarini, "The Law and the Public's Health: A Study of Infectious Disease Law in the United States," *Columbia Law Review*, 99, no. 1 (1999): 59–128. See also Ronald Bayer and Amy Fairchild-Carrino, "AIDS and the Limits of Control: Public Health Orders, Quarantine, and Recalcitrant Behavior," *American Journal of Public Health*, 83, No. 10 (1993): 1471–76, 指出在艾滋病疫情最初的10年里,25个国家颁布了对HIV携带者进行隔离的法律,这些法律通常是基于对风险行为的判断; Paul Barron, "State Statutes Dealing with HIV and AIDS: A Comprehensive State-by-State Summary (2004 Edition)," *Law and Sexuality: A Review of Lesbian, Gay, Bisexual, and Transgender Legal Issues*, 13 (2004): 1–603, 提供了对各州HIV相关法律的综述。

[86] Me. Rev. Stat. tit. 22, § 811(3).

[87] 42 C.F.R. Parts 70(州际传播) and 71(外国人) (2015).

疫、监测及采取卫生措施均纳入其中。不过，联邦检疫权力的行使仅限于两种情形，一是防止传染病从外国进入、传播和扩散（例如在国际空港），二是防止传染病的跨州传播。然而在2014年埃博拉疫情期间，即使当跨州传播成为一种现实威胁时（当时，达拉斯的一名护士安珀·文森申请并获准搭乘商务航班前往俄亥俄州），联邦政府仍然屈从于州的权威，其发布的隔离检疫指南比许多州和地方当局所建议的要保守得多（当然也有很多人认为，更为"循证"）。

《公共卫生服务法》授权对患有某些疾病的个人实施"逮捕、拘留或假释"，具体到哪些疾病，则通过行政命令来列举，其数目并不多。[88] 例如在2014年，总统发布的行政命令中就特别列举了霍乱、白喉、传染性肺结核、瘟疫、天花、黄热病、病毒性出血热（拉沙热、马尔堡热、埃博拉、克里米亚—刚果热、南非热）、类SARS冠状病毒（如中东呼吸综合征，即MERS）和大流感。而2012年的规定则扩大了"患者"的概念，如果一个人出现如发热、皮疹、腺体肿大、黄疸、痢疾等症状——这些症状常常和应接受检疫的传染病联系在一起，那么他也属"患者"之列，这实际上扩大了联邦权力的范围。[89] 这样一种"包容性"的进路实际上隐含着重要的概念转向，它大大提高了联邦官员的灵活性。

2012年的规定授权疾病控制与预防中心官员在其认为必要时对旅行者进行临时隔离。[90] 其后，他们可以基于对"某人或某群体符合某种应接受检疫的疾病症状"的合理信念，发布完全隔离的命令。隔离的时间长度不应超过疾病的潜伏期和传染期，通常从数日（如MERS病毒感染）到数月（如肺结核）不等。隔离期间，疾病控制与预防中心官员会向被隔离者提供疫苗接种、预防疗法或者治疗，若被隔离者拒绝接受，则可能导致其被继续剥夺自由。健康与人类服务部被授权支付必要的医疗和其他服务的费用，尽管他们并不一定会这么做。

对于接受临时隔离的个人，疾病控制与预防中心并不提供听证的机会；不过，针对完全隔离的命令，个人可以要求召开行政听证会。听证会必须符合基本的正当程序：发布通知，由中立官员监督听证，并获得与律师沟通的机会。尽管如此，从保护个人权利的角度看，该程序还有许多明显的不足。例如它要求个人必须明确提出听证申请，而对那些不了解这一要求，或者没有主动提起申请的人来说，这可能会推迟或阻碍其获得独立审查的机会；有时

---

[88] Exec. Order No. 13295, 68 Fed. Reg. 17255（April 4, 2003）.
[89] 42 C.F.R. § 71.1(b) (2015).
[90] 42 C.F.R. § 71.32(a) (2015).

候,听证会采用非正式的形式,甚至仅仅通过书面文件进行;而听证官员则有可能正是负责向疾病控制与预防中心长官提供建议的雇员。欧洲法院曾就英国的类似程序作出判决,认为其违反了《欧洲人权公约》第5条的规定即要求听证应由法院来举行。[91]

2012年的规定要求机场和航空公司必须履行下列义务:在美国边境对乘客进行检查(借助外观检测或电子温度监控仪器);向疾病控制与预防中心报告患病或死亡案例;向工作人员和乘客分发健康警告信息;搜集和报送乘客个人信息;对曾经暴露过的人员进行体检;要求乘客披露其联络人、行程计划及病史相关信息。对此,旅游业的批评主要集中于搜集乘客信息所需要的成本,而隐私拥护者则对个人敏感信息的披露感到担忧。

《公共卫生服务法》授权疾病控制与预防中心进行检查、熏蒸消毒、杀菌、清洁卫生、灭虫、销毁受污染的动物和物品。[92]该法明确规定,相关卫生措施的成本不由疾病控制与预防中心负责,而由业主承担。倘若要求政府对业主进行补偿,会降低卫生监管的积极性,实际上是将私人健康风险的成本转嫁到公众头上。这一点在港口和边境检查时体现得尤为明显,有些人会借此运送可能危害公共健康的被感染的动物或被污染的物品。根据长久以来的先例,上述规定不适用第五修正案的征用条款(the Takings Clause)规定的"公平补偿"(just compensation)。

三、检疫、隔离和限制行动的合宪性

宪法并未明确提及检疫的问题。不过,宪法规定各州在进口或出口货物时,可执行该州的检查法律,这可以与检疫联系起来。[93]尽管有许多判决意见支持检疫的合宪性,但它们都发生在20世纪中叶(即民权运动时代)联邦最高法院系统提出和阐述现代的第十四修正案理论之前,因此这些先例的效力是很成问题的。鉴于这些民权时代之前的案例是有关检疫问题合宪性最完备的案例,我们将对其进行细致的分析。不过,如接下来的讨论将指出的,现代法院在处理检疫、隔离或限制行动的合宪性问题时,将采用严格审查(strict scrutiny)的标准,并倾向于将政府避免或控制传染病暴发的迫切需要作为政府行动的正当性基础(见第四章)。

---

[91] *X v. United Kingdom*, 46 Eur. Ct. H.R. (ser. A) (1981).
[92] 42 C.F.R. § 70.2 (2015).
[93] U.S. Const. Art. I, § 10, cl. 2. See *Brown v. Maryland*, 25 U.S. (12 Wheat.) 419 (1827).

早在 1824 年,首席大法官约翰·马歇尔(John Marshall)就指出,各州在其警察权之下有施行检疫的固有权力(inherent authority)。[94] 从马歇尔的时代直至 20 世纪早期,众多法院对拘留权(detention powers)提供了支持。这种司法能动主义背后的主要动力来自不时暴发和流行的性病[95]、天花[96]、猩红热[97]、麻风病[98]、霍乱[99]、伤寒[100]、白喉[101]和黑死病的威胁。[102] 在这些情况下,个人权利被置于公共利益之下,而个人也有义务去服从。[103] 正如某法院所指出的,检疫并未损害宪法权利,因为从来都不存在一种伤害他人的自由。[104] 即使法院承认这些隔离措施严重侵犯了个人权利,但它们在判决中仍然对公共政策给予了支持。[105]

不过,司法权也的确曾对隔离和检疫施加过一些限制。遵循雅克布森(*Jacobson*)案所确立的"合理性原则"(rule of reasonableness),法院强调,拘留必须以"公共需要"(public necessity)[106]为正当性基础,且政府不得"专断地"

---

[94] *Gibbons*, 22 U.S. (9 Wheat.) 1, 71-72 (1824).

[95] *Ex parte McGee*, 185 P. 14 (Kan. 1919)(支持对监狱中患有性病的男子实行拘禁);*Exparte Brown*, 172 N.W. 522 (Neb. 1919)(判决为防止性病传播而被拘留的人员无权获得人身保护令);In re *Martin*, 188 P.2d 287 (Cal. Ct. App. 1948)(判决对妓女实行检疫是合理的,因为她们很可能患有性病);*Tennessee ex rel. Kennedy v. Head*, 185 S.W.2d 530 (Tenn. 1945)(支持对逃避检疫者进行罚款);*Varholy v. Sweat*, 15 So. 2d 267 (Fla. 1943); *City of Little Rock v. Smith*, 163 S.W.2d 705 (Ark. 1942)(支持对一名患有性病的妇女进行拘留);*Ex parte Company*, 139 N.E. 204 (Ohio 1922) (same); *Ex parte Arata*, 198 P. 814 (Cal. Ct. App. 1921)(维持了对妓女的性病假定和检疫,但指出因政府未能证明被告是妓女,因此给予了被告人身保护令);In re *Shepard*, 195 P. 1077 (Cal. Ct. App. 1921)(判决卫生官员必须能够断定而不能仅仅出于怀疑某人患有性病便对其实施拘留);*Washington ex rel. McBride v. Superior Court*, 174 P. 973 (Wash. 1918)(主张立法机关有权使卫生官员的决定成为终局性的、对法院有拘束力的决定)。

[96] *Haverty v. Bass*, 66 Me. 71 (1875)(支持了将一名被认为患有天花的儿童转移到单独设施中的做法);*Highland v. Schlute*, 82 N.W. 62 (Mich. 1900)(支持对一名与患天花者同住的男子实施检疫);*Crayton v. Larabee*, 116 N.E. 355 (N.Y. 1917), aff'g 147 N.Y.S. 1105 (N.Y.App. Div. 1914)(推翻了一项检疫的决定,因为原告不太可能接触到天花);*Allison v. Cash*, 137 S.W. 245 (Ky. 1911); *Hengehold v. City of Covington*, 57 S.W. 495 (Ky. 1900)(支持将天花患者转移至传染病院);*Henderson County Bd. of Health v. Ward*, 54 S.W. 725 (Ky. 1900); *Smith v. Emery*, 42 N.Y.S. 258 (N.Y. App. Div. 1896)(推翻了下级法院的判决,后者认定对天花患者的拘留构成非法监禁);In re *Smith*, 40 N.E. 497 (N.Y. 1895)(否认卫生委员会有权对任何拒绝接受天花疫苗的人实施拘押);*Spring v. Hyde Park*, 137 Mass. 554 (1884); *Beckwith v. Sturtevant*, 42 Conn. 158 (1875)(判决在未经房主同意的情况下,不得将患有天花的家庭安置于无人居住的房屋之中)。

[97] *People v. Tait*, 103 N.E. at 750 (Ill. 1913); *State v. Rackowski*, 86 A. 606 (Conn. 1913).

[98] *Kirk v. Wyman*, 65 S.E. 387 (S.C. 1909)(命令将一名患麻风病的老人置于传染病房内)。

[99] *Rudolphe v. City of New Orleans*, 11 La. Ann. 242 (1856)(支持对一艘载有患有霍乱的乘客的船实行隔离检疫)。

[100] *Illinois ex rel. Barmore v. Robertson*, 134 N.E. 815 (Ill. 1922)(支持对伤寒携带者实施检疫和其他限制措施)。

[101] In re *Culver*, 202 P. 661 (Cal. 1921)(支持对一名女子实施监禁,该女子在与白喉携带者接触后,移走了检疫标示牌)。

[102] *Jew Ho v. Williamson*, 103 F. 10 (C.C.N.D. Cal. 1900)(禁止对中国居民进行全面隔离检疫)。

[103] See, for example, *Washington ex rel. McBride v. Superior Court*, 174 P. 973, 979 (Wash. 1918).

[104] *Kirk v. Wyman*, 65 S.E. 387, 392 (S.C. 1909).

[105] See, for example, *Ex parte McGee*, 185 P. 14 (Kan. 1919).

[106] *People v. Tait*, 103 N.E. at 750, 752 (Ill. 1913).

或"不合理地"行动。⑩ 尽管其判决并不总是清晰一致，但在民权时代之前，法院大致对民事监禁设置了三个限制。首先，卫生部门必须证明个人确实感染了疾病并对公众造成威胁。⑩ 其次，法院会不时强调隔离的环境应当安全、健康，因为公共卫生权力的目的是促进公共福祉而非施加惩罚。⑩ 最后，法院推翻了那些歧视性的干预。在何朱诉威廉姆森（Jew Ho v. Williamson）一案中，联邦巡回法院推翻了一项不公平的隔离检疫措施。⑩ 公共卫生官员以控制黑死病为由，对旧金山的一整个区实施了隔离，被控制的人数超过 1.5 万，全部为华人。法院判决这一隔离检疫措施违反了宪法，因为它是不公平的，卫生部门是带着"邪恶之眼和不公之手"（evil eye and an unequal hand）在行动。⑩ 何朱案提醒我们，有时候，隔离可以被作为歧视和压制边缘群体的工具。⑩

尽管这些早期的案件仍有一定影响，但自 20 世纪中叶民权运动以来，宪法学说已发生了巨大的变迁。如本书第四章所指出的，最高法院设计了一种宪法裁判的多层进路，对侵犯重要自由（如迁徙权）的政府行为适用严格审查标准（heightened scrutiny）。⑩ 在与精神疾病有关的案件中，法院将民事拘

---

⑩ See, for example, *Huffman v. District of Columbia*, 39 A.2d 558, 560（D.C. 1944）; In re *Milstead*, 186 P. 170（Cal. Ct. App. 1919）（因无法证明当事人患有性病而命令将其释放）。

⑩ *Smith v. Emery*, 42 N.Y.S. 258, 260（N.Y. App. Div. 1896）（"仅仅指出人们有暴露于疾病中的可能性是不够的……他们必须实际上暴露于这些疾病中，并且具有传播的实际条件"）；*Ex parte Shepard*, 195 P. 1077（Cal. Ct. App. 1921）（主张对某人患有性病的单纯怀疑不构成实施检疫的充分理由）; *Ex parte Arata*, 198 P. 814, 816（Cal. Ct. App. 1921）（"没有事实支持的单纯怀疑不能作为剥夺人们自由的充分理由"）; *Arkansas v. Snow*, 324 S.W.2d 532（Ark. 1959）（主张只有在患者对公共卫生造成威胁的情况下，才能要求其进行结核病治疗）。

⑩ 在 *Kirk v. Wyman*, 65 S.E. 387, 391（S.C. 1909）案中，法院认为不应将玛丽·科克（Mary Kirk）置于不安全的环境之中。她曾被隔离于传染病医院——那里只有连成一排的 4 个小房间，没有走廊，用于隔离患有天花的黑人，离城市垃圾站仅有 100 码。法院认为"在这样一个地方，哪怕是短期隔离，也将对一名年老、患病且习惯于舒适生活的女士带来严重的痛苦和危险"。See *Jew Ho v. Williamson*, 103 F. 10, 22（C.C.N.D. Cal. 1900）（指出将一大群人置于疑似黑死病流行的地区将使他们面临更大的风险）。不过，在 *Ex parte Martin*, 188 P.2d 287, 291（Cal. Ct. App 1948）案中，法院的审查却没有那么严格。法院支持了卫生官员在选择隔离地点上的自由裁量权。该县监狱被划为性传播疾病的隔离地点，尽管证据表明该地过于拥挤，并遭到了立法调查委员会的批评。法院支持了检察官的主张："尽管监狱作为一种公共机构并非为监禁患者而存在，但在紧急情况下或没有其他可用的公共设施，使用监狱是合理的。"

⑩ *Jew Ho v. Williamson*, 103 F. 10（C.C.N.D. Cal. 1900）。*Jew Ho* 案中的检疫令直接引发了旧金山的一项旨在针对华人的公共卫生计划。在 *Wong Wai v. Willliamson*, 103 F. 1（C.C.N.D.Cal. 1900）案中，法院推翻了一项针对华人的歧视性命令，该命令要求华人在离开城市前必须接种黑死病疫苗。

⑪ *Jew Ho*, 103 F. at 24.

⑫ Daniel Markovits, "Quarantines and Distributive Justice," *Journal of Law, Medicine and Ethics*, 33, no. 2（2005）: 323-44.

⑬ *Shapiro v. Thompson*, 394 U.S. 618（1969）（判决只有居留 1 年以上才能获得福利的要求违宪）;*Korematsu v. United States*, 323 U.S. 214, 218（1944）（指出"严重且紧迫的公共安全威胁"并不能为"将人们从其居住地驱逐"或"限制在家中"等做法提供宪法上的正当性）;*Kansas v. Hendricks*, 521 U.S. 346, 356（1997）（指出虽然免于身体约束的自由是正当程序条款的核心内容，但这种自由并不是绝对的）;*State v. Snow*, 324 S.W. 2d 532（Ark.1959）（认为民事拘禁并非刑罚，而应当更严格地解释，以保护公民权利）。

禁(civil commitment)视为一种特别严重的限制措施,构成"对自由的大规模缩减"。[114]在最高法院的严格审查标准之下,政府必须有某种紧迫的利益,且这种利益通过实施拘留得到了实质性的促进。[115]

(一)传播的风险

在严格审查标准之下,只有造成显著传播风险的人才应被监禁。在这方面,下级法院走得更远。在涉及精神健康[116]和传染性疾病[117]的案件中,它们将"存在实际的危险"作为实施民事监禁的条件之一。大规模隔离(如地理隔离或机构隔离)也引发了宪法问题,如果某群体的部分成员并未造成传播的风险,则政府的行为就显得过于宽泛了。在最高法院看来,过度的隔离措施在宪法上是有问题的,因为它无正当理由就剥夺了某些人的自由。因此,卫生部门应当在可行的范围内,只针对那些对公众造成明确威胁的人实施隔离检疫。

(二)最小限制性替代措施

根据严格审查的标准,法院还会要求政府证明监禁是为达到其所声称的目标而采取的最小限制性措施(the least restrictive alternative)。[118]因此,政府或许还需要提供一些相对于完全监禁而言限制性不那么强的措施,如直接监督治疗、直接动态监控、限制移动或居家隔离。不过,这也并不是要求政府为

---

[114] Vitek v. Jones, 445 U.S. 480, 491 (1980)(认为在被转移到精神病院之前,犯人有权获得正当程序保护);see Addington v. Texas, 441 U.S. 418, 425 (1979)(认为民事拘禁构成了一种"对自由的严重剥夺")。

[115] City of Cleburne v. Cleburne Living Ctr., 473 U.S. 432, 440 (1985). But see Seling v. Young, 531 U.S. 250 (2001)(指出对暴力性侵犯者的民事拘禁必须与州对其实施治疗、使其丧失侵犯能力的目标之间存在合理联系)。

[116] See, for example, Suzuki v. Yuen, 617 F.2d 173, 178 (9th Cir. 1980)(判决夏威夷州一项允许对威胁损害任何财产者实施民事拘禁的法律违宪)。

[117] 尽管法院遵从了卫生官员的专业判断,但他们仍然要求必须找到对公众的切实威胁。See Souvannarath v. Hadden, 116 Cal. Rptr. 2d 7, 11-12 (Cal. Ct. App. 2002)(讨论了加利福尼亚州的一项法规,该法规要求发现结核病患者对公众健康造成威胁,且患者在被强制要求接受治疗之前基本上不可能完成治疗); Snow, 324 S.W.2d at 534(以"公众有受保护之利益的理论"作为拘禁的理由);In re Halko, 54 Cal. Rptr. 661 (Cal. Ct. App. 1966)(判决若卫生官员有合理理由相信某位结核病患者是危险的,则对其实施隔离并未剥夺其基于正当程序条款所享有的权利); Moore v. Draper, 57 So. 2d 648, 650 (Fla. 1952)(判决当某人的疾病已不再构成危险时,其可以寻求释放); Moore v. Armstrong, 149 So. 2d 36 (Fla. 1963) (same)。

[118] Souvannarath, 116 Cal. Rptr. 2d at 11-12(讨论了加利福尼亚州的一项法律,其规定卫生官员在拘留令中列出更小限制性的替代选项,并解释为何拒绝采用这些选项); City of New York v. Doe, 614 N.Y.S.2d 8 (N.Y. App. Div. 1994). 采用更小限制性替代措施的权利在精神健康相关案件中得到了充分的发展。See, for example, Covington v. Harris, 419 F.2d 617 (D.C.Cir. 1969)(要求在将病人安置在精神病院最高安全防护部门之前,必须查明是否存在更小限制性替代措施); Lessard v. Schmidt, 349 F. Supp. 1078 (E.D. Wis. 1972)(要求在实施民事拘禁之前,必须考虑是否存在更小限制性替代措施). See also Model State Public Health Act § 5-108(b)(1) (Pub. Health Statute Modernization Nat'l Excellence Collaborative 2003)(要求在实施隔离和检疫之前,必须证明其已经是必要的最小限制性措施)。

了避免采用监禁这一方式,而选择其他极端或过于昂贵的办法。[19]

(三)程序性正当程序

被拘留的人有权获得程序性的正当程序保护。正如最高法院所指出的,"毫无疑问,违背某人的意愿将其强制送交精神病医院,就和出于无论何种理由将某人强制监禁一样,是一种非经法律的正当程序不得实行的对自由的剥夺"[20]。此处需要何种程序,取决于限制的本质是什么、持续的时间有多长。[21] 很显然,针对长期的、非紧急的拘留,政府必须提供正当程序。[22] 基于对"无论出于何种目的,民事监禁都构成对自由的显著剥夺"以及监禁"可以造成负面的社会后果"的认识,法院判决在民事监禁的听证中,应当由政府来承担以"清晰有力的证据"提供证明的义务。[23]

在1980年的格林诉爱德华兹(Greene v. Edwards, 1980)一案中,西弗吉尼亚州最高法院判决,在面临民事监禁时,传染病患者有权获得与精神病患者相似的程序保护。[24] 这些程序保护包括获得咨询、听证及提起上诉的权利。之所以需要这种严格的程序保护,是基于长期监禁将对自由造成的根本侵害[25],将某人误认为危险分子将导致的严重后果,以及程序对于准确认定复杂事实本身的重要性。必要的时候,还可以颁发临时命令进行拘留后审查。

四、社区控制策略

隔离和检疫是被讨论最多也是争议最大的公共卫生策略,不过除此之外,还有各种其他策略可用于阻止传染病的蔓延。社区控制策略包括个人卫生、社会隔离以及边界控制。作为高致病性流感防控预案的一部分,有关社

---

[19] Lawrence O. Gostin, "The Resurgent Tuberculosis Epidemic in the Era of AIDS: Reflections on Public Health, Law, and Society," *Maryland Law Review*, 54, no. 1 (1995): 1-131.

[20] *O'Connor v. Donaldson*, 422 U.S. 563, 580 (1975) (Burger, C.J., concurring)(认为向对其本人及他人皆无危险性的患者实施非自愿性住院治疗违反了其宪法权利)。See *Vitek v. Jones*, 445 U.S. 480 (1980)(要求在将病人从精神病院转至监狱时,必须遵守程序性正当程序); *Project Release v. Prevost*, 722 F.2d 960 (2d Cir. 1983) (支持充分保护了程序性和实质性正当程序的民事拘禁); *Addington v. Texas*, 441 U.S. 418 (1979)(判决要实施民事拘禁,必须有比优势证据更充分的证据,能证明病人对其本人及他人构成危险)。

[21] *Washington v. Harper*, 494 U.S. 210 (1990)(判决犯人拒绝医疗的权利必须与州在治疗患有精神病的犯人及维护监狱安全的利益之间保持平衡)。

[22] See, for example, In re *Ballay*, 482 F. 2d 648, 563-66 (D.C. Cir. 1973)(实施长期民事拘禁,必须有比对其危险性的合理怀疑更充分的证据);但是see *Morales v. Turman*, 562 F.2d 993, 998 (5th Cir. 1977)(不得要求国家在必须实施检疫以预防高传染性疾病的情况下,提供刑事审判的程序保障)。

[23] *Addington*, 441 U.S. at 425, 426(要求在对精神病人实施拘禁时,其举证标准必须强于优势证据标准,但宪法并不要求采用合理怀疑标准)。See also *Jackson v. Indiana*, 406 U.S. 715 (1972)(判决按照正当程序的要求,拘禁的持续必须与实施拘禁的理由之间存在合理的关联)。

[24] *Greene v. Edwards*, 263 S.E.2d 661 (W. Va. 1980)。

[25] 然而,最高法院判决认为,危险情况的不可预测性(这使得被拘禁者永远不被释放的可能性很大)并不单独构成推翻民事拘禁的理由。*Seling v. Young*, 531 U.S. 250, 262 (2001)。

区控制策略的实证和政策评估也已经发布。[126]

(一)社区卫生

为预防呼吸道感染的传播而采取的卫生措施已经被广泛接受并用于防控流感及其他具备流行潜力的传染病。[127] 感染控制措施包括洗手、消毒、呼吸道卫生(咳嗽、打喷嚏、吐痰等方面的礼节)以及医疗卫生人员的个人防护设备[(personal protective equipment, PPE), 包括口罩、手套、隔离服和护目装置]。这些措施的效果各有不同,取决于其背景即社区或聚集场所的基础设施状况(如医院、学校、护理院或监狱)。研究证明,手卫生的有效性是普遍的[128];个人防护设备和消毒措施则是医院的标准实践。[129] 不过,这些措施在其他情形下的有效性尚不清晰,需要进一步研究来揭示其适当作用。例如在1918年大流感时,佩戴口罩是一种普遍做法,甚至是法律的规定;在SARS和埃博拉疫情暴发期间,许多人都使用了口罩。然而与流行的看法不同,口罩的主要作用是供传染病患者佩戴,以保护他人不受感染。此外,尽管纸质的外科口罩可以阻挡较大的飞沫,并通过限制佩戴者嘴和手的接触以减少传播,但它的紧密程度不足以阻挡较小飞沫,而后者对防止病原体经空气传播而言更为重要。[130]

即便这些卫生措施是有效的,职业人员及广大公众也必须恰当地、持续地使用它们。感染防控手段(例如紧密的N95口罩)必须持续用到风险平息,但这些手段非常累赘,人们很少严格遵从。研究显示,医院的感染防控措施常常是不连贯的,而一般公众也并没有始终如一地坚持哪怕是洗手这种最基本的卫生习惯。

---

[126] World Health Organization Writing Group, "Nonpharmaceutical Interventions for Pandemic Influenza, International Measures," *Emerging Infectious Diseases*, 12, No. 1 (2006): 81-94, 对非药物干预措施的相关经验证据进行了评估; Julia E. Aledort, Nicole Lurie, Jeffrey Wasserman, and Samuel A. Bozzette, "Non-pharmacological Public Health Interventions for Pandemic Influenza: An Evaluation of the Evidence Base," *BMC Public Health*, 7 (2008): 208, 推荐了社区清洁、医院感染控制、有限的强制隔离及居家防护; David Heyman, *Model Operational Guidelines for Disease Exposure Control* (Washington, DC: Center for Strategic and International Studies, 2006); Thomas V. Inglesby, Jennifer B. Nuzzo, Tara O'Toole, and D. A. Henderson, "Disease Mitigation Measures in the Control of Pandemic Influenza," *Biosecurity and Bioterrorism: Biodefense Strategy, Practice, and Science*, 4, no. 4 (2006): 366-75.

[127] American Public Health Association, "Influenza: Report of a Special Committee of the APHA," *Journal of the American Medical Association*, 71, no. 25 (1918): 2068-73.

[128] World Health Organization Writing Group, "Nonpharmaceutical Interventions for Pandemic Influenza, National and Community Measures," *Emerging Infectious Diseases*, 12, no. 1 (2006): 88-94.

[129] Centers for Disease Control and Prevention, *Public Health Guidance for Community-Level Preparedness and Response to Severe Acute Respiratory Syndrome (SARS)*, Version 2/3, updated May 3, 2005, www.cdc.gov/sars/guidance.

[130] Centers for Disease Control and Prevention, *Interim Recommendations for Facemask and Respirator Use to Reduce 2009 Influenza A (H1N1) Virus Transmission*, September 24, 2009, www.cdc.gov/h1n1flu/masks.htm.

(二)社会混合的降低和社会隔离的增大

过往的经验表明,社会隔离和社区限制,是应对传染病的重要举措。人们通常认为,社会混合的降低有助于减缓病原体经空气传播,而避开一些高风险场所(如游泳池)将有助于降低间接的粪口途径传播(fecal-oral transmission)风险。因此在传染病暴发时,政府会关闭一些公共场所(如购物中心、工作场所、公共交通、游泳池等),取消一些公共活动(如体育赛事、演出、会议等)。例如,在 SARS 期间,卫生官员下令关闭了大量的学校、日托设施、医院、工厂及酒店。2009 年 H1N1 流感暴发时,某些区域的学校也被关闭了。当恐惧蔓延开来时,人们会自发的回避社交聚会。然而,我们很难准确预测扩大社会区隔的公共政策将产生的影响。

政策的制定者尤其喜欢将关闭学校作为一种降低疾病风险的策略。模型研究的结论指出,由于儿童是传染病的高效传播者,关闭学校的确有助于阻断流行病的蔓延。[131] 当然,其中的关键问题在于,学校关闭之后,学生们究竟是待在家里,还是四散于购物中心、电影院或其他人群密集场所。短期关闭学校并不会造成太大的社会影响,但疫情往往会持续数月。如果学校的关闭期延长,儿童和青少年可能会想念在校学习、社会拓展和校园午餐。此外,由于父母必须待在家里照顾小孩,也会对公共服务和生产造成影响。

社会隔离(尤其是长期性的)会严重扰乱经济,引起社会大众的孤独和绝望情绪。而社区限制则将造成深远的文化、信仰和家庭问题。在危机时期,与其他人类同胞共赴公民性或精神性的场所,能给人许多安慰。当所爱的人生病时,通过身体接触来抚慰他们,也是人类情感的强烈需求。当可怕的疾病夺走人们所爱之人时,人们需要在教堂、在社会团体中、在葬礼上宣泄他们的悲痛。但即便是这些集会也常常不被提倡甚至完全禁止,就像 2014 年至 2015 年西非的埃博拉疫情期间所发生的那样。与其他许多降低疾病风险的策略相比,社会隔离对弱势群体的伤害是最大的,尤其是对那些自己难以储存食物、饮水和衣物的人,以及那些需要获得帮助的人(如残障失能者)。保证健康的条件当然是政府的责任,但社区也同样发挥着不可或缺的作用。

宪法方面的问题也同样复杂,因为在最高法院看来,迁徙和自由结社是人的基本权利。[132] 毫无疑问,法院会支持合理的社区限制,但法律问题和组织方面的问题仍然存在:谁有权下令关闭?依据何种标准?何时发布?

---

[131] Neil M. Ferguson, Derek A. T. Cummings, Christophe Fraser, James C. Cajka, Philip C. Cooley, and Donald S. Burke, "Strategies for Mitigating an Influenza Pandemic," *Nature*, 442, no. 7101 (2006): 448-52.

[132] *Shapiro v. Thompson*, 394 U.S. 618 (1969).

行使公共卫生权力,必须有严格的保障措施,包括:科学的风险评估,提供安全、宜居的环境,程序性正当程序,使用最小限制性替代措施,以及关注社会正义。公共卫生危机往往导致巨大的争议,政府必须通过透明、公正、高效的行动,来获取公众的信任。我们应对危机的方式——是否动用专制的权力,是否保护弱势群体,折射出我们想要的究竟是一个什么样的社会。

理想状态下,一个有弹性的社会能够在只遭受最小破坏的情况下经受灾难并迅速复苏。[133] 这种弹性涵盖了平等和社会正义的原则;它能够认识到,危机的社会、政治和文化背景将导致重要资源在分配上的不平等,并采取公平有效的计划来解决这些不平等问题。这些计划包括培育弱势群体社区的核心能力,加强公共服务设施建设,这样既可帮助他们应对危机,也可满足日常的公共卫生需求。[134] 对有毒物质和病毒引起的危机的预防,"不能取代以下这种更广泛的进步主义努力:为那些弱势群体,那些因为种族/族群歧视、贫困、患有慢性病、残障失能或需要长期照护等因素而被排挤到社会边缘的人群提供服务"。[135] 旨在培育社区弹性的努力还意味着,弱势人群不应当被看作一种负担,如果决策者使他们也参与到规划的制定中来,他们完全能够成为危机预防、应对和重建的重要力量。

---

[133] Anita Chandra, Joie Acosta, Stefanie Stern, Lori Uscher-Pines, Malcolm V. Williams, Douglas Yeung, Jeffrey Garnett, and Lisa S. Meredith, *Building Community Resilience to Disasters: A Way Forward to Enhance National Health Security* (Santa Monica, CA: Rand Corporation, 2011); Alonzo Plough, Jonathan E. Fielding, Anita Chandra, Malcolm Williams, David Eisenman, Kenneth B. Wells, Grace Y. Law, Stella Fogleman, and Aizita Magaña, "Building Community Disaster Resilience: Perspectives from a Large Urban County Department of Public Health," *American Journal of Public Health*, 103, no. 7 (2013): 1190-97.

[134] Sophia Jan and Nicole Lurie, "Disaster Resilience and People with Functional Needs," *New England Journal of Medicine*, 367, no. 24 (2012): 2272-73.

[135] Jennings and Arras, *Ethical Guidance*, 79.

第十二章　非传染性疾病预防
——促进更健康的生活方式

> 我们几乎生活在一场集体性的恍惚之中，它源自一种文化，这种文化迫使我们在不断寻找慢性病新疗法的同时，却仍然开着满大街小巷的 *Dunkin's* 甜甜圈连锁店；研究可以在溶液中加入多少糖分，再将其包装成水的替代物在市场上推广；不断开发新的成瘾性食品；通过新的发明来产生新的需求，而这些发明将进一步侵蚀我们原本就所剩不多的日常体力活动；假装那些五颜六色的棉花糖（或者其他能被吸收的垃圾）构成了"完美早餐"或健康饮食的一部分。我们放任这些事情发生，日复一日；我们每天都在支持和助长这些做法。然而与此同时，我们却一直在研究新的药品和器械，开发新的支架和降胆固醇药物。我们学习心肺复苏术。我们通过这些做法来同糖尿病和心脏病做斗争——尽管有 90% 以上的糖尿病原本是不应发生的，80% 以上的心脏病原本也是可以阻止的。我们似乎已经习惯将如下选择看作一种中年生活的权利：血管成形术还是冠状动脉搭桥术？取个号——过程愉快——请在快餐店内等候——下一位！
>
> ——戴维·L.卡茨：《医疗作为生活方式》(David L. Katz, *Lifestyle as Medicine*, 2015)

公众对传染性疾病的危险有一种直观的理解。尽管人们一直争论如何在公共健康和公民自由之间找到适当的平衡，但很少有人会质疑政府在传染性疾病控制中发挥作用的正当性。但对于非传染性疾病（noncommunicable diseases, NCDs），如癌症、糖尿病、心脑血管疾病、慢性呼吸道疾病，情况却大有不同。而在世界各国，这些疾病已经日益成为致死的重要因素。

尽管非传染性疾病带来了大量的痛苦和过早的死亡，但它们到底是政府行动的对象，还是个体的责任，人们对此仍然存在严重的分歧。不良的饮食、缺乏体育锻炼、过度饮酒和吸烟等因素助长了这些疾病。按照流行的看法,这都是个体自主选择和生活方式的后果。相当一部分公众认为,政府应当告知和规劝个体作出健康的选择,但不应当限制其选择,更不应动用强制手段。归根到底,一个人关于吃什么、去不去锻炼、喝不喝酒、吸不吸烟的决定,主要跟其本人相关。政府通过经济激励或改变环境等手段来影响这些选择的努力,将进一步坐实"保姆型国家"(the nanny state)这个带有蔑视意味的标签。

然而,这种个人主义和个体责任的叙事存在许多严重的问题。糟糕的个人选择带来了巨大的集体成本,会对经济、社会和人类的幸福造成负面影响。慢性病引起了巨大的苦痛、失能和过早的死亡,严重损害了人类的幸福、社会组织的运行和国家的繁荣发展,同时带来了巨大的医疗成本和生产效率的下降。

关于个体应当为其选择承担后果的观点还存在另一个问题。人们当然享有选择生活方式的自由,但是既然个体融入社会当中,其能作出什么选择、具体作出了什么选择就必须受到所处环境的深刻影响。公共健康的鼓吹者常说,政府可以促进自然、社会和经济环境的建构,以使"健康的选择成为更容易的选择"。但这要求我们直接面对并从根本上改变以个人主义、自治和自由企业为代表的主流文化。

本章旨在探讨法律、健康和政治交叉领域中存在的若干重要问题。政府在影响和控制个体行为方面究竟发挥着何种正当的作用?吸烟、过度饮酒、不良饮食、缺乏锻炼的问题,是否应当交给个体、商业和社会来解决?如果的确需要发挥政府的作用,其边界在何处?是通过教育、劝说、信息披露等柔性手段,还是采取更强硬的手段(如征税、区划、规制及法律责任)?

我们首先将描述非传染性疾病导致的日益增长的负担,以及公共卫生法的应对。然后,我们将采取一种生态学的方法,纵览公共卫生法在预防非传染性疾病领域的"工具箱",并明确影响行为选择的四个环境因素,即信息环境(information environment)、零售环境(retail environment)、建成环境(built environment)和社会环境(social environment)。

第一节 非传染性疾病的负担

(过度肥胖)是我们目前面临的最显著的公共健康挑战,这既是因为其影响的人群规模巨大,也是因为它造成了许多连锁反应,如身体虚弱、治疗成本高昂的慢性病等……这些成本有可能酿成一场灾难 …… 除非所有社会部门都严肃对待预防肥胖的需要,并采取负责任的行动。我们不能坐视不理,等到人们已经陷入疾病后再投入大量的精力和金钱去开展疾病的危机干预——这种危机原本是可以预防(至少是可以缓和)的。

——医学研究所:《促进肥胖预防》(Institute of Medicine, Accelerating Progress in Obesity Prevention, 2012)

尽管我们在上一章讨论的传染性疾病控制和突发公共卫生事件防备仍然至关重要,但非传染性疾病和伤害已成为当前造成失能和过早死亡的主要原因。[1] 不良饮食和吸烟是导致疾病负担的两大最主要因素,紧随其后的是缺乏锻炼和过量饮酒。[2] 肺癌是癌症死亡的第一杀手,其造成的死亡数比其余三种最普遍的癌症加起来还要多。[3] 美国的吸烟率如今已显著下降,从1964年接近一半成年人吸烟[据1964年《医务总监报告》(surgeon general's report)披露],到如今已低于20%,但每天仍然有3 200名儿童开始吸第一支烟,2 100名青少年从偶尔的吸烟者变成经常吸烟者。[4] 1/3的美国成年人患有高血压,接近1/7的人胆固醇偏高,二者皆是慢性病的主要风险因素。接

---

[1] 在2013年的统计中,十大死因中有八项是非传染性疾病。Kenneth D. Kochanek, Sherry L. Murphy, Jiaquan Xu, and Elizabeth Arias, "Mortality in the United States, 2013," *National Center for Health Statistics Data Brief No.* 178 (Hyattsville, MD: National Center for Health Statistics, December 2014),报告指出,2013年的十大死因包括心脏病、癌症、慢性下呼吸道疾病(如主要由吸烟引发的慢性阻塞性肺疾病)、意外伤害、中风、阿尔兹海默症、糖尿病、流感和肺炎、肾病(主要由糖尿病和高血压引起)、自杀。2010年,导致过早地死亡(YLL)的十大主因是,缺血性心脏病、肺癌、中风、慢性阻塞性肺疾病、道路伤害、自残、糖尿病、肝硬化(主要由酗酒导致)、阿尔兹海默症、直肠结肠癌。两种主要的传染性疾病,HIV/AIDS和下呼吸道感染,在1990年曾位列十大死因,但2010年则已不在其中。See U.S. Burden of Disease Collaborators, "The State of US Health, 1990-2010: Burden of Diseases, Injuries, and Risk Factors," *Journal of the American Medical Association*, 310, no. 6 (2013): 591-608, 595-96, fig. 1. 同样的模式在全球(甚至是发展中国家)都很明显。Lawrence O. Gostin, "Noncommunicable Diseases: Healthy Living Needs Global Governance," *Nature*, 511, no. 7508 (2014): 147-49.

[2] 2010年,在美国,依据失能调整生命年(DALYs)标准得出的十大风险因素包括膳食结构、吸烟、肥胖、高血压、空腹高血糖、缺少运动、酗酒、高胆固醇、滥用药物、暴露于高浓度环境污染中。U.S. Burden of Disease Collaborators, "The State of US Health, 1990-2010," fig. 3. 在世界范围内,这些因素包括高血压、吸烟、家居空气污染、低水果摄入量、酗酒、肥胖、空腹高血糖、儿童体重不足、环境颗粒物污染以及缺乏运动。See Institute for Health Metrics and Evaluation, *The Global Burden of Disease: Generating Evidence, Guiding Policy* (Seattle, WA: Institute for Health Metrics and Evaluation, 2013), 14, fig. 3.

[3] American Cancer Society, *Cancer Facts and Figures* 2014 (Atlanta, GA: American Cancer Society, 2014).

[4] U.S. Department of Health and Human Services, *Preventing Tobacco Use among Youth and Young Adults: A Report of the Surgeon General* (Atlanta, GA: Centers for Disease Control and Prevention, 2012); U.S. Department of Health and Human Services, The Health Consequences of Smoking: 50 Years of Progress: A Report of the Surgeon General (Atlanta, GA: Centers for Disease Control and Prevention, 2014).

近 1/10 的美国人患有糖尿病,其中接近 1/3 是未确诊的。[5] 接近 40% 的美国成年人空腹血糖水平不正常,这表明他们可能属于"前驱糖尿病"(prediabetic)患者。[6] 2/3 的成年人和 1/3 的儿童身体质量指数超出了健康范围,而 35% 的成年人、20% 的青少年、18% 的 6 岁至 11 岁儿童、8% 的 2 岁至 5 岁儿童属于过度肥胖。[7]

而且,非传染性疾病在有色人种、低收入社区居民和残障失能者中造成的负担高得不成比例。例如,非裔美国人患心脏病或中风而过早死亡的概率比非拉丁裔白人高 50%。[8] 贫困人口比高收入人群被确诊为糖尿病的概率高出两倍。[9] 低收入及正式教育程度低的人群吸烟的可能性更高。[10] 社会经济地位更高的吸烟者,也更有可能尝试戒烟,且成功率也更高。[11] 患有残障失能的人患高血压的概率也更高,而且通常更少得到较好的控制。[12] 在患有严重精神疾病的人群中,对糖尿病、癌症、心脏病的误诊和不合标准的医疗是一个特别显著的问题,这些人的平均死亡年龄比同龄人要早 25 年。[13]

从医疗成本和生产率降低带来的损失来看,心血管疾病和中风每年造成约 3 150 亿美元的损失,糖尿病每年造成的损失是 2 450 亿美元,肺癌每年造

---

[5] Centers for Disease Control and Prevention, *National Diabetes Statistics Report*, 2014 (Atlanta, GA: Centers for Disease Control and Prevention, 2014).

[6] Alan S. Go, Dariush Mozaffarian, Véronique L. Roger, Emelia J. Benjamin, Jarett D. Berry, Michael J. Blaha, Shifan Dai, et al., "Heart Disease and Stroke Statistics: 2014 Update," *Circulation*, 128 (2014): e28-e292, e29. 由于缺少干预,15%~30% 的前驱糖尿病会在 5 年之内发展成 2 型糖尿病。

[7] Cynthia L. Ogden, Margaret D. Carroll, Brian K. Kit, and Katherine M. Flegal, "Prevalence of Childhood and Adult Obesity in the United States, 2011-2012," *Journal of the American Medical Association*, 311, no. 8 (2014): 806-14. "肥胖"一词虽然常在一般的意义上使用,但从技术上讲,它指的是身体质量指数超过 30。对成人而言,身体质量指数低于 18.5 属于体重不足,18.5~24.9 属于正常体重,25~30 属于超重,超过 30% 则属于肥胖。对儿童来说,根据疾病控制与预防中心编制的生长曲线表,85-95 百分位属超重,95 分则属于肥胖。See CDC, *Body Mass Index*, last updated May 15, 2015, www.cdc.gov/healthyweight/assessing/bmi.

[8] Cathleen D. Gillespie, Charles Wigington, and Yuling Hong, "Coronary Heart Disease and Stroke Deaths: United States, 2009," *Morbidity and Mortality Weekly Report*, 62, no. S3 (2013): 157-160, 158.

[9] Ibid., 101.

[10] Bridgette E. Garrett, Shanta R. Dube, Cherie Winder, and Ralph S. Caraballo, "Cigarette Smoking: United States, 2006-2008 and 2009-2010," *Morbidity and Mortality Weekly Report*, 62, no. S3 (2013): 81-84.

[11] Jessica L. Reid, David Hammond, Christian Boudreau, Geoffrey T. Fong, and Mohammed Siahpush, "Socioeconomic Disparities in Quit Intentions, Quit Attempts, and Smoking Abstinence among Smokers in Four Western Countries: Findings from the International Tobacco Control Four Country Survey," *Nicotine and Tobacco Research*, 12, no. S1 (2010): S20-S33.

[12] Cathleen D. Gillespie and Kimberly A. Hurvitz, "Prevalence of Hypertension and Controlled Hypertension: United States, 2007-2010," *Morbidity and Mortality Weekly Report*, 62, no. S3 (2013): 144-48, 45.

[13] John S. Brekke, Elizabeth Siantz, Rohini Pahwa, Erin Kelly, Louise Tallen, and Anthony Fulginiti, "Reducing Health Disparities for People with Serious Mental Illness: Development and Feasibility of a Peer Health Navigation Intervention," *Best Practices in Mental Health*, 9, no. 1 (2013): 62-82.

成的损失大约是 380 亿美元。⑭ 然而，这些枯燥乏味的经济学评估，并没有将减少非传染性疾病发病率对个人、家庭和社会的价值计算在内。减轻个人的痛苦，享受更具活力的生活方式，也都应算在社会收益当中。

尽管非传染性疾病和肥胖造成了巨大的负担，但是仍有批评者反对将其界定为流行病(epidemics)，在他们看来，这个词带有"紧急"(urgency)的含义。批评者指出，政府部门常常通过唤起危机逼近的想象，来为公共卫生干预和支出提供正当性。在某种意义上，"流行病"的定义与非传染性疾病(如糖尿病和心脏病)是相符合的：一方面，它们都是同时影响许多人的疾病；但另一方面，它们也缺乏流行病的人际传播特征。正如理查德·爱泼斯坦(Richard Epstein)所说："无论肥胖症带来了多少问题，它都不是一种传染性疾病，它不会像一场真正的瘟疫那样，带来恐慌和混乱。"⑮传染性病原带来的危险是隐蔽的，个体在这种危险面前，显得微不足道。然而不健康的饮食、缺乏锻炼、吸烟、酗酒的危险是众所周知的。人们常常觉得自己有能力作出选择，用不着政府来保护。

还有一种观点也引起了广泛的争议，即认为控制过度肥胖可以作为公共卫生的目标，而控制风险因素(如不健康的饮食和缺乏锻炼)及其健康后果(如糖尿病、心脏病)则不是。⑯"健康并不是一串数字，而是一种主观的体验，受到许多因素的影响。体重计并不能告诉我们一个人到底是健康还是不健康。"⑰过度肥胖是由身体质量指数(即体重除以身高数的平方)来定义的，分为体重过轻、正常、过重、肥胖、重度肥胖等情形。在人群层面上，肥胖和过重率提醒我们改变饮食习惯、行为模式及其他风险因素。然而在个人层

---

⑭ Go, "Heart Disease and Stroke Statistics," 3-4; American Diabetes Association, "Economic Costs of Diabetes in the U.S. in 2012," *Diabetes Care*, 36, no. 4 (2013): 1033-46; Angela B. Mariotto, K. Robin Yabroff, Yongwu Shao, Eric J. Jeuer, and Martin L. Brown, "Projections of the Cost of Cancer Care in the United States: 2010-2020," *Journal of the National Cancer Institute*, 103, no. 2 (2011): 117-28.

⑮ Richard A. Epstein, "What (Not) to Do about Obesity: A Moderate Aristotelian Answer," *Georgetown Law Journal*, 93, no. 4 (2005): 1361-86, 68.

⑯ D. Robert MacDougall, "National Obesity Rates: A Legitimate Health Policy Endpoint?," *Hastings Center Report*, 43, no. 3 (2013): 7-8.

⑰ Marylin Wann, foreword to *The Fat Studies Reader*, ed. Esther Rothblum and Sondra Solovay (New York: New York University Press, 2009), xiii.

面上,身体质量指数并不必然代表健康水平。[18] 仅仅依靠它来衡量个人的健康水平,容易放大偏见和歧视,对健康和福祉带来负面影响。[19]

第二节 公共卫生策略演进与非传染性疾病预防政治

> 我们真正需要的,是政府在各个层面的实质性干预和投入……社区、工作场所、学校、医疗中心以及其他许多受联邦政府与州政府规制的场所,都可以进行适当的调整,以使其环境变得更有益于健康的饮食和行为模式。
> ——马里昂·奈斯德、迈克尔·F.雅各布森:《阻止肥胖症》(Marion Nestle and Michael F. Jacobson, *Halting the Obesity Epidemic*, 2000)

基于新的研究发现和公共卫生模式的转换,非传染性疾病的预防策略在过去的几十年里也在不断演进。[20] 最开始,非传染性疾病的预防和管理与法律几乎毫不相干。"二战"以后,公共卫生共同体发现自己走到了十字路口:几个世纪以来,控制传染性疾病一直是他们的首要关切,然而到"二战"后,非传染性疾病已经取代传染性疾病成为人类最主要杀手。[21] 随着科学的

---

[18] 除了统计学上的极限重量外,肥胖本身与寿命预期并无很强的关联。例如,一个久坐瘦弱之人过早死亡的风险比一个适当运动的肥胖者要高。M. Fogelholm, "Physical Activity, Fitness and Fatness: Relations to Mortality, Morbidity and Disease Risk Factors: A Systematic Review," *Obesity Review*, 11, no. 3 (2010): 202-21: "具有高身体质量指数和良好有氧能力的人,与身体质量指数正常但极少健身的人相比,因心血管病死亡的概率较低。"有证据表明,只有极少数人的非传染性疾病风险可归于肥胖(而不是饮食和不运动)。肥胖和慢性病的流行病学研究很少将混杂变量如健身、卡路里摄入、体重循环、经济社会地位等因素考虑在内。2013年,疾病控制与预防中心的研究表明,与主流观点假设的相反,身体质量指数值在 30~35 之间的肥胖人群在全因素死亡风险方面并没有更高;身体质量指数在 25~30 之间的超重人群则比正常体重的人群更低。Katherine M. Flegal, Brian K. Kit, Heather Orpana, and Barry I. Graubard, "Association of All-Cause Mortality with Overweight and Obesity Using Standard Body Mass Index Categories: A Systematic Review and Meta-analysis," *Journal of the American Medical Association*, 309, no. 1 (2013): 71-82. 不过在公共卫生群体内部,对这一肥胖悖论仍然存在争议。

[19] Rebecca M. Puhl and Chelsea A. Heuer, "Obesity Stigma: Important Considerations for Public Health," *American Journal of Public Health*, 100, no. 6 (2010): 1019-28.

[20] Lindsay F. Wiley, "Shame, Blame, and the Emerging Law of Obesity Control," *U. C. Davis Law Review*, 47, no. 1 (2013): 121-88, 42-47, 其中部分内容在本节中有所重复。

[21] See Mervyn Susser and Ezra Susser, "Choosing a Future for Epidemiology, I: Eras and Paradigms," *American Journal of Public Health*, 86, no. 5 (1996): 668-73, 70: "'二战'结束后不久,在发达国家,慢性病死亡率已超过了传染性疾病死亡率。"

不断进步,不良饮食、缺乏锻炼、吸烟、酗酒、过度暴晒等行为与健康之间的关联逐渐被揭示出来。基于这些发现,健康研究者建立起一种关于健康的行为模式,并将健康教育作为最核心的预防策略(见第一章)。

自 1964 年具有里程碑意义的《医务总监报告》详细阐释吸烟危害以来,控烟运动开始运用法律手段来促进行为模式的改变,包括广告限制、强制警告和信息披露、禁止室内吸烟、征收烟草税等。然而在法律控烟受到广泛关注的同时,人们却仍然仅仅把不良饮食和缺乏锻炼当成一种有赖于提高个人意识、依靠私人企业行为和医患沟通咨询的问题。[22] 政府将自身的角色限定于制定《美国人膳食指南》(the Dietary Guidelines for Americans, DGAs)或采取其他教育措施上。[23] 而且如马里昂·奈斯德和迈克尔·雅各布森所指出的:"通常情况下,这些指南关注的是个体,并且倾向于陈述一些显而易见的事实。"[24] 更糟糕的是,在美国农业部的支持下,《美国人膳食指南》受到了产业集团的巨大影响。直到 1977 年,国会才试图将更强的健康理念融入其中。今天,《美国人膳食指南》是由美国农业部和健康与人类服务部共同制定的。[25]

当 1995 年医务总监埃弗里特·库普(C. Everett Koop)宣布"向肥胖开战"时,人们已经清楚认识到仅仅依靠传统的策略是不够的。肥胖率在 20 世纪 80 至 90 年代间急速上升[26],研究结果显示,肥胖与 2 型糖尿病、局部缺血

---

[22] 美国卫生部于 2000 年颁布了《健康人民 2010》规划,其中包含了通过雇主提供体重管理计划的提议,鼓励初级医疗提供者提供医学减肥的建议,减少学校和餐馆食物中不必要的卡路里摄入,增加食品的营养标签,改善社区康乐设施的使用。但是与烟草目标相比,肥胖目标关注的是结果,而非公开指导实现这些结果的策略。例如,并未要求各州立法以实现这些目标。尽管其意识到了儿童肥胖问题的重要性,但并未要求政府承担避免儿童食用高风险食品的特殊责任。Mary Anne Bobinski, "Health Disparities and the Law: Wrongs in Search of a Right," American Journal of Law and Medicine, 29, no. 3 (2003): 363-80, 78.

[23] U.S. Department of Health and Human Services, Office of Disease Prevention and Health Promotion, Dietary Guidelines for Americans, Health.gov, updated August 25, 2015, http://health.gov/dietaryguidelines.

[24] Marion Nestle and Michael F. Jacobson, "Halting the Obesity Epidemic: A Public Health Policy Approach," Public Health Reports, 115, no. 1 (2000): 12-24, 14.

[25] 1997 年,参议院营养与人类需求选择委员会在医学专家和营养学家的影响下,发布了《美国人膳食指南》,建议美国人减少脂肪、饱和脂肪和胆固醇的摄入量。但是在乳制品、鸡蛋和牛肉行业的压力下,报告最终采取了一种更为和缓的建议方式。Lindsay F. Wiley, "The U.S. Department of Agriculture as a Public Health Agency?: A 'Health in All Policies' Case Study," Journal of Food Law and Policy, 9, no. 1 (2013): 61-98.

[26] See Katherine M. Flegal, Margaret D. Carroll, Cynthia L. Ogden, and Lester R. Curtin, "Prevalence and Trends in Obesity among U.S. Adults: 1999-2008," Journal of the American Medical Association, 303, no. 3 (2010): 235-41, 发现 1976 至 2000 年间,美国成人肥胖率增加,但 2000 至 2008 年间,妇女肥胖率没有明显变化,而男性肥胖率仅有轻微提升; Cynthia L. Ogden, Margaret D. Carroll, Brian K. Kit, and Katherine M. Flegal, "Prevalence of Obesity and Trends in Body Mass Index among US Children and Adolescents, 1999-2010," Journal of the American Medical Association, 307, no. 5 (2012): 483-90, 发现儿童肥胖率从 80 年代到 90 年代持续增长,但在 1999 至 2008 年间并无明显变化。

性心脏病、中风、胆囊疾病、睡眠窒息、抑郁、骨关节炎及多种癌症之间存在关联。[27] 吸烟率在20世纪70至80年代出现了显著下降,但对于剩下的"顽固"吸烟者,也很难再进一步。公共卫生专家开始寄希望于"无烟一代"(tobacco-free generation),并为推动烟草的终结做着准备。[28] 这些发展以及社会流行病学的兴起,促使政策的制定者去探索如何运用法律来鼓励健康的行为、创造健康的环境。

社会流行病学的模型将个体行为置于更广泛的社会背景之中,革命性地改变了非传染性疾病的预防。吸烟、酗酒等行为受到社会、经济、环境等因素的巨大影响。越来越多的研究将我们的自然和社会环境描述为一种"致胖环境"(obesogenic),用简单的话说就是"如果你跟随潮流,你一定会变得超重甚至肥胖"。[29] 价廉、味美、高热量的食品无处不在,正如当年的烟草制品一样。我们身边充斥着各种快餐、甜麦片、酸奶、碳酸饮料、酒、烟草制品(尤其是电子烟)的营销。我们常常在外吃饭,且分量惊人。更糟糕的是,我们的生活、工作、学习和娱乐是与体育锻炼相分离的,我们将锻炼看成一种单独的(并且常常是昂贵的)任务,而非将其融入我们的日常生活当中。

基于生态学的模型,有人鼓吹要通过法律来改变环境,包括信息环境(信息披露的要求和广告限制)、零售环境(税收、最低价格、补贴、许可限制)、建成环境(公共开支、发展、区划)。所有这些都会对社会环境(包括关于身体活动和消费的社会规范)带来影响。

不过,扩大公共卫生法的范围,使其覆盖关于非传染性疾病的诸多决定因素,这一做法仍然具有很大的争议性。香烟盒上的图片警告标识、消费税(如针对含糖饮料和人工日光浴)、对人工反式脂肪酸的禁止、针对学校或连锁餐厅所售儿童食品的营养标准和分量控制,这些做法都引发了激烈的争论。立法者和媒体评论员都表达了对"父爱主义"(paternalism)和经济衰退的担忧。在法庭上,产业团体主张这些措施侵犯了公司的言论自由(free-speech rights),或是主张政府的区分标准随意武断,或是超出了政府权力的合理界限。

---

[27] See Daphne P. Guh, Wei Zhang, Nick Bansback, Zubin Amarsi, C. Laird Birmingham, and Aslam H. Anis, "The Incidence of Co-morbidities Related to Obesity and Overweight: A Systematic Review and Meta-analysis," *BioMed Central Public Health*, 9(2009):88.

[28] "The Tobacco Endgame," *Tobacco Control*, 22(supp. 1)(2013),提出了试图消除一切烟草使用的特别措施。不少评论者注意到,在许多国家,亚群吸烟率仍然高于50%,而在美国、英国、澳大利亚及其他有着明确控烟规定的国家,问题的重点已转向了是否需要全面禁止烟草使用。

[29] CDC director Tom Frieden, quoted in Daniel DeNoon, "How Did the Nation Get So Fat?" *WebMD: In the Spotlight*, May 13, 2012, http://blogs.webmd.com/webmd-guests/2012/05/howdid-the-nation-get-so-fat.html.

对建立在社会生态学(social-ecological)模型基础上的规制的批评在所难免。推广健康的生活方式"对许多行业的利益造成了威胁,同时显著地扩大了政府干预的范围"㉚。不过,各行业(烟草、农业、食品、饮料、餐饮及零售业)的物质利益,只是"新"公共卫生理论遭遇批评的一部分原因。这些批评还同时源自哲学和文化观念:非传染性疾病的风险,到底是私人事务,还是公共事务?

在20世纪80年代,关于二手烟损害非吸烟者健康的证据,激起了人们对更有效控烟措施的要求。医疗成本的升高和生产率的降低是不是一种"外部性"?这会不会将原本仅与个人自身有关的决定转化为公共问题?值得讨论的是,政府实际上有一种合法的利益,对医疗和社会成本加以控制,这些成本很大程度上都必须由社会整体来买单。而批评者则指出,恰恰是集体主义的医疗筹资[诸如医疗保险(Medicare)与医疗补助(Medicaid)等公共项目,以及联邦对商业健康保险承销的监管],人为地将成本"外部化"了,而这些成本原本应该由个人来承担。㉛

对"公害物品"(public bads)的经典解释,是将其定义为某种未经同意便强加在公众头上的不可分割的危害。基于社会流行病学的洞见,非传染性疾病危险是否也属于此?㉜归根到底,答案是什么,取决于我们如何提问。人们很难相信,个人对危险产品或服务的消费会是一种未经同意便强加给公众的"不可分割"的危害。不过,如果我们所说的"公害物品"指的是导致人群层面非传染性疾病风险上升的社会和经济环境,那就另当别论。当低收入社区充斥着快餐店,却很少有种类齐全的食品店时,讨论"个体的同意"是没有意义的。在有害产品无孔不入的营销面前,这种同意也是没有意义的。不是所有人都能自由选择住哪个社区或上哪所学校,以获得享受安全、便利的交通和娱乐的机会。在社会流行病学看来,这些危害是不可分割的,正如一家工厂排放的污染会影响到整个社区一样。科学家能够在人群层面上建立起产业实践和健康产出之间的关联,尽管——正如侵权案件的原告常常发现的——这种联系在个人层面上未必令人信服。

维护公益和纠正公害都需要集体行动,任何个体的单独行动都无法创造促进健康的环境。但是保护公众健康还需要去做一些由于无法预知谁会获益因此个体没有足够动力(即便有这个能力)去做的事情。公共卫生对于集

㉚ Roger S. Magnusson, "Mapping the Scope and Opportunities for Public Health Law in Liberal Democracies," *Journal of Law, Medicine and Ethics*, 35, no. 4 (2007): 571-87, 72.

㉛ See, for example, Barrie M. Craven, Michael L. Marlow, and Alden F. Shiers, "Fat Taxes and Other Interventions Won't Cure Obesity," *Economic Affairs*, 32, no. 2 (2012): 36-40.

㉜ Lindsay F. Wiley, "Rethinking the New Public Health," *Washington and Lee Law Review*, 69, no. 1 (2012): 207-72, 68-71, 其中部分内容在本节中有所重复。

体的独特关注,正是其政治化(politicization)的根源。著名的流行病学家杰弗瑞·罗斯(Geoffrey Rose)曾将公共卫生的核心矛盾描述为"预防悖论"(prevention paradox)。最有可能在人群层面促进健康的干预措施,往往无法与个人利益联系起来。我们知道控烟能够拯救生命。但是我们无法随便指着哪个人说:"这个人的生命之所以被拯救,是因为她所在的州规定了足够高的烟草税,阻止了她从 14 岁开始吸烟。"同样,我们知道含糖饮料的过度消费与健康状况不佳的结果是有联系的,但是我们没法说某个特定的人之所以没有得糖尿病,是因为他所上的公立学校不允许售卖含糖类饮料。

经典的自由主义政治哲学倾向于忽视社会、经济和环境因素对健康的决定作用,而更多地强调个人选择和个体责任。但是只有从人群的角度,我们才能更好地理解法律对于预防非传染性疾病的作用。控烟、适量饮酒、健康饮食、加强锻炼,这都是为了提升群体的健康。从图 12.1 中我们可以看出,越是需要个人努力的干预措施,其对人群的影响就越小;越是引导人们自然而然地作出健康选择的措施,其对人群的影响就越大。难道仅仅因为后一种措施 ——用公共卫生先驱赫尔曼·比格斯的话说,这些措施是"明显为公共利益设计的"③——不符合"自我主权"(self-sovereignty)的哲学标准,就要被拒之门外?倘若如此,人们将无力应对那些引发残障失能和过早死亡的最主要原因。

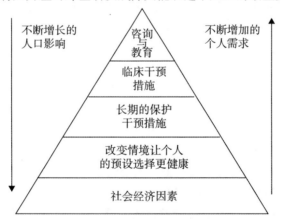

图 12.1　健康影响金字塔

摘自 Thomas R. Frieden, "A Framework for Public Health Action: The Halth Impact Pyramid," *American Journal of Public Health*, 100, no. 4 (2010): 590-95, 91.

---

③ Hermann M. Biggs, "Preventive Medicine in the City of New York," speech delivered at the British Medical Association's annual meeting in Montreal, Canada, September 3, 1897, 27-28, http://hdl.handle.net/2027/coo.31924007544087.

本章接下来将探讨的内容是，为了减少非传染性疾病，政府究竟能采取哪些手段。我们当然不是怂恿政治家们不假思索地运用这些手段，关于它们的有效性，还需要进一步的研究。毋宁说，我们相信一个国家应当对创新的预防措施保持开放的心态，因为这些疾病造成的后果实在太严重——尤其对那些最弱势的群体。

第三节　信息环境

> 市场营销教科书神化了消费者：商业成功的本质，就是我们（消费者）的完全满意——前提是我们能付得起。其结果，就是不断地"围猎"人们的新需要和新需求（更多的是新的痴心妄想），以及权利感不断膨胀的人群。这种危险的放纵从一个人出生就开始了，因为对于企业营销者来说，一个孩子，意味着终身盈利的机会。
>
> ——杰拉德·哈斯汀：《为什么公司权力是公共卫生的重点》（Gerard Hastings, Why Corporate Power is a Public Health Priority, 2012）

鼓励人们健康饮食、戒烟、适量饮酒的教育和宣传活动有助于促进行为方式的转变。此外，政府资助的言论也面临着少许法律上的障碍（见第四章）。[34] 但是这些活动遭到了产业营销的强大竞争。确保消费者获得产品的准确信息、确保信息以通俗易懂的方式呈现、禁止误导性和掠夺性的广告，这都是强有力的公共卫生工具。政府可以抑制危害公众健康的商业传播，而强令发布有益公众健康的信息。然而，政府对信息环境的控制，引发了不少重大的社会和宪法问题。

---

[34] Patrick J. Madden, "When Government Speaks: Politics, Law, and Government Expression in America," book review, *Journal of Politics*, 46, no. 4 (1984): 1291-93; Frederick Schauer, "Is Government Speech a Problem?" book review, *Stanford Law Review*, 35, no. 2 (1983): 373-86; *R.J. Reynolds Tobacco Co. v. Shewry*, 423 F.3d 906 (9th Cir. 2005)（支持了一项由国家资助的反烟草运动，其经费来自向烟草制造商征收的制造业消费税）；*Johanns v. Livestock Mktg. Ass'n*, 544 U.S. 550, 553（2005）（支持了对牛肉工业推广活动资金的联邦评估）；*Glickman v. Wileman Bros. & Elliott, Inc.*, 521 U.S. 457 (1997)（支持了一项联邦营销命令，该命令要求加利福尼亚州的水果生产者为一个一般的广告计划提供资金，因为它是一个综合监管计划的一部分）；但是在 *United States v. United Foods, Inc.*, 533 U.S. 405, 411 (2001) 案中，法院认为，要求蘑菇生产和进口商为一般的蘑菇工业推广广告提供资金，构成了一种强制性言论："如果政府能够强迫公民补贴某种言论，那第一修正案的价值便陷入了严重的风险。"

一、警告标识和披露要求

作为一种政府干预措施,信息披露与消费者自主的主流文化价值是相一致的。比起限制人们作出选择,促进他们的知情选择(informed choices)在政治上更能够被接受。例如,消费者在吃东西时,往往并不清楚这些食物的营养成分和副作用。食品包装上的标识往往故意设计得令人费解;餐馆常常不披露任何信息;许多消费者并不完全清楚添加的盐、脂肪和糖的风险。产品标识和健康警示有助于实现消费者的知情选择。

早期对标识的要求——包括1965年医务总监授权的香烟警示[35]和1988年的"酒精饮料"[36]标识——在法庭上并未遭遇产业集团的挑战。但是近期对这些要求的进一步扩展却遭到了强硬的抵制,理由是侵犯了公司推销其产品的第一修正案权利,即所谓的"商业言论"。第一修正案的"寒蝉效应"(chilling effects)导致美国在诸如烟草警示和广告限制等方面远远落在了其他国家后面(参见框12.1)。

框12.1 烟草警告标识和广告限制
——美国:从先驱到落后

> 在第一份《医务总监报告》发布15年后,我们就已经学会如何终结烟草的"瘟疫"。在过去的50年里,科学家、研究人员、政策制定者已经知道,如果我们真的想终结我国历史上这场最悲剧性的战争,应该如何工作、采取哪些措施。
>
> ——凯瑟琳·西贝柳斯,健康与人类服务部部长(Kathleen Sebelius, 2014)

就在1964年《医务总监报告》发表当月,联邦贸易委员会(FTC)颁布了一项石破天惊的规则,要求烟草广告和包装必须带有健康警示。[1]包装标识和其他干预措施已拯救了800万生命。[2]然而今天,烟草企业仍然能够找到新的办法来鼓励人们——尤其是年轻人——变成烟民,而美国的烟草警告标识仍然是全世界最不醒目的警示标签之一。

---

[35] 15 U.S.C. § 1335a(a) (2012).
[36] 27 U.S.C. § 215 (2012).

食品药品管理局最近一次修订烟草警告标识规则是在1984年,这意味着同样的形式、同样的四条信息已经在烟草包装上延续了三十多年。正如"无烟草青少年运动"(Campaign for Tobacco-Free Kids)所指出的:"如今的标识很小,且很容易通过烟盒设计被掩盖。此外,烟民们已经习惯了这样的警告标识,以至于这些标识常常被无视。"[3]

2009年的《家庭吸烟预防与烟草控制法》(通常被简称为《烟草控制法》)授权食品药品管理局对烟草制品的生产、推广和销售进行监管。[4]其中有一个条款——要求警告标识必须包含"描述吸烟对健康不利影响的彩色图片",且应占据烟盒正面和背面50%的面积[5]——试图让美国烟草警告标识向其他国家看齐。其他国家的宪法法院很少像美国一样,给予广告以如此程度的保护。[6]世界贸易组织《烟草控制框架公约》呼吁全面禁止烟草广告和推广,但是由于美国的坚持,各国可以在其与本国宪法原则相冲突时,规避公约的规定。[7]许多国家要求警示图片描述病变的肺部、尸体解剖,以及其他醒目的图片。澳大利亚则于2012年要求烟草制品必须采用"全烟害警告包装"。

然而在2013年,食品药品管理局撤回了其根据《烟草控制法》的规定设计的九种警告标识,原因是巡回上诉法院对其合宪性意见不一,因此面临最高法院审查的威胁。[8]第六巡回上诉法院支持了《烟草控制法》关于警示图片的规定,认为烟草企业已经学会如何规避对其推广手段的规制。而哥伦比亚特区巡回上诉法院则认为食品药品管理局选择的图片和文本侵犯了烟草企业的第一修正案权利。为了应对可能的失败,食品药品管理局选择避开最高法院的审查,而要求制图部门重新设计新的警告标识。

注释:

1. See Unfair or Deceptive Advertising and Liability of Cigarettes in Relation to the Health Hazards of Smoking, 29 Fed. Reg. 8324 (July 2, 1964). 这一规定从未得到执行,但它构成了1966年联邦《香烟标签和广告法》的基础。William MacLeod, Elizabeth Brunins and Anna Kertesz, "Three Rules and a Constitution: Consumer Protection Finds Its Limits in Competition Policy," *Antitrust Law Journal*, 72, no. 3 (2005): 943-68.

2. Steven A. Schroeder and Howard K. Koh, "Tobacco Control 50 Years after the 1964 Surgeon General's Report," *Journal of the American Medical Association*, 311, no. 2 (2014): 1443.

3. Campaign for Tobacco-Free Kids, *Tobacco Warning Labels*: *Evidence of Efectiveness* (Washington, DC: Campaign for Tobacco-Free Kids, 2013).

4. Pub. L. No. 111-31, 123 Stat. 1776 (2009). 该法案的通过是为了回应最高法院在 *FDA v. Brown & Williamson Tobacco Corp.*, 529 U.S. 120 (2000) 案中的判决,该判决认为《食品、药品与化妆品法》没有赋予食品药品管理局将尼古丁作为"药物"或香烟进行监管以及无烟烟草产品作为尼古丁传递装置(nicotine delivery)对待的权力。

5. 15 U.S.C. § 1333 (2012).

6. *JT Int'l S.A. v. Australia* (2012) 250 CLR 1 (Austl.) (判决对香烟的简单包装要求,以应对进货挑战); but see *JR-MacDonald Inc. v. Canada (Attorney General)*, [1994] S.C.R. 311 (Can.) (声明禁止烟草广告是对言论自由的不合理限制)。

7. Framework Convention on Tobacco Control, 42 I.L.M. 518, art. 13(2) (2003); European Parliament and European Council Directive 2003/33/EC of 26 May 2003 on the approximation of the laws, regulations, and administrative provisions of the member states relating to the advertising and sponsorship of tobacco products, 2003 O.J. (L 152) 16 (EC) (禁止烟草公司在成员国印刷和广播烟草广告以及赞助活动)。

8. *Discount Tobacco City & Lottery, Inc. v. United States*, 674 F. 3rd 509 (6th Cir. 2012).

9. *R.J. Reynolds Tobacco Co. v. U.S. Food & Drug Admin.*, 696 F. 3d 1205 (D.C. Cir. 2012).

有些人鼓吹对不健康食品和饮料添加警告标识。例如,2014年,加利福尼亚州曾经打算立法,要求在含糖饮料声明上添加警告标识,"饮用含糖饮料易导致肥胖、糖尿病和蛀牙"。[37]尽管这些提议都是以烟草警示为模板的,但其面临的法律问题却并不相同。最主要的差别是"联邦优先"的问题。1994年的《营养标准与教育法》(Nutrition Labeling and Education Act, NLEA)规定,当各州法律对标识的要求与联邦法律不一致时,应当优先使用联邦标准。然而该法案中还有一个保留条款,将规定"有关食品安全或食品成分的警示"的权力保留给各州。[38]这一条款是否适用于健康警示还并不清楚。

过去的健康饮食计划主要采用简单的内容标识。《营养标准与教育法》规定包装食品应标注"营养成分表"。尽管这或许有助于消费者了解他们所

[37] S.B. 1000, 2013-2014 Reg. Sess. (Cal. 2014).
[38] Nutrition Labeling and Education Act of 1990, Pub. L. No. 101-535, § 6(c)(2), 104 Stat. 2353 (1990).

购买和摄入的究竟是些什么东西,但它对改变普通消费者的行为并没有什么帮助。2014 年,食品药品管理局对标识要求进行了大刀阔斧的调整,包括:要求更明确地标注卡路里计数;修改食用分量,以更准确地反映美国人的饮食习惯;对是否添加糖进行标注;禁止标注维生素 A 和维生素 C(因为美国人的日常饮食中并不缺乏这两种成分,反倒容易被不健康的食品利用,以使其显得更健康);取消一般的"卡路里来自脂肪"的标注,以彰显健康脂肪和有害脂肪间的重要区别。㊱ 此外,研究人员还提出了更有效的标注方法,例如采用彩色的"红黄绿"标签,用红、黄、绿几种颜色代表不同的健康信息,但遭到了产业界的强烈反对。

食品和饮料的标识要求存在非常大的区别。对大部分的酒精类饮料㊵、农产品(如肉、水果、蔬菜)㊶和预制食品㊷,并没有标注卡路里和营养成分表的要求。2012 年,某些肉、禽类制品也被要求列出营养成分标识。㊸ 2014 年,食品药品管理局修订完成了新的联邦规则,要求《平价医疗法》规定的连锁餐馆、类似的食品零售商店和自动贩卖机应当列出食物热量标签(餐饮产业游说集团之所以同意这一要求,是为了换取豁免于各州和地方的标识要求)。㊹ 但是这些举措是否有效,还存在一定的争议。㊺

二、标识和信息披露指令的合宪性

证据表明,现有的警示要求未能有效地传达烟草危害,大部分人也没有充分理解吸烟的全部风险。面对这种情况,《烟草控制法》提出新的警示要求,就是为了促进公众对烟草危害的了解。如果不能为消费者所注意、阅读和理解,警告标识就无法真正发挥作用。

㊱ See U.S. Food and Drug Administration, "Factsheet on the New Proposed Nutrition Facts Label," last updated July 24, 2015, www.fda.gov/Food/GuidanceRegulation/GuidanceDocumentsRegulatoryInformation/LabelingNutrition/ucm387533.htm.

㊵ 含酒精饮料的包装由财政部酒类烟草税贸易局负责。2007 年,该机构发布了关于营养标签制定规则的通知,但没有重新审视此问题。Labeling and Advertising of Wines, Distilled Spirits and Malt Beverages, 72 Fed. Reg. 41860 (Jul. 31, 2007).

㊶ 21 C.F.R. § 101.9(j)(10) and § 101.45 (2014)(使生鲜和海产制造商豁免于《营养标准与教育法》的要求)。肉、禽和蛋制品则由美国农业部食品安全检验局管理。

㊷ 21 C.F.R. § 101.9(j)(2) (2014)(豁免了用于餐馆或送至家中的即食食品);21 C.F.R. § 101.9(j)(3) (2014)(豁免了店内准备的面包或熟食)。

㊸ 9 C.F.R. § 317, 381.

㊹ 79 Fed. Reg. 71155 (2014)(餐馆或类似的食品零售店);79 Fed. Reg. 71259 (2014)(自动贩卖机中的食品)。

㊺ James Krieger and Brian Saelens, Impact of Menu Labeling on Consumer Behavior: A 2008–2012 Update (Minneapolis, MN: Robert Wood Johnson Foundation, Healthy Eating Research, 2013),该研究总结了其导致的复杂的经验结果,但总体上支持了其有效性。

——埃里克·李·克莱:"折扣烟草城和彩票公司诉美国食药监局"(Eric Lee Clay, *Discount Tobacco City & Lottery, Inc. v. United States Food & Drug Administration*, 2012)

由于信息披露的要求"对广告商利益的损害比对言论的单纯禁止要小得多"[46],因此其所涉及的第一修正案的利益,也比对言论的单纯压制要弱得多。在1985年的赞德勒诉纪律咨询办公室(*Zauderer v. Office of Disciplinary Counsel*)案中,联邦最高法院认定要求披露商业信息的法律是合宪的,只要这些法律与州利益之间存在合理的关联。[47] 法院强调,在拒绝披露与其产品有关的"事实性和非争议性"信息问题上,商业言论的发表者只拥有"最小的"利益。

2009年,第二巡回上诉法院根据赞德勒案的标准,判决支持纽约州关于连锁餐馆菜单标签的指令。[48] 不过,其他法院的判决已传递出某种信号,即在某些警告标识和信息披露问题上,不适用赞德勒案确立的较为宽容的标准。争议主要存在两个方面:第一,产业集团——其中包括试图挑战佛蒙特州基因改造食品标识指令(Vermont's labeling mandate)的企业——主张,如果披露的信息是有争议的,就不应适用赞德勒案的标准,即使披露声明本身完全是事实性的。[49] 第二,赞德勒案是否仅适用于政府试图防止"消费者受到欺骗"的情形(这正是赞德勒案本身所针对的问题)。如果不适用赞德勒案的标准,法院就会转而采用1980年中央哈德森燃气电气公司诉纽约公共服务委员会(*Central Hudson Gas & Electric Co. v. Public Service Commission of New York*)案(下文会对此案进行讨论)中所确立的"四步中度审查标准",来判断对商业言论的规制是否违反了第一修正案。[50]

下级法院的判决表明,当强制披露的要求没有被严格限缩在纠正欺诈行为问题上时,赞德勒案确立的比较宽容的标准就应让位于中央哈德森案的中度审查标准。从2012年巡回法院关于香烟盒警告图片标识的一系列判决看,法院就赞德勒案标准的适用性存在分歧。第六巡回上诉法院在2009年一起挑战控烟法案的案件中适用赞德勒案的标准,判决支持法律关于图片警

---

[46] *Zauderer v. Office of Disciplinary Counsel*, 471 U.S. 626, 651 (1985).
[47] *Id.*; but see *Ibanez v. Fla. Dep't of Bus. & Prof'l Regulation*, 512 U.S. 136, 146-47 (1994)(认为在某些会计广告中彻底的免责声明过于宽泛)。
[48] *N.Y. State Rest. Ass'n v. N.Y.C. Bd. of Health*, 556 F.3d 114 (2d Cir. 2009).
[49] *Grocery Mfrs Ass'n v. Sorrell*, Civ. No. 14-CV117 (D. Vt., complaint filed June 12, 2014).
[50] 447 U.S. 557 (1980).

示的要求。(51) 法院认为,这些警示对于纠正"烟草企业数十年来的欺骗行为"和"鼓励吸烟的广告(如果这些广告不对吸烟对健康的严重危害作出警示,那就是在欺骗消费者)"是非常有必要的。(52) 然而特区巡回上诉法院在另一起挑战食品药品管理局图片警告标识规则的案件中推翻了这一判决。特区法院判决,在要求添加图片警示时,食品药品管理局的利益——披露健康和安全风险——并不足以构成充分的理由。法院认为,食品药品管理局并没有标明标识对于防止欺诈的必要性,因此赞德勒案确立的标准在此并不适用。(53) 但是在2014年,特区法院在另一起不相关的案件中又明确推翻了这一判决(54),尽管此时食品药品管理局已经撤回了关于拟议的警示规则以规避最高法院的审查。如此看来,在健康警告标识问题上是否使用赞德勒案的标准,未来还将引发进一步的诉讼。这为未来关于控烟的公共卫生规制蒙上了一层阴影。(55)

三、广告限制

当人们逐渐意识到为了防止吸烟造成的危害"需要采取更严格的控烟措施"时,国会在香烟警告标识之外,又禁止了香烟的广播和电视广告。(56) 但是烟草工业找到了其他途径,其中有些是直接针对儿童的。2009年的联邦《烟草控制法》规定了一些最新的措施,限制了关于烟草低害的陈述、图片和色彩使用、免费样品分发以及品牌赞助等。对酒精、食品及饮料的纸媒和广播广告的限制则是自愿的。

各州及地方政府则主要关注特定地点的广告限制。例如,许多州对销售点和户外的烟草和酒精类饮料的广告进行了规制。这些法律的适用范围通常限定在学校、运动场或图书馆一定距离以内的地区,以明确表示其目的在

---

(51) *Discount Tobacco City & Lottery, Inc. v. U.S. Food & Drug Admin.*, 674 F.3d 509, 564 (6th Cir.2012).

(52) *Id.*

(53) *R. J. Reynolds Tobacco Co. v. FDA*, 696 F.3d 1205, 1213-14 (D.C. Cir. 2012)(推翻了基于 *Central Hudson* 案的图形警示标签要求)。

(54) *Am. Meat Inst. v. U.S. Dep't of Agric.*, 760 F.3d 18, 22-23 (D.C. Cir. 2014)(认为赞德勒案将发言者在反对强制披露"纯粹事实性且毫无争议"的信息时仅具有"最小利益"的观点,似乎在本质上也完全适用于消费者受到欺诈的情形之外,并进而推翻了此前那些将赞德勒案所确立的标准限制在政府对欺诈行为的纠正方面的判例。引自 R. J. Reynolds, 696 F.3d at 1214.)

(55) Nathan Cortez, "Do Graphic Tobacco Warnings Violate the First Amendment?," *Hastings Law Journal*, 64, no. 5 (2013): 1467-1500.

(56) *Capital Broad. Co. v. Mitchell*, 333 F. Supp. 582, 583 (D.D.C. 1971).

于保护儿童。[57]而在城市地区,绝大部分辖区采取的是较为狭窄的限制。[58]正如下文将要指出的,产业集团依据第一修正案成功地抵制了一些规制措施。

四、广告限制的合宪性

第一修正案对表达自由的保护,使得针对有危害但却合法的消费产品的广告限制面临着巨大(但并非不可逾越)的障碍。在最高法院不断演进的商业言论学说自身的不确定性面前,大量关于控烟、健康饮食及其他领域的公共卫生规制措施遭到"冻结"。

1972年,最高法院确认国会有权禁止所有的广播和电视烟草广告[59]——这还是一个法院对商业言论仅给予极小保护的时代。根据这些判例,地区法院(最高法院肯定了其判决,但并未发表意见)区分了"真正的第一修正案保护"和"对产品广告——无意中被视为拥有第一修正案保护的某些有限标记——的相当狭窄的保护"[60]。然而此后不久,法院就逐渐开始加强对商业言论的第一修正案保护。[61]

在1980年的中央哈德森案中,法院阐述了一套"四步中度审查检验":

第一步:如果涉案的商业言论促进了不合法的行为,或者其本身是虚假的、欺骗性或误导性的,则不受第一修正案保护。

第二步:如果要对合法行为的真实广告进行规制,政府必须具有一种"实质性"(substantially)的利益。

第三步:政府对该言论的规制,必须能够"直接促进"(directly advance)其所主张的利益。

第四步:对该言论的规制不能超出必要的限度。[62]

在中央哈德森案之后,一开始,法院仍然对立法部门关于广告限制和州利益保护之间是否存在目的—手段一致性的判断保持着合理的尊重。例如,在1986年的波多黎各波萨达斯协会诉波多黎各旅游公司(*Posadas de Puerto Rico Assoc. v. Tourism Co. of Puerto Rico*)案中,法院支持了波多黎各禁

---

[57] See, for example, Marin Institute, *Out-of-Home Alcohol Advertising: A 21st-Century Guide to Effective Regulation* (San Rafael, CA: Marin Institute, 2009),总结并分析了现有禁止户外酒水广告的州法律。

[58] *Lorillard Tobacco Co. v. Reilly*, 533 U.S. 525, 602 (2001)(推翻了一项禁止在学校周围1000英尺内投放产品广告的规定,认为这类禁令将导致80%~90%的城市地区都会受到该禁令的限制)。

[59] *Capital Broad. Co. v. Acting Attorney Gen.*, 405 U.S. 1000 (1972) (mem.), aff'ing sub nom., *Capitol Broadcasting Co. v. Mitchell*, 333 F. Supp. 582.

[60] *Capital Broad. Co. v. Mitchell*, 333 F. Supp. at 585.

[61] *Va. State Bd. of Pharmacy v. Va. Citizens Consumer Council, Inc.*, 425 U.S. 748 (1976).

[62] *Cent. Hudson Gas & Elec. Co. v. Pub. Serv. Comm'n of N.Y.*, 447 U.S. 557, 566 (1980).

止赌场广告的做法（赌场本身是合法运营的），认为这直接促进了政府减少赌博的实质性利益（第二步）；"其他向波多黎各居民宣传赌博的方式的存在"，并不意味着禁止广告的做法是有缺漏的（第三步）；同时，这一做法"仅仅适用于针对波多黎各居民的广告"，因此"并未超出服务于政府利益的必要限度"（第四步）[63]。

13 年之后，在大新奥尔良广播协会诉美国（Greater New Orleans Broadcasting Ass'n v. U.S.）案中，法院采取了一种极为不同的立场，推翻了禁止赌场播出广告的联邦法律和相关的联邦通信委员会（FCC）规则——至少当这些广告来自赌博合法化的州时，不应适用这些法律。[64] 法院非常不情愿地承认政府在此处存在实质性的利益（第二步），同时指出"这种利益并非不证自明的，因为按照国会和许多州立法部门的判断，为了维持对赌博的压制而带来的社会成本，常常会被反补贴的政策考虑所抵消甚至超出"[65]。不同于历来为监管者留有余地、允许其采取零敲碎打监管方式的立场，法院指出，本案中存在的例外情形，即允许一部分又禁止另一部门赌博项目发布广告，在第三步检验中是致命的。[66] 同时，法院也不再尊重立法和行政部门关于限制广告和减少赌博需求之间目的—手段一致性的决定，而认为"广告的作用，仅仅是引导赌徒在不同赌场之间进行选择"[67]。这一"市场引导"（market channeling）的说法非常关键，因为这正是烟草、酒精和含糖饮料企业的主张。

（一）第三步检验在公共卫生规制中的应用

1990 年代中期，法院开始运用中央哈德森案中确立的第三步和第四步检验标准来推翻大量旨在减少烟草和酒精广告的规制措施。在有些评论者看来，法院现在对中央哈德森案的应用几乎已接近于严格审查标准。[68] 例如，在 1995 年的鲁宾诉库尔斯酿酒公司（Rubin v. Coors Brewing Company）案中，法院全体一致判决推翻了一项禁止在啤酒标签上列明酒精含量的法案。政府的辩护认为，该法案对于防止酿酒商之间的"强度战争"（strength wars）是非常必要的，因为酿酒商们在市场上的竞争，就建立在其产品"酒精含量"的大小之上。法院的判决指出，尽管政府的利益是实质性的（第二

---

[63] Posadas de Puerto Rico Assoc. v. Tourism Co. of Puerto Rico, 478 U.S. 328, 341 (1986).
[64] Greater New Orleans Broad. Ass'n v. United States, 527 U.S. 173 (1999).
[65] Id. at 174.
[66] Id.（"第 1304 条所建立的监管体制，屡屡为各种例外和无可避免的前后不一致所突破"）.
[67] Id. at 189.
[68] Seth E. Mermin and Samantha K. Graff, "The First Amendment and Public Health, At Odds," American Journal of Law and Medicine, 39, nos. 2-3 (2013): 298-307, 299; Samantha Rauer, note, "When the First Amendment and Public Health Collide: The Court's Increasingly Strict Constitutional Scrutiny of Health Regulations that Restrict Commercial Speech," American Journal of Law and Medicine, 38, no. 4 (2012): 690-712.

步),但是"鉴于政府规制方案整体上的非理性",这一法案并未直接促进这一利益(第三步)。⑥⑨

在1996年的44酒水商城公司诉罗得岛(*44 Liquormart, Inc. v. Rhode Island*)案中,法院更进一步强调政府应当明确阐明其手段与目的之间的紧密联系。罗得岛禁止"任何形式的"酒类饮料价格广告(卖酒商店内的除外),以达到"禁酒"(temperance)的目的。史蒂文斯大法官撰写的多数意见指出:"州不仅有责任证明,还应当在'实质性的程度上'证明其所采取的规制措施有助于促进其所主张的利益。政府没有证据证明对言论的禁止显著减少了总体市场消费……因此,在这一禁令和酒精消费数量显著变化之间的任何关联都是纯粹偶然性的。任何关于取消这一禁令将刺激酒精消费大幅上升的说法,都不过是建立在'臆测'的基础之上。"⑦⓪

这一趋势在2001年的罗瑞拉德烟草公司诉莱利(*Lorillard Tobacco Co. v. Reilly*)案⑦①中得到了延续。马萨诸塞州规定了一系列措施,对户外广告、销售点广告、零售交易、邮件交易、促销、样品分发和烟草标识进行规制。在法院看来,这些"广泛的规制措施表明"州检察长并未对其"加诸言论的负担进行认真的成本收益分析"⑦②。同时,法院指出其中一项关于销售点的规定,即要求学校附近的零售店在摆放货物时不得低于5英尺的高度,并未促进州所设定的目标,因为"身高超过5英尺的儿童完全可以看到这些货物"⑦③。

按照这些判例,第三步检验标准要求政府提供令人信服的证据,来证明其采取的规制措施能够在事实上达成其所声称的公共卫生目标⑦④,而不是"无效的"或者"间接的"⑦⑤。在1990年代,最高法院还曾指出,其判例法并不"要求政府提供翔实的经验数据和过多的背景信息……我们曾经允许诉讼当事人援引研究成果和奇闻逸事来论证言论限制的合理性,甚至在需要运用严格审查标准的案件中,完全基于历史、共识或'简单的尝试'来论证限制的合法性"⑦⑥。然而近年来巡回法院的某些判决则要求对政府提供的关于商业言

---

⑥⑨ *Rubin v. Coors Brewing Co.*, 514 U.S. 476, 488-89 (1995).
⑦⓪ *44 Liquormart, Inc. v. Rhode Island*, 517 U.S. 484, 505-7 (2001).
⑦① *Lorillard Tobacco Co. v. Reilly*, 533 U.S. 525 (2001).
⑦② *Id.* at 561 (quoting *Cincinnati v. Discovery Network, Inc.*, 507 U.S. 410, 417 (1993)).
⑦③ *Id.* at 529.
⑦④ 在44酒水商城公司案之后,要证明对一种商业言论的规制能够直接促进州的利益究竟要提供哪些证据变得不再明朗。没有任何一种标准得到多数法官的认可。史蒂文斯大法官在该案中撰写的多数意见要求证明对广告的规制显著降低了对危险产品的需求。然而奥康纳(O'Connor)大法官在其撰写的少数意见中拒绝采用史蒂文斯大法官的路径。在1999年 *Greater New Orleans Broad. Ass'n v. United States*(527 U.S. 173, 190)案中,法院提出,法院没有必要去解决案件事实中的证据争议,因为政府的瑕疵才是更根本性的。
⑦⑤ *Edenfield v. Fane*, 507 U.S. 761, 770 (1993).
⑦⑥ *Fla. Bar v. Went For It, Inc.*, 515 U.S. 618, 628 (1995).

论限制有效性的证据进行更为深入的审查。⑰

(二)第四步检验在公共卫生规制中的应用

在库尔斯酿酒公司案和44酒水商城公司案中,法院不再像此前的案件中那样,依从立法机关对于商业言论限制并未超出实现公共卫生目标所需合理限度的判断(第四步)。⑱ 相反,法院基于其自身的发现,即存在能够满足同样目的却更少限制言论自由的替代性措施,推翻了许多商业言论规制。⑲ 在44酒水商城公司案中,法院指出,由于政府还可以选择税收、设定最低价格或限制人均消费(在绝大部分人看来,这或许是比广告限制更具侵入性的干预措施)等其他手段,因此对广告的限制超出了必要的限度。⑳

(三)第二步检验在公共卫生规制中的应用

最近,第二步检验也开始成为公共卫生规制的绊脚石。历史上,公共卫生规制措施实际上总是能满足实质性政府利益的要求,但是另一种观点正在逐步形成。在44酒水商城公司案的协同意见中,克拉伦斯·托马斯(Clarence Thomas)大法官主张,在"让产品或服务的合法用户处于无知状态以操纵其市场选择"的做法中,政府连一项"合法的利益"都不具备。㉑ 这一观点显然影响了下级法院的法官。例如,在一起图片警告标识案中,特区巡回法院的一个三人法官小组远远偏离了历史上对政府公共卫生目的的遵从,而指出"当政府限制消费者购买一种合法的商品时——即使这种商品会对健康造成不利影响——声称这里面有实质性的政府利益,是非常可疑的"。㉒ 如果其他法院也认真对待这一主张的潜在含义,那将是非常令人震惊的。

值得注意的是,上述对政府利益合法性的质疑,暗示着许多经济规制都应当接受实质性正当程序和平等保护的审查(见第四章)。监管者面临着非此即彼的选择:要么禁止有害商品,要么无所作为(或许除了在教育方面微不

---

⑰ 在烟草问题上,法院则并不那么接受基于营销渠道的辩护。*Lorillard Tobacco Co. v. Reilly*, 533 U.S. 525, 561 (2001)("我们不同意原告的主张,其认为没有证据表明通过限制青少年接触广告,就能减少未成年人吸烟的比率")。

⑱ See, for example, *Dunagin v. City of Oxford, Miss.*, 718 F.2d 738, 751 (5th Cir. 1983) (en banc), cert. denied, 467 U.S. 1259 (1984); *Queensgate Invest. Co. v. Liquor Control Comm'n*, 433 N.E.2d 138 (Ohio 1982), cert. denied, 459 U.S. 807 (1982).

⑲ 在 *Rubin v. Coors Brewing Co.*, 514 U.S. 476, 491 (1995)案中,法院注意到,有许多"不那么侵犯……第一修正案权利的方式"可以实现政府的利益。在 *Greater New Orleans Broad. Ass'n v. United States*, 527 U.S. 173, 192 (1999)案中,法院认为"肯定有一些更实用的、与言论管制无关的方式……能够更直接和有效地减少赌博赌博的社会成本"。

⑳ 44 *Liquormart, Inc. v. Rhode Island*, 517 U.S. 484, 507 (1996)("很明显,不涉及任何言论限制的替代监管方式,更有可能实现国家的目标"包括税收,设定最低价格、限制人均消费等直接监管方式以及教育)。

㉑ Id. at 518 (1996) (Thomas, J., concurring).

㉒ *R. J. Reynolds Tobacco Co. v. FDA*, 696 F.3d 1205, 1218, n. 13 (D.C. Cir. 2012).

足道的努力)。在波多黎各波萨达斯协会案中,法院的保守派多数意见直截了当地拒绝了这种极端的观点:"上诉人的主张并无依据,波多黎各对赌场合法化,并不意味着通过立法来限制赌场广告以减少赌博的做法违背了第一修正案。"⑧但是正如我们的讨论已经指出的,法院的商业言论学说正在不断发展。

五、食品和饮料广告限制的独特挑战

健康饮食的干预措施深受烟草和酒精控制策略的影响,但也带来了一些独特的挑战。对食品和饮料广告的限制,比烟草广告限制更具有争议性。出于多种理由,公共卫生官员关于健康饮食的提议遭遇了一场硬仗。这些理由包括:与戒烟或适度饮酒相比,实现均衡饮食本身更为复杂;当前对过度肥胖的战争所面对的政治气候,也比 1960 年代更为保守——在 1960 年代,国会和联邦机构才刚开始对《医务总监报告》揭示的吸烟危害作出回应;而食品、饮料、农业及餐饮产业也从控烟的斗争中汲取了许多宝贵经验 ——正如公共卫生的鼓吹者从中收获的一样。

在 1960 年代,联邦贸易委员会在推动烟草警示指令和广告立法中发挥了至关重要的作用。⑭ 但是到 1970 年代后期,联邦贸易委员会对针对儿童的含糖食物广告的限制引发了国会的强烈反弹,迄今仍然阻碍着公共卫生规制的实施。按照最高法院的观点,限制针对儿童的广告,比起更宽泛的对营销手段的限制,更能够经得住第一修正案的挑战。儿童更容易为厂家所欺骗,各州在保护儿童免受其错误选择之害方面存在的利益也更容易被接受。1978 年,联邦贸易委员会提出了一项最终夭折的"儿童电视节目"(kidvid)规则,规定禁止所有"以年纪幼小、不能理解广告背后销售意图的儿童为直接受众或主要收视对象"的广告;禁止面向儿童播放"会造成严重口腔健康风险的食品"的广告;针对其他含糖类食品的广告,该规则规定"广告客户应当同时披露营养或健康信息"⑮。然而,强大的产业集团不仅击败了这一规则,还成功地游说国会摧毁了联邦贸易委员会的执法功能并暂停对其的资金支

---

⑧ *Posadas de Puerto Rico Assocs. v. Tourism Co. of Puerto Rico*, 478 U.S. 328, 341.
⑭ See Unfair or Deceptive Advertising and Liability of Cigarettes in Relation to the Health Hazards of Smoking, 29 Fed. Reg. 8324 (July 2, 1964). 这项规定从未实施,但它构成了 1966 年联邦《香烟标签和广告法》的基础。William MacLeod, Elizabeth Brunins, and Anna Kertesz, "Three Rules and a Constitution: Consumer Protection Finds Its Limits in Competition Policy," *Antitrust Law Journal*, 72, no. 3 (2005): 943–68.
⑮ J. Howard Beales III, "Advertising to Kids and the FTC: A Regulatory Retrospective That Advises the Present," *George Mason Law Review*, 12, no. 4 (2004): 873-94, 78-79, quoting Notice of Proposed Rulemaking, 43 Fed. Reg. at 17,969 (April 27, 1978).

持。⑧ 他们批评这一规则"是一种荒谬的干预,简直将联邦贸易委员会变成了一位伟大的国家保姆"。这一批评既呼应了此前烟草工业的修辞,也是未来饮料行业运用得炉火纯青的辩护策略的先声。⑧

在限制公立学校的不健康食品和饮料广告方面,联邦、州和地方各个层面的决策者大步向前,成果斐然;但是对不健康食品和饮料广告更普遍性的限制却始终未能成功,即使这些广告明显是针对儿童的。⑧《儿童电视节目规则》的失败加强了对限制商业言论措施的司法审查力度,而财力雄厚的产业集团通过不断游说,也阻止了立法者制定更宽泛的限制规则。

由于上述挑战的存在,大部分广告限制措施都是自愿而非强制性的,效果非常有限。2006 年,食品和饮料行业发起的"儿童食品和饮料广告计划"(the Children's Food and Beverage Advertising Initiative, CFBAI)便是最显著的例子。许多制造商最初采纳的营养标准主要关注如维生素 C、维生素 A 等营养素的存在,而非限制卡路里、糖、盐和饱和脂肪的含量。制造商可以轻而易举地将一些高糖分、高热量的食品——如由少量浓缩果汁制成再添加维生素 C 的精制谷物早餐麦片、果汁饮料、水果点心——包装成健康食品。2009 年,国会命令一个跨部门工作小组负责起草儿童导向食品营销的自愿规则副本。⑧ 但是当跨部门工作小组在发布的规则草案中建议对营销行为采用更严格的营养标准和定义时,食品和饮料行业发起了一场大规模的游说运动进行抵制。最终,在组建跨部门工作小组三年之后,国会要求其在发布规则之前进行昂贵得离谱的成本收益分析——对于一个自愿项目而言,这一要求是史无前例的——实际上否决了跨部门工作小组起草的规则。⑨ 2014 年,比跨部门工作小组方案标准更低、范围更窄的儿童食品和饮料广告计划《统一指导规则》(uniform guidelines)开始实施,其中对儿童导向营销行为的定义非常狭

---

⑧ Ibid. at 879-80(注意到国会放任该机构的资金来源中断,从而导致其执法职能被彻底摧毁)。

⑧ "The FTC as National Nanny," *Washington Post*, March 1, 1978, quoted inLindsay F. Wiley, Manel Kappagoda, and Anne Pearson, "Noncommunicable Disease Prevention," in *Oxford Handbook of U.S. Health Law*, ed. I. Glenn Cohen et al. (forthcoming 2016 from Oxford University Press).

⑧ Local School Wellness Policy Implementation Under the Healthy, Hunger-Free Kids Act of 2010, 79 Fed. Reg. 10693 (Feb. 26, 2014)(注意到拟议中的法案对那些提供的食物不符合先前发布的营养指南的学校的广告进行了限制); ChangeLab Solutions, *District Policy Restricting Food and Beverage Advertising on School Grounds* (Oakland, CA: ChangeLab Solutions, 2009)。

⑧ The 2009 Omnibus Appropriations Act, Pub. L. No. 111-8, 123 Stat. 524[要求跨部门工作小组(由联邦贸易委员会、疾病控制与预防中心、食品药品管理局、美国农业部组成)建立现代的、自愿的儿童食物建议指南]; Margo G. Wootan, Lindsay Vickroy, and Bethany Hanna Pokress, *Putting Nutrition into Nutrition Standards for Marketing to Kids* (Washington, DC: Center for Science in the Public Interest, 2011)。

⑨ See Duff Wilson and Janet Roberts, "Special Report: How Washington Went Soft on Childhood Obesity," Reuters, April 27, 2012。

窄,导致大量以儿童为目标的营销手段被排除在外。⑨

六、改变信息环境的诉讼

如本书第七章所描述的,针对烟草公司的私人和政府诉讼,促成了公众观念和烟草营销方式的转变。1998 年,主要烟草巨头和 46 个州签订了《大和解协议》,其中规定了对户外广告、体育营销、活动赞助和促销赠品的限制。

食品和饮料行业也意识到了消费者保护诉讼的威力,并斥巨资以平息私人诉讼。在备受关注的佩尔曼诉麦当劳(Pelman v. McDonald's Corp)案中,法院试图解决消费者知识、行业惯例和个人责任等极为困难的问题。⑫ 本案的原告是一群因长期食用麦当劳而过度肥胖的儿童,主张麦当劳的虚假广告和欺骗性交易行为违反了纽约州的消费者保护法。⑬ 他们指出,被告(麦当劳)未能披露准确的营养信息,并且在广告宣传中将麦当劳的菜单描述为"营养丰富""每日食用麦当劳是一种健康的生活方式"。⑭ 本案的原告之一贾兹琳·布拉德利(Jazlyn Bradley)曾经生活在一间没有厨房、过度拥挤的公寓中,而后在无家可归的游民收容所度过了她大部分的青春岁月。她在麦当劳解决一日三餐,因为这是最便宜又最容易获得的选项。⑮ 原告希望就肥胖导致的健康问题获得赔偿,同时主张法院应发布命令,要求麦当劳改进其营养标识并开展消费者教育活动。最终,联邦地区法院驳回了集体诉讼资格,认为需要对本案中的因果关系和损害认定进行个性化的调查,以查明其是否为普遍问题。⑯

---

⑨ Lisa M. Powell, Rebecca M. Schermbeck, Glen Szczypka, and Frank J. Chaloupka, "Children's Exposure to Food and Beverage Advertising on Children: Tracking Calories and Nutritional Content by Company Membership in Self-Regulation," in *Advances in Communication Research to Reduce Childhood Obesity*, ed. Jerome D. Williams, Keryn E. Pasch, and Chiquita A. Collins (New York: Springer, 2013), 179-96, 93, 比较儿童食品和饮料广告计划的统一指南和跨部门工作小组的指南。

⑫ *Pelman v. McDonald's Corp.*, 237 F. Supp. 2d 512, 519 (S.D.N.Y. 2003) [Pelman I](驳回); *Pelman v. McDonald's Corp.*, 396 F.3d 508 (2d Cir. 2005) [Pelman II](允许修改后的诉讼主张继续进入审判程序)。

⑬ 依据消费者保护法提出的诉讼比普通法诉讼更为可行。我们很难将无处不在的行业管理描述为一种疏忽,因为在某些情况下,如果被告遵守了行业管理,基于疏忽的主张很容易通过共同过失或者风险共担来辩护。理论上,产品责任允许原告在无须证明过失的情况下胜诉,而不用受制于以疏忽进行的辩护。但是法院通常会对所谓有缺陷的食品采取一种"消费者期待"的检验,如果在食品中发现"不应有"的物质(如碎玻璃或粪便),那么这种食品就是有缺陷的,而如果食品中含有的物质都是"天然"的(如玉米卷饼中有鸡骨头),那就不构成缺陷。*Mexicali Rose v. Superior Court*, 822 P.2d 1292 (Cal. 1992)。

⑭ Pelman II, 396 F.3d at 510.

⑮ Regina Austin, "Super Size Me and the Conundrum of Race/Ethnicity, Gender, and Class for the Contemporary Law-Genre Documentary Filmmaker," *Loyola of Los Angeles Law Review*, 40, no. 2 (2007): 687-718, 697-718.

⑯ *Pelman v. McDonald's Corp.*, 272 F.R.D. 82 (S.D.N.Y. 2010). 诉讼双方最终达成和解。*Pelman v. McDonald's Corp.*, No. 02-7821, 2011 WL 1230712 (S.D.N.Y. February 25, 2011). (双方协议撤回起诉,并不得再行起诉)。

佩尔曼案之后的几年里,在产业集团无休止的游说之下,先后有 25 个州通过了《常识性消费法案》(Commonsense Consumption Acts),即所谓的《芝士汉堡法案》(Cheeseburger Bills)。这些法案指出"一个人的体重增长或肥胖不能完全归结于任何特定食物或饮料的摄入",同时,"培育一种注重个人责任的文化,是促进健康社会的最重要手段"。因此,这些法案使食品、饮料和餐饮企业免于承担消费者因长期食用其产品引发健康问题而产生的责任。[97] 针对依据各州消费者保护法提出的主张,这些法案绝大部分都要求在进入案件调查阶段之前,由原告来证明其中存在明知和故意欺诈。这实际上意味着各州消费者保护法的倒退,因为制定消费者保护法的本意是提供一种对原告更友好的救济途径,以代替普通法上的欺诈索赔几乎不可逾越的要求。[98]

尽管存在这种退步,关于食品标识的诉讼仍然是公共卫生律师(以及产业界)关注的焦点。当前这一波诉讼的焦点,是假借各种健康相关时髦术语进行的欺骗性食品营销。为了规避《芝士汉堡法案》的优先适用,这些诉讼主要关注消费者的经济损失——即消费者为了购买其误认为"更健康"或"更自然"的产品而额外支出的费用(见第七章)。[99] 此外,这些诉讼还用于对一些自我监管项目的治理。当企业使用误导性的名称来兜售其产品时,企业就面临着承担法律责任的风险。例如在 2009 年,几个州的检察官宣布对产业界资助的一个自愿评级项目展开调查,该项目对其评定为健康的食品打上"聪明之选"(smart choices)的标签,然而其营养标准极其宽松,连谷物圈早餐麦片、香甜玉米片、焦糖爆米花这种高糖食品都成了"聪明之选"。食品药品管理局也表示将进行调查。很快,产业界就终止了这种欺骗性的营销策略。[100]

---

[97] Commonsense Consumption Act of 2005, S. 908, 109th Cong.

[98] Cara L. Wilking and Richard A. Daynard, "Beyond Cheeseburgers: The Impact of Commonsense Consumption Acts on Future Obesity-Related Lawsuits," *Food and Drug Law Journal*, 68, no. 3 (2013): 229-39; Henry N. Butler and Joshua D. Wright, "Are State Consumer Protection Acts Really Little - FTC Acts?" *Florida Law Review*, 63, no. 1 (2011): 163-92(总结了各州消费者保护法的历史,并对依据这些法案对联邦贸易委员会提起的诉讼进行了评估)。

[99] Temple Northup, "Truth, Lies, and Packaging: How Food Marketing Creates a False Sense of Health," *Food Studies*, 3, no. 1 (2014): 9-18.

[100] National Policy and Legal Analysis Network to Prevent Childhood Obesity, Public Health Law Center, *State AG Enforcement of Food Marketing Laws: A Brief History* (St. Paul, MN: Public Health Law Center, 2010): 1-2. 感谢 Manel Kappagoda 和 Anne Pearson 让我们注意到这一例子。Wiley, Kappagoda, and Pearson, "Noncommunicable Disease Prevention."

第四节 市　场

几乎每一件买进卖出的物品都可能被过量地使用,而售卖者正是在鼓励这种过量使用上有其金钱的利益;尽管如此,没有人能够以此为根据,譬如说,来为梅恩省禁酒法作什么有利的论证;因为尽管那类销售强烈饮料的商贩是以他们的逾分滥用为牟利之道,但是在他们的合法使用方面还是不可缺少的。可是,那些商贩之利于促进纵饮烈酒倒是一桩真正的祸害,这就使得国家有理由来对他们加以限制并要求保证;但要知道,这个做法只因系为那个正当理由才不算是对于合法自由的侵犯。

——约翰·斯图尔特·密尔:《论自由》(John Stuart Mill, *On Liberty*, 1859)

大企业隐秘的"反公共卫生"计划,一方面是偶然的(企业并不关心公共卫生,所以为什么要对此感兴趣?),但另一方面又是深思熟虑的(一旦企业接受任何责难,就必须向社会提供补偿,并修正自己的行为)。

——雷蒙德·J.劳瑞:《现代最重要的公共卫生争论》(Raymond J. Lowry, *The Most Important Public Health Debate of Modern Times*, 2012)

当联邦警告标识和广告限制规则在商业言论主张面前进退维谷时,税收和支出却仍然是可行的手段。此外,针对零售环境,各州和地方政府实施了一系列创新的直接规制措施。公共卫生的社会生态模型超越了"知情选择"的消费者保护范式,虽然信息环境能够影响健康行为,但个人作出消费选择的自然、经济和社会环境也是关键的决定因素。

税收和最低价格的法律有助于减少购买不健康产品。对农业政策和补贴政策的改革,也将终止对高糖、高钠、高脂肪的便宜加工产品的错置鼓励诱因。土地使用分区管制、许可与执照等规范可以创造良好的零售环境,促进食品、烟草和酒精类饮料的健康选择。不过,这些市场监管措施对产业集团的利益造成了巨大影响,后者通过不遗余力的游说和诉讼,对这些措施加以抵制。在本节中,我们将遵循市场营销分析的"4P"理论——即价格(price)、促销(promotions)、渠道(place)和产品(product),探讨对市场的监管。[101]

一、价格

零售价格对消费有巨大的影响。当香烟价格上涨时,吸烟人数会下降(开始吸烟的人更少,戒烟的人更多,复吸者数量也会减少),即便是继续吸烟的人也会降低烟量。[102] 烟草税已实行多年并广受赞誉,因为它在增加税收的同时,显著降低了吸烟率。公共卫生的鼓吹者一直在推动各州和地方政府加强最低价格法律,该法的主要意图是帮助小零售商竞争,但也可以作为一种公共卫生策略。[103] 此外,政府补贴政策也受到了广泛关注,因为在其刺激下,不健康原料的生产出现过剩,价格也被迫降低(见框12.2)。

框12.2　建立《健康农业法案》同盟

> 美国农业部在塑造美国的食品体系方面发挥着巨大的作用,它影响了人们在商店、餐馆、学校、工作场所以及家中能获得哪些食物,这些食物的生产和销售方式,以及被何人以何种方式消费。从历史上看,美国农业部主要代表食品与农业产业界的利益,不过晚近以来的改革使其也越来越关注健康和环境问题。[1]
>
> 在美国,农业补贴以及对商品市场的"去监管化",使得许多不健康的食物始终保持在人为的低价位。根据《健康农业法案》(Farm Bill),不易腐败的谷物以及油料作物(小麦、玉米、高粱、大麦、燕麦、棉花、大米、大豆)享受着最慷慨的补贴。[2] 这些作物——尤其是玉米——被加工成大量食品。将这些接受补贴的作物作为动物饲料,也降低了肉、蛋及乳制品的价格。这便导致了"一脚油门、一脚刹车"的食品政策,即当有些政府项目试图促进健康饮食的同时,另一些项目却在对不健康的食品进行补贴。

---

[101] E. Jerome McCarthy, *Basic Marketing: A Managerial Approach* (Homewood, IL: R. D. Irwin, 1960). 本部分的组织原则和诸多例证都受益于 Manel Kappagoda 和 Anne Pearson 的研究。Wiley, Kappagoda, and Pearson, "Noncommunicable Disease Prevention."

[102] Frank Chaloupka, *Tobacco Control Lessons Learned: The Impact of State and Local Policies* (Chicago, IL: Robert Wood Johnson Foundation and the University of Illinois at Chicago, 2010), 9. Wiley, Kappagoda, and Pearson, "Noncommunicable Disease Prevention."

[103] Ian McLaughlin, Anne Pearson, Elisa Laird-Metke, and Kurt Ribisl, "Reducing Tobacco Use and Access through Strengthened Minimum Prices Laws," *American Journal of Public Health*, 104, no. 10 (2014): 1844–50.

尽管农业补贴在整体上是稳定的,但是其周期性的重新授权,为在政治条件成熟时进行大规模改革创造了空间。2002年《健康农业法案》对"特色作物"(specialty crops)提供了新的补贴,其中包括水果和蔬菜。与此同时,正如一个公共卫生组织指出的:《健康农业法案》墨迹未干,形形色色的利益集团便已经开始来游说了。"[3] 上述努力,恰与对肥胖引发健康问题越来越多的关注相契合,各领域专家开始将肥胖与农业补贴联系起来。[4] 畅销书如迈克·波伦(Michael Pollan)的《杂食者的两难》(*The Omnivore's Dilemma: A Natural History of Four Meals*, 2006)和丹尼尔·伊霍夫(Daniel Imhoff)的《食品之争》(*Food Fight: The Citizen's Guide to the Next Food and Farm Bill*)(2007),在2008年《健康农业法案》谈判期间唤起了公众的意识。

特色作物和有机农场主、环境保守主义者、反饥饿拥护者以及公共卫生团体组成了同盟,这一同盟日益壮大,但内部也并非没有张力。例如,在为争取补贴而战的同时,特色作物的种植者也试图通过施加其影响力,将水果和蔬菜维持在价格较高而产量较低的位置。[5] 而有机农场主和环境保护主义者对有机农业种植方法的追求,也并未得到公共卫生拥护者的一致支持——其中许多人对有机农产品的成本和可及性,以及越来越多高热量、低营养价值的有机食品的出现表示担忧。[6] 不少公共卫生的支持者主张对营养补助计划进行修订,禁止使用含糖类饮料和其他不健康的食物,但这遭到了反饥饿拥护者的坚决抵制。

尽管存在上述张力,这一联盟仍然提出了影响广泛的《健康农业法案》改革方案。尽管2008年和2014年《健康农业法案》或许不如公共卫生支持者所希望的那样彻底,但是有评论家认为,农业产业团体的政治影响力已出现衰落的迹象,这或许为未来更有意义的改革提供了机会。

注释:

1. 对于美国农业部被农业企业收购的指控,可参见以下文献:Philip Mattera, "USDA Inc.: How Agribusiness Has Hijacked Regulatory Policy at the U.S. Department of Agriculture," *Food and Water Watch*, July 23, 2004; Ron Zimmerman, "Lawsuit Says New USDA Dietary Guidelines are Deceptive," *Heartwire*, March 10, 2011.

2. 7 U.S.C. § 8713(b) (2010).

3. Public Health Law Center, *The United States Farm Bill: An Introduction for Fruit and Vegetable Advocates*(St. Paul, MN: Public Health Law Center, 2009), 2.

4. Michael Pollan, "The Way We Live Now: The (Agri) Cultural Contradictions of Obesity," *New York Times Magazine*, October 12, 2003; Heather Schoonover, *A Fair

Farm Bill for Public Health (*Minneapolis*, *MN*: *Institute for Agriculture and Trade Policy*, 2007); *Food and Water Watch*, Farm Bill 101 (*Washington*, *DC*: *Food and Water Watch*, 2012), 1.

5. Renée Johnson and Jim Monke, Eliminating the Planting Restrictions on Fruits and Vegetables in the Farm Commodity Programs, *Congressional Research Service*, *CRS Report No. RL34019* (*Washington*, *DC*: *Congressional Research Service*, 2007).

6. *Larry Cohen*, *Sherin Larijani*, *Manal Aboelata*, *and Leslie Mikkelsen*, Cultivating Common Ground: Linking Health and Sustainable Agriculture (*Oakland*, *CA*: *Prevention Institute*, 2004), 2.

儿童和青少年都是价格敏感人群，因此适度的价格和税收差异会影响其消费行为。[104] 关于税收对含糖饮料销售的影响还有待进一步的研究，不过初步的研究表明，与烟草税一样，饮料税对年轻消费者影响更大。[105] 有些州对含糖饮料征收消费税，另一些州则取消了其销售税豁免资格。对此，产业集团开展了密集的游说来进行抵制。

尽管相比水果和蔬菜，农业补贴政策更青睐谷物和油籽作物，但美国农业部的营养补助计划（nutrition assistance program）（一方面向食品和农业企业提供补贴，另一方面为低收入家庭提供食物）已经启动了更有利于促进健康饮食的渐进式改革。针对妇女、婴儿和儿童（Women, Infants, and Children, WIC）的特殊营养补助计划对食物进行了精挑细选，以确保适度的盐、糖和脂肪的摄入水平。[106] 最终确定的食物包着重强调脱脂牛奶和全谷物产品，并鼓励新生儿母乳喂养。[107] 这些改革提高了健康食品的可及性，尤其是

---

[104] Jidong Huang and Frank J. Chaloupka IV, *The Impact of the 2009s Federal Tobacco Excise Tax Increase on Youth Tobacco Use*, National Bureau of Economic Research Working Paper No. 18026, National Bureau of Economic Research, April 2012.

[105] See, for example, Adam D. M. Briggs, Oliver T. Mytton, Ariane Kehlbacher, Richard Tiffin, Mike Rayner, and Peter Scarborough, "Overall and Income Specific Effect on Prevalence of Overweight and Obesity of 20% Sugar-Sweetened Drink Tax in UK: Econometric and Comparative Risk Assessment Modelling Study," *British Medical Journal*, 347 (2013): f6189, 据估计，对含糖饮料征收20%的税将使英国的肥胖人口减少约1.3%，约减少18万肥胖人口，其中对青少年和年轻人的影响最为显著。

[106] Nutrition Amendments of 1978, Pub. L. No. 95-627, § 17(f)(11), 92 Stat. 3603 (1978); Special Supplemental Nutrition Program for Women, Infants and Children (WIC): Revisions in the WIC Food Packages, Final Rule, 79 Fed. Reg. 12274 (March 4, 2014) (codified at 7 C.F.R. pt. 246).

[107] Victor Oliveira and Elizabeth Frazao, *The WIC Program: Background, Trends, and Economic Issues*, 2009 Edition, Economic Research Report No. 73 (Washington, DC: U.S. Department of Agriculture, Economic Research Service, 2009), 45.

在低收入地区。[108] 2014 年的《健康农业法案》要求参加补充营养补助计划的零售商提供各种各样的生鲜农产品,并提供 1 亿美元用于购买新鲜水果和蔬菜,以提高该计划的价值。[109]

二、促销

与价格一样,促销对消费也有影响。为了应对烟草税的提高和广告限制,烟草企业转而采用优惠券、折扣的方式来吸引消费者。[110] 联邦规定禁止发放免费烟草样品和无烟烟草,许多州也限制发放和兑换烟草优惠券。[111] 2012 年,罗得岛州关于禁止使用优惠券和多包装折扣的法律[112]经受住了第一修正案的挑战。[113] 禁止售卖单支烟(散装烟)的规定虽然并没有直接对价格进行规制,但的确将廉价的散装烟逐出了商品市场。[114] 与此类似,地方法律规定了雪茄的最低包装规格,以防止青少年轻易获得廉价雪茄。[115]

三、渠道

尽管价格和促销手段对购买习惯有着巨大影响,但渠道的作用也不容忽视。公共所有的或者受到严格管理的场所,为政府施加更强的控制提供了机会。[116] 许多公共设施(如学校、日托中心、医院)对文化习得的品位和社会规范也有特别强烈的影响。

现在,公立学校中售卖的食品和饮料(无论是作为对早餐和午餐的联邦补贴计划的一部分,还是学校商店或自动贩卖机所提供的)受到更严格的营

---

[108] Tatiana Andreyeva, Joerg Luedicke, Ann E. Middleton, Michael W. Long, and Marlene B. Schwartz, "Positive Influence of the Revised Special Supplemental Nutrition Program for Women, Infants, and Children Food Packages on Access to Healthy Foods," *Journal of the Academy of Nutrition and Dietetics*, 112, no. 6 (2012): 850-58, 55.

[109] Agricultural Act of 2014, Pub. L. 113-79 at §§ 4002, 4208, 128 Stat. 649. See also Rachel Winch, "Nutrition Incentives at Farmers' Markets: Bringing Fresh, Healthy, Local Foods within Reach," Farmland Information Center, October 2008, www.farmlandinfo.org/sites/default/files/ebt_matching_programs_rachel_winch_1.pdf, 描述了各州和地方政府为营养补助计划项目提供的优惠。

[110] Kelvin Choi, Deborah J. Hennrikus, Jean L. Forster, and Molly Moilanen, "Receipt and Redemption of Cigarette Coupons, Perceptions of Cigarette Companies and Smoking Cessation," *Tobacco Control*, 22 (2012): 418-22; Xin Xu, Michael F. Pesko, Michael A. Tynan, Robert B. Gerzoff, Ann M. Malarcher, and Terry F. Pechacek, "Cigarette Price-Minimization Strategies by U.S. Smokers," *American Journal of Preventive Medicine*, 44, no. 5 (2013): 472-76.

[111] Center for Public Health Systems Science, *Pricing Policy: A Tobacco Control Guide* (St. Louis, MO: Washington University in St. Louis and Tobacco Control Legal Consortium, 2014).

[112] Providence, R.I., Code of Ordinances § 14-303.

[113] *Nat'l Ass'n of Tobacco Outlets, Inc. v. City of Providence*, 731 F.3d 71 (1st Cir. 2013).

[114] 21 C.F.R. § 1140.14. 许多州都有相应的规定。

[115] See, for example, D.C. CODE § 7-1721.06(c).

[116] Marin Institute, *Out-of-Home Alcohol Advertising*.

养准则的约束（见框 12.3）。⑰ 重视健康的采购政策可以要求公有设施提供符合最低营养标准的食物。⑱ 例如在 2013 年，华盛顿州颁布了一项行政命令，要求本州各机构要确保其雇员、学生、囚犯和州立设施的居民能获得更健康的食品和饮料。⑲ 各州和地方政府还可以对公共财产上的广告内容进行限制，包括公共交通工具、车站、露天广场、体育场馆等。当政府作为一个市场参与者而非监管者来行动时，第一修正案对商业言论的保护就没有那么受重视了。⑳

地方政府还可以动用准入、许可和区划权力来规制私营零售商（如街角商店、杂货店和餐馆）。㉑ 它可以限制某一特定地区内烟草、酒精、快餐零售店的密度，禁止其开设在儿童出入频繁的场所，或者对一个社区内零售店的总量进行限制。㉒ 例如在 2008 年，洛杉矶暂停了一块面积达 32 平方英里区域内新设快餐店的许可，此举是为了"解决不利于健康和社区居民福祉的土地过度集中使用"，引发了相当大的争议。㉓ 2014 年，马萨诸塞州的威斯敏斯特健康委员会曾考虑过颁布禁令，禁止一切尼古丁产品的售卖（当然，在其他地方购买的此类产品仍然允许使用）。这一计划引起轩然大波，最终"在数百名愤怒的居民强烈要求召开听证会"之后，此议案以 1∶2 的投票被否决。㉔ 此外，地方政府还可以动用区划权力，来促进健康食品的获得。例如在 2011 年，费城就在其分区法规中增加了健康和可持续性条款，提供"密度补助"（density bonuses，即允许开发商修建更高层的建筑）来鼓励内设生鲜食品市场的综合性建筑的修建。

地方政府还可以对许可设定条件。例如烟草零售商许可法可以对雪茄

---

⑰ The Healthy, Hunger-free Kids Act, Pub. L. No. 111-296, 124 Stat. 3183 (2010).

⑱ See National Policy and Legal Analysis Network to Prevent Childhood Obesity, *Understanding Healthy Procurement: Using Government's Purchasing Power to Increase Access to Healthy Food* (Oakland, CA: ChangeLab Solutions and the Robert Wood Johnson Foundation, 2011).

⑲ State of Washington, Office of the Governor, Exec. Order No. 13-06 (October 30, 2013).

⑳ Marin Institute, *Out-of-Home Alcohol Advertising*, 6.

㉑ Heather Wooten, Ian McLaughlin, Lisa Chen, Christine Fry, Catherine Mongeon, and Samantha Graff, "Zoning and Licensing to Regulate the Retail Environment and Achieve Public Health Goals," *Duke Forum for Law and Social Change*, 5, no. 1 (2013): 65-96.

㉒ National Policy and Legal Analysis Network to Prevent Childhood Obesity, *Licensing and Zoning: Tools for Public Health* (Oakland, CA: ChangeLab Solutions and Robert Wood Johnson Foundation, 2012); National Institute on Alcohol Abuse and Alcoholism, Alcohol Policy Information System, http://alcoholpolicy.niaaa.nih.gov, accessed August 26, 2015; *Larkin v. Grendel's Den, Inc.*, 459 U.S. 116, 121 (1982) ("毫无疑问，国家拥有通过行使合理的分区法律来保护学校、教会、医院附近环境的权力"); Arcata, Cal., Land Use Code § 9.42.764 (2008) (将社区内快餐店的总数量限制在 9 个以内); City of L.A. Planning Dep't, Westwood Village Specific Plan § 5B (Oct. 6, 2004) (规定快餐店的分布密度为每 400 英尺一个).

㉓ L.A., Cal., Ordinance 180103 (July 29, 2008).

㉔ Sean P. Murphy, "Westminster Drops Proposal to Ban Tobacco Sales," *Boston Globe*, November 19, 2014.

最小包装规格作出规定,以使其购买成本更高(尤其对青少年来说),或者禁止零售商招牌面积超过其窗户面积的15%。[125] 有些地方政府还动用许可规则,禁止药房售卖香烟,禁止烟草零售商直接取得或通过修改其许可证来取得许可资格[126],因为这可能会误导消费者,令其认为烟草制品是安全的[127]。此外,关于在连锁餐馆菜单上标注卡路里计数、禁止人工反式脂肪酸以及对食物分量进行规定的地方命令,也经由卫生法律而适用于获得许可的餐饮服务机构。少数地方政府还要求杂货店和便利店储存健康食品。例如,《明尼阿波利斯主食条例》(Minneapolis Staple Foods Ordinance)就要求便利店和街角商店必须储存最低数量的"主食"(staple foods),其中必须包括蔬菜和水果。[128]

有一些州通过立法,排除了地方政府在涉及零售、餐饮服务或产品规制方面的权威。[129] 例如俄亥俄州的一项法律就规定禁止地方政府采取任何法律措施来解决"基于食品的差异"问题。[130] 这一法律走得太远,最终被州最高法院推翻,理由是其违反了州宪法中地方自治的条款(见本书第五章)。

框12.3　在公立学校促进健康饮食、体育锻炼和健康教育

2010年的《健康与消除饥饿儿童法案》(Healthy, Hunger-Free Kids Act)试图加强联邦对学校饮食营养的管理。该法案要求美国农业部制定与最新的《美国人膳食指南》相一致的全国学校饮食营养标准。[1] 针对学校午餐,该法案规定了水果、蔬菜和全谷物食品的比例,并限制了脂肪、盐和反式脂肪酸的摄入。[2] 值得注意的是,该法案还授权制定相关规定,对在联邦资助的午餐计划之外售予学生的食物进行管理。[3]

---

[125] ChangeLab Solutions, *"Plug-in" Policy Provisions for a Tobacco Retail License* (Oakland, CA: ChangeLab Solutions, 2013).

[126] See, for example, City and County of S.F., Cal., Health Code Art. 19J § 1009.91-98 (92) (2010). 旧金山更早的一项禁止药房出售烟草制品的禁令,被州法院以平等保护为由而推翻。*Walgreen Co. v. San Francisco*, 185 Cal. App. 4th 424 (Cal. Ct. App. 2010).

[127] Mitchell H. Katz, "Banning Tobacco Sales in Pharmacies: The Right Prescription," *Journal of the American Medical Association*, 300, no. 12 (2008): 1451-53.

[128] Minneapolis Code of Ordinances, Title 10, Ch. 203.

[129] See Dale Kunkel and Doug Taren, "Pre-emptive Bill on Fast Food and Kids Reeks of Hollow Politics," *Arizona Daily Star*, March 1, 2011.

[130] *Cleveland v. Ohio*, 989 N.E.2d 1072 (Ohio Ct. App. 2013).

然而事实证明,实行更严格的营养标准在政治上困难重重。批评的声音主要集中在日益升高的学校成本、孩子们往往把健康食品扔到一边,以及有些学校可能会对联邦项目进行取舍以规避这些严格的标准。在食品与饮料行业密集的游说之下,国会推翻了美国农业部制定的某些标准,取消了关于马铃薯使用量的限制(食品生产商常常通过马铃薯来满足日常蔬菜摄入标准),推迟了关于限盐和提高全谷物摄入规定的实行,并确保披萨可以算作一种蔬菜。[4]

与此同时,对健康教育和体育锻炼的重视也在不断提高。各州均有各类学生体育教育规定。但是,据美国健康信托(Trust for America's Health)指出:"这些规定常常是有局限的,或者根本没有实行,许多计划在质量上也存在不足。"[5] 在日益减少的预算面前,许多学校砍掉了体育教育项目。[6]

大多数州都要求对学生的身体质量指数、体能或其他指数进行生物学测量。还有些州虽然推荐但并未要求必须进行此类评估。即便是那些既不要求也不推荐在州层面进行评估的州,许多学校仍然会对肥胖和体能状况进行测试。至少有10个州要求学校必须将所有学生的身体评估状况报告家长,此外还有两个州要求学校只在身体质量指数存在健康隐忧的情况下向家长报告。绝大部分州允许家长选择退出筛查,不过一般来说,家长们必须对此进行明示。[7]

注释:

1. See 42 U.S.C. § 1779 (2012).

2. See 7 C.F.R. § § 210.10(c)(2), 210.10(f) (2015).

3. See 42 U.S.C. § 1779(b)(1)(B) (2012) ("对所有出售的食品……在学校的膳食计划之外……校园内,以及在白天的任何时候"实行代理监管)。

4. See, for example, Ron Nixon, "School Lunch Proposals Set of a Dispute," *New York Times*, November 1, 2011.

5. Trust for America's Health, *Supplement to "F as in Fat: How Obesity Threatens America's Future, 2011": Obesity-Related Legislation Action in States, Update* (Washington, DC: Trust for America's Health, 2011).

6. Rob Hotakainen, "Lawmakers Fear Nationwide PE Cuts Are Too Steep," *Tacoma (WA) News Tribune*, January 6, 2012.

7. See Lindsay F. Wiley, "'No Body Left Behind': Re-orienting School-Based Childhood Obesity Interventions," *Duke Forum for Law and Social Change*, 5, no. 1 (2013): 97–128.

四、产品

联邦、州及地方各级政府均可对损害消费者的产品进行规制。例如,联邦法律禁止制售带香味的香烟(薄荷味除外),因为这种香烟对儿童具有特别的吸引力。[131] 食品药品管理局监管的威胁,迫使不少含咖啡因酒精产品制造商停止了某些产品配方的使用。[132] 少数几个州对饮料中最高酒精含量作出了规定。[133] 也是州和地方政府率先颁布了反式脂肪禁令。[134]

反式脂肪禁令(最初是许多地方政府针对餐馆的食物而提出来的,后来由食品药品管理局扩展到所有食品)对公共卫生官员而言特别具有吸引力,因为它一方面使食物更加健康,另一方面又不会对食物的口感和价格产生什么影响。如果存在对于糖、盐和其他不健康脂肪的真正安全且同样具有吸引力的替代选项,那么对许多食物和饮料来说,一种"隐形的健康"(stealth health)的做法就成为可能。监管者可以要求使用更健康的替代物,而消费者也可以纵情享受垃圾食品,而不用付出健康方面的代价。然而,对使得加工食品广受欢迎的成分,真正安全、经济和健康的替代物还极为稀少。

具有创新意识的监管者通过规定膳食配置(尤其针对儿童膳食)和食物分量规格,来鼓励更健康的消费模式。2010 年,旧金山和圣克拉拉县规定了餐馆食物的最低营养标准,辅之以儿童玩具和其他"激励物品"(incentive items),即所谓的"快乐儿童餐"(Happy Meal)指令。[135] 然而,通过在顾客账单上名义性地加收玩具费用,零售商们轻而易举地导致了这一指令的失灵。不过,这些指令似乎有助于促进产业界的自我改进。例如,就在指令通过后不久,麦当劳改变了其"快乐儿童餐"中的预设选项,减少了薯条的分量,增加

---

[131] Family Smoking Prevention and Tobacco Control Act, Pub. L. No. 111-31 § 102, 123 Stat. 1776 (2009). 对薄荷味香烟的豁免引起了许多公共卫生专家的批评:国会为菲利普·莫里斯(Philip Morris)保留的这个例外,对立法的影响是显而易见的,以至于其他烟草公司将该法案称为《2009 年万宝路垄断法案》。但更糟糕的是这一豁免本身是致命的……研究表明,吸薄荷味香烟的烟民有更高的尼古丁依赖性,也更难戒烟。导致这种更高风险或许有一系列的机制,如因为薄荷本身的麻醉性而导致更深的吸入。不过更明显的是薄荷的"门槛"作用。年轻的吸烟者尤其青睐薄荷烟,远超过他们对其他烟草口味的喜好,然而控烟法案却明确保留了薄荷味。在上述例子中,本应成为保护儿童免受烟草伤害的法律根本未实现其目标。公众由此获得了一个例外吞噬规则本身的经典范例。Robert J. Baehr, "A New Wave of Paternalistic Tobacco Regulation," *Iowa Law Review*, 95, no. 5 (2010): 1663-96.

[132] U.S. Food and Drug Administration, "FDA to Examine the Safety of Caffeinated Alcoholic Beverages," November 19, 2010, www.fda.gov/ForConsumers/ConsumerUpdates/ucm190364.htm.

[133] 近年来,上述许多限制都出现了松动。例如 2012 年,密西西比州就提高了啤酒酒精含量的限制,2012 Miss. Laws 323 (2012).

[134] *Cleveland v. Ohio*, 989 N.E.2d 1072 (Ohio 2013)(阐述了克利夫兰州禁止反式脂肪的历史)。

[135] San Francisco Health Code § 471; Santa Clara, Cal., Code of Ordinances § A18-352.

了苹果片,并鼓励用牛奶和果汁代替可乐。⑬ 其他餐馆也逐步将水果、蔬菜和牛奶变成了儿童套餐的预设选项,仅在顾客要求时才提供可乐和薯条,尽管服务员和收银员常常会忽略这一政策,而直接把通常最受欢迎的产品提供给顾客。

2012年,纽约市的含糖饮料分量规则对此类饮料的最大容器规格进行了规定。⑬ 同时,它在操作上禁止了加成定价(bonus pricing)(即整体分量越多,则每盎司价格越低),后者对于部分顾客来说很有吸引力,也使零售商获得了巨大的利润空间。这一规则引发了全国范围内关于含糖类饮料、肥胖、个人责任和自治的大讨论。尽管最终纽约上诉法院以违反州的分权学说为由推翻了这一规则(见本书第五章)⑬,但其他权力分支的决策者对于寻求类似途径来规制食品饮料(尤其是针对儿童的产品)的分量规格和膳食配置表现出了浓厚的兴趣。

第五节 建成环境

"从土地使用模式到城市规划,到建筑的设计、选址、使用和相互关系,再到交通系统",建成环境包罗万象,且对人群健康有许多重要的影响。⑬ 环境的调整,有助于保障交通安全,减少暴力行为,加强社会交流,尤其是促进体育锻炼,最终提高人们的健康水平。⑭ 在本节,我们将对土地使用规划、使用分区管制、契约签订、支出等问题进行考察,这些都是促进体育锻炼的重要措施。

---

⑬ Lindsay F. Wiley, "Sugary Drinks, Happy Meals, Social Norms, and the Law: The Normative Impact of Product Configuration Bans," *Connecticut Law Review*, 46, no. 5 (2014): 1877–88.

⑬ New York City Department of Health and Mental Hygiene, Board of Health, Notice of Adoption of an Amendment (§ 81.53) to Article 81 of the New York City Health Code.

⑬ Wendy C. Perdue, "Obesity, Poverty, and the Built Environment: Challenges and Opportunities," *Georgetown Journal on Poverty Law and Policy*, 15, no. 3 (2008): 821–32, 22.

⑬ *N.Y. Statewide Coal. of Hispanic Chambers of Commerce v. N.Y.C. Dep't of Health & Mental Hygiene*, 16 N.E.3d. 538 (N.Y. 2014).

⑭ U.S. Department of Health and Human Services, *Step it Up! The Surgeon General's Call to Action to Promote Walking and Walkable Communities* (Washington, DC, Department of Health and Human Services, 2015); Wendy Collins Perdue, Lesley A. Stone, and Lawrence O. Gostin, "The Built Environment and Its Relationship to the Public's Health: The Legal Framework," *American Journal of Public Health*, 93, no. 9 (2003): 1390–94; Wendy C. Perdue, "Obesity, Poverty, and the Built Environment: Challenges and Opportunities," *Georgetown Journal on Poverty Law and Policy*, 15, no. 3 (2008): 821–32, 22.

一、支出策略

许多低收入社区难以提供有利于健康的生活环境,在这些社区很难买到健康的食物,娱乐设施匮乏,也缺少可供散步和运动的安全场所。各州和地方政府常常在联邦的协助下,采取多种方式来改变建成环境,例如修建休闲公园和自行车道,在住宅开发时确保充足的照明和运动场地,扩展公共交通,等等。[141]俄勒冈州波兰特市就实施了一项综合性的交通计划,通过强调徒步、骑自行车和乘坐公共交通出行,来鼓励体育锻炼。[142]这一计划的愿景,是"一个均衡、公平、高效的交通系统,提供多种多样的出行选择;强化社区的宜居性……并在减少汽车依赖的同时,保持出行的便利"[143]。

对于公共交通、人行道及娱乐设施的直接支出非常重要,但是预算约束限制了其选择,尤其是在那些缺少雄厚税基的低收入地区。扩大此类基础设施建设资金来源的一个办法,是运用公共资金来要求私人开发者促进健康。例如,低收入住宅项目税收减免,使开发商有动力投资低收入或混合收入住宅项目。[144]在选择资助何种类型的住宅项目上,各州享有广泛的自由裁量权,其中许多州都为发展动态交通制定了一些激励措施,比如拟建的项目若靠近交通枢纽,或者位于适合步行的地区,往往能获得加分。

二、土地使用、分区管制及设计指南

地方政府还可促使私人开发者以更有利于促进体育锻炼的方式来设计、使用土地和建造建筑。肯塔基州路易斯维尔市的土地使用分区管制法律就试图使市中心变得更宜于步行,为此,它要求建筑物的位置应当步行可及,停车场则应远离主要街道。其明确指出,"停车场的设计应当有利于促进行人在街道和人行道上的安全和舒适"[145]。还有许多地区实施了"完整街道"(complete streets)的政策,以鼓励人们步行、慢跑、骑行,同时保障其安全。[146]

---

[141] Javier Lopez-Zetina, Howard Lee, and Robert Friis, "The Link between Obesity and the Built Environment: Evidence from an Ecological Analysis of Obesity and Vehicle Miles of Travel in California," *Health and Place*, 12, no. 4 (2006): 656-64; Kim Krisberg, "Built Environment Adding to Burden of Childhood Obesity: Designing Healthier Communities for Kids," *The Nation's Health*, 36, no. 1 (2006): 1-27.

[142] Daniel A. Rodriguez, *Active Transportation: Making the Link from Transportation to Physical Activity and Obesity* (San Diego, CA: Active Living Research, 2009).

[143] City of Portland, "Transportation Element of the Comprehensive Plan," in Portland Transportation System Plan, www.portlandoregon.gov/transportation/article/370467, 3, accessed January 1, 2015.

[144] See 26 U.S.C. § 42; 26 C.F.R. § 1.42.

[145] Louisville, Ky., Land Dev. Code § 5.5.1(B).

[146] See ChangeLab Solutions, *What Are Complete Streets? A Fact Sheet for Advocates and Community Members* (Oakland, CA: ChangeLab Solutions, 2010).

例如,华盛顿特区、密苏里州都规定了街道设计标准,缩窄车行道以降低汽车行驶速度,同时拓宽人行道,并设置了自行车道。⑭

设计指南(design guidelines)一般是由私人开发者自愿遵守的,但有时候,针对一些新的公共项目,它也可以是强制性的。设计指南也同样可以用于促进体育锻炼融入日常生活。例如在纽约市 2010 年版的设计指南中,就为如何使基础设施的设计更有利于促进体育锻炼提供了标杆(如开放式的、富有吸引力的阶梯)。⑭ 2013 年,纽约市市长发布了一项行政命令,要求所有纽约市的机构在新建项目或主要的改造项目中,都遵守积极的设计指南。⑭

三、共享约定

政府还可以运用契约等私法手段,来推动体育锻炼和其他公共卫生目标。学区、地方机构和非营利组织之间的"联合使用"(Joint-use)或"共享"(shared-use)协议,可以解决关于维护、安全和责任等方面的担忧,将原本封闭的娱乐设施向广大公众开放。⑭ 在北卡罗来纳州的夏洛特市,市、县政府通过合作,促成了地方学区、社区大学及县图书馆体系之间的共享。此外,公共卫生的支持者还通过向各学区、教堂及其他业主普及侵权豁免的法律知识,或者通过立法规定新的豁免情形,或者提供标准合同,来缓解其对于法律责任的担忧(见本书第七章)。⑭

对于公共卫生运动试图改变建成环境的努力,批评者提出了激烈的反对:"这场反蔓延运动(anti-sprawl campaign)实际上是想指挥人们该怎样生活和工作,是要牺牲个体价值,而让位于政治上更强者所尊崇的价值。它是压迫的、说教的,充满了乡愁,却缺少真诚。"⑭ 而公共卫生的支持者则回应道:"我们国家的景观中极为缺乏值得关心的地方,到处都是没有灵魂的住宅社区,没有社区生活的'社区'……以及绵延数英里的堵塞的街道——后者几乎是将我们分散的生活联系在一起的唯一纽带。"⑭ 在公共卫生的名义

---

⑭ Columbia, Mo. Code § 105-247.
⑭ Center for Active Design, *Active Design Guidelines*: *Promoting Physical Activity and Health in Design* (New York: City of New York, 2010).
⑭ City of New York, Office of the Mayor, Exec. Order No. 359 (June 27, 2013).
⑭ Manel Kappagoda and Robert S. Ogilvie, eds., *Playing Smart*: *Maximizing the Potential of School and Community Property through Joint Use Agreements* (Washington, DC: ChangeLab Solutions and KaBoom, 2012).
⑭ See Sara Zimmerman and Manel Kappagoda, *The Risk of New Liability Laws to Schools and Students*, ChangeLab Solutions, March 2012, http://changelabsolutions.org/childhoodobesity/immunity-hazards.
⑭ Virginia Postrel, "The Pleasantville Solution: The War on 'Sprawl' Promises 'Livability' but Delivers Repression, Intolerance—and More Traffic," *Reason*, 30, no. 10 (1999): 4-5.
⑭ Andres Duany, Elizabeth Plater-Zyberk, and Jeff Speck, *Suburban Nation*: *The Rise of Sprawl and the Decline of the American Dream* (New York: North Point Press, 2000).

下,政府对建成环境的改变究竟应该深入到何种程度？对此各方之间还存在严重的分歧和相互批评。

第六节 社会环境

健康的行为"被包裹在大量规范当中"[154]。为了和产业界所塑造的吸烟、喝可乐代表着性感、智慧或自由的形象[155]相抗衡,一场社会营销活动——它超越了简单的健康风险信息提示,而触及更强大的社会规范[156]——铺陈开来。这一策略,我们称之为"反规范化"(denormalization)。它在控烟策略中发挥着核心作用,不过其在肥胖预防中的作用尚不明显。

一、反规范化与控烟

> 尽管(禁止吸烟的措施)所针对的是吸烟行为,但其不可避免地会对吸烟者本人及其社会地位产生深远的影响。在任何一个城市,我们都能看到吸烟者在办公楼外挤成一团——无论天气有多么恶劣——一些激进的公司宣布,它们将不会雇用甚至解雇吸烟者,因为吸烟导致了额外的医疗成本,或者因为吸烟与公司想呈现给公众的"形象"相抵触。
>
> ——罗纳德·拜尔、詹妮弗·斯图贝尔:《控烟、污名与公共健康》(Ronald Bayer and Jennifer Stuber, *Tobacco Control, Stigma and Public Health*, 2006)

1964年,当《医务总监报告》首次发布,明确将吸烟与肺癌、心脏病联系在一起时,"美国还是这样一个国家:超过50%的男性吸烟;超过46%的美国人是烟民;在办公室、机场和电梯里吸烟都是可以被接受的行为,甚至还有烟

---

[154] W. A. Bogart, *Permit but Discourage: Regulating Excessive Consumption* (New York: Oxford University Press, 2010), 91.

[155] Sonya Grier and Carol A. Bryant, "Social Marketing in Public Health," *Annual Review of Public Health*, 26 (2005); Xueying Zhang, David W. Cowling, Hao Tang, "The Impact of Social Norm Change Strategies on Smokers' Quitting Behaviours," *Tobacco Control*, 19, no. S1 (2010): i51-i55.

[156] See Katrina Radic, "'Live for Now:' Pepsi's First Ever Global Campaign," *Branding Magazine*, May 1, 2012.

草品牌冠名播出的卡通节目"。[157]在接下来的数十年里,公共卫生的支持者显著地改变了这一图景。反规范化逐步浮现为一种极为重要的策略:"一开始,那些吸烟者只是在无意间成了公共卫生政策的目标,但是后来,人们开始有意识地利用反规范化和边缘化的力量,来减少烟草消费。"[158]这一策略利用了"公众对吸烟的负面情绪,作为一种非正式的社会控制机制,迫使吸烟者改变其行为"。在反规范化策略的影响下,吸烟者戒烟(以及其他刚开始吸烟的人们决定不吸烟)"不仅仅是为了避免健康危害或者法律惩罚(例如烟草税),也是为了逃避如被社会孤立或尴尬等心理上的惩罚"。[159]

在广告宣传中,我们可以非常清楚地看到这种反规范化策略的运用。例如,广告中往往强调吸烟对于外表的影响(焦黄的牙齿、口臭,衣服和头发上全是烟味,甚至阳痿),或者指出吸烟者将被朋友或亲密的伴侣所排斥。但是反规范化的策略同样清楚地体现在公共卫生的推动者促进控烟立法的努力当中,例如禁止在工作场所、餐馆吸烟,征收烟草税,信息披露要求及图片警告标识等。[160]

禁烟令通过将吸烟者与不吸烟者"隔离"(尽管是暂时的),推动了这种反规范化。[161]它将吸烟行为变得隐蔽和不可见,不在孩子面前抽烟成为一种正常的社会规范。实际上,对电子烟最主要的担心,正是其在公共场所的使用,将侵蚀控烟运动多年来艰难取得的成果(见框12.4)。[162]同时,将吸烟者隔离到某个指定的吸烟点,也非常明显地将他们区隔开来,并暴露在公众

---

[157] "1964: First Surgeon General's Report," Tobacco.org, http://archive.tobacco.org/resources/history/1964_01_11_1st_sgr.html, accessed January 1, 2015.

[158] Ronald Bayer, "Stigma and the Ethics of Public Health: Not Can We but Should We?," *Social Science and Medicine*, 67, no. 3 (2008): 463-72, 66.

[159] Sei-Hill Kim and James Shanahan, "Stigmatizing Smokers: Public Sentiment toward Cigarette Smoking and Its Relationship to Smoking Behaviors," *Journal of Health Communication*, 8, no. 4 (2003): 343-67, 49, 指出在那些对吸烟的公众看法更为负面的州,吸烟率更低,而那些曾经历过不受欢迎的公众情绪的烟民,也更有可能戒烟。

[160] Wiley, "Shame, Blame,"部分内容在本节中有重复。

[161] Deborah Ritchie, Amanda Amos, and Claudia Martin, "'But It Just Has That Sort of Feel about It, A Leper': Stigma, Smoke-Free Legislation and Public Health," *Nicotine and Tobacco Research*, 12, no. 6 (2010): 622-29, 指出由吸烟自由法案造成的对吸烟者和非吸烟者的社会区隔,"造成了吸烟者对其吸烟行为的自我标签和自我污名化——即便在他们不吸烟的时候。尽管并没有多少直接歧视,但其在公共场所往往失去了社会地位"。See also A. B. Albers, M. Siegel, D. M. Cheng, L. Biener, and N. A. Rigotti, "Relation between Local Restaurant Smoking Regulations and Attitudes towards the Prevalence and Social Acceptability of Smoking: A Study of Youths and Adults Who Eat Out Predominantly at Restaurants in Their Town," *Tobacco Control*, 13, no. 4 (2004): 347-55; Nina L. Alesci, Jean L. Forster, and Therese Blaine, "Smoking Visibility, Perceived Acceptability, and Frequency in Various Locations among Youth and Adults," *Preventive Medicine*, 36, no. 3 (2003): 272-81, 发现餐馆中禁止吸烟的规定有助于使吸烟这一行为"去规范化",并降低吸烟率。

[162] See Amy L. Fairchild, Ronald Bayer, and James Colgrove, "The Renormalization of Smoking? ECigarettes and the Tobacco 'Endgame,'" *New England Journal of Medicine*, 370, no. 4 (2014): 293-95.

面前。

随着时间的推移,促进工作场所禁烟的反规范化策略,已经发展为促进工作场所禁烟的雇主规则。与此同时,禁止吸烟的规定还扩展到了户外,例如公园或人行道,尽管在这些地方二手烟带来的健康危害是微不足道的。[63]

因为个体的行为而将其污名化(stigmatizing)将产生什么样的社会影响?对此,公共卫生伦理学者争论不休。一种观点认为,针对吸烟的反规范化策略,是与针对 HIV/AIDS 的去污名化策略相违背的(见本书第十章)。他们质疑政府是否应当有意识地将某种行为污名化,并借助羞耻、内疚的力量来影响社会规范。[64]另有一种观点认为,针对吸烟的反规范化策略和针对 HIV/AIDS 的污名是两种非常不同的现象,因为前者所涉及的污名是可以摆脱的——尽管考虑到尼古丁的成瘾性,这需要克服极大的困难。[65]

这里所涉及的问题是动态的。随着人群层面的行为和疾病模式(以及与其相关的社会看法)的变迁,以羞耻为基础的惩罚措施是否合适又是否有效,也会出现相应的变化。实际上,吸烟率在社会优势群体中下降更快,而在社会经济地位较低的群体中则较为缓慢——这导致二者的差异越来越大——不少控烟推动者已在呼吁应重新评价反规范化的策略。[66]

框 12.4 电子烟:控烟运动的狂野西部

> 电子烟(E-Cigarettes),虽然口感各有不同,但一般都是将液体尼古丁雾化并吸入。烟草公司宣称这是比香烟更安全、更易被社会接受的替代选项,并大肆营销。理论上,尼古丁烟雾吸入器是为了帮助戒烟,但是许多专家警告其效果远不如尼古丁贴片或戒烟糖等尼古丁替代疗法——后者打破了吸烟者的"仪式"与习惯。证据表明,许多电子烟使用者压根就不打算戒烟:他们不过是在禁止吸烟的地方过一把尼古丁瘾,而这消灭了戒烟的动力。[1]

---

[63] See Michael Siegel, "Social Stigma Created by Anti-smoker Policies Found to Negatively Impact Health Care for Smokers," *The Rest of the Story: Tobacco News Analysis and Commentary* blog, January 9, 2012, 认为"在招聘中列入不得吸烟的要求,以及禁止在户外区域吸烟的政策",是有意识地去规范化的结果。

[64] Bayer, "Stigma and the Ethics of Public Health," 468.

[65] See Scott Burris, "Stigma, Ethics and Policy: A Commentary on Bayer's 'Stigma and the Ethics of Public Health: Not Can We but Should We?'" *Social Science and Medicine*, 67, no. 3 (2008): 473-75, 75.

[66] See Kirsten Bell, Amy Salmon, Michele Bowers, Jennifer Bell, and Lucy McCullough, "Smoking, Stigma and Tobacco 'Denormalization,'" special issue, *Social Science and Medicine*, 70, no. 6 (2010): 795-99, 95: "使吸烟污名化,并不能减少弱势群体中的吸烟率——而正是这些人构成了烟民的大多数。相反,通过限制吸烟者获得医疗保健服务,禁止在初级医疗服务中提供戒烟服务,有可能加剧健康不平等。"

更让人困扰的是,电子烟可能导致尼古丁成瘾——尤其是对未成年人。从2013年至2014年,高中生使用电子烟的比率从4.5%上升到了13.4%。[2]

各州与地方当局一直在努力澄清现有禁烟令同样适用于电子烟,或试图制定新的特别针对电子烟的禁令。[3]2014年,食品药品管理局提出了一项规则,禁止向未成年人出售电子烟,禁止在自动贩卖机上出售电子烟,要求电子烟包装上必须包含警示标签,并禁止制造商发放免费样品。

公司生产电子烟必须向食品药品管理局注册,提交安全数据,披露产品成分,并且只有在食品药品管理局审查批准之后方可上市。此外,只有在食品药品管理局确认其科学性及对公众健康的益处之后,公司才被允许声称其产品降低了吸烟带来的风险。

令人遗憾的是,食品药品管理局并没有彻底禁止添加糖果香精,后者对儿童具有特别的吸引力。与此相反,欧盟禁止在电子烟中使用香精以及关于其提升了"口感"的宣传。其他国家如巴西、黎巴嫩、新加坡等则彻底禁止电子烟。

注释:

1. Rachel Grana, Neal Benowitz, and Stanton A. Glantz, "E-Cigarettes: A Scientific Review," *Circulation*, 129 (2014): 1972-86, 83;"使用这些产品的其他常见原因是为了规避无烟法律和减少传统香烟,这可能会加强双重使用模式和延迟或阻止戒烟。"

2. Centers for Disease Control and Prevention, National Youth Tobacco Survey, 2011-2014.

3. Lawrence O. Gostin and Aliza Y. Glasner, "E-Cigarettes, Vaping, and Youth," *Journal of the American Medical Association*, 312, no. 6 (2014): 595-96.

二、肥胖:从身体的羞耻到不健康消费的反规范化

我认为(肥胖症)是难以捉摸的,部分是由于其治疗的成功率低得令人不安,也是因为它要求改变的食品和饮料商业、个人饮食习惯、久坐的生活方式等基本模式,都深深地嵌入我们的社会结构当中。此外,它还提出了更基本的伦理和政策问题:政府和商业部门在改变危害健康的行为方面,究竟能走多远?自由市场的边界在哪里?我们如何看待自己的身体,又如何评价他人的身体?

——丹尼尔·卡拉翰:《肥胖:追逐一场难以捉摸的疫情》
(Daniel Callahan, *Obesity: Chasing an Elusive Epidemic*, 2013)

2013 年,生命伦理学家丹尼尔·卡拉翰针对肥胖控制提出了一项他认为"极为前卫的策略",引发了公众的广泛关注。[67] 针对他所谓的美国人关于其不断上升的体重的"巨大错觉"(mass delusion),卡拉翰认为,健康政策必须"向个体施加更强的社会压力,超越安慰性的教育和温顺的劝告……要告诉美国人,这个社会再也不会忍受他们的超重和肥胖了"。[68] 这种试图通过"严厉的爱"(tough love)来解决肥胖问题的进路,其背后的理由非常简单:在遭遇了这么多的羞耻和歧视之后,肥胖人群(或肥胖儿童的家长)被逼得必须要采取行动了。因此,法律上对基于体重或外表的歧视行为的禁止,或许会阻碍公共卫生目标的实现。

然而羞耻、体重和健康之间的关系,远比这种"严厉的爱"的观点所想的要复杂。长期以来,对于肥胖人群的看法完全是负面的,正如肥胖率本身在不断上升,体重歧视也变得越来越严重。[69] 从童年时期开始,肥胖人群(尤其是妇女和女孩)在工作场所、学校、家庭、医生办公室、杂货店和服装店、任何形式的社会交往中都一直遭遇社会孤立、贬低和歧视。这些对自己的体重感到羞耻的人,往往更缺少运动或健康饮食的意愿。对身体的高度不满往往和体重的上升相关[70],而提升肥胖人群身体形象的干预措施往往会增强减肥成

---

[67] Daniel Callahan, "Obesity: Chasing an Elusive Epidemic," *Hastings Center Report*, 43, no. 1 (2013): 34–40, 35. 针对一些评论者的批评,卡拉翰也作了进一步的澄清。See Lawrence O. Gostin, "'Enhanced, Edgier': A Euphemism for 'Shame and Embarrassment'?," *Hastings Center Report*, 43, no. 3 (2013): 3–4; A. Janet Tomiyama and Traci Mann, "If Shaming Reduced Obesity There Would Be No Fat People," *Hastings Center Report*, 43, no. 3 (2013): 4–5; Daniel S. Goldberg and Rebecca M. Puhl, "Obesity Stigma: A Failed and Ethically Dubious Strategy," *Hastings Center Report*, 43, no. 3 (2013): 5–6; Jennifer K. Walter and Anne Barnhill, "Good and Bad Ideas in Obesity Prevention," *Hastings Center Report*, 43, no. 3 (2013): 6–7; D. Robert MacDougall, "National Obesity Rates: A Legitimate Health Policy Endpoint?," *Hastings Center Report*, 43, no. 3 (2013): 7–8; Harald Schmidt, "Obesity and Blame: Elusive Goals for Personal Responsibility," *Hastings Center Report*, 43, no. 3 (2013): 8–9; Daniel Callahan, "The Author Replies," *Hastings Center Report*, 43, no. 3 (2013): 9–10.

[68] Callahan, "Obesity," 35.

[69] Tatiana Andreyeva, Rebecca M. Puhl, and Kelly D. Brownell, "Changes in Perceived Weight Discrimination among Americans: 1995–1996 through 2004–2006," *Obesity*, 16, no. 5 (2008): 1129–34;"体重/身高歧视在美国社会极为普遍,并且还日益严重","其与种族和年龄歧视紧密相连";Janet D. Latner and Albert J. Stunkard, "Getting Worse: The Stigmatization of Obese Children," *Obesity Research*, 11, no. 3 (2003): 452–56.

[70] See, for example, Craig A. Johnston, Jennette Palcic Moreno, Kaleigh Regas, Chermaine Tyler, and John P. Foreyt, "The Application of the Yerkes-Dodson Law in a Childhood Weight Management Program: Examining Weight Dissatisfaction," *Journal of Pediatric Psychology*, 37, no. 6 (2012): 674–79; Kendrin R. Sonneville, Jerel P. Calzo, Nicholas J. Horton, Jess Haines, S. Bryn Austin, and Alison E. Field, "Body Satisfaction, Weight Gain and Binge Eating among Overweight Adolescent Girls," *International Journal of Obesity*, 36, no. 7 (2012): 944–49; Rebecca M. Puhl, Corinne A. Moss-Racusin, and Marlene B. Schwartz, "Internalization of Weight Bias: Implications for Binge Eating and Emotional Well-Being," *Obesity*, 15, no. 1 (2007): 19–23.

功的可能性。⑦

或许,我们有可能在避免因体重而将某人污名化的情况下,对不健康饮食和缺乏锻炼进行"去正常化"(denormalize)[并将健康的行为"正常化"(normalize)]。但是,在过度消费不健康食品和饮料的行为上运用去正常化的策略,比在烟草或酗酒问题上要复杂得多。均衡的饮食需要改变复杂的行为模式,并且往往需要经过数天、数周、数月才能奏效。面对这种复杂性,监管者发明了种种新的办法,来促进关于健康饮食的社会规范,其中尤其重要的是儿童膳食中含糖类饮料问题。

规定儿童膳食的饮食分量或最低营养标准,是推动健康饮食规范化的重要手段。限制含糖类饮料的杯装大小,实际上是将数十年前还很常见的小杯"再正常化"(renormalize)——在如今日益流行的"超大杯"面前,这种小杯显得极为袖珍。小杯将变得更为普遍,而超大杯则将慢慢减少。许多批评者指出,关于杯装分量的规定实际上并不能阻止消费者在某一家店里豪饮64盎司的饮料。但是如果他要喝上四杯才能达到这个分量,那这实际上是传递了一个信号,即他的饮用量已超过合适分量的4倍。旧金山和圣克拉拉县的健康饮食促进指令也有同样的效果,它所传递的信号是,水果和牛奶——而非薯条和可乐——才是儿童套餐的标配。

法律是经过强化的社会规范的表达。逐利的制售商促成了不健康的饮食习惯,对公众健康和个人的生活质量造成威胁,这一观点在美国已经被广泛接受。公共卫生专家所采用的策略已不限于低效的公众教育,还包括广告限制和强制披露、土地使用、分区管制和执照许可政策、直接规范产品和商业活动等多种多样的措施。对不健康产品和食用分量进行反规范化(denormalization),而将健康饮食习惯再规范化(renormalization),这一做法目前看来充满希望。但是所有这些策略都要求法律和政策工具的创新,要求各州和地方政府勇于试验,要求法院去保护立法和行政机构所取得的成果。

---

⑦ See Eliana V. Carraça, Marlene N. Silva, David Markland, Paulo N. Vieira, Cláudia S. Minderico, Luís B. Sardinha, and Pedro J. Teixeira,"Body Image Change and Improved Eating Self-Regulation in a Weight Management Intervention in Women," *International Journal of Behavioral Nutrition and Physical Activity*, 8 (2011): 75.

第十三章　公共卫生视角下的伤害与暴力预防
——促进更安全的生活方式

> 有天清晨,我驾车行驶在亚特兰大的公路上,见路上躺着一个人。那是一名年轻的女性晨跑者。我打了911,向她跑去。她头部受了重伤,但还有心跳。我开始做心肺复苏,但伤势实在太重。她死在了我怀里。后来,我在《亚特兰大宪法报》上写专栏,讲述了这件事情。读者信件如雪片般飞来。一半的信件是批评这个晨跑者,认为她根本不该这个时间点在公路上跑步。另一半信件批评肇事司机,没有尽到合理的注意义务。没有一个人批评公路。
>
> ——马克·罗森博格:《杀人的公路》(Mark Rosenberg, *Roads That Are Designed to Kill*, 2009)

公共卫生提供了一条独特的进路来预防伤害和暴力。传统上,非故意伤害在法律上被看成一个疏忽问题,主要通过侵权法来处理,由责任方对受害者的损失进行补偿。故意伤害或暴力行为则主要通过刑法来处理,国家以道德报应、剥夺行为能力、教育改造、威慑的名义,对罪犯进行惩罚。所有这些措施都是高度个人主义的,其关注点在于肇事者和受害者的过错。相比之下,公共卫生专家则更多地关注如何在人群层面上确定和运用预防措施。

伤害预防所关注的,是置身于风险中的人们的脆弱性,引发伤害的机制本身的设计特征,涉及的自然环境和社会因素。公共卫生专家通常避免使用"事故"(accident)这一术语,而更愿意使用"crash"或"incident",因为按照通俗的理解,"accident"指的是纯粹偶然的事件。① 同时,刑法上的"犯罪人"(perpetrator),在伤害预防中也变成了"载体"(vector),即"伤害能量"转移到

---

① Julie G. Cwikel, *Social Epidemiology: Strategies for Public Health Activism* (New York: Columbia University Press, 2006), 371.

某人身体之上的途径。②

从个人的视角看,事故似乎是不可避免的——它们看上去极为正常,却又不可预测。然而倘若从人群的角度看,危险就变得可以预测,因而也可以预防了。在个人层面上,现有的种种减轻伤害风险的策略效果并不明显;但对于人群而言,哪怕仅仅降低 1% 的风险都将带来巨大的不同。例如,提示儿童看管者注意窒息风险的警告标识,对单个儿童而言其降低的风险微乎其微,然而对 1 500 万名 3 岁以下的儿童,则是挽救生命的重要举措。

考虑到实施简单的干预就能带来的巨大收获,对伤害预防的长期忽视简直令人心惊。不过,这些干预措施也常常极具争议。有些措施在技术上非常简单,但却容易侵犯个人自治和隐私 ——例如,要求所有枪支都加装触发锁定装置,要求父母把婴儿单独放在婴儿床里(而非和自己同睡)以减少压迫窒息的危险③,或者禁止开车时使用手机。④ 另一些措施实施起来则成本较高,比如要求所有汽车必须安装气囊、在道路设计时划出单独的自行车道和人行道⑤,实施"回购"(take-back)项目以鼓励人们交出枪支⑥,以及实施"回收"项目以便对未使用的药物进行更方便的安全处置⑦,等等。

在本章中,我们将首先梳理伤害预防的核心概念,并讨论职业安全、汽车事故、产品安全等问题。随后,我们将转向这一领域出现的一些新问题,包括预防暴力和自杀、鸦片类药物处方过量、体育活动中的脑外伤风险等。在本章的结尾,我们将对枪支伤害进行案例研究,以展示法律干预的不同模式,以及如何在公共卫生和个人自由之间取得平衡。

---

② Carol W. Runyan, "Using the Haddon Matrix: Introducing the Third Dimension," *Injury Prevention*, 4, no. 4 (1998): 302-07.

③ See Katherine H. Morgan, Maureen W. Groer, and Linda J. Smith, "The Controversy about What Constitutes Safe and Nurturant Infant Sleep Environments," *Journal of Obstetric, Gynecologic, and Neonatal Nursing*, 35, no. 6 (2006): 684-91, 描述了 1999 年美国消费者产品安全委员会的一项声明,其内容为带栅栏的婴儿床能够为婴儿提供最安全的睡眠环境,由此引发了主张亲子同睡的人们的激烈争议。

④ See Jeffrey H. Coben and Motao Zhu, "Keeping an Eye on Distracted Driving," *Journal of the American Medical Association*, 309, no. 9 (2013): 877-78, 讨论了禁止分心驾驶的法律的影响,并强调严格执法的重要性。

⑤ See U. S. Department of Transportation, Federal Highway Administration, Office of Planning, Environment, and Realty, "Accommodating Bicycle and Pedestrian Travel: A Recommended Approach," www.fhwa.dot.gov/environment/bicycle_pedestrian/guidance/design_guidance/design.cfm#d4, updated February 10, 2014, 呼吁在所有城市新的基建项目中,都应规划自行车道和人行道(除非其成本超过了总成本的 20%)。

⑥ See Andrew Leigh and Christine Neill, "Do Gun Buybacks Save Lives? Evidence from Panel Data," *American Law and Economics Review*, 12, no. 2 (2010): 509-57, 发现政府强制回购某些新近被禁的枪支将大大减少自杀率(且有可能减少谋杀率)。在美国,许多州和地方政府都提出了针对合法或非法枪支的回购计划。

⑦ See Andrew Pollack, "Unused Pills Raise Issue of Disposal and Risks," *New York Times*, December 6, 2012, 描述了加利福尼亚州阿拉梅达县的一项法律,该法律要求制药企业资助并开展一项允许消费者对未使用药物进行合理处置的计划,以降低儿童和青少年过量服药、药物滥用者盗药、将未使用药物冲入厕所所导致的水污染等风险。

第一节 伤害预防的核心概念

"故意"和"意外"伤害在概念上的区分更多是表面的而非实在的。显然并非所有的自杀或他杀都是完全故意的,就像酒驾致死、拳击比赛致死或职业身亡并不全是意外一样。从预防的视角看,意图(intent)不过是一个相关因素,此外还包括接触致害机制、伤害应对措施、医疗响应等其他因素。

——汤姆·克里斯托弗、苏珊·加拉赫:《伤害预防和公共卫生》(Tom Christoffel and Susan Gallagher, *Injury Prevention and Public Health*, 2006)

公共卫生专家将"伤害"(injury)定义为急性暴露于物理能量如机械能、热能、电能、化学能和电离辐射,这些能量与机体发生作用时超过了机体的耐受水平而造成的组织损伤。在一些情况下,伤害是由突然缺乏基本介质如氧气或热量而引起的。[8] 他们将"暴力"(violence)定义为"故意使用(或威胁使用)身体力量或权力,对自身、他人、群体或社会造成危险,导致或很有可能导致伤害、死亡、心理伤害、扭曲或剥夺"[9]。故意伤害和暴力是截然不同的两个概念,暴力包括了某些不会造成肉体伤害的行为——尽管这些行为可能对公共健康造成其他影响(见表13.1)。正如所有法学院的学生都知道的,故意伤害和意外伤害的界限相当模糊。因此在某些问题上(如中毒或药物过量),研究人员试图寻找减少伤害的干预措施,无论这种伤害是故意的、无意的或是意图不确定的。

表 13.1 伤害研究核心词

毒剂(Poison):任何一旦过量食用、吸入、注射或通过皮肤吸收,将对身体造成伤害的物质(包括药物)。
烧伤(Burn):由热液(烫伤)、热固体(接触烧伤)、火焰(火焰烧伤)、紫外线照射、辐射、电力或化学物质导致的皮肤或黏膜细胞部分或全部毁损。烟雾吸入导致的呼吸系统损伤也被认为是烧伤的一种。

---

[8] See, for example, Emory Center for Injury Control, "Injury Definitions," www.emorycenterforinjurycontrol.org/community/safety/definitions, accessed January 7, 2015.

[9] World Health Organization, "Health Topics: Violence," www.who.int/topics/violence/en, accessed August 28, 2015.

(续表)

外伤性脑损伤(Traumatic Brain Injuries, TBI):外力对大脑造成的损伤。

环境伤害(Environmental Injuries):因暴露在恶劣环境下(例如酷暑、酷寒、日射、暴风及自然灾害)或者缺乏食物和饮水而导致的伤害。

车辆伤害(Motor Vehicle Injuries):根据致害的汽车数量和类型,可分为单车事故、多车事故、卡车-汽车事故等。亦可根据受害人类型(如乘客、步行者、骑摩托车者、骑自行车者)来进行分类。

职业伤害(Occupational Injury):由于工作而导致的身体伤害。

资料来源:Emory University Center for Injury Control, *Injury Definitions*, www.emorycenterforinjury-control.org/community/safety/definitions, accessed September 1, 2015.

疾病控制与预防中心通常依据以下两个标准来对伤害进行分类:一是意图(包括非故意伤害、故意自害和加害、意图不确定);二是导致伤害的机制(例如运输伤害、武器伤害、中毒、跌倒、灼伤、淹溺或窒息)。伤害发生的场所(如工作场所伤害、家庭伤害或道路伤害)以及受害者的人口统计学特征(如年龄和性别)也常常是重要的考虑因素。

表13.2 暴力研究核心词

亲密伴侣暴力(Intimate Partner Violence):来自现任、前任伴侣或配偶的生理、性或者心理伤害。

虐待儿童(Child Maltreatment):包括父母或其他照顾者(如牧师、教练或教师)虐待儿童、漠视儿童或者其他作为或者不作为,导致儿童受到伤害、潜在伤害或者伤害威胁。作为(虐待儿童)包括故意通过言语或蓄意的行为造成对儿童的伤害、潜在伤害或伤害威胁。不作为(漠视儿童)包括未能满足儿童基本的生理、情感和教育需要,或未能保护儿童免受伤害或潜在伤害。

虐待老年人(Elder Maltreatment):处于信任关系中的照护者或他人对60岁以上老人的虐待和漠视。

社区暴力(Community Violence):主要是指发生在家庭以外的暴力行为,涉及的双方可能认识也可能不认识,具体情形包括性侵、盗窃、抢劫、动用武器等。还包括社会失序,如黑帮、毒品、种族划分等。通常包括直接受害或间接受害(如经历、目击或听闻社区中的暴力行为)。

青少年暴力(Youth Violence):通常指10—24岁群体中发生的人际暴力,包括霸凌、同龄人的骚扰和帮派暴力。

校园暴力(School Violence):通常指学生之间或学生对老师的身体伤害行为。

性暴力(Sexual Violence):指任何违背他人意愿的性行为,包括既遂/未遂的非两厢情愿的性行为(例如强奸),不当性接触(如猥亵),非接触性侵犯(如性暴力威胁、裸露癖、言语性骚扰)。在所有的性暴力类型中,受害人都是非自愿的,或者无法同意或者拒绝该行为。

（续表）

自杀（Suicide）：以结束生命为目的，通过有意识的自伤行为引起的死亡。从起意自杀、制订计划、非致命的自杀尝试、结束生命的连续体，均称为自杀行为。

资料来源：Emory University Center for Injury Control, *Injury Definitions*, www.emorycenterforinjury-control.org/community/safety/definitions, accessed September 1, 2015.

一、负担的评估

在美国，意外伤害是覆盖全年龄段的四大死因之一。自杀和他杀则分别排在第10位和第16位。[⑩] 如果按照年龄来划分死亡率，我们将看到一幅更令人惊异的图景（见表13.3）。在1—44岁年龄段的美国人中，意外伤害是最主要的死因，意外和暴力伤害致死的比例加起来超过了50%。二者所导致的潜在寿命损失，比癌症和心脏病加起来还要多。[⑪]

表13.3 美国人的主要死因（按年龄分组）

序号	年龄（岁）								
	<1	1—4	5—9	10—14	15—24	25—34	45—54	55—64	65以上
1	先天异常	意外伤害	意外伤害	意外伤害	意外伤害	意外伤害	癌症	癌症	心脏病
2	早产	先天异常	癌症	癌症	自杀	自杀	心脏病	心脏病	癌症
3	婴儿猝死综合征（SIDS）	癌症	癌症	自杀	他杀	他杀	意外伤害	意外伤害	慢性下呼吸道疾病
4	孕产妇妊娠并发症	他杀	他杀	他杀	癌症	癌症	肝疾病	慢性下呼吸道疾病	中风

---

⑩ Kenneth D. Kochanek, Sherry L. Murphy, Jiaquan Xu, and Elizabeth Arias, "Mortality in the United States, 2013," National Center for Health Statistics Data Brief No. 178 (Atlanta: Centers for Disease Control and Prevention, 2014); Centers for Disease Control and Prevention, "Deaths: Final Data for 2012," National Vital Statistics Report, 63(全文2015年即出，更详细的表格可见 www.cdc.gov/nchs/data/nvsr63/nvsr63_09.pdf, accessed August 28, 2015)。

⑪ Centers for Disease Control and Prevention, "Injury Prevention and Control: Data and Statistics (WISQARS)," updated July 13, 2015, www.cdc.gov/injury/wisqars.

(续表)

序号	年龄(岁)								
	<1	1–4	5–9	10–14	15–24	25–34	45–54	55–64	65以上
5	意外伤害	心脏病	心脏病	癌症	心脏病	心脏病	自杀	糖尿病	阿尔兹海默症

资料来源：Centers for Disease Control and Prevention, "Injury Prevention and Control: Data and Statisics（WISQARS），" www.cdc.gov/injury/wisqars accessed September 1, 2015 (2012 data)。

每一例死亡背后，都有数十例入院就医而挽回的生命，数百例接受门诊治疗的病人，或许还有数千名受到伤害却并未就医的人。对于不同的损害机制或场景，伤害金字塔（the injury pyramid）的陡峻程度也有所不同（见图13.1）。例如，每发生1例居家伤害致死的事件（伤害的原因包括跌倒、在家中中毒等），就可能有65例需要紧急救治的伤害事件，以及大约2 000例相对不那么严重的伤害事件。而汽车伤害的致死率则要高得多，每一起死亡背后，都可能有10起严重伤害和100起较小的事故。⑫

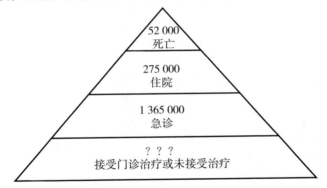

图13.1 伤害金字塔：外脑性损伤相关的年均急诊、住院及死亡数

资料来源：From National Center for Injury Prevention and Control, *Traumatic Brain Injury in the United States: Emergency Department Visits, Hospitalizations and Deaths, 2002 – 2006* (Atlanta, GA: Centers for Disease Control and Prevention, 2010), 11.

---

⑫ Michael D. Keall, Jagadish Guria, Phillippa Howden-Chapman, and Michael G. Baker, "Estimation of the Social Costs of Home Injury: A Comparison with Estimates for Road Injury," *Accident Analysis and Prevention*, 43, no. 3 (2011): 998–1002.

每年都有大约 10%的美国人遭受着足以接受医院急救的非致命伤害。[13] 非致命伤造成的后果,可以是暂时的疼痛和不便,也可能是长期的病痛或其他改变人生的残障失能。在所有年龄段中(不论性别、族裔或社会经济地位),非致命伤都是造成残障失能的主要原因,耗费了大量的医疗资源,并导致劳动生产率的降低。

二、差异

我们受伤的方式深受我们的生活、工作和娱乐方式的影响。因此,下述事实并不令人吃惊,即年龄、性别、社会经济地位、种族、族群和地理方面的差异,也将导致受伤率的巨大不同。例如,尽管男性受伤率仅仅比女性略高一点,但其因伤致死的比率则要比女性高得多。[14] 尤其是车祸死亡(见图 13.2)和谋杀,在男性中比在女性中更为普遍。

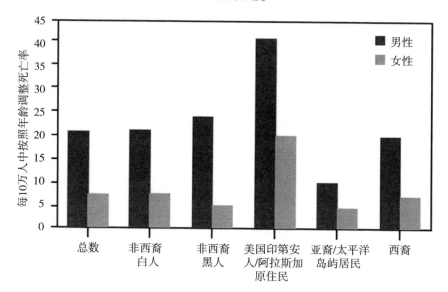

图 13.2 根据性别、种族或族群统计的车祸死亡率

资料来源:Bethany A. West and Rebecca B. Naumann, "Motor Vehicle-Related Deaths: United States, 2003-2007," *Morbidity and Mortality Weekly Report*, 60, no. S1 (2011): S52-S55, S53 fig. 1.

---

[13] Centers for Disease Control and Prevention, "Injury Prevention and Control: Data and Statistics (WISQARS)."

[14] Richard W. Sattin and Phaedra S. Corso, "The Epidemiology and Costs of Unintentional and Violent Injuries," in *Handbook of Injury and Violence Prevention*, ed. Lynda S. Doll, Sandra E. Bonzo, James A. Mercy, and David A. Sleet (Atlanta: Springer Science + Business Media, 2007), 3-20, 10.

在不同的种族和族群群体中,自杀率的年龄模式也有所不同。就未成年人和青年人的自杀率而言,美国印第安人或阿拉斯加原住民是最高的。黑人、西班牙裔和美国印第安人或阿拉斯加原住民(根据疾病控制与预防中心搜集的死亡数据)的自杀率在15—29岁年龄段达到最高,随后逐渐下降或趋稳。相比之下,白人自杀率的最高峰是40—54岁,而在亚裔和太平洋岛屿居民中,其峰值在65岁以后(见图13.3)。

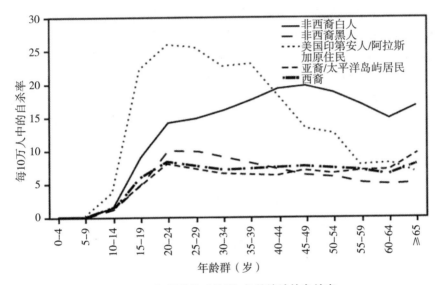

图13.3　根据种族或族群、年龄统计的自杀率

资料来源:Alex E. Crosby, LaVonne Ortega, and Mark R. Stevens, "Suicides: United States, 1999-2007," *Morbidity and Mortality Weekly Report*, 60, no. S1 (2011): 56-59.

研究人员还注意到了地理差异,尤其是在汽车事故和处方药过量致死的问题上。在北达科他州、蒙大拿州、西弗吉尼亚州和南卡罗来纳州,每英里的汽车事故死亡率比全国平均高出60%,主要原因是在乡村地区车速较高。就前座乘客使用安全带的情况而言,俄勒冈州是98%,爱达荷州则仅有62%。从全国来看,行人车祸死亡比例占14%,而在哥伦比亚特区则几乎接近50%。⑮ 西弗吉尼亚州的药物过量致死率高出全国平均水平的两倍以上,其

---

⑮ Insurance Institute for Highway Safety, Highway Loss Data Institute, "General Statistics: State by State," www.iihs.org/iihs/topics/t/general-statistics/fatalityfacts/state-by-state-overview, accessed August 28, 2015.

后是肯塔基州和新墨西哥州。⑯ 阿拉斯加州的枪械致死率比全国平均枪械致死率高出近两倍,紧随其后的是路易斯安那州。⑰

同样的伤害对社会弱势群体会造成更大的经济影响和致残的可能性。例如,与非西班牙裔白人儿童相比,外伤性脑损伤对西班牙裔儿童的生活质量、活动参与、交流沟通和自理能力将造成更实质、更长期的影响。⑱ 而遭受外伤性脑损伤的黑人在收入和就业机会方面的下降也比白人要严重。⑲

有些重要的伤害差异与种族类型及其所处环境高度相关。例如,拉丁裔劳工因工致死或致伤的比率高于其他任何种族或族群,并且这一差距还在与日俱增。⑳ 拉丁裔移民尤其容易遭受职业伤害,因为他们大多从事带有危险性的工作(如建筑、制造、农业、搬运、清洁等),并且通常没有接受足够的安全训练,也缺乏相应的个人保护装置。㉑ 研究人员还指出了其他相关因素,如移民往往缺乏关于劳工权利的知识,缺少工作保障,害怕被人揭发其非法状态等。㉒

三、概念模型

> 曾经,有座危险的悬崖,他们坦承,
> 漫步在峭壁边缘令人愉悦;
> 但是失足坠下了公爵一位,村夫若干。

---

⑯ Trust for America's Health, *Prescription Drug Abuse: Strategies to Stop the Epidemic* (Washington, DC: Trust for America's Health, 2013), 11–12.

⑰ Kaiser Family Foundation, "Number of Deaths Due to Injury by Firearms per 100,000 Population," http://kff.org/other/state-indicator/firearms-death-rate-per-100000, accessed August 28, 2015.

⑱ Nathalia Jimenez, Beth E. Ebel, Jin Wang, Thomas D. Koepsell, Kenneth M. Jaffe, Andrea Dorsch, Dennis Durbin, Monica S. Vavilala, Nancy Temkin, and Frederick P. Rivara, "Disparities in Disability after Traumatic Brain Injury among Hispanic Children and Adolescents," *Pediatrics*, 131, no. 6 (2013): e1850–e1856.

⑲ Kelli W. Gary, Juan C. Arango-Lasprilla, Jessica M. Ketchum, Jeffrey S. Kreutzer, Al Copolillo, Thomas A. Novack, and Amitabh Jha, "Racial Differences in Employment Outcome after Traumatic Brain Injury at 1, 2, and 5 Years Postinjury," *Archives of Physical Medicine and Rehabilitation*, 90, no. 10 (2009): 1699–1707; Tessa Hart, John Whyte, Marcia Polansky, Gloria Kersey-Matusiak, and Rebecca Fidler-Sheppard, "Community Outcomes following Traumatic Brain Injury: Impact of Race and Preinjury Status," *Journal of Head Trauma Rehabilitation*, 20, no. 2 (2005): 158–72.

⑳ Katherine Loh and Scott Richardson, "Foreign-Born Workers: Trends in Fatal Occupational Injuries, 1996–2001," *Monthly Labor Review*, 127, no. 6 (2004): 42–53.

㉑ Jeanne M. Sears, Stephen M. Bowman, and Barbara A. Silverstein, "Trends in the Disproportionate Burden of Work-Related Traumatic Injuries Sustained by Latinos," *Journal of Occupational and Environmental Medicine*, 54, no. 10 (2012): 1239–45.

㉒ Francesca Gany, Patricia Novo, Rebecca Dobslaw, and Jennifer Leng, "Urban Occupational Health in the Mexican and Latino/Latina Immigrant Population: A Literature Review," *Journal of Immigrant and Minority Health*, 16, no. 5 (2014): 846–55.

该做点什么,人们议论,
却众说纷纭。
有人说,"筑道篱笆,圈住峭壁",
有人说,"派急救车,守在崖下"。
……
"悬崖无过,只需谨慎",他们说道,
"失足也没什么,
坏事的,只是跌到底时那一下"。
——约瑟夫·马林思:《篱笆,还是急救车》(Joseph Malins, *A Fence or an Ambulance*, 1895)

伤害常常被看作一种被忽视的流行病。[23] 直到20世纪中叶,人们才开始运用科学方法来研究伤害。尽管在20世纪60年代至70年代,联邦政府采取了一些重要措施来加强对安全的监管,但直到90年代,许多州和地方公共卫生机构才将伤害预防纳入其工作日程。[24] 而运用公共卫生的原则来预防暴力则是更晚近的事情。

尽管缺乏足够的资源,学者仍然在这一领域作出了重要贡献,而政策制定者的努力也极大地减少了伤害所造成的负担。侵权责任的威胁有助于促进和发展综合性的直接规制,公共财政或慈善资助的教育活动和社会服务也发挥着重要作用,尤其是在暴力预防和保护儿童免受家庭伤害方面。

重大灾难以及因目睹凄惨的工作条件而造成的良心不安,常常构成伤害预防改革的推动力。不过真正界定这一领域的重要成果来自于科学先驱的默默付出。例如,在试图弄明白为何自己能在第一次世界大战的空难中幸存,而其他人却不幸罹难的过程中,生理学家休·德黑文(Hugh DeHaven)得出了一个重要结论:"典型的事故伤害(crash injuries),往往是由结构和物体所引起的。通过对其位置进行调整,或者改变其设计,可以大大减少常见的伤害模式,降低事故伤亡。"[25] 而在1949年的一篇著名论文中,流行病学专家约翰·戈登(John Gordon)运用传染性疾病的研究方法,系统地讨论了伤害的

---

[23] Alton L. Thygerson, Steven M. Thygerson, and Justin S. Thygerson, *Injury Prevention: Competencies for Unintentional Injury Prevention Professionals*, 3rd ed. (Sudbury, MA: Jones and Bartlett, 2008), 11.

[24] Linda L. Dahlberg and James A. Mercy, "History of Violence as a Public Health Problem," *American Medical Association Journal of Ethics*, 11, no. 2 (2009): 167-72.

[25] Hugh De Haven, "Mechanical Analysis of Survival in Falls from Heights of Fifty to One Hundred and Fifty Feet," *Injury Prevention*, 6, no. 1 (2000): 62-68. Originally published in *War Medicine*, 2 (1942): 586-96.

分布模式。[26] 他拒绝了单一因素的解释,代之以一种多面相的进路。在此之后不久,美国和英国的研究人员开始对家庭伤害和汽车伤害(尤其是涉及儿童的)进行系统性的研究。[27]

  从 20 世纪 60 年代至 70 年代,威廉·哈顿(William Haddon Jr.)一直试图将公共卫生的基本原则和预防医学用于他所谓的"物理危险"(physical hazards)领域。[28] 他提出的概念模型,即著名的"哈顿矩阵"(Haddon matrix),对伤害预防产生了深远的影响。[29] 这一矩阵为确定伤害的根本原因并采取相应的预防干预措施提供了工具。该矩阵的四个纵列项源自流行病学的三角模型(epidemiological triad):宿主(面临风险的人)、媒介(伤害能量转移的媒介物)以及两个相互交织的环境因素(通常被分为物理环境和社会环境)。三个横排项则代表了预防的不同阶段:第一阶段是伤害发生前,第二阶段是伤害发生时,第三阶段是伤害发生后。面对伤害或暴力时,我们的直觉反应倾向于关注个体的过失或者疏忽、急救医疗服务(本节题词中的"派急救车,守在崖下"),而哈顿矩阵则指出了可以加以法律规制和政策干预的多重因素。

---

[26] John E. Gordon, "The Epidemiology of Accidents," *American Journal of Public Health and the Nation's Health*, 39, no. 4 (1949): 504-15.

[27] G. Rowntree, "Accidents among Children under Two Years of Age in Great Britain," *Injury Prevention*, 4, no. 1 (1998): 69-76, originally published in *Journal of Hygiene*, 48 (1950): 323-37; E. Maurice Backett and A. M. Johnston, "Social Patterns of Road Accidents to Children: Some Characteristics of Vulnerable Families," *Injury Prevention*, 3, no. 1 (1997): 57-62; Robert J. Haggerty, "Home Accidents in Childhood," *Injury Prevention*, 2, no. 4 (1996): 290-98.

[28] See, for example, William Haddon Jr., "On the Escape of Tigers: An Ecologic Note," *American Journal of Public Health and the Nation's Health*, 60, no. 12 (1970): 2229-34; William Haddon Jr., "A Logical Framework for Categorizing Highway Safety Phenomena and Activity," *Journal of Trauma*, 12, no. 3 (1972): 193-207.

[29] See, for example, Runyan, "Using the Haddon Matrix," 302-07; Gary Blau, Susan Chapman, Ed Boyer, Richard Flanagan, Than Lam, and Christopher Monos, "Correlates of Safety Outcomes during Patient Ambulance Transport: A Partial Test of the Haddon Matrix," *Journal of Allied Health*, 41, no. 3 (2012): e69-e72; L. Lewis Wall, "Preventing Obstetric Fistulas in Low-Resource Countries: Insights from a Haddon Matrix," *Obstetrical and Gynecological Survey*, 67, no. 2 (2012): 111-21; Shawn Varney, Jon Mark Hirshon, Patricia Dischinger, and Colin F. Mackenzie, "Extending Injury Prevention Methodology to Chemical Terrorism Preparedness: The Haddon Matrix and Sarin," *American Journal of Disaster Medicine*, 1, no. 1 (2006): 18-27; Michael Eddleston, N. A. Buckley, D. Gunnell, A. H. Dawson, and F. Konradsen, "Identification of Strategies to Prevent Death after Pesticide Self-Poisoning Using a Haddon Matrix," *Injury Prevention*, 12, no. 5 (2006): 333-37.

表 13.4　车祸哈顿矩阵

	宿主	媒介	物理环境	社会环境
事前 (碰撞时)	驾驶视野。 驾驶分心。 酒后驾驶。 驾驶经验和能力。	车辆性能。 车速。	单独的自行车道。 道路标记。 分隔式公路。 道路照明。 道路设计，包括十字路口。 道路曲率、路肩及路况。	公众对酒驾和粗心驾驶的看法。 关于酒驾和粗心驾驶的法律。 关于驾驶许可的法律。 速度限制。 对伤害预防措施的支持。
事中 (碰撞时)	安全带使用。 儿童安全座椅使用。	车辆大小。 车辆耐撞性，整体安全等级。 气囊、挤压空间，可折叠的方向盘等。	护栏，中央路栏。 道路旁边的固定物体。 路边堤防。	关于安全带和儿童安全座椅的法律，及其执行情况。 摩托车安全帽法。
事后 (碰撞后)	事故受害者的一般健康状况。 受害者的年龄	在撞击下仍然保持完整的油箱(以尽可能地降低起火的可能性)。	是否邻近急救中心和高质量创伤护理机构。	康复计划。 公众对创伤治疗和康复的支持。

资料来源：Tom Christoffel and Susan Scavo Gallagher, *Injury Prevention and Public Health* (Gaithersburg, MD: Jones and Bartlett Learning, 1999).

表 13.5　儿童游戏区伤害哈顿矩阵

	宿主(儿童游戏区的儿童)	媒介(儿童游戏区器械和设备)	物理环境(儿童游戏区整体设计)	社会环境(社区规范、政策、规则)
事前 (跌倒前)	教育儿童在儿童游戏区遵守安全规则(例如，在攀爬装置上不能过度拥挤)。	在设计器械时，充分考虑儿童手型大小及防滑的需要。	在山坡上建滑动板，以使儿童不必爬到高处。	培养相应的社会规范，鼓励成年人帮助维护儿童游戏区秩序。

（续表）

	宿主(儿童游戏区的儿童)	媒介(儿童游戏器械和设备)	物理环境(儿童游戏区整体设计)	社会环境(社区规范、政策、规则)
事中（跌倒并受伤时）	教育儿童在摔倒时，采用能减少伤害的姿势。	减少器械上的凸起，以免儿童跌倒时撞到尖锐物。	表面材料要具有弹性。	组织社区监督体系，监管(例如，游戏区地面的维护安全)。
事后（跌倒后）	教育儿童如何在发生伤害时呼救（例如使用紧急呼叫盒)。	避免将器械安置在易使儿童摔落到救援人员不易施救之处。	将监管人的座位安置在视野良好之处，以便其随时注意到伤害的发生。	提供资金，以确保足够的急救人员，来处理儿科紧急事件。

资料来源：Carol W. Runyan, "Back to the Future: Revisiting Haddon's Conceptualization of Injury Epidemiology and Prevention", *Epidemiologic Reviews*, 25, no. 1 (2003):60-64.

第二节 劳工安全

（在工业革命时期）企业和政府从未承认事故的全部社会成本。这样做可能会赤裸裸地揭示工业系统作为一个"系统"的幻灭。当然，一旦承认发生在工厂、矿山、建筑工地和船坞中的死伤规模，人们就会注意到一个令人震惊的事实：在作为一个整体的社会之中，安全问题的位置是何等微末。因此，企业与国家都或隐或显地试图将事故予以规范化。

——罗格·库特、比尔·拉金：《历史中的事故》(Roger Cooter and Bill Luckin, *Accidents in History*, 1997)

在19世纪的高风险环境中，伤害被视为技术进步不可避免的成本。[30] 起初，侵权法并未能为解决工人所面临的诸多危险提供有效的手段。尽管普通法承认雇主有责任提供合理的安全工作条件，但所谓"三位一体的邪恶抗辩

---

[30] Mark A. Friend and James P. Kohn, *Fundamentals of Occupational Safety and Health*, 5th ed. (Lanham, MD: Government Institutes, 2010), 6.

事由"(unholy trinity of defenses)㉛导致工人实际上不可能主张其雇主的责任。按照"共同过失"(contributory negligence)规则,如果存在工人自身的过失,则其所受伤害就不能得到补偿。按照"自担风险"(assumption of risk)规则,针对雇员自愿参与的工作中所固有的风险,雇主并无保护的义务。而根据"同主雇员"规则(the fellowservant rule),如果伤害是由其同事的过失所导致的,则雇主亦不承担赔偿责任。

与此同时,法院在处理涉及铁路事故、爆炸、化学泄漏等类似案件时,也逐渐偏离了无过错责任的传统立场。法院并未要求商业企业将其运营过程中产生的可预见的伤害内化为成本,而是将侵权责任的范围局限于那些凭借一般注意即可合理避免的风险。这些有利于被告的学理发展,对于尚处于襁褓当中的美国工业来说,构成了一种间接补贴。㉜

在进步主义时期(从1890年代直至大萧条时期),政府开始采用直接规制的手段来解决上述问题。早期的雇主责任和工作场所安全法律局限于特定的危险行业,如铁路和采矿工业。㉝ 随着时间的推移,各州和联邦制定了适用更宽泛的法律,以处理工伤赔偿、工作场所安全和童工问题。

一、童工法

20世纪初,童工在工厂、矿山及其他危险行业中所占比重令人震惊。由于生理和心智上的不成熟,在面临与成年人同样的风险时,儿童往往更容易遭受伤害。1916年,在进步主义改革团体和"扒粪"记者(muckraker journalists)的压力下,国会通过了《基廷—欧文法案》(Keating-Owen Act),规定工厂使用某几类童工所生产的产品不得进行州际贸易。㉞ 在洛克纳时期,最高法院推翻了这一法案。㉟ 1938年,作为新政的一部分,国会通过了《公平劳动标准法案》(Fair Labor Standards Act),禁止以"压迫性"方式使用童工,并规定了若干其他改革措施。法院推翻了洛克纳时期的先例,支持了该法案及其他卫生和安全相关法律。㊱

㉛ Herman Miles Somers and Anne Ramsay Somers, *Workmen's Compensation: Prevention, Insurance and Rehabilitation of Occupational Disability* (New York: John Wiley & Sons, 1954), 18.

㉜ See, for example, Morton J. Horwitz, *The Transformation of American Law: 1780-1860* (Cambridge, MA: Harvard University Press, 1979): 70-74; 亦见 Gary T. Schwartz, "Tort Law and the Economy in Nineteenth-Century America: A Reinterpretation," *Yale Law Journal*, 90, no. 8 (1981): 1717-75.

㉝ Mark Aldrich, *Safety First: Technology, Labor and Business in the Building of American Work Safety, 1870-1939* (Baltimore, MD: Johns Hopkins University Press, 1997).

㉞ Act of Sept. 1, 1916, Pub. L. No. 64-249, 39 Stat. 675, ch. 432.

㉟ *Hammer v. Dagenhart*, 247 U.S. 251 (1918).

㊱ *United States v. Darby*, 312 U.S. 100 (1941)(支持了《公平劳动标准法案》,并推翻了 *Hammer v. Dagenhart* 案)。

二、工伤赔偿法

在20世纪初,工伤所导致的社会成本都落在政府和慈善组织的头上,为此,政策制定者开始寻求削弱普通法上"三位一体的邪恶抗辩事由"[37]。公众的呼吁,以及雇主们想用可预期的法定义务来换取侵权责任豁免的意愿,共同导向了一种无过错的工伤赔偿制度。例如,就在臭名昭著的三角工厂大火发生的第二天,纽约州议会便通过修改州宪法,为制定综合性的赔偿法案铺平了道路。[38]

如今,工伤赔偿法已覆盖了美国绝大多数的雇员,按照这些法律的要求,当雇员遭受与工作有关的伤害或疾病时,雇主须为其提供特定的补偿。同时,大多数州都规定了例外情形,将农业劳动和独立承揽排除在外。有些州还规定小型企业可享受豁免。而联邦法律则涵盖州际贸易中所牵涉的某些类型的工人。[39]

法律禁止享受工伤赔偿的员工再通过普通法侵权诉讼寻求补偿。一般来说,医疗费用的赔偿并无限额,而全残赔偿则以该员工工资的2/3为法定上限。永久性部分伤残的赔偿由一张冷酷的时间表来决定。例如,根据《沿岸和港口工人赔偿法》(Longshore and Harbor Workers Compensation Act)的规定,失去一只手臂可得到相当于312周工资的赔偿,失去大拇指可以得到相当于75周工资的赔偿,而失去大脚趾则可以得到相当于38周工资的赔偿。[40] 疼痛和痛苦则得不到补偿,更不用说惩罚性赔偿了。

通过要求雇主将伤害的成本内化,工伤赔偿法为保障职业安全和健康提供了激励。但是由于它设定了雇主赔偿责任的上限,其威慑效果反而远远不如传统的侵权责任。更糟糕的是,将赔偿与工资挂钩,实际上为雇主提供了一种潜在的反向激励:对低收入工人的全残补偿,有时甚至比不上对高收入工人失去一根小拇指的赔偿额度。

三、早期的工作场所安全法

早期维护工作场所安全的努力面临着联邦主义的挑战。雇主们主张,各

---

[37] See Federal Employers Liability Act, 45 U.S.C. § 51 (1908) et seq.

[38] See, for example, An Act to Amend the Labor Law, in Relation to Workmen's Compensation in Certain Dangerous Employments, 1910 N.Y. Laws 1945, ch. 674. 纽约上诉法院在 *Ives v. S. Buffalo Ry. Co.*, 94 N.E. 431, 448 (N.Y. 1911)案中推翻了纽约州的立法,但随后立法机关在修宪之后又通过了一个修改过的赔偿法案。

[39] See 45 U.S.C. § 51 (2012) et seq.

[40] 33 U.S.C. § § 901–950 (2012).

州保护制度的差异导致了不公平竞争。例如,"尽管磷毒性颌骨坏死在制磷工人中极为普遍,工厂主仍然不愿投资以改变配方,除非所有州的法律都规定必须如此"[41]。正是由于这个原因,联邦法律以及旨在促进法律统一的州示范法案在其中发挥着核心作用。

工作场所安全法的发展,往往要归于重大工业灾难的刺激,例如 1911 年的纽约三角工厂大火,这场灾难夺去了 146 名制衣工人的生命,其中多数是新移民到美国的妇女和女童。实际上,灾难的确促进了许多重要监管对策的发展。重大事故之后的监管往往促成有效且持续的改革。但随着时间的推移,当更冷静的头脑——以及工业利益——逐渐占据上风,这些回应性的监管措施往往会被悄然废止。这里存在一个风险,即下意识的反应有可能会阻碍更系统的全民改革。

表 13.6 重大灾难后的回应性安全监管措施

事故	总死亡人数	回应
1871 年芝加哥大火	250	建筑法规规定所有新建筑必须用耐火材料建造(尽管许多业主无力负担使用这些材料的费用,忽略了这一规定)。
1903 年芝加哥易洛魁剧院大火	578	更严格的剧院安全标准,在安全出口设紧急门闩,采用外开门以利于疏散;用防火剧幔将舞台与观众席相分离。
1904 年纽约东河"斯洛克姆将军号"游艇大火	1 021	实施更严格的船舶检查;对法律进行修改,加强救生衣、救生艇灭火器的配备和船员培训。
1906 年旧金山地震及大火	4 500	拓宽街道;对建筑高度进行限制,并要求使用钢结构和耐火材料(尽管新的要求大部分在地震一年之后由于成本的考虑被取消了)。
1907 年西弗吉尼亚州莫蒙加矿井爆炸	362	创建联邦矿务局(Federal Bureau of Mines),实施更严格的矿山检查。

---

[41] Gregory P. Guyton, "A Brief History of Workers' Compensation," *Iowa Orthopaedic Journal*, 19 (1999): 106-10 (emphasis added); see also Occupational Safety and Health Administration, *Reflections on OSHA's History* (Washington, DC: Occupational Safety and Health Administration, 2009), 1:"1910年,劳工局发表了一篇关于磷坏死(phossy jaw)的研究报告,在白磷火柴行业,这常常导致雇员瘫痪甚至致命的疾病。这个令人震惊的研究使得美国对这个行业征收了高额赋税,导致该行业几乎崩溃。直到 1911 年发明了一种新的火柴生产方法,危害才得以消除。"

(续表)

事故	总死亡人数	回应
1911年纽约州三角工厂大火	146	强化关于警示信号、洒水装置、逃生梯、消防演习等方面的法律规定;减少每周工作天数;工伤赔偿法律。
1937年得克萨斯州新伦敦教会学校爆炸	294	在天然气中增加气味添加物以帮助监测泄漏;将"工程师"头衔限于那些获得合法认证的人。
1942年波士顿椰林夜总会大火	492	制定规范以管理通道空隙、电线布局及装饰的防火性;要求设置外开的、带紧急门闩的安全出口。
2006年西弗吉尼亚州萨戈矿难	12	制定新的州和联邦规章,以强化沟通交流、加强地下氧气补给、加快危机响应速度,同时对违反这些规定的行为加大了处罚力度。
2010年墨西哥湾深水地平线钻井平台爆炸	11	强化对钻井工人的安全监管;内政部增加15%的经费用于检查。
2013年得克萨斯州肥料厂爆炸	15	成立跨部门化学设施安全工作小组来推荐监管改革措施。

部分资料来源:Alton L. Thygerson, Steven M. Thygerson, and Justin S. Thygerson, *Injury Prevention*: *Competencies for Unintentional Injury Prevention Professionals*, 3rd ed. (Burlington, MA: Jones and Bartlett Learning, 2008).

四、现代职业安全与健康法案

> 我们谈论的是人的生命,而不是什么冷冰冰的成本核算。我们谈论的是,保证每一个在我们的工厂和车间工作的男人和女人,在结束了一天的劳动之后,能够毫发无损的回到家中。
> ——参议员拉尔夫·亚伯洛(Ralph Yarborough, 1970)

1970年,正当联邦对健康、安全和环境的规制如雨后春笋般蓬勃发展之时[42],国会制定了《职业安全与健康法案》(Occupational Safety and Health Act)。[43] 在这一时期,人们对行政部门的高效和专业充满信心,后者依据科学来分析社会问题和干预措施。国会授予职业安全与健康管理局广泛的权力

---

[42] Robert L. Rabin, "Federal Regulation in Historical Perspective," *Stanford Law Review*, 38, no. 5 (1986): 1189-326, 279.

[43] 29 U.S.C. § 651 (2012).

来发布和执行工作场所标准,其管辖权覆盖了除政府雇主、家庭农场以及由其他联邦机构管理的工作场所(如采矿、铁路、航空公司等)之外的绝大多数雇主。

除了遵守职业安全与健康管理局发布的针对具体危险的标准之外,雇主们还有义务确保工作场所没有导致或可能导致死亡或严重伤害的可确知的危险。[44] 这个"一般责任条款"(general duty clause)构成《职业安全与健康法案》中预防措施的核心,使得职业安全与健康管理局能够在新发现的危险导致雇员受伤或患病之前就迅速予以回应。[45] 然而,90年代以后,职业安全与健康管理局的官员们却不再诉诸这一条款,他们采取了另一种立场,即如果某种危险并无适用的职业安全与健康管理局的标准,则该危险不归其管辖。[46] 与此同时,该局几乎停止了发布新的卫生和安全标准,并主张职业安全与健康管理局的标准优先于雇主针对个人防护用品生产商提起的国家侵权索赔。[47] 奥巴马政府则扭转了这一趋势,试图寻求一种更激进、更具预防导向的实施议程,并放弃了职业安全与健康管理局的标准相对于侵权诉讼的优先适用。[48]

第三节 机动车与消费品安全

来自汽车行业的大量资料、宣传和信息传达了一个基本讯息:事故源于个人的粗心大意,并可以通过集中注意力来加以预防。或许,一个人可以在一定程度上降低其卷入撞击事故中的风险。然而今时今日的美国事故如此普遍,以至于劝诫人们小心驾驶看上去就像是想要通过敦促人们将水煮沸或禁食牡蛎来阻止伤寒疫情;这当然会有一定帮助,但是为什么不采用注射疫苗、规定食品从业人员

---

[44] 29 U.S.C. § 654 (2012).

[45] See, for example, Int'l Union v. Gen. Dynamics Land Sys. Div., 815 F.2d 1570 (D.C. Cir. 1987)(承认了职业安全与健康管理局通过调查来执行一般责任条款的权力)。

[46] David Michaels and Celeste Monforton, "Scientific Evidence in the Regulatory System: Manufacturing Uncertainty and the Demise of the Formal Regulatory System," *Journal of Law and Policy*, 13, no. 1 (2005): 17–41.

[47] Deborah Greenfield 致 Les Weisbrod, 2010年2月3日,扭转了职业安全与健康管理局此前的立场,即职业安全与健康管理局的标准可使呼吸器制造商免于侵权诉讼。《职业安全与健康法案》明确否认了任何州法律的抢占:"本法不得解释为取代或以任何方式影响工人赔偿法,或以其他任何方式扩大或缩小或影响普通法或制定法中的权利、义务,或根据任何法律规定的雇主和雇员因雇佣或在就业过程中造成的雇员受伤、疾病或死亡的责任。"29 U.S.C. § 653(4)(b)(4).

[48] David Michaels, "OSHA at Forty: New Challenges and New Directions," Occupational Safety and Health Administration, July 19, 2010, www.osha.gov/as/opa/Michaels_vision.html.

的清洁标准,或者净化水库,让所有人都喝上干净的水呢?

——丹尼尔·帕特里克·莫依尼汉(Daniel Patrick Moynihan, 1959)

德黑文(DeHaven)开创性的生物力学(biomechanics)研究以及哈顿矩阵的出现都正当其时。在战后美国的经济繁荣时期,自驾出行无处不在,伴随的是汽车相撞事故的飙升——后者迄今仍是伤害致死的主要原因(见框 13.1)。与此同时,汽车与其他消费品的大规模生产,也改变了生产者、销售者、消费者及可能受害的旁观者之间的关系,导致了一种由法官主导的侵权法转型,以及将产品安全问题委托给专业行政机构的立法尝试。

表 13.7 减少汽车伤害的法律干预

更安全的道路和流动性	新建道路的安全审核。 现有道路设施的检查。 将道路使用者划入不同车道或区域(例如,汽车道、自行车道、人行道)。 交通稳静化道路设计(例如,更窄的行车道、控制带以及减速带)。
更安全的汽车	耐撞性规定,包括可回缩式方向盘轴、车身侧面防撞梁、安全挡风玻璃、安全带、气囊以及为简易安装儿童座椅而设的 LATCH 接口。
更安全的道路使用行为	速度限制。 禁止酒驾。 禁止分心驾驶(例如,开车接电话、发短信等)。 驾驶执照。 安全带。 儿童固定装置。 摩托车、自行车安全帽要求。

资料来源: World Health Organization, *Global Status Report on Road Safety* (Geneva: WHO, 2013).

一、产品责任的兴起

产品责任在 20 世纪后半叶得到了迅速发展,并仍旧是侵权法改革的重要领域(见本书第七章)。"准严格责任"(quasi-strict liability)制度的发展是为了应对大批量制造的产品所致损害的独特性质:一个产品从制造到致使消费者或旁观者受害之间往往几经转手。在此前的法律之下,根据契约相对性原则,受到伤害的购买者只能向最直接的销售者要求赔偿,因为二者之间存在契约交易。旁观者则没有追索权,而如果购买者是从某个中间人手上购得产品,也无权向设计者和制造者提起侵权之诉。

在20世纪早期,法院逐渐抛弃了契约相对性的要求,为消费者以疏忽为由起诉制造商打开了大门。[49] 消费者还诉诸"适销性的默示保证"(implied warranty of merchantability)这一并不要求过错行为的契约理论。[50] 而销售者则很容易借助安全免责声明来逃避这些主张。到20世纪中叶,支持消费者的法官和立法机关开始对贩卖缺陷产品的商业卖家施以严格责任,这种责任并不能被轻易逃避。[51] 而到70年代,大多数州都已接纳了该理论的某些版本,尽管随后的侵权法改革迅速削弱了这一成果。[52]

二、国家公路交通安全管理局

针对消费者和汽车安全,立法机关同样采取了措施。1966年,国会创建了现代国家公路交通安全管理局(National Highway Traffic Safety Administration, NHTSA)的前身,授权其发布汽车和道路交通安全标准(见框13.1)。

框13.1 拉尔夫·纳德、威廉·哈顿和帕特里克·莫伊尼汉与汽车工业

> 1950年代到1960年代,美国的汽车使用量急遽上升,随之而来的是车祸数量的飙升。汽车致死成为最主要的致死因素,尽管人们一般将其视为技术进步的必然结果。
>
> 威廉·哈顿的工作,与拉尔夫·纳德(Ralph Nader)(消费者权益推动者)、参议员帕特里克·莫伊尼汉一起,对汽车安全带来了革命性的变革。这是公共卫生研究与实践相结合的又一例证。据作家马尔科姆·格拉德威尔(Malcolm Gladwell)记载,莫伊尼汉与哈顿初见于1958年,当时莫伊尼汉还是纽约州州长的一名幕僚:"莫伊尼汉当时在主持一场关于交通安全的会议……一位坐在后排的年轻人不断提出犀利的问题。'你叫什么名字?'莫

---

[49] *MacPherson v. Buick Motor Co.*, 111 N.E. 1050 (N.Y. 1916).

[50] See, for example, *Henningsen v. Bloomfield Motors, Inc.*, 161 A.2d 69 (N.J. 1960)(要求非合同相对方的汽车生产商对汽车驶离道路造成的人身伤害承担默示担保责任)。

[51] *Greenman v. Yuba Power Prods., Inc.*, 377 P.2d 897 (Cal. 1963)(对"明知产品将在未检查缺陷的情况下被使用,并且的确出现了缺陷并引起了伤害"仍将产品投入市场的制造商课以严格的侵权责任)。

[52] *Restatement (Second) of Torts* § 402A (1965)(认为将"对消费者存在不合理危险"的产品卖给消费者的销售商,如果其在未对产品加以实质改变的情况下,就将产品出售给了消费者,那么其应当对该产品的最终使用者或消费者带来的身体伤害承担责任)。

伊尼汉最后问道,认为自己抓住了一名共和党间谍。'我叫哈顿,先生',这个年轻人回答道。其时,哈顿刚从哈佛公共卫生学院毕业,坚信交通安全领域需要的正是流行病学的严密。哈顿问莫伊尼汉所使用的是何种数据。莫伊尼汉耸耸肩膀,他压根儿就没有使用任何数据。"[1]

莫伊尼汉迅速开始宣传哈顿的理念。他随后成了肯尼迪(Kennedy)与约翰逊(Johnson)政府的劳工部副部长,也正是在这个位置上,他雇用了一名年轻律师拉尔夫·纳德来处理交通安全问题。纳德在1965年出版的著作《任何速度都不安全》(Unsafe at Any Speed)中"向哈顿哲学致敬"[2]。次年,国会建立了一个新的联邦交通安全监管机构。

以前,当发生正面碰撞时,车辆的方向盘会被向后推到乘客区,这就有可能刺穿驾驶员的身体。有人提出,在遭遇撞击时,方向盘应当向内折叠;仪表板应加装衬垫,旋钮也不能突出,以防止车内人员受伤。在车门上应当加固侧面防撞梁。车顶应足够坚固以应对翻覆。座椅上应有防撞弹性头靠,以防颈部受伤。挡风玻璃必须光滑,以防在头部高速撞向玻璃时脸部被撕裂……哈顿及其门徒……改变了车辆的构造方式,并将安全变成了一个全国性议题。[3]

汽车工业强烈抵制这些改革,他们更青睐将驾驶员教育作为一种替代性的监管措施。"哈顿派"还遭遇了其他的批评。在2001年的一篇著名文章中,马尔科姆·格拉德威尔批评他们将被动式成员安全装置而非强制使用安全带的法律放在首位——因为在他们看来,后者在政治上更容易遭到攻击,也不可能执行。格拉德威尔尤其指出纳德缺乏"对他所试图保护的人们的信仰"[4]。在此,格拉德威尔提出了一个有趣的问题:对强制使用安全带的法律的悲观主义态度,是否助长了车祸死亡人数?[5]

注释:
1. Malcolm Gladwell, "Wrong Turn," *New Yorker*, June 11, 2001.
2. Ibid.
3. Ibid.
4. Ibid.
5. For a critique of Gladwell's analysis and a defense of Haddon, see L. S. Robertson, "Groundless Attack on an Uncommon Man: William Haddon, Jr., MD," *Injury Prevention*, 7, no. 4 (2001): 260-62.

《国家交通与汽车安全法》(National Traffic and Motor Vehicle Safety Act)[53]并未提供私人诉因,规定休闲船只联邦标准的《联邦船舶安全法》(Federal Boat Safety Act, FBSA)也同样如此。[54] 另外,这两个法案均明确规定不涉及普通法侵权责任。[55] 尽管法律有清晰的规定,最高法院仍然判决,国家公路交通安全管理局的规定在某些情形下优先于针对汽车制造商的侵权诉讼。[56] 在布什政府执政期间,国家公路交通安全管理局多次主张其规定优先于基于各州侵权法提出的主张。上述两部法律均提出了令人困扰的问题:其相对于普通法侵权责任的优先适用究竟到何种程度?在这个问题上,法院采取的策略是基于个案就事论事。

赋予综合全面的监管制度相对于普通法责任的优先性,或许有助于得到更连贯、更可预期、更有效的结果。[57] 随着产品责任法(当上述联邦法律得以通过时,产品责任法尚处于萌芽阶段)的持续发展,法院在未来各种安全标准相互冲突的可能性面前感到沮丧。[58] 另外,考虑到安全问题的优先性,国会的选择是完全合理的。如果说在此前讨论的工伤赔偿法中,法律是在与产业界讨价还价,后者之所以服从于监管是为了换取对侵权责任的豁免,那么在此处,这种讨价还价并不存在。考虑到主流的政治气候,产业界的默许并没有那么重要。[59] 不过,从保护消费者的视角观之,国家公路交通安全管理局经费

---

[53] Originally codified at 15 U.S.C. §§ 1381 et seq. Reissued, and recodified in 1994 at 49 U.S.C. §§ 30101 et seq. 在重新制定过程中,基本的法律条款仍然有效,不过将管理权移交给了国家公路交通安全管理局。

[54] 46 U.S.C. §§ 4301 et seq. (2012).

[55] 《国家交通与汽车安全法》明确使普通法侵权主张免于被排除:"遵守本法所规定的汽车安全标准并不能使某人免于普通法上的责任。"49 U.S.C. § 30103(e) (2012).《联邦船舶安全法》亦有同样规定:"遵守本法所规定的标准、规则或命令,并不能使某人免于普通法或州法上的责任。"

[56] 最高法院曾指出,这些保留条款将"支撑"如下这一司法解释,即州法或州的规制标准中的优先适用条款并不包含普通法侵权诉讼,但这并不意味着国会对所有的侵权诉讼都持此态度。因此,法院采取了一种"就事论事"的立场。Geier v. Am. Honda Motor Co., 529 U.S. 861 (2000)(认为《国家交通与汽车安全法》中的保留条款"预设了有足够数量的普通法诉讼需要保留。其对排除普通法侵权诉讼的明示优先适用条款的解读,赋予了保留条款实际涵义,同时也为各州侵权法的展开留下了足够空间——例如,在那些联邦法律仅设置了一个'地板',即最低安全标准的地方);Sprietsma v. Mercury Marine, 537 U.S. 51 (2002)(判决《联邦船舶安全法》并未取代侵权主张);Williamson v. Mazda Motor of Am., Inc. 562 U.S. 323 (2011)(拒绝根据联邦标准允许汽车制造商自主选择是否安装内后排座椅安全带为由排除侵权主张)。

[57] Victor E. Schwartz and Cary Silverman, "Preemption of State Common Law by Federal Agency Action: Striking the Appropriate Balance That Protects Public Safety," Tulane Law Review, 84, no. 5 (2010): 1203-32.

[58] See, for example, Dawson v. Chrysler Corp., 630 F.2d 950 (3d Cir. 1980)("尽管我们确认了地区法院的判决[即认为车辆存在设计缺陷应承担责任],但我们对这一判决及全国其他法院对此类案件的判决所将造成的后果感到不安……[《国家交通与汽车安全法》的保留条款]的效果,是各州不仅可以自主设定车辆制造商应当对产品设计和结构承担责任的标准,还能在因车辆事故引发的民事案件中充当事实的审判者,并有权决定某一特定产品是否满足以上标准")。

[59] 46 U.S.C. § 4311(g) (2012)("遵守本节规定的汽车安全标准并不免除个人[或公司]在普通法上的责任")。

不足,易受产业界的影响,其行动也"步履维艰"[60]。因此,对制造商来说,侵权责任仍然是激励其开发和应用新安全技术的有力手段。

三、消费产品安全委员会

国会同样采取了措施来预防其他消费品所产生的伤害[61],其结果便是1972年的《消费品安全法案》(Consumer Product Safety Act)[62],该法案创建了消费品安全委员会(Consumer Product Safety Commission, CPSC)。与《职业安全与健康法案》《国家交通与汽车安全法》《联邦船舶安全法》一样,《消费品安全法案》明确规定不排除普通法侵权责任,与此同时,也并未创造私人诉因。[63]消费品安全委员会负责设定安全标准,并对带有实质性且不合理的伤害或致死风险的产品实施召回(自愿的或强制性的)。同时,在不存在可行的替代选项的情况下,消费品安全委员会有权禁用某种产品。如果某种产品是由其他机构来管理的,则消费品安全委员会无管辖权。例如食品(食品药品管理局和农业部)、药品、化妆品、医疗器械、烟草制品(食品药品管理局)、武器及弹药(烟酒武器管理局)、汽车(国家公路交通安全管理局)、杀虫剂(环境保护署)、航空器(联邦航空管理局)、船舶(海岸警卫队)。

2008年,国会通过了《消费品安全促进法》(Consumer Product Safety Improvement Act, CPSIA)。[64]此前一年,发生了多起儿童产品因含铅量过高而被召回的事件,引起了媒体的强烈关注。围绕该法产生的争论主要集中于两个问题,即优先适用和执行问题。该法明确了联邦优先原则的限制,同时将州检察长作为"代理人",即授权他们在联邦法院提起诉讼,以实施消费品安全委员会制定的规则,并服从委员会的干预。在接下来的几年里,消费品安全委员会根据《消费品安全促进法》的授权,颁布了若干新的安全标准,其中

---

[60] William Funk, Thomas McGarity, Nina Mendelson, Sidney Shapiro, David Vladeck, and Matthew Shudtz, *The Truth about Torts: Regulatory Preemption at the National Highway Traffic Safety Administration* (Edgewater, MD: Center for Progressive Reform, November 2008).

[61] 1966年的《儿童保护法》(The Child Protection Act)扩大了食品药品管理局禁止儿童使用危险化学品的权力,1969年的《儿童保护和玩具安全法》(The Child Protection and Toy Safety Act)又扩大了这一权力,使其扩展至电气、机械和热能危险。1970年的《防毒包装法》(The Poison Prevention Packaging Act)规定了针对特定家庭用品的"防儿童开"包装。1971年的《铅基涂料消除法》(The Lead-Based Paint Elimination Act)禁止在联邦政府援助的建筑和修复项目中使用含铅涂料,并为各地的铅去除及治疗项目提供财政支持。

[62] 15 U.S.C. § 2051.S.C.f (2012).

[63] 15 U.S.C. § 2074 (2012)("遵守本节规定的消费品安全规则或其他规则或命令,不得免除任何人在普通法或国家成文法上对其他任何人承担的责任")。

[64] Pub. L. No. 110-314, 122 Stat. 3016 (2008)(分散编纂在15 U.S.C.的几个章节中)。

重点是针对婴儿和儿童的产品。[65]

表 13.8 消费品安全委员会禁用的产品

年份	产品
1977 年	铅涂料;含铅涂料的玩具和家具。
1978 年	可移式垃圾箱。
1994 年	直径小于 1.75 英寸,且为 3 岁以下儿童使用的球(呛咳危险)。
1998 年	带金属包头的草地飞镖(不过许多公司通过将尖头和镖身分开销售,规避了这一禁令)。
1999 年	潜水棒:树立在游泳池底、待取回的圆柱体(当儿童仰身跌入泳池时,可能导致穿刺的危险)。
2002 年	婴儿靠垫:给 1 岁以内婴儿使用的豆袋形靠垫(窒息危险)。
2010 年	下拉式围栏婴儿床:带有升降侧边的婴儿床(勒死的危险)。
2012 年	巴基球:一种体积很小而磁力很强的成年人桌面玩具(误食可导致肠道穿孔)。

四、各州与地方安全法

尽管联邦法律和各州普通法是处理产品、汽车和儿童乘车安全的主要手段,但各州的消费者保护法和欺诈法也在其中发挥着重要作用。此外,各州和地方还有一些其他的法律,重在规制个人行为,或确保安全的道路和社区设计。

(一)各州消费者保护法

各州的消费者保护法之间存在很大不同,不过通常而言,这些法律都在允许私人提起诉讼的同时,赋予州检察长广泛的权力,来对存在不公或欺诈性交易行为的制造商、批发商、零售商和服务提供者采取行动。[66] 随着《消费品安全促进法》的制定,州检察长可以依据上述权力来执行联邦《消费品安全法案》,因为根据州法律,销售不安全的产品同样构成一种不公或欺诈性的交易行为。有时候,各州的检察长会通过跨州合作,共同解决消费者保护领域的问题,正如他们在烟草和药品监管领域所做的一样。[67]

---

[65] 该法案还对儿童产品中的铅采用了更严格的标准,并对许多儿童产品进行了独立的上市前测试。三年后,在《公法》(Public Law)第 112-128 条中,国会豁免了对某些产品严格的铅测试要求,同时禁止在儿童产品中使用某些邻苯二甲酸酯类增塑剂(可能会导致内分泌系统紊乱)。

[66] Henry N. Butler and Joshua D. Wright, "Are State Consumer Protection Acts Really Little-FTCActs?" *Florida Law Review*, 63, no. 1 (2011): 163-92(搜集了个体依据消费者保护法提出的诉求的样本)。

[67] Hal Stratton, "Vermont Attorney General Uses State Consumer Fraud Statute to Implement Consumer Product Penalties," *Engage: The Journal of the Federalist Society Practice Groups*, 11, no. 2 (2010): 96-97.

（二）安全带、儿童安全座椅和安全帽法律

关于安全带法律的适用，如成年人或是未成年人、司机与乘客、前座或后座等问题，各州做法不一。新罕布什尔州是唯一未强制成年人系安全带的州。其他各州都要求司机必须系安全带，并且绝大部分州将这一要求适用于至少某些类型的乘客。所有的州均有某种形式的儿童安全座椅立法，尽管其所适用的年龄段各不相同。

安全带和儿童安全座椅法律的执行存在两种进路：原生的或派生的。前者允许执法官员仅仅因为某位司机或乘客未系安全带或者未将儿童安置在安全座椅中就要求其停车并出示罚单；后者则要求除上述情形外，还必须同时存在其他交通违法行为，方可要求停车。

在过去的十几年里，许多州都从派生型执法转向了原生型执法。研究显示，原生型执法显著提高了安全带的使用率，减少了交通伤亡。⑱ 不过，这一转变也伴随着许多争议，这主要是由于在停车检查中存在种族定性（racial profiling）的问题。原生型执法，往往与安全带使用率在非裔美国人群体中的急剧提高联系在一起。⑲ 研究人员对此持赞赏态度，认为其有助于减少长期以来在安全带使用率——进而影响到死亡率——方面的差异。但是这一观点忽略了更深层次的原因，即原生型执法对非裔司机和乘客往往会产生更强烈的影响。⑳

根据1966年的《道路安全法》，交通部要求各州制定摩托车安全帽法律，以作为获得联邦筑路资金的条件。㉑ 十年后，在一片父爱主义的批评声中，国会废止了这一规定，各州也随即削弱了相关立法。1975年，有47个州规定所有骑行者均须佩戴安全帽；如今，只有19个州和哥伦比亚特区要求所有驾驶员和乘客均须佩戴安全帽，3个州对此未作任何规定，其余各州则规定该法只适用于未成年人。㉒ 国家公路交通安全管理局的数据表明，当各州废止其安全帽法律时，"可观察到的安全帽使用率几乎立即下降了一半，而摩

---

⑱ Governors Highway Safety Association, "Seat Belt Laws," last updated August 2015, www.ghsa.org/html/stateinfo/laws/seatbelt_laws.html.

⑲ Nathaniel C. Briggs, David G. Schlundt, Robert S. Levine, Irwin A. Goldzweig, Nathan Stinson Jr., and Rueben C. Warren, "Seat Belt Law Enforcement and Racial Disparities in Seat Belt Use," *American Journal of Preventive Medicine*, 31, no. 2 (2006): 135-41.

⑳ 在两项研究中，研究人员发现，原生型执法对非裔美国人使用安全带造成了不同的影响，并将这一结果"归结于非裔美国人认为，由于差别性执法的存在，在采取原生型执法的州，其因违反安全带法律而被开具罚单的可能性更高"。Ibid., 139.

㉑ Pub. L. No. 89-564, 80 Stat. 731 (1966).

㉒ 伊利诺伊州、爱荷华州、新罕布什尔州并无法律要求使用摩托车安全帽。而在有些州，佩戴安全帽的要求也扩展到了搭乘未成年骑手或新获得执照骑手车辆的乘客。Governors Highway Safety Association, "Helmet Laws," last updated August, 2015, www.ghsa.org/html/stateinfo/laws/helmet_laws.html.

托车伤亡率则迅速飙升"。⑬

（三）酒驾和分心驾驶法律

各州均有法律禁止酒驾或吸毒后驾车，但执行起来却参差不齐。为减少分心驾驶，绝大多数州禁止在开车时使用移动通讯设备、发短信或使用其他手持设备（见框13.2）。⑭此外，对这类不安全行为及制造商阻止监管的努力加以反规范化，对不负责任地提供酒精的商业机构或聚会主人课加民事或刑事责任，也构成更全面的公共安全策略的重要组成部分。

框13.2 科学、产业与分心驾驶

交通安全AAA基金会在报告中指出，在19岁到31岁的司机中，超过40%的司机承认他们在开车时发过短信，使用过手机的则超过一半。[1] 研究表明，无论是新司机还是老司机，分心驾驶都显著增加了事故风险。[2] 接近1/5的导致人员伤亡事故涉及分心驾驶，每年导致超过3 300例死亡事件，以及成千上万人的受伤事件。[3]

在汽车产业界存在一场虚拟的军备竞赛，不断提高汽车的智能技术，包括计算机导航、免按键连接到Wi-Fi和游戏等。这些车载技术基本上是不受监管的。产业界顺从于顾客的要求："人们想要像在家里或者其他任何地方一样，在车上也能够连接到网络。"[4] 同时，消费者的直觉认为，免提技术减少了分心驾驶的风险——尽管有证据表明实情恰恰相反。

各州对行车时使用移动通信设备的规定差别很大。公共卫生法研究者正在对这些规定及相关数据进行密切跟踪，以便对不同政策选择对于分心驾驶和死亡率的影响进行评估。[5]

注释：

1. AAA Foundation for Trafc Safety, "Distracted Driving," www.aaafoundation.org/distracted-driving, accessed August 31, 2015.

2. Sheila G. Klauer, Feng Guo, Bruce G. Simons-Morton, Marie Claude Ouimet, Suzanne E. Lee, and Thomas A. Dingus, "Distracted Driving and Risk of Road Crashes among Novice and Experienced Drivers," *New England Journal of Medicine*, 370, no. 1 (2014): 54–59.

---

⑬ Thomas Hargrove, "A Fatal Freedom: Deaths in Motorcycle Crashes on Rise," Scripps Howard News Service, May 25, 2006.

⑭ LawAtlas provides up-to-date mapping of distracted driving laws at http://lawatlas.org/query? dataset=distracted-driving, accessed August 31, 2015.

> 3. National Highway Trafc Safety Administration, *Distracted Driving* 2012 (Washington, DC: National Highway Trafc Safety Administration, 2014).
> 4. Matt Richtel and Bill Vlasic, "Hands–Free Technology Is Still Risky, Study Says," *New York Times*, June 13, 2013.
> 5. Jennifer K. Ibrahim, Evan D. Anderson, Scott C. Burris, and Alexander C. Wagenaar, "State Laws Restricting Driver Use of Mobile Communications Devices: Distracted-Driving Provisions, 1992–2010," *American Journal of Preventive Medicine*, 40, no. 6 (2011): 659–65.

第四节 伤害预防的新兴议题

对各年龄组死亡率进行逐年比较,将揭示出一个值得注意的趋势。谋杀率已经下降,而自杀率却在增长。[75]汽车意外死亡率出现下降,与此同时,因跌倒、中毒等造成的意外死亡却在上升。健康与社会服务部在设定《健康国民 2020》(Healthy People 2020)各项目标的权重时,提出了伤害和暴力预防中需要加以研究和监测的新兴议题,包括:分心驾驶、运动伤害、霸凌行为、约会暴力、青少年性暴力、虐待老人。[76] 2012 年,疾病控制与预防中心下属的伤害预防与控制中心又明确将下列事项列入其关注的领域,包括:汽车伤害、处方止痛药过量、外伤性脑损伤、针对儿童和青少年的暴力等。

一、作为公共卫生议题的暴力

> 如今,人们已经普遍把暴力看成一个公共卫生问题了,但是仅仅在 30 年前,"暴力"和"卫生"这两个词几乎都不会出现在同一句话中。
>
> ——琳达·L. 达尔伯格、詹姆斯·A. 默西:《暴力作为公共卫生议题的历史》(Linda L. Dahlberg and James A. Mercy, *History of Violence as a Public Health Issue*, 2009)

---

[75] Centers for Disease Control and Prevention, "Deaths: Final Data for 2012."
[76] U.S. Department of Health and Human Services, Office of Disease Prevention and Health Promotion, "Injury and Violence Prevention," last updated August 31, 2015, www.healthypeople.gov/2020/topics-objectives/topic/injury-and-violence-prevention/objectives.

1960 年,谋杀率在三十多年的急剧下降之后开始稳步回升。[77] 虐待儿童和亲密伴侣暴力逐渐被视为严重的社会问题。这些情况的变迁,促使人们呼吁一种超越以惩罚、监禁、改造和威慑为主要内容的传统刑事司法体系的新进路。研究人员和政策制定者在这些方面取得了长足的进展,逐渐转向一种循证的暴力预防方法。不过,刑法范式的统治——往往是低效甚至有害的——仍在顽固地持续着。

(一)虐待儿童

各州法律规定虐待、漠视和抛弃儿童的行为应受惩罚,但是这些法律的执行体系并不总是能保障儿童得到适当的照顾。在各州监护之下的儿童,仍然面临着被进一步的虐待、糟糕的教育以及青少年犯罪的风险。此外,针对怀孕妇女滥用药物,或父母使其子女处于无人看管的情况,相关的刑事诉讼(见框 13.3)也引发了许多争议和难题。

框 13.3 儿童漠视立法:风险与价值权衡

2014 年夏天,黛博拉·哈瑞尔(Debra Harrell)把她 9 岁的女儿一个人留在公园玩耍,自己在附近工作。在学校放假后的一周里,女孩就待在她母亲工作的麦当劳玩笔记本电脑。但在笔记本电脑被盗之后,女孩央求母亲让她去公园玩耍。女孩并未遭遇危险,但当她在公园玩耍的第三天,一个成年人联系了警察。哈瑞尔因"对儿童的非法行为"被监禁,而她的女儿则暂时由社会服务部照料。

哈瑞尔案引起了社会的广泛争论:社会应对家长提供何种支持?在儿童发展所需的与年龄相适应的自治与担心他们被伤害、被绑架之间,如何最好地取得平衡?一位评论者批评:"我们的社会在儿童安全问题上紧张过度了。媒体对于每一桩绑架、每一起谋杀、每一次'热车死亡'悲剧的报道,都助长了这种焦虑,并强化了如下一种'上流社会的、竞争驱动的观念':童年是一个应当被严密监护的时期,让孩子们在无人照顾的情况下玩耍,是不正常、危险、怪异的。"[1] 另一位评论者则指出了"坏撒玛利亚人"(Bad Samaritan)现象:关心的旁观者宁愿叫警察,也不愿意尝试帮助他们的邻居,这一现象已变得越来越普遍。[2] 还有一位评论者采取了更宽广的视野,提出了一些必要的措施,包括:为儿童夏日项目提供补贴,通过法律要求雇主支付最低生活工资,建立社会安全网服务以"帮助家长养家糊口"。[3]

---

[77] National Center for Health Statistics, *Homicide in the United States* 1950-1964, Public Health Service Publication No. 1000-Series 20-No. 6 (Washington, DC: Government Printing Office, 1970).

> 比起以往,如今的儿童四处游玩的自由已大大减少。有研究者曾记录了一个英国家庭的四代人在各自 8 岁的时候被允许独自游玩的地区范围。据曾祖父回忆,他曾于 1919 年夏天独自来回数英里去钓鱼;1950 年时,祖父能够被允许走进家旁边的灌木丛 1 英里;1979 年,母亲可以步行半英里到本地的游泳池;而到了 2007 年,儿子独自行动的范围,就仅限于到街尾的 300 码了。⁴ 造成这一现象的原因是多样的,但最主要的是人们对于安全的担忧,压倒了儿童对于情感发展和体育锻炼的需求。
>
> 注释:
> 1. Ross Douthat, "The Parent Trap," *New York Times*, July 19, 2014.
> 2. Gracy Olmstead, "Parenting in an Age of Bad Samaritans," *American Conservative*, July 17, 2014.
> 3. Katie McDonough, "Ross Douthat's 'Pro-family' Nonsense: Poverty Is a Bigger Threat Than Helicopter Parenting," *Salon*, July 21, 2014.
> 4. David Derbyshire, "How Children Lost the Right to Roam in Four Generations," *Daily Mail*, June 15, 2007.

以预防虐待儿童为目的的联邦法律,可追溯到 1974 年的《儿童虐待防治法案》(Children Abuse Prevention and Treatment Act, CAPTA),该法案建立了一个全国性的研究中心,并提供经费来培训医生、律师和社会工作者。[78] 该法案定期会得到重新授权,通过不断改革来促进跨部门合作,拓宽研究资助的范围,并维持一个全国性的数据搜集系统。[79]

(二)青少年暴力

一直到 20 世纪 90 年代,政府和慈善资助计划的重点集中在预防青少年谋杀,其手段则是以学校或社区为基础的教育项目。[80] 评估研究显示,旨在提高社交、情感和行为能力的技能本位的项目,以及旨在促进良好家庭环境的项目,都有效地减少了青少年好斗、暴力的行为。[81] 支持者强调预防相对于监禁在成本收益方面的优势,以从国会争取更多的拨款。[82]

(三)亲密伴侣暴力及性暴力

传统上,对于亲密伴侣暴力和性暴力,各州和地方拥有几乎排他性的管

---

[78] Child Abuse Prevention and Treatment Act, Pub. L. No. 93-247, 88 Stat. 4 (1974).
[79] CAPTA Reauthorization Act of 2010, Pub. L. No. 111-320, 124 Stat. 3459 (2010).
[80] U.S. Department of Health and Human Services, *Youth Violence: A Report of the Surgeon General* (Rockville, MD: Office of the Surgeon General, 2001).
[81] Dahlberg and Mercy, "History of Violence," 167-72.
[82] U.S. Department of Health and Human Services, *Youth Violence*.

辖权来制定相关的刑事法律;同时,在提供社会服务来预防和治疗这些暴力方面,各州和地方也负有首要责任。1994年,国会制定了《防止对妇女施暴法案》(Violence Against Women Act, VAWA)[83],授权疾病控制与预防中心和司法部领导公共卫生和社区一级预防。不过,《防止对妇女施暴法案》的主要条款仍然更接近于暴力的刑事审判模式,提高了对犯罪者的惩罚力度。

家庭暴力的预防在公共卫生的社会生态模型下不断演变,如今,其重点在于强调"亲密伴侣暴力并不仅仅是个人问题,而是一个社区问题"[84]。因年龄、性身份、移民身份及社交孤立等方面的原因而陷入弱势的受害者,往往更难以结束一段受虐的关系。她们也更有可能缺乏向当局报告暴力行为或寻求帮助的意愿。而当她们真的向警方求助时,警方的偏见,又很容易影响到她们的体验。

在2005年对《防止对妇女施暴法案》进行再授权时,增加了一个非排他性条款,明确规定遭受家庭暴力、约会暴力、性侵犯和骚扰的男性亦可获得福利与服务。[85] 而2013年再授权时,在激烈的政治斗争过后,《防止对妇女施暴法案》又将遭受亲密关系暴力的无证移民和同性恋、双性恋及变性者(LBGT)纳入法律保护范畴,并提供资金支持。[86] 少数几个州——不过数量正在增加——也对法律进行了修订,确保亲密关系暴力的受害人不分性别、性取向、移民身份或年龄,皆有权获得全方位的法律保护。[87]

(四)自杀

传统上,暴力被视为一个刑事司法问题,而自杀却通常被视为一个精神卫生问题。优质的精神卫生服务的可及性自然是预防自杀策略的核心,不过公共卫生的视角揭示了更多的法律和政策干预措施。《国家自杀预防战略》指出了一系列重要的环境因素:精神卫生治疗的获得障碍、出于对"污名"的

---

[83] Violent Crime Control and Law Enforcement Act, Pub. L. 103-322, 108 Stat. 1796 (1994).

[84] U.S. Department of Health and Human Services, Office on Women's Health, "Violence against Women," last updated July 16, 2012, www.womenshealth.gov/violence-against-women/laws-onviolence-against-women/#b; see also Centers for Disease Control and Prevention, *Strategic Direction for Intimate Partner Violence Prevention* (Atlanta, GA: Centers for Disease Control and Prevention), www.cdc.gov/violenceprevention/pdf/ipv_strategic_direction_one-pager-a.pdf, accessed August 31, 2015.

[85] 42 U.S.C. § 11383 (2012).

[86] Adam Peck and Annie-Rose Strasser, "Senate Passes Violence against Women Act, with No Help from 22 Republican Male Senators," *ThinkProgress*, February 12, 2013.

[87] Break the Cycle, "State Law Report Cards," www.breakthecycle.org/state-law-report-cards, accessed August 31, 2015; Network for Public Health Law, "Map of Same-Sex Domestic Violence Protections," November 30, 2012, https://www.networkforphl.org/resources_collection/2012/11/30/380/map_of_same-sex_domestic_violence_protections.

恐惧而不愿寻求帮助以及唾手可得的自杀手段。⑧

人们直觉上会认为，一旦某个人下定决心结束自己的生命，环境因素的影响是微乎其微的。然而实际上，如果自杀手段不易获得，很多时候自杀的念头就仅仅是个念头，并不会付诸实践。例如在英国，自从家用燃气供应从煤气改为天然气(后者的一氧化碳排放要低得多)之后，一氧化碳中毒自杀的比率显著降低了。尽管这方面的降低，一定程度上被通过其他方式自杀人数的增加所抵消，但总体上看，自杀率——尤其是女性自杀率——降低了。⑨ 在澳大利亚，为保护环境而制定的汽车尾气排放法规在一定程度上造成了跳楼自杀比率的上升。⑩ 这些法律减少了汽车尾气中一氧化碳的含量，因此，通过将尾气接入封闭空间来自杀的人数大大降低了。在以色列国防军中(从18岁到21岁青年皆需服役)，自从改变政策要求休假士兵将武器留在基地之后，自杀率降低了40%。休假期间吞枪自杀的人数大大减少，而休假期间的自杀总数也并未出现明显增长。⑪ 而在美国，一半左右的自杀是使用枪支，因此，许多控枪团体都认为控枪是极为重要的自杀预防策略，尽管这在政治上困难重重。

二、鸦片使用过量的蔓延

2008年，中毒超过车祸成为伤害致死的主要原因，这一趋势随着处方鸦片类药物使用过量的剧增而愈演愈烈。⑫ 从1999年到2012年，用药过量致死率及潜在寿命减损增长了不止一倍。⑬ 专家们指出了导致鸦片类药物成瘾流行的若干相互联系的因素，包括：为解决慢性病的治疗不足所做的努力；为治疗慢性的、非癌症引起的疼痛而推广Percocet、OxyContin等止痛药物；放宽

---

⑧ Office of the U.S. Surgeon General and the National Action Alliance for Suicide Prevention, 2012 *National Strategy for Suicide Prevention* (Washington, DC: U.S. Department of Health and Human Services, 2012).

⑨ Norman Kreitman, "The Coal Gas Story: United Kingdom Suicide Rates, 1960-71," *British Journal of Preventive and Social Medicine*, 30, no. 2 (1976): 86-93.

⑩ David M. Studdert, Lyle C. Gurrin, Uma Jatkar, and Jane Pirkis, "Relationship between Vehicle Emissions Laws and Incidence of Suicide by Motor Vehicle Exhaust Gas in Australia, 2001-06: An Ecological Analysis," *PLoS Medicine*, 7, no. 1 (2010): e1000210.

⑪ Gad Lubin, Nomi Werbeloff, Demian Halperin, Mordechai Shmushkevitch, Mark Weiser, and Haim Y. Knobler, "Decrease in Suicide Rates after a Change of Policy Reducing Access to Firearms in Adolescents: A Naturalistic Epidemiological Study," *Suicide and Life-Threatening Behavior*, 40, no. 5 (2010): 421-24.

⑫ Margaret Warner, Li Hui Chen, Diane M. Makuc, Robert N. Anderson, and Arialdi M. Miniño, "Drug Poisoning Deaths in the United States, 1980-2008," National Center for Health Statistics Data Brief 81 (Atlanta, GA: Centers for Disease Control and Prevention, 2011). 近年来，汽车碰撞和中毒已成为并驾齐驱的致死因素。2012年，中毒是伤害致死的主要原因，但到2013年，出现了36 332起意外中毒致死和36 415起车祸致死事件。

⑬ Centers for Disease Control and Prevention, "Injury Prevention and Control: Data and Statistics (WISQARS)."

对处方鸦片类药物临床指南和许可规则的限制;处方药从真正需要这些药物的患者转移到非医疗用途使用者手中。⑭

政策制定者和卫生官员采取了许多方法来预防和管理药物成瘾问题,减少用药过量致死事件。在本书第六章,我们讨论了如何扫清纳洛酮处方和使用的法律障碍,该药物是一种非常有效的鸦片类的解毒剂。⑮在本书第七章,我们讨论了各州和城市针对普渡制药(OxyContin 的制造者)及其他制药企业激进的市场营销手段提起的公害诉讼。⑯ 在本书第九章,我们讨论了处方药管理计划——这些计划旨在监测管制药物的处方,开展公共卫生监测,加强药品提供者和药剂师对患者的监督。⑰ 而在本书第十一章,我们也已经提到,马萨诸塞州的州长德瓦尔·帕特里克将因滥用鸦片致死宣布为公共卫生紧急事件。⑱ 还有人要求食品药品管理局、缉毒署(Drug Enforcement Agency DEA)以及各州的医疗、护理和药房管理部门采取更严格的监管措施。其中,食品药品管理局负责对药企的推广行为进行规制,最近还要求鸦片类药物制造者必须就药物的合理使用向医生和患者提供指导;缉毒署负责对管制药物处方进行许可,并发起了一个全国性的"回收日",允许消费者将未使用的处方药交回以供安全处理;各州的医疗、护理及药房管理部门则通过法规和纪律处分,对获得许可的药品提供者进行管理。从联邦政府到州政府都付出了非常多的努力,但要扭转用药过量致死的趋势,尚需时日。⑲

对药品的监管,必须在满足临床患者的疼痛管理需求和保护公众免于药品滥用、依赖及过量之间取得平衡,后者造成的社会成本是巨大的。每一个月,都有大约 900 万美国人因医疗用途而使用鸦片类处方药,此外还有 500 万人用于非医疗用途,其中近 200 万人是药物成瘾。大约 65% 的非医疗用途

---

⑭ Susan Okie, "A Flood of Opioids, a Rising Tide of Deaths," *New England Journal of Medicine*, 363, no. 21 (2010): 1981–85.

⑮ Network for Public Health Law, *Legal Interventions to Reduce Overdose Mortality: Naloxone Access and Overdose Good Samaritan Laws*, November 2014, www.networkforphl.org/_asset/qz5pvn/network-naloxone-10-4.pdf.

⑯ *Purdue Pharma L.P. v. Combs*, No. 2013-CA-001941-OA, 2014 WL 794928 (Ky. Feb. 28, 2014); John Schwartz, "Chicago and 2 California Counties Sue over Marketing of Painkillers," *New York Times*, August 24, 2014.

⑰ National Association of State Controlled Substances Authorities, "State Profiles," www.nascsa.org/stateprofiles.htm, accessed August 31, 2015;其中搜集了处方药监控项目立法、规定及其他受国家管控物质的相关法律。

⑱ "Governor Patrick Delivers Remarks on the Opioid Crisis," press release, March 27, 2014, http://archives.lib.state.ma.us/handle/2452/219343; circular letter from Deborah Allwes, director of the Bureau of Health Care Safety, to Massachusetts Controlled Substance Registration participants regarding emergency order regarding Prescription Monitoring Program prior to prescribing of hydrocodone-only medications and quality, April 24, 2014. 在州长关于仅含氢可酮药物的禁令被推翻之后,法院最终支持了实质上更弱的监管规定。*Zogenix, Inc. v. Patrick*, No. 14-11689-RWZ, 2014 WL 4273251 (D. Mass, August 28, 2014).

⑲ "Governor Patrick Delivers Remarks on the Opioid Crisis"; circular letter from Deborah Allwes; Trust for America's Health, *Prescription Drug Abuse*.

使用者是从亲友处获得药物,只有20%多的使用者是通过医生处方渠道获得的。⑩ 要控制这些药品的分发和滥用,必须仔细地考虑慢性疼痛患者的合法需求,并且认识到其中绝大多数人并非药物成瘾。此外,公平的问题也极为重要,因为这里往往存在或隐或现的偏见:妇女、有色人种及低收入患者想要获得足够的缓解疼痛的药物时往往会遇到特殊的困难,这部分是由于某种隐含的偏见,使得医生往往会低估这些患者自诉的疼痛,而高估其滥用和转移药品的可能性。⑩

三、体育及娱乐伤害

体育伤害,尤其是外伤性脑损伤(见框13.4)已经引起了媒体的关注,但是关于其发生率,人们所知甚少。⑩ 有限的数据表明,防护装备(例如头盔、面罩、护垫等个人装备及其他场地设备)能够减少,但并未消除风险。改变竞技规则,禁止某些特别危险的举动也是有效的。例如,许多橄榄球赛禁止"飞肩冲"(spearing),即一名球员头朝前冲撞另一名球员。该行为被禁止之后,高中和大学球员中由于颈髓损伤而导致的四肢瘫痪便减少了。⑩

关于娱乐伤害,人们知道的更少。随着运动娱乐的影响力及人们对其兴趣的与日俱增,公众对此也日益关注。各州和地方法律规定对发生在诸如游乐场、滑雪缆车等地方的伤害进行监管、检查和报告。⑩ 个人防护行为,如头盔的使用,在不断普及。然而对于特别危险的活动,头盔对死亡率的影响微乎其微。⑩

在关注体育和娱乐安全,以及促进更健康、运动更多的生活方式之间,我们必须取得平衡。严格的安全标准和不断增强的安全意识,一定程度上导致人们的运动减少——尤其是儿童。例如,一个安全方面不达标的运动场会

---

⑩ Center for Behavioral Health Statistics and Quality, Substance Abuse and Mental Health Services Administration, *Results from the 2013 National Survey on Drug Use and Health: Summary of National Findings* (Rockville, MD: Substance Abuse and Mental Health Services Administration, 2014).

⑩ Diana J. Burgess, Michelle Van Ryn, Megan Crowley-Matoka, and Jennifer Malat, "Understanding the Provider Contribution to Race/Ethnicity Disparities in Pain Treatment: Insights from Dual Process Models of Stereotyping," *Pain Medicine*, 7, no. 2 (2006): 119-34; Diane E. Hoffman and Anita J. Tarzian, "The Girl Who Cried Pain: A Bias against Women in the Treatment of Pain," *Journal of Law, Medicine and Ethics*, 29 (2001): 13-27.

⑩ 尽管研究者能够对运动伤害进行追踪,但仍然很难获得实际从事运动的人数及其运动时间等用以评估相关风险的数据。Tom Christoffel and Susan Scavo Gallagher, *Injury Prevention and Public Health*, 2nd ed. (Sudbury, MA: Jones & Bartlett Learning, 2006), 87.

⑩ Jonathan F. Heck, Kenneth S. Clarke, Thomas R. Peterson, Joseph S. Torg, and Michael P. Weis, "National Athletic Trainers' Association Position Statement: Head-Down Contact and Spearing in Tackle Football," *Journal of Athletic Training*, 39, no. 1 (2004): 101-11.

⑩ See, for example, Conn. Gen. Stat. Ann. § 29-136a (West 2011); Md. Code Ann., Bus. Reg. § 3-102 (LexisNexis 2013); Wash. Rev. Code Ann. § 79A.40.010 (LexisNexis 2013); Colo. Rev. Stat. Ann. § 25-5-701 (West 2013).

⑩ Liz Robbins, "Richardson's Accident Reignites Ski Helmet Debate," *New York Times*, March 18, 2009.

被关闭。由于担心户外活动存在危险,家长便有可能允许孩子们更多地待在室内,接受一些被动的娱乐。

框 13.4　让大脑远离比赛:运动有关的外伤性脑损伤

2011 年,前芝加哥熊队球星大卫·杜松(David Duerson)结束了自己的生命。在遗嘱中,他要求将自己的大脑捐赠给医学研究。随后的检查表明,杜松的大脑存在慢性创伤脑部病变,而这种病变在长期暴露在持续性脑外伤的运动员中很常见。[1]

科学界对于外伤性脑损伤(TBI)的兴趣,部分是由于其几乎成了伊拉克和阿富汗战争的"标志性创伤"。在这些战争中频繁使用的简易爆炸装置造成的脑震荡,往往会产生终身影响。脑震荡不过是外伤性脑损伤的一种较为轻微的形式,但是短时期内持续遭受脑震荡伤害将导致严重后果,包括记忆、推理、语言表达和理解缺陷、抑郁、紧张、易怒、阿尔兹海默症以及帕金森症。

在橄榄球(以及曲棍球、足球、体操、摔跤等)运动中,持续脑震荡极为普遍,且存在于从社区青少年联赛到职业联赛的各个层级。

疾病控制与预防中心开发了一些训练工具,来帮助教练、训练师、运动员以及家长提高对脑震荡治疗之必要性的认识——脑震荡可能带来严重的伤害,其治愈将花费数周甚至数月的时间。军方同样改进了其治疗脑震荡伤害的方法。联邦和各州立法机关提出了许多新的规定,其中既包括关于安全头盔标准的严格的联邦规定,也包括禁止年幼的儿童参加橄榄球联赛的规定。

一开始,全美橄榄球联盟(NFL)对于将橄榄球与认知能力下降相联系的大量证据嗤之以鼻,但最后还是承认了伤害的存在。[2]2015 年,全美橄榄球联盟试图支付 7.65 亿美元,以了断其与上万名前球员的诉讼,该和解协议尚待法院批准。而其他案件以及职工索赔诉讼仍在进行中。许多指控提出,全美橄榄球联盟、球队以及设备制造商故意隐瞒了其所知的外伤性脑损伤将导致长期危险的事实,并大肆推广其欺骗性的、方法论有缺陷的研究来对球员们的诉求表示怀疑。[3]学生运动员也对全美大学体育协会(NCAA)提起诉讼,指控其存在过失、欺骗性隐瞒、不当得利,以及未能向教练、训练师、学生运动员告知相应风险,未能制定适当的指引,也未能向因伤退役的运动员提供支持。[4]2014 年,当事人提出一项总额为 7 500 万美元的和解协议,但是被法院驳回,理由是难以操作和资金不足。[5]

工程师们已经开发出新的能够降低脑震荡伤害风险的头盔设计[6]，但是主流的美国设备制造商对其成本望而却步。有专家曾对通过设计来消除运动导致的脑震荡风险表示怀疑。"令人困扰的结论是：我们很难想象有任何头盔能真正有效减轻一个体重280磅的运动员撞上另一个体量相当的人时所带来的脑部受伤的风险。对于足球运动来说，某种程度的外伤性脑损伤似乎是不可避免的。我们需要决定的是，作为一个社会，我们究竟在何种程度上愿意接纳那些带有脑损伤的运动员？"[7]

注释：

1. Stephanie Smith, "Duerson Brain Tissue Analyzed: Suicide Linked to Brain Disease," *CNN Health*, May 3, 2011.

2. Judy Battista, "Emphasizing Safety, N.F.L. Passes Rule on Helmet Hits," *New York Times*, March 20, 2013.

3. Ken Belson, "Judge Orders N.F.L. Concussion Case to Mediation," *New York Times*, July 8, 2013.

4. Arrington v. Nat'l Collegiate Athletic Ass'n, No. 11-cv-06356 (N.D. Ill. filed Nov. 21, 2011).

5. In Re Nat'l Collegiate Athletic Ass'n Student-Athlete Concussion Injury Litigation, Class Action Settlement Agreement and Release, No. 1:13-cv-09116 (N.D. Ill. July 29, 2014); Ben Strauss, "Judge Rejects $75 Million Settlement in Lawsuit against N.C.A.A. on Head Injuries," *New York Times*, December 17, 2014.

6. Tom Foster, "The Helmet That Can Save Football," *Popular Science*, December 18, 2012.

7. Vincent Imhof, "Guest Post: The 'Anti-concussion' Helmet: Questionable Claims of Injury Mitigation and Obstructive Fears of Litigation," *NFL Concussion Litigation* blog, June 22, 2013.

第五节　枪支伤害预防：一则案例研究

在纽约，任何关于控制枪支的流通和持有的主张——无论是通过行使警察权，如许可制度，还是通过刑法、侵权法或公害诉讼——都会提出根本性的联邦政治—法律问题。在农业州，主张持枪权的人们所担忧的是未来是否会禁止步枪狩猎;而在纽约(以及其他城市),面临的则是极为不同——也非常具有地方性——的问题:在这座超级大都会中,人,而非野兽,才是枪支之下的主要牺牲品。

——杰克·温斯汀:"纽约市诉美国贝利塔集团案"(Jack Weinstein, *City of New York v. Beretta U.S.A, Corp.*, 2005)

在美国,有多少人口,便有多少私人持有的枪支,其人均持有量比其他任何国家都高出近两倍。[106] 大约40%的美国家庭至少持有一支枪。[107] 拥有联邦许可的枪支经销商,几乎和加油站一样多;而枪支零售商店的数目,则远远超出食品杂货店的数目。[108] 每年与枪支有关的死亡案件高达 33 000 件[109],重伤的数目还要高出一倍。大约 60%的与枪支有关的死亡是自杀,余下近 40%的是谋杀。仅有不到 2%的死亡是意外,其中超过一半涉及儿童和未成年人。[110]

多年以来,预防枪支伤害始终是公共卫生重点关注的领域,但却举步维艰。发生在康涅狄格州纽顿、科罗拉多州奥罗拉、南卡罗来纳州查尔斯顿等地的大规模枪击悲剧,使得关于控枪、侵权责任和精神卫生体系的古老争论又死灰复燃。

一、枪支管理规定

枪支管控遭到了强烈的抵制:联邦法规过于简单,而各州法律又大相径庭。各州和联邦法律对枪支的所有权转让、许可、保管和携带作了规定,在某些州枪支和弹药是被禁止的,部分州还规定了最低限度的安全设计标准。

(一)经销商许可、准入限制和背景调查

第一部联邦控枪法律制定于 1934 年,旨在回应其时愈演愈烈的有组织犯罪。该法要求某些种类的武器及配件(如短筒猎枪和步枪、机关枪、消声器)必须向国家报告并注册,并对其征收 200 美元的额外税——这在当时意

---

[106] William J. Krouse, *Gun Control Legislation*, Congressional Research Service Report RL32842 (Washington, DC: Office of Congressional Information and Publishing, 2012), 8-9.

[107] Deborah Azrael, Phillip J. Cook, and Matthew Miller, "State and Local Prevalence of Firearms Ownership: Measurement, Structure, and Trends," *Journal of Quantitative Criminology*, 20, no. 1 (2004): 43-62.

[108] "Guns in America: A Statistical Look," *ABC News*, August 25, 2012, http://abcnews.go.com/blogs/headlines/2012/08/guns-in-america-a-statistical-look.

[109] Centers for Disease Control and Prevention, "Deaths: Final Data for 2012."

[110] Centers for Disease Control and Prevention, "Injury Prevention and Control: Data and Statistics (WISQARS)."

味着事实上的禁止。⑪ 几年后,另一部联邦法律要求跨州的枪支经销商必须获得联邦许可,且必须对其销售进行记录。⑫ 该法还首次规定了枪支购买的联邦分类限制,禁止将枪支销售给被控或被判暴力犯罪的人。三十年之后,随着约翰·肯尼迪(J. F. Kennedy)、罗伯特·肯尼迪(Robert Kennedy)和马丁·路德·金(Martin Luther King)的遇刺,掀起了新一轮的枪支管控,增加了对于枪支州际贸易的联邦管制,将购买枪支的最低年龄提高到 21 岁,并建立了针对枪支经销商的国家许可体系。⑬

1980 年,美国步枪协会(National Rifle Association, NRA)控诉烟酒武器管理局(Bureau of Alcohol, Tobacco and Firearms, ATF)越权,联邦枪支管控的趋势出现了逆转。烟酒武器管理局的前身,是为了满足设立一个特殊分支对争议产业进行征税的需要,但根据 1968 年的《控枪法案》(Gun Control Act),其扮演了更宽泛的监管者角色。1982 年,参议院司法委员会下属的宪法委员会认定,烟酒武器管理局提起的诉讼在宪法上常常是"不当的"。⑭ 1986 年的《枪支所有者保护法案》(Firearm Owners Protection Act)一方面规定在 1986 年 5 月 19 日以后禁止私人持有机关枪,另一方面又放松了对枪支州际贸易的监管,并禁止创建全国性的枪支持有注册制度。⑮

《布莱迪手枪暴力防治法》[Brady Handgun Violence Prevention Act,以在罗纳德·里根(Ronald Reagan)总统遇刺事件中受伤的白宫新闻秘书詹姆斯·布莱迪(James Brady)的名字命名]要求对潜在的枪支买家进行犯罪背景调查,以促进枪支购买分类限制的实施。⑯ 获得许可的枪支经销商必须无限期保存其销售记录,但是由于布莱迪法案并未推翻 1986 年《枪支所有者保护法案》关于禁止建立全国性枪支持有注册制度的规定,联邦政府仍然禁止搜集枪支销售记录并集中存储。

联邦关于背景调查的要求并不适用于未取得许可的"私人"卖家,而后者承担了 40%左右的枪支销售。"私人卖家常常会在枪支展览会上租一个摊位,打出'私卖'的海报,以表明购买其枪支不需要任何文件、背景调查、等待期间以及记录留存。"⑰

---

⑪ 在修订之后,这些条款现在成为 1968 年《控枪法案》的第二章。26 U.S.C. § 5841 et seq. (2012).
⑫ 这些条款已废除,并被 1968 年《控枪法案》第一章所取代。
⑬ Gun Control Act of 1968, 18 U.S.C. § 923 (2012).
⑭ Staff of Subcommittee on the Constitution of the Senate Committee on the Judiciary, 97th Cong., *Report on the Right to Keep and Bear Arms* (Committee Print 1982).
⑮ Pub. L. No. 99-308, 100 Stat. 449 (1986).
⑯ 18 U.S.C. § § 921-22 (2012).
⑰ Law Center to Prevent Gun Violence, "Gun Shows Policy Summary," October 30, 2013, http://smartgun-laws.org/gun-shows-policy-summary.

联邦法律覆盖了林林总总的规制枪支持有的州法和地方法。有些州通过要求私人卖家取得枪支持有许可来填补枪支私卖的法律空白,也有少数州要求枪支所有者必须向政府机构正式注册。[118]这些法律对于枪支非法交易和犯罪产生了显著的影响。自从密苏里州于 2007 年废止了其关于枪支持有许可的规定之后,在密苏里州境内购买的犯罪枪支和枪杀案的比率均上升了 25%,同时,在犯罪现场发现的枪支中,购买于两年之内的枪支所占比例上升了两倍。[119]

(二) 对某些种类的武器、弹药和配件的禁令

主张控枪的人们通常更青睐对某些种类的枪支、弹药和配件的直接禁止。全自动武器(只要扣动扳机就会持续射击)和短筒猎枪及步枪(更易于隐藏)自 1930 年代以来一直受到严格监管。1994 年,国会禁止了某些突击武器的制售(其中包括半自动武器,可自动装填,但仍然是一扣一发)。[120]该法还禁止制造或销售全新的大容量弹匣(可装填 10 枚子弹以上)。不过,关于突击武器的禁令可谓漏洞百出,其适用严格限定于 18 种特定的外形,制造商只要对其产品稍微进行调整,便能够规避这一禁令。此外,在实践当中,该法也无力禁止已经落入私人手中的 150 万支突击武器和 2 400 万个大容量弹匣的持有和转卖。国会规定该禁令 2004 年自动失效;在各州及地方未颁布禁令的情况下,这些武器已经合法化。

有一些州禁止了突击武器,并对其销售加以严格规制。[121] 1976 年,哥伦比亚特区通过了一项严格的控枪法案,禁止持有、购买、销售、制造和修复手枪、全自动或半自动武器。1982 年,芝加哥禁止了手枪的销售和注册——有效地冻结了手枪的持有。最高法院分别于 2008 年和 2010 年推翻了上述禁令(见框 13.5)。[122]

---

[118] Law Center to Prevent Gun Violence, "Universal Background Checks and the Private Sale Loophole Policy Summary," August 21, 2015, http://smartgunlaws.org/universal-gun-backgroundchecks-policy-summary/#identifier_0_5949.

[119] Mayors against Illegal Guns, *Felon Seeks Firearm*, *No Strings Attached* (New York: Mayors against Illegal Guns, 2013), 6.

[120] The Violent Crime Control and Law Enforcement Act, Pub. L. No. 103-322, 108 Stat. 1796 (1994)(对半自动武器制造商如 AK-47、TEC-9、MAC-10 及拥有大容量弹匣的枪支施加联邦禁令)。2004 年,国会拒绝更新这些禁令。

[121] Law Center to Prevent Gun Violence, "Assault Weapons Policy Summary," June 19, 2013, http://smartgunlaws.org/assault-weapons-policy-summary.

[122] *District of Columbia v. Heller*, 554 U.S. 570 (2008).

框 13.5 持枪权

第二修正案规定，"保障一个邦的自由，必须有一支管理良好的民兵，不得干涉人民持有、携带武器的权利"[1]。从 2008 年到 2010 年，最高法院戏剧性地偏离了此前持续了一个多世纪的先例，首次判决第二修正案创造了一项个人权利——持枪权（the Right to Bear Arms），这一权利限制了各州及地方政府采取某些形式的控枪措施。

在 2008 年的哥伦比亚特区诉海勒（District of Columbia v. Heller）案中，法院判决哥伦比亚特区禁止私人持有手枪的法律违反了第二修正案[2]。在此前联邦巡回上诉法院和最高法院的绝大多数判例中，第二修正案都被解释为一种集体性的持枪权，目的是为了保护各州维持一支正式的、有组织的军队的权威——这一目的纯粹是"公民的"[3]。而在海勒案中，法院则采取了一种"个人权利"的理论，认为政府无权禁止公民因自卫或"其他合法目的"在家持枪。[4]

海勒案牵涉联邦法律，因为哥伦比亚特区处在联邦管辖权之内。2010 年的麦克唐纳诉芝加哥市（MacDonald v. City of Chicago）案则更进一步[5]，该案推翻了一个久远的先例，后者拒绝"吸纳"第二修正案，使其适用于各州及地方政府（见本书第四章）。[6] 麦克唐纳案推翻了芝加哥的一项禁枪法案。法院在判决中指出，对于美国人对有序自由的追求而言，海勒案中所确认的自卫的第二修正案权利——和《权利法案》的其他条款一样——具有根本性的意义，因此必须用它来限制各州及地方政府的权力。

在上述两个里程碑式的判决中，尽管法院一再澄清第二修正案并未禁止一切枪支管控的法律，但它并未明确，在这种新构建的权利——允许个人凭合法目的在家持枪——之下，究竟何种规制是被允许的。[7] 第二修正案是否还包含了一种允许在家外持枪的权利（"隐蔽持枪"和"公开持枪"的法律）？与此有关的诉讼已经涌向下级法院，并且在巡回上诉法院内造成了分裂。

注释：

1. See generally H. Richard Uviller and William G. Merkel, *The Militia and the Right to Arms*, or, *How the Second Amendment Fell Silent* (Durham, NC: Duke University Press, 2002).

2. *District of Columbia v. Heller*, 554 U.S. 570 (2008).

3. *United States v. Miller*, 307 U.S. 174, 178（1939）[法院判决支持要求所有短柄霰弹枪根据《国家枪械法案》(National Firearms Act)实行登记的法令,并且判决认为第二修正案应该解释为"同样适用于有效的民兵组织"];*Cases v. United States*, 131 F.2d 916, 922（1st Cir. 1942）, *cert. denied*, 319 U.S. 770（1943）[法院判决支持《联邦枪支法案》(Federal Firearms Act)的相似规定,并且判决认为,根据第二修正案,"联邦政府能够限制个人以及团体对武器的保管和携带,但是这并不意味着可以禁止一个纪律严明的民兵组织合理持有和使用兵器,以保证组织的存续或效能"];*Lewis v. United States*, 445 U.S. 55, 65 n. 8（1980）(法院判决认为,米勒肯定"第二修正案并不保障一个纪律严明的民兵组织超出合理限度之外任何保管和携带枪械的权利");*Hickman v. Block*, 81 F.3d 98（9th Cir. 1996）, *cert. denied* 519 U.S. 912（1996）(法院判决认为,原告没有质疑废除私藏兵器携带许可的法定资格,因为第二修正案涉及的是各州享有的权利,而非公民私人享有的权利);*United States v. Parker*, 362 F.3d 1279（10th Cir. 2004）, *cert. denied*, 543 U.S. 874（2004）(法院判决认为,联邦起诉如针对违反州的枪支管控法令在军事基地携有核弹枪械的行为并不违反第二修正案,因为被告人及其兵器都不表明与该州的民兵组织有任何联系)。

4. *Heller*, 554 U.S. at 570.

5. *McDonald v. City of Chicago*, 561 U.S. 742（2010）.

6. See, for example, *United States v. Cruikshank*, 92 U.S. 542（1875）(法院判决认为,第二修正案的实行只是限制联邦政府的权力,而不影响各州的权力);*Presser v. Illinois*, 116 U.S. 252（1886）(法院判决支持州法律禁止除参与该州组建有序的常规民兵组织和美国联邦军队之外的所有人在未得到州长授权时接触武器、使用武器操训或携带武器游行);*Miller v. Texas*, 153 U.S. 535（1894）(法院判决支持州关于禁止携带武器的法律);*Robertson v. Baldwin*, 165 U.S. 275, 281-282（1897）[法院判决认为,"人们保管和携带武器的权利(第 2 条)不受禁止携带私藏兵器这一法律的侵害"];*Quilici v. Village of Morton Grove*, 695 F.2d 261（7th Cir. 1982）, *cert. denied*, 464 U.S. 863（1982）(维护《乡村枪支管制条例》的合宪性,禁止市民持有手枪);*Fresno Rifle & Pistol Club, Inc. v. Van de Kamp*, 965 F.2d 723（9th Cir. 1992）(法院判决认为,规定枪支买卖和持有的法律并不违反第二修正案,因为局限于联邦行动)。

7. Gary Kleck,"Gun Control after Heller and McDonald: What Cannot Be Done and What Ought to Be Done," *Fordham Urban Law Journal*, 39, no. 5（2012）: 1383-420.

(三)安全设计标准

对一项伤害预防计划来说,当其将重点放在更安全的产品设计而非更安全的使用方法上时,往往能取得更大的成功。在公共卫生专家看来,枪支设计中至少有三个特征是不安全的:(1)扳机很容易扣动,以至于儿童亦能操作;(2)对于弹药仓中是否还有一发子弹,缺乏可靠的指示器;(3)枪支的通用性,使得未得到授权的人亦能操作。[123]

1972年的《消费品安全法案》并未授权消费品安全委员会对枪支进行监管。[124] 联邦法律禁止进口不适合"体育用途"的枪支,但并未明确在国内生产的枪支应当满足哪些安全设计标准。[125] 有一些州试图填补这一空白,制定了一系列标准,以确保枪支的结构完整性和安全操作。例如,加利福尼亚州、马萨诸塞州和纽约州都对"不安全的枪支"进行了限制,这些枪支缺乏特定的安全设计(例如弹药仓指示器)以避免意外走火。[126] 此外,加利福尼亚州、康涅狄格州、马萨诸塞州、新泽西州还要求所有出售的枪支必须有触发锁定装置。[127]

暴力预防专家对"垃圾枪"(junk guns)尤为关注。所谓垃圾枪,往往粗制滥造又易于隐藏,缺乏基本的安全防护,非常容易走火。在1980年代到1990年代,许多垃圾枪都是由所谓的"火环公司"(Ring of Fire companies)生产,后者是一个以洛杉矶为基地的枪械制造商小集团。在其巅峰时期,这些公司生产了全美1/3的枪支;而烟酒武器管理局从犯罪现场发现的10种最常用的枪型中,这些公司能够生产其中的5种。1999年,加利福尼亚州颁布了手枪安全设计标准,此后几年,6家最早的火环公司中有5家宣布破产[128],其位置由其他枪械制造商所取代。不过,垃圾枪仍然四处可见。

(四) 携带与保管

许多州(以及部分城市)对枪支携带的方式和地点进行了规定。几乎所有州都禁止一般人员在学校或学校附近携带枪支。桑迪·胡克(Sandy Hook)小学大规模枪击事件之后,许多持枪权的支持者主张废除这些法律。

绝大部分州允许枪支持有人在公共场所"公开持枪"(open carry),其中有些州要求必须首先获得许可。此外,所有的州都制定了关于"隐蔽持枪"(concealed-carry,即在公共场所携带枪支,但应将枪支藏在车上或他人视线之外)的法律。有少数州规定隐蔽持枪不需要获得许可;绝大部分州则规定满足法定条件即可获得许可,颁发许可的机构对此无自由裁量权,即"应当发放"(shall issue laws)携枪证;还有些州则授权官员行使自由裁量权,即"严格

---

[123] Stephen P. Teret, Susan Defrancesco, Stephen W. Hargarten, and Krista D. Robinson, "Making Guns Safer," *Issues in Science and Technology*, 14, no. 4 (1998): 37-40; Garen J. Wintemute, "The Relationship between Firearm Design and Firearm Violence: Handguns in the 1990s," *Journal of the American Medical Association*, 275, no. 22 (1996): 1749-53.

[124] 15 U.S.C. § 2052(a)(1)(ii)(E) (2012), referencing 26 U.S.C. § 4181.

[125] 18 U.S.C. § 925(d)(3) (2012).

[126] Law Center to Prevent Gun Violence, "Design Safety Standards Policy Summary," December 1, 2013, http://smartgunlaws.org/gun-design-safety-standards-policy-summary.

[127] Law Center to Prevent Gun Violence, "Safe Storage and Gun Locks Policy Summary," August 21, 2015, http://smartgunlaws.org/safe-storage-gun-locks-policy-summary.

[128] Law Center to Prevent Gun Violence, "Design Safety Standards Policy."

核发"(may issue)携枪证。伊利诺伊州是最后一个禁止隐蔽持枪的州,直到2013年州立法机关颁布了一项"应当发放"携枪证的法案——在此之前不久,第七巡回上诉法院的3名法官刚刚判决该州此前的"严禁私人携枪"的法律(no-issue law)违反了第二修正案(见框13.5)。㉙而在一些采取"严格核发"政策的州,由于法律规定的条件或相关机构进行审核时采用的标准极为严格,获取携枪证非常困难。2014年,第九巡回上诉法院的3名法官判决加利福尼亚州圣地亚哥和优洛县以及夏威夷州的"严格核发"政策违反了第二修正案。就在本书撰写之时,该判决正由第九巡回法院全体法官复审。㉚而第二、第三和第四巡回上诉法院分别在2013年和2014年支持了"严格核发"携枪证的法律。㉛

枪支持有人可以通过安全保管措施——例如枪支上锁、枪弹分离等——来防止儿童及其他未经授权的人获得枪支,减少风险(见框13.5)。然而许多枪主——甚至包括有小孩的大人——往往把装有子弹的枪支随意摆放。㉜马萨诸塞州是唯一一个要求所有武器必须锁起来的州;加利福尼亚州、康涅狄格州和纽约州则规定在某些特定情况下必须将枪支锁起来保管。㉝联邦法律要求获得许可的进口商、制造商、经销商必须提供安全的枪支保管装置,但是这一规定并不适用于私人卖家,也并不要求买家使用这些安全装置。

为防止儿童获得枪支,有些州制定了法律,规定枪主未妥善保管枪支的将构成犯罪。还有一些州则依据过失委托(negligent entrustment)理论,规定因枪支疏于保管致使儿童获得和使用枪支的,需承担侵权责任。㉞然而在

㉙ *Moore v. Madigan*, 702 F.3d 933 (7th Cir. 2012).

㉚ *Peruta v. County of San Diego*, No. 3:09-cv-02371-1EG-BG5 (9th Cir. Mar. 26, 2015)(要求开庭复审)。

㉛ *Kachalsky v. Cnty. of Westchester*, 701 F.3d 81 (2d Cir. 2012), *cert. denied*, 133 S. Ct. 1806 (2013); *Drake v. Filko* (3d Cir. 2013), *cert. denied*, 134 S. Ct. 2134 (2014); *Woollard v. Gallagher*, 712 F.3d 865 (4th Cir. 2013), *cert. denied*, 134 S. Ct. 422 (2013).

㉜ Philip J. Cook and Jens Ludwig, *Guns in America: Results of a Comprehensive National Survey on Firearms Ownership and Use* (Washington, DC: Police Foundation, 1996), 声称34%的枪支所有者都将枪支保持在上膛和未开保险的状态;Robert H. DuRant, Shari Barkin, Joseph A. Craig, Victoria A. Weiley, Edward H. Ip, and Richard C. Wasserman, "Firearm Ownership and Storage Patterns among Families with Children Who Receive Well-Child Care in Pediatric Offices," *Pediatrics*, 119, no. 6 (2007): e1271-e1279, 发现只有1/3的拥有枪支的父母会按照枪支存储指南来保管枪支。

㉝ Law Center to Prevent Gun Violence, "Safe Storage and Gun Locks Policy."

㉞ *Restatement (Second) of Torts* § 308 cmt. b (1965)(以儿童接近枪支为例阐明过失委托)。See, for example, *Butcher v. Cordova*, 728 P.2d 388 (Colo. App. 1986)(将第308条适用于儿童接近枪支的情形);*Reida v. Lund*, 96 Cal. Rptr. 102 (Cal. Ct. App. 1971)(尽管步枪已上锁,但由于其子知道钥匙在何处,因此仍然应课以严格责任);but see *Robertson v. Wentz*, 232 Cal. Rptr. 634 (Cal. Ct. App. 1986)(当父母并无能力限制其子女获得家中存放的枪支时,不应要求其承担责任)。关于过失委托的详细讨论,参见 L. S. Rogers, Annotation, *Liability of Person Permitting Child to Have Gun, or Leaving Gun Accessible to Child, for Injury Inflicted by the Latter*, 68 A.L.R.2d 782 (2004)。

2005 年,联邦法律规定,若枪主是合法持有和控制枪支,且对其进行了安全保管或使用了安全装置,则当第三方犯罪或非法滥用该枪支造成损害时,枪主可免于承担责任。这一豁免需要满足两个前提:(1)获得枪支的第三人并未取得枪主的授权;(2)由于使用了安全保管装置,在第三人取得该枪支的当时,该枪支是不可用的。[13]

框 13.6　禁止医生询问枪支安全

在与安全相关的诸多问题上,医生都会为患者提供咨询。例如,儿科医生常常会就伤害预防问题与父母进行讨论,包括婴儿在睡眠时应背部朝下(以减少婴儿猝死综合征);避免使用不安全消费品(如婴儿学步车、蹦床等);游泳池安全问题;汽车安全座椅及骑行安全帽的使用;药品和家用化学物品的安全保管。有些研究把家庭持有枪支以及不安全的枪支保管措施与意外枪击和自杀事件联系在一起。基于这些研究,美国儿科医生学会指南建议,在进行检查时,应将枪支安全问题列入对家长的问询事项。

《平价医疗法》中有一个条款规定,禁止联邦机构利用医疗数据来生成持枪者数据库。围绕该条款产生了巨大的争议,且愈演愈烈。桑迪胡克小学惨案发生后,奥巴马总统站出来澄清,指出该条款并未禁止医生询问枪支持有及枪支安全情况。

然而在 2015 年,第十一巡回上诉法院支持了佛罗里达州的一项法律,该法禁止医生向家长或家庭成员询问其家庭持有枪支的情况,认为这是一种"不必要的骚扰"(尽管该法并未对此作出明确定义)。[1]

法院在判决中援引医疗隐私作为依据,然而吊诡的是,医疗隐私的观念原本是为了保护医生—病人关系的私密性,而并非禁止医生与病人之间的私密讨论。医生们对该法提出了挑战,但是法院判决指出,医生的表达自由只能在个案基础上,由被控违反该法律的医生作为一种积极抗辩提出。对违反这一言论限制法规的处罚,包括由医疗委员会进行谴责、吊销执照以及处以最高 1 万美元的罚款。

注释:

Wollschlaeger v. Governor of Fla., __ F.3d __, 2015 WL 4530452 (11th Cir. July 28, 2015).

---

[13] 18 U.S.C. § 922(z) (2012).

框 13.7 枪支研究的政治障碍

"没有好的数据,就没有好的政策。"
——马克·格拉兹,反对非法枪支市长协会主任(Mark Glaze,2013)

在奥巴马总统于桑迪胡克小学枪杀案后颁行的 23 项行政措施中,有一份备忘录要求疾病控制与预防中心对枪支暴力的成因和预防进行研究。自 1990 年代后期以来,法律事实上已经禁止了疾病控制与预防中心资助的枪支研究。[1] 因此,这份备忘录实际上旨在尽可能地减少法律所导致的"寒蝉效应"。

1996 年,在美国步枪协会的支持下,一位来自堪萨斯州的共和党议员推动了一项拨款法案的修正案,削减了 260 万美元的疾病控制与预防中心的预算——"恰好是疾病控制与预防中心此前每年用于枪支研究的数额。"[2] 这份修正案"指责国家伤害预防与控制中心主任马克·罗森博格(Marc Rosenberg)将枪支视为一种'公共卫生威胁',认为其'意在改变社会对于持枪的态度,使拥有枪变成一件不为社会接受的事情'"[3]。参议院后来恢复了拨款,但指定其用于外伤性脑损伤研究。同时该修正案中还插入了如下一段话:"疾病控制与预防中心所获得的任何以伤害预防与控制为目的的资金,均不得用于支持或促进枪支管控"[3]——奥巴马总统在 2013 年发表声明对此表示反对,但这一规定仍然有效。[4] 虽然从狭义上可以将其理解为禁止直接游说,但它仍然对枪支研究造成了寒蝉效应。

司法部年度预算法案中的《提赫特修正案》(Tiahrt Amendment)也极大地阻碍了枪支研究。该修正案于 2004 年被提起,禁止烟酒武器管理局向研究者或公众发布可用于追踪涉罪枪支的信息。[5] 此外,它还要求美国联邦调查局(FBI)在 24 小时内销毁所有背景调查记录。上述这些针对疾病控制与预防中心和司法部的限制,限制了关于枪支暴力的流行病学研究的开展,也阻碍了信息充分、证据扎实的控枪政策的制定。

注释:

1. The White House, Now Is the Time (Washington, DC: Government Printing Ofce, 2013).
2. Brad Plumer, "Gun Research Is Allowed Again: So What Will We Find Out?" *Washington Post Wonkblog*, January 17, 2013, www.washingtonpost.com/news/wonkblog/wp/2013/01/17/gun-research-is-allowed-again-so-what-will-we-find-out/.

> 3. Don Kates, Henry E. Schafer, and Wiliam B. Waters IV, "Public Health Pot Shots: How the CDC Succumbed to the Gun 'Epidemic,'" *Reason*, 28, no. 11 (1997): 24-29.
> 4. Omnibus Consolidated Appropriations Act, Pub. L. No. 104-208, 110 Stat. 3009 (1996).
> 5. Consolidated Appropriations Act, Pub. L. No. 108-199, 118 Stat. 3 (2004).

二、侵权责任

> 枪是一种典型的危险物品,其之所以被制造和出售,是由于其危险的用途。因此,法律可以合理假定,枪支在任何时候都是危险的。……展示一支枪,将导致普通公民的恐慌,由此,它导致了一种即刻的危险:暴力反应将接踵而至。
> ——约翰·保罗·史蒂文斯:"麦克劳林诉美国案"(John Pau Stevens, *McLaughlin v. United States*, 1986)

许多人认为,军火工业应当对由枪支所导致的伤残和死亡承担民事责任。[136] 早期针对枪支制造商的诉讼主要基于设计缺陷理论,重点集中在枪支的危险性问题上,但很少成功。从 1990 年代末到 21 世纪初,各市、州政府针对枪支制造商和经销商提起了公害诉讼,要求其停止市场营销及分销行为,因为这些行为往往有助于犯罪分子和未成年人非法获得枪支(见本书第七章)。然而作为回应,国会于 2005 年通过了《武器合法贸易保护法案》(Protection of Lawful Commerce in Arms, PLCAA),授予军火工业广泛的豁免权。[137] 在非法使用枪支导致损害问题上,《武器合法贸易保护法案》排除了针对枪支卖家和制造商的民事诉讼,不过并未触及其他类型的侵权责任,以下分述之。

(一)产品责任

控枪支持者在产品责任诉讼中少有斩获。当枪支出现故障(如炸膛、哑火等)时,制造缺陷的主张或许值得一试,然而绝大部分时候,枪支所造成的伤害恰恰是由于其功能的正常发挥。因此,对公共卫生而言,制造缺陷的主

---

[136] Julie Samia Mair, Stephen Teret, and Shannon Frattaroli, "A Public Health Perspective on Gun Violence Prevention," in *Suing the Gun Industry: A Battle at the Crossroads of Gun Control and Mass Torts*, ed. Timothy D. Lytton (Ann Arbor: University of Michigan Press, 2005): 39-61.

[137] Protection of Lawful Commerce in Arms Act, Pub. L. No. 109-92, 119 Stat. 2095 (2005) (codified at 15 U.S.C. §§ 7901-7903, 18 U.S.C. §§ 922, 924 [2012]).

张并没有多大价值。[139] 在有些诉讼中,原告曾提出"设计缺陷"的主张,认为自动武器或"空心弹"(能穿透防弹衣,被称为"警察杀手")的必要性极为有限,不足以与其巨大的风险相提并论。而在其他一些案件中,原告则提出,枪支应当具有基本的安全设计,否则便应认定为存在产品缺陷,但这些案件多半被驳回。[139] 法院常常会说,消费者对枪支的危险性应有"合理预期"[140],或指出枪支所伴随的危险是公开的、明显的。[141] 虽然《武器合法贸易保护法案》中也包含了一种可以主张制造和设计缺陷的例外情形,但如果"枪支开火是由某个构成刑事犯罪的意志行为所导致",则不属于这一例外情形。[142]

(二)过失委托与过失销售

按照过失委托理论,A 作为个人财物的控制者,在明知或者应当知道 B 倾向于以某种危险方式使用该财物的情况下,A 有责任不将该财物委托给 B。根据这一理论,如果枪支零售商在明知或应当知道某人患有精神疾病、醉酒或未达到法定年龄的情况下,仍向其出售枪支,则应承担法律责任。[143] 在许多案件中,原告根据类似的理由主张枪支制造商和经销商的所作所为可预见地助长了非法二手枪支市场的发展,应承担法律责任。例如,在 2003 年的埃勒托诉格洛克(*Ileto v. Glock*)案中,第九巡回法院允许原告基于如下主张提起诉讼:枪支制造商使合法枪支市场陷入饱和状态,是有意地从枪支黑市中牟利。[144] 然而在埃勒托案中,针对制造商和经销商过失销售和营销的指控总体上并不成功。法院认为,过失销售与第三方犯罪行为之间并不存在直接的因果关系。[145] 此外,虽然《武器合法贸易保护法案》豁免了传统的过失委托主张(例如针对父母允许其未成年子女获得枪支的情形),但排除了过失销售

---

[138] See, for example, *Moore v. R.G. Indus., Inc.*, 789 F.2d 1326 (9th Cir. 1986)(拒绝要求枪支制造商对一名被丈夫用点 25 口径自动手枪射伤的妇女承担严格责任,因为枪支这一"产品"恰恰是"发挥了其应有的功能");but see *Kelly v. R.G. Indus., Inc.*, 497 A.2d 1143 (Md. 1985)(判决"周六夜特价品"的制造商应承担严格责任),不过法院的判决后来被立法所推翻;See Md. Code Ann., Crim. Law § 36-I(h) (1992).

[139] 以下案件均涉及如枪支未有弹匣指示或保险等情形,但未能进入庭审程序:*Bolduc v. Colt's Mfg. Co., Inc.*, 968 F. Supp. 16 (D. Mass. 1997); *Wasylow v. Glock*, *Inc.*, 975 F. Supp. 370 (D. Mass. 1996); *Raines v. Colt Indus., Inc.*, 757 F. Supp 819 (E.D. Mich. 1991); *Crawford v. Navegar*, 554 N.W.2d 311 (Mich. 1996).

[140] *Richman v. Charter Arms Corp.*, 571 F. Supp 192 (E.D. La 1983)(判决认为,将枪支用于犯罪恰恰是其"正常"的用途,而将其推销给公众,并非一种"非理性的危险行为")。

[141] See, for example, *Perkins v. F.I.E. Corp.*, 762 F.2d 1250 (5th Cir. 1985)(否认将严格责任作为一种补救措施,因为枪支正是根据其所设计的那般发挥作用,且其危险性是显而易见的);*Raines*, 757 F. Supp. at 819(主张应解除枪支制造商的责任,因为人们知道甚至期待枪支的危险性)。

[142] 15 U.S.C. § 7903(5)(A)(v) (2012).

[143] See, for example, *Kitchen v. K-Mart Corp.*, 697 So. 2d 1200 (Fla. 1997)(根据过失委托理论,判决将武器卖给喝醉酒的买家的,卖家应当对受伤者承担责任)。

[144] *Ileto v. Glock, Inc.*, 349 F.3d 1191 (9th Cir. 2003).

[145] See, for example, *City of Chicago v. Beretta U.S.A. Corp.*, 821 N.E.2d 1099 (Ill. 2004)(指出原告在其过失和公害诉讼中未能确定责任和最近原因)。

和营销的主张,据此,第九巡回上诉法院最终驳回了埃勒托案原告的请求。⑭

(三)公害诉讼

从1990年代到21世纪初,许多州、市提起了公害诉讼,主张枪支制造商和经销商的行为"对一般公众的普遍权利造成了不合理的干扰",这些权利包括获得健康、安全、便利和公共安宁的权利。⑮ 这些案件大致可分为三类:其一针对"过度供应",主张制造商与经销商对那些控枪法律较为薄弱的州过度供应枪支,而明知这些枪支最终会流向控枪法律更严格的州并被用于犯罪。⑯ 其二针对"过度推广",主要关注两个问题:设计特征和广告,二者均使枪支对犯罪分子具有吸引力。例如,TEC-DC9式冲锋枪在设计上具备全自动功能,且极易安装消声器和消焰器等配件。还有些枪支在广告中声称"不易留下指纹"或者"足以解决掉你最难缠的客户"。⑰ 其三针对"疏于监管",主张制造商因未能对零售商进行培训或监督以防止非法销售而存在过错。上述这些主张绝大部分都被法院驳回。《武器合法贸易保护法案》如今也排除了这些主张。

(四)《武器合法贸易保护法案》

以过失和公害诉讼来改变枪支销售和营销实践的努力,在《武器合法贸易保护法案》之下化为泡影。针对"犯罪或非法使用……武器、配件或弹药"的情形,《武器合法贸易保护法案》预先排除了针对枪支制造商、经销商和零售商的诉讼。⑱

不过,《武器合法贸易保护法案》仍然规定在六种例外情形下,原告可提起诉讼,包括:(1)出让方明知该枪支将被用于贩毒或暴力犯罪,并直接导致了原告所受伤害;(2)存在过失委托或过失本身;(3)销售者故意违反枪支销售或营销的联邦/州法律,且这一违法行为构成原告所受伤害的直接原因[又被称作"声明例外"(predicate exception),因为原告的主张是基于成文法所作的声明];(4)违反合同或保证;(5)因存在设计缺陷而引起伤害,且该伤害并非由故意犯罪行为所导致;(6)检察总长执行既有法律中的民事处罚条款。⑲ 与《武器合法贸易保护法案》庞杂的适用范围相比,上述例外显得过于狭窄,这实际上意味着绝大多数针对军火行业的诉讼已无从提起。⑳

---

⑭ *Ileto v. Glock*, 349 F.3d at 1191.
⑮ *Restatement (Second) of Torts* § 821B (1977).
⑯ *City of Chicago v. Beretta*, 821 N.E.2d at 1099.
⑰ Lytton, *Suing the Gun Industry*, 11.
⑱ Protection of Lawful Commerce in Arms Act, 15 U.S.C. § 7901 et seq. (2012).
⑲ Protection of Lawful Commerce in Arms Act, 15 U.S.C. § 7903(5)(A) (2012).
⑳ 过失委托诉讼并未被排除,但除了埃勒托案之外,其他诉讼很少成功。

控枪支持者曾希望借助《武器合法贸易保护法案》的"声明例外",在某些地区(如纽约州、加利福尼亚州、哥伦比亚特区)提起过失、产品责任和公害诉讼。在这些地区,上述侵权理论已由成文法加以规定。然而,最终法院认定"声明例外"仅适用于规制枪支买卖和营销的特殊法,而非普遍适用的一般法。[153] 法院的理由是,对"声明例外"作更宽泛的解释将导致与《武器合法贸易保护法案》立法目的的冲突。唯一被允许的公害诉讼仅限于针对个体枪贩,然而这对整个枪支行业的影响极为有限。[154] 在桑迪胡克小学的悲剧发生后不久,曾有议员试图推翻《武器合法贸易保护法案》,但最终未能成功。

三、重新唤起的关注和不确定的路径

2012年12月,康涅狄格州纽顿市的桑迪胡克小学发生一起枪击事件,20名一年级学生和6名学校雇员被射杀,枪手是一名21岁的年轻人,在警方到来之前饮弹自尽。枪手所使用的"毒蛇"半自动突击步枪是其母亲合法购买的,其所装备的大容量弹匣,使得枪手可以在很短的时间内连续多轮射击。有些被害人身上的枪伤甚至多达11处。倘若1994年的禁令未在2004年自动失效,这起枪击事件中所使用的容量高达30发的大弹匣原本是被联邦法律禁止销售的。然而,根据康涅狄格州对突击武器的禁令——以及根据1994年至2004年的联邦禁令——该突击步枪本身是合法持有的。

(一)行政命令与国会辩论

桑迪胡克小学枪击案以及其他大规模枪击事件,在全国范围内掀起了关于控枪的争论。奥巴马签署了23项意在减少枪支暴力的行政命令,但这些命令并未触及枪支持有或购买的问题。[155] 自1993年以来,国会首次耗费大量时间来考虑新的控枪立法。然而参议院以微弱优势否决了旨在填补"私人卖家"规制漏洞(通过要求联邦背景调查)的立法,同时还否决了一项范围更广的突击武器禁令。[156]

---

[153] *City of New York v. Beretta*, *U.S.A. Corp.*, 524 F.3d 384 (2d Cir. 2008), *cert. denied* 556 U.S. 1104 (2009); *District of Columbia v. Beretta U.S.A. Corp.*, 940 A.2d 163 (D.C. 2008), *cert. denied* 556 U.S. 1104 (2009); *Ileto v. Glock*, *Inc.*, 565 F.3d 1126 (9th Cir. 2009), *cert. denied* 560 U.S. 924 (2010); *Estate of Charlot v. Bushmaster Firearms*, *Inc.*, 628 F. Supp. 2d 174 (D.D.C. 2009); *Jefferies v. District of Columbia*, 916 F. Supp. 2d 42 (D.D.C. 2013).

[154] See, for example, *City of New York v. Bob Moates' Sport Shop*, *Inc.*, 253 F.R.D. 237 (E.D.N.Y.2008); *City of New York v. A-1 Jewelry and Pawn*, *Inc.*, 252 F.R.D. 130 (E.D.N.Y 2008).

[155] Rick Ungar, "Here Are the 23 Executive Orders on Gun Safety Signed Today by the President," *Forbes*, January 16, 2013.

[156] Ed O'Keefe, "Gun Background Check Compromise, Assault Weapon Ban Fail in Senate," *Washington Post*, April 17, 2013.

(二)参差不齐的各州改革

有些州在桑迪胡克小学枪击案后迅速制定了新的枪支立法。例如,康涅狄格州、纽约州、特拉华州、科罗拉多州立法规定,对所有武器交易进行普遍的背景调查。马里兰州禁止销售突击武器和大容量弹匣。此外,马里兰州和纽约州还制定了法律,禁止"不稳定"者持有枪支。

然而,还有许多州却进一步强化了枪支持有者的权利,促进了枪支携带。南达科他州允许教师、雇员以及志愿者在教室携带枪支。怀俄明、州阿拉斯加州以及亚利桑那州通过了"应当发放"隐蔽持枪证的法律。密西西比州允许个人在公共场所携带装有子弹的枪支而无须获得许可,前提是枪装在枪套中且至少部分可见。堪萨斯州、阿拉斯州加以及密苏里州则立法拒绝执行联邦法令,规定联邦探员在其州界内就枪支制造和销售问题执行联邦枪支管理法律将构成犯罪。2014 年,佐治亚州颁布了迄今为止最彻底的反控枪法案,即所谓的《遍地枪支法案》(Guns Everywhere Act),允许个人在此前禁止的地点持枪——包括政府大楼、学校、酒吧、夜店,并禁止警察或其他普通公民要求查看持枪许可。亚拉巴马州则提出了一项州宪法修正案,旨在要求法院对任何枪支法律进行严格审查。[157]

(三)枪支暴力与精神卫生改革

在奥罗拉大规模枪击事件中,枪手选择以精神失常进行辩护,而根据媒体报道,桑迪胡克小学枪击案中,枪手同样存在精神问题。这促使某些评论家建议将精神卫生改革作为枪支控制的替代选项。在 2007 年弗吉尼亚理工大学枪击案(一名学生射杀了 32 人)之后,国会修订了《家庭教育权与隐私法案》,允许学校官员上报潜在的危险学生名单。然而,绝大多数精神卫生拥护者强烈反对将枪支暴力与精神卫生相联系,认为这只会进一步强化精神卫生治疗的"污名",因此也与循证的暴力预防策略相抵触。奥巴马政府最初也将这两个因素相联系,但随后便在精神卫生拥护者的抗议声中放弃了这一说法。[158]

尽管国会并不配合,但奥巴马总统仍然推动实施了许多举措。[159] 奥巴马政府帮助各州确保背景调查信息的相关性和准确性,并向执法部门提供了资

---

[157] Law Center to Prevent Gun Violence and the Brady Campaign, 2013 *State Scorecard*: *Why Gun Laws Matter* (San Francisco: Law Center to Prevent Gun Violence, 2013); Law Center to Prevent Gun Violence and the Brady Campaign, 2014 *State Scorecard*: *Why Gun Laws Matter* (San Francisco: Law Center to Prevent Gun Violence, 2014).

[158] Dave Boyer, "Mental Health Advocates Seek Distance from Gun Control Issue," *Washington Times*, June, 2, 2013.

[159] The White House, *Progress Report on the President's Executive Actions to Reduce Gun Violence* (Washington, DC: Government Printing Office, 2013).

源,对调查过程中发现的枪支进行追踪。健康与社会服务部对联邦隐私规则进行了澄清,指出其并不禁止医疗服务的提供者或学校官员上报可能对公共安全造成威胁的人员名单。司法部与各州重新审视了被限制购买枪支的人群分类。目前,这一分类包括重罪犯人、家暴者以及曾在精神卫生机构接受治疗的人[59],但并不包括公共卫生专家认为的其他应优先考虑的人群(如曾有过与枪支有关的犯罪或暴力违法行为者,或有与滥用药物有关的精神疾病历史的人)[60]。这些相对温和的举措当然是有益的,但总体上看,关于枪支控制的法律气候仍然不欢迎改革。

---

[59] 18 U.S.C. § 922 (2012).
[60] Law Center to Prevent Gun Violence, "Categories of Prohibited People Policy Summary," September 29, 2013, http://smartgunlaws.org/prohibited-people-gun-purchaser-policy-summary/.

第十四章　健康正义与公共卫生法的未来[*]

一个社区的健康状况,既取决于个人选择,也是制度性的政策和实践的结果。哪些社区拥有新鲜的、营养丰富的食品?哪些地方是政府允许倾倒垃圾的场所?哪些人常被推销不健康商品的广告商盯上?哪些社区拥有最先进的医疗设施,而哪些社区又没有?

以上种种(社会决定)因素,皆为塑造我们生活方方面面的偏见与特权的表征。穷人和有色人种更容易生病、受伤或过早死亡,他们几乎所有的健康指标都很落后,这早已不是什么秘密……(要改变这种状况)就必须从根本上组织起来,改变现有的充斥着冷漠、偏见和特权的体制,建立真正面向所有人的健康社区的政策、实践与制度体系。这就是健康正义。

——《实践项目》(*The Praxis Project*, 2014)

公共卫生通常被视为实证主义的追求。毫无疑问,在疾病与伤害源自何处、又该如何应对的问题上,我们的理解深受科学研究的影响。尽管如此,本书要阐明的核心观点是,法律在创造条件以使人们能享有更健康、更安全的生活方面发挥着至关重要的作用。法律明确了公共卫生机构的使命,分派各机构的职能,规定了其行使权力的方式。在公共卫生事业中,法律作为一种工具,被用于识别和应对健康威胁、设定并执行卫生和安全标准,并构建影响健康行为的相关规范。

社会正义是这一事业的核心。保护和促进全体人群的健康当然重要,但正义同时还要求我们采取措施来减少健康差异(disparities in health)。平均预期寿命的增长掩盖了穷人与社会边缘化群体健康结果的停滞甚至恶化。以社会正义为进路的公共卫生,要求社会将公平融入人们生活的环境之

---

[*] 本章大部分内容摘自林赛·威利(Lindsay F. Wiley)"作为社会正义的健康法", *Cornell Journal of Law and Public Policy*, 24, no.1 (2014): 47–105.

中，公正地分配各项服务，并对最弱势群体的需要给予特殊关注。

公共卫生机构的基本职责，是确定哪些因素使人们保持健康、哪些因素会导致人们生病，并采取必要措施在人群层面上确保前者最大化和后者最小化。乍看起来，这一任务似乎无可争议，然而光是保护公众健康和减少健康差异的定义就足以引起根本性的社会和政治争论。公共卫生源于生物医学和社会科学，然而从其主张公众健康的某种集体责任那一刻起，卫生官员们便不得不管理复杂的政治过程，并以有限的资源展开运作。尤其是公共卫生机构，更是面临着有雄厚资金支持的政治反对势力以及合法性与信任方面的固有难题。横亘在良好公共健康面前的这些障碍并非法律所能克服。毋宁说，它们构成了公共卫生无法逃避的外部环境，公共卫生机构必须想方设法来应对。

公共卫生在政治上历来有争议。而公共卫生法——其关注的问题是，为了保护公众健康，政府权力的干预能到达何种程度——则位于争议最激烈之处。近几十年来，随着公共卫生的科学、实践和法律逐步扩展到应对非传染性疾病威胁、伤害、健康的社会决定因素和健康差异等问题，围绕公共卫生的政治争议也与日俱增。本章将对公共卫生领域及其在宪制民主体制下与政治和政府间不可避免的联系进行简要的总结与反思。

第一节　健康差异

> 健康和健康的社会分配发挥着某种社会会计（social accountant）的作用。我们的社会安排与健康之间的联系如此紧密，使得我们可以通过健康不平等的程度，来衡量我们在满足人类基本需要方面所取得的社会进步。
> ——迈克尔·马默特为斯利达尔·文卡塔普拉姆《健康正义》一书撰写的前言（Michael Marmot, foreword to Sridhar Venkatapuram, *Health Justice*, 2011）

深刻而持续的社会经济不平等，构成了任何公共卫生政策的背景，这些差异也有助于解释为何社会正义是公共卫生的核心价值。贫穷、教育机会少、不卫生和受污染的环境、社会解体以及其他原因，导致在健康以及社会、经济、政治方面的系统性困难。普遍存在的不平等会造成其他不平等，那些已经处于弱势地位的人群之所以会遭受不成比例的健康危害,其主要原因正是在此。

在过去的几十年中,收入位于中上等的人们预期寿命得到了大幅增长,而中下收入人群的预期寿命则并无多大变化①,甚至在许多地区,妇女预期寿命还下降了。② 仅仅数英里之隔的相邻地区,平均预期寿命甚至相差25年之多。与非西班牙裔的同龄白人相比,非裔美国人被诊断出携带 HIV 的可能性要高出8倍,患病第一年的死亡率高出两倍,而过早死于心脏病或中风的可能性则高出1.5倍。③ 黑人儿童被诊断为哮喘的可能性约高出其他同龄人的1.6倍,死于相应并发症的可能性则高出6~7倍。④ 西班牙裔妇女被诊断为糖尿病的可能性比非西班牙裔白人妇女高出1.6倍,生活在贫困中的人们则比那些收入较高的人们多出两倍。⑤

这些差异,有些是由于获得医疗卫生服务的不平等所致。种种显性的、隐性的、结构性的偏见,仍然持续影响着种族/族裔少数群体及其他社会/经济弱势群体的医疗服务体验。有色人种、残疾人和穷人往往很少为健康保险所覆盖,即便有保险,也较少获得所需的医疗服务。他们接受的服务往往质量较低,医疗过错的发生率更高,从而损害了他们的健康结果。⑥ 努力减少健康差异成为优先目标,为此,联邦机构采取了一系列措施⑦,包括发展"国家

---

① Peter G. Peterson Foundation, "Increases in Longevity Have Been Greater for High Earners," November 21, 2014, http://pgpf.org/Chart-Archive/0015_life-expectancy, 讨论了2007年社会保障管理报告中的数据。

② See, for example, David A. Kindig and Erika R. Cheng, "Even as Mortality Fell in Most U. S. Counties, Female Mortality Nonetheless Rose in 42.8 Percent of Counties from 1992 to 2006," *Health Affairs*, 32, no. 3 (2013): 451-58, 53; Haidong Wang, Austin E. Schumacher, Carly E. Levitz, Ali H. Mokkad, and Christopher J. L. Murray, "Left Behind: Widening Disparities for Males and Females in US County Life Expectancy, 1985-2010," *Population Health Metrics*, 11, no. 8, (2013): 3.

③ Gloria L. Beckles and Benedict I. Truman, "Education and Income: United States, 2009 and 2011," *Morbidity and Mortality Weekly Report*, 62, no. S3 (2013): 9-19, 13.

④ Lara J. Akinbami, Jeanne E. Moorman, Paul L. Garbe, and Edward J. Sondik, "Status of Childhood Asthma in the United States, 1980-2007," *Pediatrics*, 123, no. S3 (2009): S131-S145. 值得注意的是,波多黎各儿童患哮喘的比率是最高的,比非拉丁裔黑人儿童高出1.5倍,比非拉丁裔白人儿童高出2.5倍,比墨西哥裔儿童高出大约3倍。

⑤ Gloria L. Beckles and Chiu-Fang Chou, "Diabetes: United States, 2006 and 2010," *Morbidity and Mortality Weekly Report*, 62, no. S3 (2013): 99-104, 101.

⑥ Pamela A. Meyer, Paula W. Yoon, and Rachel B. Kaufmann, "Introduction: CDC Health Disparities and Inequalities Report—United States, 2013," *Morbidity and Mortality Weekly Report*, 62, no. S3 (2013): 3-5, 3.

⑦ See Gwendolyn Roberts Majette, "Global Health Law Norms and the PPACA Framework to Eliminate Health Disparities," *Howard Law Journal*, 55, no. 3 (2012): 887-936, 926-27.

结束健康差异行动伙伴关系"[8],"实现健康公平的国家利益攸关者战略"[9],"减少种族和族裔卫生差距的人道主义行动计划"[10],主要侧重于解决医疗卫生服务的获得与质量保障方面的差异问题。

但是,即使在医疗服务普遍可及的地方,仍然存在明显的健康差异。安全的工作条件,免受社区暴力和毒素污染(如铅和氡)的安全居住条件,清洁的空气和水,健康的食物,不断提升的卫生条件,这些都是比医疗服务更有力的健康驱动因素。家庭收入、正规教育、种族和族群、社区条件等,构成了健康状况不佳、过早死亡的"原因背后的原因"[11]。与仅仅关注医疗服务可及性和质量的狭隘观点相比,以人群为视角的公共卫生以及"健康融入所有政策"(health in all policies)的行动方针——二者关注健康的社会决定因素——显然更能够回应社会正义的关切。

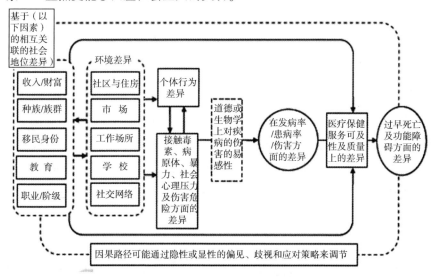

图 14.1 健康差异的一个概念模式

---

[8] U.S. Department of Health and Human Services, "Learn about the NPA," National Partnership for Action to End Health Disparities, April 4, 2011, http://minorityhealth.hhs.gov/npa/templates/browse.aspx? lvl=1&lvlid=11.

[9] U.S. Department of Health and Human Services, "National Stakeholder Strategy for Achieving Health Equity," National Partnership for Action to End Health Disparities, September 19, 2011, http://minorityhealth.hhs.gov/npa/templates/content.aspx? lvl=1&lvlid=33&ID=286.

[10] U.S. Department of Health and Human Services, *Action Plan to Reduce Racial and Ethnic Health Disparities: A Nation Free of Disparities in Health and Health Care* (Washington, DC: Department of Health and Human Services, 2011), http://minorityhealth.hhs.gov/npa/files/Plans/HHS/HHS_Plan_complete.pdf.

[11] Michael Marmot and Richard G. Wilkinson, eds., *Social Determinants of Health*, 2nd ed. (New York: Oxford University Press, 2006).

第二节　作为公共卫生法核心价值的社会正义

  公共卫生必须"回到未来",将其力量和机构整合进我们提出的促进公众健康的模型之中。历史让我们意识到,在不同时期,不同的社会、政治和经济力量的相互作用,锚定了公共卫生的位置。历史要求我们不仅要理解过去曾塑造公共卫生行动的力量,还必须理解当前存在哪些力量,决定了我们作为投身科学研究及其应用的专业人士的力量与限度。
  ——艾米·菲尔柴尔德、大卫·罗斯纳、詹姆斯·科格罗夫、罗纳德·拜耳、琳达·弗莱德:《公共卫生的出埃及记》(Amy L. Fairchild, David Rosner, James Colgrove, Ronald Bayer and Linda P. Fried, *The Exodus of Public Health*, 2010)

  社会正义的理念是公共卫生的核心价值,也是我们公共卫生法概念的基石。我们对社会正义的界定基于一种社群主义的路径(a communitarian approach),即确保人类福祉所必需的各项条件,包括社会和经济物品的再分配,承认所有人平等参与社会和政治生活。与公共卫生实践一样,社会正义在本质上也是政治性的。[12]

一、社区导向

  选择社会正义这一术语,体现了"所有事关正义的发展皆发生于社会之中"的观念和"重新恢复综合性、总体性的'社会'概念——而非将其视为经济领域的附庸"的愿望。[13] 其内在的社群主义倾向,体现在其对"当代政策争论常常忽略的问题"的关注,包括"人性的社会面向;公民个人和集体在一个权利体制中所应承担的责任;家庭及社区中脆弱的生态;当前决定的涟漪效应和长期后果"[14]。社会正义坚决反对自由主义对社会的看法,即认为社

---

[12] International Forum for Social Development, *Social Justice in an Open World: The Role of the United Nations*, U.N. Doc. ST/ESA/305 (New York: United Nations, 2006), 11.
[13] Ibid., 3.
[14] Communitarian Network, "The Responsive Communitarian Platform," Institute for Communitarian Policy Studies, George Washington University, www.gwu.edu/~ccps/platformt ext.html, accessed October 15, 2014.15.

"是个体的堆积——对这些个体而言,自由就意味着每个人在其自身所'拥有'的资源的稀缺性中作出选择"[15]。与此相反,社会正义将确保人类福祉所需的基本条件视为政府的合法目的。

二、公民参与

在正义的诸多含义中,最基础、最常用的是公平与合理——尤其在涉及如何对待人们、如何作出将对人们生活造成影响的决定的问题上。正义强调公平分配共同的利益、分享共同的负担。但它还进一步要求对社区的所有成员予以平等尊重,承认其为社会交往和政治生活之完整的、平等的参与者。[16] 经验表明,在公共干预的每一个阶段——从最初对健康需要的评估,到最终对干预效果的评价,社区参与都有助于提高公共卫生实践的效率。[17]

再分配(强调物质结果)和承认(强调过程、参与、尊重和认同)双重目标的存在,导致公共卫生面临被撕裂的危险。但它们可以(也应当)作为对社会正义的补充而发挥作用,将"身份的文化政治"和"平等的社会政治"相结合,在平等参与的基础上,促进经济和社会物品的公平分配。[18] 社会正义需要采取行动来保护所有人——尤其是那些遭受系统性贬斥的人们——的尊严。[19]

---

[15] Rand E. Rosenblatt, "The Four Ages of Health Law," *Health Matrix: Journal of Law-Medicine*, 14, no. 1 (2004): 155-96, 96.

[16] Nancy Fraser, "Rethinking Recognition," *New Left Review*, 3 (2000): 107-20.

[17] See, for example, Barbara A. Israel, Amy J. Schulz, Edith A. Parker, and Adam B. Becker, "Review of Community-Based Research: Assessing Partnership Approaches to Improve Public Health," *Annual Review of Public Health*, 19 (1998): 173-202.

[18] Nancy Fraser, "From Redistribution to Recognition?: Dilemmas of Justice in a 'Post-socialist' Age," *New Left Review*, 212 (1995): 68-93, 69; see also Nancy Fraser, "Social Justice in the Age of Identity Politics: Redistribution, Recognition, and Participation," in *Redistribution or Recognition? A Political-Philosophical Exchange*, ed. Nancy Fraser and Axel Honneth (New York: Verso, 2003): 7-109.

[19] 尊严是一个多维度的概念,许多学者并不同意将尊严作为人权的基础或内容。See, for example, Jeremy Waldron, "Dignity and Rank," *European Journal of Sociology*, 48, no. 2 (2007) 201-37; Christopher McCrudden, "Human Dignity and Judicial Interpretation of Human Rights," *European Journal of International Law*, 19, no. 4 (2008): 655-724; George Kateb, *Human Dignity* (Cambridge, MA: Harvard University Press, 2011); Michael Rosen, *Dignity: Its History and Meaning* (Cambridge, MA: Harvard University Press, 2012); Jeremy Waldron, "Is Dignity the Foundation of Human Rights?," in *Philosophical Foundations of Human Rights*, ed. Rowan Cruft, S. Matthew Liao, and Massimo Renzo (Oxford: Oxford University Press, 2015), 117-137.

第三节　近期三大运动中的社会正义与健康差异

生育正义(Reproductive Justice)分析了女性确定其自身生育命运的能力是如何与其所处社区的条件直接相关的,而这些条件不仅仅是个人选择和获取的问题……(我们需要)超越对隐私权的要求和对个人决策的尊重,将个人决策所必需的社会支持也涵盖进来,并使之得到最大的实现。此外,这一框架还应涵盖政府保护妇女人权的义务。

——姐妹协作组织:《为什么生育正义对有色妇女很重要?》(Sistersong Collaborative, *Why is Reproductive Justice Important for Women of Color?*, 2015)

晚近以来的三大社会运动——环境正义、生育正义和食品正义——均将健康差异列为其核心关切。三大运动皆源自社会改进项目中所提出的批评。环境正义运动起源于从民权角度对环境保护的过程与结果的批评。生育正义运动最初是在鼓吹堕胎合法运动中有色妇女所提出的批评。而食品正义运动则是为了回应"替代食品运动"(alternative food movement)中的精英主义——后者试图对食品生产工业进行改革。三种运动都尤其关注收入不平等和白人特权的广泛影响,并最终扩展至其他涉及偏见和结构性优势的问题,如体格歧视(albeism)[20]、性别特权[21]、异性恋正统主义(heteronormativity)[22]、

---

[20] See, for example, Valerie Ann Johnson, *Bringing Together Feminist Disability Studies and Environmental Justice* (Washington, DC: Center For Women Policy Studies, 2011); Mia Mingus, "Disabled Women and Reproductive Justice," Pro-choice Public Education Project, http://protect choice.org/article.php? id =140, accessed February 10, 2015.

[21] 例如,See, Rachel Stein ed., *New Perspectives on Environmental Justice: Gender, Sexuality, and Activism* (New Brunswick, NJ: Rutgers University Press, 2004); Laura Nixon, "The Right to (Trans) Parent: A Reproductive Justice Approach to Reproductive Rights, Fertility, and Family-Building Issues Facing Transgender People," *William and Mary Journal of Women and the Law*, 20 (2013): 73-103.

[22] See, for example, Alisa Wellek and Miriam Yeung, "Reproductive Justice and Lesbian, Gay, Bisexual and Transgender Liberation," The Pro-choice Public Education Project, http://protect choice.org/ article.php? id = 135, accessed October 15, 2014.

本土主义㉓等。

一、环境正义

环境正义运动在20世纪80年代的兴起,起初是为了回应环境种族主义(environmental racism),尤其是受到垃圾站及工厂大多位于黑人社区这一事实的刺激。㉔ 与环境保护运动相比,环境正义关注的议题更为宽泛,尤其关注单个事件背后更宏观的历史和社会不平等。㉕ 环境正义运动强调对环境风险和利益的公平分配,主张承认社会边缘群体在决策过程中的地位。㉖ 这场运动与环境可持续性的主张一道,有助于避免环境决策中的"井蛙之见"(tunnel vision)——即以单一目标为核心,忽略其他更广泛因素的单向度的环境决策。㉗

环境正义与环境保护主义(environmentalism)并不总是一致的。早在20世纪90年代初,环境正义运动的支持者就一直对所谓"主流"环境运动中存在的种族主义、阶级歧视及狭隘的行动议程颇有批评。㉘ 在他们看来,主流的环境保护主义中存在一种根深蒂固的精英主义倾向,要想澄清这个问题,就有必要去追问社会精英——如律师及其他专家——在设定环境保护运动的战略和行动议程中究竟应扮演何种角色。㉙ 他们也指出,社会正义同时强调

㉓ See, for example, Chinese Progressive Association, "Immigrant Power for Environmental Health and Justice," www.cpasf.org/node/12, accessed October 15, 2014;, "Health Equity is a Matter of Reproductive Justice," *National Latina Institute for Reproductive Health* blog, April 25, 2012, http://latinainstitute.org/en/2012/04/25/health-equity-is-a-matter-of-reproductive-justice; Jessica Gonzales-Rojas and Aishia Glasford, "Immigrant Rights and Reproductive Justice," Pro-choice Public Education Project, http://protectchoice.org/article.php? id = 136, accessed October 15, 2014.

㉔ See Gerald Torres, "Environmental Justice: The Legal Meaning of a Social Movement," *Journal of Law and Commerce*, 15, no. 2 (1996): 597-622, 598-607, 指出环境正义起源于对"环境种族主义"的回应,同时批评其将种族主义界定为白人至上或白人优势; Alice Kaswan, "Environmental Justice and Environmental Law," *Fordham Environmental Law Review*, 24, no. 2 (2013): 149-79, 50-51, 注意到1980年代北卡罗来纳州将多氯联苯废弃物处理设施建在一个非裔美国人社区所引发的争议"是一个全国瞩目的事件,引发了对分配、参与及环境正义运动的广泛关注"。

㉕ Kaswan, "Environmental Justice," 151.

㉖ See Gordon Walker, *Environmental Justice: Concepts, Evidence and Politics* (New York: Routledge, 2012), 1, 其对环境正义的界定相当宽泛,包括环境与社会差异的相互缠绕:为什么对某些人和某些社会群体而言,环境是"好的生活"不可或缺的一部分,而对其他人而言,环境则意味着危险,并且其获得能源、饮水、绿地的能力受到了相当大的限制。……我们中的一部分人对重要环境资源的消耗,是如何损害了千里之外的他人;改变或影响环境的决策权是如何不平等地分配的……以及人们(以及这个世界)究竟应当被如何对待。

㉗ Ibid., 171.

㉘ Ronald Sandler and Phaedra C. Pezzullo, eds., *Environmental Justice and Environmentalism: The Social Justice Challenge to the Environmental Movement* (Cambridge, MA: MIT Press, 2007), 2.

㉙ See, for example, Luke W. Cole, "Empowerment as the Key to Environmental Protection: The Need for Environmental Poverty Law," *Ecology Law Quarterly*, 19, no. 4 (1992): 619-83, 49:"解决穷人面临的环境问题的方法,应当由受害者而非环境律师来发现"; Eleanor N. Metzger, "Driving the Environmental Justice Movement Forward: The Need for a Paternalistic Approach," *Case Western Reserve Law Review*, 45, no. 1 (1994): 379-98.

分配正义和参与决策的重要性,但二者之间却存在着某种紧张关系。[30] 例如,当美国的部落政府允许在其辖区内实施某项计划,而该计划可能对环境造成危害时,社会弱势群体的自决权便与环境正义所要求的程序公正产生了冲突,如何在概念及实践层面解决这一冲突,就成为法学家们无法回避的挑战。[31]

环境正义运动所提出的框架在联邦层面已产生了显著的影响。1994年,克林顿总统颁布了第 12898 号行政命令,要求所有联邦机构(而不仅仅是环境保护署)都必须将实现环境正义作为自身追求的目标,为此,所有机构都必须检视其各项政策、计划与活动中是否存在"可能对人类健康或环境造成重大不利影响"的因素,并对此加以处理。[32]

在"对人类健康或环境"具有重大影响的意义上,环境正义显然也应当覆盖健康差异问题。[33] 事实上,根据克林顿总统的第 12898 号命令曾创设了一个"跨部门工作小组"(该小组于 2010 年奥巴马执政时期又再度恢复)[34],在该小组看来,环境正义中的"环境"应当被宽泛解释,其应当包含如下内容:医疗照护的可及性;清洁的空气和饮水;健康且平价的食品;获得捐助及技术支持,以增强社区能力建设;对卫生人员进行教育培训,使其对与环境相关的健康状况有所了解。[35]

根据第 12898 号命令,健康与人类服务部建立了一整套行动战略。尽管该战略涉及的范围相当广泛,涵盖了卫生部门在促进医疗保健、健康食品及健康生活环境可及性方面的广泛努力,但卫生官员往往会特意强调其与范围更狭窄的、以"减少少数族群、低收入者及印第安部落因遭受不成比例的环境危害而造成的健康差异"为目标的环境正义行动[36]之间的关联。例如,卫生官员往往会强调那些传统上属于环境保护领域的国家目标,如空气质量、水

---

[30] See Kevin Gover and Jana L. Walker, "Escaping Environmental Paternalism: One Tribe's Approach to Developing a Commercial Waste Disposal Project in Indian Country," *University of Colorado Law Review*, 63, no. 4 (1992): 933–43, 42; Giancarlo Panagia, "Tota Capita Tot Sententiae: An Extension or Misapplication of Rawlsian Justice," *Penn State Law Review*, 110, no. 2 (2005): 283–343, 305; Yves Le Bouthillier, Miriam Alfie Cohen, Jose Juan Gonzalez Marquez, Albert Mumma, and Susan Smith, eds., *Poverty Alleviation and Environmental Law* (Cheltenham, UK: Edward Elgar, 2012), 讨论了缓解贫困和保护环境这两个目标之间明显的紧张关系。

[31] See, for example, Ezra Rosser, "Ahistorical Indians and Reservation Resources," *Environmental Law*, 40, no. 2 (2010): 437–550, 472–74, 主张这些场景必然使我们对环境正义的概念重新加以概念化。

[32] Exec. Order 12898, 59 Fed. Reg. 7629 (1994).

[33] Ibid. (emphasis added).

[34] See Kaswan, "Environmental Justice," 153–55.

[35] J. Nadine Gracia and Howard K. Koh, "Promoting Environmental Justice," *American Journal of Public Health*, 101, no. S1 (2011): S14–S16, S15.

[36] U.S. Department of Health and Human Services, 2012 *Environmental Justice Strategy and Implementation Plan* (Washington, DC: U.S. Department of Health and Human Services, 2012), 6.

质及危险废弃物处置等。环境保护署也意识到,"通过环境保护署的视角来解决因环境所导致的健康差异,触及的不过是冰山一角;人群的健康差异不仅受到环境污染的影响,也同样取决于诸多健康的社会决定因素,如医疗保健及健康食品的可及性"[37]。联邦机构的环境正义工作是广泛的、跨部门的,这一事实对公共卫生法的未来而言堪称幸事。

二、生育正义

生育正义运动是堕胎合法化(pro-choice)运动的扩展和深化,它将后者的政治议程扩展到保护和促进"要小孩或不要小孩的权利,以及在安全、健康的环境中养育小孩的权利"[38]。该运动的核心人物洛丽塔·罗斯(Loretta Ross)将其根源追溯至 1994 年在开罗召开的国际人口与发展会议。[39] 这次会议比以往的历次会议更重视发展问题,反映了"人们越来越深刻地认识到,人口、贫穷、生产和消费模式、环境等因素是密切相关的,不能被孤立地看待"[40]。开罗会议提出的行动计划将生育健康视为一种人权,并将实现男女平等、妇女赋权及女童的受教育权作为可持续发展的优先事项。

在生育正义运动中,医疗照护的可及性占据突出重要的位置。这里的医疗保健,不仅包括对妇女自主选择避孕或堕胎权利的保障,还包括为妇女及其家庭提供广泛的、可负担的、文化上适宜的医疗服务。此外,生育正义运动对"安全、健康的环境"的强调,也涉及诸如清洁的空气及饮水、健康食品、医疗照护、住房、教育、就业及其他基本需求。

三、食品正义

食品正义运动缘起于环境正义与替代食品运动的合流。[41] 颇有影响力的饮食作家迈克尔·波兰(Michael Pollan)曾指出,迄今为止,将替代食品运动

---

[37] Onyemaechi C. Nweke and Charles Lee, "Achieving Environmental Justice: Perspectives on the Path Forward through Collective Action to Eliminate Health Disparities," *American Journal of Public Health*, 101, no. S1 (2011): S6–S8.

[38] SisterSong Women of Color Reproductive Justice Collective, "Why Is Reproductive Justice Important for Women of Color?," www.sistersong.net, accessed October 15, 2014; Loretta Ross, "Understanding Reproductive Justice: Transforming the Pro-choice Movement," *Off Our Backs*, 36, no. 4 (2006): 14–19.

[39] Ross, "Understanding Reproductive Justice." See also Joan C. Chrisler, "Introduction: A Global Approach to Reproductive Justice; Psychosocial, and Legal Aspects and Implications," *William and Mary Journal of Women and the Law*, 20, no. 1 (2013): 1–24.

[40] United Nations, *Report of the International Conference on Population and Development*, Cairo, 5–13 September 1994, U.N. Doc. No. A/CONF.171/13 (New York: United Nations, 1995).

[41] Rebecca L. Goldberg, "No Such Thing as a Free Lunch: Paternalism, Poverty, and Food Justice," *Stanford Law and Policy Review*, 24 (2013): 35–98, 48–49.

凝聚起来的,不过是"人们认识到,现有的食品生产方式在社会/环境/公共卫生/动物福利/烹饪方面的成本过高,因而亟须改革"[42]。然而批评者很快就注意到,替代食品运动对农贸市场的强调,及其鼓励自己动手、避开加工食品的主张,针对的似乎只是那些有钱有闲的阶层。[43] 相比之下,食品正义运动则更关注低收入或其他边缘群体在获取新鲜的、未经加工的食物方面所面临的障碍。[44]

食品正义运动的倡导者注意到,有色人群罹患癌症、糖尿病及其他因营养不良或环境歧视所致疾病的概率高得不成比例。因此,他们将健康差异问题置于核心,将这场运动描述为应对"日益深重的社区健康危机"而产生。[45]与此相似,纽约的一家以"建立公正且可持续的食品体制"为目标的非营利组织"公平食物"(Just Food)也将食品正义界定为"一个群体行使其自由种植、贩售和使用健康食品的权利"[46]。在该组织的定义中,健康食品不仅是指生理层面的健康,它还意味着"新鲜、营养价值高、可负担、文化上适宜、本地出产,且在生产过程中兼顾了土地、工人及动物福祉"。"践行了食品正义的人们"将能够获得"强有力的本地食品体系、自足的社区以及健康的环境"。另外,食品正义的倡导者几乎从不讨论"肥胖"(obesity)问题——尽管不少评论家认为这是该运动背后隐藏的动机之一。他们讨论的是权利、平等、社区赋权、文化适宜性以及正义。[47]

四、一场新兴的运动:健康正义

美国医改所面临的问题,包括政治上的可接受性及医疗照护资源的公平配给,皆深受意识形态的影响。若在所有这些纷争过后,我们最终发现,我们很难在政治上有所作为,以使医疗资源的分配更加公正——尽管机会就摆在我们眼前,那么如下的悲观结论或许就是无法避免的:我们或将放弃使社会正义更普遍或更民主化的

---

[42] Michael Pollan, "The Food Movement, Rising," *New York Review of Books*, June 10, 2010, quoted in Daniel S. Goldberg, "In Support of a Broad Model of Public Health: Disparities, Social Epidemiology and Public Health Causation," *Public Health Ethics*, 2, no. 1 (2009): 70-83, 73.

[43] Michael Pollan, quoted in Goldberg, "No Such Thing as a Free Lunch," 49.

[44] Ibid.

[45] Ibid. 亦有学者指出,所谓"食品压迫"实际上是某种结构性种族主义的体现。See, for example, Andrea Freeman, "Fast Food: Oppression through Poor Nutrition," *California Law Review*, 95, no. 6 (2007): 2221-59; Kate Meals, "Nurturing the Seeds of Food Justice: Unearthing the Impact of Institutionalized Racism on Access to Healthy Food in Urban African-American Communities," *Scholar: St. Mary's Law Review on Race and Social Justice*, 15, no. 1 (2012): 97-138.

[46] Just Food, "About Us," and "Food Justice," http://justfood.org, accessed October 15, 2014.

[47] Just Food, "Food Justice," 50-51.

希望。但是，倘若我们在眼下这件事情上能够取得实质性的、可见的政治进展，那么从这些经验中，我们或许可以学到更多关于正义本身的知识，找到适合我们的口味，进而稳步地逐渐在其他领域也开展争取同一正义的斗争……健康或许并不比其他东西更重要，但追求健康正义却很可能是更重要的。

——罗纳德·德沃金：《医疗照护分配中的正义》（Ronald Dworkin, *Justice in the Distribution of Health Care*, 1993）

关于健康与社会正义之间多维度的关系，政治哲学家和伦理学家已进行了富有成效的讨论，其范围远远超出了个体患者权利及医疗保健资源分配的范畴，而进一步延伸到与健康的社会决定因素相关的集体需求和问题解决上。[48] 与此同时，在新兴的健康正义框架下，越来越多的非营利组织开始追寻其雄心勃勃的、范围广泛的目标。例如"实践项目"（the praxis project）（一个支持社区组织者的非营利团体）便与环境正义团体、食品正义团体及其他在健康正义旗帜下致力于促进医疗保健服务可及性的团体开展了大量合作。从实践看来，健康正义的范围相当广泛，而健康的社会决定因素、对文化偏见的反击以及促进社区层面的健康则是其中的重点。

健康正义的框架是公共卫生科学与政治的结合。它跨越了长期以来公共政策中的区隔，将医疗保健与人群健康的优先事项整合到了一起，以满足公众需求，减少健康差异。它强调社会、经济、文化和政治上的不平等，但并不对此感到绝望，而是凭借科学、法律和政治相结合而产生的力量与机制来纠正这种不平等。健康正义要求我们考察社会偏见和结构优势对旨在减少健康差异的干预措施的影响，尤其是那些个人主义的、对受害者求全责备的干预措施。要减少健康差异，就应当使社区参与和赋权尽可能最大化。科学知识、社区知识及共同的价值观可以且必须团结一致，才能克服阻碍健康正义的种种政治、法律及文化上的挑战。

---

[48] See, for example, Sridhar Venkatapuram, *Health Justice: An Argument from the Capabilities Approach* (Cambridge: Polity Press, 2011); Shlomi Segall, *Health, Luck, and Justice* (Princeton, NJ: Princeton University Press, 2010); Jennifer Prah Ruger, *Health and Social Justice* (New York: Oxford University Press, 2009); Norman Daniels, *Just Health: Meeting Health Needs Fairly* (New York: Cambridge University Press, 2008); Madison Powers and Ruth Faden, *Social Justice: The Moral Foundations of Public Health and Health Policy* (Oxford: Oxford University Press, 2006).

第四节　挑战：公共卫生、政治与金钱

> 我曾作为白宫官员近距离观察过预算过程,后来又先后担任过医疗照护筹资机构和公共卫生机构的负责人。我不断惊奇地看到,数十亿之巨的资金常常未经讨论便拨付给了医疗服务项目,而围绕仅仅是几百万美元的社区预防计划却总是争论不休。公共卫生长期争取(并且常常失败)的那点资金,只不过是老年人医疗保障项目(medicare)预算的一个零头。
>
> ——威廉·罗伯:《公共卫生领导权的问题为何重要?》(William Roper, *Why the Problem of Leadership in Public Health is important?*, 1994)

尽管人们对减少健康差异这一基本目标并无异议,但究竟何为最适宜的手段,立法者、法官、学者及公众间则存在深刻的分歧。我们的医疗照护筹资方式正变得越来越集体化,由此引发的尖锐分歧逐渐成为更宽泛的、关于健康究竟是个人事务还是集体责任的全国性争论的一部分。而在这场争论中,政治意识形态和文化偏见有压倒科学精神和社会正义之虞。[49]

对公共卫生当局来说,能否吸引到足够的支持是决定其成败的关键。日常的实践告诉我们,公共卫生是在一个资源有限的世界运作,我们必须面对资源分配的选择。伟大的公共卫生专家赫尔曼·比格斯曾说,"公众健康是可以'买得到'的",但问题在于我们的购买力是有限的,公共卫生往往要面对分配方面的决策。[50] 因此,公共卫生在本质上既是技术性的(即关注科学知识的运用),更是政治性的(即关注社会资源的分配,处理造成健康差异的社会决定因素)。

---

[49] See Janet L. Dolgin and Katherine R. Dieterich, "Weighing Status: Obesity, Class, and Health Reform," *Oregon Law Review*, 89, no. 4 (2011): 1113–77; Dayna Bowen Matthew, "The Social Psychology of Limiting Healthcare Benefits for Undocumented Immigrants: Moving beyond Race, Class, and Nativism," *Houston Journal of Health Law and Policy*, 10, no. 2 (2010): 201–26; Lindsay F. Wiley, "Access to Health Care as an Incentive for Healthy Behavior? An Assessment of the Affordable Care Act's Personal Responsibility for Wellness Reforms," *Indiana Health Law Review*, 11, no. 2 (2014): 635–709, 641.

[50] New York City Health Department, *Monthly Bull*, October 1911, quoted in Barbara Gutmann Rosenkrantz, *Public Health and the State: Changing Views in Massachusetts*, 1842–1936 (Cambridge, MA: Harvard University, 1972), 5.

人们或许以为，由于健康毫无疑问是一种公共福利，其应当很容易吸引到公众和财政方面的支持。然而，公共卫生的实际情况却呈现为一个悖论。尽管大多数人支持高水平的公共卫生，但很少有人愿意为此支付相应的对价。公共卫生官员虽然手握强大的法律权力，但由于政治、文化或现实的原因，他们往往不能行使这些权力。虽然健康威胁常常会引起公众的强烈关切，但其关切的程度与风险的实际大小往往不成比例。对社会最为有益的措施，看上去对个人似乎并没有什么明显的好处，反之亦然。人们在疾病的治疗上豪掷了近乎无限的资源，但用于预防疾病——或者更宽泛地说，确保人们能生活在有利于健康的条件下——的预算却少得可怜。

即便在专门用于公共卫生的相对较少的预算之内，仍然存在诸多选择。面对许许多多相互竞争的资源诉求，公共卫生官员不得不将手中原本就不大的"饼"切成更小的份额。在某种意义上，伤害预防、HIV、新兴传染性疾病防控、生物恐怖主义、慢性病、母婴健康等事项都在争夺有限的预防资源。如何最有效地分配资金成了一个艰难但又无法回避的抉择。由此，"配给"（rationing）这一在医疗领域颇具争议的概念，在资源匮乏的公共卫生领域却变成了一项"道德律令"（moral imperative）。[51]

此外，公共卫生官员还日益遭到有权有势的对手的挑战。对现代公共卫生法的批评在某种意义上是无法避免的，正如罗格·马格努森（Roger Magnusson）所观察到的，"将法律作为一种政策手段来全面回应环境污染、不健康生活方式、意外伤害等威胁，可能会对相当广泛的行业利益带来影响，并扩大国家干预的范围"。[52] 通过将公共卫生法的范围从传统的流行病防控领域拓展至更为宽泛的社会与经济领域（如传染性疾病、非传染性疾病及伤害的社会经济影响），社会流行病学家已然指出了不良的健康结果与那些强大的机构（如烟草公司、污染企业、枪支制造商、农业产业、饮料公司、连锁快餐店等）之间存在因果关系。

---

[51] Richard H. Morrow and John H. Bryant, "Health Policy Approaches to Measuring and Valuing Human Life: Conceptual and Ethical Issues," *American Journal of Public Health*, 85, no. 10 (1995): 1356-60.

[52] Roger S. Magnusson, "Mapping the Scope and Opportunities for Public Health Law in Liberal Democracies," *Journal of Law, Medicine and Ethics*, 35, no. 4 (2007): 571-87, 72.

第五节　岌岌可危的合法性与信任

> 在民主的社会秩序中,科学政策的制定是一个伦理的、政治的过程。……政策的制定包含了有争议的判断、对合法性与可信度的追求、对证据的整理和批评,以及常常是修辞学的对公共利益的呼吁。
> ——利·特纳:《政治、生命伦理及科学政策》(Leigh Turner, Politics, Bioethics and Science Policy, 2005)

社会正义所要求的并不仅仅是利益和负担的公平分配。如果不能保障需求与利益各异的社会群体的参与,那么公众的信任则会受到侵蚀,社会的凝聚力也会被破坏,进而对整个共同体带来伤害。公共卫生机构在相当大程度上依赖于大众的支持,以及那些可能遭受伤害的人们的自愿合作。因此,它们在提供建议和开展实践时必须表现得足以令人信赖。尽管这些机构本身相当重要,但由于其构成政府机构的一部分且必然身处高度政治化的进程之中,其在维持公众信心方面也面临着相当大的挑战。

公共卫生机构在公共行政中是不可或缺的,早在合众国初创之时便已成为政府结构的重要组成部分。因此其面临着艰巨的任务,要在承担反政府情绪之重负(包括广泛的不信任、对效率和效能的怀疑以及对压迫的恐惧)的同时,保障公众的健康。如果公众将卫生官员仅仅视为某个被特殊利益俘获、手伸得过长的政府的工具,那么其与社群合作并获得支持的能力必定大打折扣。同样,公共卫生措施也受制于对政府行为一般的法律限制,以及公众关于政府"应当做什么"的普遍看法。这一动态局面在被视为"保姆国家"式干预的诸多公共卫生活动中体现得非常明显,如规定使用安全带和摩托车安全帽的法律、公共饮水加氟、公共场所禁烟以及关于健康饮食的提议。关于公共卫生的争议通常并非针对其目标,而更多地集中于政府干预的边界问题。

卫生官员和专家既要保持科学严谨,又要有效地参与政治过程,而这些目标有时似乎是相互冲突的。为了维持合法性和公信力,公共卫生当局依赖于专业化的科学知识。科学决策被认为更加客观、体系化,也更少被政治意识形态所笼罩。卫生官员知道,这些专业知识赋予他们权威和可信度。但要想做到"有效",他们还必须愿意拥抱政治过程,并尽可能擅长于此。不过,也有许多人担心过多地卷入政治可能会削弱其专业上的中立和专家形象,而正是这种形象赋予卫生官员以公信力。

公共卫生的科学与政治是否存在冲突？是否仅当公共卫生机构及其专家将自身局限于最基础的六项公共卫生职能(即搜集重要的统计数据、控制传染性疾病、提高清洁卫生水平、开展实验室工作、提供母婴及儿童保健服务、开展健康教育)时,才能确保得到公众的信任？[53] 如果真是这样,那么公共卫生就只能接受低效且无关紧要的局面。

尽管卫生官员担心政治化对其基于科学专业知识所获得权威的影响[54],但实际上,在不信任主流科学的人看来,这种权威早就不复存在了。各个政治派别皆对这些科学证据的有效性提出了质疑。与常识相反,在食品、药品的某些领域(如疫苗、饮水加氟及基因工程),高收入、高学历人群的质疑反倒是最强烈的。

由于个人无法对空气、水和土壤污染等危害加以控制,因此许多人对其能够控制的产品"天然"(naturalness)程度的痴迷到了不可理喻的地步。对"纯天然"食品、家庭用品和医学疗法的迷恋,以及对看似"不天然"的干预措施(如饮水加氟、疫苗接种、抗菌药物及防晒霜)的拒斥,与对接触有毒物质的合理恐惧有关,其背后则是对科学证据的非理性的想象。

公众对科学知识的信任也常常遭到利益冲突的破坏。反疫苗运动的斗士将支持疫苗的专家斥为制药企业的喉舌,而无视大量科学证据的存在,认为这些证据都是建立在偏见之上。反对使用防晒物品、饮水加氟及基因工程的人们也提出了相似的指控。正如迈克尔·斯派克特(Michael Spectre)所指出的:"否认主义(Denialism)存在的不可或缺的前提,是人们普遍认为科学家与政府共同形成了一张错综复杂的谎言网络。当存在无可置疑的证据时,'勾结'就成了一个完美的解释。"[55]健康正义需要承认公众的价值观和关切所在,尤其是当它们与正统专业知识相冲突的时候。

健康正义也要求承认和参与,要求为那些历史上未被充分代表的群体发

---

[53] Amy L. Fairchild, David Rosner, James Colgrove, Ronald Bayer, and Linda P. Fried, "The Exodus of Public Health: What History Can Tell Us about the Future," *American Journal of Public Health*, 100, no. 1 (2010): 54-63, 56. "1940年,美国公共卫生学会通过了一项决议,规定地方卫生部门应当提供服务标准,即所谓的'基本六条'……与此同时,它将客观科学视为优先事项,而并未注重与彼时实力强大的进步主义社会改革群体如劳工、慈善机构、社会福利组织及住房改革者的联合,由此导致该领域的边缘化及缺乏政治基础。"

[54] Daniel S. Goldberg, "Against the Very Idea of the Politicization of Public Health Policy," *American Journal of Public Health*, 102, no. 1 (2012): 44-49.

[55] Michael Specter, *Denialism: How Irrational Thinking Hinders Scientific Progress, Harms the Planet, and Threatens Our Lives* (New York: Penguin, 2009), 5.

声。如同在环境正义和生育正义运动中一样,对参与式平等的强调,或许和专家(如律师、科学家及其他受过专门训练的人)的合理作用之间存在某种紧张关系。在某些情况下,服务于穷人和被剥夺者利益的法律与政策干预,与这些群体选择其他方式(或许是专家们所不赞成的方式)的自主权之间是存在冲突的。㊾ 要在实质性社会正义和程序性社会正义之间取得平衡,是一件相当具有挑战性的事情,而这对成功的公共卫生策略而言至关重要。

确保医疗服务可及性及健康生活条件的努力,必须牢牢扎根于社区参与及参与式平等之中。"公众参与并审议政治决定和社会选择"的过程,是公共政策的重要组成部分㊼,其对"价值观和优先议程的形成至关重要",因此一般而言,在公共讨论之外,我们不应有所偏私。㊽

许多最有效的公共卫生措施往往首先是在地方层面展开的。虽然地方政府通常有更强的民主性和公民参与,但最近的许多关于健康饮食和烟草控制的措施却有意试图避开政治问责制,而更倾向于由独立的专家来作出决定。纽约市市长麦克·布伦博格(Michael Bloomberg)就明确将公共卫生法律干预作为减少健康差异的手段。这些举措对政治势力强大的产业集团的利益构成威胁,由此我们也可以理解布伦博格为何借助纽约市卫生局来实施这些举措,因为后者比直选产生的市议会更不易受到政治压力的影响。另外,研究公共卫生、地方政府及行政法的学者对布伦博格策略的反民主性多有批评。㊿ 例如,温迪·帕尔梅特(Wendy Parmet)最近指出,对布伦博格式干预措施的普遍反对,并非是在反对所谓的"父爱主义",而是反对将专家意见凌驾于民主过程之上。⑥

推行(被认为是)有利于穷人利益的改革,但却不承认受这些改革影响的社区成员也应当是合作解决问题过程的充分参与者,这虽然可以矫正分配

㊾ Artika R. Tyner, "Planting People, Growing Justice: The Three Pillars of New Social Justice Lawyering," *Hastings Race and Poverty Law Journal*, 10, no. 2 (2013): 219-63, 19-20. 有些社会正义的倡导者走得更远,如阿卡尼奥·皮奥梅利(Ascanio Piomelli)甚至建议对"社会正义和社会改革的含义"来一次大转变:从实质性的法律改革,到更好地为低收入者及其他边缘群体的利益服务;从一种基于过程的社会正义观(即作为一种民主、参与及合作行动),到保障所有边缘化个体的承认和自决。Ascanio Piomelli, "Sensibilities for Social Justice Lawyers," *Hastings Race and Poverty Law Journal*, 10, no. 2 (2013): 177-90, 82-83.

㊼ Ruger, *Health and Social Justice*, 55.

㊽ Amartya Sen, *Development as Freedom* (New York: Alfred A. Knopf, 1999), 153.

㊿ But see Paul A. Diller, "Local Health Agencies, the Bloomberg Soda Rule, and the Ghost of Woodrow Wilson," *Fordham Urban Law Journal*, 40, no. 5 (2013): 1859-901, 指出纽约市卫生局凭借其公共卫生科学方面的专业性,能够更好地隔离于分权体制的挑战。

⑥ Wendy E. Parmet, "Beyond Paternalism: Rethinking the Limits of Public Health Law," *Connecticut Law Review*, 46, no. 5 (2014): 1771-94.

不公的状况,但却会延续和加剧在尊重和认同方面的失败。[61] 布伦博格的公共卫生遗产提出了一个重要而困难的问题:究竟如何调和社会正义的实质面向与程序追求?

第六节　框架问题

> 人们必须为自己的生活负责。他们必须认识到,无能为力的姿态不仅损害了他们个人的尊严,还损害了他们社区的精神,而这对一个健康且充满活力的社会是不可或缺的。今天对英国造成真正威胁的"流行病"并非吸烟或者肥胖,而是一种被动的、受害者的文化,以及令人窒息的政府父爱主义。
>
> ——《时代》,伦敦(*The Times*, London, 2004)

　　根据《平价医疗法》,医疗服务系统正在从"精算公平"(即每个人根据自身可能需要服务的可能性而付费)向"互助"方式(即所有个人费率皆在社区层面确定,建立一个基金池,向所有有需要的人提供)转变。[62] 这种向更集体性的筹资方式的转变,使公众对探究健康不佳之根源的兴趣逐渐增加。当医疗保健成本对整个社会皆造成影响时,预防便成了我们共同的利益所在。

　　不过,关于健康状况不佳的根本原因究竟是一个集体责任问题还是个人责任问题,仍然存在重大的分歧。[63] 一方面,社会流行病学的研究表明,社会、经济和环境因素是死亡、疾病和身心障碍背后真正的"原因的原因",这就要求我们采取集体性的行动,规范对公众健康有害的商业活动,保障人的基本需求。另一方面,要求个人承担改变其行为的责任(但却并不采取必要的措施使此真正可行),在政治上更可接受。导致死亡和失能残障(如癌症、心脏病、伤害、糖尿病和中风)的最重要推动因素,是吸烟、酗酒、滥用药物、不健康饮食、缺乏锻炼等,这些问题都被建构成了个人选择和个人责任问题。在大众想象之中,这些行为与其社会基础是相分离的。[64]

---

[61] Fraser and Honneth, *Redistribution or Recognition?*, 86–87.
[62] Deborah A. Stone, "The Struggle for the Soul of Health Insurance," *Journal of Health Politics, Policy and Law*, 18, no. 2 (1993): 287–317.
[63] Howard M. Leichter, "'Evil Habits' and 'Personal Choices': Assigning Responsibility for Health in the 20th Century," *Milbank Quarterly*, 81, no. 4 (2003): 603–26.
[64] Venkatapuram, *Health Justice*, 11.

我们在克服健康不平等现象问题上的集体无能,反映出在减少健康差异的努力背后隐藏的深刻矛盾。[65] 对"保姆国家"的反对和对个人责任的强调,在政治与文化层面形成明显的共鸣。这些主张加剧了对法律和政策干预(如汽水税)的反对和对新颁布的公共卫生法律的挑战(如控制烟草和食物比例),导致了公共卫生诉讼的失败(如针对枪支和快餐行业的诉讼),并促成了试图撤销某些行之已久的公共卫生干预措施(如饮水加氟)的努力。

将健康不良的状况归结为个人责任,背后有着深层次的文化偏见。把他人健康状况不佳的状况视为内在的、可控因素的结果——而非纯粹的运气或偶然,多少能起到安慰的作用。[66] 将疾病归结为个人的失败起到了一种"象征性的、价值表达的功能",它强化了我们的世界观,这种世界观使我们相信世界是公正的,相信个人自决、新教工作伦理、自给自足的个人主义,相信人们所得到的都是其应得的。[67] 人们喜欢将自己及他人视为充分知情且独立判断的自主行动者。将他人所遭遇的问题归结为其自身,能够使这个世界看上去更有意义,也使我们能够心安理得地面对许多基本的人类需求未能得到满足的事实。

健康正义要求的是对健康的集体责任,而非个人主义式的基于行为的干预。"指责受害者,是错误地将整个社会的结构性、集体性问题,当成因受害者的行为失误或自身缺陷而导致的个人问题。这种对公共问题的行为主义解释,常常使社会和强大的利益群体免受集体行动之重负,而更倾向于改变受害者的'错误'行为。"[68] 这种基于个人责任的干预,往往试图通过对个人的激励和惩罚来改变不健康的行为,而这与社会正义的社群主义承诺是背道而驰的。健康正义的框架要求我们更严肃地对待这些问题。哲学家和法律人有责任去探讨那些表面上旨在减少健康差异的干预措施背后隐藏的社会结构性偏见。即便是怀着良好意图的公共卫生官员,有时候也会忽略弱势群体的需要,并提出有可能加剧不平等的干预措施。

面对与日俱增的对"保姆国家"的反弹和对社会弱势群体困境的漠不关心,我们需要重构公共卫生行动。公共卫生有着促进公平和正义的优良传

---

[65] Dolgin and Dieterich, "Weighing Status," 1139.

[66] See, for example, Claudia Sikorski, Melanie Luppa, Marie Kaiser, Heide Glaesmer, Georg Schomerus, Hans-Helmut König, and Steffi G. Riedel-Heller, "The Stigma of Obesity in the General Public and Its Implications for Public Health: A Systematic Review," *BMC Public Health*, 11 (2009): 661, 阐述了这种归因理论在将肥胖污名化过程中所起的作用。

[67] Christian S. Crandall and Rebecca Martinez, "Culture, Ideology, and Antifat Attitudes," *Personality and Social Psychology Bulletin*, 22, no. 11 (1996): 1165-76, 66.

[68] Ibid., 104; see also Venkatapuram, *Health Justice*, 77 n. 58, 认为现有的疾病模式早已过时。

统,我们不应将道德高地拱手让给自诩为个人自由保护者的工业巨头。我们需要的,是一种共同创造更健康生活条件的社会愿景。[69] 政府并非一种外在的强力,而是"我们人民"达成集体目标的方式,而这些目标是单独的个体无法实现的。从政策的角度看,某些干预措施最终可能是不明智的,但是基于对商业利益的"反多数主义"保护,而将地方政府的创新实验扼杀在萌芽阶段,或阻止人们通过民主过程表达其意愿,对州共和体健康而言必然是一个悲剧。

我们毫无疑问已经取得了很多进步,尤其是在医疗服务可及性问题上。我们提出并开展了许多旨在减少健康差异的措施,从健康正义的角度上,这是令人欢欣鼓舞的。然而,正如公共卫生伦理学家丹·比彻姆(Dan Beauchamp)所提醒的那样:"只要这些行为仍然被视为个人责任规则的小小例外,公共卫生的目标就仍然无法实现。"[70]健康正义的框架对当前主流的公平理论进行了有力的批评,后者强调所谓"罪有应得"(just deserts),进一步固化了由医疗服务产业所主宰的、狭隘的健康观念,将社区简化为自主的、原子化的个体间准合同性的聚合,并往往试图开展一种由享有特权的专家们所推动的改革——而这些专家与其所试图服务的社群间并无真正意义的交流,因此这些改革必定是不公允的。

第七节 公共卫生法的未来

> 社会流行病学家认为社会经济差距是公共卫生差异背后的主要因素,这一观点要么是正确的,要么是错误的……如果社会经济上的差距的确对公共卫生造成了巨大影响,那么遵循一种狭隘的(或旧的)公共卫生模式——其对改善社会条件未置一词——就很难真正提升健康水平……而如果公共卫生的措施并不以促进公众健康为目的,那么我们就很难说清楚这些措施究竟有什么用途,又为什么需要公共财政来买单。
>
> ——丹尼尔·戈德伯格:《为大公共卫生模式辩护》(Daniel S.

---

[69] Lindsay F. Wiley, Micah L. Berman, and Doug Blanke, "Who's Your Nanny? Choice, Paternalism and Public Health in the Age of Personal Responsibility," *Journal of Law, Medicine and Ethics*, 41, no. S1 (2013): S88.

[70] Dan E. Beauchamp, "Public Health as Social Justice," *Inquiry*, 13, no. 1 (1976): 3-14, 6.

Goldberg, *In Support of a Broad Model of Public Health*, 2009)

在本书中,我们试图更全面地了解法律在促进公众健康方面的不同作用。公共卫生领域是目的性和干预性的。它并不满足于既有的健康条件,而主动寻求有效的技术来识别和减少健康威胁。法律是促进公众健康的一个非常重要的、越来越被认可的工具。公共卫生法不应被视为深藏于国家健康法典中的一套晦涩的、难以破解的技术规则。相反,它应当被视为政府保障公众健康条件的权威和责任。因此,公共卫生法对于我们思考政府、政治和政策具有极为重大的意义。

关于公共卫生试图处理非传染性疾病和健康社会决定因素的批评,其基本观点是,无论社会流行病学作为一个科学问题是否站得住脚,都不必然意味着"在公共卫生的大旗之下"政府的干预权力应当扩张。[71] 在他们看来,应当"更清楚地区分公共卫生分析和公共卫生权威","公共卫生法的范围远比公共卫生科学狭窄"[72]。

借助一种微妙又根本的方式,由这些批评家所倡导的科学与法律之分,也将使公共卫生与社会正义相分离,而后者在数个世纪以来早已成为公共卫生这一学科认同中不可或缺的一部分。我们同意,对人口层面健康状况之原因和模式的科学探究应以中立为目标,但消除公共卫生威胁涉及多种行动,并不局限于法律或科学领域。科学、实践、政策及法律之间的区分本质上是模糊的。公共卫生科学不可能存在于真空之中。它试图回答的问题(以及它最终提供的答案)都是通过实践、政策和法律得到的。确定因果关系与发展和评估潜在的干预措施密切相关。除非得到科学和政策的指导,否则公共卫生的实践必定是无用的。而公共卫生的政策则很容易融入法律之中,法律是政策的表达。

法律是人口健康的重要决定因素。法律、社会规范、文化信仰、健康行为及健康生活条件之间的相互作用是复杂的。要将公共卫生法的范围局限在控制传染性疾病等近端决定因素,面对如此之多的可预防的死亡、残障失能和健康差异,切断公共卫生法律、政策与卫生科学和实践之间的关联是不合理的。限制公共卫生法律的范围,是反多数和反民主的,将导致社区无法采取措施来改善其自身的福祉。

---

[71] Richard A. Epstein, "Let the Shoemaker Stick to His Last: A Defense of the 'Old' Public Health," *Perspectives on Biology and Medicine*, 46, no. S3 (2003): S138–S159, S154.

[72] Mark A. Hall, "The Scope and Limits of Public Health Law," *Perspectives on Biology and Medicine*, 46, no. S3 (2003): S199–S209, S202; Epstein, "Let the Shoemaker Stick to His Last," S138, 试图在"作为公共卫生学科之核心的公共卫生概念"和"对国家强制权力之边界及适宜用途感兴趣的历史学家及律师们所理解的公共卫生概念"之间作出明确的区分。

我们反对批评者的观点,即公共卫生科学应当(甚至可以)断开其实现社会正义的使命。但我们也同样认为,他们的根本关切是有道理的。将某种关切视为公共卫生威胁,将带来严重的法律后果。关于公共利益对个人自由的限制究竟应到何种程度,需要深思熟虑的界定和理论化。尽管政府有保障人民健康的责任,但公共卫生有时候也会过度,未能充分考虑其试图保护的公众的全部关切和利益。

与公共卫生专家相比,社区能够更好地衡量健康之外的诸多目的和价值。在这方面,公共卫生的倡导者应当向环保主义者学习。正如道格拉斯·凯萨尔(Douglas Kysar)所言:"环境法律必须成为社会凝聚力的一部分,将政治群体团结起来,以追求长期的、不确定的目标。要实现这一功能,法律必须与人民表达的概念、价值和话语之间有连续性。"[73]同样,公共卫生法也应努力反映社区的参与。

这一目标造就了此领域最复杂的问题,即如何平衡公共卫生监管试图达到的集体利益与其对个人权利和自由的侵犯之间的关系。集体利益与个人权利之间的艰难取舍,是公共卫生法研究的主体部分。公民自由(包括言论自由),是自由主义者和进步主义者最为珍视的价值,其对促进公共卫生的发展也发挥着重要作用。

公共卫生,就像法律本身一样,具有高度的政治性,受到强大的社会、文化和经济力量的影响。随着这些力量的转移和政治意识形态、经济条件的转化,公共卫生也应作出改变和调适——正如其一直以来所做的那样。它将继续为研究者和实践者提供新的需要探索的问题。

19世纪的英国学者约翰·鲁斯金(John Ruskin)——其著述横跨艺术史、文学批评、神话学以及工业经济中普遍的健康危害——最好地概括了本书要传达的核心信息:"我希望,在结束这一系列介绍性的论文时,我已阐明了如下这一伟大的事实:生命之外别无财富。生命包含一切爱、喜悦和倾慕的力量。养育着最多高贵且幸福之人的国家,是最富有的;最大限度地发挥了其生命之功能的人,也是最富有的,他产生了最广泛的有益影响——无论是对其自身,还是对于他人。"[74]

---

[73] Douglas A. Kysar, *Regulating from Nowhere: Environmental Law and the Search for Objectivity* (New Haven, CT: Yale University Press, 2010).

[74] John Ruskin, "*Unto This Last*": *Four Essays on the First Principles of Political Economy* (New York: Wiley & Son, 1872), 125-26.

关于作者

劳伦斯·高斯汀(Lawrence O. Gostin),法律博士(J.D.)、(荣誉)法学博士(LL.D.),国际知名学者,美国乔治城大学校级教授(University Professor)。高斯汀教授指导成立了奥尼尔国家暨全球卫生法研究中心(The O'Neill Institute for National and Global Health Law),是奥尼尔全球卫生法讲座创办人。他是乔治城大学医学教授、约翰斯·霍普金斯大学公共卫生学院教授、世界卫生组织国家暨全球卫生法中心创办人。他是牛津大学医学科学院客座教授,也是社会法律研究中心的研究员。高斯汀教授是克劳德·列昂基金会(The Claude Leon Foundation)杰出学者,还是南非约翰内斯堡金山大学客座教授。他在全球卫生大学联合会(The Consortium of Universities for Global Health, CUGH)董事会任职。高斯汀教授是《美国医学协会杂志》(*The Journal of the American Medical Association*)卫生法律与伦理专栏的编辑、特约撰稿人与专栏作家。他也是《法律》(*Laws*)(一本国际性的、向公众开放的法律期刊)的创始人和主编。

高斯汀教授是美国和国际社会重大法律改革和治理行动的领导者,起草了《紧急卫生权力示范法案》(The Model Emergency Health Power Act, MEHPA),以打击生物恐怖主义;还起草了《州公共卫生"转折点"法案》(The "Turning Point" Model State Public Health Act)。他还正领导着一个起草小组,负责为世界卫生组织制定公共卫生法示范报告。高斯汀教授提议的《全球卫生框架公约》(Framework Convention on Global Health)已被作为一项国际运动加以推广,并得到时任联合国秘书长潘基文(Ban ki-Moon)的支持。

高斯汀教授是美国国家医学研究所/美国国家科学院的终身会员,在健康科学政策董事会、人口健康和公共卫生实践董事会、人体实验审查委员会和科学、技术与法律委员会任职。他主持过美国国家医学研究所关于公共卫生、应急准备、隐私、基因组学和囚犯研究等方面的许多委员会的工作。美国国家医学研究所授予高斯汀教授亚当·亚莫林斯基奖章(Adam Yarmolinsky Medal),以表彰他在推进医学研究所的科学与使命方面所作出的杰出贡献。

鉴于他在美国疾病控制与预防中心所展示的"致力于利用法律改善公众健康的职业贡献",他获得了公共卫生法律协会杰出终身成就奖。他还获得英国国家消费者委员会授予的罗斯玛丽·戴尔布里奇(Rosemary Delbridge)纪念奖(该奖只授予"那些对促使议会和政府为增进社会福祉而采取行动的最有影响力的人")。他还因在精神卫生人权方面的杰出贡献而获得东北大学(日本)的重要职位。他拥有卡迪夫大学(威尔士)、悉尼大学(澳大利亚)和纽约州立大学的荣誉学位头衔。

林赛·威利(Lindsay F. Wiley),法律博士(J.D.)、公共卫生硕士(M.P.H.),全国公认的卫生法学者,美国大学华盛顿法学院法学副教授,教授卫生法、公共卫生法、全球卫生法和侵权法。她在美国科学促进会律师与科学家全国大会以及美国法律、医学和伦理学协会董事会任职。她曾获得哈佛大学文学学士学位(A.B.)、哈佛大学法学院法律博士学位(J.D.)、约翰斯·霍普金斯大学彭博公共卫生学院公共卫生硕士学位(M.P.H.)。